2010
中国汽车市场展望

国　家　信　息　中　心
国家发展和改革委员会产业协调司　编

机械工业出版社

本书是研究中国汽车市场2009年现状与2010年发展趋势的权威性书籍。

本书是汽车及相关行业众多专家、学者分析研究成果的集萃。全书分为汽车市场宏观环境篇、市场预测篇、细分市场篇、市场调研篇、专题篇及附录（与汽车行业相关的统计数据）六大部分。该书全面系统地论述了2009～2010年中国汽车市场的整体态势和重、中、轻、微各型载货汽车，大、中、轻、微各型载客汽车，中高级、中级、普通级、微型等各种档次轿车市场的发展态势，汽车市场的重点需求地区和主要需求区域的市场运行特征。

集研究性、实用性、资料性于一体的《2010 中国汽车市场展望》，是政府部门、汽车整车制造商、零部件制造商、汽车研究部门、汽车相关行业、金融证券等领域研究了解中国汽车市场和汽车工业发展趋势的必备工具书。

图书在版编目（CIP）数据

2010中国汽车市场展望/国家信息中心，国家发展和改革委员会产业协调司编.--10版.--北京：机械工业出版社，2010.2

ISBN978-7-111-29841-3

Ⅰ.①2… Ⅱ.①国…②国… Ⅲ.①汽车-市场预测-中国-2010 Ⅳ.①F724.76

中国版本图书馆CIP数据核字（2010）第029112号

机械工业出版社（北京市百万庄大街22号 邮政编码 100037）

责任编辑：何月秋 封面设计：饶薇

责任印制：王书来

北京兴华昌盛印刷有限公司印刷

2010年2月第10版第1次印刷

787㎜×1092㎜ 1/16・32.75印张・531千字

0 001—2 500册

定价：180.00元

《中国汽车市场展望》

主办单位： 国家信息中心　国家发展和改革委员会产业协调司
承办单位： 国家信息中心经济咨询中心
参加单位 中国第一汽车集团公司
一汽-大众销售有限责任公司
奇瑞汽车销售有限公司
东风汽车有限公司
神龙汽车有限公司
上海上汽大众汽车销售有限公司
上海大众汽车有限公司
上海通用汽车有限公司
沈阳华晨金杯汽车有限公司
中国重型汽车集团有限公司
天津一汽夏利汽车股份有限公司
东风日产乘用车公司
广汽本田汽车有限公司
江铃汽车股份有限公司
南京依维柯汽车有限公司
长安汽车销售有限公司
中国公路车辆机械总公司
北京现代汽车有限公司
哈飞汽车股份有限公司
郑州日产汽车有限公司
金龙联合汽车工业有限公司
北京亚运村汽车交易市场
山东省汽车流通协会
中国进口汽车贸易有限公司
中国汽车工业协会市场贸易委员会
中国物流与采购联合会
中国机电产品进出口商会
机械工业农用运输车发展研究中心

《2010 中国汽车市场展望》
编委会成员

顾　　问　徐漳河　原国家信息中心副主任
　　　　　乌家培　中国信息协会副会长

主任委员　王长胜　国家信息中心常务副主任
　　　　　陈　斌　国家发展和改革委员会产业协调司司长

副主任委员　沈大风　国家信息中心副主任
　　　　　陈建国　国家发展和改革委员会产业协调司副巡视员
　　　　　丁宏祥　中国进口汽车贸易有限公司董事长兼总经理

委　　员　（排名不分前后）
　　　　　徐长明　国家信息中心信息资源开发部主任
　　　　　李克宽　中国重型汽车集团有限公司总经理助理
　　　　　熊　伟　北京现代汽车有限公司副总经理
　　　　　华　钢　东风商用车公司市场信息部副部长
　　　　　郝咏昕　沈阳华晨金杯汽车有限公司战略发展部高级经理
　　　　　田聪明　一汽丰田汽车销售有限公司常务副总经理
　　　　　胡　咏　一汽-大众销售有限责任公司总经理
　　　　　唐　腾　神龙汽车有限公司战略规划部部长
　　　　　王　俊　长安汽车有限责任公司总裁助理兼市场部部长
　　　　　董修惠　中国第一汽车集团公司营销管理部副部长
　　　　　蔡　宾　上海通用汽车有限公司商务副总经理
　　　　　迟亦枫　北京亚运村汽车交易市场总经理
　　　　　閤先庆　广州本田汽车有限公司销售本部副本部长
　　　　　陈　涛　东风日产乘用车公司市场调查部副部长
　　　　　张海亮　上海上汽大众汽车销售有限公司总经理
　　　　　梁国锋　奇瑞汽车销售有限公司常务副总经理
　　　　　华明耀　天津一汽夏利汽车股份有限公司副总经理
　　　　　周　亮　南京依维柯汽车有限公司总经理
　　　　　邹虎啸　中国公路车辆机械总公司总经理

《2010 中国汽车市场展望》

编辑工作人员

主　　编	徐长明	陈建国				
副 主 编	李　钢	黄路明				
编辑人员	潘　竹	刘　明	马　莹	李伟利	丁　燕	黄玉梅
	王泽伟	于军华	孙　田	金昂卉	王　山	朱灿锋

特约编辑	张伯顺	中国汽车工业协会市场贸易委员会
	张俊杰	一汽-大众销售有限责任公司奥迪销售部
	郝英瑞	一汽丰田汽车销售有限公司
	周明生	东风汽车有限公司商用车规划总部
	王晓翔	上海上汽大众汽车销售有限公司

前　言

2009 年，我国经济和汽车产业都经历了不平凡的一年。面对历史罕见的国际金融危机对我国经济的严重冲击，政府及时推出了一揽子振兴经济的政策措施，在积极的财政政策和适度宽松的货币政策共同作用下，我国经济较快扭转了增速下滑的局面，一季度经济触底后逐步回升，全年经济增长速度达到 8.7%，国家年初制定的经济“保八”的目标圆满完成。2009 年，国家以汽车产业调整和振兴规划为核心，先后密集出台了养路费取消、购置税减半、“汽车下乡”以及以旧换新等一系列鼓励汽车消费的优惠措施。在良好的宏观经济背景和国家一系列鼓励汽车消费政策的刺激下，我国汽车市场需求超高速增长，2009 年全年国产汽车累计产销量分别达到 1379.1 万辆和 1364.5 万辆，同比增长 48.3%和 46.2%，我国国内汽车销量首次超过美国，成为全球第一大汽车市场。

2010 年，为了巩固我国取得的经济成果，夯实经济复苏基础，中央经济工作会议强调仍将继续实施积极的财政政策和适度宽松的货币政策，政策的连续性和稳定性为我国经济保持平稳增长提供了保障。受投资增长惯性的影响，2010 年将是 4 万亿元投资的施工高潮期，投资高速增长对我国经济拉动作用较大。2010 年世界经济将扭转上年较大幅度的下降态势，呈现小幅正增长，这为我国出口恢复增长提供了良好的外部环境。但是，面对 2009 年超常态信贷增长所带来的潜在通货膨胀压力和资产泡沫风险，货币政策将可能会根据形势略会有所微调。综合判断，2010 年我国经济增长速度将会在稳定中略有提升。经济快速稳定发展为汽车市场发展提供了良好的宏观环境。

2010 年，汽车产业发展的外部政策环境和消费环境仍处于良好状态。虽然国家对购置税减免幅度有所调整，优惠幅度由原来的 5%下调到 2.5%。但汽车下乡、以旧换新等政策将继续实施，而且汽车以旧换新单车补贴金额标准还有所提高。总体上汽车政策环境在 2009 年水平略有降低，2009 年爆发式增长的政策增量因素消失。但是，随着我国经济发展和消费环境的改善，我国三线市场汽车消费需求开始启动，一线、二线市场仍处于汽车普及化时期，2010 年汽车市场快速增长基础还是比较牢固的。因此可以判断，2010 年我国汽车市场需求将有所回落，但仍将保持较快的增长速度。

为使社会各界对 2010 年我国汽车市场发展趋势有一个深入了解，国家信息中心与国家发展和改革委员会产业协调司联合组织编写了《2010 中国汽车市场展望》，期望本书能为汽车行业主管部门和生产经销企业提供有价值的决策参考依据。本书将汽车市场与宏观经济运行环境紧密结合在一起，采用定量与定性相结合的研究方法，从不同角度对 2010 年的汽车市场进行了深入分析和研究。由于时间仓促，书中难免有错漏之处，敬请读者批评指正。

2010 年 2 月 1 日

目　录

细分市场篇

市场调研篇

专　题　篇

附 录

宏观环境篇

保持宏观经济政策的连续性和稳定性 努力实现经济平稳较快发展

——2010年宏观经济政策取向

2010年是巩固经济回升向好基础、夺取应对国际金融危机冲击全面胜利的关键之年，是促进发展方式转变取得新突破、实现“十一五”规划目标的关键之年。做好全年经济社会发展工作，对保持经济平稳较快发展，为启动实施“十二五”规划奠定良好基础具有十分重要的意义。

一、2010年我国面临的国内外经济环境

随着外部环境的好转和应对国际金融危机冲击一揽子计划效应的继续发挥，2010年，我国经济发展的总体环境有望好于上年，同时面临的形势可能会比上年更加复杂。国内因素和国际因素相互影响，加剧了我国经济运行中的不确定性。

1. 从外部环境看，全球经济出现企稳回升的积极迹象，但国际金融危机的深层次影响依然存在，形势好转的基础并不牢固，经济全面恢复增长任重道远，我国面临的国际环境依然严峻

一方面，世界经济逐步趋稳步入复苏进程。国际金融危机发生以来，各国为恢复经济纷纷出台刺激方案，促进美国、日本和欧盟等主要经济体出现好转迹象，一些新兴经济体增速加快。联合国发布的《2010年世界经济形势与展望》报告指出，世界经济的增长受益于财政刺激措施及制造业贸易的回暖，在经历了2009年的大幅下挫之后，预计2010年世界经济将在发展中国家的带领下出现反弹，实现2.4%的增长，其中亚洲地区发展中国家的经济增速最快，中国将达8.8%，印度为6.5%。国际货币基金组织（IMF）预测，2010年世界经济形势总体上会好于上年，经济增速有望由负转正，增长3.1%，但2010年甚至到2011年，世界经济增长速度仍将大大低于危机前的水平。国际金融危机使世界经济增长格局有所改变，但经济全球化深入发展的大趋势没有变。

另一方面，全球经济复苏将是一个缓慢曲折的过程。世界经济形势好转的基础并不牢固，国际金融危机的深层次影响依然存在，各种突发性不利因素呈集聚多发态势，推动世界经济全面恢复增长还面临诸多不确定不稳定因素。第一，全球需求仍然不足，主要发达经济体失业率不断攀升，全球金融体系受损对实体经济的制约仍然很大，实体经济回升面临较多困难，全球贸易量增长受到抑制。第二，金融坏账引发的局部震荡余波未平，金融领域风险尚未消除，美元走低将推动大宗商品价格再现升势。第三，各种贸易和投资保护主义明显抬头，国际竞争更加激烈，国际贸易稳定增长受到严重制约。第四，气候变化问题不断升温，低碳经济和绿色发展成为国际经济竞争的一项核心内容，粮食安全、能源资源安全、公共卫生安全、重大自然安全等全球性问题日益突出，对世界经济全面复苏和长远发展带来严峻挑战。面对外部冲击，我国经济不可能置身事外。只有善于从国际国内条件的相互转化中抓住发展契机，从国际国内资源的优势互补中创造发展条件，才能趋利避害，化危为机。

2. 从国内环境看，经济回升积极变化和不利影响同时显现，面临的国内问题依然复杂

一方面，我国经济增长明显下滑态势得到有效遏止。通过实施积极的财政政策和适度宽松的货币政策，实施并不断完善应对国际金融危机冲击的一揽子计划和政策措施，较快地扭转了经济增速下滑势头，率先实现了经济形势总体回升向好，各方面信心明显增强，保持较快增长具有较好的基础。第一，国内需求强劲增长，出口形势逐步好转。2009 年 1～11 月份，社会消费品零售总额同比增长15.3%，城镇固定资产投资增长 32.1%。国内需求的较快增长有效弥补了外需持续萎缩的影响，前三季度国内生产总值增长 7.7%。财政收入逐步好转，金融市场平稳运行。第二，结构调整积极推进，节能减排取得新的成效，2009 年全年单位GDP 能耗、二氧化硫和化学需氧量排放量继续呈现较大幅度下降。农业农村经济稳定发展。第三，就业人数持续增加，居民收入稳定增长，2009 年 1～10 月份，城镇新增就业 940 万人，城镇居民人均可支配收入、农村居民人均现金收入实际分别增长 10.5%和 9.2%。第四，体制机制和科技创新积极推进，促进中小企业发展的政策不断完善，企业适应市场变化的能力和竞争力进一步提升，经济发展的活力继续增强。特别是党的十七届四中全会提出了以改革创新精神推进党的建设新的伟大工程，为当前和未来一个时期经济社会发展提供了强有力的政治保障。

另一方面，我国经济回升的基础还不稳固。经济增长的内生动力不足，经济运行中的新老矛盾和问题互相交织，一些深层次矛盾特别是结构性矛盾仍然突出。第一，外需萎缩的局面及影响还在持续，发达经济体国内需求继续疲软，出口增长比较困难，而且针对中国的贸易争端增多，未来一段时间的外贸形势不容乐观。第二，发展方式转变依然滞后，经济增长在很大程度上还是依赖物质资源的大量投入，加剧了土地和资源环境约束的矛盾。创新激励机制还不完善，科技研发投入偏低，企业技术创新主体地位尚未真正确立，管理粗放、效率低下的问题也比较突出。第三，结构调整任务更加凸显。高耗能高排放行业反弹压力加大，部分行业产能过剩和盲目重复建设的问题突出，推进节能减排任务艰巨。第四，农业农村基础设施薄弱，抵御风险能力不强，农业农村经济稳定发展的基础不牢固，农民持续增收难度增大。第五，民间投资意愿不强，财政收支矛盾突出，信贷结构不合理，流动性管理难度增加。第六，就业形势依然严峻，大量投资仍集中于基础设施建设等资本密集型产业，对就业的实际拉动有限，中小企业融资难的状况并未明显改观，而吸纳安置就业的主力军是中小企业，加大了就业压力和矛盾。

二、2010年宏观经济政策取向

2010年，我国经济正处于企稳回升的关键阶段，经济社会发展仍处在一个关键时期。中央经济工作会议明确指出，要保持宏观经济政策的连续性和稳定性，根据新形势新情况着力提高政策的针对性和灵活性，处理好保持经济平稳较快发展、调整经济结构、管理通胀预期的关系，努力实现经济又好又快发展。2010年，围绕加快经济发展方式转变、保持经济平稳较快发展，在全面落实并不断完善应对危机促进发展的一揽子计划和政策措施的同时，宏观经济政策取向将突出以下六方面的重点。

1. 继续加强和改善宏观调控，巩固和增强经济回升向好势头

继续实施积极的财政政策和适度宽松的货币政策，把握好政策实施的力度、节奏、重点，在促进发展方式转变上下功夫，做到在发展中促转变，在转变中谋发展，着力提升我国经济发展的稳定性、协调性和可持续性。

（1）财政政策向调结构、惠民生方面倾斜，加大对民生领域和社会事业支

持保障的力度　一是优化财政支出结构。继续增加对“三农”、科技、教育、卫生、文化、社会保障、保障性住房、节能环保等方面和中小企业、居民消费、欠发达地区支持力度，支持重点领域改革，使广大人民群众更多地享受公共财政，进一步提高城乡居民收入和生活水平。健全促进消费的财税政策，着力增强经济发展的均衡性。二是保持投资适度增长。4万亿元中央投资计划中，2010年中央投资将安排5885亿元，投资规模高于2009年4875亿元的水平，投资重点向“三农”、保障性安居工程、卫生教育等民生领域倾斜，继续支持节能环保、自主创新和技术改造，并重点用于完成在建项目，严格控制新上项目。三是完善税收制度。做好全面实施增值税转型改革的后续工作，统一内外资企业和个人城建税、教育费附加等税收制度。推进税收体制改革，改革完善资源税制度，调整和完善消费税制度。研究推进综合和分类相结合的个人所得税制度，研究建立有利于环境保护的税费制度。

（2）增强货币政策的针对性和灵活性，着力提高信贷质量和效益　一是把握好货币信贷增长速度，优化信贷结构，加大信贷政策对经济社会薄弱环节、就业、战略性新兴产业、产业转移等方面的支持，保证重点建设项目贷款需要，严格控制对高耗能、高排放行业和产能过剩行业的贷款，促进经济结构的调整和经济发展方式的转变。二是全面落实支持小企业发展的金融政策，加强和改善对中小企业的金融服务，逐步提高中小企业中长期贷款的规模和比重，进一步拓宽中小企业融资渠道。三是积极扩大直接融资，引导和规范资本市场健康发展。

2. 促进居民消费需求持续较快增长，进一步增强内需特别是消费对经济增长的拉动作用

2008年第四季度以来，为应对国际金融危机的影响，中央采取了一系列惠民生、促消费的政策措施，有效激发了城乡居民的消费潜力，促进了家电、汽车、住房、节能环保产品等行业的生产和结构调整，使人民群众特别是农民和城市低收入家庭得到实实在在的好处，对经济企稳回升发挥了重要作用。2010年，继续发挥消费对经济发展的拉动作用，促进经济增长由主要依靠投资、出口拉动向依靠消费、投资、出口协调拉动转变，强化经济增长的内生动力。

（1）增强居民消费能力　积极增加城乡居民收入，加大国民收入分配调整力度，促进低收入群体增收，增强居民特别是低收入群众的消费能力。继续加大强农惠农政策力度，促进农民持续增收。提高企业退休人员养老金和社会优抚对象待遇水平，落实在义务教育学校、公共卫生与基层医疗卫生事业单位实施绩效工资的政策。

（2）完善促进消费的政策措施　国务院常务会议决定，促进消费的现行政策大部分要继续执行，同时为了进一步加强对农民和困难群众的消费支持，并且根据经济结构调整和环境保护的要求，对一些政策进行必要的调整和完善。一是继续实施家电下乡政策。家电下乡政策自 2009 年 2 月份起向全国推开以来，在实施过程中，补贴手续不断简化，补贴品种相继增加。微波炉、电磁炉、洗衣机、摩托车、电脑、热水器、空调等家电商品走进农民生活。家电下乡产品产销两旺，带动上游原材料行业、劳动就业的增长，进一步促进用电和其他消费的增长，填补了农村消费的空白。2001 年的家电下乡政策重点是，大幅提高下乡家电产品最高限价，进一步完善下乡家电产品补贴标准和办法；各省（区、市）可根据本地实际增选 1 个品种纳入补贴范围。二是延长汽车下乡、小排量车购置税减征政策。为促进汽车消费，国家出台了小排量车购置税减半的政策，加上汽车下乡、旧车换购补贴等鼓励政策，极大地提振了车市复苏的信心，并迅速显效。汽车下乡政策将延长实施至 2010 年年底，已纳入汽车下乡补贴渠道的摩托车下乡政策执行到 2013 年 1 月 31 日。减征 1.6L 及以下小排量乘用车车辆购置税的政策将延长至 2010 年年底，按减 7.5%征收。汽车以旧换新的单车补贴金额标准提高到 5000 元～1.8 万元。三是扩大汽车、家电“以旧换新”的试点范围。2009 年 5 月，中央财政安排补贴资金 70 亿元，鼓励汽车、家电“以旧换新”，2010 年 5 月底试点结束后，仍将继续实施这项政策，并在具有拆解能力等条件的地区推广实施。四是增加农机具补贴资金。2009 年中央财政安排资金 130 亿元，将农机具购置补贴覆盖到全国所有农牧业县（场），补贴机具种类由 9 大类 18 小类扩大到 12 大类 38 小类，包括了所有主要粮食生产机械。2010 年继续实施农机具购置补贴政策，并适当增加补贴资金规模。五是继续实施节能产品惠民工程，试点补贴新能源汽车。2009 年 5 月份，具有拉动消费与节能减排“双赢”效应的“节能产品惠民工程”正式启动，以财政补贴方式，对空调、冰箱等 10 类高效节能产品以及高效照明产品、节能与新能源汽车进行推广应用。2010 年继续实施这一“双赢”工程，加大高效照明产品推广力度，将节能与新能源汽车示范推广试点城市由 13 个扩大到 20 个，选择 5 个城市进行对私人购买节能与新能源汽车给予补贴试点。六是微调住房消费政策。个人住房转让营业税征免时限由2年恢复到5年，其他住房消费政策继续实施。七是将支持困难企业的缓缴社会保险费、降低部分保险费率、提供相关补贴及下岗失业人员再就业税收优惠和灵活就业人员社会保险补贴政策执行期延长1年。

（3）引导消费结构升级　一是促进住房消费。国务院常务会议决定，增加普通商品住房的有效供给，适当增加中低价位、中小套型普通商品住房和公共租赁房用地供应，提高土地供应和使用效率。在保证质量的前提下，加快普通商品住房建设。继续支持居民自住和改善型住房消费，抑制投资投机性购房。继续大规模推进保障性安居工程建设，力争到2012年末，基本解决1540万户低收入住房困难家庭的住房问题。二是发展休闲服务类消费，保健、娱乐等产业。扩大文化、旅游、体育健身、教育培训、演艺娱乐、会展、动漫等消费，加快家政、社区、养老等生活性服务业发展。

（4）继续优化消费环境　扩大消费信贷，加强商贸流通体系等基础设施建设。加强医药价格监管，规范房地产价格秩序，开展涉农、涉企、能源、交通、医药价格、教育收费等领域价格收费的监督检查，着力解决群众反映强烈的民生价格问题。全面清理涉及居民用水、用电、用气等垄断性经营服务收费，加强行政事业性收费管理，取消不合理收费项目，降低偏高的收费标准。加强价格监督检查和反垄断执法，引导规范市场价格行为，维护公平竞争的价格秩序。

3. 着力推动经济结构调整和战略性新兴产业发展，提高经济发展质量和效益

国际金融危机既使我国转变经济发展方式问题更加突显，也对转变经济发展方式形成了“倒逼”效果，为推动经济发展方式转变提供了重要契机。经济结构优化是转变经济发展方式的基本要求，2010年，要充分发挥政府引导和市场调节“两只手”的作用，着力促进产业优化升级和战略性新兴产业发展，力求在经济结构调整、发展方式转变上取得明显进展，使结构优化调整成为未来发展的重要带动力量。

（1）推动技术进步和产业优化升级　一是鼓励和支持企业技术进步、技术改造，完善鼓励企业增加研发投入的政策措施。二是继续推进重点产业的调整振兴，落实重点产业调整振兴规划和实施细则，加大用新技术改造和提升传统产业力度。推进企业兼并重组，加快淘汰落后产能，抑制钢铁、水泥、平板玻璃等部分行业产能过剩和盲目重复建设。三是大力发展服务业。进一步放宽市场准入，完善服务业税收制度，落实鼓励类服务业与工业用电、用水、用气、用热基本同价的政策，提高服务业比重。

（2）培育壮大战略性新兴产业　产业调整的重点将从淘汰落后过剩产能转向支持科技创新，创造新的经济增长引擎。一是加大自主创新力度。加强重大科技基础设施、知识创新工程建设，推动集成电路、平板显示、新支线飞机、核电等重大专项建设。二是加快发展战略性新兴产业。重点支持新能源、新材料、生物医药、第三代移动通信、三网融合等产业的技术研发和产业化，加快发展低碳经济、绿色经济。围绕生物医药、生物育种、软件和信息服务等新兴领域，启动一批研发、产业化和市场推广重大专项工程。三是制定通过政府采购和风险补助、鼓励使用新兴产业产品和技术的措施。健全支持创新的投融资体制，通过贷款、债券、股市、创业投资等多渠道筹措资金，支持新兴产业发展，推动设立高技术产业创业投资引导基金。促进产业集聚和产业基地建设。

（3）推进节能减增效　当务之急是强化节能减排目标责任制和监督检查，加强节能减排重点工程建设，积极推进十大重点节能工程，全面实施节能产品惠民工程。强化政策支持，引导企业跟进，促进环保产业加快发展。深化循环经济示范试点，推进重点生态建设工程，加强重点流域、重点区域水污染防治。实施应对气候变化国家方案，开展低碳经济试点，努力控制温室气体排放。

4. 统筹城乡经济社会发展，增强区域发展的协调性

城镇化既是加快调整经济结构的有效途径，也是保障和改善民生的重要举措。按照中央经济工作会议的部署，把统筹城乡区域协调发展与推进城镇化结合起来，把积极稳妥推进城镇化作为应对国际金融危机、扩大国内需求和调整经济结构的重要抓手，推进基本公共服务均等化，引导产业有序转移，为经济长期平稳较快发展拓展新的发展空间，为中国经济发展提供持久动力。

（1）巩固加强农业的基础地位　一是完善强农惠农政策。增加涉农补贴规模，完善农业补贴和价格支持制度。加强主要农产品市场调控，提高小麦和稻谷最低收购价，综合运用收储、投放和进出口等手段调节市场供求，保持主要农产品市场稳定和价格合理。二是加快发展现代农业。重点加强农业综合生产能力建设，实施全国新增千亿斤粮食生产能力建设规划。三是加强农业农村基础设施建

设。全面完成大中型水库除险加固任务，加强水利特别是中小型农田水利建设，加快建设高标准农田，推进电网改造、饮水安全、农村道路等建设。四是扎实推进新农村建设。加强农村公共服务能力建设，改进教育培训、医疗卫生、公共文化服务，稳步扩大农村需求，巩固和发展农业农村好形势。五是巩固农产品保障供给能力、促进农民增收。加强对农民创业的金融和财税支持，培育农民收入新的增长点。六是推动农村改革创新，健全有利于农业农村发展的制度体系，完善农业经营体制，引导家庭经营向生产集约化方向发展，鼓励农户运用现代科技和物质装备，加快发展农民专业合作组织，培育发展专业化、市场化的农业社会化服务体系。

（2）推进城镇化稳步发展　一是坚持规划先行，节约集约利用土地，多渠道筹集资金，加强市政基础设施建设，推进重点城镇交通、供排水、污水和垃圾处理等基础设施和医院、学校等公共设施建设，完善城市管理，全方位提高城镇化发展水平和城镇综合承载能力。二是加强中小城市和小城镇发展。放宽中小城市和城镇户籍限制，稳妥解决好符合条件的农业转移人口逐步在城镇就业和落户问题，改善农民工就业、居住、就医和子女就学等基本生活条件，使发展的成果惠及城乡居民。三是提升城镇发展质量和水平。促进大中小城市和小城镇协调发展，着力提高城镇综合承载能力，发挥好城市对农村的辐射带动作用，壮大县域经济。

（3）促进区域协调发展　一是继续实施西部大开发、东北地区等老工业基地振兴、中部地区崛起、东部地区率先发展的区域发展总体战略。实施第二个深入推进西部大开发10年规划，加快振兴东北地区等老工业基地，支持重点行业、重点企业的兼并重组、技术改造和自主创新。落实好促进中部地区崛起规划，协调制定支持中部地区发展的具体政策措施。积极支持东部地区率先发展，鼓励东部地区体制机制创新和产业优化升级，全方位参与国际竞争与合作。二是扶持革命老区、民族地区、边疆地区、贫困地区加快发展。三是加大扶贫开发力度，提高自主发展能力，改善群众生产生活条件，让各族人民共享改革发展成果。

5. 深化重点领域和关键环节改革，更加注重统筹国内国际两个大局

更加注重推进体制改革和扩大对外开放，进一步增强经济增长的活力和动力，既是 2010 年经济工作的重要任务，也是确保我国经济平稳较快发展的重要保障。

在深化改革方面，围绕建立健全有利于科学发展、和谐发展的体制机制，深化重点领域和关键环节改革，力争取得实质性进展。一是进一步推动政府职能转变，深化行政审批制度改革，减少和规范行政审批。二是优化所有制结构，深化国有企业改革，推进垄断性行业体制改革，加快研究鼓励民间资本进入石油、铁路、电力、电信、市政公用设施等重要领域的相关政策，带动社会投资。三是深化财税、金融体制、收入分配制度改革，完善干部政绩考核评价机制，形成有利于加快经济发展方式转变的体制机制和政策导向。运用财税手段调节收入分配，力争相关税收制度改革、县级基本财力保障机制、预算制度改革取得新的突破。加强金融监管机制建设，改善境外投资外汇管理和服务，继续推进跨境贸易人民币结算试点，增强金融对经济的服务功能。四是继续积极稳妥地推进水、电力、天然气资源性产品价格和环保收费改革，继续推进煤炭订货改革，鼓励供需双方签订长期合同，完善煤炭产运需衔接机制，保障电煤稳定供应。同时完善改革配套方案，减轻对群众生活和公益行业的影响，确保群众基本生活不因价格变动而降低。五是积极扩大民间投资。国家将抓紧出台并落实鼓励和促进民间投资健康发展的政策措施，进一步消除限制民间投资进入的不合理障碍，放宽市场准入，支持民间投资投向公共事业、社会事业等经济社会发展的薄弱环节，保护民间投资的合法权益。六是推进医药卫生体制改革，进一步扩大基本医疗保障覆盖面，加快推进国家基本药物制度建设，落实重大公共卫生项目和基本公共卫生服务项目，提高突发公共卫生事件应急救治能力，继续开展公立医院改革试点，积极推进医药价格形成机制改革。

在扩大开放方面，坚持开拓国际市场与扩大国内市场并举，坚持“引进来”和“走出去”相结合，落实和完善稳定外需的各项政策，推动出口稳定增长，促进国际收支平衡，拓展对外开放广度和深度，健全开放型经济体系。一是加快转变外贸发展方式。推进加工贸易升级转型，在推动出口稳步回升的同时，优化出口结构，继续抑制高消耗、高排放产品出口过快增长，鼓励自主知识产权和自主品牌产品出口，提高出口产品质量、档次和附加值。努力扩大进口，重点引进先进技术装备、关键零部件、重要能源资源和原材料。加快实施自由贸易区战略，积极推动区域经济一体化。二是提高利用外资的质量和水平。继续用好国外贷款，完善外债管理制度。创新利用方式，进一步下放外商投资审批权限，修订外商投资产业指导目录，促进外商投资，继续优化外商投资结构，全面提高利用外资质量。三是促进和规范企业境外投资。健全和完善境外投资政策法规，推动投资合作机制，增强企业实力，强化投资主体，提升投资水平。

6. 着力保障和改善民生，全力维护社会和谐稳定

这既是发展经济的最终目的，也是实施扩大内需战略、推动经济发展方式转变的重要内容。2010年，继续实施各项民生事业，加大公共支出，加强公共服务，尽力而为，量力而行，着力解决就业、医疗、住房、养老等关系人民切身利益的实际问题，加大对低收入群众的帮扶救助力度，把惠民生的事情办好办实。

（1）坚持积极的就业政策，进一步完善社会保障体系　一是努力扩大就业。继续落实当前稳定就业的政策，把增加投资带动就业作为就业工作的重中之重，充分发挥政府投资、重大项目建设和产业规划对就业的带动作用，建立健全经济增长与扩大就业的联动机制。鼓励和支持劳动密集型企业、中小企业、第三产业，特别是民营经济加快发展，创造更多就业岗位。继续抓好高校毕业生等重点群体就业，鼓励和支持各类企业和科研单位招用、聘用高校毕业生，引导和鼓励毕业生到基层就业、自主创业。多渠道转移农村劳动力就业，扶持农民工就近就地就业和返乡创业。大力开发公益性岗位，加强对困难人员和零就业家庭的就业援助。实施特别职业培训计划，落实培训补贴政策，支持和鼓励企业开展上岗培训和技能提升培训。加强公共就业服务体系建设，中央财政继续安排资金扶持公共就业服务信息网络建设。二是提高社会保障水平。继续开展新型农村社会养老保险试点，加快建立新型农村社会养老保险制度。同时，加强就业服务设施和社会保障公共服务设施建设。

（2）大力发展教育、卫生、文化、旅游等社会事业，满足人民不断提高的生活质量需求　一是优先发展教育，促进城乡、区域教育均衡发展。改善农村和贫困地区办学条件，推进中西部地区农村初中校舍改造、特殊教育学校建设和全国中小学校舍安全工程，推进优质基础教育信息资源开发与共享。二是对中等职业学校农村家庭经济困难学生和涉农专业学生逐步免除学费。国务院常务会议决定，从2009年秋季学期起，对公办中等职业学校全日制在校学生中农村家庭经济困难学生和涉农专业学生逐步免除学费。免学费标准按各省（区、市）人民政府批准的学费标准确定。对因免除学费导致学校收入减少的部分，通过财政给予

补助和学校开展校企合作及顶岗实习解决。对在政府职业教育行政管理部门依法批准的民办中等职业学校就读的一、二年级符合免学费政策条件的学生，按照当地同类型同专业公办中等职业学校免除学费标准，由财政给予补助。免学费补助资金，由中央和地方财政按比例分担。三是继续加强基层医疗卫生服务体系和基层计划生育服务体系建设，改造建设一批县级医院和乡镇、社区卫生服务设施，做好重大传染病防控工作。在公共卫生与基层医疗卫生事业单位实施绩效工资，配合医药卫生体制改革，特别是实行基本药物制度，从2009年10月1日起，在疾病预防控制、健康教育、妇幼保健、精神卫生、应急救治、采供血、卫生监督等专业公共卫生机构和乡镇卫生院、城市社区卫生服务机构等基层医疗卫生事业单位实施。四是加强基层公共文化设施和群众体育设施建设。加大对国家自然文化遗产地、历史文化名城、抢救性文物的保护力度。加快发展文化创意、影视制作、出版发行、印刷复制、广告、演艺娱乐、文化会展、数字内容和动漫等重点文化产业。建设一批文化产业示范基地，发展具有地域和民族特色的文化产业群。发展移动多媒体广播电视、网络广播影视、手机广播电视等新兴文化业态，推动文化产业升级。五是加快发展旅游。放宽旅游市场准入，鼓励社会资本和各种所有制企业公平参与。加快以旅游交通、游客服务、旅游安全等为重点的基础设施建设，实施乡村旅游富民工程，积极发展休闲度假旅游，继续发展红色旅游，倡导健康旅游、文明旅游、绿色旅游。

（3）加强廉租住房等保障性住房建设，继续解决好群众住有所居问题　国务院常务会议决定，全面启动城市和国有工矿棚户区改造工作，用5年左右时间基本完成城市和国有工矿集中成片棚户区改造，有条件的地方争取用3年时间基本完成。中央财政对城市和国有工矿棚户区改造给予适当支持，省和市、县人民政府应切实加大资金投入。鼓励采取共建的方式改造国有工矿棚户区，引导社会资金积极参与。鼓励金融机构向符合条件的城市和国有工矿棚户区改造项目提供贷款。免征相关改造项目的城市基础设施配套费等行政事业性收费和政府性基金，优先安排土地供应。继续按现有政策推进国有林区、垦区和中央下放地方煤矿的棚户区改造。

（作者：杨洁）

2010年中国经济展望和宏观调控政策取向

2009年，及时出台、全面实施并不断丰富完善应对国际金融危机一揽子计划及相关政策措施，保增长、调结构、促改革、惠民生取得了明显成效，较快扭转了经济增速下滑态势，呈现企稳回升的良好态势，预计全年GDP增长8.5%左右。2010年，世界经济将出现曲折缓慢复苏，外需有望止跌回升，但中国经济回升的基础还不稳定、不巩固、不平衡，一些深层次矛盾特别是结构性矛盾仍然突出，经济增长的内生动力不足，产业结构调整压力和难度加大，通货膨胀预期抬头。将国际经济环境分为二次下滑、缓慢复苏、较快复苏三种可能和三种不同力度的宏观调控政策组合，模拟预测三种可能情景下的中国经济走势，最大可能的情景是中国经济呈增长速度和物价水平双稳运行态势，GDP增长8.5%左右，CPI上涨2.5%，就业和国际收支平衡状况继续改善。2010年宏观调控的主要任务是通过深化改革和科技创新，大力促进经济自主性增长动力的恢复和强化，增强经济复苏的可持续性。因此，要保持宏观经济政策的连续性和稳定性，继续实施积极的财政政策和适度宽松的货币政策，根据新形势新情况着力提高政策的针对性和灵活性，着力“稳增长、调结构、防通胀、惠民生”。

一、2009年中国经济呈企稳回升良好态势

面对国际金融危机带来的严峻挑战和极其复杂的国际国内形势，党中央、国务院果断决策，及时出台、全面实施并不断丰富完善应对国际金融危机的一揽子计划及相关政策措施，较快扭转了经济增速下滑的态势，2009年经济增速逐季加快，内需对经济增长的拉动作用显著增强，保障和改善民生工作成效明显，城镇新增就业稳定增加，重点领域改革取得新的进展，经济社会发展情况好于年初的预期，回升向好的趋势得到巩固。

1. 投资稳步走高，主要投向经济社会发展薄弱环节

政府4万亿元投资计划得到较好落实，固定资产投资保持高速增长。2009年1～9月份全社会固定资产投资累计达到155057亿元，同比增长33.4%，比上年

同期加快了 6.4 个百分点。前期下调幅度最大的房地产投资在政策支持和市场预期刺激下较快恢复，7 月份、8 月份、9 月份房地产开发投资分别增长 19.6%、34.3%和 37.3%，9 月份创下 15 个月以来的新高，带动 2009 年 1～9 月份房地产开发投资累计增速攀升至 17.7%，比 2009 年上半年加快 7.6 个百分点。

政府主导的基础设施投资成为本轮投资高速增长的重要力量，2009 年 1～9 月份，国有及国有控股投资名义增长 38.8%，高于平均水平 5.4 个百分点；从到位资金来看，国家预算内资金投资增长 77.7%，高于平均水平 42.3 个百分点。投资主要投向经济社会发展薄弱环节。农业、铁路、医疗、环保等基础设施及民生领域投资大幅提高。基础设施投资（扣除电力）增长 52.6%，其中，铁路运输业和道路运输业投资分别增长 52.6%和 50.7%，卫生、社会保障和社会福利业增长 72.9%。投资结构得到优化。城镇固定资产投资增长 33.3%，加快 5.7 个百分点；农村固定资产投资增长 33.6%，加快 10.3 个百分点；农村投资增速明显快于城镇，社会主义新农村建设投入增加较快。第三产业投资增速同比提高 13.3 个百分点，现代服务业成为投资新热点。分地区看，东部地区投资增长 28.1%，中部地区增长 38.3%，西部地区增长 38.9%，中西部投资增长快于东部地区。住宅投资 2009 年前三季度增长 13.4%，经济适用房投资增长 19.5%，保障性住房投资得到加强。

2. 改善民生取得积极进展，消费品市场销售逆势上扬

一揽子计划中将扩大消费作为政策重点之一，加大财政民生支出，实施积极的就业政策，有针对性地出台了促进家电、汽车、住房等消费升级热点的财政金融措施。2009 年前三季度，全国财政支出加大对民生事业的投入，医疗卫生支出同比增长 30.5%；城乡社区事务支出同比增长 25.9%；教育支出同比增长 17.7%；社会保障和就业支出同比增长 17.7%。财政转移支付力度加大，使城乡居民转移性收入增长快于同期收入平均增速。前三季度，城镇居民人均可支配收入同比增长 9.3%，扣除价格因素，实际增长 10.5%。其中转移性收入增长 15.7%。农村居民人均现金收入比上年同期增长 8.5%，扣除价格因素，实际增长 9.2%。其中转移性收入增长 26.4%。积极的就业政策措施取得较好成效，2009 年 1～9 月份，城镇新增就业 851 万人，完成 2009 年全年 900 万人目标的 94%；下岗失业人员再就业 402 万人，完成全年 500 万人目标的 80%；就业困难人员实现就业 120 万人，超额完成全年 100 万人目标。人力资源社会保障部对全国 250 个行政村农民工就业状况的跟踪统计，到9月底已经返城的农民工达到了94%以上。

在城乡居民收入增长快于GDP增长、城乡就业形势逐步好转、国家出台一系列鼓励消费政策和居民消费结构升级长期有利因素的推动下，城乡消费品市场旺盛热销。2009年1～9月份,社会消费品零售总额89676亿元，同比增长15.1%，扣除价格因素后实际增长17.0%，实际增幅高于上年同期2.8个百分点。住房、汽车、家电等销售十分活跃。2009年1～9月份,全国商品房销售面积增速回升至44.8%，而上年同期为下降14.9%；前三季度汽车销量高达966万辆，超过上年全年销量，2009年1～9月份中旬国产汽车产销双超千万辆，2009年全年有可能超过1200万辆。其中2009年9月份汽车销售133.2万辆，环比增长17%，同比增长77.9%，创出历史新高；家电、建材、家具等相关产品消费形势良好。全面实施家电下乡政策，家电下乡补贴品种增加到9类共12种，同时提高部分下乡产品的最高限价，有效地推动了农村家用电器的普及率。2009年前三季度城市消费品零售额增长14.8%，县及县以下增长16%，农村消费增速快于城镇。

3. 经济增速持续回升，行业回升面明显扩大

2009年前三季度，我国国内生产总值同比增长7.7%。其中第一季度增长6.1%，第二季度增长7.9%，第三季度进一步回升到8.9%。其中第二季度经济增速经季节调整后环比折年率达到16%以上，是1997年以来季度环比增速最高的，结束了经济增速连续七个季度下滑的局面。预计2009年第四季度GDP同比增速继续回升，但环比增速将明显低于2009年第二季度。预计2009年全年国内生产总值实际增长8.5%左右，实现全年保8%的目标已成定局（见表1）。

2009年1～9月份，我国规模以上工业增加值同比增长8.7%。其中2009年第一季度增长5.1%，2009年第二季度增长9.1%，比2009年第一季度加快4个百分点。2009年第三季度增长12.4%，比2009年第二季度加快3.3个百分点。9月份工业增长速度已经恢复到上年8月的水平。重工业增速回升明显，由2009年1～2月份增长2.7%回升至2009年9月份增长14.8%。发电量呈逐月回升态势，2009年9月份发电增速回升至9.6%。2009年1～9月份，钢材产量累计增速12.4%，已经高于上年同期水平4.3个百分点。2009年1～9月份，工业出口交货值同比下降14.7%，但2009年9月份当月下降幅度已经收窄至-9.88%。2009年1～9月份，沿海港口吞吐量累计增长6.1%，其中2009年9月份增长15.8%，增速高出上年 9 月份 9.9 个百分点。经济的回升面明显扩大。2009 年第一季度全部 39 个规模以上的工业行业有 33 个回升，2009 年上半年累计增加到 36 个，2009 年前三季度累计恢复全面增长。在 31 个地区中，2009 年第一季度有 25 个地区工业实现正增长，上半年扩大到 28 个，2009 年前三季度进一步扩大到 29 个地区。

表 1　2009 年中国经济主要指标预测

指　标	2008 年		2009 年前 3 季度		2009 年预测	
	绝对值/亿元	增长率（%）	绝对值/亿元	增长率（%）	绝对值/亿元	增长率（%）
GDP	300670	9.0	217817	7.7	316481	8.5
一产	34000	5.5	22500	4.0	34553	3.7
二产	146183	9.3	106477	7.5	150895	9.0
三产	120486	9.5	88840	8.8	131033	9.3
规模以上工业增加值	—	12.9	—	8.7	—	10.1
轻工业	—	12.3	—	8.7	—	9.5
重工业	—	13.2	—	8.7	—	10.4
全社会固定资产投资	172828	25.9	155057	33.4	226990	31.7
城镇固定资产投资	148738	26.6	133176.6	33.3	195684	32.1
房地产投资	31203	23.4	25050	17.7	36084	18.0
社会消费品零售额	108488	21.6	89676	15.1	125124	15.3
出口/亿美元	14307	17.5	8466.5	-21.3	11662	-18.4
进口/亿美元	11325	18.5	7111.7	-20.4	9458	-16.5
外贸顺差/亿美元	2982		1354.8	-26.0	2203	-25.4
居民消费价格指数	105.9	5.9	98.9	-1.1	99.3	-0.7
工业品出厂价格指数	106.9	6.9	93.5	-6.6	94.7	-5.3
M0（期末值）	34219	12.7	36800	16.0	38381	12.2
M1（期末值）	166217	9.1	201700	29.5	205901	23.9
M2（期末值）	475166	17.8	585400	29.3	596216	25.5

注：GDP、工业增加值为可比价格的实际增长率，其他为名义增长率。

4. 各项信心指数稳步回升，经济回升向好趋势得到巩固

国家信息中心研制的“中国宏观经济景气监测预警系统”显示，与工业生产同步的一致合成指数在 2009 年 2 月份见底，2009 年 3～9 月份连续 7 个月回升，可以判断中国宏观经济已经形成企稳回升趋势。领先工业增长约 6 个月的经济先行指数在 2008 年 11 月份触底，此后连续 10 个月稳步回升，表明在未来 6 个月内，

工业生产会继续回升。反映工业企业信心的全国制造业采购经理指数持续回升，连续7个月位于临界点50%以上，2009年9月份为54.3%，高于上月0.3个百分点，创下17个月以来最高，表明未来3～6个月制造业将持续增长。其中，9月份新出口订单指数较上月大幅上升1.2个百分点，从业人员指数较上月大幅上升1.8个百分点，分别连续5个月和4个月稳定在50%临界点之上，表明国际金融危机中影响最大的出口和就业状况已经开始明显好转。全国企业景气调查结果显示，2009年第三季度企业家信心指数回升至120.1，比2009年第二季度提高9.9点。2009年第三季度全国企业景气指数为124.4，比2009年第二季度回升8.5点。各行业企业景气连续两个季度在景气区间上升。

二、当前经济运行中值得重视的几个主要问题

中国经济呈现出企稳回升的良好态势，但必须清醒地看到，经济回升的基础还不稳定、不巩固、不平衡，一些深层次矛盾特别是结构性矛盾仍然突出。外需萎缩的局面及影响还在持续；经济增长的内生动力不足，民间投资意愿不强；产能过剩的问题更加凸显，产业结构调整压力和难度加大；推进节能减排任务仍然艰巨；农业稳定发展和农民持续增收难度较大；财政收支矛盾突出，信贷结构不合理，流动性管理难度增加，通货膨胀预期有所抬头。

1. 新一轮重复建设使产能过剩矛盾进一步发展，盲目投资后患必须引起高度警惕

目前，中国产能过剩问题较为突出，从低端到高端、从内需到外需、从传统到新兴产能均不同程度面临过剩问题。钢铁、有色、建材、化工等传统行业产能早已经过剩，但在建和新建项目仍有较大的规模。据统计，2008年年底中国粗钢产能6.6亿t左右，目前实际需求仅为5亿t左右，约1/4的钢铁及制成品依赖国际市场。目前在建项目粗钢产能超过5800万t，如不及时加以控制，很快粗钢产能将超过7亿t，产能过剩矛盾会进一步加剧。2008年水泥总产能达到18.7亿t，目前在建水泥生产线418条，产能6.2亿t，另外还有已核准尚未开工的生产线147条，产能2.1亿t，这些产能建成后，我国水泥产能将达到27亿t，预计市场需求量可由目前的14亿t增长到16亿t，即使全部淘汰目前的落后产能5亿t，还存在6亿t过剩产能。部分新兴行业也显露产能过剩迹象。新能源、新材料等行业目前在中国属于新兴产业，发展处于起步阶段，需求市场尚未充分扩展。但

是在本轮大规模投资的刺激下，部分新兴行业由于新建项目快速增长，产品需求相对滞后，已经出现了产能过剩迹象。近年来，风电产业快速发展，2008 年年底总装机容量已经达到 1217 万 kW；目前，我国风电机组整机制造企业达 80 多家，还有许多企业准备进入风电装备制造业，2010 年我国风电装备制造能力将达到 2000 万 kW，而每年风电装机规模大约为 1000 万 kW，很快出现产能过剩。多晶硅、煤化工、造船、大豆压榨等领域重复建设也十分严重。在产能严重过剩的背景下，必须严格控制制造业领域的重复建设和盲目扩大产能的投资项目，决不能依靠盲目投资来解应对危机的燃眉之急，否则将后患无穷。

2. 经济增长的内生动力不足，民间投资意愿不强

2009 年，中国经济呈现出“增长主要靠投资、投资主要靠政府”的严重不平衡特征。在政府大规模投资和宽松货币政策的配合下，国有资本除了在基础设施建设和民生工程领域大展手脚外，也出现了部分国有资本大规模进入竞争性领域，挤出了社会投资的现象，甚至出现国进民退和国有资本与民争利的局面。如国有企业在房地产领域过度活跃，不仅没有成为稳定房价的重要力量，反而凭借国有企业在银行信贷融资和资本市场上市“圈钱”的政策优势，以雄厚的资金实力在各地土地拍卖中频频成为抬高地价的“地王”，在百姓心目中造成极其恶劣的影响。国有企业收购著名民营企业集团的并购事件增多，甚至出现亏损的国有山东钢铁集团收购民营盈利企业日照钢铁公司的怪现象。民间投资由于受到市场信心、国外需求、融资约束、市场准入限制等影响，投资意愿不强，尚未出现由政府投资向民间投资的增长动力转换趋势。当前的消费增长也主要靠政策引导和鼓励，在国民收入分配体制没有根本性改变的情况下，稳定的消费增长内生机制尚难形成。必须在培育经济增长内生动力方面大力推进体制创新，着力鼓励民间投资和居民消费。

3. 地方政府投融资平台债务增长过快，必须把握好地方项目投融资节奏

各级地方政府出于融资和保障基础设施项目资金供给的目的而建立了各种政府投融资平台，作为承贷主体统一向银行贷款，然后再将贷款转贷给企业或项目。地方政府及其平台公司的举债和担保承诺行为极不规范，但一年来债务规模增速惊人。2009 年 9 月末，金融机构人民币各项贷款余额 39.04 万亿元，同比增长 34.16%，增幅比上年末高 15.43 个百分点。前三季度人民币贷款增加 8.67 万亿元，同比多增5.19万亿元。新增贷款的增量大部分流向地方政府融资平台公司。全国共有政府投融资平台6800多家，总资产近9万亿元，平均资产负债率约60%，平均资产利润率不到1.3%，特别是县级平台几乎没有盈利。政府投融资平台总体负债率较高，盈利能力较低，透明度较低，银行对平台及地方政府的整体债务水平难以准确评估，信贷资金监管难度较大。政府投融资平台贷款潜藏着系统性金融风险和财政风险。如果不及时加以控制，任凭政府投资项目继续大规模铺摊子，将会造成地方财政负债率过快上升，甚至严重影响将来扩张性财政政策的退出，进而影响经济发展和财政金融稳定的大局。

4. 价格环比由降转涨,初步形成通货膨胀预期

2009年前三季度，受上年翘尾因素和总需求相对不足的影响，我国居民消费价格、工业品出厂价格都出现同比下降的走势。在国家一系列扩大需求政策引导下，内需强劲增长，外需下降幅度逐步收窄，物价总水平作为社会总供求关系总量平衡的综合表现指数，近月来环比由降转涨。2009年1～9月份，居民消费价格下降1.1%，但7月份价格下降至1.8%的年内最低点以后，同比下降势头得到遏制，8月份、9月份下降幅度收窄至1.2%和0.8%。环比涨幅7月份持平，8月份、9月份分别上涨0.5%和0.4%。2009年前三季度，工业品出厂价格同比下降6.5%。但工业品出厂价格已连续6个月环比上涨。预计年底将结束居民消费价格同比下行周期。全世界空前规模的“救市”资金注入使全球货币流动性极其宽松，国际上开始形成通货膨胀预期，国际大宗商品价格连连上涨，使我国输入性通货膨胀压力增大。国外“热钱”卷土重来，国内货币信贷高投放，种种因素也在推动国内通货膨胀预期强化，资产价格回升明显。住房价格2009年第二季度以来连续上涨，全国70个大中城市房屋销售价格环比3月份由降转涨，2009年8月份、9月份环比涨幅分别达到0.9%和0.7%;房屋销售同比价格6月份也由降转涨，涨幅不断提高，2009年9月份同比上涨2.8%，涨幅比上月扩大0.8个百分点。在人民币升值压力上升、资金跨境流动变化迅速、全球资本市场和期货市场重趋活跃的国内外环境下，我国流动性管理难度增加，引导和管理通货膨胀预期成为宏观调控的新挑战。

三、2010年不同国际环境和国内政策背景下的中国经济走势情景预测

国际金融危机爆发后，世界各国和国际组织实施了一系列强有力的经济刺激

政策。自2009年第二季度以来，世界经济出现了积极变化，金融市场趋于稳定，美欧日等发达经济体先后恢复GDP增长。根据国际货币基金组织（IMF）最新预计，2009年世界经济将下降1.1%，2010年将恢复至增长3.1%左右。但2010年世界经济运行存在较多的不确定因素，贸易和投资保护主义回潮，一些发达国家经济回升主要依靠回补库存和减少贸易逆差，失业率仍居高不下，企业开工率不高，经济复苏动力不足。特别是引领世界经济进一步复苏的新增长点尚不明朗，缺乏新一轮科技重大突破和新兴产业作支撑的全球经济复苏将曲折缓慢，2010年难以进入企业新一轮大规模固定资本更新投资热潮，不能排除各国政府刺激政策退出后世界经济出现波折的可能。

当前我国经济社会发展仍处在企稳回升的关键时期。既要看到经济社会发展的积极变化和有利条件，进一步增强信心；也要充分估计形势的复杂性和不确定性，切实增强忧患意识。在国际环境不确定性较大、国内自主增长动力不足的大背景下，2010年我国宏观调控将面临更加复杂的环境，既有可能在经济回升过程中，因继续“保增长”的政策力度过猛，导致投资过快增长和通货膨胀压力明显上升；也有可能因刺激经济增长的政策力度减弱过快，经济出现第二轮下滑。宏观调控必须在保持政策连续性和稳定性的同时，更加灵活审慎地把握政策的力度和节奏，更加重视提高经济增长的质量和效益。应准备多种预案以防国内外环境的突然变化。我们将国际经济环境分为二次下滑、缓慢复苏、较快复苏三种可能和三种不同力度的宏观调控政策组合，模拟预测了三种可能情景下的中国经济走势（见表2）。

1. GDP增长8.5%左右的平稳增长情景

如果2010年全球经济缓慢复苏，使中国外部经济环境有所好转，出口下滑和外资下降的局面逐步改观。国内现有政策取向基本保持不变，将保持经济平稳较快发展和大力推进结构调整作为宏观调控的主要任务，继续实行积极的财政政策，财政赤字占GDP的比重保持在3%左右；继续实行适度宽松的货币政策，广义货币供应量（M2）余额同比增长率年内逐步控制到18%左右，新增贷款规模全年控制在8万亿元以内，企业从证券市场融资规模大于2009年，全社会资金较为宽松；固定资产投资政策体现有保有压的结构性调控取向，一方面为民间投资创造相对宽松的政策环境，房地产投资较快增长，企业技术升级投资项目增多；

另一方面坚决抑制重复建设投资项目的新开工，政府基础设施投资重点保在建项目，压新铺摊子。在这一情景下，由于政府经济刺激政策的新增量小于2009年，国内外市场环境好转但不足以刺激企业大规模增加投资，经济自主性增长动力有所提高但仍未全面恢复，国民经济保持平稳增长态势，GDP增速大体与2009年持平。由于中国经济在长期潜在增长区间下限运行，总量上供过于求仍是经济运行的基本特征，当年不会出现明显的通货膨胀，预计居民消费价格将上涨2.5%左右；就业和国际收支状况将进一步好转。

2009年新开工项目规模很大，投资增长惯性较强；房地产投资加快的趋势仍将延续；但政府投资项目不再大规模铺新的摊子，新增信贷规模减少和对重复建设的政策约束对投资增长将产生一定抑制作用。综合考虑上述因素，预计2010年固定资产投资名义增速为31%左右，大体与2009年持平，但扣除价格因素后的实际增速低于2009年。

消费保持平稳增长具备诸多有利因素，城乡居民收入水平持续增长为扩大消费增强了后劲，医改新方案等社会保障制度建设有助于减轻居民消费的后顾之忧，储蓄消费型增长模式使我国消费有较强稳定性。但经济型轿车减税、家电下乡、家电和汽车摩托车以旧换新等扩大消费政策2010年可能出现政策效应递减。预计2010年社会消费品零售总额增长18.5%，实际增长15.6%左右，略低于2009年水平。

外贸出口有望恢复正增长。世界经济由大幅负增长转为小幅正增长是中国出口恢复增长的基础性因素。数量分析显示，中国出口量对世界经济总量弹性为5.3，即世界经济每上升或下降一个百分点，中国出口量随之上升或下降5.3个百分点。2010年世界经济如果实现2%以上的增长，我国外贸出口增速有望达到10.8%左右；内需强劲有助于拉动进口需求进一步加速，预计进口增长13.5%；实现外贸顺差2200亿美元左右，大体与2009年持平。发达国家居民家庭储蓄率上升，将在一定程度上影响对中国商品的需求。贸易保护主义进一步加剧，贸易摩擦明显增多，我国外贸出口形势并不乐观，难以回升到2008年的进出口绝对额水平。

2010年，为防止未来通货膨胀压力过大，不宜进一步加大扩张性政策力度，货币信贷真正回归适度宽松局面，如果确能实现经济平稳增长情景，同时大力推进结构调整和体制改革，将有利于经济可持续发展，并减少扩张性政策的后遗症，这是最值得争取的情景。

表 2　2010 年中国经济主要指标预测

指　标	继续调整情景		平稳增长情景		强劲复苏情景	
	绝对值/亿元	增长率（%）	绝对值/亿元	增长率（%）	绝对值/亿元	增长率（%）
GDP	354677.7	8.0	356358	8.5	358024.2	9.0
一产	36728.3	3.2	36835	3.5	37013.0	4.0
二产	172223.9	8.7	172858	9.1	173808.3	9.7
三产	145725.5	8.5	146666	9.2	147202.9	9.6
规模以上工业增加值	—	9.7	—	10.3	—	11.0
轻工业	—	9.1	—	9.5	—	9.9
重工业	—	10.0	—	10.7	—	11.5
全社会固定资产投资	276927.6	22.0	297357	31.0	304166.3	34.0
城镇固定资产投资	242647.9	24.0	257324	31.5	266129.9	36.0
房地产投资	42940.2	19.0	44384	23.0	46548.6	29.0
社会消费品零售额	146395.5	17.0	148272	18.5	150149.3	20.0
出口/亿美元	12361	6.0	12921.2	10.8	14017.4	20.2
进口/亿美元	10499	11.0	10735.2	13.5	11491.8	21.5
外贸顺差/亿美元	1863	-15.5	2186.1	-0.8	2525.6	14.6
居民消费价格指数	101.8	1.8	102.5	2.5	103.2	3.2
工业品出厂价格指数	103.0	3.0	105.0	5.0	107.5	7.5
M0（期末值）	42180.6	9.9	42495	10.7	42717.9	11.3
M1（期末值）	236786.5	15.0	241355	17.2	244610.8	18.8
M2（期末值）	691610.3	16.0	710242	19.1	727383.3	22.0

注：GDP、工业增加值为可比价格的实际增长率，其他为名义增长率。

2. GDP 增长 9%以上的强劲复苏情景

如果世界主要经济体为促进经济加速复苏，目前施行的扩张性经济政策 2010 年全年都不退出，贸易保护主义得到抑制，全球贸易重新活跃，世界经济和贸易全面回升，同时，人民币汇率继续保持基本稳定，前期出台的刺激外贸政策不变，则我国外贸出口增速可能达到 20%以上，进口增速达到 21.5%，外贸顺差比上年增长 15%左右，净出口对我国经济有明显的正拉动作用。

国内继续实施应对国际金融危机的一揽子计划，将保持经济平稳较快增长作为宏观调控的首要目标，继续实行积极的财政政策，财政赤字占 GDP 的比重略超过 3%；继续实行适度宽松的货币政策，广义货币供应量(M2)余额同比增长率年末控制到20%左右，新增贷款规模全年控制在10万亿元以内，证券市场活跃，全社会资金十分宽裕。财政和信贷资金有效带动社会资金的投入，房地产开发投资重新恢复快速增长，十大产业调整和振兴规划实施进展顺利，一批科技含量较高的产业投资项目上马，固定资产投资名义增速高于2009年，实际增速与2009年持平。企业设备利用率回升较快，就业状况明显好转，城乡居民收入增速提高，城乡消费品市场繁荣活跃。在这一情景下，国民经济出现强劲复苏态势，GDP增速超过9%。但世界经济加速复苏可能使我国输入性涨价因素增多，居民消费价格和工业品出厂价格回升较快，分别上涨3.2%和7.5%左右。国内外流动性过份充裕局面会为未来通货膨胀留下隐患。同时，经济增速回升快，经济结构调整不充分，产能过剩矛盾进一步加剧，不利于经济可持续发展。

3. GDP增长8%以下的继续调整情景

如果世界主要经济体目前实施的扩张性政策较快退出，多数国家采取提高利率等手段收紧银根，由于各国经济内生增长动力较弱，企业设备利用率和就业率回升缓慢，世界产业结构将展开深度调整；同时，贸易和投资保护主义盛行，国际贸易回升乏力，跨国投资陷入停滞。在这一情景下，世界经济增长率可能低于2%，我国对外贸易和利用外资的国际环境没有大的改善，出口增速仅为6%，进口增速11%，外贸顺差比上年下降15%左右，净出口仍然为GDP增长的负拉动因素。

如果国内实行积极的财政政策和稳健的货币政策，将预防通货膨胀放在宏观调控的突出位置；财政赤字占GDP的比重明显小于2009年；货币政策操作逐步加大收紧力度，广义货币供应量（M2）余额同比增长率年内控制到16%左右，新增贷款规模全年控制在6万亿元左右，证券市场交投不活跃，企业直接融资规模小于2009年，全社会资金面比2009年明显收紧；在全力保证4万亿元投资已开工项目进展的同时，严格控制政府投资新开工项目，房地产投资增速大体与2009年持平。由于经济刺激政策的新增量明显小于2009年，经济自主性增长动力不足，固定资产投资和社会消费品零售总额实际增速均低于2009年，企业设备利用率较低，就业困难较大，国民经济出现继续调整态势，GDP增速低于8%。由于中国经济实际增速明显低于长期潜在增长率，总量供过于求矛盾突出，几乎没有新涨价因素，CPI和PPI的上涨主要是翘尾因素影响，预计居民消费价格将上涨 1.8%左右，PPI 上涨 3%左右。这一情景可借助世界性产业结构深度调整来淘汰国内一批落后企业和落后产能，也有利于防止通货膨胀；但就业压力增大。

四、对 2010 年宏观调控对策的建议

面对复杂多变的国内外环境，2010 年，宏观调控政策必须在巩固政府刺激政策成效的同时，通过深化改革和科技创新，大力促进经济自主性增长动力的恢复和强化，大力推进经济结构调整，增强经济复苏的可持续性。建议继续实施积极的财政政策和适度宽松的货币政策，保持宏观经济政策的连续性、稳定性，政策操作应更加注重前瞻、灵活和审慎，把握好政策的力度和节奏，着力“稳增长、调结构、防通胀、惠民生”。

1. 将“保增长”改为“稳增长”，灵活审慎把握政策力度和节奏

当前，中国经济增长仍低于长期潜在的经济增长率，物价上涨压力不大，保持经济平稳较快增长仍应是宏观调控的首要目标，但将“保增长”改为“稳增长”，主要是考虑到国际国内不稳定因素仍然很多，需要继续保持宏观政策的连续性和稳定性，避免经济大起大落。要全面落实和不断充实完善一揽子计划和政策措施，并准备多种预案以防国内外环境的突然变化，灵活审慎把握政策力度和节奏。“稳增长”的关键是控制住各地政府固定资产投资项目的新开工节奏。目前，政府投资项目在建规模已经很大，不少地方政府铺开的投资摊子超出了地方财力可承受能力，要规范地方政府及其平台公司的举债和担保承诺行为，集中资金首先确保已开工项目的按期完工。科学合理地安排投资计划，推进中央投资项目建设，确保项目质量和安全。在世界新一轮产业投资新增长点并不明朗的背景下，对产能过剩行业的投资要从严控制，坚决抑制重复建设等盲目投资。对保障性住房和普通住宅要保证土地和资金供应，通过增加房地产投资来改善房地产市场供求关系，为稳定房价创造长远有利条件。

2. 坚持实行积极的财政政策，加大“惠民生”、“调结构”支持力度

2010 年，应继续实行积极的财政政策，财政赤字占 GDP 的比重仍可按 3%左右安排。2010 年新增财政支出低于 2009 年的水平，这样的财政政策安排既积极又稳妥。可适当扩大地方债券发行规模，在规范地方融资平台贷款的同时，必须有渠道适当满足地方已开工投资项目的资金需求。新增财政支出在继续完成现有

公共投资项目的同时，应更加积极地促进结构调整和改善民生。进一步落实好产业调整振兴规划中确定的各项财税扶持政策，增加对基础科学研究、重大科技专项、重点工程实验室的投入，建议实施企业节能减排投资给予所得税税前加计扣除等措施。建议较大幅度提高个人所得税起征点，并延续已经出台的促进消费政策，继续对“家电、汽车、摩托车下乡”、“节能产品惠民政策”、“汽车、家电以旧换新”、经济型轿车、居民购买首套住房的税收优惠；加大政府对保障性住房的投入力度，对有的城市迟迟不能完成当年保障性住房财政投入的情况，要从当地其他投资项目审批方面予以限制。

3. 继续实行适度宽松的货币政策，改善优化信贷结构

货币政策要立足“适度”，在有保有压、优化贷款结构、确保贷款投向实体经济的前提下，为经济的持续复苏提供合理宽松的资金条件。避免信贷投放再次出现2009年上半年过度膨胀的状况，建议2010年新增贷款规模控制在8万亿元左右，M2增速控制在18%左右。要高度重视货币政策效应的时滞因素，2009年已投放的大量信贷未来仍将发挥作用，防止市场流动性变化加大资产价格和消费价格上涨压力。应进一步加强和规范跨境资金的管理，防范国际收支失衡引发的流动性风险。以拓展资本流出为重点，稳步推进人民币资本项目的可兑换。对通货膨胀预期的管理要有国际化眼光，加强国际间货币政策协调合作，共同应对通货膨胀。要加强政策指引，不断调整和优化信贷结构，促使商业银行信贷投放切实进入实体经济，向有效推动民间投资和住房、汽车等消费增长倾斜。加大对重点区域的信贷投放，通过支持区域性的经济增长点，以点带面促进经济发展。要切实加强融资平台和项目贷款风险管控，严禁发放打捆贷款；不得签署无特定项目的大额授信合作协议；对出资不实，治理架构、内部控制、风险管理、资金管理运用制度不健全的融资平台，要严格限制贷款，落实风险防范。

4. 积极有序推进有利于结构调整和惠及民生的关键领域改革

要推进资源价格改革。要素价格杠杆是促进结构调整的最重要因素。积极推进水、电力、成品油等重要能源资源价格改革，进一步完善资源价格形成机制改革，使价格不仅反映要素的市场供求状况，而且要反映其稀缺性以及环境保护成本，并推进要素市场主体培育和监管体系建设。进一步推进金融体制改革。允许民间资金以适当的方式进入金融市场提供金融服务，大力发展专为中小企业服务的“草根”金融企业，加大小额贷款公司的推广力度，适当加大民间金融机构的杠杆比例。积极推进利率和汇率市场化改革，通过资金要素价格杠杆促进投资效率的提高。稳步发展资本市场，拓宽融资渠道。尽快建立完善的退市机制，改变目前“只进不出”的不利局面，真正做到优胜劣汰。推进垄断行业市场准入改革。在铁路、通信、航空、石油化工等垄断行业和公用事业与社会发展领域引入竞争，尽快清理不合理的限制性行业准入制度，鼓励民营企业进入这些领域。国有资本应从房地产等竞争领域逐步退出来，国有企业主要从事保障性住房建设。

5. 积极推进结构调整和节能减排

继续抓好重点产业调整振兴规划和实施细则的贯彻落实，改变目前“轻调整、重振兴”的片面做法，重点产业加大淘汰落后产能的力度，修订《产业结构调整指导目录》，毫不放松地抓好节能减排工作。利用市场竞争机制，提高产业投资和市场准入条件，强化环境监管，严格项目审批管理，限制土地供应和贷款，通过采用经济、行政等手段，加快淘汰达不到准入标准、市场竞争力差的落后产能。研究出台鼓励淘汰落后产能、促进兼并重组的政策措施。“两高一资”产业要发展高精尖深加工项目，发展循环经济，搞好再生利用，推进“两高一资”产业结构调整和优化升级。推动企业加快技术改造，抓紧研究提出促进战略性新兴产业发展的总体思路和政策措施，设立创业投资基金支持新兴产业发展。

（作者：范剑平）

2009 年世界经济分析及 2010 年展望

2009 年全球经济陷入衰退，但新兴市场与发展中经济体整体上继续保持增长，为维护世界经济稳定做出了突出贡献。在超常规的政策干预下，全球经济衰退趋向结束，但世界经济发展仍面临诸多不利因素，金融市场仍存隐患，失业率居高不下，消费和投资需求不足，国际贸易保护升级，通胀压力较大。2010 年全球经济将处于低增长的温和复苏阶段。未来的世界经济形势对我国经济发展既提供了机遇、也提出了挑战。

一、2009 年世界经济形势分析

1. 全球经济衰退趋向结束，但复苏基础并不牢固

在发达国家和一些新兴市场经济体超常规政策的干预下，2009 年第三季度以来全球经济衰退势头减弱，但是复苏的基础并不牢固。

作为最大的经济体，美国正逐渐走出谷底，2009 年第三季度美国经济按年率计算增长 3.5%，显示经济复苏势头更趋明显。不过，作为最大增长引擎的个人消费支出仍然增长乏力。尽管近来出现一些有助于消费增长的积极因素，但其作用有限。虽然减税和鼓励汽车消费等政策带动了消费增长，但其持续性值得怀疑，从投资方面看，政府投资在上升但私人投资仍在下降。

2009 年第三季度，欧元区经济环比增长 0.4%，结束了连续 5 个季度的经济萎缩势头，从而有可能走出自 1999 年成立以来的首次经济衰退。欧元区两大经济体德国和法国的经济在 2009 年第三季度分别环比增长 0.7%和 0.3%。伴随着德国和法国的经济增长，欧元区其他国家也将恢复经济增长，尽管失业情况还会给市场带来冲击，但最坏的时候已经过去。由于金融业惜贷对实体经济的负面影响、信心缺失造成的需求疲软及劳工市场僵化等三大因素阻碍着经济的回升，欧元区复苏程度仍然不明朗。

日本 2009 年第二季度 GDP 比上季度增长了 0.6%，按年率计算增长 2.3%，为 5 个季度以来的首次正增长。2009 年第三季度继续保持增长势头，环比增长

1.2%。日本经济反弹，主要是因为外部需求回升和政府经济刺激方案显露成效。不过，尽管经济形势出现好转，日本失业率却连续创出新高，加之物价继续下跌，通缩迹象明显，所以未来的经济形势不容过分乐观，不排除 GDP 再次下挫的可能性。

金融危机全面爆发后，新兴市场与发展中经济体从整体上看继续保持增长，为维护世界经济稳定做出了突出贡献，这与发达国家全面陷入衰退形成鲜明的对比。以亚洲为例，尽管受国际金融危机影响较大，但亚洲新兴市场经济体仍保持了较强的增长态势，除我国之外，印度、越南等国在 2009 年始终保持正增长，印度前两季度经济增长率分别达到 5.8%和 6.3%，增速仅次于我国，2009 年 8 月份，印度工业生产同比增长 10.4%，达到 22 个月以来的高点。国际货币基金组织的报告指出，在亚洲经济复苏带动下，新兴和发展中经济体普遍走在了复苏的前列，这一结论恰如其分地反映了亚洲新兴市场经济体的重要作用。

2. 金融市场趋于稳定，有利于经济增长

自金融危机以来，全球金融机构亏损超过 1.4 万亿美元，主要经济体政府纷纷出台救助方案，采取定量宽松货币政策向金融体系注入流动性，并通过注资、购买有毒资产、贷款等措施剥离不良资产，恢复流动性。金融救助措施促使全球金融体系快速企稳，2009 年 3 月份以来，全球期货市场和股市率先复苏，随着世界经济复苏迹象趋于明显，8 月以来全球金融市场信心进一步回升，市场运行总体向上，2009 年 10 月份美国道琼斯指数突破万点大关。同时，受金融危机影响最深的全球房地产市场出现复苏回暖迹象。发达国家的家庭和机构拥有大量的金融资产，股价上涨可以在一定程度上恢复其财富效应，有利于消费和投资的增长。

3. 发达国家物价普遍下行，但一些新兴市场经济国家衰退与通胀并存

为应对金融危机，大多数发达国家大量发行货币，但在 2009 年对通胀并没有形成很大压力，相反，美国、欧元区和日本三大经济体物价普遍下行，日本还存在长期通缩的隐患。究其原因，主要有如下几个方面：首先，大量货币用于为金融系统注资，并没有进入实体经济；其次，由于产能过剩，企业被迫降价；第三，各国为鼓励出口大幅降低出口关税，从一定程度上拉低了全球物价水平；最后，受金融危机影响，居民的消费能力和消费意愿降低，需求相对不足。

但是，在一些新兴市场经济国家出现了经济衰退和通货膨胀并存的局面。独联体、东欧国家、拉美国家经济普遍衰退，但没有一个国家物价下降。其中俄罗斯最具有代表性，上半年经济衰退 10%，但消费者价格指数始终保持在 10%以上。造成这种现象的原因也是多方面的，仍以俄罗斯为例予以说明。首先，由于工业生产能力脆弱，独联体国家大量进口资本品和消费品，危机爆发后本币贬值，通胀压力自然增加。其次，由于无法争取到采购大批日用品所需的贷款，许多俄罗斯批发商面临破产，这也在很大程度上加剧了通货膨胀。最后，在金融危机的背景下，俄罗斯民族主义抬头，排斥外国商品经营者，国内供给不足、经营成本高昂，物价自然上升。

4. 就业形势普遍严峻

从历史经验来看，金融危机和经济衰退对就业的影响最为严重和持久，本次危机也不例外。危机爆发后，美国失业率逐月上升，2009 年 10 月份上升到 10.3%。按照芝加哥大学的测算，如果把放弃寻找工作或是在做临时工作的失业者计算在内，失业率则在 17%以上。欧元区 2009 年 9 月份失业率增至 10 年半以来最高水平 9.7%，且未来将会继续上升。

日本政府实行了就业调整补助金制度，对企业主支付补贴，防止企业解雇员工，这使日本避免了欧美国家 10%左右的失业率，但也正是源于就业调整补助金制度，潜在失业者人数大量存在。截至 2009 年 6 月底，2009 财年申请就业调整补助金的人数达 238.3 万人，同期申请得到批准的为 189.1 万人。如果潜在失业者（或称企业内失业）今后转为失业，完全失业率将由目前的 5.4%上升到 10%左右。目前潜在失业者数量已高于第一次石油危机时期的 1973 年第四季度及东南亚金融危机时期的 1997 年第四季度。潜在失业者的大量存在，使实质劳动供需不均衡，也抑制了工资增长，可能成为景气难以真正恢复的重要原因之一。

5. 国际贸易和国际直接投资下降

尽管世界各国都采取了鼓励出口的经济政策，但无法抑制国际贸易普遍下滑的局面。正如危机爆发前全球贸易增速远远高于经济增速一样，全球贸易下降幅度同样高于经济衰退幅度。国际货币基金组织预计 2009 年全球商品和服务贸易将下降 11.9%。与此同时，全球海外直接投资也在急剧下滑，不过，伴随着经济的复苏，海外直接投资也有回暖趋势，以印度为代表的新兴市场国家利用外资额在不断上升。由于新兴市场经济体发展潜力较大，国际资本流向新兴市场经济体应该是未来的发展趋势。

二、世界经济发展趋势判断

1. 2010 年世界经济将处于低增长的温和复苏阶段

通过上述分析可以看到，美国等发达国家经济呈现触底企稳迹象，已经开始进入复苏进程，但是 2010 年，全球经济复苏更大的可能是处于低增长的温和复苏阶段。在大规模的财政刺激政策告一段落之后，私人部门需求的启动仍然需要时间；与此同时，欧美银行信贷尚未恢复增长。在 2009 年剩余时间和 2010 年，美国和欧洲的银行信贷供给都将下降，银行愿意发放的贷款看来可能不足以满足即使是疲软的私人部门需求。因此，无论从私人部门需求以及欧美银行信贷功能需要时间恢复，还是从政策刺激力度的边际效应来看，在 2009 年负增长的基础上，2010 年全球经济更大的可能是低增长的温和复苏。预计 2010 年全球经济增长 2.5%～3%，其中发达经济体为 1%左右，新兴市场和发展中经济体为 5%左右。

国际货币基金组织（IMF）在其最新发布的 2009 年秋季《全球金融稳定报告》给各国政府提出的四项政策建议中，第一项是确保充分的信贷增长，以支持处于萌芽状态的经济复苏；第二项则是制定适当的退出战略。但是这些政策建议显然和中国、澳大利亚等国的情况有较大差异，也正因为如此，全球很难就刺激政策的退出时间表达成明确的共识，但是即使不退出，除非各国推出更大规模的刺激计划（这种可能性几乎为零），否则政策刺激对于经济增长的边际效应也在递减。

各国大规模公共干预政策有退出的需要，经济复苏存在反复的可能。一旦市场对金融体系的长期稳定性恢复信心，则应结束目前的超常规刺激政策。但是，如果退出的时机和力度把握不当，则存在令经济复苏出现反复的可能。从历史上看，这种情况的确存在。

1933 年罗斯福新政实施，1934～1937 年美国 GDP 实现了连年增长。但是由于面临通货膨胀压力，1937 年美联储开始实施紧缩性货币政策，两度提高银行存款准备金率，在这种背景下 1938 年经济再度出现负增长，跌至 1929 年的水平，同年私人投资萎缩了 41%。这说明，扩大财政支出、兴建大型工程等举措可以在一定程度上消除危机的负面影响，但不可能取代经济增长本身所需的动力，当前世界经济仍面临类似困境，最主要的问题是各国公共投资增长对私人投资的带动不足。

2010年国际金融市场仍然存在隐患，如果爆发新的金融动荡，世界经济存在陷入二度衰退的可能。首先，不良资产尚未全部核销。次贷危机爆发后，大部分金融机构都进行了大规模的和次级债券相关的不良资产核销，但是金融机构表内、表外的所谓“有毒资产”，包括次贷、次债及相关衍生品等引发的损失尚未全部核销。另外，为挽救金融机构，欧美政府改变了原有的会计制度，这在表面上改善了金融机构的财务报表，但很大程度上掩饰了金融机构的不良资产。这些不良资产将给未来全球银行系统带来较大不稳定因素。

其次，虽然各国政府及央行向金融系统注入了大笔流动性，但金融机构由于惧怕再遭受损失，反而收紧了向企业和个人发放贷款的条件，导致实体经济部门仍面临信贷紧缩，进而拖累经济复苏。如果经济形势得不到迅速改观，一些负债累累的家庭和非金融企业仍将面临严峻的挑战，并将导致银行的损失进一步扩大，加剧金融机构惜贷局面，形成恶性循环。

第三，商业房地产贷款可能对中小美国银行形成较大冲击。2009年9月10日美国联邦监管机构接管了芝加哥的Corus银行，这是首家在当前经济衰退中因建筑和商业房地产贷款恶化而倒闭的美国大型银行。Corus银行的倒闭是一个最新信号，标志着银行，尤其是中小型地区性银行，除住房抵押贷款恶化以外还将面临新一轮冲击。据美国联邦储蓄保险公司统计，截至2009年10月23日，倒闭的美国银行数量共计106家。当前，商业地产价格下降速度加快，小银行有很多商业房地产贷款，未来受到的冲击可能较大。

第四，东欧金融危机隐患仍存。国际金融危机爆发之前，欧元区发达国家公司在东欧地区过度投资，银行过度放贷，东欧金融危机的爆发给相关企业和银行带来巨大损失。2009年，东欧面临4000亿美元的贷款还款压力，占该地区GDP的1/3。一旦东欧违约，债务就会传导到西欧，对国际金融市场形成巨大冲击。

第五，房地产市场尚未触底。由于就业情况继续恶化，住房止赎案很可能会增加，进而导致违约率和止赎进一步上升，金融业的坏账还可能继续攀升。

最后，全球股市可能存在泡沫。在全球经济衰退尚未结束之际，股市率先复苏，2009年10月美国道琼斯指数重上万点。这种复苏的主要原因可能是全球金融市场流动性的提高而非经济基本面的好转，在这种情况下，股票市场的泡沫可能破灭，从而影响实体经济复苏。

2. 影响2010年世界经济发展的因素分析

（1）经济结构调整有利于世界经济健康发展　金融市场稳定之后，世界各国将会更加注重结构调整。发达国家将汲取金融危机的教训，注重实体经济的发展。经济会因金融危机的影响而衰退，但技术进步只可能放慢步伐，发达国家在电信、新能源、环保、高档生活用品方面的技术优势仍然是其他国家不可替代的，技术优势仍可能促进经济复苏，并让发达国家彻底摆脱金融危机的阴影。由于外需短期内不可能恢复到金融危机爆发之前，新兴市场和发展中经济体将会进一步刺激内需，实现经济的可持续发展。

（2）新兴市场和发展中经济体仍将是世界经济稳定增长的重要支撑力量

从历史的角度来看，每次大的经济危机都会导致世界经济格局的调整和变化。上世纪大萧条之后，前苏联迅速崛起；两次石油危机加快了西方国家向发展中国家产业转移，亚洲四小龙由此崛起。当前，二十国集团（G20）将可能代替八国集团，成为国际经济合作与协调的首要力量，这标志着世界经济格局正在逐步发生新的变化，新兴经济国家和发展中经济体在全球经济中将发挥愈来愈重要的作用，成为引领世界经济复苏的重要力量。

这种变化显然是往有利于新兴市场和发展中经济体的方向发展。尽管经济总量无法同发达国家相提并论，但当前世界经济中的增量全部来源于新兴市场和发展中经济体，这充分说明新兴市场和发展中经济体在稳定世界经济中的重要作用。

南南合作的提出已近半个世纪，起初并无太大进展，根源在于以前这些国家经济的互补性较弱，各国都缺乏资本、技术和熟练工人，而资源相对丰富。现在这一格局已经发生重大变化，经济的互补性明显增强，南南合作具有了坚实的基础。例如，印度与非洲的贸易 2003～2008 年 5 年中增长了 5 倍， 2012 年达到 1500 亿美元；东亚的合作步伐在不断加快，2010 年 1 月 1 日起中国-东盟自由贸易区将正式成立，2012 年日本和韩国将纳入“东盟加三”。南南合作不仅有利于推动新兴市场和发展中经济体自身的经济增长，同时会形成一个巨大的市场，对推动发达国家出口贸易的复苏具有较强的支撑作用。

（3）失业率上升影响信贷消费，美国已经不能继续为全球经济增长提供足够的消费需求，养老金与医疗问题将困扰欧美经济　在经济系统中，失业率是一个滞后指标，历史经验表明，在经济衰退结束之后两年甚至更长时间里，失业率仍将处于较高水平，这将对信贷消费造成严重冲击。一方面，失业和半失业居民基本丧失信贷消费能力；另一方面，未失业居民也会提高防范意识，降低消费，增加储蓄。事实上，这一问题已经凸现。根据美联储的报告，截至2009年8月末，美国消费信贷已连续7个月下降，这是自1991年底以来出现的最长连续下降期。

美国私人消费支出在GDP中的比重高达70%，这正是以消费信贷为支撑的。消费信贷占GDP的比重从1947年的不到5%上升到近年的18%；私人消费信贷占私人消费的比例从1947年的7%上升到近年的25%。换言之，如果没有消费信贷，私人消费将减少1/4，GDP规模将下降近18%。尽管金融危机不可能终结信贷消费模式，但过度消费的模式必将终结，经济增速随之下滑。

美国经济危机将使美国在全球经济中的地位发生重大变化，美国已经不能继续为全球经济增长提供足够的消费需求。这将迫使各国扩大国内消费，分担为全球经济增长提供动力的责任，但这一过程不可能一蹴而就。另一方面，同退休人员高度相关的医疗保险、医疗费用占美国政府支出的1/4。但是，美国财政赤字在2009财年达到1.42万亿美元，占GDP比例升至10%，达到“二战”后的最高水平，庞大的医疗费用对财政可持续性提出了挑战。欧洲也同样存在类似问题。

经济周期理论表明，长周期主要由人口因素决定。数据显示，美国人口结构拐点将在2010年出现，欧洲发达国家人口周期与美国基本一致，作为主要消费群体的二战后婴儿潮一代逐渐退休，即便没有金融危机，欧美等发达国家潜在的经济增速也必将下滑。在退休人员急剧增加的同时，欧美国家养老金却因金融危机而大幅缩水。

（4）全球通胀压力阻碍经济复苏　为应对国际金融危机，各国为金融系统大量注资，货币流动性充裕。在实体经济没有复苏的情况下资产价格、能源和原材料价格首先上涨。历史经验表明，资产价格上涨和物价下降在相当长的一段时间内可以并存，但资产价格上涨最终会导致通货膨胀。从现实情况来看，2009年10月份国际原油价格再次上升到80美元以上，美元长期走弱，各国缺乏收回流动性的有效手段，2010年世界各国都将面临通胀压力。在经济低迷和物价上涨的环境里，经济政策都将陷入两难境地。

（5）国际贸易保护升级影响世界经济复苏　金融危机爆发以来，全球贸易保护主义趋势加强。各国推出或拟推出的保护主义措施约有78项，其中47项已付诸实施。这些贸易保护措施主要包括提高关税、实施贸易禁令、出口补贴、滥用贸易救济措施以及多种形式的非关税贸易壁垒。经济理论和历史经验表明，贸易保护影响经济发展，但目前发达国家贸易保护有升级的趋势。

三、对我国经济的影响

1. 世界经济复苏有助于改善我国经济增长的外部环境

2010年全球经济增速虽然较低，但毕竟开始复苏，这将会在一定程度上改善我国经济增长的外部环境，促进我国对外贸易实现增长。但是，由于世界经济可能还要经历两三年的低迷期，我国进出口环境依然严峻，外贸增幅不会太大，我们对此要有充分的思想准备。

2. 顺应世界经济格局调整和变化的大趋势，积极深化国际合作，促进我国经济发展

世界经济格局正在朝着多极化和有利于新兴市场和发展中经济体的方向发展。我们应顺应世界经济格局调整和变化的大趋势，积极深化国际合作，促进我国经济发展。首先，应积极稳妥地提高我国在国际经济事务中的参与和话语权，主动进行国际经济政策对话与协调。第二，应加强与新兴市场经济体的合作和交流。由于我国同其他新兴市场国家在经济方面存在较强的互补性，相互影响越来越大，随着世界经济格局的变化，这种趋势在未来将不断加强。因此，一应发挥地缘优势，加强与东亚等邻国的经济合作，加快向西开放的步伐；二应加强对新兴市场经济体与发展中国家的投资与金融支持；三应继续坚定实施走出去战略，特别是利用外汇储备，支持企业积极进行海外投资。

3. 大宗商品价格上涨可能引起我国资产价格的上涨，从而不利于我国经济发展

我国目前仍处于工业化中期阶段，重化工业时期尚未结束，对资源、能源的需求仍很巨大。全球资产价格不断膨胀，会通过贸易或资本交易渠道传递到我国，从而推高我国初级产品和资产价格，对我国经济发展造成不利影响。另一方面，由于近年来国际油价上涨过快，国际上生物能源的开发不断推进，将使越来越多的粮食用于生产燃料，并进而引发国际粮价的飞速上涨，对我国经济产生不可忽视的影响。

（作者：张亚雄　程伟力）

2009 年金融运行分析与 2010 年展望

2009 年金融调控的主要任务是应对国际金融危机，一方面通过信贷政策和公开市场操作等数量型工具满足经济增长和内需扩张的资金需求。另一方面，积极参与国际合作，适时推动人民币国际化进程，提升我国国际金融地位。2010 年金融调控面临的任务和形势更为复杂，不仅要解决经济复苏的可持续性问题，还要预防潜在的通胀风险和金融风险，应对后危机时代国际金融形势的可能变数。2010 年将继续实行“适度宽松”的货币政策，但在强调“宽松”的同时，会更加强调“适度”，努力做到灵活、渐进、动态微调。

一、2009 年金融调控积极应对国际金融危机的冲击和机遇

1. 数量调控保证资金投放，全力以赴 “保增长”

（1）信贷政策积极贯彻“保增长、扩内需”方针　在支持投资增长方面，信贷政策积极配合中央政府 4 万亿元投资计划的实施，保证符合条件的中央投资项目所需配套贷款及时落实到位。2009 年 1～11 月份，城镇固定资产投资到位资金累计同比增长 39.2%，增幅比上年同期高出 18 个百分点，比同期城镇固定资产投资增速高出 7.1 个百分点。其中，国内贷款同比增长 46.4%，增幅比上年同期高出 34.7 个百分点。在支持消费增长方面，汽车消费信贷和住房按揭贷款的放开以及购房贷款利率优惠等信贷措施对住房和汽车两大消费热点的回暖、趋旺起到了重要作用。2009 年以来，以个人住房按揭贷款为主的消费信贷放量增长。2009 年前三个季度，居民户消费性贷款累计增加 1.26 万亿元，同比多增 8961 亿元，新增居民户消费性贷款占全部新增贷款的 14.5%，所占比例比上年同期提高 3.9 个百分点。

（2）公开市场操作努力保持银行间市场流动性充裕、稳定　受国际金融危机冲击，2009 年前三季度我国贸易顺差规模有所缩小，外资流入减少，国际收支顺差结汇形成的外汇占款投放势头也相应减弱。外汇占款余额同比增速由上年末的 29.4%下降到 9 月末的 14.1%。2009 年前三季度外汇占款累计新增约 1.7 万亿元，同比少增近 2 万亿元。在外汇占款减少导致相应的流动性投放减弱的背景下，

央行 2009 年前三季度公开市场操作，仅在 2 月份和 4 月份实现流动性净回笼，其余月份均为净投放资金。综合来看，2009 年前三季度央行公开市场操作累计净投放资金 8098 亿元，而上年同期为净回笼 7600 亿元。

随着外围经济环境的好转，2009 年第四季度我国出口和吸引外资情况有所好转，外汇占款投放也有所反弹，2009 年 10 月份和 11 月份末外汇占款余额同比增速分别小幅回升至 14.3%和 15.1%（见图 1）。由于外汇占款形成的流动性投放较多，2009 年 10 月份、11 月份公开市场操作持续净回笼资金见图 2。

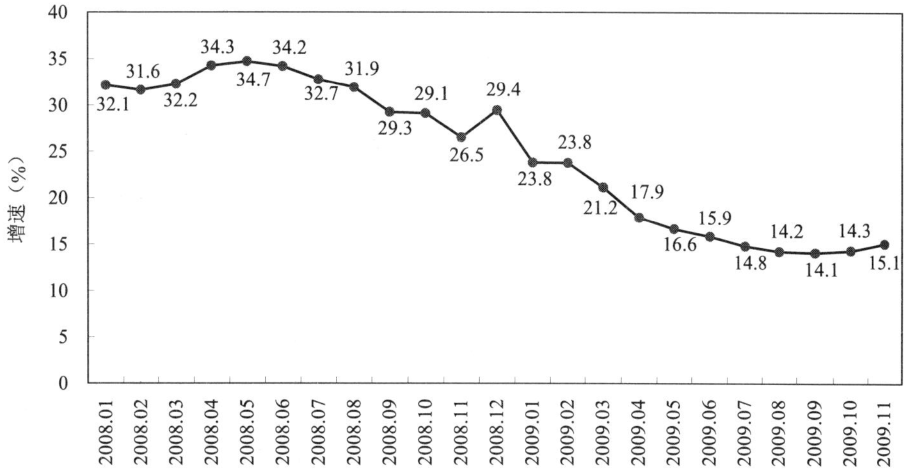

图1 外汇占款余额同比增速

（注：数据来源于中国人民银行网站）

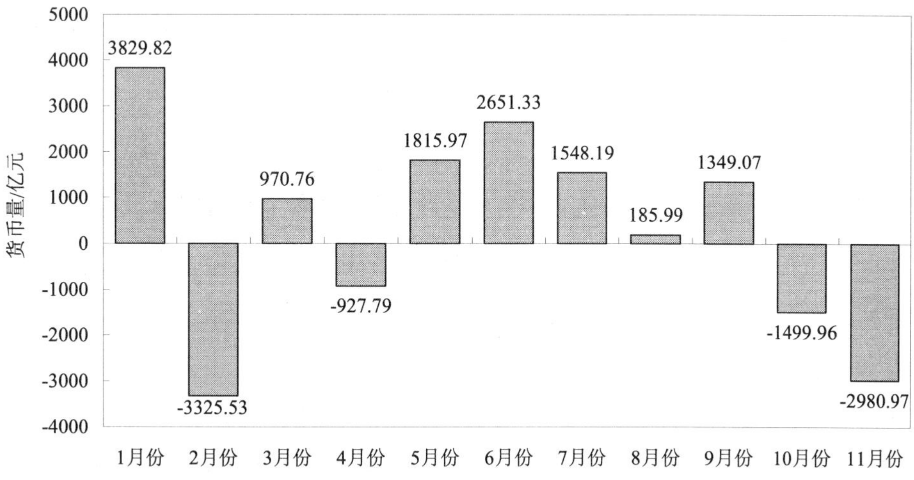

图2 2009年1～11月份各月公开市场操作净投放（回笼）货币量

（注：数据来源于中国债券信息网）

2. 防止信贷过度膨胀，防范贷款风险，货币政策动态微调

2009 年上半年信贷投放出现“井喷”，经验来看，信贷在短期内出现高增长必然会衍生出一定的信贷风险。出于防风险考虑，下半年货币政策有所微调。央行《2009 年第二季度中国货币政策执行报告》中提出，货币政策要“注重运用市场化手段进行动态微调”，“妥善处理支持经济发展与防范化解金融风险的关系”。2009 年 7 月份以来，央行通过公开市场操作来达到“动态微调”的目的。从工具来看，暂停 8 个月的 1 年期央票发行重新启动，截至 2009 年 10 月底，1 年期央票保持每周发行一次。此外，针对个别银行过度投放信贷，以及季末冲时点现象，央行还在 9 月底发行千亿元的 1 年期定向票据。从利率来看，2009 年上半年央行票据发行利率和正回购利率一直稳定在超低水平，7 月份至 8 月份中旬，出现不同程度的上升。3 个月期央票发行利率由 6 月底的 0.965%提高到 8 月底的 1.328%，1 年期央票发行利率由 7 月初的 1.5022%提高到 8 月底的 1.7605%，28 天正回购利率则由 6 月底的 0.95%提高到 8 月底的 1.18%。此后，以上央票发行利率和正回购利率一直维持在 8 月底的水平。

银监会 2009 年下半年也密集出台了一系列法规和通知，要求加强贷款风险管理，加强资本充足管理。2009 年 7 月份银监会先后发布《固定资产贷款管理暂行办法》、《项目融资业务指引》、《关于进一步规范信用卡业务的通知》等，督促和指导银行业金融机构加强信贷业务环节的操作规范和风险管理。2009 年 8 月份银监会下发《关于完善商业银行资本补充机制的通知（征求意见稿）》，划定了银行核心资本充足率底限，并要求商业银行在计算资本充足率时，应将银行交叉持有的其他银行次级债分年从附属资本中扣除。2009 年 10 月份以后银监会又先后出台了《个人贷款管理暂行办法（征求意见稿）》、《商业银行流动性风险管理指引》等。

3. 抓住机遇，谋求人民币国际化，提升我国国际金融地位

面对百年一遇的国际金融危机，我国政府积极参与国际合作和救助，扩大人民币流通和适用范围，谋求人民币国际化，提升我国的国际金融地位。一是通过开展双边本币互换为周边经济体提供流动性支持。2008 年 12 月份起，央行与韩国、香港、马来西亚、白俄罗斯、印度尼西亚、阿根廷等六个经济体货币当局签署双边本币互换协议，建立了总计 6500 亿元人民币的双边本币互换安排。二是推动人民币跨境结算。2009 年 4 月 8 日，跨境贸易人民币结算试点批准开展，2009 年 7 月 1 日《跨境贸易人民币结算试点管理办法》及其实施细则颁布。一般来说，

一国货币的国际化要经历从结算货币到投资货币、再到储备货币三个步骤。人民币跨境结算迈出了人民币国际化的关键一步。三是继续推动境内金融机构在香港发行人民币债券。四是中国政府与国际货币基金组织(IMF)签署协议，通过人民银行向 IMF 购买价值约 500 亿美元的 IMF 债券。中国人民银行将按照相应的特别提款权（SDR）计算价值，参照 2009 年 8 月 25 日汇率，向 IMF 转入人民币。以人民币支付意味着人民币在一定程度上成为国际储备货币，对于人民币国际化是重要的推动。

二、2009 年信贷猛增并推动货币高增长

1. 贷款投放上半年“井喷”，下半年回归合理水平

2009 年以来，商业银行的放贷冲动得到极大释放，上半年贷款投放规模创出空前的“天量”。上半年人民币各项贷款累计增加 7.37 万亿元，同比多增 4.92 万亿元。上半年新增贷款规模不仅创下有史以来同期的最高水平，还超过了以前各年度全年贷款投放规模。除 4 月份、5 月份外，上半年其余各月贷款投放规模均超过万亿元。随着央行和银监会进行政策性微调，7 月份以来，人民币贷款猛增势头告一段落，月度新增贷款规模回落到较为合理的水平（见图 3）。2009 年 11 月末，金融机构人民币各项贷款余额同比增长 33.8%，增幅比上年末高 15.06 个百分点。2009 年 1～11 月份人民币各项贷款增加 9.21 万亿元，同比多增 5.06 万亿元。

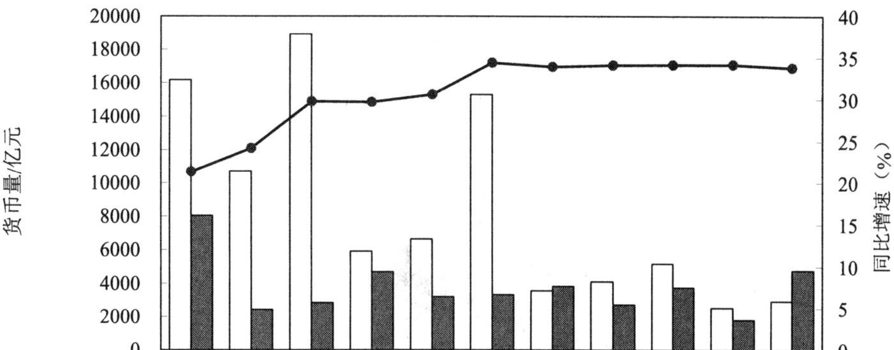

	1月份	2月份	3月份	4月份	5月份	6月份	7月份	8月份	9月份	10月份	11月份
2009年当月新增货币	16174.4	10700.6	18919.6	5918.0	6645.3	15304.4	3558.6	4103.6	5166.7	2529.8	2948.0
2008年当月新增货币	8033.1	2427.4	2841.5	4689.4	3185.0	3323.3	3818.5	2715.4	3744.7	1818.6	4769.4
同比增速	21.3	24.2	29.8	29.7	30.6	34.4	33.9	34.1	34.2	34.2	33.8

图3 2009年1～11月份人民币贷款增长情况

（注：数据来源于中国人民银行网站）

从月度贷款增长情况看，2009 年以来商业银行季末冲贷现象十分明显。每个季度最后一个月贷款增长规模均为季度内最高值。季末存贷款增量考核是导致商业银行“冲贷”的主要原因。为此，2009 年 6 月份银监会下发通知，要求银行取消对存贷款时点指标的考核，重视存贷款增长的持续性和平稳性。

从贷款增长的期限结构看，2009 年第一季度流动资金贷款（票据融资与短期贷款）出现猛增，第二季度以来则明显下降，尤其是票据融资下半年各月连续负增长。由于固定资产投资的快速增长和住房消费的回暖，中长期贷款始终保持快速增长，贷款中长期化趋势不断加强，中长期贷款余额占全部贷款余额比重 2009 年 11 月末上升到 55%，比上年末提高 3.9 个百分点。2009 年 1～11 月份，中长期贷款累计增加 6.24 万亿元，同比多增 4.01 万亿元，占全部新增贷款的 67.8%。

2. 信贷投放带来的乘数效应推动货币供应快速增长

2009 年以来，在信贷猛增的推动下，货币供应量增速持续走高。2009 年 11 月末，M2 余额同比增长 29.74%，增幅比上年末高 11.92 个百分点；M1 余额同比增长 34.63%，增幅比上年末高 25.57 个百分点，均创下 1995 年以来的最高水平。M2 增速与 M1 增速之间的“剪刀差”逐月缩小，2009 年 9 月份以后两者“剪刀差”收缩为负（见图 4）。M1 增速反超 M2，说明伴随经济企稳回升，存款出现活期化倾向，货币活跃程度不断提高。

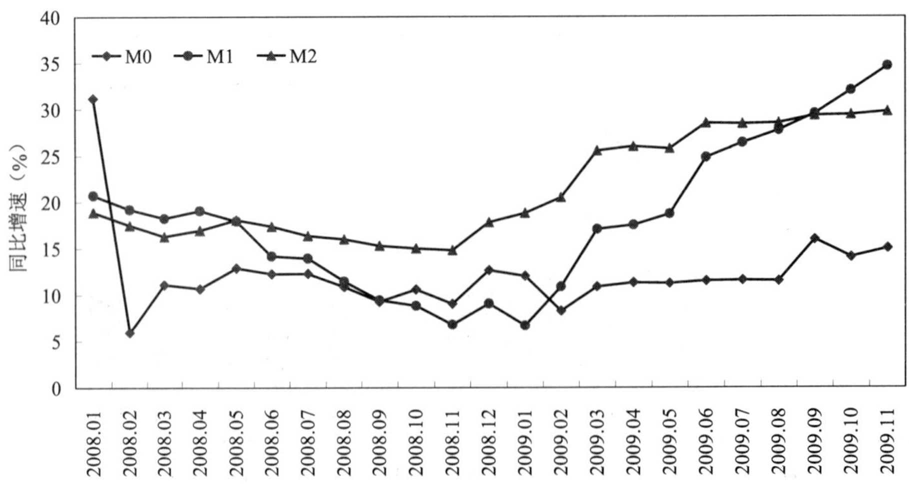

图4　各层次货币供应量同比增速

（注：数据来源于中国人民银行网站）

从货币派生角度看，2009年前三季度我国货币扩张主要来自于信贷猛增带来的货币乘数效应。由于2008年12月份央行连续两次下调法定存款准备金率，基础货币余额自上年12月份开始跳升到12万亿元以上。但随着商业银行猛增信贷，超额储备水平降低，基础货币余额自2月份开始有所下降。2009年8月末，基础货币余额为12.5万亿元，比上年末减少4686亿元。受信贷猛增影响，货币乘数自2009年1月份以来持续攀升。M2货币乘数由1月份的3.82逐月上升到8月份的4.63。由于2009年下半年信贷投放力度持续减弱，第四季度货币乘数略有下降，但外汇占款投放开始回升，所以货币供应量仍保持高位增长。

3. 企业存款高增长，储蓄存款增速有所回落

2009年企业存款增速大幅上升，企业存款增速和增幅均为历史罕见。2009年11月末，企业存款余额同比增速高达38.6%，比上年末高出24.9个百分点。企业存款的高增长一方面意味着随着经济企稳回暖，企业盈利状况也在好转，再加上信贷高增长，企业资金非常充裕。但另一方面也意味着企业资金使用意愿不高，可能在“持币观望”，所以企业资金更多以存款方式滞留在银行体系中。

与企业存款高增长相比，居民储蓄存款增速2009年下半年以来有所回落（见图5）。

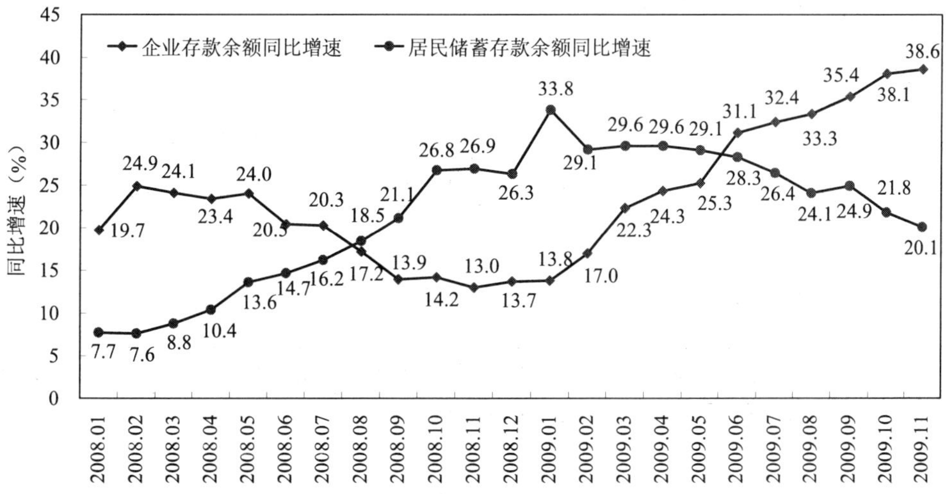

图5 人民币存款余额同比增速

（注：数据来源于中国人民银行网站）

储蓄存款增速的下降主要受两方面影响。一是通胀预期导致居民储蓄意愿降低。二是股市、房市回暖促成了储蓄存款分流。央行城镇储户意愿调查显示，2009年第四季度，42%的城镇居民在安排支出时选择“更多地储蓄”，比2009年第二季度的历史最高值47%回落5个百分点；选择“更多投资”的居民占比为42.1%，连续四个季度攀升，累计提高13个百分点。从居民投资方式看，房地产、基金和理财产品、股票分列前三位。

4. 外汇贷款快速增长，外汇存款减少

由于人民币升值压力上升，出口有所回暖，国内企业加大海外并购活动等因素，2009年第二季度以来，外汇贷款需求增加，外汇贷款增长持续加快；外汇存款增速持续下降，7、8、9三个月外汇存款余额甚至出现持续负增长（见图6）。2009年前三季度外汇各项贷款增加997亿美元，同比多增505亿美元；外汇各项存款增加105亿美元，同比少增172亿美元。外汇贷款和存款的“一增一减”，造成商业银行外币流动性趋紧，为吸收外币存款，2009年9月份中资行掀起了外币存款的一轮加息潮。

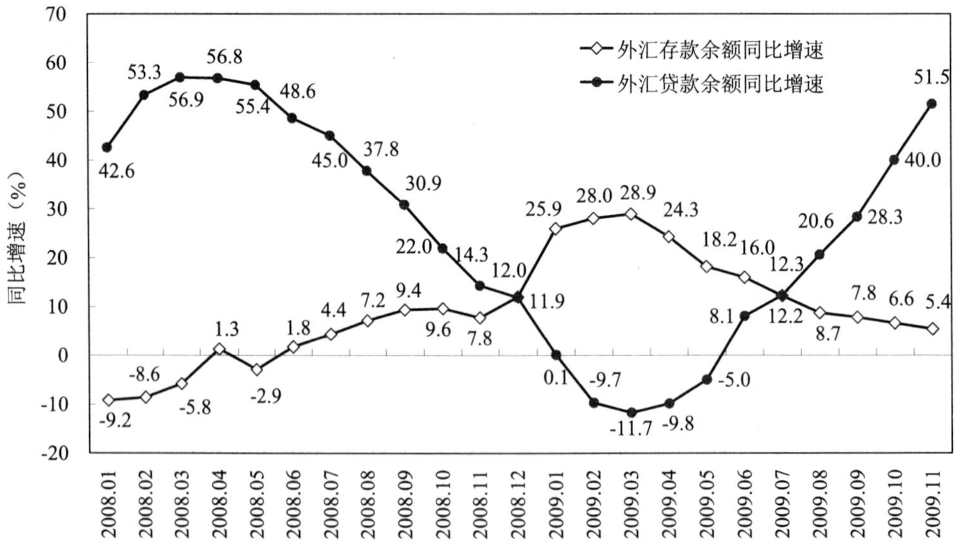

图6 外汇存贷款余额同比增速

（注：数据来源于中国人民银行网站）

5. 外汇储备先抑后扬，国际游资流动活跃

受国际金融危机冲击，我国贸易顺差和吸引外商直接投资的规模都出现了下降，而国际游资也一度呈现流出迹象。2009 年第一季度，我国新增外汇储备仅 77 亿美元，比上年同期少增 1462 亿美元。如果用新增外汇储备与同期贸易顺差和新增 FDI 的差值来简单匡算国际游资的变动，则 2009 年第一季度新增外汇储备规模要低于同期贸易顺差和 FDI 之和 766 亿美元。无论从外汇储备的增长看，还是简单匡算的游资变动看，2009 年第一季度国际游资均呈现抽逃迹象，但 2009 年第二季度以来，随着我国经济企稳回升，股市、房市回暖，国际游资又重新流入我国。2009 年第二、三季度外汇储备分别增加 1779 亿美元和 1410 亿美元，分别比上年同期多增 512 亿美元和 448 亿美元。其中，2009 年第二、三季度新增外汇储备分别是 2009 年第一季度的 23 倍和 18 倍左右。2009 年 4～9 月份新增外汇储备超过同期贸易顺差和 FDI 总额 2028 亿美元。

6. 人民币对美元汇率保持稳定，实际有效汇率有所走贬

2009 年以来，人民币对美元汇率保持基本稳定，人民币兑美元汇率中间价一直在 1：6.82～1：6.84 之间波动。2009 年 11 月末，美元对人民币汇率中间价为 1 美元对人民币 6.827 元，人民币对美元比 2008 年年末仅升值 0.11%。

据国际清算银行计算的人民币实际有效汇率结果，2009 年 1～11 月份，只有 2 月份和 8 月份人民币实际有效汇率有所上升，其余 9 个月均有一定程度的下降。2009 年 11 月份人民币实际有效汇率较上年 12 月份贬值 5.74%。

三、2010 年金融调控面临的国内外不稳定、不确定因素较多

2009 年我国经济企稳回升态势基本确立，但经济回升基础还不稳定、不巩固、不平衡，国际国内不稳定、不确定因素仍然很多。与 2009 年只需集中全力“保增长”相比，我国 2010 年金融调控面临的任务和形势更为复杂。

1. 经济复苏的可持续性问题仍未解决

在政府一揽子政策的强力刺激下，2009 年我国经济基本确立复苏态势。但我国经济复苏之旅并非一帆风顺，未来仍面临外需不振、内需能否保持高水平扩张两大难题。

首先，外需不振的局面一段时间内还将持续。2009 年第一季度以来，世界经

济开始逐步回暖。外围经济的好转使我国出口也有所好转，但对于我国出口形势的好转还不能盲目乐观。一方面我国出口能否持续好转并成为经济复苏的动力仍取决于欧美日等国经济的根本好转和需求的彻底恢复。目前各国经济在向好，但复苏进程缓慢，而且能否持续还难以预料，尤其是对经济走势有着重要影响的就业状况仍在恶化。就业的低迷势必影响居民收入和消费的回升，并对其经济复苏形成拖累。另一方面，我国面临的国际贸易摩擦越来越突出，贸易环境在恶化。截至2009年11月份，共有19个国家和地区对我发起“两反两保”贸易救济调查103起，涉案总金额共约120亿美元。我国遭遇贸易摩擦的连锁性突显，钢铁、鞋类、玩具、铝制品、轮胎等优势出口产品频繁出现一个产品在不同市场遭遇贸易救济调查的现象，呈现摩擦国别扩散和救济措施叠加的势头。

其次，2009年内需挖潜卓有成效，但2010年内需能否在2009年高增长的基础上继续扩张还存在不确定性。2009年消费增长历史罕见，2009年1～8月份社会消费品零售总额累计同比实际增长17.3%，为1985年以来的新高。但从消费当月增速变化看，8月份以来消费实际增速总体小幅回落，消费加速增长势头初现疲态。目前住房和汽车等消费热点已相当旺盛，考虑到2009年出台的家电下乡、汽车和住房购置税收优惠等扩大消费政策在2010年将出现效应递减，在就业压力大和居民增收难度较大的情况下，2010年消费增长超过2009年的难度较大。就投资来看，2009年前三季度全社会固定资产投资同比实际增幅高达37.4%，为近十多年来的最高水平。虽然随着房地产市场回暖，房地产开发投资增速也逐步回升，但目前投资增长仍主要靠政府拉动，民间投资总体跟进不足。上半年国有及国有控股投资同比增长41.4%，民间投资增长34.3%，国有投资明显快于民间投资。民间投资占城镇固定资产投资的比重已经接近50%，如果仅依靠政府为主体来增加投资，没有市场驱动、民间投资的跟进，则投资高增长很难保持。

2. 物价上涨压力加大，温和通胀将再现

从影响物价走势的因素看，2010年CPI与PPI将由负转正，通货紧缩将结束。首先，按照2009年的环比变化率计算，2010年CPI翘尾因素在1%左右，PPI翘尾因素在3%左右。其次，社会通胀预期在形成。据央行城镇储户调查，未来物价预期指数2009年以来持续走高，由2009年第一季度的7.8%攀升至第四季度的73.4%。再次，2009年3月份以来，全球石油、有色金属等大宗商品价格持续上扬，综合、及时反映国际大宗基础性商品价格走势的 CRB 指数（美国商品研究局商品期货价格指数）持续上升，2009 年 11 月末较 3 月末累计上涨 29.9%。国际大宗商品价格上涨将给我国带来输入型通胀压力。最后，货币供应的高增长加大了未来通胀风险。按照货币主义的观点，“通货膨胀是一种货币现象”。经验来看，我国 M2 相对 CPI 变化确实存在一定的领先关系。

综合以上因素，2010 年 CPI 将由负转正。虽然物价回升，但由于我国存在较为严重的产能过剩，多数工业产品供过于求，所以我国价格机制的传导仍然不畅，物价上涨仍将呈现结构性特征，CPI 涨幅较为温和，估计在 3%以内。

3. 信贷猛增增加了未来金融风险

2009 年的信贷猛增增加了未来金融风险，主要集中在三方面：一是部分信贷流入股市、房市，带来资产价格泡沫膨胀风险。2009 年前三季度新增贷款与 GDP 的比例高达 0.4，而往年这一比例一直稳定在 0.1～0.2 之间。这说明目前的实体经济增长并没有吸纳如此多的信贷资金，有部分信贷资金流入了资产市场。2009 年以来，房市和股市“量价齐升”的表现侧面说明了这一点。年初以来，上证综指持续反弹，2009 年 1～11 月份累计涨幅为 75.5%。春节过后，以二手房市场为代表的房地产市场出现了一轮井喷行情，市场成交量节节攀升，房价也开始止跌回升。2009 年 1～11 月份，全国商品房销售额同比增长 86.8%。全国 70 个大中城市房屋销售价格 2009 年 3 月份以来连续 9 个月环比上升。

二是信贷扩张过猛，带来不良资产风险。在 2009 年的信贷投放中，商业银行竞相争抢信贷资源，存在一定的非理性和过度竞争。2009 年第一季度国有商业银行新增贷款占全部金融机构新增贷款的比重为 50.5%，比上年第四季度提高 12.7 个百分点，成为信贷投放的“领头羊”，但 2009 年第二季度以后四大国有商业银行占全部新增贷款份额下降到不足 40%，中小银行贷款增长超过国有银行，成为信贷投放主力。各家商业银行在 2009 年上半年贷款竞赛中你追我赶的行为，具有一定的盲从和非理性，而且商业银行的“羊群效应”在一些领域已引起过度竞争，在激烈的竞争下，商业银行能否进行审慎的风险评估令人担心。

三是信贷投放存在长期化、集中化、大项目化的倾向，信贷集中度过高，银行信贷行为高度趋同，信贷风险在加大。在 2009 年的信贷扩张中，绝大部分银行贷款投放到了由政府主导的基础设施建设项目即所谓的“铁公基”项目中。而且很多贷款是通过地方政府融资平台发放的，地方政府融资平台财务状况不透明，银行难以评估其信用等级，许多项目缺乏充分的风险评估，其中蕴含的风险较高。此外，贷款中长期化趋势将加剧期限错配风险。

4. 国际金融形势存在变数，可能影响我国金融运行

进入后危机时代，2010年国际金融形势存在三大变数：一是美联储为首的西方发达国家超宽松货币政策是否会退出，全球是否会步入加息周期？二是美元是继续走贬还是会由弱转强？三是国际资本流动是否会发生变化？这三大变数中，以美联储为首的货币政策转向将是最为关键的。

（1）如果美联储选择加息可能引发美元走强和国际资本回流美国　国际金融危机爆发后，美元曾一度走强，综合反映美元走势的美元指数最高接近90。但2009年3月份以来美元再次走贬，2009年11月底，美元指数已回到75附近。总结各方面提出的导致美元走贬的原因主要有：一是全球范围的刺激政策推动世界经济复苏，也导致通胀预期加剧，使国际投资者风险偏好上升，美元“避险功能”弱化。二是美联储2009年3月份启动零利率和量化宽松的货币政策，释放出空前规模的廉价美元，美元套利交易兴起。三是美元适度走贬对美国有利，美国政府存在放任美元走贬的动机。美元贬值不仅有助于刺激美国出口，减少进口，改善美国的经常账户失衡，美元贬值造成的“估值效应”还能够降低以美元计价的美国对外真实债务。四是各国加快外汇储备多元化步伐，美元国际地位被削弱。在以上原因中，就时机和影响力看，美联储量化宽松政策的出台对美元汇率的影响最为显著。如同美联储量化宽松政策推动美元贬值一样，美联储从这一超常规政策中退出，也会导致美元汇率阶段性走强。而美联储加息和美元走强，又将吸引国际资本回流美国。

（2）2010年三季度前美联储加息的可能性较小　鉴于全球超宽松货币政策带来的通胀预期和通胀压力，随着实体经济好讯频传，金融市场稳定活跃，部分国家的政府和央行已开始研究包括量化宽松货币政策在内的危机应对措施的退出策略。美联储主席伯南克于2009年7月21日公开表示，美联储已经考虑退出策略相关问题。2009年10月6日澳大利亚央行意外宣布将基准利率从3%提高到3.25%，成为G20成员中，率先收紧货币政策的国家。澳大利亚受国际金融危机冲击较小，央行加息是出于对潜在通胀的担心，其行为不具有普遍意义，难以引发全球加息潮。不过此举也反映出在后危机时代，通胀压力在积聚，全球范围内货币政策开始进入一个敏感时期，各国货币当局将被迫在经济复苏与通胀隐忧之间寻求政策平衡。

澳大利亚央行的加息行为只是个案，真正能够引领全球加息潮，引领各国超宽松货币政策大规模退出的只有美联储。由于经济复苏前景尚不明朗，预计美联储引领下的全球超宽松货币政策退出将是试探性的、渐进的。分析人士普遍认为，至少在2010年第三季度前美联储加息的可能性不大。

（3）美联储货币政策调整存在一定的溢出效应，给我国汇率政策和货币政策带来挑战　美联储利率调整直接影响到美元汇率走势和国际资本流动方向的变化。如果美联储坚持零利率和量化宽松政策，美元将继续走软，不仅会推动国际大宗商品的价格上涨，加剧我国输入性通胀压力，还会加大人民币升值压力，促使热钱进一步流入我国。如果美联储选择加息，则美元有望走出弱势，可能会引发国际资本回流美国，“热钱”撤出可能对我国金融稳定构成威胁。

四、坚持适度宽松的货币政策，推动“动态微调”

1. 货币政策坚持“适度宽松”的基调，在强调“宽松”的同时，更应强调“适度”

2010年我国经济发展仍处在企稳回升的关键时期，经济复苏的可持续性问题仍待解决，内生增长动力亟需加强，金融调控应保持连续性和稳定性，继续执行适度宽松的货币政策。

为应对国际金融危机、遏制经济下滑势头，2009年“适度宽松”的货币政策在实际执行中表现“非常宽松”，货币信贷出现猛增。预计2009年全年信贷增长规模在9.5万亿元左右，M2与M1年末增速将在30%左右。随着经济逐步转暖，为避免“非常之策”长期实施带来的负面作用，2010年货币政策在具体实施中，扩张力度应适时“微调”。2010年应坚持实施适度宽松的货币政策，但在强调“宽松”的同时，更应强调“适度”，坚持适度宽松，防止过度宽松。要立足“适度”，在有保有压、优化贷款结构、确保贷款投向实体经济的前提下，为经济的持续复苏提供宽松的资金条件。同时要避免信贷投放再次出现2009年上半年过度膨胀的状况。预计2010年人民币信贷投放规模在8万亿元，M2增速达20%左右。

2. 推动信贷平稳投放，积极引导信贷结构调整

保持信贷政策的连续性，既要保持总量平稳，又要做到结构优化。在总量控制上，要推动信贷平稳投放，保证信贷政策对政府投资计划的支持力度，保证符合条件的政府投资项目所需配套贷款及时落实到位，配合积极财政政策的实施，做好稳定和刺激内需的工作，同时适度控制信贷规模，防止信贷过度膨胀。

在结构调整上，要结合新形势下实体经济的需求变化，把握好结构调整的力度、节奏和方式，通过窗口指导推动贷款投放的结构调整，促进和巩固经济企稳回升，在实现经济复苏的过程中引导经济结构调整优化。一是规范银行信贷，堵住银行资金和信贷流入资产市场的一些政策漏洞，要促使商业银行信贷投放向实体经济倾斜。二是积极引导商业银行对信贷投放进行结构性调整，在保持基础设施建设的配套贷款合理增长的同时，解决经济复苏由政府推动向市场自主性增长的动力切换问题。信贷投放要向有效推动民间投资和消费增长倾斜，具体而言，要加大对创新能力强、产业前景好、有订单、有利于带动就业的中小企业和民营企业的信贷投放；加大对技术改造、兼并重组、过剩产能向外转移、节能减排、发展循环经济的信贷支持，在支持重点项目和基础设施建设的同时，把先进制造业和现代服务业纳入信贷扶持的重点，积极研究、制定和落实有利于扩大消费的信贷政策措施，有针对性地培育和巩固消费信贷增长点，增加对居民消费贷款的投放，加大对三农、助学、就业等的信贷支持，同时继续限制对“两高”行业和产能过剩行业劣质企业的贷款；鼓励和引导金融机构扩大出口信贷的规模，探索在出口信贷中提供人民币中长期融资。

3. 保持银行体系流动性平稳，适当引导货币市场利率回升

公开市场操作和存款准备金率的调整取决于银行体系流动性的变化，如果2010年“热钱”进一步流入，同时过多资金滞留在银行体系内，导致货币市场流动性过剩，则应通过公开市场操作和小幅上调存款准备金率来适当回笼和锁定资金。反之则应通过公开市场操作投放资金或下调存款准备金率来确保银行体系流动性的充足，及时向金融机构提供流动性支持。

公开市场操作是实现“动态微调”的市场化手段，有利于引导市场预期。应充分发挥公开市场操作在管理通胀预期、引导金融机构预期等方面的作用。2009年7月份以来，央行通过公开市场操作已经开始引导货币市场利率回升，但目前

货币市场利率仍处于较低水平。如果 2010 年“适度宽松”货币政策的着眼点在“适度”的话，货币市场利率水平应继续向中性水平回归。

4. 加息选择要慎重，不能操之过急

目前，人民币存贷款基准利率处于历史低位。随着我国经济逐步复苏、潜在通胀压力加大，以及各界对全球宽松货币政策退出的讨论增多，我国的加息问题也开始浮出水面。2010 年加息应考虑三个方面：一是 2010 年“保增长”仍是金融调控的首要任务，利率的调整应服从扩大内需和“保增长”的需要。二是 2010 年出现的通胀将是温和的，物价上涨尚不是经济运行中的突出问题，也不是金融调控迫切需要解决的问题。三是美联储引领下的全球加息周期最早要到 2010 年三季度以后才会出现，我国加息应避免早于这一时间，以防止国内加息进一步加大人民币升值压力。基于以上考虑，笔者认为，从防范长期通胀风险，控制通胀预期考虑，2010 年可能需要 1～2 次的加息，加息应采取温和、渐进的微调，每次加息幅度为 0.27 个百分点，加息时机选择在下半年。

5. 积极应对人民币升值压力，保持人民币汇率水平稳定

在后危机时代，面临全球经济“再平衡”的压力，人民币汇率问题恐将再次成为美欧等发达国家扼制和敲打中国的手段，人民币升值压力难以消除。面对国际社会对人民币升值的预期和压力，人民币汇率仍应保持在合理均衡水平上的基本稳定，防止人民币快速升值加大我国出口的压力，防止人民币升值带来国际“热钱”的大举流入并推动国内资产价格进一步膨胀。预计，2010 年人民币对美元升值步伐仍将保持小幅、渐进的特点，全年人民币对美元升值幅度将在 1%～2%之间。

要采取适当措施，减轻人民币升值压力。一是通过调整外贸政策，推动外贸由出口导向型转变为进出口平衡型，改善国际收支失衡。二是稳定外汇储备规模，推动外汇储备多元化，增加黄金、石油等大宗商品和战略性原材料的储备，鼓励国内企业“走出去”，增加对外直接投资、股权投资，减少债权投资。三是加快推进人民币国际化进程。应进一步加大与主要贸易伙伴，特别是东亚和东南亚国家和地区的货币互换，减少进出口贸易中以美元计价比例、发行以人民币计价债券等，使人民币早日成为区域性货币。

（作者：李若愚）

2009 年对外贸易形势分析及 2010 年展望

国际金融危机的全面爆发使得世界经济和国际贸易出现明显下降，我国对外贸易自2008年11月份以来开始出现负增长，并在2009年第一季度达到最大降幅，自 2009 年第二季度开始，随着国内外多种应对金融危机措施的实施，全球经济出现触底回升的迹象，我国外贸进出口降幅有所收窄。本轮危机下货物贸易的急剧下滑表明，近年来我国货物贸易持续大幅增长、顺差不断扩大的势头有所减缓，未来我国货物贸易发展必将面临调整。展望 2010 年，随着世界经济缓慢复苏，我国对外贸易将有所恢复；但是，由于世界经济复苏的基础仍不稳固、国际金融危机促使欧美国家改变过度负债消费模式、全球贸易保护主义加剧、人民币升值压力上升、低碳技术障碍等因素的存在，我国外贸形势难以恢复到较高水平。与此同时，我国贸易结构不合理、附加值低的问题仍然存在，并且随着经济形势的好转逐渐凸现出来。因此，2010 年的贸易政策应在“稳增长、促出口、保份额”的同时，注重“调结构”，提高产品附加值，促进贸易结构升级，实现我国对外贸易可持续发展。

一、2009 年我国外贸运行特征

1. 我国进出口贸易额出现大幅负增长

2009 年以来，我国进出口延续了 2008 年 11 月份以来的负增长态势。2009 年前三季度，进出口总额 15578 亿美元，同比下降 20.9%。其中，2009 年第一季度下降 24.9%，2009 年第二季度下降 22.1%，2009 年第三季度下降 16.5%。2009 年前三季度，出口 8466 亿美元，下降 21.3%；进口 7112 亿美元，下降 20.4%；顺差 1355 亿美元，同比减少 455 亿美元。进入 2009 年第四季度后的两个月，基本保持了回升的态势。2009 年 11 月份当月出口降幅缩小至 1.2%，而当月进口实现大幅正增长，达到 26.7%（见图 1）。总体来看，随着世界经济企稳回升、国际市场回补库存、前期促进出口政策效果不断显现，以及当期基数因素，我国进出口贸易呈现出降幅不断收窄的态势。

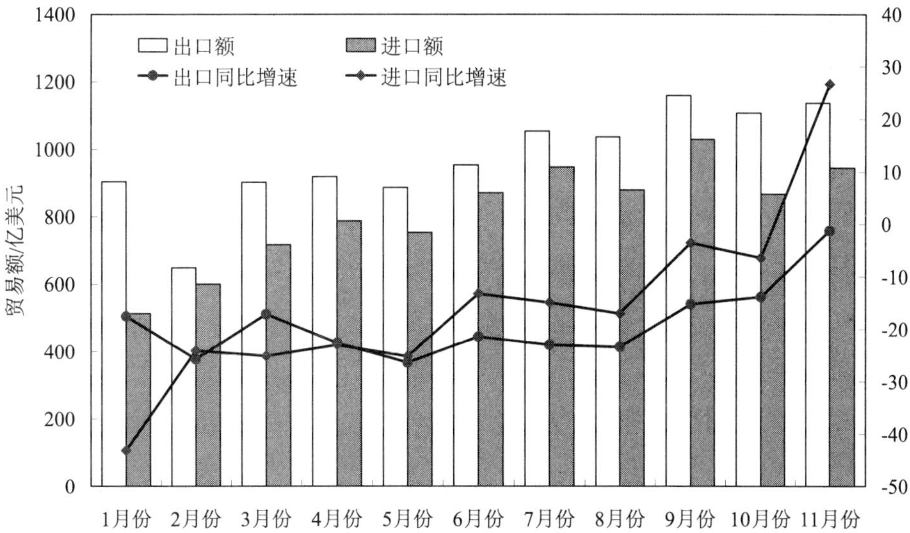

图1 2009年1～11月份当月进出口贸易额及增速

（注：资料来源于中国经济景气月报，海关统计）

2. 我国进出口占全世界贸易份额有所提升

尽管我国进出口贸易 2009 年出现大幅下滑，但是我国贸易额占全世界贸易份额有所上升，主要是由于美、欧、日等其他国家贸易降幅比我国更大（见图 2）。其原因：一是我国政府积极应对危机，出台了一揽子“稳外需、促出口、保份额”的政策。随着政策效果的不断显现，进出口降幅逐步收窄。二是我国商品质优价廉，且以劳动密集型产品为主，主要满足国外中低端消费需求，需求的收入弹性较小，故而受危机影响相对较小。

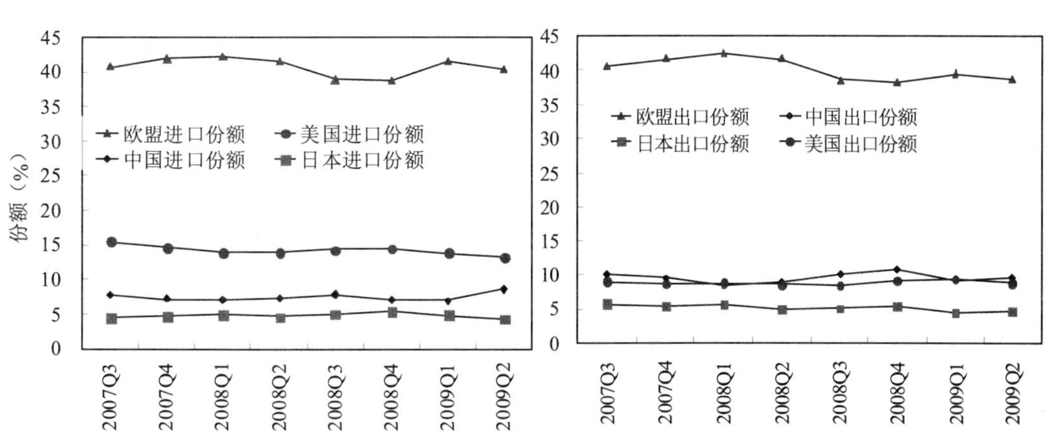

图2 2009年前两季度中、日、欧、美进出口贸易占世界份额

(注：资料来源于联合国商品贸易统计数据库，Q 表示季度，下同）

3. 进口降幅快速收窄，出口减速趋势基本得到遏制

受国际金融危机影响，我国经济急剧下滑。我国进口品以主要发达国家市场的中高端产品较多，需求的收入弹性较大，因此进口额大幅下降，2009年1月份进口额达到最深降幅-43.1%。随后，在我国一揽子扩大内需的刺激政策下，国民经济企稳回升的态势不断得到确认，加上进口价格指数的回升，我国进口额降幅收窄趋势明显，到11月份实现了大幅正增长。

2009年1～11月份，我国出口负增长仍较大，但降幅在波动中收窄。从单月降幅程度看，波动的原因可能来自两个方面：一是世界经济复苏态势尚不稳固、不平衡，外需回升的重要原因是国外补库存。二是由于出口退税政策调整。一般出口退税政策出台前后往往出口集中增加，而且国外进口商会较快地将政策调整因素考虑进新订单中，从而抵消部分政策效果。我国政府2009年1月、2月、4月、6月分别提高了出口退税率，反映在出口增速上则呈现出波动的态势。随着世界经济缓慢复苏和一揽子“稳外需、促出口、保份额”政策效果不断显现，同时受当月基数因素以及国际市场回补库存影响，出口大幅减速的趋势基本得到遏制。

4. 一般贸易进口恢复正增长，加工贸易出口降幅收窄较快

从贸易方式看，一般贸易进口恢复较快，从2009年1月份下降40.1%逐步恢复，到2009年11月份实现大幅正增长32.8%。加工贸易出口大幅下降的趋势基本遏制，加工贸易出口恢复好于一般贸易出口。2009年1月份加工贸易出口下降25.36%，此后明显收窄，至2009年11月份实现4.31%的正增长，这表明外需定单信心增强。

5. 主要贸易伙伴格局未变，多元化战略继续推进

2009年1～11月份，与主要贸易伙伴的双边贸易格局基本未变。其中，欧盟为我国第一大贸易伙伴，2009年1～11月份中欧双边贸易总值3262.7亿美元，下降17%。同期，美国为我国第二大贸易伙伴，中美双边贸易总值为2665.4亿美元，下降13.4%。日本为第三大贸易伙伴，2009年1～11月份中日双边贸易总值为2033.3亿美元，下降17.4%。俄罗斯由于出口结构单一，经济出现深度下滑，进口贸易也大幅下滑，使之被挤出我国十大贸易伙伴之外。巴西以微弱的优势超过印度，连续两个月成为我国第九大贸易伙伴。2009年1～11月份，我国与巴西双

边贸易总值 384.6 亿美元，同比下降 16.8%。值得一提的是，2009 年 1～11 月份，我国与澳大利亚的进出口贸易降幅最小，仅为-4.2%。上述情况表明，在与欧、美、日三大主要贸易伙伴贸易额降幅不断收窄的同时，与东盟、巴西等新兴经济体之间的贸易往来继续发挥重要作用，我国多元化战略继续推进。

6. 进出口价格指数下跌，进口与出口实际降幅进一步缩小

如图 3 所示，2009 年 1～11 月份，我国进出口贸易价格指数总体呈现下跌的态势，但进口价格指数跌幅大于出口价格指数跌幅，剔除价格因素后，2009 年 11 月份实际出口同比增长 6.8%，比名义出口快 8 个百分点；实际进口同比增长 28.4%，比名义进口增速快 1.7 个百分点，进出口形势更为乐观。

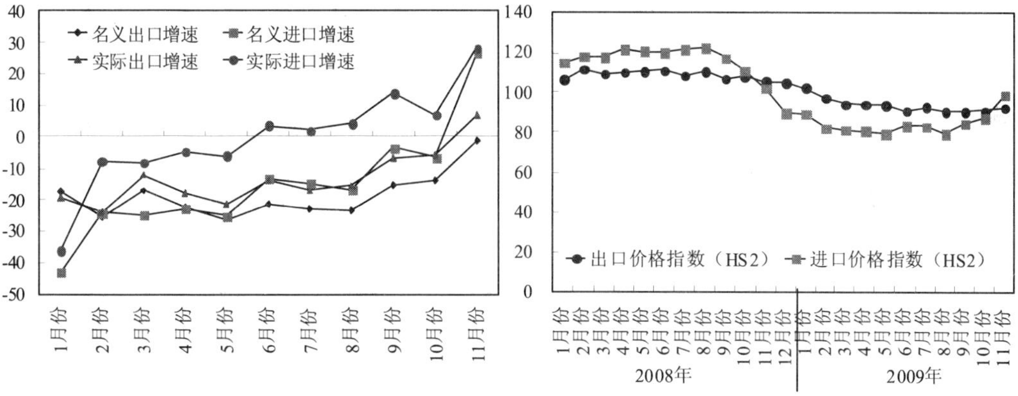

图3 2008年和2009年1～11月份出口价格指数及2009年实际进口、出口增速

(注：资料来源于海关总署)

二、2010 年我国进出口形势的总体判断

1. 世界经济复苏的态势决定我国出口恢复的程度

在各国政府干预和大规模刺激政策支持下，世界经济逐步走向缓慢复苏。2009 年三季度，世界三大经济体经济增速均有所回升。美国三季度环比折年率达到 2.2%（第二次修订后），正在实现稳定复苏。消费者持续消费，房地产市场上行，商业投资也明显改善，个人消费支出和政府开支增长、国内私人投资增长由负转正成为拉动第三季度美国经济出现明显好转的主要原因。欧元区环比上升

0.4%，结束了连续5个季度的经济下滑，2009年11月份欧元区经济敏感指数和商业景气指数连续第八个月回升，表明欧元区经济复苏正在加大力度。日本2009年第二、三季度GDP环比增长0.7%和1.2%，居民消费的增长是拉动2009年第三季度日本经济继续增长的主要力量。

世界经济复苏趋势日益明显，但必须认识到：第一，本轮世界经济复苏是建立在一系列刺激政策的基础上，带动需求增长的内生动力仍然不足。主要国家失业率仍然居高不下，以减少进口的方式实现的经济增长导致的是“无就业的复苏”；工业生产恢复较慢，在技术进步没有重大突破、经济增长缺乏新的增长点的条件下，世界经济的真正复苏尚待时日。第二，近期外需恢复的一个重要原因是国际市场回补库存，并不代表世界经济的真正强劲复苏。第三，国际金融危机在一定程度上改变了人们的消费理念，长期依靠借债消费的模式不可持续。

2. 全球贸易保护主义将成为抑制复苏的关键因素

在世界经济和贸易出现急剧下滑、各国就业压力增大、市场竞争更加激烈的形势下，贸易保护主义势头加剧，提高关税、滥用救济措施等各种贸易摩擦急剧增多。2009年中国遭遇的反倾销和反补贴等贸易救济措施均大量增加。世贸组织的数据显示，中国已连续15年成为遭受反补贴调查最多的成员，上年全球35%的反倾销、71%的反补贴涉及中国。中国商务部的数据也显示，截至2009年11月3日，2009年共有19个国家或地区对中国产品发起101起贸易救济调查，涉案总额超过116.8亿美元。美国2009年贸易保护措施的最大目标也是中国。美国国际贸易委员会的数据显示，2009年1～11月份，美国实施的各类贸易救济案约50宗，其中一半以上针对中国。据中国商务部的统计，2009年迄今美国对中国实施的贸易救济案金额达58.4亿美元，同比增幅达639%。除了美欧等发达经济体，2009年9月份以来，阿根廷、印度、巴西、墨西哥等发展中国家也先后对中国产品发起了反倾销和反补贴调查。当前，中国已处于国际贸易摩擦的中心地带，国外对华贸易救济案件激增，案值越来越大，贸易救济措施多样化。随着全球产业调整步伐的加快和国际竞争的日趋激烈，中国对外贸易将长期面临国际贸易保护主义的影响。

3. 国际大宗商品价格回升，提高进出口成本

近期国际大宗商品已经呈现出上升的态势，2010年，国际大宗商品价格将继

续回升，这将使我国进口成本上升，同时也使出口制造商的经营面临较大压力。国家大宗商品价格上升取决于两个方面。第一，美元在相当一段时期内将保持弱势，而美元弱势必将带来国家大宗商品的价格回升。美元保持弱势的原因主要有三个：一是全球“去美元化”趋势明显使美元受到严重挑战。国际货币基金组织（IMF）报告表明，截至2009年第二季度末，美元在全球货币储备中所占比重从第一季度的65%降至62.8%；二是，美元贬值不仅能够降低美国政府的真实债务成本，从而保持财政赤字政策的可持续性，也能够增强美国的出口竞争力，缓解贸易赤字压力；三是美国由消费驱动增长转向出口驱动增长的战略要求弱势美元来提高其产品竞争力。第二，随着世界经济的温和复苏，各国将增加对国际大宗的产品实际需求，也将导致大宗商品的价格上升。

4. 人民币升值预期对出口复苏形成压力

金融危机爆发后，多数国家纷纷采取本币贬值的方式实现本国经济平衡，人民币将面临更大的升值压力。另外，由于我国经济增长和市场潜力巨大，因此，长期以来甚至在危机最为严重的时期，仍被认为是最佳投资地，国际热钱对其一直虎视眈眈；而且我国长期保持较高幅度的贸易顺差，人民币存在一定程度的低估，国际热钱已经形成人民币升值预期。人民币升值预期将对出口复苏形成较大压力。

5. 碳关税征收对未来出口将产生长期而持久的影响

金融危机后，发达国家从自身比较优势及国家利益出发，更加强调发展低碳经济，力主推动全球二氧化碳减排。与美国、欧洲、日本等国相比，我国在绿色经济与低碳经济领域并不占有技术优势，大部分出口产品碳排放量较高。如果“碳关税”一旦成为世界贸易领域普遍征收的税种，这必将对我国绝大对数工业制成品出口造成严重打击，大幅提高其出口成本，削弱中国出口竞争力，影响未来外贸发展。

综上所述，全球经济温和复苏将促使中国出口形势有所好转，中国政府出台的一系列“稳外需、保出口、保份额”政策在 2010 年将继续发挥作用，也有利于进出口贸易恢复正增长。同时，国际国内依然存在着阻碍外贸形势进一步好转的风险。因此，在考虑 2009 年基数较低因素的条件下，2010 年我国进出口增长将实现小幅正增长，且由于我国经济在全球率先企稳回升，将保持进口增速高于出口增速、外贸顺差继续缩小的基本趋势。在平稳增长的情景下，初步预计，2010年，中国进出口增速将恢复正增长，出口将增长10.8%左右，进口增长13.5%左右，有望实现外贸顺差2186.1亿美元左右，同比下降0.8%。

三、政策建议

1. 保持外需政策的连续性和稳定性

按照中央经济工作会议的精神，在国民经济企稳回升的关键时期，复苏的基础和态势仍不稳固的条件下，2010年要继续落实好前期出台的包括财税、金融、贸易便利化、促进转型等多方面政策措施，以应对金融危机、保持对外贸易稳定增长。

2. 推动出口贸易结构升级和转型

在稳定出口贸易的同时，2010年应更侧重促进贸易结构升级和出口转型。提高出口产品档次、附加值、竞争力，继续严格控制“两高一资”产品出口。要通过采取差别性的财政、金融等政策，巩固出口贸易继续回升的态势，更要大力提高产品附加值，推动我国中长期贸易结构调整，积极推动外贸出口转型，促进加工贸易出口向一般贸易出口转变，促进数量型出口向质量型出口转变，促进贴牌生产向建立自主品牌和营销渠道转变，实现我国对外贸易的健康和可持续发展。

3. 积极应对全球贸易保护主义

一是加强国际协调。积极倡导通过加强合作和磋商来解决国际贸易中的问题，敦促贸易国家特别是发达国家发挥领导作用，在反对贸易保护主义领域做些实事。推动与各国达成遏制贸易保护主义的共识和承诺，并督促尽早取消已采取的贸易限制措施。二是针对有关国家和地区对我国的“两反两保”调查，通过行业协会，组织有关企业积极应诉，力争减少对我国不利的裁决。三是利用WTO等组织内有关机制，积极应对不合理的贸易保护主义措施。四是对与我国采取不合理贸易摩擦的国家，在必要时采取报复措施。与此同时，坚决抵制碳关税的推行，争取我国正当的发展权。

4. 不断加强汇率机制灵活性

一是完善人民币汇率形成机制，根据国内外经济、金融、汇率波动状况，调整目前货币篮子中各主要币种的权重，增加欧元、日元等世界货币比重，逐步改变当前人民币实际走势盯住美元的局面，减轻人民币实际有效汇率升值压力。二是进一步增强汇率弹性，在现有基础上扩大中间价浮动区间，在更加合理均衡的水平上保持人民币汇率基本稳定。三是进一步扩大跨境贸易人民币结算试点。适当扩大人民币结算试点的区域，并试点一些新的结算形式。四是密切监控外资流入，积极采取应对措施，防止人民币汇率受外资冲击。

（作者：徐策）

2009 年固定资产投资形势及 2010 年展望

2009 年，固定资产投资快速增长，积极的财政政策、适度宽松的货币政策，以及两年 4 万亿元的政府投资计划有力地支持了固定资产投资的高速增长。2010 年，固定资产投资增速很难继续 2009 年达到的固定资产投资增速。受中央财政扩张空间所限，中央政府投资拉动作用减小。在市场自发投资增长动力稳定之前，投资及其他相关政策，仍应关注扩大内需的需要。从储蓄率入手，制定并实施相应的政策措施，以改变经济增长过度依赖投资增长的状况。

一、2009 年的固定资产投资形势

1. 固定资产投资快速增长

城镇固定资产投资完成额增速高企。尽管遭受到“百年一遇”全球金融危机的严重冲击，但在中央政府 2008 年年底推出的 4 万亿元固定资产投资计划的激励下，2009 年年初，城镇固定资产投资实际完成额仍然保持较快增长，增速为 26.5%。不仅如此，2009 年上半年固定资产投资增速逐月攀升，2009 年 6 月份达到全年峰值，累计增速为 33.8%；2009 年下半年，城镇固定资产投资增速略有回落，但仍属高位运行，2009 年 1～11 月份累计同比增长 32.1%。

尽管现价同比已经表明了 2009 年以来固定资产投资的快速增长，但是为了进一步揭示固定资产投资的实际增长状况，我们根据国家统计局公布的全社会固定资产投资和固定资产投资价格指数的季度数据，计算了 2009 年以来全社会固定资产投资的实际增速，相关结果可见，全社会固定资产投资实际增速逐季走高，但增速上升势头较年初明显减弱，2009 年前三季度累计增速为 37.4%（见表 1）。2009 年前三季度累计实际增速显著高于 2004 年以来各年实现的全社会固定资产投资实际增速，超出 2008 年实际增速 2.4 倍以上（见图 1）。

表 1　2009 年前三季度全社会固定资产投资增长状况

项　目	全社会固定资产投资完成额/亿元	名义增速（%）	固定资产投资价格指数（%）	实际增速（%）
2009 年第一季度	28129.1	28.8	-1.2	30.4
2009 年上半年	91321.2	33.5	-2.6	37.0
2009 年前三季度	155057.1	33.4	-2.9	37.4

注：资料来源于国家统计局月度统计数据。

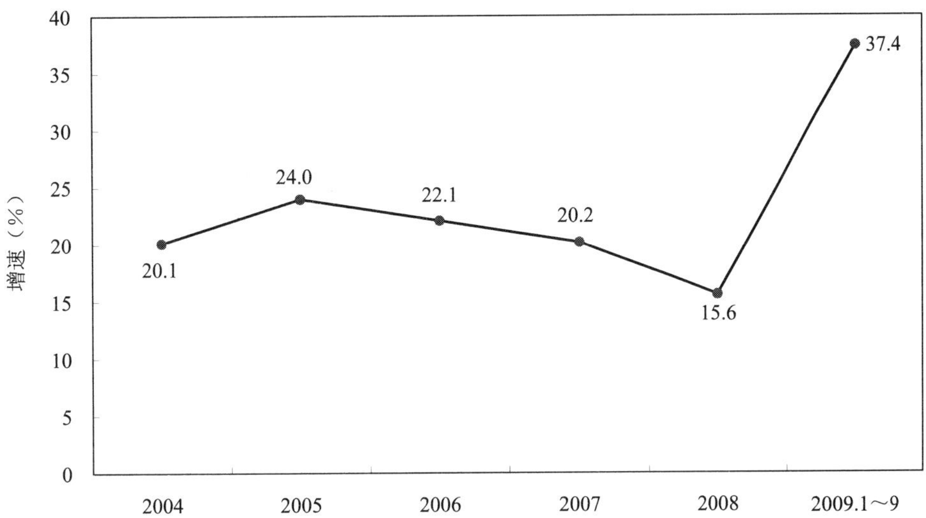

图1　全社会固定资产投资实际增速

（注：各年度数据来自《中国统计年鉴 2009》，2009 年数据来自国家统计局季度统计数据。）

2. 行业上，制造业对投资增长的拉动最大，交通运输、仓储和邮政业对投资增长的贡献率最大

从 2003 年以来固定资产投资的行业结构看，投资比重位居前六名的行业一直是：制造业，房地产业，交通运输、仓储和邮政业，水利、环境和公共设施管理业，电力、燃气及水的生产和供应业，采矿业。2004～2008 年，固定资产投资行业结构变化的主要特征是：制造业、采矿业所占的投资份额上升，基础设施行业的投资份额下降。2009 年，固定资产投资行业结构变动特征发生变化，制造业、采矿业、房地产业的投资份额下降，基础设施投资份额上升。从投资增长的拉动作用看，制造业、采矿业、房地产业对投资增长的拉动较 2008 年分别减少了 1.3、

0.5和0.8个百分点，而与此同时，交通运输、仓储和邮政业，水利、环境和公共设施管理业，电力、燃气及水的生产和供应业投资增长拉动分别提高了4.1、1.8和0.7个百分点（见表2），可见，如果没有基础设施投资的高速增长及其对城镇固定资产投资增长的拉动，2009年的投资增速不会达到目前的水平。

表2 所占比重较大行业的投资增长及其对城镇固定资产投资增长的拉动作用

行业＼年份	2004年	2005年	2006年	2007年	2008年	2009年1～11月份
份额（%）						
制造业	25.0	27.1	28.2	30.2	31.3	31.0
房地产业	24.7	23.3	22.9	24.3	23.8	22.2
交通运输、仓储和邮政业	11.6	11.5	11.9	10.9	10.5	11.3
水利、环境和公共设施管理业	8.1	8.0	8.0	7.8	8.3	9.1
电力、燃气及水的生产和供应业	9.3	9.6	8.8	7.7	7.1	6.8
采矿业	3.7	4.3	4.5	4.5	4.7	4.0
同比增速（%）						
制造业	36.3	38.6	29.4	34.8	30.6	26.8
房地产业	29.1	20.5	25.4	32.2	23.0	22.2
交通运输、仓储和邮政业	20.2	22.3	25.7	14.4	19.7	54.6
水利、环境和公共设施管理业	12.3	22.3	22.2	22.3	32.2	49.0
电力、燃气及水的生产和供应业	43.5	31.1	12.5	9.8	15.4	26.4
采矿业	38.1	50.7	28.9	26.9	31.5	16.8
拉动（百分点）						
制造业	9.1	10.5	8.3	10.5	9.6	8.3
房地产业	7.2	4.8	5.8	7.8	5.5	4.9
交通运输、仓储和邮政业	2.3	2.6	3.1	1.6	2.1	6.2
水利、环境和公共设施管理业	1.0	1.8	1.8	1.7	2.7	4.5
电力、燃气及水的生产和供应业	4.0	3.0	1.1	0.8	1.1	1.8
采矿业	1.4	2.2	1.3	1.2	1.5	0.7

注：各年度数据来自《中国统计年鉴2009》，2009年数据来自国家统计局季度统计数据。

3. 空间上，东部地区对投资增长的拉动最大，西部地区拉动增加最多

2004～2008年，东部地区的投资份额下降，中部地区的投资份额上升，西部地区的投资份额有一定增加，但变动幅度小于东部和中部地区；在投资增长拉动

方面，东部地区的拉动下降，中部地区的拉动增大，西部地区的拉动没有形成单一的变动方向，有的年份上升有的年份下降。2009 年，东部地区一改连续数年趋弱局面，其对投资增长的拉动作用上升，2009 年 1～11 月份累计比 2008 年增加了 1.64 个百分点；西部地区投资增长拉动大幅提高 3.18 个百分点；中部地区提高 1.6 个百分点（见表 3）。

表 3　东、中、西部地区的投资增长及其对城镇固定资产投资增长的拉动作用

年份 地区	2004 年	2005 年	2006 年	2007 年	2008 年	2009 年 1～11 月份
同比增速（%）						
东部地区	26.1	24.0	20.6	21.0	21.3	25.8
中部地区	32.9	32.7	33.1	34.0	33.5	38.1
西部地区	29.3	30.6	25.9	28.2	26.7	38.0
份额（%）						
东部地区	55.5	54.0	52.4	50.3	48.4	46.3
中部地区	22.0	22.8	24.1	25.7	27.1	28.0
西部地区	20.8	21.3	21.4	21.9	22.0	23.8
拉动（百分点）						
东部地区	14.49	12.96	10.79	10.56	10.31	11.95
中部地区	7.24	7.46	7.98	8.74	9.08	10.68
西部地区	6.09	6.52	5.54	6.18	5.87	9.05

注：各年度数据来自《中国统计年鉴 2009》，2009 年数据来自国家统计局季度统计数据。

4. 所有制上，国有部门的投资拉动最强，增幅最大

从登记注册类型分的城镇投资情况看，2004～2006 年，对投资拉动最强的是有限责任公司，其次是私营企业；2007 年，对投资拉动最强的是私营企业，其次是有限责任公司；2008 年，对投资拉动最强的是国有部门，其次是有限责任公司，私营企业退居第三；2009 年，国有部门对投资增长的拉动进一步增强，2009 年 1～11 月份累计达到 14.6 个百分点，较 2008 年大幅增加 6.7 个百分点，有限责任公司的投资增长拉动也由 2008 年的 6.4 个百分点提高到 8.2 个百分点，私营企业投资增长拉动由 2008 年的 6.0 个百分点提高到 6.8 个百分点（见表 4）。

表4 按登记注册类型分的投资增长拉动格局

（单位：百分点）

所有制类型	2004年	2005年	2006年	2007年	2008年	2009年1～11月份
国有	4.7	6.0	6.0	5.2	7.9	14.6
集体	0.3	0.7	0.7	0.9	1.3	1.2
股份合作	0.5	0.2	0.1	0.2	0.2	0.0
联营企业	0.2	0.1	0.0	0.1	0.0	0.0
有限责任公司	9.8	9.4	6.8	7.5	6.4	8.2
股份有限公司	2.9	2.0	1.4	1.5	2.2	1.1
私营企业	4.7	7.9	6.4	8.4	6.0	6.8
其他企业	1.3	0.6	1.7	0.4	0.7	1.3

注：各年度数据来自《中国统计年鉴2009》，2009年数据来自国家统计局季度统计数据。

5. 制造业投资增长较快，但低于2008年同期增速

2009年以来，制造业投资增速始终在25%以上，其中2009年1～5月份、2009年1～6月份累计增长接近30%，在全球金融危机的背景下取得如此增速实属难得，但与2008年同期增速相比，2009年要稍逊一些。2009年1～11月份，制造业投资累计增长26.8%，比2008年同期增速低5.4个百分点（见图2）；剔除价格影响后将缩小两者之间的差距，但对比关系不会改变。

从制造业内部的增长格局看，烟草制造业的投资增速为69.3%；投资增速较快的制造业部门有废弃资源和废旧材料回收加工业、电气机械及器材制造业、非金属矿物制品业、医药制造业、通用设备制造业、农副食品加工业，它们的投资增速分别为65.5%、50.8%、46.6%、41.3%、39.3%和35.4%。与2008年同期相比，增速有提高的制造业部门主要有烟草制造业、橡胶制品业、医药制造业、食品制造业、纺织业、废弃资源和废旧材料回收加工业、塑料制品业、电气机械及器材制造业、通用设备制造业，分别比2008年同期增速高41.2、17.4、15.3、11.6、10.0、8.7、4.1、3.3和3.0个百分点；增速显著下降的制造业部门主要有石油加工、炼焦及核燃料加工业，仪器仪表及文化、办公用机械制造业，黑色金属冶炼及压延加工业，化学纤维制造业，有色金属冶炼及压延加工业，通信设备、计算机及其他电子设备制造业，化学原料及化学制品制造业，交通

运输设备制造业，投资增速同比分别下降44.8、35.4、26.4、25.6、22.3、14.7、10.5、9.9个百分点（见表5）。

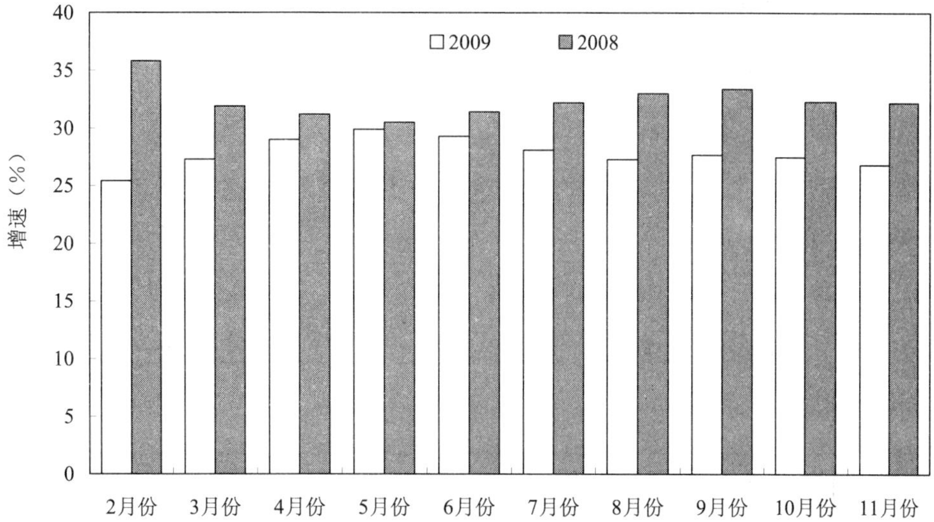

图2 制造业投资增速

（注：资料来源于国家统计局月度统计数据）

表5 制造业投资增长的行业结构

（单位：%）

制造业部门	2008年11月份	2009年11月份
农副食品加工业	26.1	35.4
食品制造业	21.3	32.9
饮料制造业	21.7	23.1
烟草制造业	28.1	69.3
纺织业	1.4	11.4
纺织服装、鞋、帽制造业	21.5	15.0
皮革、毛皮、羽毛（绒）及其制品业	27.5	18.4
木材加工及木、竹、藤、棕、草制品业	29.2	25.4
家具制造业	34.3	26.0
造纸及纸制品业	26.6	19.7
印刷业和记录媒介的复制	23.2	22.9
文教体育用品制造业	12.1	7.3

（续）

	2008年11月份	2009年11月份
石油加工、炼焦及核燃料加工业	43.0	-1.8
化学原料及化学制品制造业	37.8	27.3
医药制造业	26.0	41.3
化学纤维制造业	11.3	-14.3
橡胶制品业	13.8	31.2
塑料制品业	21.0	25.1
非金属矿物制品业	46.8	46.6
黑色金属冶炼及压延加工业	27.1	0.7
有色金属冶炼及压延加工业	44.1	21.8
金属制品业	38.9	29.6
通用设备制造业	36.0	39.3
专用设备制造业	34.3	33.5
交通运输设备制造业	44.0	34.1
电气机械及器材制造业	47.8	50.8
通信设备、计算机及其他电子设备制造业	18.5	3.8
仪器仪表及文化、办公用机械制造业	55.7	20.3
工艺品及其他制造业	20.2	22.3
废弃资源和废旧材料回收加工业	56.8	65.5

注：资料来源于国家统计局月度统计数据。

6. 房地产开发投资快速回升

在房地产市场需求迅速恢复并不断增强的背景下，房地产市场也迅速由买方市场转变为卖方市场，商品住宅价格不断上扬；与此同时，资本市场的企稳回升，特别是关于房地产开发企业的融资政策的放松管制，不仅缓解甚至可以说是很大程度上解除了房地产开发企业当前面临的财务压力，这进一步强化了房地产市场的卖方特征，于是很好地激励了房地产开发企业的投资积极性，房地产开发投资一改2009年年初低迷的状况，投资增速迅速回升（见图3）。2009年头两个月，房地产开发投资累计增速仅为1%，2009年前三季度累计增速就已经上升至17.7%，2009年1～11月份累计房地产开发投资增速为17.8%。

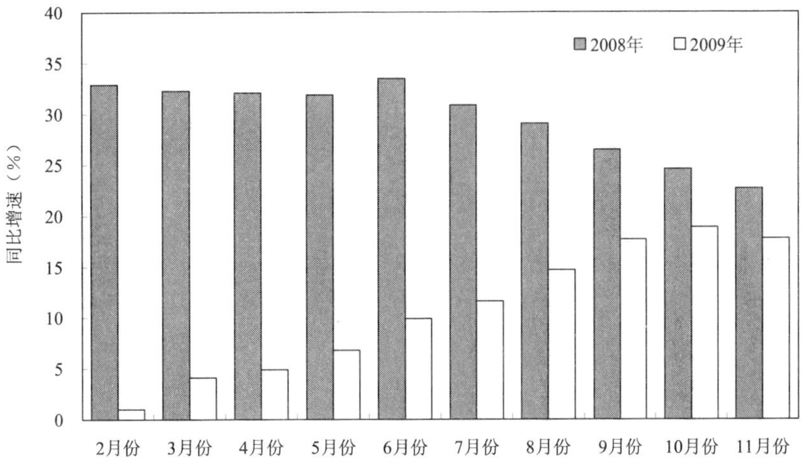

图3 房地产开发投资增长率变动趋势

（注：资料来源于国家统计局月度统计数据）

二、2010年固定资产投资形势展望

1. 固定资产投资增速将低于2009年的水平

从2009年实现的固定资产投资增速看，推动其高速增长的主要动力是国有投资和基础设施投资的高速增长，以及东部地区投资出现的逆原有变动趋势的超常规增长，而它们的增长直接受惠于应对全球金融危机冲击各项政策——4万亿元政府投资计划、积极的财政政策和适度宽松的货币政策等。那么，上述推动2009年投资高速增长的动力能否继续成为推动2010年固定资产投资增长的强劲动力呢?

首先，从2009年固定资产投资领域暴露的问题看，上述三大动力源正在面临继续扩张的瓶颈制约，其瓶颈制约主要表现为：一是地方政府资金配套能力的不足及与之相关的地方政府负债风险的日益累计。根据实地调研掌握的情况，2009年是地方政府融资平台数量急剧增多的一年，由于地方政府一般预算中无论是税收收入还是非税收收入都只能满足与之相应的一般预算支出需要，财政预算无法满足地方政府的投资资金需求，限于《预算法》对地方政府负债的严格规定，在绝大多数情况下，地方政府的资本性支出由地方政府成立的融资平台通过资本市场以债务融资的方式解决，而债务本息的偿还，除了国外政府贷款和国家开发银行的贷款被视为地方政府硬性债务在预算安排时予以充分考虑外，其他负债常常通过借新还旧的财务安排，不断延长债务偿还的周期，延迟债务本金偿还期限。另外，即使是被作为硬性债务的负债，其还本付息的最主要来源是土地出让收入。众所周知，根据国际经验，房地产市场是极具周期性的市场，而我国由于房地产市场历史较短，自1998年取消福利分房制度算起，也只10年多一点的时间，新兴市场，加之适逢经济高速增长的快速城市化阶段，以及独具特征的土地制度，使我国市场一直处于供不应求的状态，“百年一遇”的全球金融危机也只是让其销量下降，价格下降则非常有限，但所有这些都不能证明我国将拥有一个区别于其他国家、没有周期性的个性十足的中国式房地产市场，市场经济的一般规律不容人们心怀侥幸。因此，将地方政府债务安排建立在土地出让收入的基础上不利于风险的控制和管理，中央政府已经对此予以关注，并开始进行相关制度安排。二是外部需求制约。不仅有发达国家去杠杆化和储蓄率上升带来的影响，也有人民币汇率变动和劳动力福利水平提高的影响，上述情形下，外向度较高的东部地区的投资增长变动有重回原先趋势的可能。

其次，中央政府的投资扩张潜力将使2010年的中央政府投资增量规模显著小于2009年。2008年，中央财政支出大于收入1800亿元，即2008年形成的财政赤字规模为1800亿元，当年财政赤字占GDP（根据国家统计局最新发布信息，修订后的2008年全国GDP总量为314045亿元）的比重仅为0.6%，国债余额占GDP的比重为17%左右。2009年，作为应对全球金融危机的重大举措，财政预算安排，中央财政收支相抵，赤字7500亿元；相应增加国债发行规模，中央财政国债余额限额62708.35亿元；地方财政收支差额，国务院同意地方发行2000亿元债券，由财政部代理发行，列入省级预算管理；汇总中央和地方预算初步安排，全国财政收入66230亿元（不含从中央预算稳定调节基金调入的505亿元），增长8%；全国财政支出76235亿元，增长22.1%；全国财政收支差额9500亿元通过发债弥补。按2009年GDP较2008年增长8.5%计算，9500亿元财政赤字占GDP的比重仅为2.8%，预算安排的国债余额限额占GDP的比重在18%左右。可见，经过2009年后，如果继续执行偿债率上限3%、债务率上限20%的要求，2010

年可增加的赤字规模将大大小于 2009 年 7700 亿元的增量规模。假设 2010 年 GDP 增长率在 11%左右，按照偿债率上限 3%的要求，那么，2010 年可以安排的财政赤字规模应该在 11400 亿元左右，较 2009 年只增加了 1900 亿元。因此，可以预计，2010 年中央政府公共投资扩张力度将小于 2009 年。另外，经过 2009 年，两年 4 万亿的政府投资计划已经完成 50%，尽管还有与 2009 年规模相当的政府投资计划于 2010 年实施，但考虑到拉动基数的不同——2009 年全社会固定资产投资规模是 2008 年的 1.3 倍以上，那么，同样规模的增量投资能够产生的扩张效应将减小。

2. 2010 年固定资产投资将能够实现 2004～2007 年的增长状况

第一，从 2009 年新开工项目和施工项目计划总投资规模的增长状况看，2010 年的固定资产投资增长都是值得期待的，2009 年 1～11 月份，新开工项目计划总投资同比增长 76.6%（见图 4），施工项目计划总投资增长 36.3%（见图 5），增速远大于 2004～2008 年的新开工项目和施工项目计划总投资的增速。

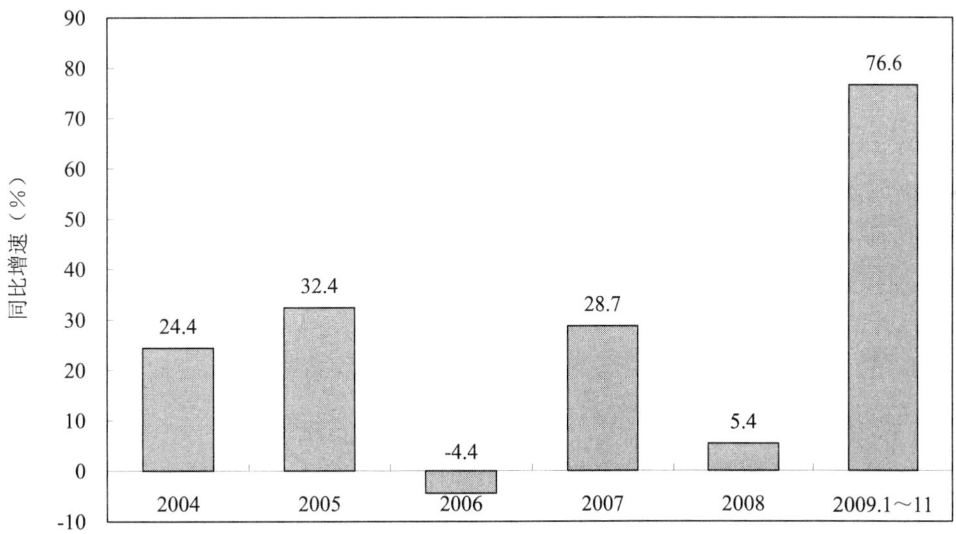

图4 历年来新开工项目计划总投资增速

（注：资料来源于《中国统计年鉴 2009》，2009 年数据来自国家统计局季度统计数据）

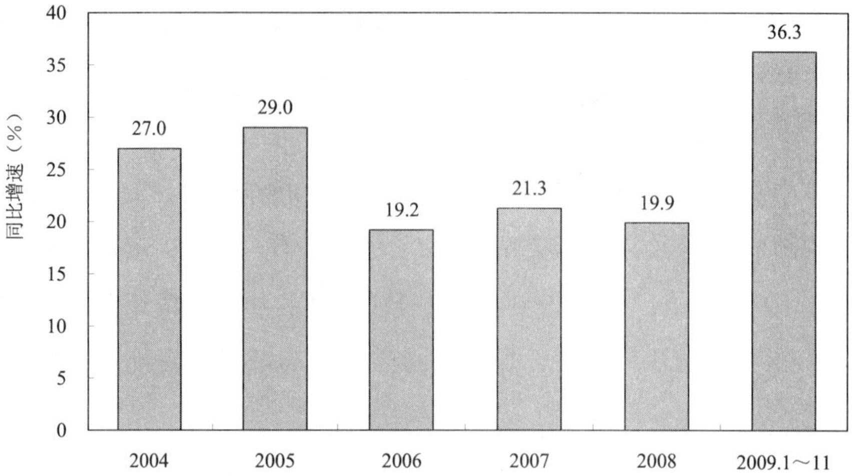

图5 历年来施工项目计划总投资增速

（注：资料来源于《中国统计年鉴 2009》，2009 年数据来自国家统计局季度统计数据）

第二，尽管我国经济回升的内在动力仍然不足，结构性矛盾仍很突出，转变经济发展方式也十分迫切，但经济形势总体向好的趋势已经形成，在此背景下，固定资产投资自发增长形势将趋好。中国人民银行 2009 年第四季度进行的企业家问卷调查结果显示：①宏观经济热度指数、企业景气指数、企业设备利用指数均连续三个季度回升。②产品市场需求指数连续两个季度进入景气区间。③企业销售状况继续好转；企业资金周转、支付能力和销货款回笼情况同步上升。④企业固定资产、设备和土建投资指数分别比上季度回升 0.8、0.7 和 0.4 个百分点。根据国家统计局公布的国民经济主要指标数据，2009 年 11 月份，规模以上工业增加值同比增长 19.2%，比上年同月加快 13.8 个百分点，比 2009 年 10 月份加快 3.1 个百分点，连续 7 个月同比增速加快；工业企业产品销售率为 97.82%；工业企业实现出口交货值 6871 亿元，同比增长 5.3%。

三、政策建议

1. 从储蓄率入手改变国民经济发展对投资的过度依赖状况

改革开放以来，我国国民储蓄率总体呈现出上升趋势，2008 年国民储蓄率达到 51.4%，是 1978 年以来最高的国民储蓄率，比 1978 年提高了 13.5 个百分点（见图 6）。1978～2008 年，国民储蓄率年均增速为 1.02%。与储蓄率呈现的变动趋势一样，改革开放以来的资本形成率也出现了不断上升的趋势（见图 7）。但两者在阶段性特征上有显著差异，储蓄率的周期性特征明显弱于资本形成率。储蓄率和投资率在变动趋势上的相似性、在周期性上的差异性表明，储蓄率的变动趋势决定投资率的变动趋势，投资只是开放经济条件下储蓄的使用途径。因此，要降低投资率必先降低储蓄率。

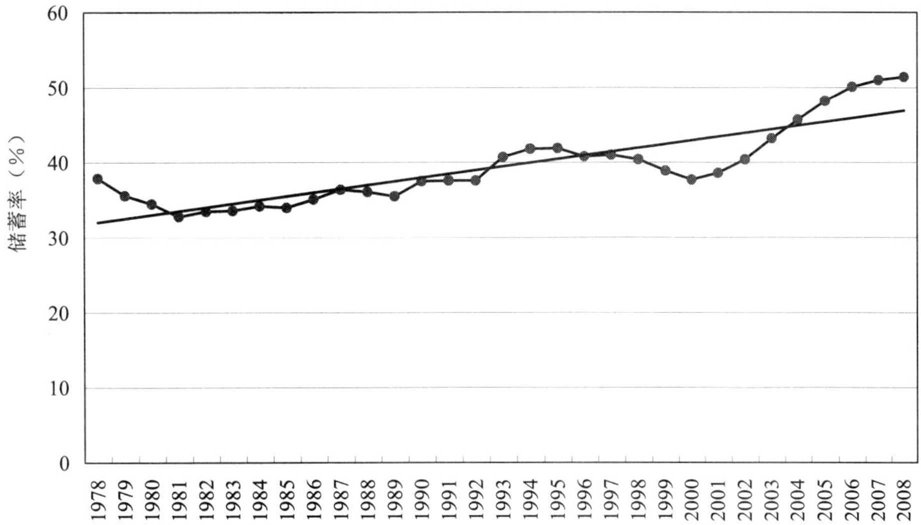

图6 改革开放以来的国民储蓄率变动状况

（注：数据来源于《中国统计年鉴2009年》表2~17支出法国内生产总值）

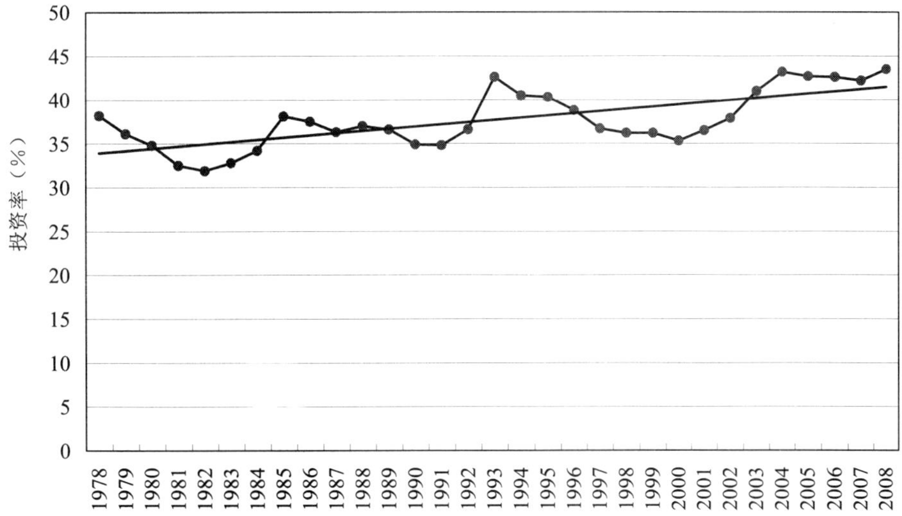

图7 历年资本形成率

（注：资料来源于《中国统计年鉴2009年》表2~17支出法国内生产总值）

2. 深化财税制度改革，促进储蓄率的下降

1998～2007年，我国收入法GDP构成变化显著。一是劳动者报酬占GDP的比重变化最大，变动趋势最为显著，其由1998年的53.32%直降至2007年的39.74%，期间没有任何反复，其中，劳动者报酬占GDP比重的加速下降，或者说收入分配格局的急剧变化出现在2005年（国家统计局的原因，2004年数据缺失），2005年该比重比2003年低了8个百分点以上，劳动者报酬占GDP比重下降的事实说明，劳动要素报酬的增长落后于GDP增长。二是2001～2007年，营业盈余（资本所得）占GDP比重不断上升，其中，2005年是加速上涨的一年，当年营业盈余占GDP比重比2003年提高9个百分点以上。收入法GDP构成的上述变化，既与我国所处的经济发展阶段——工业化和快速城市化过程中相关，也与我国当前制度条件的激励效应相关，是市场选择的结果。因此，我们希望能从收入法GDP构成的其他组成部分发现政策选择的空间，以提高劳动者报酬比重，促进消费，降低储蓄率。

通过比较我国与日本的收入法GDP构成，发现我国收入法GDP构成中生产税净额的比重一直稳定在14%左右，而日本只在7.5%左右，我国几乎是日本的2倍（见表6）。另外，我国连续数年20%以上的财政收入增长速度也说明减税的可能性。因此，建议通过深化财税制度改革，进一步降低生产税净额占GDP的比重，以此促进储蓄率的下降和国民经济增长格局的优化。

表6 收入法GDP构成的中日比较

（单位：%）

项　目	劳动者报酬	固定资产折旧	生产税净额	营业盈余	统计误差项
中　国					
1997	52.88	13.65	13.18	20.46	—
1998	53.32	14.52	13.45	19.05	—
1999	52.38	15.07	13.54	19.01	—
2001	51.45	15.72	14.08	18.76	—
2002	50.92	15.67	14.04	19.36	—
2003	49.62	15.90	14.29	20.19	—
2005	41.40	14.93	14.12	29.56	—
2006	40.61	14.16	14.56	30.67	—
2007	39.74	14.81	14.16	31.29	—

（续）

项　目	劳动者报酬	固定资产折旧	生产税净额	营业盈余	统计误差项
日　本					
2000	53.9	19.68	7.61	18.30	0.52
2004	51.4	21.10	7.54	18.95	0.97
2005	51.5	20.80	7.74	19.57	0.38
2006	52.0	20.94	8.02	18.27	0.82
2007	51.3	20.75	7.83	18.26	1.87

注：资料来源于《中国统计年鉴 2009》，《日本统计年鉴 2010》。

3. 在推动结构调整优化的同时，稳定提升投资增长的内在动力

随着保增长目标的初步达成，结构调整受到越来越多的关注，旨在推进结构调整优化的政策措施正在陆续出台。由于我国经济正处在企稳回升和结构调整的关键时期，要按照中央经济工作会议的决策部署，继续贯彻实施积极的财政政策和适度宽松的货币政策，使仍然需要激励的国民经济增长内在动力能够进一步得到强化，如保证重点产业调整振兴合理的资金需求，着力扩大内需、优化信贷结构，推动经济发展方式转变和经济结构调整，淘汰落后产能，提高经济发展质量和效益，保持国民经济平稳可持续发展。

（作者：杨萍）

2009年中国区域经济发展形势及2010年趋势

2009年前三季度我国地区经济平稳发展，工业生产、固定资产投资、进出口、社会消费等方面呈现不同区域特征，重点区域的辐射带动作用增强。2010年，我国要从加强国际国内区域合作、着手编制城市群规划、加大对“老少边穷库枯”地区支持、推进主体功能区规划实施等多方面制定政策措施，增强区域发展的协调性和稳定性。

2009年前三季度，我国有效应对国际金融危机的冲击，经济增长速度不断加快。2010年是“十一五”和“十二五”承前启后的关键年份，要在系统总结“十一五”时期区域发展取得各项成效的基础上，加快实施“十七大”提出的“推动区域协调发展，优化国土开发格局”战略，为“十二五”时期初步形成合理有序的空间发展格局奠定基础。

一、2009年中国区域经济发展形势和特征

根据国家统计局的经济数据和省区经济运行情况分析，2009年前三季度我国地区经济发展呈现如下特征：

1. 东部、中部地区工业生产复苏加快，但山西、上海依然为负增长

2009年以来，我国东部、中部、西部和东北四大区域的工业生产均呈现持续增长的势头，特别是2009年6～8月份的增速明显加快。2009年1～8月份，四大区域的工业增加值同比增速分别达到8.61%、10.17%、12.66%和12.03%，比2009年1～5月份增长了4.91、3.67、0.46和1.73个百分点。东部、中部的工业增加值增幅明显要高于西部和东北地区，呈现加快复苏的势头，东部、中部地区的增幅分别高出西部地区4.45和3.21个百分点。

2009年1～8月份，我国31个省（直辖市、自治区）中，有29个省份工业增加值呈现正增长，特别是天津、四川、内蒙古分别达到20.7%、19.5%和19%；但与此同时，山西、上海工业增加值却出现负增长，分别为-11.1%、-3.7%，全国

工业生产增速最高的是天津，增速最低的是山西。究其原因，山西工业经济增长主要依靠全国经济增长需求拉动，在全国基础原材料需求没有明显增长的情况下，经济复苏节拍要慢于全国；与此同时，山西还加大了淘汰落后产能的力度，加快了结构调整的步伐，对经济增长产生一定影响。天津增长较快的主要原因是新项目的启动和项目投资增长加快（见图 1）。

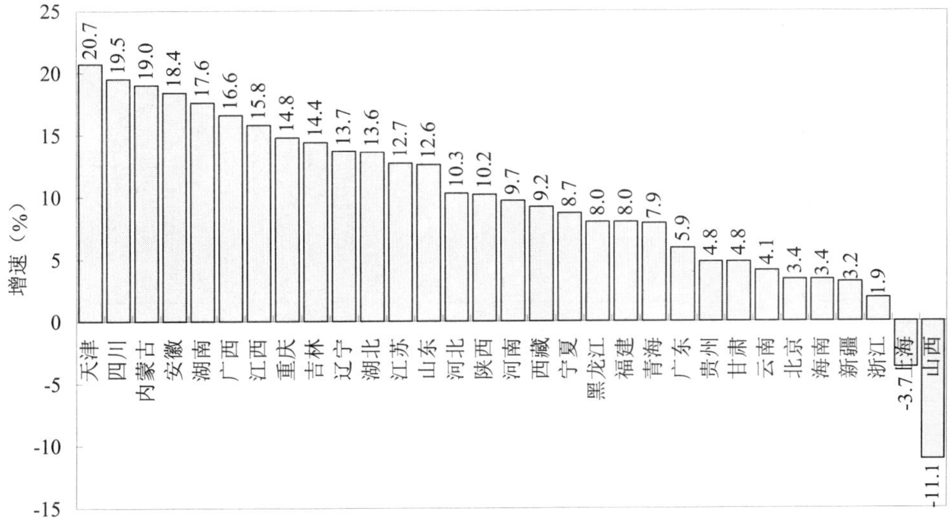

图1 2009年1～8月份各省（直辖市、自治区）工业增加值增幅

2. 东部地区固定资产投资增速逐步回升，西部、东北地区增速有所回落

2009 年 1～8 月份，东部、中部、西部和东北地区四大区域固定资产投资增速均以高于 25%的水平增长。东北地区最快，达到 41.92%；东部地区最慢，为 25.23%。两者相差近 16.7 个百分点。2009 年 1～8 月份，东部、中部、西部和东北地区累计固定资产投资额分别达到 47423.37 亿元、24693.15 亿元、26881.25 亿元和 12169.70 亿元，分别占全国的 42.74%、22.25%、24.04 和 10.97%。东部累计固定资产投资额位居第一位，比位居第二的西部高出 18.7 个百分点，东北地区累计固定资产投资额占全国的比重仅为东部地区的 1/4 左右。

从投资增长情况来看，东部地区的固定资产投资增速回升，西部和东北地区增速有所回落。2009 年 1～8 月份与 2009 年 1～5 月份相比，东部、中部地区固定资产投资增幅分别提高 2.63、0.8 个百分点；而西部、东北地区的增幅比 2009 年 1～5 月份分别减少 7.34、5.78 个百分点。这表明社会资本投资份额的加大促进了东部、中部地区投资增速的加快；与此同时，政府投资的减少，在一定程度上影响了西部和东北地区的投资增速（见图 2）。

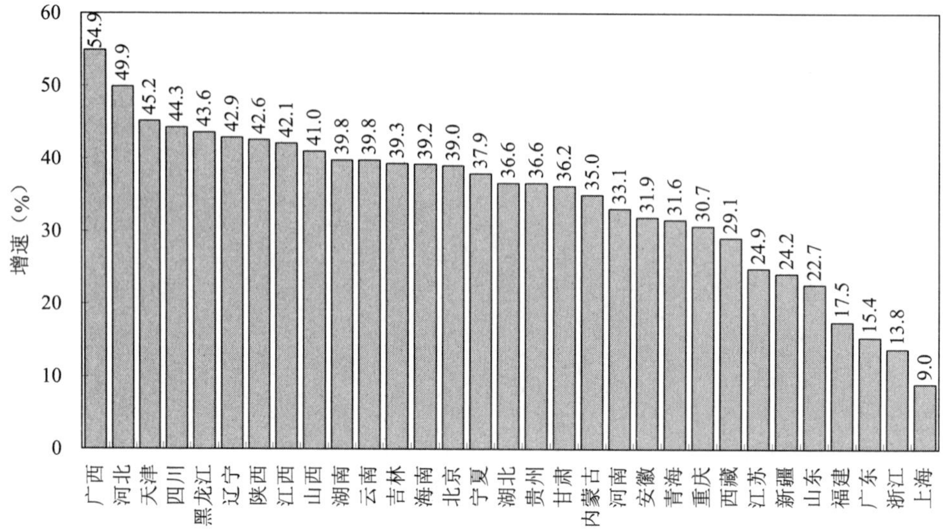

图2　2009年1～8月份各省固定资产投资增速情况

3. 2009 年 1～7 月份进出口总额仅海南、四川、西藏出现正增长，但 2009 年第三季度以来，东部地区进出口略有回升

2009 年第三季度以来，我国东部地区进出口总额略有回升。2009 年 1～7 月份东部地区进出口总额占全国的份额已由 88.2%上升到 88.41%，小幅上升了 0.2 个百分点。但值得注意的是，受金融危机的影响，与上年同期相比，2009 年 1～7 月份我国东部、中部、西部和东北地区四大区域的进出口总额同比仍然是较大幅度负增长，分别为-22.37%、-30.18%、-23.57%和-22.48%。

从地区分布来看，北京、天津、上海、广东、江苏、浙江、福建、山东等东部沿海省份的进出口总额增速大都在-20%左右，其中，北京、天津、河北进出口总额增速分别为-31.9%、-28.8%和-27%。中西部一些资源性省份，进出口总额负增长的幅度超过了东部沿海省份，其中，山西、云南、甘肃、宁夏、新疆等省份最为明显，成为全国进出口商品总额增速最低的省份。这些省份主要是对外出口焦炭、有色金属等资源型产品，受国际市场萎缩的影响，其进出口总额增速急剧下滑（见图 3）。

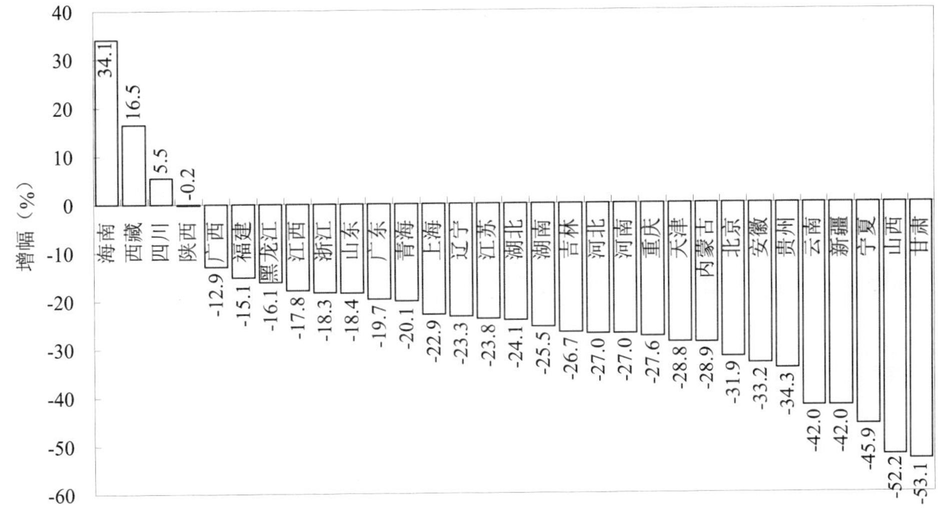

图3 2009年1～7月份各省（直辖市、自治区）进出口增长情况

4. 地区社会消费品零售总额增长加速，西藏增幅最大、北京增幅最小

2009 年以来，东部、中部、西部和东北四大区域社会消费品零售总额均呈加速增长的发展势头，2009 年 1～7 月份，社会消费品零售总额增速分别比 2009 年 1～4 月份高出 0.23、0.05、0.85 和 0.29 个百分点。西部和东北地区的社会消费品零售总额增幅明显高于东部沿海地区，表明内陆地区在工业化和城镇化进程中消费需求趋于旺盛，需求拉动区域经济增长的潜力不断增强（见图 4）。

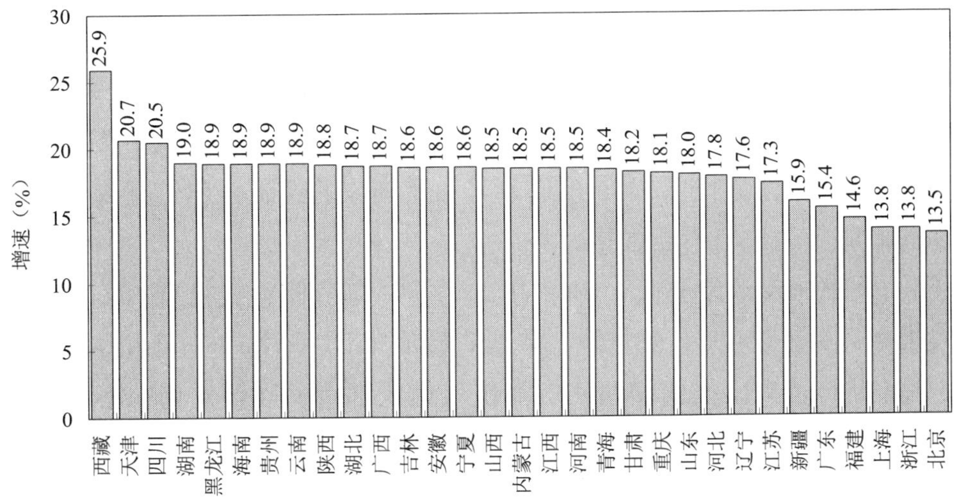

图4 2009年1～7月份各省（直辖市、自治区）
社会消费品零售总额增长情况

5. 重点发展区域的辐射带动作用不断增强

（1）长三角地区　2009 年上半年，长三角地区由于受国际金融危机冲击，加上原材料、劳动力、土地等要素成本上升，以出口加工为特征的外向型经济遭受严重影响。规模以上工业总产值、出口总额和到位外资总量同比出现下滑，但是，社会消费品零售总额、固定资产投资保持较快增长，特别是服务业产值占地区生产总值的比重持续上升，其中上海占比为 57.7%，南京达 54.5%，杭州、舟山、宁波等城市也都在 46%以上。

（2）珠三角地区　2009 年以来，广东加快推进产业和劳动力“双转移”战略，产业结构得到一定程度优化，劳动力就业结构呈现“三产”比重上升、“一产”比重下降的特征。广佛同城化加快推进，港珠澳大桥、广珠城际轨道等一批重大项目相继开工。但由于金融危机影响，外部需求持续萎缩，出口下降幅度较大。未来一段时间加工贸易出口形势严峻，出口短期内难以实现大幅增长。民间投资增长乏力，部分重点项目推进缓慢。

（3）海峡西岸经济区　2009 年 5 月份，国务院通过《关于支持福建省加快建设海峡西岸经济区的若干意见》以来，福建省相继出台了一系列加快建设海峡西岸经济区的政策举措。两岸产业对接集中区、高新技术产业带、农业合作试验区、海洋产业开发基地、海峡西岸物流中心、国际知名的海峡旅游目的地等平台建设不断加快，“小三通”、对台海上直航、大通关机制等主要通道和平台建设进一步推进。

（4）北部湾经济区　2009 年以来，广西加快推进保税物流体系建设，确保钦州保税港区一期工程年底封关运作，启动建设了凭祥综合保税区一期工程。进一步组织实施重点产业园区“三年规划、百亿工程”。交通、城市公共设施建设进一步加强，体制机制创新不断推进，与东盟国家的经贸合作继续深化，对整个自治区的辐射带动作用不断强化。

（5）关中—天水经济区　2009 年 6 月份，国务院正式批准《关中—天水经济区发展规划》，2009 年 9 月份，陕西省政府审议《<关中—天水经济区发展规划>实施意见》，提出把建设西安国际现代化大都市和以西安为中心的统筹科技资源改革示范基地作为重中之重，加快推进西咸一体化进程，促进陕西省科技优势转化为现实生产力。

（6）江苏沿海经济带　2009 年 6 月份，国务院原则通过《江苏沿海地区发展规划》。2009 年 9 月份，江苏省委、省政府发布《〈江苏沿海地区发展规划〉

2009 至 2012 年实施意见》。目前，江苏省正在研究沿海地区发展规划的实施方案，一些重大项目正在论证之中。沿海三市因地制宜确定发展路径，加快形成江苏省沿海地区各有分工、互相协作、各具特色的发展格局。

（7）辽宁沿海经济带　2009 年 7 月份，国务院原则通过《辽宁沿海经济带发展规划》。目前，辽宁省委、省政府以及沿海 6 个城市正在抓紧制定相关的实施方案和政策，一批重大项目也在酝酿和论证之中。

二、2010 年中国区域经济发展趋势和任务

2010 年，要加强对已出台的各类区域规划的分析评估，有序推出正在编制的区域规划，实现区域发展的分类指导，进一步完善区域政策。

1. 推进沿边、贫困等区域协调发展

推进沿边地区加快发展。目前我国与周边国家的经济社会联系日益密切，加快推进沿边地区经济社会的发展，对于保持我国边境地区的安定团结具有十分重要的意义。我国的陆域边境地区大多属于经济社会发展比较落后的地区，也往往是少数民族聚居的地区。2010 年，我国与东盟自由贸易区进入实质运作阶段，将对我国南部边境地区经济社会发展产生重要影响。因此，要加快推进沿边地区的发展，特别是要加快沿边地区教育、医疗、社会保障等社会事业发展，实现稳边、安边、兴边、富边的目的。

加大贫困地区的扶持力度。结合国家“扩内需、保增长、调结构”的政策，稳步扩大以工代赈资金、易地扶贫搬迁资金规模，并探索反贫困的新路子。同时，要切实提高贫困地区的自我发展能力。进一步完善贫困地区的基础设施建设，加强对贫困地区人口的教育培训。对于落后地区的资源型产业开发，要积极探索相应的利益分享机制，使落后地区能够相对公平地分享资源开发所带来的收益。

2. 引导地区间产业有序转移

推进发达地区产业结构优化升级。长江三角洲、珠江三角洲、京津冀地区以及城市群地区产业发展基础好，资金技术雄厚，参与国际产业分工的能力强，这些地区要从发挥比较优势的角度出发，积极发展技术含量高、附加值高的产业，推进劳动密集型产业向外转移，实现“腾龙换鸟”，使这些地区成为引领我国产业结构升级的龙头地区。

提高落后地区承接产业转移的能力。对于经济发展比较落后的中西部地区，

要抓住全球和东部沿海地区经济结构调整升级的机遇，不断完善当地的投资软硬环境，通过建立产业转移示范区、与东部政府和企业合作兴办开发区、企业联合协作等形式打造承接产业转移的平台。革命老区、民族地区、边疆地区和贫困地区等要借助政策扶持、对口支援等途径，培育提升产业基础，改善市场环境，拓展市场规模。

推进不同地区之间的产业合作。要不断拓展区域间经济合作的形式，完善区域间经济合作的机制。广泛利用一切可能的资源与条件，全面运用市场交换、企业协作、园区共建乃至规划统筹、管理一体等多种形式，推进区域间的合作向宽领域、深层次方向发展。建立健全区域间、城市间多层次、多种类的区域产业合作协调组织，形成政府、企业、社会团体共同参与、协作互动的推进区域间产业合作的立体网络。

3. 推进重点流域治理

推进重点流域水环境综合治理。在继续做好“三河三湖”、松花江水污染防治工作的基础上，积极推进三峡库区及上游地区、丹江口库区及上游地区等重点地区和重点水源地的水污染防治工作。继续深化研究流域水资源、环境资源市场化配置的相关政策，充分发挥相关地区政府与社会的积极性，进一步落实责任，健全机制，细化措施，保障饮用水水质安全和不发生大面积水质安全问题，力争在点源治理、城市环保基础设施建设等方面取得积极进展，推动建立流域有效管理的体制机制。

探索推动生态补偿机制。针对我国流域生态建设日益受到重视、资金来源渠道亟需拓宽的情况，可以探索推进流域的生态补偿机制，2010年，应在条件适合的地方开展试点。比如在受益主体相对比较明确的情况下，可以探索市场化的运作方式，制定“谁受益、谁付费”的原则和办法。进一步建立健全水电开发中建立生态补偿基金、流域上下游建立水资源补偿等相关机制和办法。此外，还可探索建立江河下游发达地区对上游落后地区的横向生态补偿机制。

三、2010年中国促进区域经济发展的政策建议

针对 2009 年前三季度我国区域经济发展的基本状况、特点、问题以及重点任务，建议2010年采取如下对策措施。

1. 制定加强国内区域合作和国际次区域合作的政策措施

强化国内区域合作，打破行政区划的限制，促进生产要素在区域间自由流动，

引导产业转移。要按照形成“东中西部产业梯度发展链”的思路，加强东中西部地区的经济交流合作，引导东部地区企业积极参与中西部地区资源开发和产业发展，促进东部地区产业特别是劳动密集型产业向中西部地区转移，实现优势互补、互惠互利、共同发展。

发展睦邻友好，推进国际次区域合作。以中国—东盟自由贸易区的建立为突破口，深化澜沧江—湄公河次区域合作，在尽快解决次区域国际大通道“通而不畅”问题的基础上，争取在合作的范围和深度上有新的进展。以中（中国）哈霍尔果斯国际边境合作中心建设为切入点，推进中国和中亚五国的国际次区域合作。以即将签署的《中俄区域合作规划纲要》为助推剂，加强东北亚区域磋商和对话，探讨建立适合本地区实际的区域合作机制，有效解决合作中的重大问题。借助南亚区域合作联盟的平台，加强与南亚各国的合作，力争在基础设施建设、反贫困、打击恐怖主义等领域达成一致。

2. 加强城市群、经济带和经济圈的规划编制和发展指导

国家“十一五”规划纲要指出要把城市群作为推进城镇化的主体形态，逐步形成以沿海及京广京哈线为纵轴、长江及陇海线为横轴、若干城市群为主体、其他城市和小城镇点状分布、永久耕地和生态功能区相间隔、高效协调可持续的城镇化空间格局。2010 年，着手编制长三角、珠三角、京津冀、长江中游、川渝等城市群、经济带和经济圈的规划，加快形成分工合理、功能互补的城镇体系，提升区域整体竞争力。

认真搞好上海浦东新区、天津滨海新区、重庆、成都、武汉、长株潭、中关村等综合配套试验区的试点工作，及时总结经验并向全国推广。中部地区要着力发展“两纵两横”等四大经济带，发挥郑州、武汉、长沙、合肥、南昌、太原等六大中心城市的辐射功能，以工业化推动城市化和农业现代化，促进中部地区经济社会的全面发展。西部地区要按照“以线串点、以点带面”的理念，除加快川渝、关中、北部湾等重点地区发展与合作之外，在条件比较好的地方，如银川、伊宁、瑞丽、格尔木、庆阳、遵义、满洲里、林芝等培育若干经济增长极，带动西部地区整体发展。

3. 加大对“老少边穷库枯”地区的支持力度

引导“老少边穷库枯”地区明确发展定位和战略，走符合自身区情的发展之路。在有条件开发的地区，要立足于形成具有竞争优势和民族特色的产业，合理有序开发利用优势资源，并把保护生态环境放在优先地位。切实加大对民族地区、边疆地区一般性和专项性转移支付的力度，继续实施中央财政对产粮大县和财政困难县的“三奖一补”政策，扶持粮食主产区经济发展。加大扶贫开发力度，逐步提高农村扶贫标准尤其是适当提高最低生活保障标准。重视民族地区和边疆地区人才培养，在少数民族集聚地区的地市设立大专院校，增加高等院校向少数民族招生的指标，为少数民族培养高素质人才。切实做好“老少边穷库枯”地区9年义务教育和失业、下岗、农民工就业培训工作，开展民族地区和边疆地区“9+3”免费教育试点。加强对资源型城市和矿区转型规划的指导，建议中央政府作为资源型城市和矿区试点转型规划的主体，由专门机构直接介入规划工作。

4. 积极推进主体功能区规划实施和配套政策研究

进一步加强研究制定主体功能区划的技术规范，进一步细化划分的标准，形成全国性的标准和规范，作为确立、划分主体功能区的依据。积极做好各省主体功能区规划的编制工作，根据不同区域的资源环境承载能力、现有开发密度和发展潜力，研究确定主体功能区的实施方案，提出统筹谋划经济布局、人口分布、资源利用、环境保护和城镇化格局的总体思路。

加强相关配套政策的研究特别是财政转移支付政策、人口迁移政策、生态补偿政策、绩效评价办法等方面的研究。研究制定相关投资政策，根据不同区域的主体功能，逐步明确政府投资的重点，以及国家支持的重点投资领域。研究制定相关产业政策，引导不同区域提升发展水平，加强产业配套能力建设，发展特色经济，形成功能定位清晰的区域分工格局。

参考文献

［1］曾培炎. 推进形成主体功能区、促进区域协调发展［J］. 求是，2008（2期）.
［2］马凯主编. “十一五”规划战略研究［M］. 北京：科学技术出版社，2005.
［3］杨伟民. 区域协调发展的关键：主体功能区规划［J］. 财经界，2008（3期）.
［4］王一鸣. 中国区域经济政策研究［M］. 北京：中国计划出版社，1998.
［5］肖金成，高国力，等. 中国空间结构调整新思路［M］. 北京：经济科学出版社，2008.

（作者：国家发展和改革委员会国土开发与地区经济研究所课题组）

市场预测篇

2009～2010 年汽车市场分析与预测

2009 年，在国家一揽子计划振兴经济作用下，我国经受住了严重的国际金融危机冲击，经济增长明显下滑态势得到有效遏制，经济逐步企稳回升。为了促进汽车产业稳定增长，政府密集出台了一系列鼓励汽车消费的政策措施，汽车市场需求出现爆发式增长。2010 年汽车市场发展环境将趋于平稳，汽车市场需求增长速度将由高位回落。

一、2009 年汽车市场形势评价

1. 汽车总需求出现第二次井喷，2009 年将是我国成为全球第一大汽车市场的历史性转折点

2009 年，继 2002 年和 2003 年汽车市场需求爆发性增长后，我国汽车市场总需求出现了第二次井喷。2009 年 1～11 月份国内汽车总需求达到 1222.2 万辆，同比增长 48.3%，预计全年国内汽车需求将达到 1370 万辆，同比增长 51.9%（见图 1）。

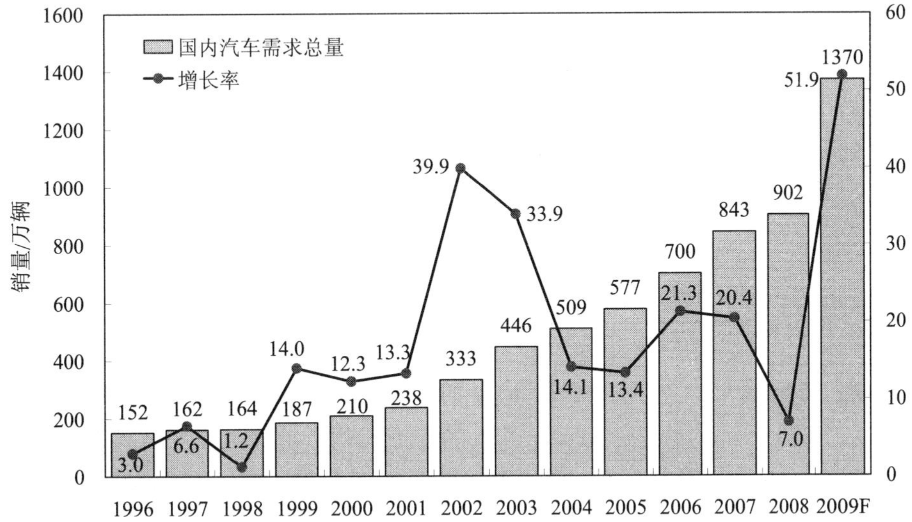

图1　国内汽车需求量

分车型来看，乘用车需求增长呈现超高速增长，2009 年 1～11 月份乘用车需求达到 765.3 万辆，同比增长 47.9%，对汽车总体市场增长贡献度达到 62.3%，预计全年将达到 866 万辆，同比增长 51.9%。微型客车需求呈井喷态势，2009 年 1～11 月份微型客车需求达到 178 万辆，同比增长 80.7%，2009 年全年销售预计达到 196 万辆，同比增长 86.7%。商用车市场也呈高速增长态势，2009 年 1～11 月份商用车需求达到 278.9 万辆，同比增长 33.9%（见表 1），预计 2009 年全年需求将达到 308 万辆，同比增长 35.7%。

表 1　分车型国内汽车需求总量

车型	需求量/万辆		同比增速（%）	需求增量/万辆	总需求增长贡献度（%）
	2008 年 1～11 月份	2009 年 1～11 月份			
乘用车	517.5	765.3	47.9	247.8	62.3
交叉车	98.5	178.0	80.7	79.5	20.0
商用车	208.4	278.9	33.9	70.6	17.7
合计	824.4	1222.2	48.3	397.9	100.0

密集出台的汽车消费鼓励政策对 2009 年汽车市场的井喷起到了至关重要的作用，主要体现在撬动和示范两方面。为了振兴汽车产业，拉动国内消费，2009 年国家先后实施了多项汽车消费鼓励政策，这些政策都在不同程度上刺激了消费者的购车需求。针对微型客车、微型货车、轻型货车实施汽车下乡，对农民购买给予车价 10%的补贴；对 1.6L 以下小排量乘用车购置税暂按 5%征收，征收减半措施使得购买 1.6L 以下车型费用减少 1500～4000 元左右；实施燃油税、取消养路费后，汽车保有环节费用大幅下降，尤其是中小城市，效果更为明显。以深圳和保定为例，取消养路费后，在深圳用户车辆保有费用下降 15%左右，而在保定用户车辆保有费用下降幅度达到 30%左右，这主要是由于中小城市用户其他费用支出较少，养路费取消对中小型车购车利好作用比较大。成品油价格下降，使得消费者的汽车使用费用又降低了 10%左右（见表 2）。

表 2　主要汽车消费鼓励政策及效果

<table>
<tr><th>政　策</th><th colspan="4">效　果</th></tr>
<tr><td>2009 年 3 月份汽车下乡</td><td colspan="4">补贴车价 10%的车型：微型客车、微型货车、轻型货车</td></tr>
<tr><td rowspan="5">2009 年 1 月 20 日
小排量车型购置税减半</td><td colspan="4">降低购买费用，刺激消费</td></tr>
<tr><td>排量区间</td><td>2008 年份额（%）</td><td>平均车价/元</td><td>消费者支出减少费用/元</td></tr>
<tr><td>≤1L</td><td>4.7</td><td>37112</td><td>1586</td></tr>
<tr><td>1～1.3L</td><td>7.2</td><td>53509</td><td>2287</td></tr>
<tr><td>1.3～1.6L</td><td>41.3</td><td>92217</td><td>3941</td></tr>
</table>

（续）

政　　策	效　　果		
2009 年 1 月 1 日 取消养路费	地区	深圳	保定
	保有费用合计/元	8005	4312
	取消养路费后降幅（%）	15.0	30.6
2008 年 12 月 19 日 成品油价格大幅下调	地区	深圳	保定
	使用费用合计/元	18553	7952
	两次油价降低后降幅（%）	10.6	11.5

从乘用车增长理论上讲，一个国家的汽车消费规模是由该国具备购车能力群体大小决定的。一般来说，只有达到一定收入水平的人群才具备了购车能力，此收入水平即所谓的购车收入临界点，家庭年收入高于收入临界点的人群即具备了购车能力。一个国家购车收入临界点受车价、购车税费以及使用费用等因素的影响，车价越低，购车收入临界点越低，购车费用降低和使用费用下降都会使得购车收入临界点向左移动。2009 年密集出台的相关汽车消费鼓励政策正是降低了消费购车费用和使用费用，购车收入临界点向左移动，导致具备购车能力的家庭户数非正常性地大幅增加。这与 2002 年我国加入 WTO 后，车价大幅下降后的效果基本上是一致的（见图 2）。

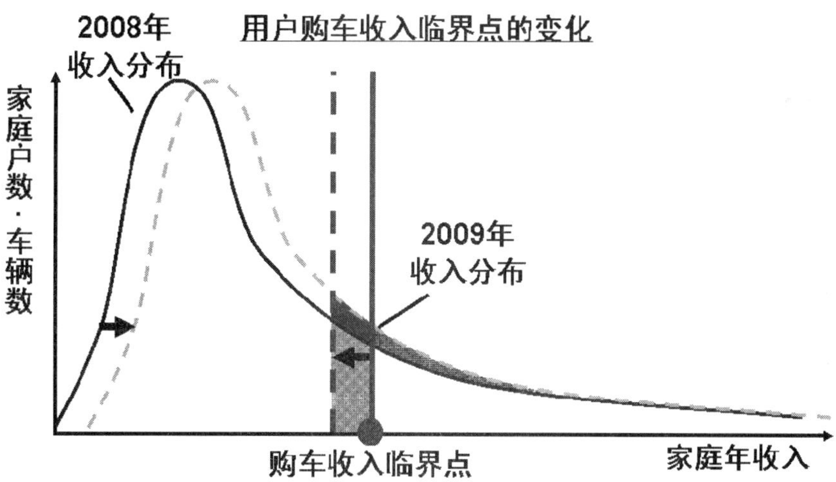

图 2　乘用车增长的理论分析

政府刺激汽车需求的鼓励政策有两种效果：一是政策直接作用于收益车型：1.6L 以下乘用车、微型客车等，受到刺激政策作用，这些车型市场需求高速增长。二是由于汽车在国民经济中的突出地位，汽车市场的快速增长对经济企稳回升起到了重要的拉动作用，而经济企稳回升带来了所有车型的全面增长。

全球其他主要汽车市场与中国的变化截然相反，呈现出大幅度的下滑。2009年美国汽车市场继续着2008年以来大幅下滑的态势，1～10月份累计销售汽车879万辆，同比下降25.6%（见图3）。

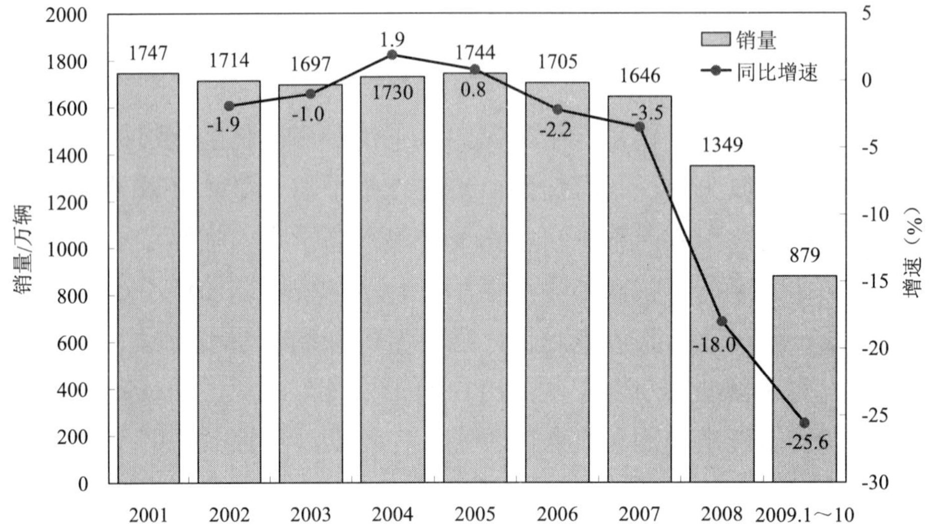

图3 美国汽车年度销量及同比增速

日本汽车市场在2008年小幅下滑的基础上，出现了较大幅度下降，2009年1～10月份日本国内累计销售汽车380万辆，同比下降13.8%（见图4）。

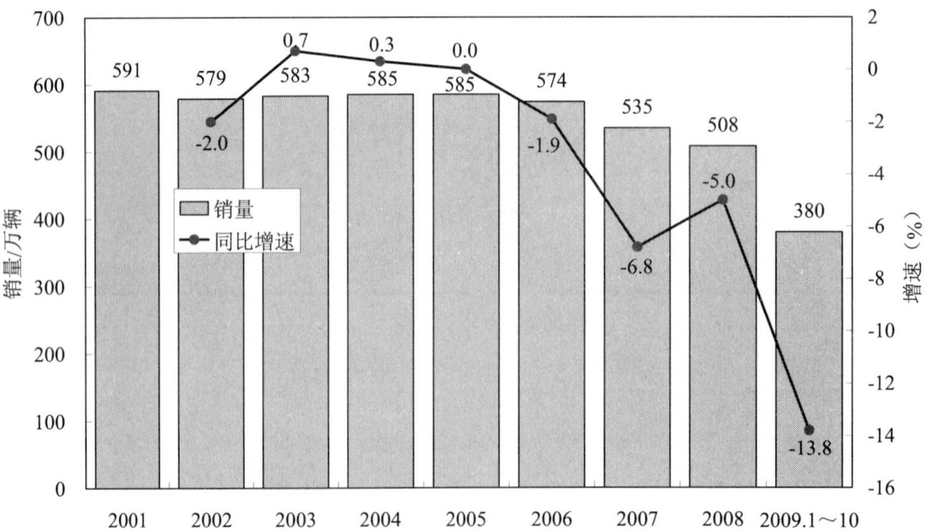

图4 日本汽车年度销量及同比增速

欧洲汽车市场也出现了不同程度的下滑，2009 年 1～9 月份英国国内累计销售汽车 169 万辆，同比下降 18.7%；1～10 月份法国国内汽车市场需求为 216 万辆，同比下降 1.6%（见图 5）。

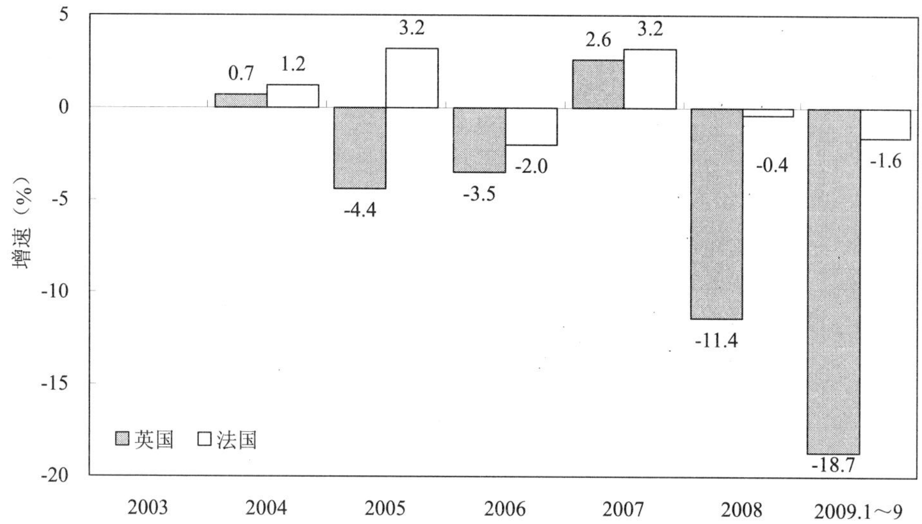

图5 英国、法国汽车年度销量同比增速

2009 年，中国汽车市场对全球汽车市场做出了重要贡献，预计 2009 年全球汽车销量将在 6000 万辆，比 2008 年减少 1000 万辆（见图 6）。而中国 2009 年新增汽车销量接近 500 万辆，对抑制全球汽车市场大幅下滑贡献巨大。

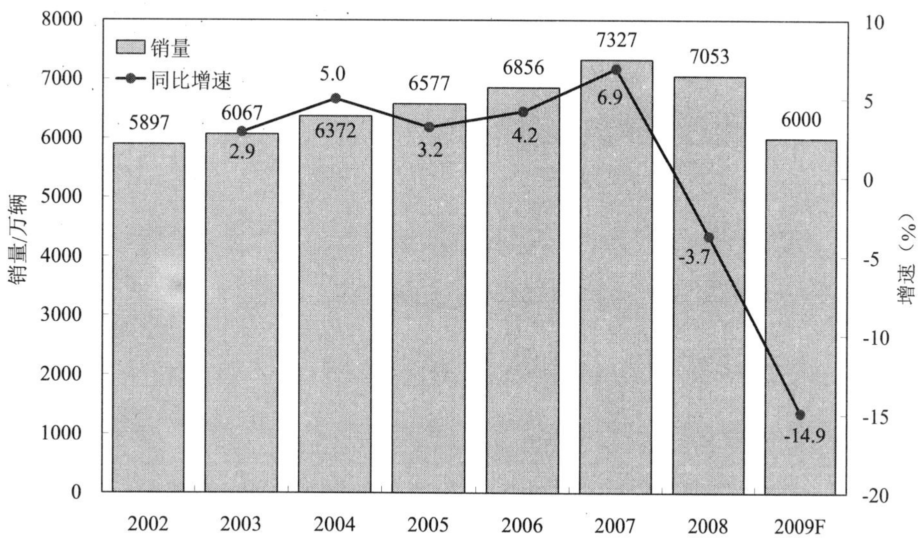

图6 全球汽车销量

2009年我国已经成为全球第一大汽车市场（见图7），由于2010年我国继续实施汽车刺激政策，我国很可能永久性成为全球第一大汽车市场。

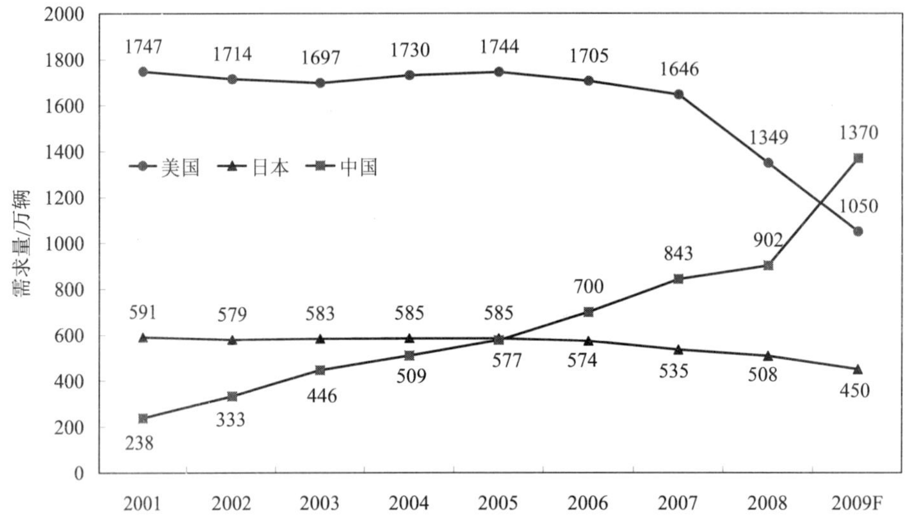

图7 美、日、中近年来汽车需求量变化（一）

近几年来，我国汽车销量占全球汽车总量的比重不断提升，2001年我国汽车销量占全球销量的比重只有4.3%，而到2008年这一比重已经上升到12.8%，2009年我国汽车销量占全球销量比重提高到22.8%，也就意味着全球每销售100辆汽车，就有22.8辆销售在中国（见图8）。随着我国汽车市场容量的迅速扩大，我国在全球市场的地位也产生了实质性变化。

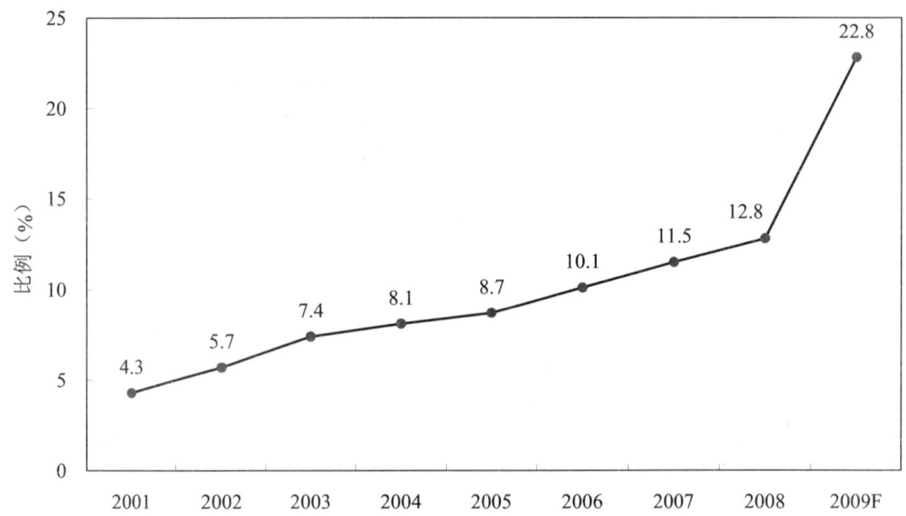

图8 美、日、中近年来汽车需求量变化（二）

随着我国汽车市场的迅速扩大，中国市场对跨国汽车公司的重要性显著提高。2009 年 1～9 月份，丰田在中国销量达到 47 万辆，占丰田全球销量比重由 2007 年的 5.4%提升到 10.2%；大众在华销售 102 万辆，与其德国本土销量相当，占其全球销量比重也达到 21.3%；本田在华销售 41 万辆，接近其日本本土销量，占其全球销量比重为 19.3%；通用、日产、现代在华销量占全球销量比重也大幅提升（见表 3）。

表 3　主要跨国汽车公司在华销量及所占比例

销量		2007 年销量/万辆	2008 年销量/万辆	2009 年 1～9 月份销量/万辆
丰田	全球	937	897	461
	本国	221	211	142
	中国	51	62	47
	中国占比（%）	5.4	6.9	10.2
大众	全球	619	627	479
	本国	103	104	102
	中国	94	102	102
	中国占比（%）	15.2	16.3	21.3
通用	全球	937	836	355（上半年）
	本国	387	298	95（上半年）
	中国	98	105	76（上半年）
	中国占比（%）	10.5	12.6	21.4
本田	全球	403	406	212
	本国	62	62	44
	中国	42	47	41
	中国占比（%）	10.4	11.6	19.3
日产	全球	369	369	268
	本国	72	68	46
	中国	28	36	38
	中国占比（%）	7.6	9.8	14.2
现代	全球	262	280	223
	本国	62	57	49
	中国	26	33	46
	中国占比（%）	9.9	11.8	20.6

市场变化对跨国公司的中国决策机制将发生显著的影响，以输入中国市场的产品为例，20世纪80年代主要以淘汰产品输入中国，20世纪90年代在中国市场开始上市的车型逐步与国际市场同步，加入WTO后，跨国汽车公司在车型研发阶段开始考虑中国元素。而2009年以后跨国公司必将在研发阶段愈发考虑中国元素，预计2011年前后，跨国汽车公司将逐步专门针对中国市场进行产品设计。

2. 高速成长导致国内竞争格局出现巨大变化，而且将引发产业布局的更大调整

（1）国内企业集团格局　2009年，国内汽车企业集团格局发生了巨大变化。上汽凭借五菱销量的大幅度增长，与一汽之间的差距进一步拉大，市场份额比2008年提升1.5个百分点；长安兼并重组后超过东风，进入前三甲；比亚迪、江淮进入前十名的行列（见表4）。

表4　国内主要汽车集团销售及市场份额

2008年			2009年1～11月份		
制造商	销量/万辆	市场份额（%）	制造商	销量/万辆	市场份额（%）
上汽	172	18.3	上汽	243	19.8
一汽	153	16.3	一汽	176	14.4
东风	132	14.1	长安	170	13.9
长安	86	9.2	东风	169	13.8
北汽	77	8.2	北汽	113	9.3
广汽	53	5.6	广汽	54	4.4
奇瑞	36	3.8	奇瑞	44	3.6
华晨	29	3.0	比亚迪	39	3.2
哈飞	22	2.4	华晨	32	2.6
吉利	22	2.4	江淮	30	2.4

（2）跨国公司在华市场格局　跨国公司在华格局变化也比较明显，2009年1～11月份现代汽车以80万辆销量，市场地位由2008年的第五位一举攀升到第二位；而丰田市场位次下降到第四位（见表5）。

表 5　主要跨国汽车公司在华销量

2008 年			2009 年 1～11 月份		
制造商	销量/万辆	市场份额（%）	制造商	销量/万辆	市场份额（%）
大众	103	17.1	大众	130	16.7
丰田	62	10.2	现代	80	10.3
通用	52	8.7	通用	69	8.9
本田	52	8.6	丰田	61	7.9
现代	48	8.0	本田	55	7.0
日产雷诺	36	6.1	日产雷诺	49	6.3
福特	30	5.0	福特	39	5.0
铃木	18	3.0	PSA	24	3.1
PSA	18	3.0	铃木	21	2.7
宝马	7	1.2	宝马	8	1.1

（3）产业布局　汽车产业布局也加快了调整步伐，表现在两个方面：一是非业内企业的进入及初进入者发展步伐的加快。如五粮液与华晨合作生产汽车发动机，预计 2011 年达到年产 50 万辆的产能规模；力帆加大汽车行业投入力度，将在 2009 年年底推出 SUV 和微车车型。二是业内企业纷纷拓展领域、加快布局，寻求均衡发展。从事商用车的企业开始布局乘用车市场，如江淮大乘用车战略发布，在未来，江淮汽车每年都将有 3～4 款乘用车新品种投放市场，2010 年乘用车产销目标锁定 30 万辆；长城汽车投资 30 亿元打造年产 20 万辆的乘用车生产基地。从事乘用车的企业也加紧布局商用车市场，如奇瑞与中集车辆合作，曲线进入商用车领域，在芜湖建立中重型载货车辆及零部件的制造基地，致力于成为中国未来主要的货车供应商之一；如一汽与通用成立合资公司，生产轻型商用车。

（4）产能大规模扩张　2009 年市场火爆促使企业开始大规模扩张产能，跨国汽车公司、自主品牌企业纷纷提出产能规划目标（见表 6）。产能大规模扩张得不到市场有效支持的话，价格战在所难免，产能过剩也会招致来自政府的控制。从这个意义上，井喷式增长对汽车行业带来增长的同时，也有很大的负面影响。

表 6　部分企业投资和产能计划

大众	计划到 2011 年将投资 40 亿欧元以提高在中国的产能
	在大连建设第二家 DSG 变速器工厂
	一汽-大众确定将在珠三角地区投资设厂

（续）

现代	在北京开始建设年产30万辆的第三工厂，生产中高端车型，预计将于2011年年末完工
福特	长安福特马自达第三工厂落户重庆，年产能扩充至60万辆
日产	在广州新建工厂，年产能24万辆。预计2012年完成，届时东风日产产能将提升至70万辆
标致雪铁龙	神龙第二工厂于四季度全面建成投产，生产雪铁龙C5等高档车型为主，年产能15万辆
广汽	广汽菲亚特项目在湖南长沙奠基，一期将形成年产14万整车和22万台发动机的生产能力
奇瑞	将在开封投资建设规模为年产20万辆微型汽车、8万辆轻型货车及农业机械生产的基地
一汽轿车	投资20亿元的第二工厂项目已经启动，2012年实现新增年产20万辆整车的目标

3. 当前汽车市场已经转变为政策和经济双因素驱动，并且持续增长部分主要是经济驱动，预示着2010年汽车市场可以保持持续稳定增长

2009年市场增长分为两个阶段，前五个月基本上是政策驱动型市场，6月份以后经济回升对汽车市场所形成的市场自然增长力量与政策驱动力量共同促进了汽车市场的高速增长。这可以从分级别乘用车走势、进口车发展态势、豪华轿车市场变化以及商用车分车型变化态势所证明。

从分级别乘用车走势来看，前五个月主要是A00、A0和A级别车高速增长，而B、C级别车市场大部分呈现负增长。而6月份以后，B、C级别市场也表现出高速增长的态势（见图9）。B、C级别车属于商务用途，一般是公司购买，这一市场增长应该是经济回升，企业效益转好所带来的。

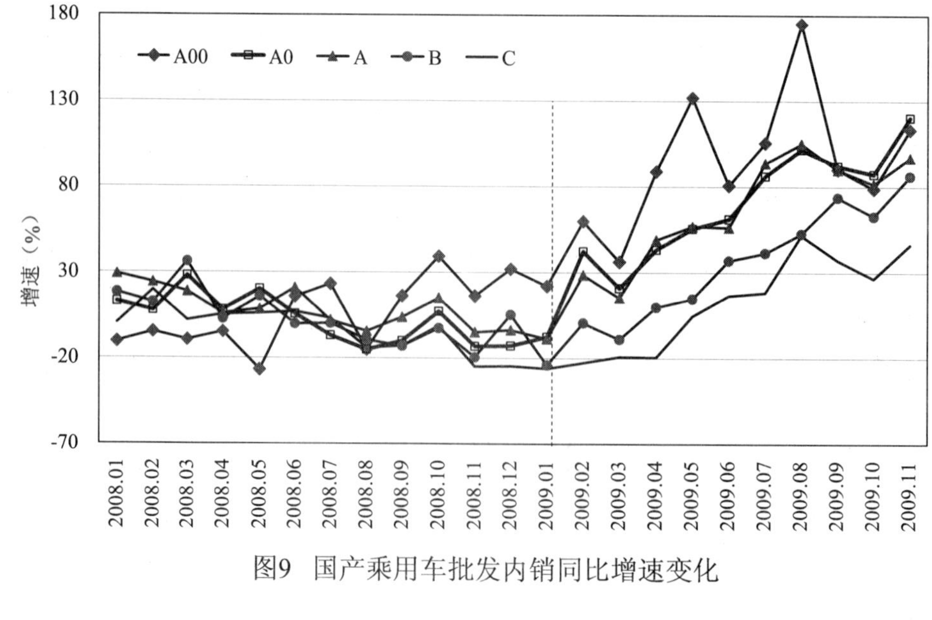

图9 国产乘用车批发内销同比增速变化

从进口车来看，进入 2009 年第三季度，进口车已经保持了连续三个月的增长，11 月份当月销量为 5.7 万辆（见图 10），同比增长速度高达 92.7%，进口车基本都是高端豪华车市场，排量都在 2.0L 以上，不在政策刺激范围之内，其市场主要受企业经济效益影响更为明显，进口车市场回暖也验证了经济所带来的市场自然增长力量的作用。

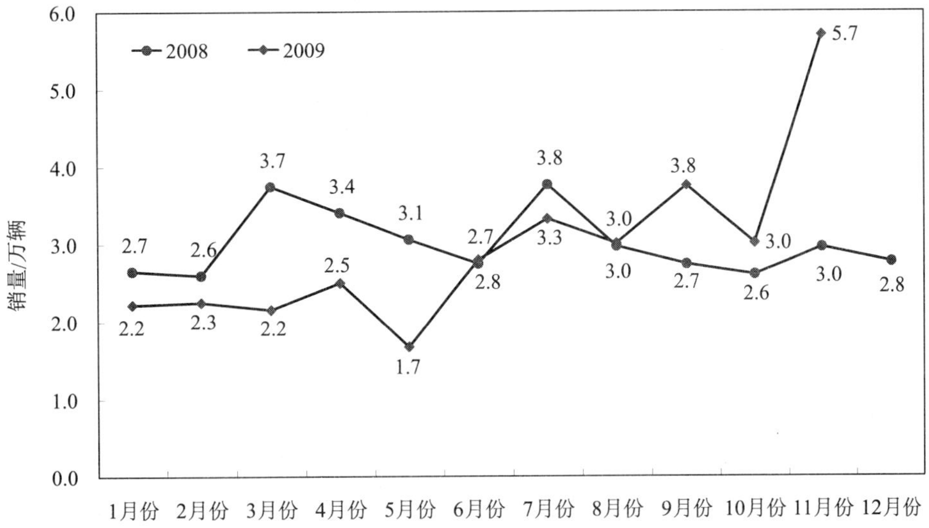

图10　进口车销量

与进口车类似，国产豪华车市场同样也体现出了经济回升所产生的自然增长作用，2009 年前五个月，我国豪华车市场基本上呈现负增长，而进入 6 月份以后，市场开始加速，2009 年第三季度增长速度多在 60%以上（见图 11）。

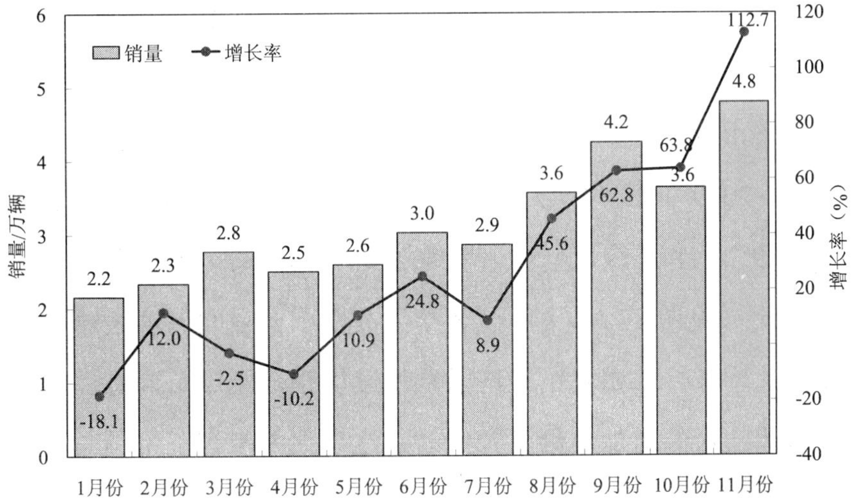

图11　2009年豪华车市场月度变化

商用车市场月度变化态势进一步说明了两个阶段判断。

2009 年上半年，我国商用货车市场只有微型货车受汽车下乡政策刺激，销售增长明显，其他车型基本上只是出现略微增幅，而重型货车仍表现出负增长。而下半年后，重型货车市场增长强劲，增速都在 50%以上，2009 年 11 月份增速更是超过 200%，而微型货车市场增速基本与上半年持平（见图 12）。重型货车主要用于交通运输、基建建设，它的高速增长正是经济增长作用的结果，只有经济活跃了，运输量上去了，跑运输才有盈利，用户才会购买。

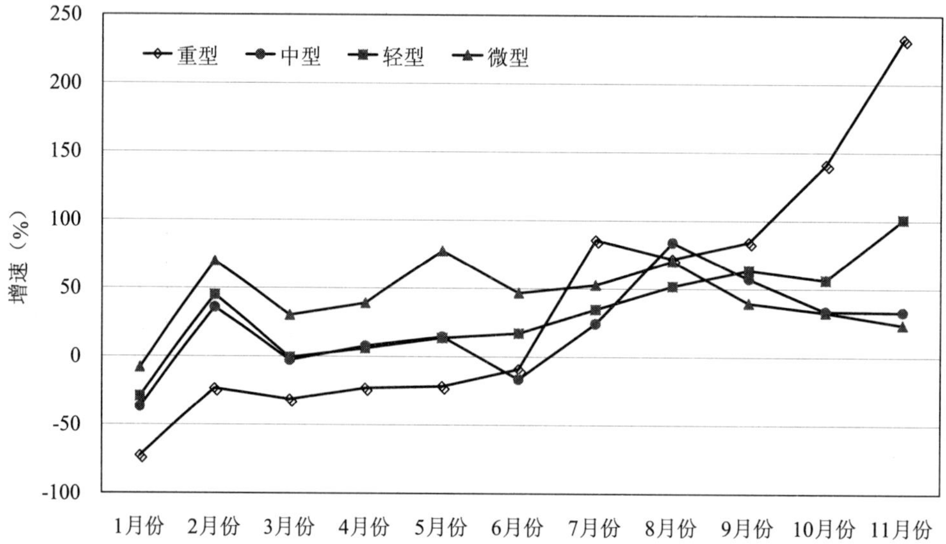

图12 2009年货车分类型月度批发量同比增速

商用车客车市场亦是如此。2009 年上半年，大、中、轻型客车一直表现为不同程度的下降。2009 年下半年以后，大、中、轻型客车三类车型都表现出高速增长的态势，2009 年 11 月份大型客车增速达到 80%，而中型客车和轻型客车增速也都在 40%上下（见图 13）。大中型客车主要用于城际间旅客运输，下半年大中型客车市场高速增长，表明我国经济活跃程度增强，无论是商务性出行，还是休闲旅游，旅客运输量的增加是毋庸置疑的，这是大中型客车市场需求复苏的关键因素。

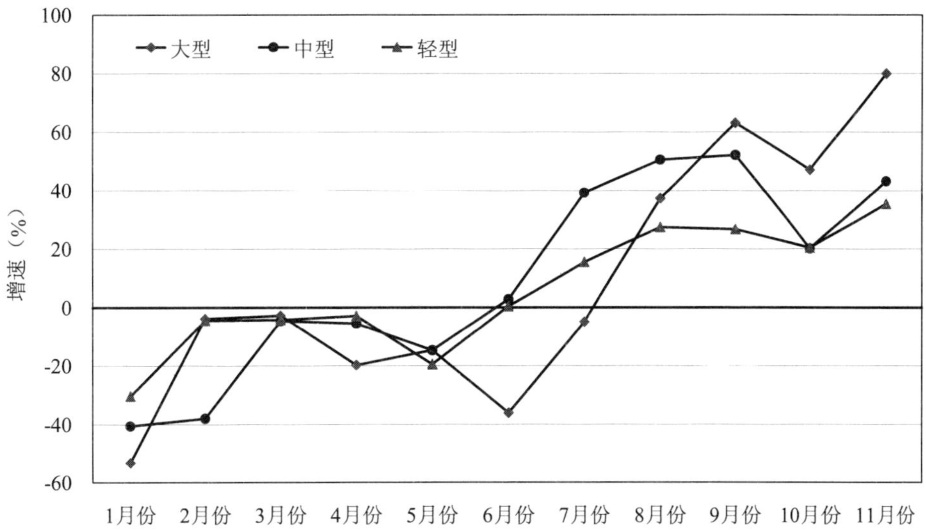

图13　2009年客车分类型月度批发量同比增速

经济实际走势与以上车型走势相吻合，我国工业生产在年初达到谷底，2 月份工业增加值增幅只有 3.8%，而第一季度我国经济增长速度也只有 6.1%；然后逐步企稳回升，进入第二季度工业生产快速回升，到 11 月份工业增加值增速也达到 19.2%，预计经济增长速度也将由第二季度的 7.9%提升到第四季度的 10%（见图 14、图 15）。

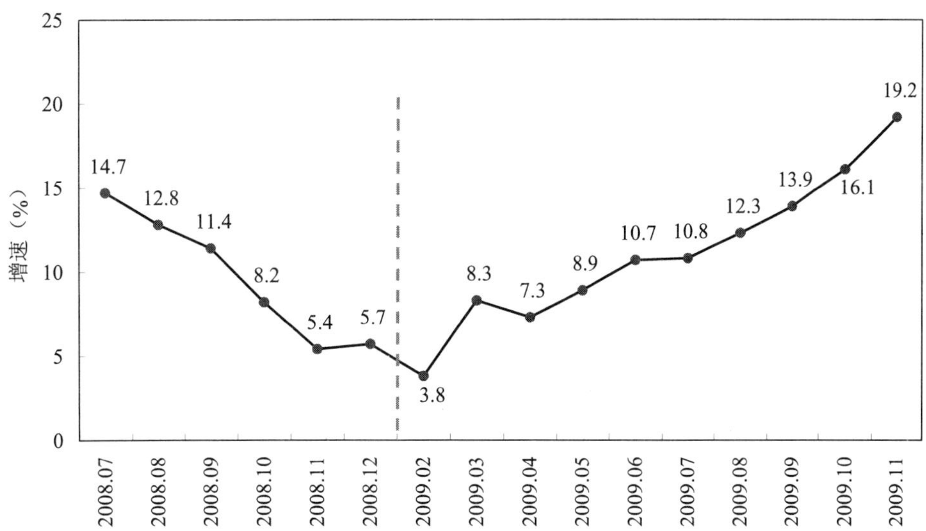

图14　工业增加值月度同比增速

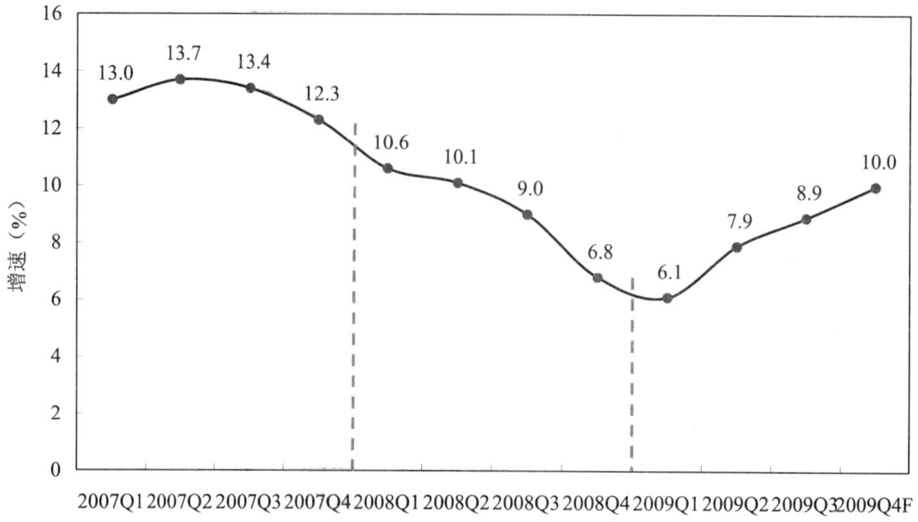

图15 我国GDP分季度增速

二、2010 年汽车市场预测

1. 乘用车

（1）2010 年的政策和经济形势决定了乘用车需求将略高于长期潜在增长率。做出以上判断主要基于对政策和经济走势判断 首先我们来看政策，2010 年政策基本已经明确，已出台政策变化不大，基本上维持了优惠，虽然购置税优惠幅度有所减小，但总体而言国家对汽车产业鼓励基调没有变化（见表 7）。

表 7 2008～2010 年汽车行业已有政策变化对比

国家政策	2008 年	2009 年	2010 年
车购税	0.1	1.6L 及以下减按 5%	1.6L 及以下减按 7.5%
养路费	平均约 1200 元/年	取消	取消
油价	5.8 元/L	6.0 元/L	6.5～7.5 元/L
以旧换新	—	补贴标准 0.6 万元	补贴标准提高

根据汽车产业调整和振兴规划，2010 年还将有三个方面的政策措施促进汽车产业发展：一是促进和规范汽车消费信贷；二是规范和促进二手车市场发展；三

是加快城市道路交通体系建设。总体上而言，这些是对 2010 年汽车市场可能产生影响的汽车消费政策。当前我国消费者使用贷款购车比例只有 10%，与发达国家存在 60%～80%的差异（见图 16）。

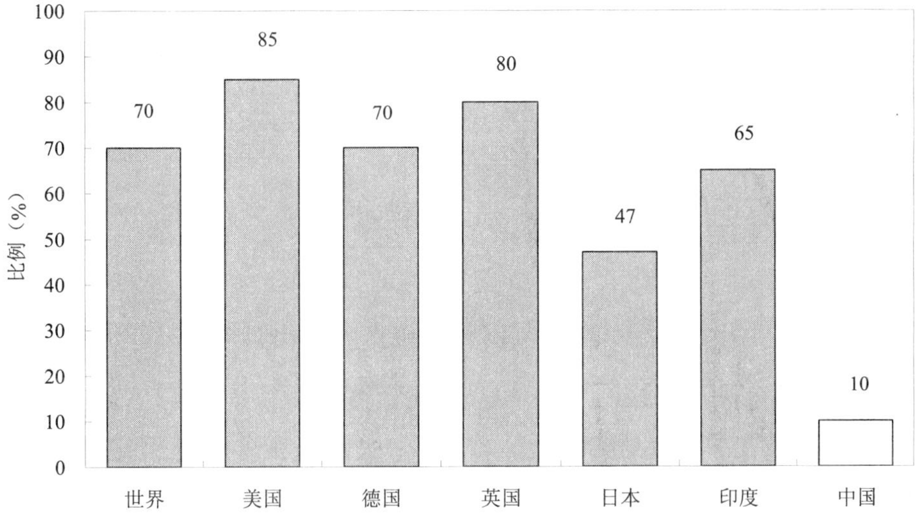

图16　世界各国贷款购车比例

中国消费信贷比例低主要有两方面原因：一是固有消费观念，中华民族历来提倡勤俭节约，居民一般习惯使用储蓄消费，对贷款消费还不能接受。二是消费信贷模式制约着消费者对汽车消费信贷的使用。在国外从事汽车消费的主体也是汽车金融公司，其业务占 80%左右，银行只占 20%。而在我国恰恰相反，我国从事汽车消费信贷的主体是银行。与银行相比，金融公司风险控制力强，汽车金融公司与汽车厂商属于一个利益体，可以相互支持，更为重要的是汽车金融公司只能做汽车消费信贷，无可选择，而银行有更多的选择，特别在中国，对企业的贷款更有吸引力。关于第一个消费观念的原因，随着我国年轻一代在购车群体中的比例上升，消费观念将逐步改变，当前我国“80 后”在购车群体中占到 28%，未来这一比例将不断提升（见图 17），这部分人群是伴随着中国经济腾飞而成长起来的，消费观念都比较超前。

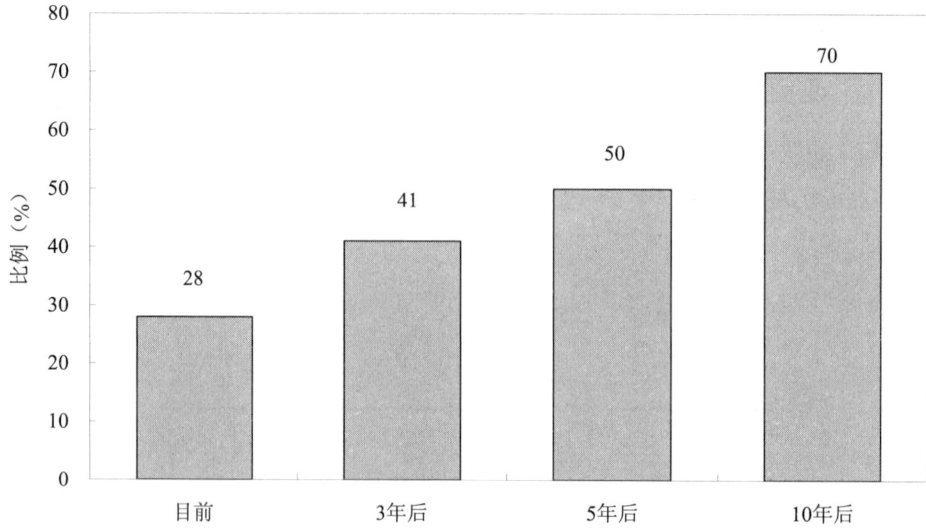

图17 我国“80后”购车比例

综合以上判断，2010年购车临界点基本不变，汽车市场增长主要来自经济增长所带来的具备购车能力人群的增长。根据中央经济工作会议确定的总体方针，2010年我国将继续实施积极的财政政策和适度宽松的货币政策，基于政策基调和经济实际走势，多家国际著名研究机构判断，2010年中国经济增长速度在8.7%～11.9%，综合预计2010年GDP增速为9.2%左右（见图18）。

综上所述，2010年我国经济为长期潜在增长率水平，同时政策松紧搭配导致临界点基本不变，但考虑2009年振兴政策仍存在未释放完的因素。所以，2010年汽车内需增长率将略高于长期潜在增长率。

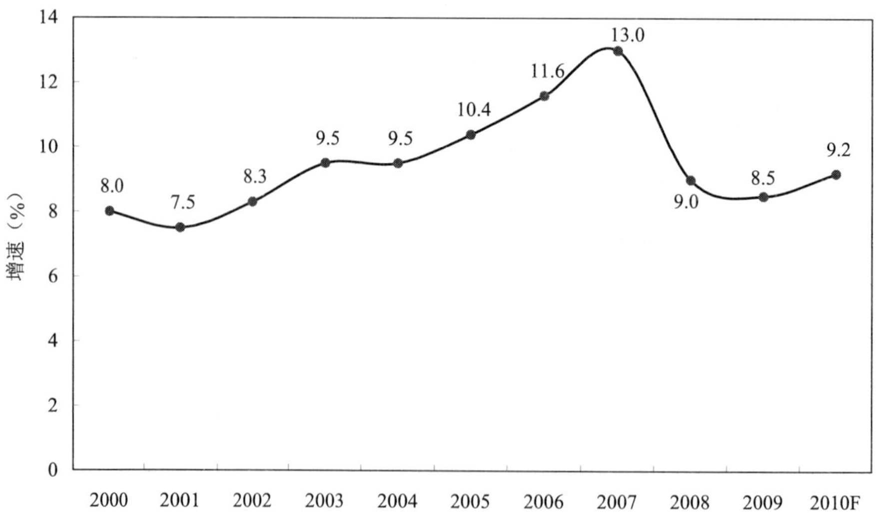

图18 我国GDP增速

（2）我国汽车市场所处的发展阶段决定了我国汽车市场潜在增长率还在一个比较高的水平　从发达国家发展经验来看，汽车发展一般经过两个发展期。当R值（车价/人均GDP）达到2～3以前，属于第一个高速增长期，千人保有量由5辆达到20辆，年均增长30%，一般持续5年左右；第二高速增长期，千人汽车保有量将由20辆达到100辆左右，年均销量增长率在20%左右，一般持续10年以上（见表8）。

表8 汽车先导国家的发展阶段

国家	发展阶段	开始年份	结束年份
日本	孕育期	1960年	1964年
	乘用车销量/万辆	14.5	49.4
	销量平均增长率（%）	35.8	
	普及期	1965年	1973年
	乘用车销量/万辆	58.6	300.9
	销量平均增长率（%）	22.2	
韩国	孕育期	1981年	1985年
	乘用车销量/万辆	4.4	12.9
	销量平均增长率（%）	25.0	
	普及期	1986年	1997年
	乘用车销量/万辆	15.4	115.1
	销量平均增长率（%）	20.0	

我国从2001年进入第一个高速增长期，持续时间在7年左右，乘用车年均增长速度在36%左右，其中2002年和2003年属于井喷年份，增长率高达60%以上（见图19）。初步预计2009年将是第二个高速期的起点。由于我国存在较大的城乡差距、地区差距，国家会花更长时间以比日、韩相对低的速度来完成这个普及化进程，乘用车内需增长率大致相当于GDP增长率的1.5倍左右。

综合来看，乘用车第二个高速期的年均增长速度在15%左右。分时间段看，上半年更好些，增长惯性与政策稳定。下半年有不确定性，主要是宏观政策，如果出现通涨，会适度收紧。由于产能制约，特别是上半年，导致价格相对稳定，企业效益将继续保持良好状态。

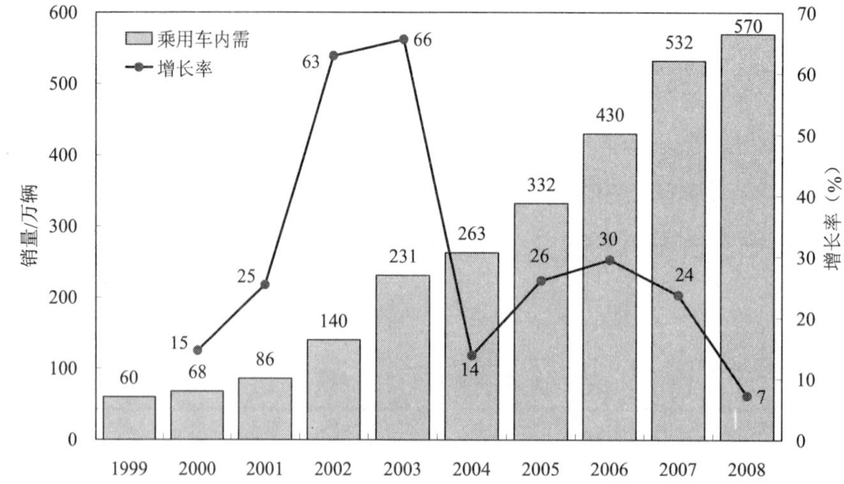

图19 乘用车内需和增长率

（3）我国汽车需求的区域市场结构特征为汽车市场持续增长提供保障

2009年我国汽车市场表现为三线市场增速高于二线市场，二线市场需求增长高于一线市场；从增长贡献来看，二、三线市场已成为我国汽车市场的主动力。2009年1～9月份二、三线市场需求分别达到41%和51%，对汽车总需求增长贡献度合计为73.6%（见图20）。二、三线市场对全国市场的支撑具有较强的可持续性，这首先是由于二、三线市场发展阶段所决定的。2008年我国五、六级城市的千人保有量分别只有8辆、11辆，正处于第一个高速增长期的初期，市场增长强劲（见图21）。

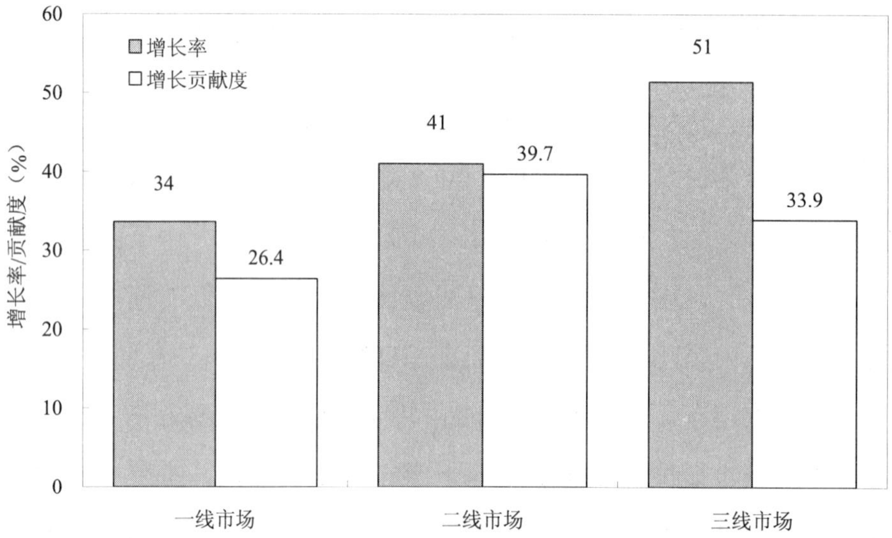

图20 各级市场乘用车需求增长率及贡献度

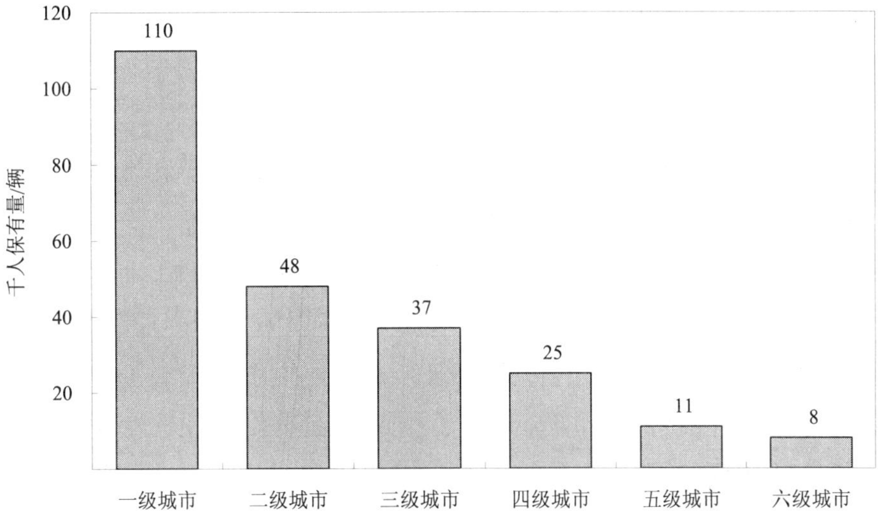

图21 2008年不同级别城市的千人保有量水平

其次是二、三级市场有庞大的人口基础，虽然从目前的乘用车绝对占比看不高，但从趋势看显现出份额逐年攀升的态势。我国二、三级市场城市众多、人口基数大，三线市场城市总人口占到全国总人口的63%，其乘用车需求占比为27%（见图22）。

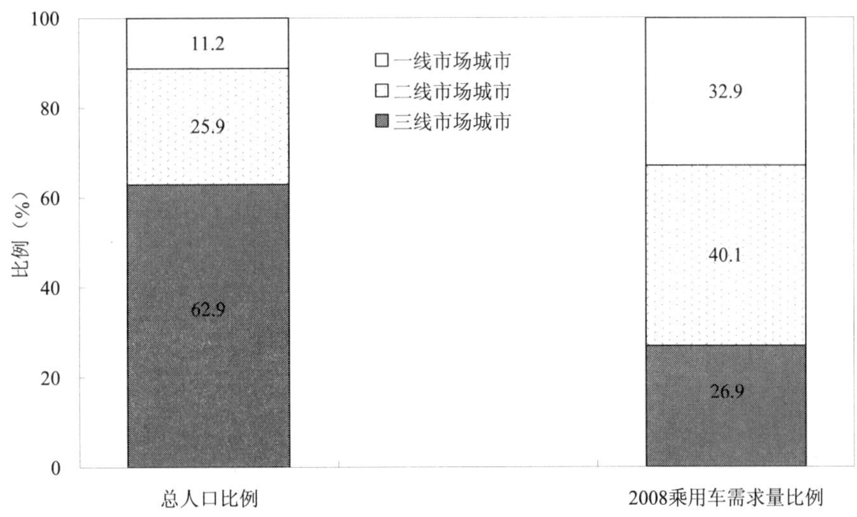

图22 不同级别城市人口比例和乘用车需求比例

2. 商用车

2010年商用车市场将基本保持在商用车的长期潜在增长水平，做出以上判断主要依据以下三方面的考虑：

（1）商用车发展规律：2020年前商用车将保持9%左右的长期增长趋势，略

低于1998～2008年的平均增长率

依据1：2020年之前，我国仍将处于工业化和城市化同步加速的发展阶段，GDP年均增长在9%左右。

目前，我国仍处于重化工业发展阶段，这一时期以住房和汽车为主的居民消费结构升级将带动产业结构升级，住房和汽车这些大件商品，全面普及所需的时间是很长的。国际比较也表明，以建筑业和汽车工业支持的工业化中期进程，一般在几十年，至少20年，这一时期，表现为投资规模大、产业链长、加工度高、中间产品多、增长持续时间长的特点，国家大规模投资建设时期，公路、铁路、机场、港口等基础建设将大幅增长。初步预计我国重化工业的快速发展可持续到2020年。随着我国刺激经济4万亿元投资相关项目将逐步开工，我国基础建设投资将进入新的建设高潮期，2009年1～10月份铁路部门实现铁路基本建设投资3906亿元，同比增长87.5%。公路完成投资7678.29亿元，同比增长47.25%，城市公共交通业投资增长54.30%，航空运输业投资增长14.70%。2009年，北京、上海、广州、深圳、杭州等城市用于地铁和城市轨道建设投资总额也大幅增长。2010年及随后几年，我国用于铁路、公路、地铁、机场、港口等基础建设投资，以及农村医疗、保障性住房的投资将继续增长。

伴随着工业化的快速发展，城市化也将快速推进。预计城市人口占我国总人口的比重以后将每年提高1个百分点，在2020年城市化率将达到60%左右（见图23）。

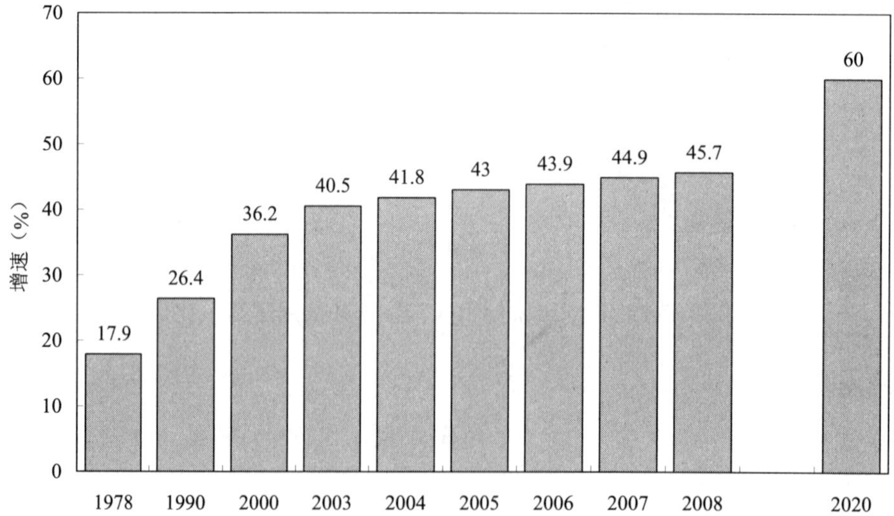

图23 城市化率月度同比增速

依据 2：我国资源分布和现阶段的经济结构决定了运输强度依然是很高的。

运输强度是由一个国家或地区的经济结构和资源分布状况决定的。一个国家资源分布越不均匀，运输强度就越高。而我国正是资源分布很不均匀的国家，我国煤炭主要集中在中西部，2008 年我国原煤产量的 60.9%在中部，中西部原煤产量占总量的比例达到 87.8%。而钢铁生产主要在东部和中部，2008 年我国钢产量的 68.4%在东部，东中部钢铁产量占总量的比例超过 91.4%（见表 9）。这就需要把煤炭从中西部运输到东部，而中西部需要的钢铁和水泥需要从东部运输。

表 9　2008 年我国原煤产量和钢材产量地区分布比例

地区	原煤产量占比（%）	钢材产量占比（%）
东部	12.2	68.4
中部	60.9	23.0
西部	26.9	8.6

以第二产业为主体的经济结构也是导致我国运输强度比较高的突出原因之一。我国第二产业在经济中的比重不断提高，2008 年我国第二产业占 GDP 的比重高达 48.6%（见图 24）。工业生产用原材料，如煤炭、铁矿石、水泥等；工业产成品，如彩电、汽车等，都会产生大量的运输需求。

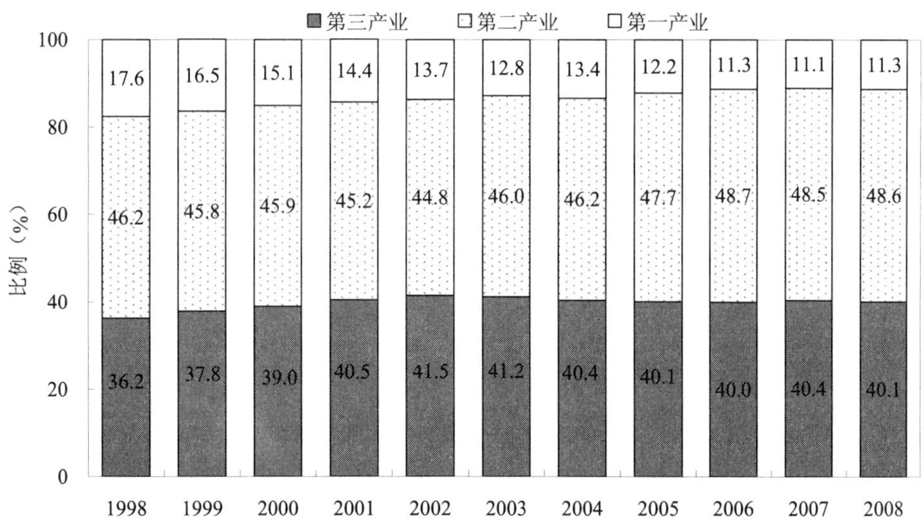

图24　我国第一、二、三产业比例结构变化情况

依据 3：公路承担的货运量仍将保持较高水平

全社会货物运输方式一般分为航空，铁路、水路、管道和公路运输三大类，

一般而言，时效要求高、价值量高的商品需要航空运输，时效要求低，价值量不高的大宗商品的运输用铁路和水路运输，而其他的大量商品都将通过公路运输方式进行。2005年起我国实施了以“7918”网为主体的《国家高速公路网规划》（见图25），根据规划我国高速公路建成后高速公路通车里程将达到8.5万km，高速公路将连接20万以上人口城市，覆盖地区GDP占全国85%，覆盖人口超过10多亿人，将以北京、上海、广州等为中心形成半日圈、一日圈的高速公路网路体系。2008年我国高速公路通车里程达到6万km，按照目前的建设进度，我国将提前在2009年完成高速公路网建设。随着我国高速公路网的快速发展，我国商用车运输半径将进一步扩大，公路运输在货物运输中的分担率将会保持较高的水平。

图25 国家高速公路网布局方案

（2）短期周期波动规律 从我国商用车发展历史来看，商用车与GDP的变化保持高度的同步性，但波动幅度远大于GDP，经济高速增长期，商用车增幅提高往往比GDP大得多，而在经济下滑期，商用车下降幅度也比GDP下降幅度大得多。商用车与投资有一定的关联性，在大趋势上保持同高或同低，但远不如与GDP的关联程度高，政策和环境的变化都可能导致不一致（见图26）。

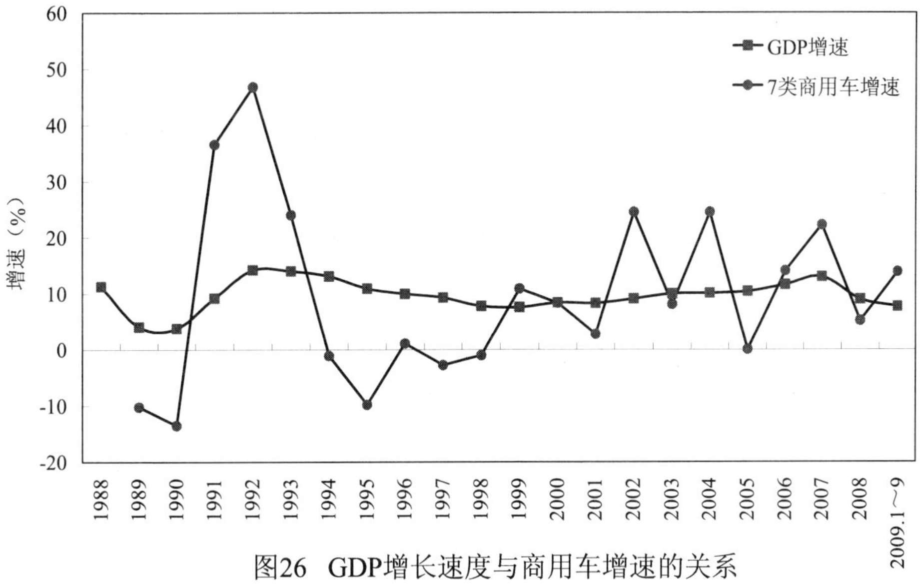

图26 GDP增长速度与商用车增速的关系

从分车型来看，中、重型货车与GDP的变化保持高度同步性，只有2003年和2005年两年不一致，但中、重型货车波动幅度更大于GDP的波动幅度。2003年GDP增速达到10%，商用车却呈现-3.9%的负增长，这主要是由于2003年的“非典”影响；2005年经济增长10.4%，而商用车却出现-22.8%的大幅度下滑，这主要是由于“治理超限超载”政策突变所带来的。中、重型货车与投资有一定的关联性（同高或同低），但方向不一致的年份比较多，比如2004年、2006年以及2009年，2009年我国投资增速高达30%以上，而2009年1～9月份重型货车增速不到1%，这说明中、重型货车的需求与GDP的关联程度更高（见图27）。

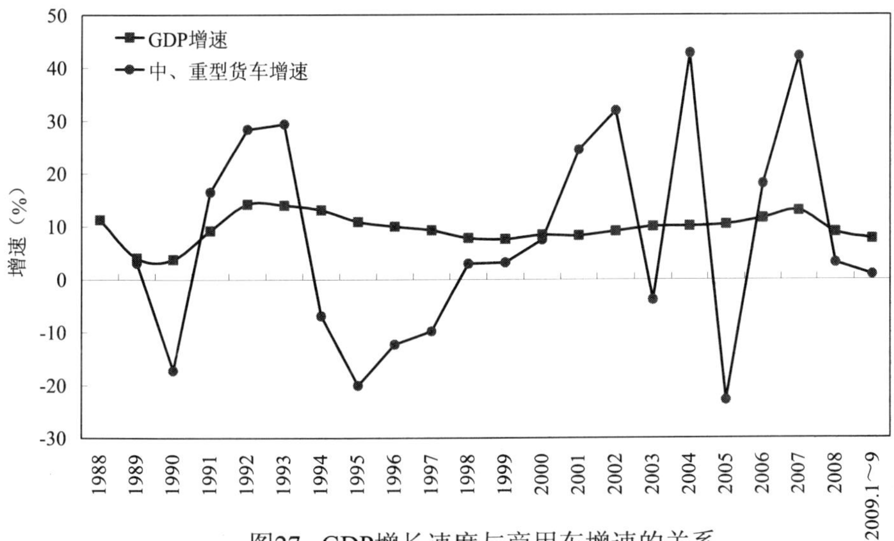

图27 GDP增长速度与商用车增速的关系

总体来讲，中、重型货车的市场变化与 GDP 增长率的变化密切相关。从短期周期波动规律角度来看，GDP 增长率在 8%～10%时，商用车增长率与 GDP 增长率最靠近，最靠近长期趋势线，而 2010 年 GDP 增长率预计为 9%左右 。综合长期规律和短期规律分析，2010 年商用车市场需求保持 9%左右的可能性比较大。综合乘用车市场和商用车市场走势判断，预计 2010 年我国汽车总需求将达到 1550 万辆，同比增长 13.1%（见表 10）。

表 10 2010 年我国汽车市场需求预测

车型	2008 年需求量/万辆	2009 年需求量/万辆	2010 年需求量/万辆	2010 年预计增速（%）
乘用车	570	866	1010	16.6
商用车	227	308	336	9.1
交叉车	105	196	204	4.1
合计	902	1370	1550	13.1

（作者：徐长明 李伟利）

困难较多，趋势向好

——2009～2010 年客车市场分析报告

2009 年客车市场的分月销量基本呈单边上扬走势，从分月销量对比情况来看，分月波动规律与 2008 年差距较大。2009 年上半年客车市场销售情况较差，下半年客车市场的需求状况已经逐渐摆脱金融危机的影响，基本恢复到正常状态（见图 1），与 2008 年相比，2009 年月均增幅已达到了 37.6%。

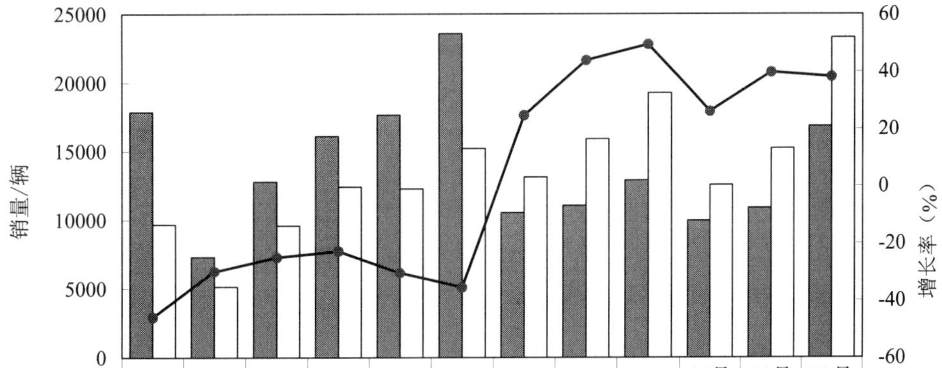

	1月份	2月份	3月份	4月份	5月份	6月份	7月份	8月份	9月份	10月份	11月份	12月份
2008	17873	7325	12782	16092	17667	23577	10534	11054	12887	9953	10896	16862
2009	9668	5133	9592	12418	12279	15200	13129	15896	19251	12542	15217	23293
增长率	-45.9	-29.9	-25.0	-22.8	-30.5	-35.5	24.6	43.8	49.4	26.0	39.7	38.1

图1　客车月度销量同比情况表

2009 年，客车产销量列前 15 位的企业见表 1，前 15 位企业的累计产量合计 123747 辆，累计销量合计 122828 辆，产量集中度为 75.18%，销量集中度为 75.06%。与上年同期相比，产销量集中度都有所上升，企业的销量排序也出现了比较大的变化，行业格局震荡强烈。

表1 主要客车企业累计产销量排名表（按销量排序）

序号	单位名称	产量/辆	集中度（%）	销量/辆	集中度（%）	销量排序比上年
1	郑州宇通集团有限责任公司	28625	17.39	28186	17.23	→
2	厦门金龙旅行车有限公司	15363	9.33	15557	9.51	→
3	厦门金龙联合汽车工业有限公司	15344	9.32	15344	9.38	↑1
4	金龙联合汽车工业（苏州）有限公司	15255	9.27	15122	9.24	↓1
5	河南少林汽车股份有限公司	7726	4.69	7692	4.70	↑1
6	中通客车控股股份有限公司	7195	4.37	7206	4.40	↓1
7	安徽江淮客车有限公司	4726	2.87	4720	2.88	→
8	东风特汽（十堰）客车有限公司	4588	2.79	4588	2.80	新增
9	重庆恒通客车有限公司	4109	2.50	4091	2.50	↑1
10	江苏友谊汽车有限公司	3934	2.39	3920	2.40	↓1
11	保定长安客车制造有限公司	3678	2.23	3618	2.21	↑1
12	桂林客车工业集团公司	3574	2.17	3323	2.03	↑5
13	北汽福田汽车股份有限公司欧V客车	3207	1.95	3207	1.96	↑6
14	丹东黄海汽车有限责任公司	3318	2.02	3146	1.92	↓6
15	上海申沃客车有限公司	3105	1.89	3106	1.90	↑1
	合计	123747	75.18	122828	75.06	

一、2009年产销量对比分析：困难较多，趋势向好

2009年，50家企业累计生产各类客车164630辆，同比减少936辆，下降0.57%。累计销售163618辆，同比减少3884辆，下降2.32%（见表2）。其中大中型客车（车长＞7m）销量为114268辆，同比下降6.33%；大中型座位客车销量为61098辆，同比下降5.46%；大中型公交客车销量为49851辆，同比下降7.33%。

表2 2009年客车销量同比情况表

项目			12m＜车长	11m＜车长≤12m	10m＜车长≤11m	9m＜车长≤10m	8m＜车长≤9m	7m＜车长≤8m	6m＜车长≤7m	5m＜车长≤6m	3.5m＜车长≤5m
2008年累计销量/辆	合计	167502	3327	30978	23420	12881	21058	30341	27564	9615	8318
	座位	107563	552	14572	10719	5841	12279	20665	25931	8686	8318
	卧铺	3273	304	2961	8	—	—	—	—	—	—
	公交	55825	2451	13445	12688	6830	8777	9603	1137	894	—
	其他	841	20	—	5	210	2	73	496	35	—

（续）

项　目			12m＜车长	11m＜车长≤12m	10m＜车长≤11m	9m＜车长≤10m	8m＜车长≤9m	7m＜车长≤8m	6m＜车长≤7m	5m＜车长≤6m	3.5m＜车长≤5m
2009年累计销量/辆	合计	163618	2511	28280	21419	12738	20807	28531	29991	11226	8115
	座位	106275	873	14161	8425	5144	11929	20566	26177	10885	8115
	卧铺	3139	451	2670	18	—	—	—	—	—	—
	公交	53581	1186	11449	12976	7437	8843	7960	3390	340	—
	其他	623	1	—	—	157	35	5	424	1	—
同比增加量/辆	合计	-3884	-816	-2698	-2001	-143	-251	-1810	2427	1611	-203
	座位	-1288	321	-411	-2294	-697	-350	-99	246	2199	-203
	卧铺	-134	147	-291	10	—	—	—	—	—	—
	公交	-2244	-1265	-1996	288	607	66	-1643	2253	-554	—
	其他	-218	-19	—	-5	-53	33	-68	-72	-34	—
增长率（%）	合计	-2.32	-24.53	-8.71	-8.54	-1.11	-1.19	-5.97	8.80	16.76	-2.44
	座位	-1.20	58.15	-2.82	-21.40	-11.93	-2.85	-0.48	0.95	25.32	-2.44
	卧铺	-4.09	48.36	-9.83	125.00	—	—	—	—	—	—
	公交	-4.02	-51.61	-14.85	2.27	8.89	0.75	-17.11	198.15	-61.97	—
	其他	-25.92	-95.00	—	-100.0	-25.24	1650.0	-93.15	-14.52	-97.14	—

分析现状，2009 年客车行业的市场特点主要有四个方面：

1. 大型客车表现较差

2009 年，大型客车（车长＞10m）共计销售 52210 辆，同比减少 5515 辆，下降 9.55%，是行业整体下降幅度的 4 倍，大型客车三大系列的市场表现都不好，其中大型座位客车下降 9.22%，大型卧铺客车下降 4.09%，大型公交客车下降 10.40%。从企业的表现来看，50 家企业中共有 39 家企业涉及大型客车，其中 17 家增长 22 家下降，销量下降超过 1000 辆的多达 4 家，而增幅最高的却仅仅 572 辆，同比增量超过 100 辆的企业只有 10 家（见表 3）。

表 3　大型客车销量同比增量列前 10 位的企业

序号	单位名称	大型客车销量/辆	其中			大型客车增量/辆	同比增长率（%）
			座位/辆	卧铺/辆	公交/辆		
	总　计	52210	23459	3139	25611	-5515	-9.55
1	浙江青年尼奥普兰汽车集团有限公司	2649	1756	467	426	572	27.54

（续）

序号	单位名称	大型客车销量/辆	其中			大型客车增量/辆	同比增长率(%)
			座位/辆	卧铺/辆	公交/辆		
2	北汽福田汽车股份有限公司欧V客车分厂	2257	949	2	1306	478	26.87
3	金龙联合汽车工业（苏州）有限公司	3140	2371	136	633	437	16.17
4	盐城中威客车有限公司	797	520	83	194	324	68.50
5	东风扬子江汽车（武汉）有限责任公司	2306	—	—	2306	269	13.21
6	安徽安凯汽车股份有限公司	1562	529	330	703	259	19.88
7	重庆恒通客车有限公司	2141	21	—	2120	248	13.10
8	河南少林汽车股份有限公司	337	123	—	214	239	243.88
9	广州汽车集团客车有限公司	213	33	—	180	193	965.00
10	一汽客车大连客车厂	1164	77	—	1087	156	15.48

分析影响因素，大致有三点：

（1）大型公交客车需求萎缩　大城市需求下降。2003年以来，在公交优先政策的推动下，城市公交特别是大城市的公交客车得到了多年持续快速增长，北京奥运招标为大城市的公交客车更新起到了很好的示范作用，前几年市场需求的充分释放是导致2009年需求下降的直接原因。从2009年公交客车的市场结构来看，大型公交客车下降10.40%，中型公交客车下降3.85%，而轻型公交客车则增长了83.65%，正是“大城市需求下降”这种现状的真实反映。

公交客车不是国家投资重点。为了应对金融危机，国家投资4万亿元来拉动内需，但2009年的投资重点在于重大基础建设项目，比如地铁。据报道，至2015年前后，北京、上海、广州等22个城市将建设79条轨道交通线路，总长2259.84km，总投资8820.03亿元。大规模建设地铁不仅在资金投入上挤压了公交客车的更新，在城市的交通规划上也会对公交客车产生直接的冲击，大型公交客车首当其冲。在大型客车销量下降的企业中，北京京华降幅最大，同比减少2087辆。

（2）大型公路客车受到高速铁路的冲击　火车提速和铁路客运专线对公路旅客运输的影响是显而易见的，2009年，10～12m的公路客车销量同比减少了1986辆，下降10.57%，应该说与高速铁路的快速发展有直接的关系。

（3）特大型客车的市场表现已远不如前两年　2009年特大型客车（车长>12m）共计销售2511辆，较上年同期减少816辆，下降24.53%（见表4），从特大型客车的基本构成中我们发现，销量下降主要来自于公交客车，公路客车的增幅尚可，分析特大型客车的市场形势，主要特点有：

第一，僧多粥少，竞争加剧。

表4 2009年特大型客车销量列前10位的企业(按累计销量排序)

序号	单位名称	销量/辆	其中			同比增量/辆	同比增长（%）	市场占有率（%）
			座位客车/辆	卧铺客车/辆	公交客车/辆			
	总计	2511	873	452	1186	-816	-24.53	100
1	浙江青年	906	388	157	361	351	63.24	36.08
2	丹东黄海	335	—	—	334	-401	-54.48	13.34
3	郑州宇通	312	108	79	125	-80	-20.41	12.43
4	厦门金龙	164	164	—	—	164	—	6.53
5	安徽安凯	123	27	60	36	25	25.51	4.90
6	重庆恒通	111	—	—	111	111	—	4.42
7	北京京华	100	—	—	100	-1174	-92.15	3.98
8	中通客车	96	61	34	1	91	1820	3.82
9	苏州金龙	90	71	3	16	86	2150	3.58
10	江苏女神	83	1	82	—	40	93.02	3.31

进入特大型客车领域的企业2008年有14家，2009年有19家，虽然市场需求在下滑，但进入的企业在增多，行业发展趋势与市场要求错位。另外，市场集中度也发生了显著变化，2009年前10位的市场集中度为92.39%，而2008年前5位就达到了93.38%，集中度的扩散，将使竞争更加激烈，在需求增长的前提下，这种变化将具有积极意义，但是，如果需求萎缩，形成僧多粥少的局面，将会浪费行业资源，降低客车行业整体的经营效率。

第二，特大型公路客车受到政策制约增幅放缓。

2008年特大型公路客车的增幅达到了103.33%，2009年的增幅仅有54.67%，下降了48.66个百分点。按照有关规定，特大型客车使用范围较小，而一旦进入市场，这些规定将很难真正得到落实，因此，2009年特大型公路客车受到了国家主管部门及地方政府的制约。目前，广西、安徽已明确表示不得擅自采购各种类型的双层客车进入道路客运市场。理由相同：一是这类车辆重心高、体积大，对通行条件、交通状况及司乘人员等要求较高，其适用范围有一定的局限性；二是车辆载客量大，一旦发生道路交通事故，可能引发严重后果；三是特大型双层客车的投入运营，还会带来影响客运线路市场稳定、发班密度降低、道路客运比较优势丧失等问题。

第三，遭遇市场瓶颈。

特大型客车的优势是载客量大，在配套设施完备和科学管理的前提下有利于提高旅客运输效率，无论是城市公交的 BRT（快速公交系统）还是公路客运市场上的特大型客车都具有相同的优点。但是，从目前国家旅客运输体系的发展来看，特大型客车的这些优点将受到地铁和动车组强有力的挑战。在城市公交的发展中，目前地铁的建设正如火如荼，BRT 的载客量再大也不如地铁，因此，大城市的 BRT 在与地铁的竞争中将处于下风，而中小城市的道路状况较差、客运量需求较小，BRT 的发展前景也不乐观，因此，我们认为，目前特大型城市客车遇到了市场瓶颈。另外，在公路客运市场上，比较适合特大型公路客车的长途或超长途公路客运已经受到动车组的猛烈冲击，加上政府的制约，特大型公路客车究竟何去何从，还很难下结论，但眼前发展空间受限已是不争的事实。

2. 出口低迷

2009 年，客车市场的主要支撑来自国内，出口低迷人所共知。根据中国客车统计信息网发布的数据，50 家企业中共有 28 家企业涉及出口，出口客车 11308 辆，出口金额达到 39.19 亿元，同比下降幅度分别为 46.41%和 41.76%（见表 5）。

表 5 2009 年客车出口情况表

分类	2008 年		2009 年		增量		增长	
	出口量/辆	出口金额/万元	出口量/辆	出口金额/万元	出口量/辆	出口金额/万元	出口量/辆	出口金额/万元
大型客车	9224	460676.76	4412	260471.60	-4812	-200205.15	-52.17	-43.46
其中：公交客车	3169	157364.11	1720	83942.26	-1449	-73421.85	-45.72	-46.66
中型客车	5975	151217.11	3321	100559.45	-2654	-50657.66	-44.42	-33.50
其中：公交客车	1968	51716.05	1271	34820.45	-697	-16895.60	-35.42	-32.67
轻型客车	5901	61051.38	3575	30875.50	-2326	-30175.88	-39.42	-49.43
其中：公交客车	216	1842.73	394	3689.47	178	1846.74	82.41	100.22
合计	21100	672945.25	11308	391906.55	-979	-281038.69	-46.41	-41.76

					2			
其中：公交客车	5353	210922.89	3385	122452.18	-1968	-88470.72	-36.76	-41.94

从2009年的出口数据来看，客车出口有四个显著特点：

（1）主流企业大面积下滑　2008年出口额过亿元的企业有11家（其中有3家超过10亿元），2009年只有8家（只有1家超过10亿元），出口额列前10位的企业有8家同比下降，其中有6家的下降幅度超过了50%（见表6）。2009年，出口额前10家企业的集中度达到了92.14%，应该说这10家企业是现阶段客车出口的主流企业，也就是说，最好的企业中有80%表现低迷，主流企业大面积下滑，这是客车出口整体形势较差的一个缩影。现阶段客车出口格局有两大特点：一是出口秩序相对稳定。自2007年以来，前10家企业中有9家一直居前10位，每年只有1家发生变化，2008年江苏友谊进入前10位，2009年保定长安进入前10位，可以说，现阶段客车出口秩序已相对稳定。二是有强者愈强的趋势。前10家企业每年排序都有变化，2007年第1位与第10位的出口额之比是9倍，2008年是12倍，2009年是19倍，说明有强者愈强的趋势。

在这种背景下，主流企业的表现已成为客车出口的主要支撑，目前的客车出口中有“大单决胜负”之说，从近三年的变化规律来看，中国客车的国际化也有“主流企业决胜负”的发展趋势，主流企业表现的好坏将影响中国客车出口的未来，主流企业大面积下滑，甚至主流企业的下降幅度远远高于行业整体降幅，对于中国客车的国际化发展过程来说，应该算是一次大的挫折。我们认为，客车出口的主流企业应该多考虑战略问题，只有把握住大的方向，才能成为未来国际市场上的真正强者。

表6　2009年出口额列前10位的企业

序号	单位名称	出口量/辆	出口金额/万元	出口量增量/辆	出口额增量/万元	出口量增长率（%）	出口额增长率（%）
1	厦门金龙	3554	123221.88	466	-11814.12	15.09	-8.75
2	苏州金龙	1502	82846.00	-1819	-54998.00	-54.77	-39.90
3	郑州宇通	1088	66836.81	-1679	-75631.15	-60.68	-53.09
4	盐城中威	624	24886.20	-11	1870.20	-1.73	8.13
5	中通客车	342	13763.90	-1719	-44498.10	-83.41	-76.38
6	保定长安	620	13267.00	477	11882.00	333.57	857.91

7	福田欧V	356	11855.80	-398	-17188.99	-52.79	-59.18
8	厦门金旅	1045	10708.21	-2846	-25866.97	-73.14	-70.72
9	安徽江淮	503	7241.94	-801	-18227.66	-61.43	-71.57
10	上海申龙	147	6459.00	-338	-17077.00	-69.69	-72.56

（2）大型客车出口数据最差　大型客车的出口量下降52.17%，出口额下降43.46%，已经成为客车出口的重灾区，由于大型客车的附加值相对较高，大型客车出口遭到重挫，直接影响到客车企业的出口效益。

从企业的表现来看，28家企业中，涉及到大型客车出口的有22家，除了2009年新进入的两家企业以外，只有3家增长，有17家下降，几乎全军覆灭，其中还有3家企业退出大型客车的出口序列。

从出口量的变化来看，大型客车出口出现大踏步后退。2007年大型客车出口总量为7718辆，2008年为9224辆，2009年只有4412辆，基本上已经退回到2006年的水平。另外，2007年和2008年，大型客车出口量超过1000辆的有4家企业，而2009年只有两家，退步也十分明显。

中国客车要想在国际市场上立足，把大型客车卖到国外去是不可回避的。目前，我们的出口主要以适应国外需求变化为主，大家总是用国外客户的消费习惯来衡量中国客车，中国客车在出口市场上的主要参照系是欧美的高档客车或高档客车生产企业。实际上这是不公平的，中国客车有自己的优点，中国客车成本低、更新快、升级换代周期短的特点更适应节奏越来越快的现代生活规律。怎样使国际买家接受中国客车的优点是一项长期而艰苦的工作，应该说金融危机给了我们一次机会，我们可以通过不断的引导和展示来改变国外客户的消费习惯。我们坚信，随着中国客车在世界市场上所占份额的增加，这种现状将会很快发生转变。

（3）公交客车档次下降　2009年，公交客车共计出口3385辆，出口金额12.25亿，出口量下降36.76%，出口额下降41.94%，出口量的降幅虽然远远小于出口总量的降幅，但出口额的下降幅度却大于出口总额的下降幅度，有两个直接原因：

一是出口结构的变化。轻型公交客车出口量同比增长82.41%、出口额增长100.22%，中型公交客车出口量下降35.42%、出口额下降32.67%，这两个因素都是“公交客车档次下降”的反作用力，但由于轻型公交客车出口额只占公交客车出口的3.01%，中型公交客车占28.44%，因此，这两个作用力不是主要影响原因，不足以改变公交客车出口的整体走势。

二是大型公交客车档次下降。大型公交客车出口量下降45.72%，出口额下降46.66%，出口量降幅小，出口额降幅大，档次下降十分明显。由于大型公交客车出口额只占公交客车出口的68.55%，是公交客车出口的主要影响因素。

公交客车档次下降是国际客车市场购买力下降的真实反应，这一现状虽然会暂时影响我们的出口业绩，但从产品的适应性这个角度来看，却恰恰是我们的机会。国际客车市场的购买力下降，受影响最大的应该不是中国客车，虽然我们没有相关的数据来支撑这个观点，但从理性推理上来判断，价格相差悬殊的中国客车应该更容易被国际买家所接受，通过接受我们的价格，再逐步升级到接受我们的其他特点，这不正是我们所需要的吗？因此，我们认为，公交客车是中国客车占领国际客车市场的突破口。

（4）发展趋势尚可　2009年，客车出口呈逐级上升之势，无论是出口量还是出口额，第一季度最差，第四季度最好，说明国际客车市场的复苏也在节节攀升。这种趋势是我们判断2010年客车出口市场增长的主要依据。

3. 中巴客车市场强劲增长

俗称的“中巴”客车，在统计报表上横跨两个系列，即5～6m系列和6～7m系列。

在刚刚闭幕的全国交通工作会议上，李盛霖部长介绍了“农村交通运输发展持续推进”的情况。2009年，交通运输部继续加大农村公路建设中央投资比重并向中、西部地区倾斜，加大对“少边穷”地区的扶持力度，实施第三批农村公路示范工程。中央车辆购置税安排农村公路投资比上年又有较大幅度增长。总结推广陕西等省农村公路建管养运经验，促进农村公路有序健康发展。全年新改建农村公路38万km，北京、天津、上海、江苏、浙江、辽宁、山西、安徽八省市提前完成“十一五”农村公路建设目标。继续推进农村公路管理养护体制改革，广东、贵州、宁夏等省区已全面落实管理养护责任、养护机构人员和养护资金，建立了协调监管考核机制。大力发展农村客运，积极探索建立农村客运财政补贴制度。

可见，关于农村客运，国家的政策导向已十分清晰，在这些利好因素的推动下，2009年，农村客运的经营环境进一步得到改善，加上地方政府的积极响应，这是导致2009年中巴客车在客车市场上表现最好的根本原因。

中国客车统计信息网的50家企业中有38家涉及这一领域，共计销售中巴客车41217辆，同比增长10.86%，在金融危机中取得这样的增幅十分不易。中巴销量列前15位的企业见表7。这15家企业是中巴市场上的中坚力量，除了厦门金龙的增长来自海狮系列，与传统的中巴客车略有不同以外，其他产品绝大部分进入新兴的农村客运市场。中巴客车之所以强劲增长，一方面得益于市场驱动的因素，另一方面也取决于客车企业的科学运作。

表7 2009年中巴销量列前15位的企业

序号	单位名称	中巴销量/辆	其中		增量/辆	增长率（%）	集中度（%）
			座位/辆	公交/辆			
	总　计	41217	37062	4155	4038	10.86	—
1	厦门金龙	4598	4598	—	3084	203.70	11.16
2	河南少林	4463	3852	611	441	10.96	10.83
3	东风特汽	3536	3200	336	586	19.86	8.58
4	郑州宇通	3481	3481	—	198	6.03	8.45
5	中通客车	2598	2598	—	966	59.19	6.30
6	厦门金旅	2527	2527	—	464	22.49	6.13
7	苏州金龙	2171	2171	—	-961	-30.68	5.27
8	贵州万达	1777	1777	—	-353	-16.57	4.31
9	保定长安	1734	1710	24	41	2.42	4.21
10	安徽江淮	1491	1346	145	32	2.19	3.62
11	江苏友谊	1291	1291	—	-59	-4.37	3.13
12	安源客车	1107	—	1107	788	247.02	2.69
13	南京依维柯	997	997	—	-351	-26.04	2.42
14	烟台舒驰	928	727	201	244	35.67	2.25
15	一汽成都	918	876	42	76	9.03	2.23

4. 降多升少，客车企业普遍不如往年

2009年，50家企业中有23家同比增长，26家同比下降，增幅超过20%的企业有8家，降幅超过20%的有13家；客车总销量为163618辆，同比减少3884辆，下降2.32%，其中大型客车下降9.55%，中型客车下降3.43%，轻型客车增长8.43%；总增量超过1000辆的企业只有1家，下降幅度超过1000辆的却有5

家。降多升少，客车企业普遍不如往年，同比增量列前 15 位的企业见表 8。

表 8　客车同比增量列前 15 位的企业(按销售增量排序)

序号	单位名称	销量/辆	总增量/辆	同比增长率(%)	大型客车增长率(%)	中型客车增长率(%)	轻型客车增长率(%)
	总计	163618	-3884	-2.32	-9.55	-3.43	8.43
1	厦门金龙联合汽车工业有限公司	15344	2135	16.16	-11.97	2.99	160.66
2	东风特汽(十堰)客车有限公司	4588	972	26.88	—	57.96	19.86
3	北汽福田汽车股份公司欧 V 客车分厂	3207	729	29.42	26.87	35.62	—
4	郑州宇通集团有限责任公司	28186	630	2.29	-5.94	9.21	6.03
5	一汽客车（无锡）有限公司	1554	595	62.04	-8.30	258.73	112.90
6	浙江青年尼奥普兰汽车集团有限公司	2770	564	25.57	27.54	-6.20	—
7	桂林客车工业集团公司	3323	534	19.15	-1.47	84.16	14.77
8	安源客车制造有限公司	1367	480	54.11	-15.73	-71.79	247.02
9	成都客车股份有限公司	1972	442	28.89	2.27	31.69	1733.33
10	烟台舒驰客车有限责任公司	1571	379	31.80	4.92	38.77	35.67
11	河南少林汽车股份有限公司	7692	266	3.58	243.88	-12.52	10.96
12	上海申沃客车有限公司	3106	266	9.37	3.76	72.73	—
13	保定长安客车制造有限公司	3618	226	6.66	—	10.89	2.42
14	一汽客车大连客车厂	1361	200	17.23	15.48	58.87	-100.00
15	湖南衡山汽车制造有限公司	1693	171	11.24	-29.87	30.51	42.90

二、对 2010 年客车市场的基本判断

展望 2010 年，我们认为，最困难的时期已经过去，在政策支持力度加大和外部环境趋好的积极因素影响下，客车市场将出现恢复性增长，总体增长幅度将在 15%左右。具体影响因素可分为三类。

1. 支持客车市场增长的宏观政策已经明确

2009 年 12 月 8 日至 10 日，中央经济工作会议在北京召开。对 2010 年经济工作的总体要求是，深入贯彻落实科学发展观，立足扩大内需，保持经济平稳较

快增长，加快发展方式转变和结构调整，提高可持续发展能力，深化改革开放，增强经济社会的发展活力和动力，加强社会建设加快解决涉及群众利益的难点热点问题，促进经济社会又好又快的发展。

从中央经济工作会议精神来看，与客车行业联系密切的政策重点有以下四个方面：

——“实施积极的财政政策和适度宽松的货币政策”，加大对“服务业、中小企业”的支持力度。客车企业生产经营和客车用户买车都需要银行贷款支持，从过去的经验看，每次国家的银根紧缩政策都会对客车市场产生立竿见影的冲击，国家“实施积极的财政政策和适度宽松的货币政策”，对客车市场无疑是一种利好，另外，国家政策特意强调要加大对“服务业、中小企业”的支持力度，由于客车用户都属于“服务业”，而且绝大多数都是“中小企业”，因此，我们认为，国家的优惠政策离客车市场已经越来越近了，这一点，与 2009 年有很大的不同。

——“大幅度增加国家对农村基础设施建设和社会事业发展的投入”。农村客运是近几年客车市场的重点，由于广大农村地域广阔，客车的市场容量相当可观，只要政策到位，每年消化 10 万辆并不太难（据国家统计局发布的数据，截至2003年，全国有县级行政区2862个，平均每个县级行政区的农村客运市场每年更新 35 辆客车，农村客车的年度总需求就会超过 10 万辆）。国家加大对农村的投入力度，特别是加大农村社会事业发展的投入，对客车行业来说就是一种需求爆发的预期，不仅能够帮助客车行业走出低谷，而且潜力巨大。

——“以推进城镇化和促进城乡经济社会发展一体化为重点，改善城乡结构”。城乡一体化是客车市场未来的希望所在，我们判断，未来的公路客运模式是一种以城镇为节点的立体网络结构。在大部制改革之前，城市公交网络与公路客运网络分属两个管理体系，要使这两个网络实现有机连接存在管理体制方面的障碍；在大部制改革之后，城市公交与公路客运统一归口到交通运输部，形成大范围道路旅客运输网络的体制性障碍已经消除。目前，国家把“推进城镇化”和“促进城乡经济社会发展一体化”同步进行，对于逐步形成无缝连接的道路旅客运输网络具有极大的推动作用。

——“着力发展服务消费和旅游消费”。促进消费是刺激经济发展的一个推手，促进消费与增加旅客流量是有所关联的，特别是发展旅游消费，实际上就是增加游客出行次数，这些措施对于旅客运输行业来说肯定是利好。但是，新增的旅客流量是否会拉动公路旅客运输和城市公共交通的发展呢？我们认为，对于公路短途接驳旅客运输和旅行社租车业务的促进作用相对较大。另外，服务消费包括旅客运输，旅游消费也需要相应的旅客运输来配套。2010年，国家“着力发展服务消费和旅游消费”的宏观政策对促进旅客运输市场的发展具有一定的帮助。

2. 客车市场的发展趋势向好

从数据的表现来看，2009年7月份开始，客车市场已经开始出现正增长，市场惯性或发展趋势将主导2010年的市场走势，另外，由于2009年1～6月份，客车市场表现低迷，已经形成了同比基数较小的事实，2009年1～4月份是客车市场最困难的时期，而2009年下半年客车月销量的同比增幅都在20%以上，最高达到了49.38%，按照惯性，我们推断2010年1～4月份客车销量的同比增幅将达到25%～30%，五六月份增幅会逐步下降，综合判断，我们预计2010年1～6月份客车销量的增长幅度超过20%不会有太大的难度；2010年下半年增幅将略有回落，但也会在10%左右。因此，我们判断2010年全年的增幅将在15%左右。

（1）公路客运的结构调整将提速　近两年，动车组的突然冲击使公路客运企业有些措手不及，部分线路的萎缩效应被放大，加上网络、报纸、杂志等传媒的宣传导向，悲观情绪迅速蔓延。我国地大物博、人口众多，旅客运输体系中的民航、铁路、公路都有很大的独立发展空间，谁也代替不了谁，因此，动车组的冲击只是打破了过去的平衡，所谓不破不立，经过一个阶段的调整，新的平衡很快就会形成。随着动车组的冲击越来越强，公路客运的结构调整将提速。

实际上，来自于动车组的冲击，主要是对公路客运管理体制的冲击，以上四个问题，都是体制问题，这些问题已经引起了国家主管部门的高度重视。2009年7月，交通运输部组织全国各省（区、市）和计划单列市交通运输部门，围绕事关道路运输业长远发展、社会关注度高的10个重大问题，开展了新时期道路运输业发展大调研活动，这是我国道路运输发展史上规模最大、范围最广、程度最深的一次调研活动，其中优秀调研成果“道路运输在综合运输体系中的定位和结构调整”获得通报表彰，这些调研成果是下一步制定政策的基础，2010年交通运输重点工作中已经包括“积极开展综合客运枢纽布局规划试点工作”。解决了体制问题，其他问题将迎刃而解，公路客车市场也会随着这些问题的解决再次繁荣起来。由于体制调整的周期较长，一两年之内不可能解决所有问题，因此，我们判断2010年大中型公路客车的增幅将在5%左右。

（2）公交需求正在快速恢复　根据交通运输部道路运输司发布的信息，最近半年来，中央领导对城市公交发展作出了多次指示和批示，要求加紧出台法规，制定落实公交优先战略的具体措施。鉴于此，道路运输司透露，落实城市公共交通优先发展战略，当前要抓紧开展三项工作：一是加快公共交通立法；二是出台优先发展城市公共交通的政策性意见；三是要深入研究城市公共交通的规划问题。客车市场特别是公交客车的需求从来都是靠政策拉动，有国家的政策支持，公交客车恢复增长指日可待。以下几种现象是我们判断公交客车需求增长的基础：

一是市场惯性将推动需求增长。从2009年公交客车的月度销量来看，上下半年反差很大，第一季度同比下降35.16%，第二季度下降33.02%，第三季度增长26.12%，第四季度增长45.10%，市场的复苏呈递增趋势，市场需求启动之后，突然制动或掉头向下都是需要理由的，目前，国家的宏观经济状况在逐步好转，政策支持力度也在逐步放大，公交客车需求继续增长的趋势不会改变。

二是公交优先政策将向二、三级城市推进。2003年以来，公交优先政策在一级城市或部分二级城市已经得到了比较充分的回应，有些城市的公交客车几乎已全部更新，但在三级城市和大部分二级城市的进展相对较慢。原因大致有三点：其一这些城市尚未感到交通拥堵的压力；其二财政实力有限，资金不到位；其三黑车、摩的流行，运营环境尚未理顺。2009年，在国家优惠政策的支持下，轿车进入家庭的速度大大加快，二、三级城市的交通拥堵问题已逐步凸显出来，另外，随着公交立法的快速推进，财政支持和运营环境都会得到相应的改善，公交优先政策向二、三级城市推进的条件已逐步成熟。落实公交优先将推动需求释放，二、三级城市的公交市场为中、轻型公交客车打开了增长空间。

三是城市公交线路的延伸和城际公交的发展已形成趋势。城市公交线路的延伸和城际公交的发展是当前城市公交发展的大趋势。改造旧城区、建立卫星城、“城市圈”、城乡一体化等举措都必将促进城际公交化的发展。

（3）农村客运的发展形势会越来越好　在全国交通工作会议上，李盛霖部长明确了2010年城乡客运的重点工作：“落实公交优先战略，规划建设城际、城市、城乡、镇村四级客运网络，研究推进建立扶持农村客运发展的公共财政奖励制度，引导农村客运线路公交化改造，加快公交客车向农村延伸，不断提高城市公交的出行比重。”其中将“建立扶持农村客运发展的公共财政奖励制度”和“引导农村客运线路公交化改造”放在一起，预示着农村客运的发展模式将产生重大变革。

在农村客运公交化改造过程中，最难的一点是国家或地方政府部门的财政支持问题，如果农村客运的公交化改造只局限于定点、定线、定时，采用城市公交的营运形式来从事农村客运，那不是真正意义上的公交化改造，农村客运公交化改造的核心在于公益性、非赢利性，在于公车公营，在于政府的财政补贴，只有在“建立扶持农村客运发展的公共财政奖励制度”的基础上“引导农村客运线路公交化改造”，才能真正让农民享受到类似城市居民的公共交通福利，让企业在没有后顾之忧的背景下为农民提供真正的公共交通服务。

在此之前，针对农村客运，无论是购车补贴还是税费减免，除了燃油补贴按照国家统一的标准执行以外，其他方面国家并无统一要求，而且全国已经实施补贴制度的省（市）不足 1/3，范围小、标准不统一，离实现“农村客运线路公交化改造”的目标还有很大的差距。从 2010 年起，如果在未来的 3～5 年之内能够建立起全国统一的农村客运补贴机制，真正实现农村客运线路的公交化改造，农村客车的市场需求将会有一个爆发式的增长过程，由于 2010 年是起步之年，我们预计同比增长 15%左右比较合理。

3. 出口的恢复值得期待

判断客车出口将恢复，我们主要基于三点考虑。

首先，客车出口主要市场的经济形势不断好转。

目前，中国客车出口的主要市场是非洲、亚洲、澳洲及拉丁美洲。2010 年 1 月 25 日世界银行在北京发布的《2010 年全球经济展望》认为，2009 年世界经济增长率下降了 2.2%，预计 2010 年将增长 2.7%，2011 年将进一步增长 3.2%。

报告预计今后两年发展中国家将出现相对强劲的复苏，2010 年和 2011 年的 GDP 增长率将分别为 5.2%和 5.8%，远高于 2009 年的 1.2%，而发达国家在 2009 年下滑 3.3%的基础上，2010 年和 2011 年的增长为 1.8%和 2.3%。该报告还表示，2010 年发展中国家内部各经济体状况不尽相同，欧洲和中亚的衰退程度较为严重，东亚和太平洋地区增长较为强劲，而南亚、中东和北美地区已摆脱危机最恶劣的影响，撒哈拉沙漠非洲地区经济受创严重，增长前景依然充满不确定性。报告认为，“拉丁美洲和加勒比海地区原来的经济基本面较好，这使得该地区抵御本次经济危机的情况好于以往，而地震将对海地经济带来巨大影响，尽管当前预估相关损失仍为时尚早。”

无独有偶，国际货币基金组织（IMF）2010年1月26日发布最新的《世界经济展望》报告说，全球经济正在复苏，力度比预期更为强劲，但各地区复苏速度不尽相同，预计2010年世界经济增长3.9%。对于中国客车的主要市场，IMF都有乐观的描述，IMF认为，2010年中国经济将增长10.0%，在中国的带动下，亚洲发展中国家将增长8.4%；非洲2010年的增长速度约为4%，拉美及加勒比海地区国家2010年经济将增长为2.9%，澳洲2010年经济增幅预估为2.5%，虽然对这些地区的增长预期小于亚洲，但与2009年的大幅下滑相比还是有本质的不同。

其次，国家的政策支持更具有针对性。

在中央经济工作会议确定的2010年重点工作中，“更加积极稳妥地实施‘走出去’战略，在对外开放中不断提高我国经济的国际竞争力和抗风险能力”也是重点之一，这恰好与之前商务部、发改委、工信部、财政部、海关总署、质检总局联合发布的《关于促进我国汽车产品出口持续健康发展的意见》（以下简称《意见》）相呼应。2010年，虽然国际经济环境尚存许多变数，但是，在西方发达国家深陷金融危机之时，中国的国家地位和影响力都在节节上升，金融危机逐步恢复之后，中国在国际市场上的话语权将发生根本变化。我们认为，《意见》是今后客车出口高速增长的政策依据，因为其针对性之强是过去从未有过的。

一是首次提出了发展目标。“汽车及零部件出口从2009年到2011年力争实现年均增长10%；到2015年，汽车和零部件出口达到850亿美元，年均增长约20%；到2020年实现我国汽车及零部件出口额占世界汽车产品贸易总额10%的战略目标。”这个目标虽然对于客车行业没有太多的直接参考意义，但国家对汽车出口的重视程度已跃然纸上。客车出口基数小、偶然性强，加上中国客车的市场地位居全球之首，前几年的出口增幅曾达到过200%以上，因此，我们判断，客车出口的年均增长率将会远远超过国家提出的目标值。

二是有望解决出口企业最关心的三个问题。目前，客车出口中企业最关心的问题莫过于降低风险、知识产权保护和公共服务平台的建设。《意见》对这三个方面都有非常明确的描述，对于降低风险，《意见》表示要“鼓励企业利用金融工具，提高企业国际竞争力”；对于知识产权保护，《意见》明确要求“加强知识产权保护，积极应对和化解贸易摩擦”；对于公共服务平台的建设，《意见》承诺将“加强服务体系建设，全面提高服务水平”。解决了这三个问题，客车出口企业当不会再有后顾之忧，开拓市场、完善网络、推广品牌、建设售后服务体系等等都会顺理成章。

三是具有操作性很强的“5 大鼓励”和“10 大支持”。通读《意见》，操作性很强的“5 大鼓励”和“10 大支持”给我们的感觉十分强烈。5 大鼓励包括：①鼓励出口基地企业自主创新和技术改造；②鼓励商业性保险机构扩大对汽车整车出口的产品责任险承保；③鼓励企业建立海外研究开发中心；④鼓励企业积极引进国外技术、人才、营销网络，通过海内外兼并等方式掌握关键零部件等相关技术，提高研发能力；⑤鼓励有比较优势的企业或企业间联盟体对外投资，在境外建厂设点，扩大海外生产规模，贴近销售市场，带动汽车产品、技术和服务出口。10 大支持包括：①大力支持自主品牌汽车产品出口，积极支持节能和新能源汽车产品出口；②重点支持基地企业技术创新、技术改造和新能源汽车及关键零部件发展；③加大对公共服务平台的支持力度，支持出口基地搭建技术研发、信息服务、产品认证、检验检测、人员培训等公共服务平台；④完善中资金融机构国外分支机构功能，向出口企业提供客户及买方银行信用咨询服务，对海外分销商及终端用户提供融资贷款支持；⑤支持汽车生产企业加强研究开发体系建设，在消化引进技术的基础上，开发具有自主知识产权的新产品和新技术；⑥支持企业加快研究开发新型车辆动力蓄电池和新型混合动力汽车产品。支持推广纯电动汽车，引导推广混合动力汽车；⑦引导企业采用国内外先进技术标准，主动接轨国际标准体系，推动产品的国际安全、质量和标准认证工作，支持企业参与国家和国际标准的制订和修订；⑧重点发展一批技术含量高、市场潜力大的产品和企业，支持企业开展商标和知识产权的国外注册保护等；⑨支持企业建立健全海外营销体系；⑩支持企业加大合作研究开发，引进先进技术、设备和人才的力度。

第三，客车企业对出口的认识水平显著提高。

客车出口的历史可以追溯到很久以前，但形成一定规模则在 2003 年之后，期间大家对客车出口的表述十分生动，“蜻蜓点水”、“撒胡椒面”、“打一枪换一个地方”、“不望久旱逢甘霖，就怕他乡遇故知”等等，主要是描述客车出口中的不规范性，这是市场起步初期都必须经历的过程。经过金融危机的洗礼，大家对客车出口的理解更加深刻，也更加理性。以下几种观点具有普遍的代表性：

出口是未来的希望。2009年客车市场的主要支撑力量来自国内，根据趋势来判断，国内市场的支撑力度在未来3～5年之内不会衰竭，但是，3～5年之后，国内需求的增长将很难满足客车行业发展的要求，客车企业如果想在未来的市场竞争中占据一席之地，在国内需求下滑或增速放缓的前提下，保持出口增长是最有效的方式。因此，客车出口是企业发展的希望所在，也是整个客车行业做大做强的希望所在。

中国客车有能力得到世界的认可。从整车出口、CKD（全散件组装）到出口技术、资本和管理，客车出口之路越走越宽。在金融危机中，全球汽车业掀起了一场腥风血雨般的并购，中国的声音显得格外清脆，其中吉利收购沃尔沃是标志性事件，而客车领域却要安静得多，但从一些细微的变化中，我们仍然能够感受到中国客车与中国汽车的发展其实是同步的。在2009世界客车博览欧洲展览会上，金龙客车、海格客车、宇通客车、安凯客车同台亮相，这是中国客车“军团”首次大规模参展，展会期间，主办单位还举办了隆重的“中国日”和“中国代表团招待晚宴”，这与上一届该展会中的“卢克门”事件形成了强烈的反差，中国客车的进步与能量从中可见一斑。

2010年，客车出口将实现恢复性增长，保守预测，增长幅度会突破20%，出口量和出口额将达到或超过2008年的水平。最困难的2009年已经过去，市场趋势与国家政策将形成合力，主导2010年客车行业的发展速度，这是我们的预测，也是我们的愿望。

（作者：余振清）

2009年轻型客车市场分析与2010年展望

2009 年轻型客车市场是逐步复苏的一年。在经历了 2007 年的高速增长与 2008 年的急速回落之后，2009 年轻型客车市场走势逐步企稳。2008 年以来，金融危机引发的震荡对轻型客车市场的负面影响在 2009 年初仍然延续，而对于乘用车市场和载货车市场拉动作用巨大的汽车刺激政策却没有对轻型客车市场产生明显的拉动作用。总体而言，相对成熟和稳定的市场需求是近年来轻型客车板块相对于其他汽车板块最突出的特点。

一、2009 年轻型客车市场回顾

1. 政策影响分析

从 2008 年年底到 2009 年，陆续出台的汽车消费鼓励政策成为刺激 2009 年汽车市场增长的重要因素，包括：2008 年 12 月 19 日，成品油价格大幅下调；2009 年 1 月 1 日，取消养路费；2009 年 1 月 20 日，小排量车型购置税减半；2009 年 3 月 1 日，汽车下乡；2009 年 5 月 19 日，汽车“以旧换新”政策。

诸多汽车消费鼓励政策的出台和实施，在刚性需求旺盛的中国汽车市场和具有购买力及消费信心的消费者的条件下，使得 2009 年汽车销量出现了跨越式的增长。但是对于轻型客车市场而言，除了油价下调与取消养路费能够在降低用车成本方面产生部分影响以外，汽车消费鼓励政策基本没有对轻型客车市场产生拉动作用。

2. 市场规模走势分析

2009 年 1～11 月份，轻型客车市场总量 20.4 万辆，同比增长 1.1%；预计 2009 年全年总量 22.5 万辆左右，同比增长 3.3%。由于 2009 年轻型客车市场没有受到汽车消费鼓励政策的拉动，而且轻型客车市场的需求相对稳定，因此轻型客车市场 2009 年 1～11 月份增速明显落后于商用车市场 23.8%的增速与汽车市场 42.4%的整体增速（见图 1）。

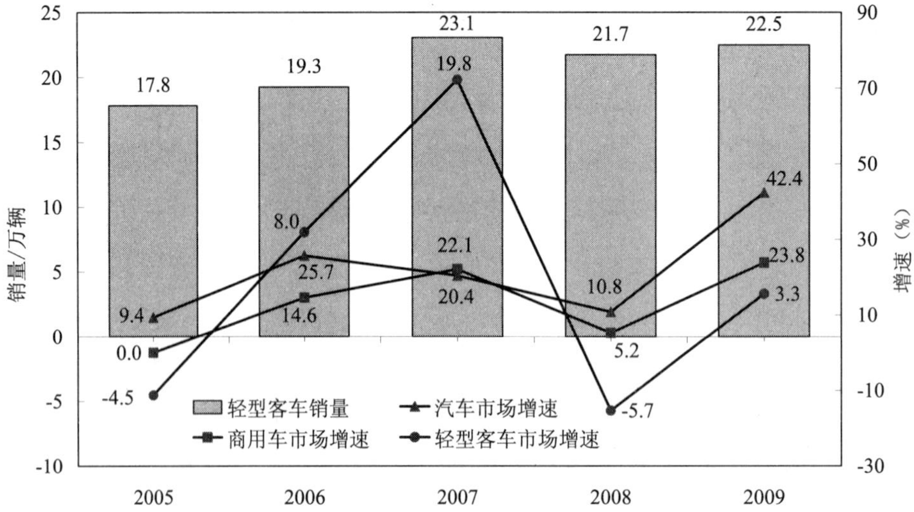

图1 2005～2009年轻型客车市场历年走势

从分月销量走势看，2009 年轻型客车市场的走势呈现明显的双高峰走势。2009 年 3～4 月份是传统销售高峰月份，2009 年 9 月份是第二个销售高峰。与往年不同的是，2009 年轻型客车市场的第二销售高峰明显高于第一高峰，而且呈现明显的“淡季不淡”的走势。由于受到金融危机影响，2008 年分月走势呈现“上半年高，下半年低”的走势，因此 2009 年分月同比增幅呈现明显的单边上升走势（见图 2）。

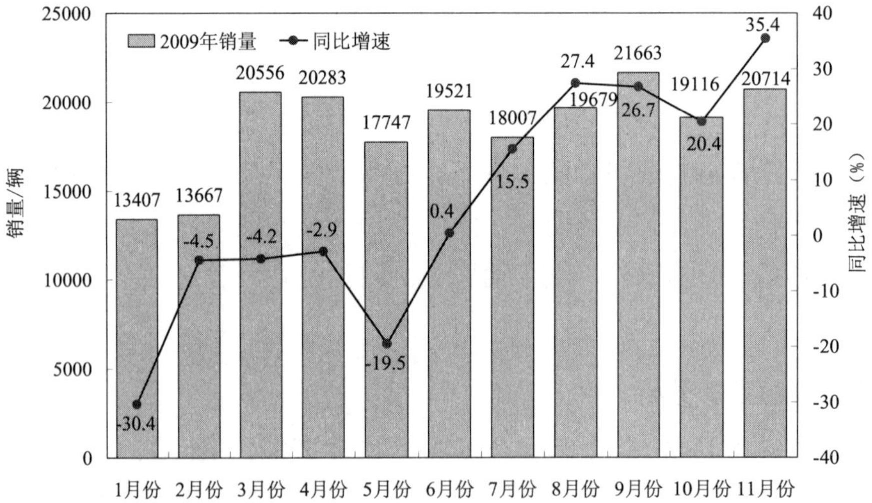

图2 2009年轻型客车分月销量与同比增速走势

但是这种上升只意味着市场的恢复，而并不是如同汽车市场整体销量走势的历史性突破。从 2007～2009 年轻型客车分月销量走势图中可以看出，2009 年的轻型客车月度销量只是恢复到 2007 年的水平，单月销量并未出现大幅突破的趋势（见图 3）。

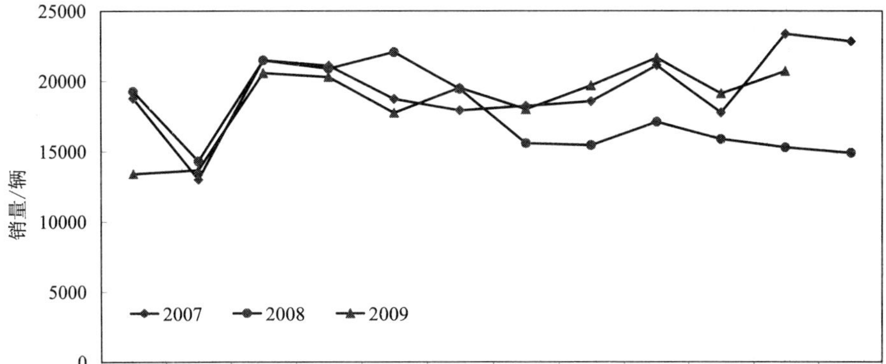

	1月份	2月份	3月份	4月份	5月份	6月份	7月份	8月份	9月份	10月份	11月份	12月份
2007	18774	13002	21478	21092	18725	17917	18231	18556	21116	17760	23379	22845
2008	19268	14310	21467	20888	22051	19439	15587	15449	17102	15881	15297	14904
2009	13407	13667	20566	20283	17747	19521	18007	19679	21663	19116	20714	

图3 2007～2009年轻型客车分月销量走势

轻型客车作为一种生产工具，主要用户是中小企业和部分个体用户，这部分用户的购买选择比较理性。因此在政策环境和相关法规未发生巨大变化的条件下，轻型客车市场需求主要受到经济走势的影响。从 2008～2009 年轻型客车市场季度销量走势与 GDP 增速走势的对比中可以看到，轻型客车市场的销量走势基本与 GDP 增速走势相契合（见图 4）。

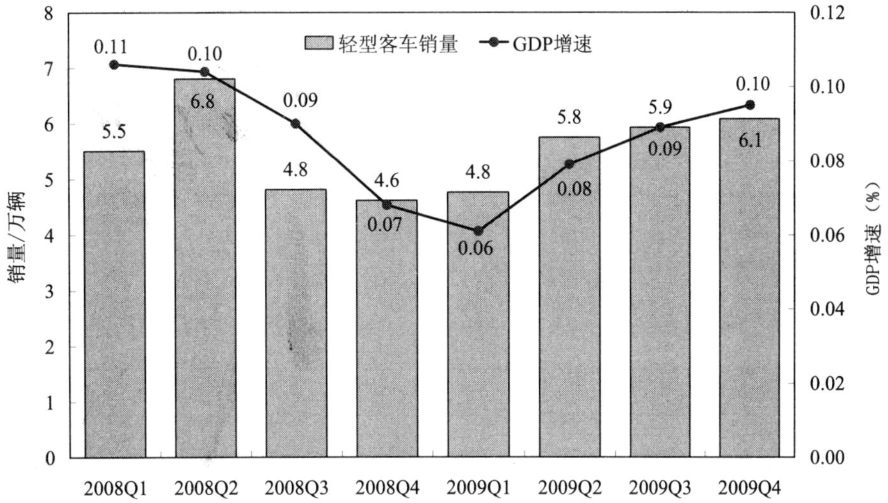

图4 轻型客车季度销量走势与GDP走势

3. 市场集中度与竞争分析

2009年1～11月份，轻型客车市场的前四家厂家的集中度为68%，前六家厂家的集中度达到了83%（见图5）。

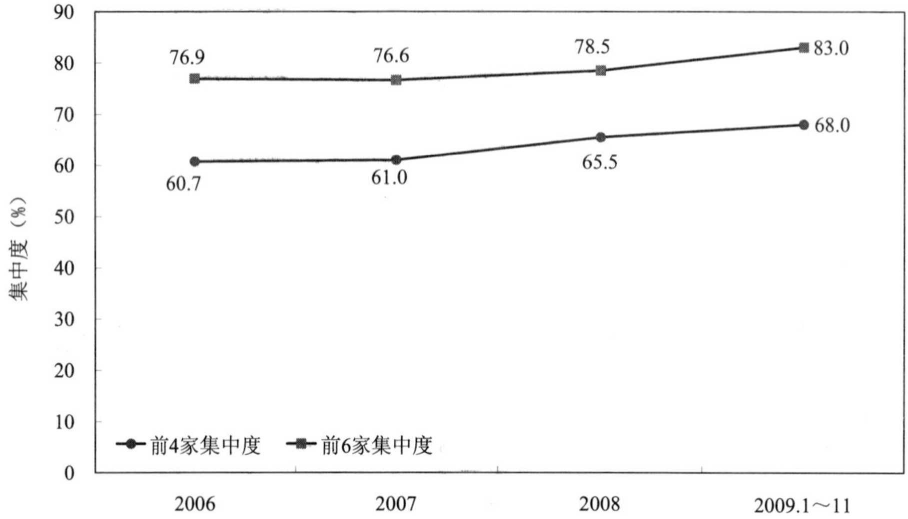

图5 2006～2009年1～11月份轻型客车的市场集中度

2007～2009年，轻型客车市场的集中度逐年提升，主流厂家占据的市场份额逐年扩大，说明在轻型客车这个规模相对较小并且发展比较稳定的市场中，市场资源正在向市场份额较大的厂家集中。

进入轻型客车销量前12位的厂家中，只有东风和江淮是以非完整车辆为主的厂家，其他的都是以整车生产和销售为主的厂家。在轻型客车整车的竞争态势上，金杯继续保持一家独大的领先局面，江铃、南京依维柯和福田紧随其后，其他厂家分散竞争（见表1）。

表1 主要轻型客车厂家销量与份额

排名	厂 家	2008年1～11月份销量/辆	2009年1～11月份销量/辆	销量同比（%）	2008年1～11月份市场份额（%）	2009年1～11月份市场份额（%）
1	金杯汽车股份有限公司	58189	59580	2.4	28.7	29.1
2	江西江铃汽车控股有限公司	24387	29285	20.1	12.0	14.3
3	南京汽车集团有限公司	23565	25325	7.5	11.6	12.4
4	东风汽车公司	27685	25047	-9.5	13.7	12.2
5	北汽福田汽车股份有限公司	12668	19720	55.7	6.3	9.6

（续）

排名	厂　家	2008年1～11月份销量/辆	2009年1～11月份销量/辆	销量同比（%）	2008年1～11月份市场份额（%）	2009年1～11月份市场份额（%）
6	安徽江淮汽车股份有限公司	13441	11163	-16.9	6.6	5.4
7	厦门金龙旅行车有限公司	8667	8744	0.9	4.3	4.3
8	厦门金龙联合汽车工业有限公司	430	3602	737.7	0.2	1.8
9	中顺汽车控股有限公司	10715	3208	-70.1	5.3	1.6
10	东南（福建）汽车工业有限公司	5663	3002	-47.0	2.8	1.5
11	郑州宇通集团有限责任公司	1231	2932	138.2	0.6	1.4
12	上海汇众汽车制造有限公司	2581	2819	9.2	1.3	1.4
	轻型客车总量	202558	204845	1.1	—	—

4. 产品系列分析

目前市场上的轻型客车产品主要可以分为日系与欧系。日系轻型客车以海狮车型为主，代表厂家是金杯和福田；欧系轻型客车主要以江铃福特全顺和南京依维柯为代表。与海狮车型相比，由于欧系车型具有安全性高、外形美观、空间大、适于改装等特点，虽然欧系车型的价格高于海狮车型，但是欧系车型的销量和在轻型客车销量中所占的比重逐年提高，即使是在轻型客车整体销量下降的2008年，欧系车型销量仍然大幅提高，从2006～2009年，欧系车型在轻型客车销量中所占的比重由19.2%上升到25.6%（见图6），预计这种趋势在未来几年中仍将持续。

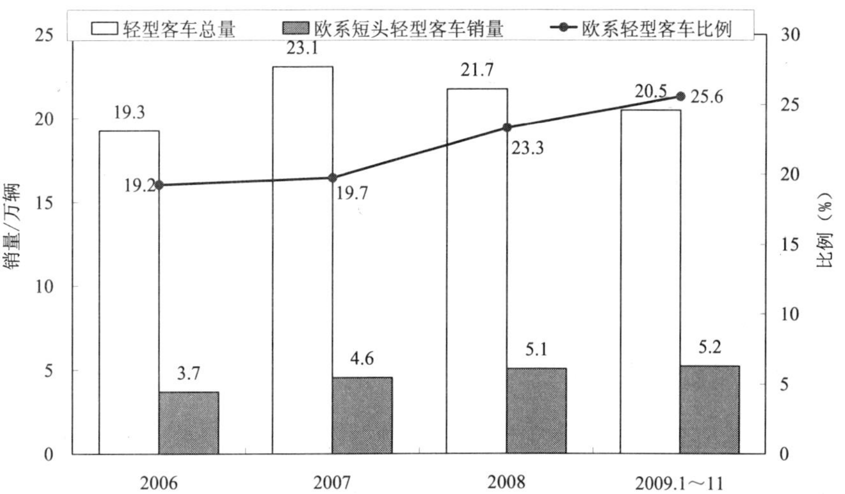

图6　欧系短头轻型客车销量比例走势

5. 区域分布分析

东部 7 省 3 市（包括辽宁、河北、北京、天津、山东、江苏、上海、浙江、福建和广东）一直是轻型客车的主要销售区域。目前轻型客车主要用于城市物流、城市客货两用、城际短途客运以及商务接待，由于我国东部地区城市化进程较快，因此 2007～2008 年东部地区一直占主要轻型客车厂家销量的 60%以上。但是从 2008～2009 年，东部地区轻型客车销量占主要轻型客车厂家销量的比例逐步下降，从 2008 年第一季度的 67.7%下降到 2009 年第三季度的 58.2%，预计 2009 年第四季度将下降到 56.9%（见图 7）。

原因主要在两点：一是 2009 年，东部地区出口导向型经济在出口严重下降的环境下，企业用户和个体用户受到的影响强于中西部地区，因此对于轻型客车的需求相对下降；二是中西部地区城市化进程的加快使得一、二级城市对于轻型客车的需求稳步上升。

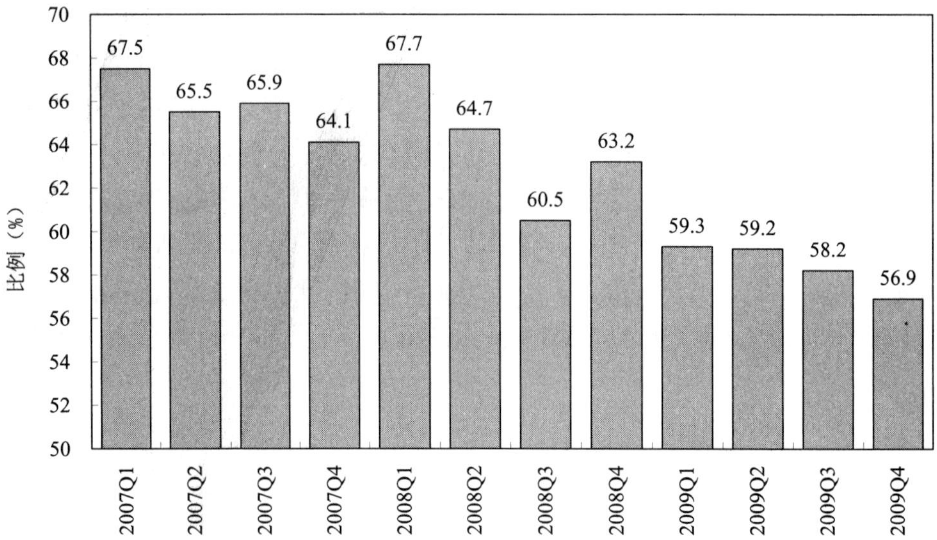

图7 东部7省3市地区占主要轻型客车厂家销量的比例

二、2010 年轻型客车市场展望

1. 宏观经济和政策法规因素

2010 年中国经济的主基调从 2009 年的“保增长”变为“稳增长”，中央经济工作会议从“稳定增长、调整结构、夯实三农、深化改革、推动出口和保障民生”

六个方面提出了 2010 年经济工作的主要任务。在国际经济环境有逐步回升但存在较大不确定性的情况下，预计中国经济维持 8%以上的增长对汽车市场的整体发展具有有利的支持作用。

按照国家汽车污染物排放标准实施规划，轻型汽车国Ⅳ排放标准将从 2010 年 7 月 1 日开始实施，这对于轻型客车厂家将造成一定的技术瓶颈和成本压力。2000 年我国开始实施国Ⅰ汽车排放标准，2004 年升级到国Ⅱ排放标准，2008 年实施国Ⅲ排放标准，如果从 2010 年 7 月 1 日开始实施轻型汽车国Ⅳ排放标准，与国Ⅲ排放标准相比，国Ⅳ排放标准轻型汽车单车污染物排放降低了 50%。但是我国从贯彻国Ⅱ排放标准以来，燃油品质均不能保证排放标准的实施。虽然按计划我国即将实施国Ⅳ排放标准，然而到 2010 年年初才能在全国范围内提供符合国Ⅲ标准的燃油。在油品不到位的情况下，车辆采用先进的排放技术会产生一系列问题，包括排放迅速劣化，不能保证原有的排放指标，环境并没有因采用严格的排放标准而收到应有的效果；一些相应的技术不能采用；造成产品不应有的故障和可靠性、耐久性的降低；增加了企业成本和用户负担，等等。虽然主要轻型客车厂家都已经在进行国Ⅳ发动机升级的相关准备，但是一旦轻型汽车国Ⅳ排放标准如期实施，从国Ⅲ到国Ⅳ的切换将使轻型客车市场产生一定的波动。

2. 竞争态势

随着微型客车大型化的趋势不断发展，价位较低的微型客车对轻型客车，尤其是日系老款海狮车型的冲击和替代已经是不争的事实。目前轻型客车的市场主要在大城市，这种局面的成因与广大三、四级小城市市场和县、乡级市场被微型客车牢牢占据有着直接的关系。2009 年，微型客车享受购置税补贴与汽车下乡补贴双重政策优惠，从而实现了 80%以上的高增长，进一部挤压了低端轻型客车的市场空间。2010 年，购置税补贴与汽车下乡补贴仍将延续，微型客车对低端轻型客车的挤压也将延续。这种微型客车与轻型客车的竞争态势使得轻型客车主要向城市多功能化发展。

虽然低端轻型客车的市场受到一定的挤压，但是随着中国城市化进程的不断加快，城市多功能用车市场将不断扩大，轻型客车将是城市多功能用车的主要车型。由于欧系轻型客车车型具有安全性高、外形美观、空间大、适于改装等特点，在城市多功能用途上的优势将逐步体现。受到这个市场的吸引，部分国内汽车厂家，如东风、奇瑞、江淮等将上马欧系轻型客车项目，随着这些厂家新产品的投放市场，将改变目前轻型客车市场的竞争格局。

3. 轻型客车市场整体增速预测

随着中国汽车市场的发展，市场竞争越来越趋于细分化，轻型客车将主要占据城市多功能用车市场。在与轻型客车相关的政策未发生实质性改变的前提下，轻型客车市场将与中国经济增长和城市化进程同步发展，预计 2010 年轻型客车市场销量在 23 万辆左右，同比增速将在 2.2%左右。

（作者：毛辉）

2009 年微型客车市场形势分析与 2010 年展望

2009 年，微型客车市场伴随宏观经济的迅速好转，在国家“养路费改革”、“购置税减半”、“汽车下乡”、“以旧换新”等一系列消费刺激政策下，一反往年增幅在 10%左右徘徊的局面，实现了超高速增长，该类用户群体长期被压抑购车的需求得到充分释放，微型客车市场迎来了久违的春天。2009 年 1～11 月份，微型客车累计销售 178.76 万辆，同比增长 80.45%（见图 1），其增幅较整体汽车行业42.39%的增速高出38.06个百分点，对国家汽车销量增长的贡献度达到21.89%，充分体现了微型客车在我国汽车工业中的重要地位和潜在的巨大需求。

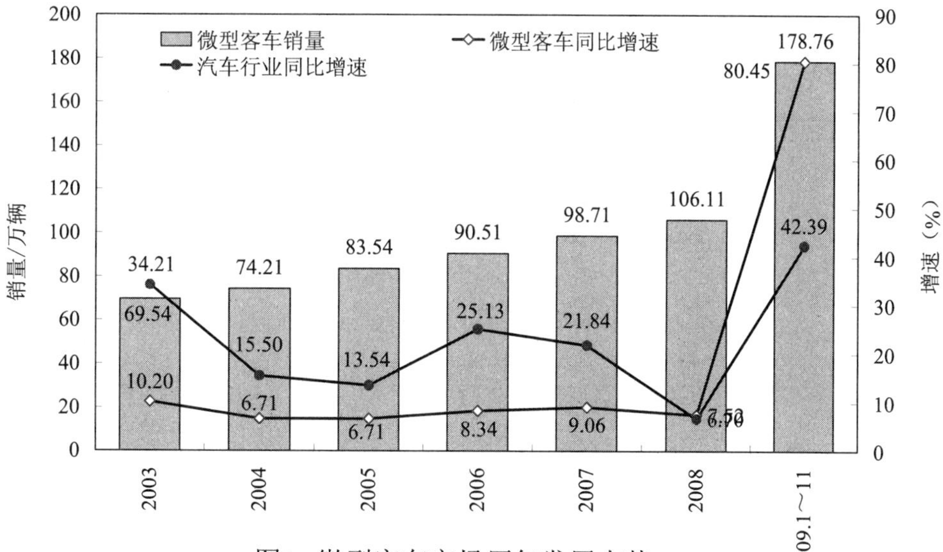

图1 微型客车市场历年发展态势

2009 年微型客车市场的超高速发展给我们带来了极大的惊喜，但是客观来讲，这也有悖于往年的稳定发展态势，那么微型客车市场为何发生如此大的变化呢？微型客车市场运行特征有什么样的变化呢？这将对 2010 年乃至今后的微型客车市场发展带来什么样的影响呢？为此，我们必须对 2009 年的微型客车市场发展形势做出深入回顾。

一、2009年微型客车市场形势分析

1. 微型客车月度销量呈现不断走强的态势

2009年年初，随着国家的“养路费改革”、“购置税减半”和“汽车下乡”等政策的推出，微型客车市场迅速回暖。2009年1月份，当中国汽车整体销量下滑14.31%的时候，微型客车市场已出现强力反弹的迹象，当月实现销售12.97万辆，增长15%；2009年二三月份以后，伴随国内经济形势的逐渐好转，微型客车市场潜在的需求开始充分释放，销量逐月攀升，2009年3～5月份销量分别达到了16.6万辆、17.3万辆、17.4万辆，直至2009年9月份的18.4万辆，均不断刷新了历年的月度销量新高（见图2）。

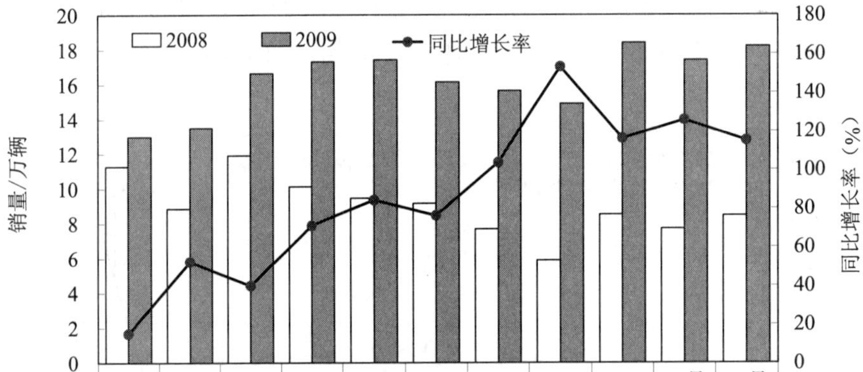

	1月份	2月份	3月份	4月份	5月份	6月份	7月份	8月份	9月份	10月份	11月份
2008	11.28	8.85	11.90	10.12	9.46	9.16	7.69	5.89	8.52	7.71	8.47
2009	12.97	13.48	16.65	17.31	17.42	16.14	15.65	14.91	18.40	17.41	18.21
同比增长率	15.00	52.20	39.90	71.00	84.10	76.10	103.60	153.20	116.00	125.80	115.00

图2 2008～2009年微型客车逐月销售走势

微型客车用户是中国的最低端汽车消费群体，其购车目的主要就是创业、挣钱，这一群体最明显的特征就是价格敏感度极高。2009年，国家汽车产业系列刺激政策为他们节省了大笔购车和使用费用，以购买4万元的微型客车为例，粗略计算其购车成本可节省5660元，每年用车成本还可节省2700元（见表1），所以政策直接激发了微型客车用户的购车需求，导致2009年微型客车市场爆发式增长。

表 1　2009 年国家汽车消费刺激政策给微型客车用户带来的直接利益估算表

政策类型	估算节省金额/元	备注
购置税减半	1660	购车费用节省 5660 元
汽车下乡	4000	
养路费改革	2400	使用费用节省 2700 元/年
过路费	300	

2. 凸头微型客车是市场主流，销售比重仍在持续扩大

随着凸头微型客车规模效应的显现，销售价格不断下移；同时消费者审美度的提升、安全性要求的提高，使凸头微型客车继续呈现较强的扩张态势，2009 年 1～11 月份累计销量比重已上升到了 94.71%。而平头微型客车由于价格优势的弱化和外观、性能、安全等方面的落后，其销售比重已经萎缩到了 5.29%，面临退出历史舞台的局面（见图 3）。

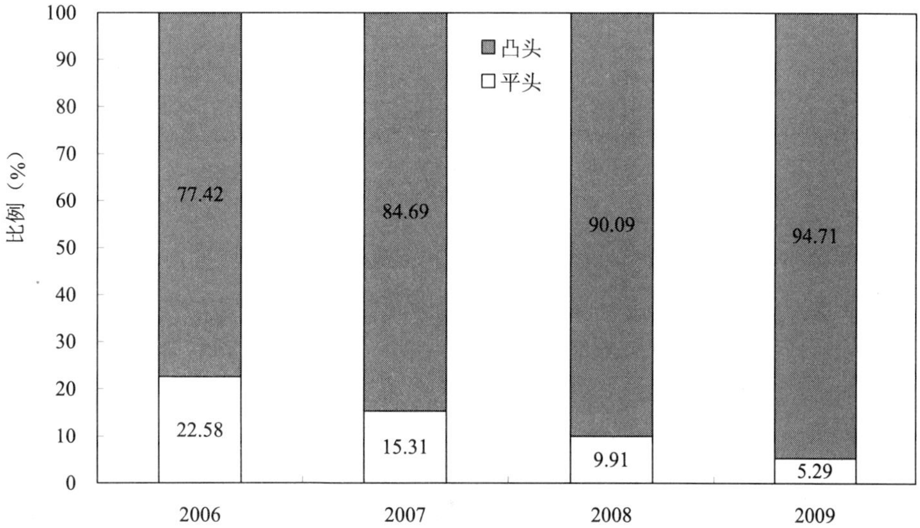

图3　2006～2009年平头与凸头微型客车销售比例

3. 价格趋于分化，需求多样化特征明显

由于竞争的加剧，尤其是 2009 年新的微型客车企业多以中低价位进入微型客车市场，而主要的两大微型客车企业长安和五菱为了避免市场份额受到直接冲击，而向高端微型客车发展；同时也为了满足市场消费者的需求，微型客车向新

技术、新功能等方向逐渐转型。所以 2009 年价格在 3.3 万元以下的微型客车销售份额稳定在 35%左右，而 4 万元以上的微型客车挤占了 3.3 万～4 万元的市场份额，达到了 25.5%的销售比重（见图 4）。而 4 万元以上的微型客车主要是长安、五菱在 2008 年分别推出的 S460、长安星光 4500、五菱荣光等产品开始迅速上量的结果。

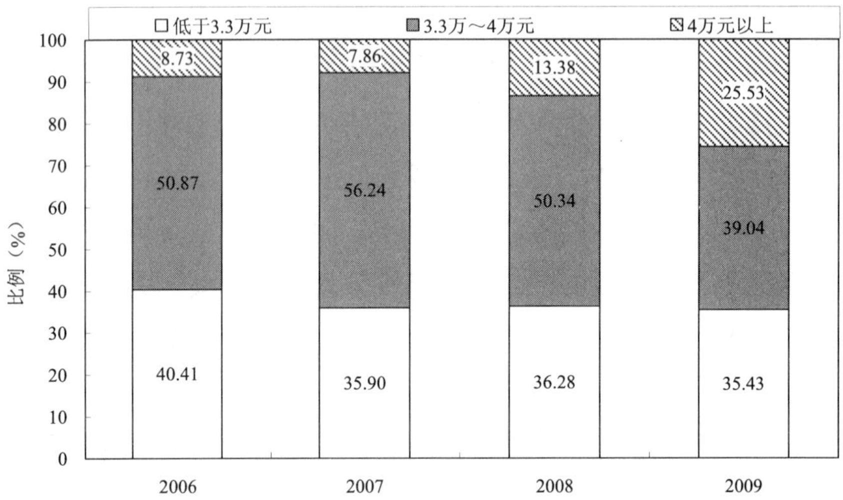

图4 2006～2009年不同价位的微型客车销售比例

4. 县乡用户比重增长迅速，农村消费潜力得以释放

2006～2008 年，县乡用户基本保持在 67%左右的销售比重，而 2009 年其销售比重迅速提升到了 73.59%（见图 5）。我们认为主要有以下几个原因：

第一，在我国经济增速逐步回升的基础上，城镇化进程的加快和农村经济的持续繁荣使县乡用户拥有购车的良好内在基础。

第二，国家汽车消费政策刺激的利好原因和县乡微型客车用户群体的购车攀比心理，驱使其购车需求快速释放。

第三，微型客车消费环境的改善对城乡结合部农民购车起到了巨大的推动作用。微型客车作为行业最低端的产品，以往受到一些地方政府的“不公正待遇”，各地解决城市交通拥堵的措施多数针对微型客车，例如限时段、限排量进城等严重制约了微型客车的发展，而 2009 年多数城市取消了此类禁令，激发了城市这部分区域用户的需求。

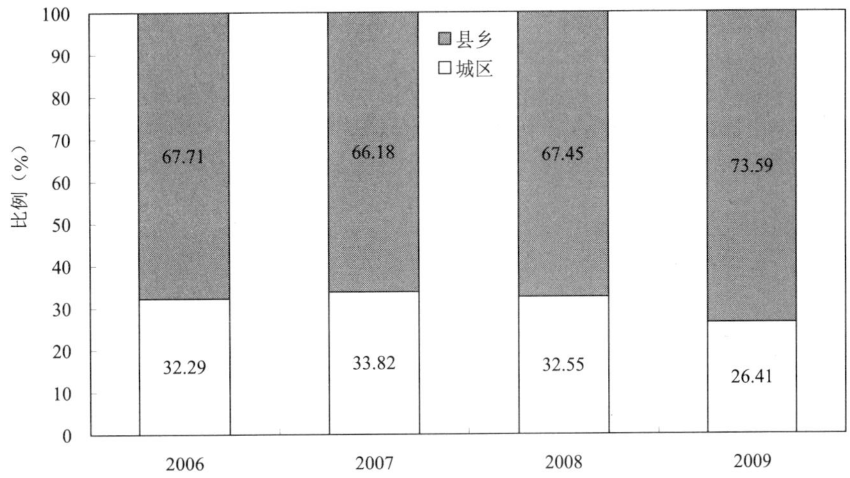

图5　2006～2009年城乡微型客车用户比例

5. 中西部、东北地区市场比重增长，华南、华东地区市场比重下滑

2009 年，金融危机对华南、华东等地区的影响仍然明显，出口大幅萎缩，沿海工业向内地转移，虽然该区域微型客车销量仍有增长，但增幅低于中西部和东北等地区，其销售比重明显下滑。而中西部和东北地区由于国家西部大开发和东北振兴战略的实施，区域经济发展较为稳定，城镇化建设和乡村道路的发展较快；同时 2008 年年末返乡民工追求生计，有很大一部分需要购买经济适用的微型客车作为创业工具，均有力地拉动了该区域微型客车市场的增长，销售比重上升明显（见图6）。

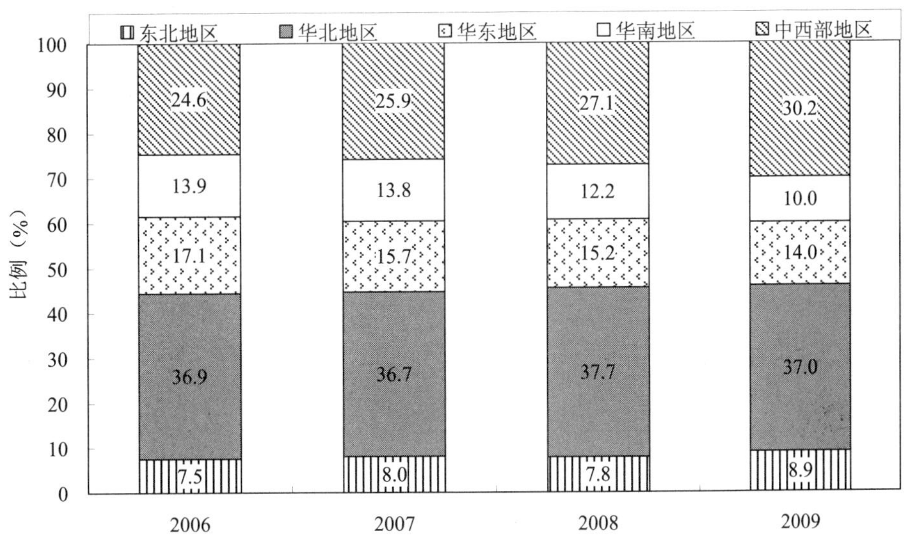

图6　2006～2009年微型客车区域市场表现

6. 企业销量均呈现高速增长，新进者众多，竞争格局没有明显改变

2009年，受益于微型客车市场的“井喷”表现，各企业销量均呈现高速增长，新进入者如奇瑞、吉奥、海马等也超过了2万辆的销量（见图7）。但是微型客车企业的竞争态势仍未有大的变化，2009年五菱占有率虽有下滑，但仍以92.68万辆的绝对销量优势稳坐头把交椅；长安紧随其后，排名行业第二名的位置，行业竞争更多地体现在这两家的激烈断杀，其余均更多地处于跟随状态；新进入者目前主要还处于网络建设和品牌推广阶段，其销量还不足以影响微型客车的总体竞争格局（见图8）。

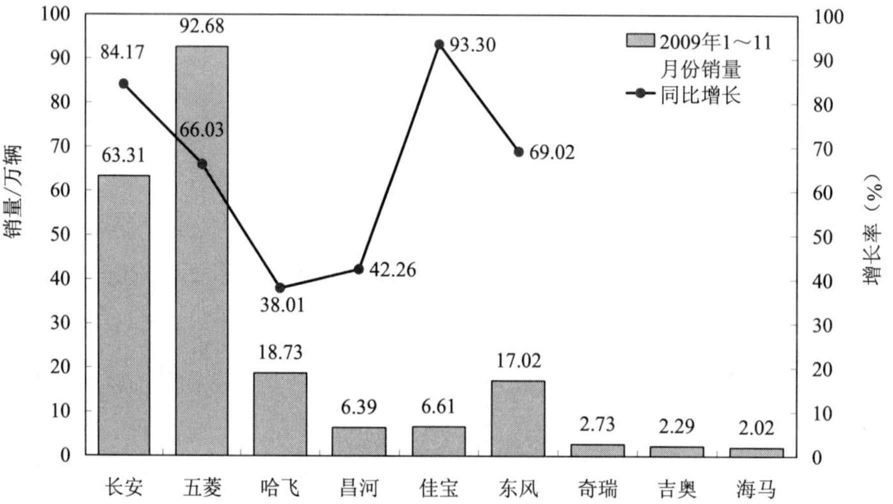

图7 2009年1～11月份主要微型客车企业的销售情况

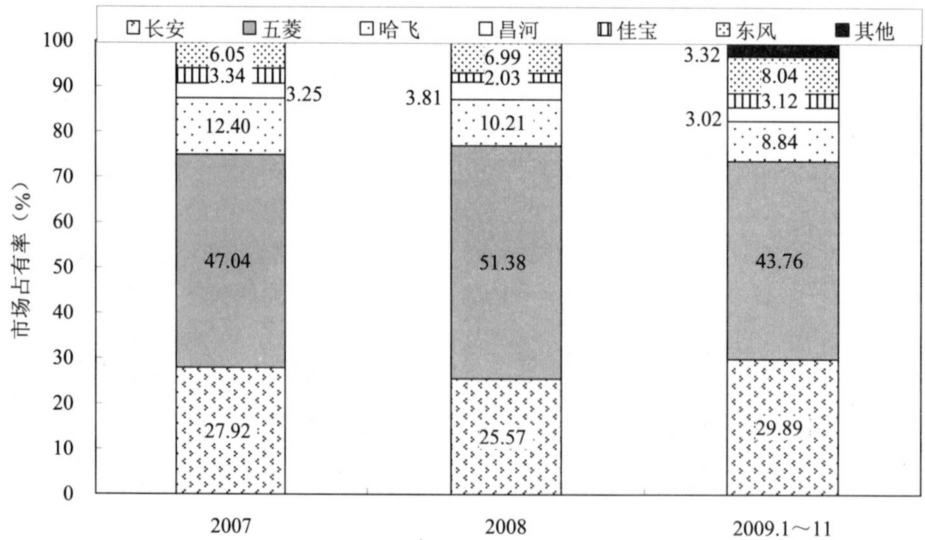

图8 2007～2009年主要微型客车企业市场占有率走势

二、2010 年微型客车市场展望

从 2009 年微型客车市场运行特点来看，如果国家汽车产业政策没有大的变化，2010 年该市场可能呈现以下一些特点和走势：

1. 市场的积极因素

第一，2009 年 12 月 9 日，国务院常务会议决定 1.6L 及以下乘用车车辆购置税优惠延续至 2010 年年底，征收税率由 5%上浮至 7.5%；汽车下乡政策继续执行；2009 年 12 月 28 日，财政部、商务部又将汽车“以旧换新”标准提高到了 0.5 万～1.8 万元。微型客车作为这些政策的主要受益车型之一，在 2010 年仍会保持一个较好的发展态势。

第二，微型客车的主力消费群体正逐渐转移到县乡及农村，国内经济稳定快速增长的大局和农村改革都将促进农村经济发展，农村消费能力不断提高；城镇化进程的快速推进和农村改革等导致的土地流转均将分流更多农村人口从事第三产业，增加微型客车市场需求。

第三，广大县乡区域和农村用户销售潜力仍处于快速释放状态，为微型客车提供了较大的发展空间和巨大的客户群体基础。

第四，刚进入微型客车领域的奇瑞、吉奥、海马、力帆、华晨等将进一步发力，北汽、比亚迪等 2010 年也可能进入微型客车领域，新鲜血液的注入，将使微型客车出现百家争鸣的局面，在加剧竞争的同时，有利于微型客车市场的扩容。

第五，为适应国家政策导向和消费者多样化需求，微型客车产品不断升级也会创造一定的市场需求。

2. 市场的抑制性因素

第一，微型客车 2009 年全年销量达到了 195 万辆左右，销售基数较高；且主要集中在 2.5 万～4.5 万元之间狭小的销售价格区域，发展空间有限。

第二，微型客车消费群体的从众行为及其明显，2009 年不可避免地存在部分透支性消费，导致 2010 年的政策效应减弱和市场增量减缓。

第三，微型客车作为汽车行业的小排量低端产品，对国家节能减排做着重大贡献；但是国家节能减排和安全法规等汽车政策的要求日益提高，对利润微薄的微型客车行业的技术升级、产品改进造成了巨大压力，导致微型客车行业技术和新品更新缓慢，影响市场扩容。

第四，油价长期波动上涨的预期也将导致微型客车消费者在观望中徘徊。

总体看来，2010年微型客车市场仍会延续一个高位发展的态势，但是综合制约因素的影响判断，微型客车市场不会出现2009年这种超高速的增长，将逐渐回归到比历年平均增幅略高的一种发展趋势，2010年全年销量预计在220万辆左右，增长12%。

（作者：熊生万）

2009 年重型载货车市场回顾与 2010 年展望

2009 年是新世纪以来我国经济发展最为困难的一年。自 2008 年第四季度以后，世界经济形势险象环生，国际金融危机持续扩散蔓延，世界经济严重衰退。在面临世界经济萧条的背景下，中国及时出台了保持经济平稳较快发展的各项措施，及时抑制宏观经济下滑趋势，使经济走势实现了完美的 V 型反转。全国重型汽车市场继 2008 年高速发展后，又走出一轮出人意料的增长行情。

一、2009 年重型汽车市场回顾

2009 年 1～11 月份，全国载货车产销 306.15 万辆和 300.24 万辆，同比分别增长 26.44%和 23.80%，而重型载货车产销同比增长分别为 9.66%和 10.10%，虽然产销增长率分别低于其他类型 10 个多百分点，但仍实现了增长。重型载货车增长动因主要源于以下几点：

1. 固定资产投资仍是推动重型汽车发展的动力

国家统计局网站消息，2009 年 1～11 月份，城镇固定资产投资 127614 亿元，同比增长 26.8%。其中，国有及国有控股完成投资 53365 亿元，增长 21.6%；房地产开发完成投资 26546 亿元，增长 22.7%。从项目隶属关系看，中央项目投资 13124 亿元，同比增长 31.8%；地方项目投资 114490 亿元，增长 26.3%。从产业看，第一、二、三产业分别完成投资 1945 亿元、57235 亿元和 68435 亿元，同比分别增长 57.4%、29.5%和 24.1%。从行业看，煤炭开采及洗选业投资 1957 亿元，同比增长 34.8%；电力、热力的生产与供应业投资 7858 亿元，增长 15.7%；石油和天然气开采业投资 2219 亿元，增长 34.8%；铁路运输业投资 2571 亿元，增长 41.1%；非金属矿采选、制品业投资 4011 亿元，增长 46.9%；黑色金属矿采选、冶炼及压延加工业投资 3472 亿元，增长 31.9%；有色金属矿采选、冶炼及压延加工业投资 2189 亿元，增长 41.6%。从注册类型看，内资企业投资 114413 亿元，同比增长 28%；港澳台商投资和外商投资分别完成 5613 亿元和 6873 亿元，分别增长 18.2%和 15.8%。从施工和新开工项目情况看，累计施工项目 328977 个，同比增加26170个；施工项目计划总投资288467亿元，同比增长19.7%；新开工项目228776个，同比增加17649个；新开工项目计划总投资77539亿元，同比增长5.4%。从到位资金情况看，城镇投资到位资金136152亿元，同比增长21.2%。其中，国内贷款增长11.7%，利用外资增长5.2%，自筹资金增长32.6%。这些行业投资增长和开工项目增加直接带动了重型汽车的增长。

2. 物流业由降转升继续为重型汽车提供成长空间

根据中国物流和采购联合会及中国物流信息中心的最新统计分析结果来看，2009年前三季度社会物流总额为69.41万亿元，同比增速由第一季度下降3.3%，上半年下降0.8%，转为增长2%，扭转了持续下滑的势头。扣除价格因素，同比增长6.9%，增幅比上半年提高0.9个百分点。反映出物流需求在投资和经济增长的带动下企稳回升步伐有所加快。在社会物流总额构成中，进口物流总额受对外贸易下滑影响，同比下降21.9%，但随着进出口贸易总量的逐步回升，降幅比上半年缩小5个百分点。进口物流总额占社会物流总额的比重为7%，同比下降2.1个百分点，但比上半年提高0.3个百分点。工业品物流总额受工业生产增长加快影响，同比增速由降转升，第一季度下降0.1%，上半年增长1.8%，2009年前三季度增长4.4%，增幅逐季提高。工业品物流总额占社会物流总额的比重达到90%，同比提高1.8个百分点，反映出在我国工业化中后期发展阶段，工业品物流是拉动社会物流总额增长的重要力量。从2009年前三季度物流实物量看，也呈现逐步回升势头。2009年前三季度，国内货运量、货运周转量、港口货物吞吐量同比分别增长5%、6.5%和6.1%，增幅分别比上半年提高3个、1.6个和3.5个百分点。特别是9月份集装箱吞吐量同比增长0.3%，遏制了连续8个月的下滑势头，实现了2009年以来首次正增长。航空货运量进入2009年第三季度出现较快增长，国际航线运量也止跌回升。邮政快递业务量累计完成13.4亿件，同比增长22.4%。因此为重型汽车市场发展提供了成长空间。

3. 经济利益驱动促使汽车产品结构向重型化发展

受国家拉动经济措施之一的汽车下乡政策影响，2009年轻型和微型载货车都分别上升了1个百分点（见图1），这两种车型得到了快速发展。从长远来看，这仅是一定区域内汽车消费情况。受物流运营成本、计重收费、能源价格等因素制约，再加上利益驱动和交通运输设施不断升级，跨地区的货物运输不断增加，中型载货车运输的经济性大大减弱，导致了重型载货车对准重型、中型载货车的替代。这也是2009年重型载货车较快增长的重要原因之一。

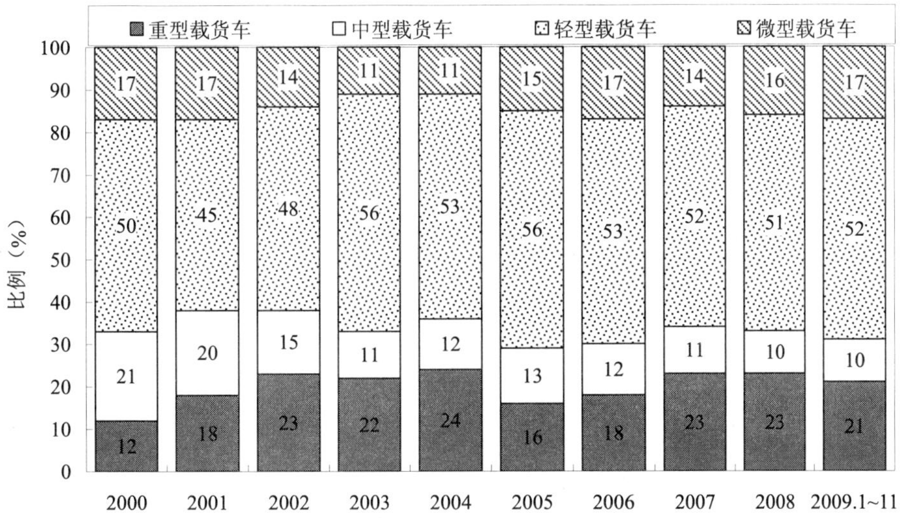

图1 2000年以来各系列载货车销售所占比重图

4. 经济形势影响直接引导重型汽车市场走势

从2009年全年重型汽车市场走势来看，上半年工程用车和牵引车市场份额比例分别为52%和23%，市场呈现了以工程车为主导的市场格局。下半年工程用车和牵引车市场份额比例分别为41%和42%，下半年牵引车等运输车辆净增长了19个百分点，市场又呈现了以牵引车等运输车辆为主导的市场格局。这些都与国家宏观经济走势密切相关。国家为应对国际金融风暴所引发的经济危机，从2008年四季度就加大了固定资产投资，4万亿元投资计划中仅铁路、公路、机场、电站就占总投资的比重达到45%，还包括四川灾区建设。因此宏观经济形势趋势直接影响着重型载货车市场的发展。

5. 市场竞争推动了重型汽车快速发展

随着市场竞争不断白热化，重型汽车市场格局也在发生变化。总质量14t以上的重型载货车，2009年1～11月份累计产销571138辆和572716辆，同比分别增长9.66%和10.10%，产销率为100.28%。其中重型载货车销量前七家企业累计销售522676辆，占总质量14t以上商用车销售总量的91.26%。

从总质量14t以上重型载货车的市场份额看，一汽集团为22.39%，同比增加2个百分点；中国重汽集团份额为20.12%，同比下降0.01个百分点；东风公司的市场份额为17.56%，同比下降2.24个百分点；陕汽份额为10.68%，同比下降1.48个百分点；北汽福田份额为12.92%，同比增长2.26个百分点；红岩份额为3.25%，同比下降0.95个百分点；北方奔驰份额为4.35%，同比下降0.18个百分点（见图2）。

通过上述形势分析，可以看出2009年全国重型载货车产销高速增长的态势，纵向与国家宏观经济、横向与物流等经济因素密切相关。全年预计市场销量达到近62万辆左右。

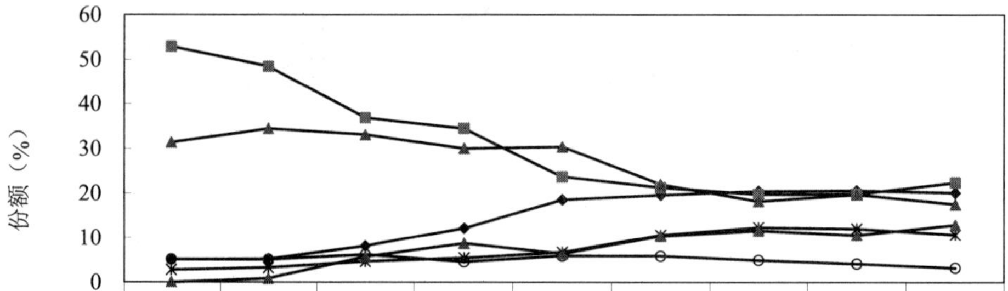

	2001	2002	2003	2004	2005	2006	2007	2008	2009.1～11
中国重汽	5.1	5.2	8.1	12.2	18.6	19.6	20.5	20.6	20.1
一汽集团	52.9	48.4	36.9	34.5	23.7	21.3	19.7	19.8	22.4
东风公司	31.4	34.5	33.1	30.1	30.4	22.0	18.2	19.7	17.6
重庆红岩	5.2	5.1	6.2	4.6	5.9	5.9	4.9	4.1	3.3
陕汽重型	2.8	3.3	4.7	5.5	6.8	10.6	12.3	12.0	10.7
北汽福田	0.0	0.9	5.7	8.8	6.4	10.4	11.6	10.6	12.9

图2 2001～2009年重型载货汽车市场份额

二、2010年重型载货车市场形势展望

虽然2009年全国重型汽车走出了一轮全面增长的行情，但鉴于国内外复杂的经济环境和经济运行的诸多不确定性，给2010年全国重型汽车市场发展带来了许多不稳定因素，分析重型汽车2010年全年走势更显得比以往困难。但是有困难就有机遇，有机遇就有发展，从国家经济工作会议和所采取的一系列措施中找出重型汽车发展之路。展望2010年重型载货车市场形势，我们从以下几方面着重分析：

1. 4 万亿元投资将继续带动重型汽车市场发展

4 万亿元投资构成中，约 45%（即约 1.8 万亿元）将投向铁路、公路、机场、电站等重大基础设施建设，跟民生相关的投资占 42.25%，科技创新与环保投资占 12.75%。为解决民生问题，国家在 2009 年 7 月底又进一步调整，铁路、公路、机场和电站投资占比降到 22.9%，与民生相关的投资上升为 52.4%，科技创新等增加到 24.7%。这些投资都将在 2010 年继续实施。因此，铁路、公路、机场、电站等重大基础设备建设使建筑工程行业在 2010 年将继续保持高景气度和高增长，也将继续带动钢铁、水泥等行业发展，同时也直接带动重型汽车发展。

2. 燃油税等政策的实施仍然有利于重型汽车发展

取消养路费后，用户的固定费用大部分解除。取消二级公路收费，车辆更新报废补贴政策等的实施从根本上解决了“大吨小标”问题。也扩大了重型载货车用户群，大量农民进入公路运输和施工市场，重型载货车用户明显增加。这部分用户多数进入二手车市场，推动了二手车市场需求升温，继而刺激老用户加快更新，带动重型汽车新车的需求。

3. 信贷政策直接影响重型载货车市场发展

2008 年市场资金由银根紧缩突然转为扩张，银行放贷比以前更加积极主动，汽车经销商流动性增加，重型卡车用户更容易得到贷款支持，给那些因资金制约而被迫进入重卡用户群的广大农民提供了难得的购车机会。因此，信贷政策的融资条件直接作用到市场，2010 年这也将对重型汽车发展起到举足轻重的作用。

4. 物流业继续带动重型汽车向上发展

根据 2009 年前三季度物流业数据来看，国内货运量、货运周转量、港口货物吞吐量同比分别增长 5%、6.5%和 6.1%，增幅分别比上半年提高 3 个、1.6 个和 3.5 个百分点。特别是 9 月份集装箱吞吐量同比增长 0.3%，遏制了连续 8 个月的下滑势头，实现了 2009 年以来首次正增长。航空货运量进入三季度出现较快增长，国际航线运量也止跌回升。邮政快递业务量累计完成 13.4 亿件，同比增长 22.4%。这些数据表明，随着国际和国内经济恢复性增长，物流业在 2010 年有可能恢复到 2008 年上半年的水平。通过 2009 年下半年重型汽车牵引车需求量大增就可以说明这一点，因此，2010 年物流业将继续带动重型汽车向上发展。

5. 重型汽车将在国际经济恢复中得到发展

虽然 2009 年国家出口贸易增长下降，国内各重型汽车生产厂家出口量也相应下降。随着国际经济增长逐渐恢复，金融环境得到改善，加上中国重型汽车产品的潜力大，而中国出口产品市场主要在发展中国家，这些国家也面临与中国一样的基础设施建设拉动国内经济增长，因此，2010 年将为中国重型汽车行业提供发展的最佳机遇期。同时国内市场重型汽车竞争将转嫁于国际竞争。

6. 重型汽车市场发展将随着经济结构调整而变化

随着国家 4 万亿元投资不断到位，使内需动力不断增强，2009 年下半年物流业恢复发展带动了重型牵引车市场发展就是一个明证。2010 年重型汽车市场全年市场走势将区别于往年，受固定资产投资项目不断开工、物流业恢复发展等因素影响，上半年不再是重型工程用车市场一种车型占主导地位，重型牵引车等运输车辆将有很大比例的需求。因此，2010 年重型汽车市场发展将在上半年集中体现。

通过以上重型汽车市场的简析，随着国民经济不断增长，全国重型汽车市场也将随着增长，从 2010 年全年总体来看，结合 2009 年市场形势发展，预计 2010 年全年重型汽车市场总体销量将在 62 万辆左右，基本与 2009 年持平。

总之，随着国家一系列宏观经济措施的到位，势必传导至重型汽车市场和行业调整，也促使重型汽车行业向新一轮的产品开发和企业管理升级，同时也带动整个汽车产业链不断升级和发展，使汽车行业真正地成为支柱产业。

（作者：赵军）

中、重型货车市场2009年回顾与2010年展望

2009年中、重型货车市场在经济刺激政策的推动下出现了超预期增长。2009年全年中、重型货车市场规模达到88.6万辆，同比增长19%左右，超过欧洲和美国之和；区域呈现普遍性逆季节增长；产品升级换代加速。

2010年市场需求在高基数上是稳健增长，还是向下调整呢？我们一起来多角度回顾2009年市场需求变化，并在此基础上共同探讨2010年市场需求趋势。

一、中、重型货车市场2009年回顾

1. 年度市场状况

2009年中、重型货车市场规模跃上80万辆平台，核心运输产业链积极增长，给中、重型货车市场较快增长提供了内生力量，燃油税费改革和二级公路取消通行费减轻了用户运营负担，计重收费市场调节基本完成。近10年间，中、重型货车市场规模从20万辆上升到80万辆，和煤炭、钢铁、水泥所带动的核心运输产业链增长变化相对应；近8年来，国家治理超载超限由行政管理走向经济杠杆调节，使市场规模在上行过程中产生了三次较大的波动（见图1）。

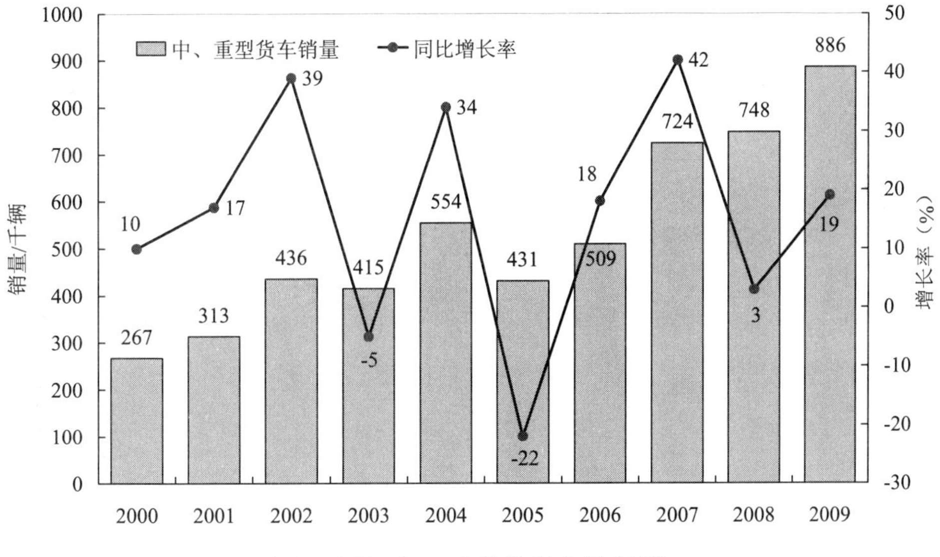

图1 历年中、重型货车市场规模

2009 年半挂牵引车销售 21.7 万辆（见图 2），同比平稳增长 3%；载货车销售 29.7 万辆，同比平稳增长 14%；自卸车销售 33.3 万辆，同比较快增长 33%。国家一揽子经济刺激措施直接拉动了固定资产投资增长，间接地推动了工业增长；相对应的自卸车市场需求率先回暖，半挂牵引车市场在主要运输产业链的推动下紧随其后持续向上，载货车市场在工业增长和区域经济活跃的带动下实现平稳增长。

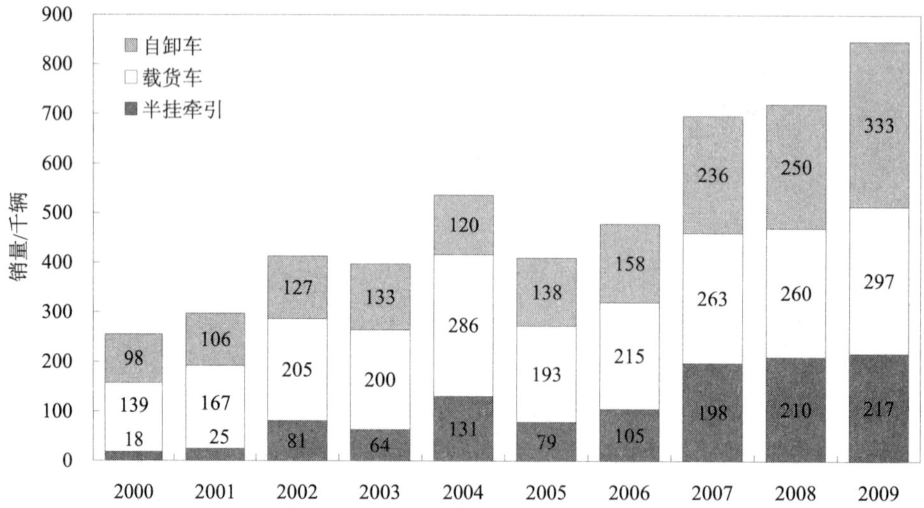

图2 中、重型货车各车型种类年度销量

2009 年重型货车销售 61.3 万辆（见图 3），同比平稳增长 14%；中型货车销售 27.3 万辆，同比较快增长 30%。

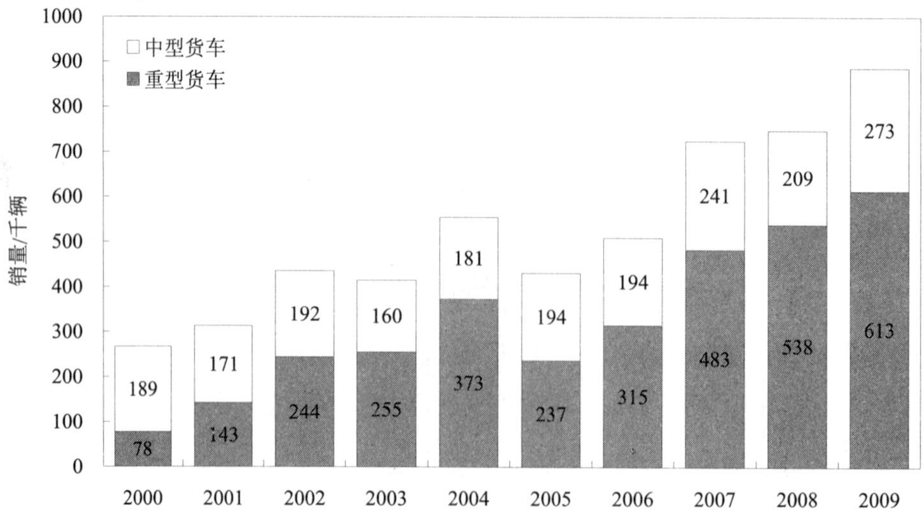

图3 中、重型货车不同吨位结构年度销量

2009 年吨位结构变化和车型种类需求结构变化相对应，半挂牵引车增速较低，使重型货车同比平稳增长，中型自卸车、载货车的较快增长带动了中型货车的同比较快增长。

2. 月度市场状况

2009 年中、重型货车月度需求呈现逆季节性增长。2009 年 1 月份延续 2008 年第四季度的走势，需求低迷，2009 年 7 月份、8 月份淡季不淡，2009 年 10 月份、11 月份持续走强（见图 4）。

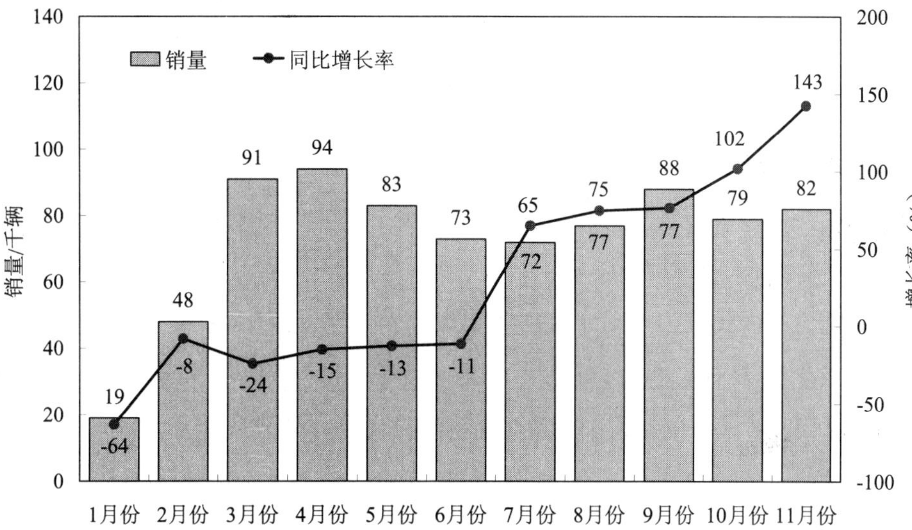

图4　2009年中、重型货车月度销量

2009 年月度需求热点在中、重型货车各车型种类上轮动。自卸车在 2009 年 2～4 月份率先回暖，半挂牵引车、载货车自 2009 年第二季度以来稳健向上。国家投资撬动地方政府投资出手早、力度大，带动自卸车需求率先回暖，并在 2009 年上半年保持高位运行；2009 年下半年房地产市场投资力度逐月加大，推动载货车市场需求企稳向上。半挂牵引车市场在主要运输产业链积极增长的带动下持续向上，走出令人振奋的上行曲线（见图 5）。

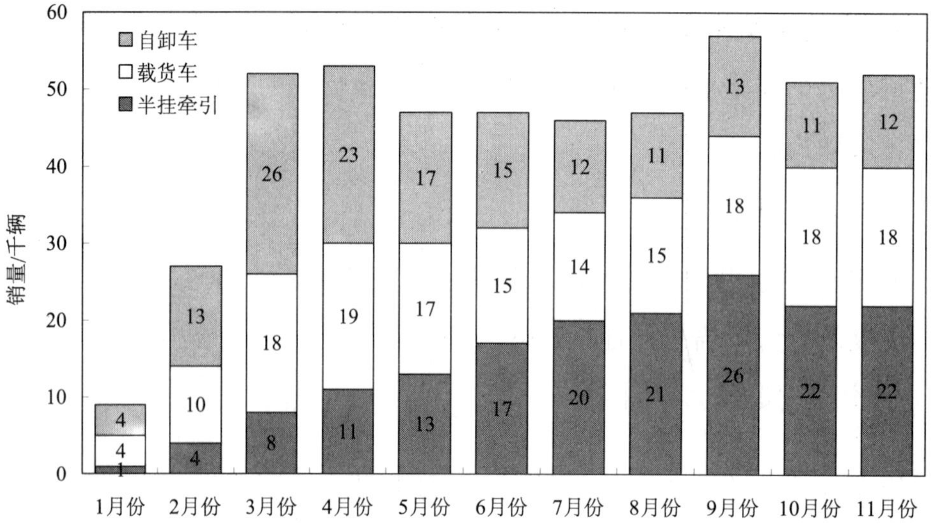

图5 中、重型货车各车型种类月度销量

3. 细分市场变化

（1）中、重型货车各车型种类需求变化　半挂牵引车多轴化。2009 年，6×2 半挂牵引车销售 10.7 万辆（见图 6），再次突破 10 万辆，占半挂牵引车市场总销量的比例高达 49%，自实施计重收费以来，在标载运输市场完成了对 4×2 半挂牵引车产品的替代。2009 年，6×4 半挂牵引车销售 9 万辆，同比较快增长 14%，在标载和超载运输市场都显示出良好的市场成长性。

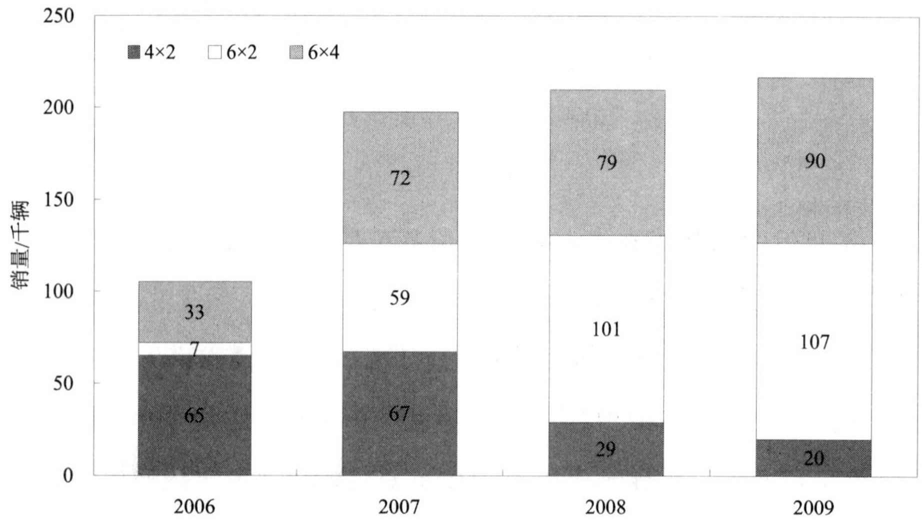

图6 半挂牵引车各驱动形式销量

载货车两轴车快速增长，多轴车平稳增长。2009 年，4×2 载货车销售 14.8

万辆（见图 7），市场快速增长 30%，在工业增长的大环境下区域经济表现活跃，拉动中短途货物运输需求增长；8×4 载货车和 6×4 载货车销量 11 万辆，市场平稳增长 4%，载货车中长途货运需求平稳，专用车需求平稳增长。

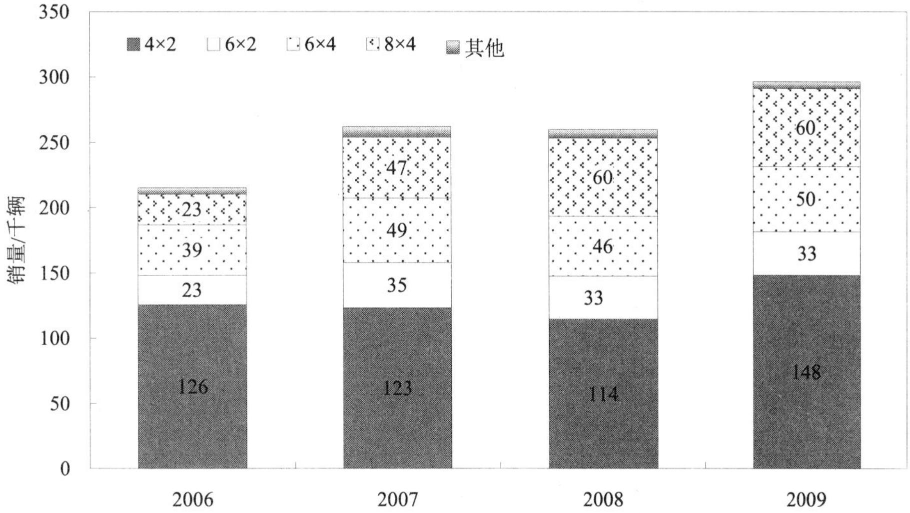

图7 近年来载货车各驱动形式销量

自卸车两轴车快速增长，多轴车平稳增长。2009 年，4×2 自卸车销售 11.5 万辆（见图 8），市场快速增长 71%，西南、中南地区固定资产投资的高速增长直接推动了 4×2 自卸车的快速增长；2009 年，6×4 自卸车销售 15.7 万辆，同比较快增长 28%，基础设施建设和房地产投资轮流对 6×4 自卸车需求产生促进作用；2009 年，8×4 自卸车销量 5.2 万辆，同比负增长 11%，从事中长途公路运输自卸车市场需求下降。

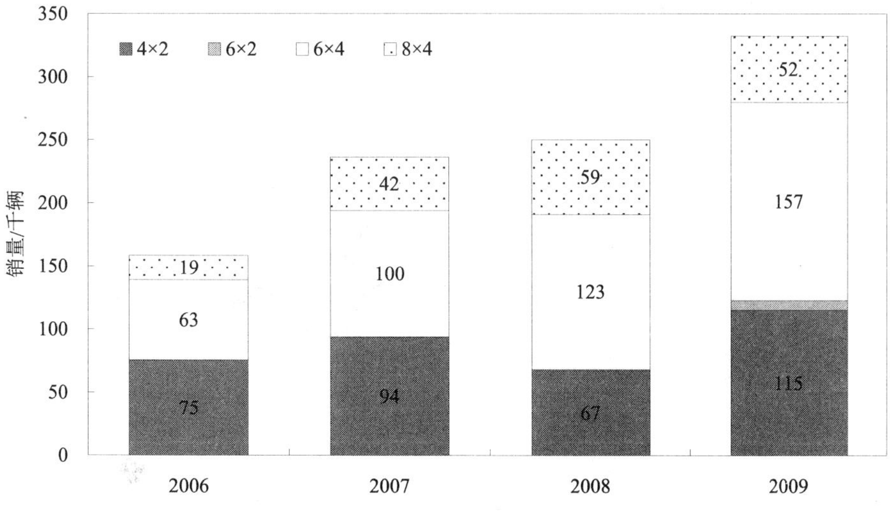

图8 近年来自卸车各驱动形式销量

（2）产品升级换代在加速　路上跑的好车越来越多了，中、重型货车主要企业升级和换代产品由2008年的38.11%上升到2009年的50.35%，其中换代产品由8.67%上升到14.85%（见图9）。

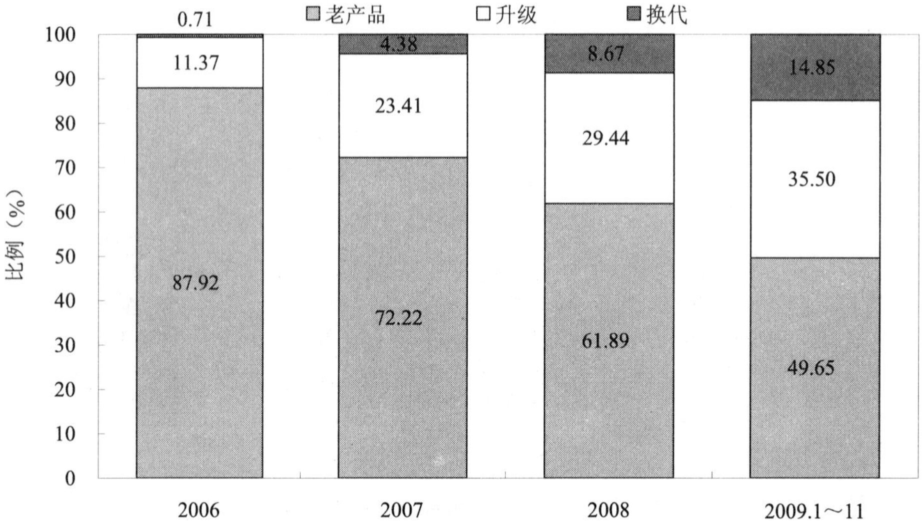

图9　近年来主要中、重型货车企业产品升级换代比例

（3）区域需求普遍逆季节性增长　区域需求与经济刺激计划下的基建投资和工业经济回升紧密相连。主要由投资拉动的省份有：黑龙江、云南、贵州、甘肃、陕西；主要由工业增长拉动的省份有：江苏、山东、广东、福建；由投资和工业增长双重拉动的省份有：四川、吉林、湖南、辽宁、河南；由运力输出、投资和工业增长三重拉动的省份有：江西和安徽。

4. 市场环境

2009年，水泥和钢材、煤炭三大核心运输产业链为44%的中、重型货车提供货源，是中、重型货车市场需求变化的内生动力。三大核心运输产业链2009年同比增长17%，推动了2009年中、重型货车市场需求增长19%。三大核心运输产业链共产生了252亿t的货运量，其中6.8亿t钢材带动了27亿t的钢铁运输产业链，16亿t水泥带动了110亿m^3沙石（180亿t），29亿t煤炭带动了45亿t的煤炭运输产业链。

水泥和钢材、煤炭2009年月度销量都呈现逆季节性增长，并且三者叠加，直接拉动中、重型货车市场需求逆季节性增长。核心运输产业链良好的走势为2010年中、重型货车市场需求奠定了坚实的货源需求基础。

经验表明，公路运价在27分/t • km以上时，用户有盈利空间和购车积极性，公路运输用车销量明显上升。2009年4月份以来公路运价一直在27分/t • km以上（见图10），半挂牵引车市场需求持续上升。公路运价持续高位运行也为2010年中、重型货车市场需求提供了良好的货运环境。

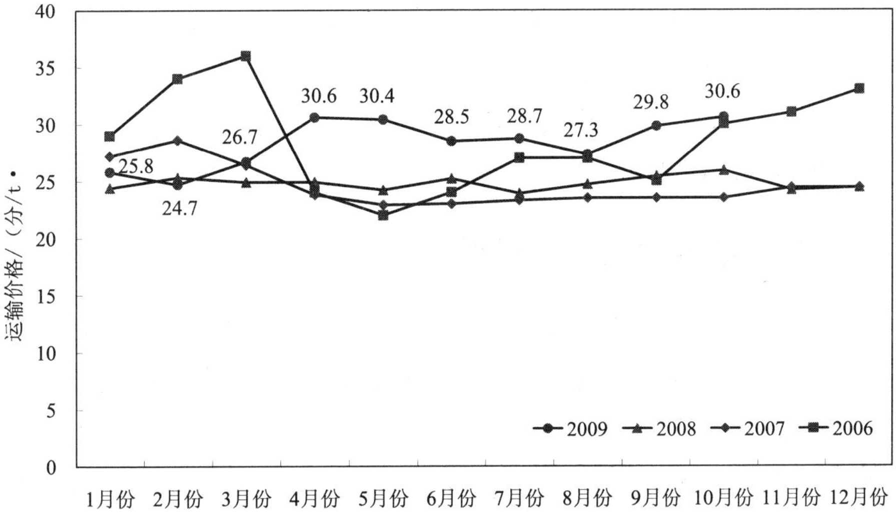

图10 历年公路普通货物运输整车月份运输价格

13省的二级公路取消通行费对用户降低运营成本有着积极的影响。七成以上中、重型货车用户认为二级公路取消收费对自身运营有好处，其中6×2半挂牵引车用户受益最大，一个来回能省400多元的费用，一年能节省2.4万元。

燃油税实施后用户养车压力减轻。有养路费的时候，半挂牵引车用户每天跑不跑车都要固定缴纳200元；现在不跑车就没有费用了，现在的油价（含燃油税）和上年相当，相当于用户每年运营费用节省7.2万元。

北京市黄改绿为强制性要求，对中、重型货车市场拉动效果明显，同比增长21%。与之形成鲜明对照的是《汽车以旧换新实施办法》，此办法不是强制性法规，补贴力度低，对中、重型货车市场没有产生影响。

4万亿元投资中有3.45万亿元用于基础设施建设，对中、重型货车尤其是自卸车市场需求带来了直接利好，估算得出，4万亿元投资拉动中、重型货车销量3万辆。四川省灾后重建投资量大，带动当地工业快速增长，对中、重型货车拉动作用十分显著，尤其是2009年第一季度市场需求率先回暖，四川省中、重型货车同比增长47%。

2009年上半年，巨额人民币新增贷款促进自卸车率先回暖，下半年推动半挂牵引市场需求高位运行。2009年1～10月份，人民币新增贷款8.90万亿元，同比增长143%。2009年上半年人民币新增贷款7.37万亿元，极大地推动了固定资产投资快速增长33.5%，使中、重型货车市场中的自卸车市场需求率先回暖。信贷结构更加合理，新增贷款更加真实且流入了实体经济，推动半挂牵引车市场需求在2009年下半年持续高位运行。

EGR技术在争议声中得到了政府部门的再次承认，主要企业EGR产品销量已经快速上升到总销量的49%。

二、2010年市场发展趋势探讨

预计2010年核心运输产业链保持较快增长，速度为14%左右，并且产生叠加作用，中、重型货车市场需求至少保持平稳增长，而不是高位向下调整。国家信息中心预测2010年房地产投资同比增长23%，4万亿元投资中央新增预算同比增长21%，房地产投资和基础设施建设投资高峰将在2010年上半年叠加，将为自卸车市场需求带来增长动力；国家信息中心预测2010年汽车销量同比增长13%，再考虑建设用钢快速增长，钢铁运输产业链将积极增长；煤炭运输产业链也将随着水泥、钢铁向好而积极增长。

根据近期公路运价表现，预计2010年公路运价将平稳波动，为半挂牵引车、载货车提供良好的货运环境。根据区域流向呈现普遍逆季节性增长，而不是单打独斗，预计2010年市场需求平稳增长也将是普遍性的。利用回归方程（运输产业链驱动中、重型货车市场需求回归关系）和时间序列（Seasonal ARIMA models）两种模型测算结果分别为92万辆和96万辆。

综上所述，预测2010年中、重型货车市场需求95万辆，同比平稳增长7%。重型货车70万辆，同比平稳增长14%；中型货车25万辆，同比平稳下降-8%。半挂牵引25万辆，同比平稳增长15%；载货车30万辆，同比平稳增长1%；自卸车36万辆，同比平稳增长8%。

（作者：朱江涛）

2009 年轻型货车市场分析及 2010 年展望

一、2009 年轻型货车行业概况

1. 2009 年轻型货车市场环境分析

2009 年，在世界经济极其低迷和困顿中，中国经济从 2008 年第四季度末到 2009 年第四季度末成功实现了 V 型大反转，中国经济已经成为世界经济的新引擎、新动力。2009 年对于中国汽车工业而言，是个丰收年，也更是意义非凡的一年。这一年，中国汽车工业实现了里程碑式的变化。受金融危机的影响，全球汽车市场自 2008 年下半年以来一直处于萎靡状态，我国汽车工业的增速也是急速回落，表现低迷。而 2009 年以来，在国家的政策引导下，尤其是在汽车产业调整和振兴规划以及一系列促进汽车消费政策的刺激和推动下，中国汽车市场“风景这边独好”，出现了迅猛的增长。2009 年，汽车销量已达到 1364.5 万辆，提前完成“汽车产业调整和振兴规划”的 2009 年产销量超过 1000 万辆的总目标，中国汽车销量已稳稳地登上世界第一的“宝座”，而且将会长此以往在很长时期内成为世界第一。轻型货车作为汽车工业的一个重要板块，在 2009 年也乘势而上取得产销 155 万辆、同比增长 30%的的良好业绩。

2009 年 4 万亿元投资逐步实施，同时灾后重建等各种大型工程开建，据专业机构预测全年城镇固定资产投资同比增长 32%，扣除价格因素实际增长 34.5%，为近 16 年来的最高增长率，促进了载货车类产品需求的快速增加；1000 万以上的农村城市务工者返乡再就业与创业，使轻型货车成为其较好的选择；城市化进程加快及新农村大规模建设为轻型货车市场发展提供了较为长期的利好支持；个体经济与私营经济不断兴起和成长使得轻型货车有了更多的用武之地。

政策法规方面的影响，主要包括五个方面：一是汽车下乡政策，随着《汽车摩托车下乡实施方案》的直补政策开展，农民购车需求极大地得到释放，农村市场大幅增长。二是以旧换新，汽车以旧换新由于补贴金额最高仅有 6000 元，市场反映冷淡，但对于北京、上海等一些推动“黄标车”置换的地区，结合地方政府补贴，效果明显。三是环保政策，2009年7月1日，3.5t以下轻型货车和微型货车实施国Ⅲ标准，商用车则全面实施国Ⅲ标准，不同技术路径国Ⅲ产品投放市场，但价格相比国Ⅱ产品仍有上升。四是燃油税费改革，燃油税改革正式实施，在保持国内油价小幅下调的情况下，还一举取消了养路费等六项收费，车辆营运成本下降。五是物流业振兴规划。2009年4月份，《物流业调整和振兴规划》全文正式出台，大力推进了第三方物流和城市配送业务的发展，对轻型和微型货车的发展产生了积极的影响。

2. 2009年轻型货车行业主要特征与分析

（1）市场竞争充分，参与厂家众多　2009年全国轻型货车行业有50多家生产制造企业参与竞争，不但市场细分的纬度多而且因功能趋同导致竞争十分充分。

（2）市场规模可观，配套资源较丰富　从2002年轻型货车销量持续增长到2007年产销量轻松越过百万辆达到110万辆。

（3）产品结构稳定，增长相对均衡　皮卡、工程车和纯轻型货车三大类产品结构稳定。

（4）升级换型成为2009年轻型货车行业的关键词　2009年轻型货车行业升级换型见表1，所有的核心轻型货车企业都在进行全面的产品升级换代，无论从驾驶室还是底盘，都有一个全面的提升。目前，大部分轻型货车主力厂家的高、中、低产品格局基本都已经形成（见表1）。

表1　2009年轻型货车行业升级换型过程

企业	升级换型进程
江铃	已经完成N900新款上市
庆铃	宽体已经全面切换完成700P
江淮	换代新品已在2009广州车展展示
东风	在郑州日产CAPSTAR
福田	欧马可，新的平台已经完成
解放	解放501驾驶室已上市正在着手于601驾驶室的切换
跃进	已经在着手新产品升级换代，进展迅速，依维柯技术
金杯	以五十铃600P为原形的“领驰”已上市

二、2009年轻型货车市场分析

1. 2009年轻型货车市场表现

2009年轻型货车市场取得了近年来难得一见的高速增长，2009年全年销量156万辆，增速近30%，若考虑出口大幅下降的因素，国内市场的销量增速则更大。在轻型货车三大类品种中，皮卡全年销量达到25.6万辆，同比增长27.6%，增速为近年最高；纯轻型货车全年可达98万辆，同比增长34.1%；工程自卸车全年32.4万辆，同比增长14.1%。

2009年轻型货车行业快速增长，小型化的微型货车更是高速或者超高速的增长。微型货车以价格低廉、轻便灵活的特点结合汽车下乡政策影响取得70%以上的增长，除汽油微型货车取得良好销售外，以时代驭菱、黑豹为代表的柴油微型货车销量也呈现爆发式增长，同时凯马、金杯、东风股份微型货车产品也开始销售。

2003～2009年，七年时间轻型货车销量从68.2万辆增长到156万辆（见图1），累计达到710万辆左右，2008年以前每年都在递增，但增长率均在10%左右徘徊，2009年在百万辆的市场基础上增长率达到峰值，市场规模进一步提升，影响更加增强。

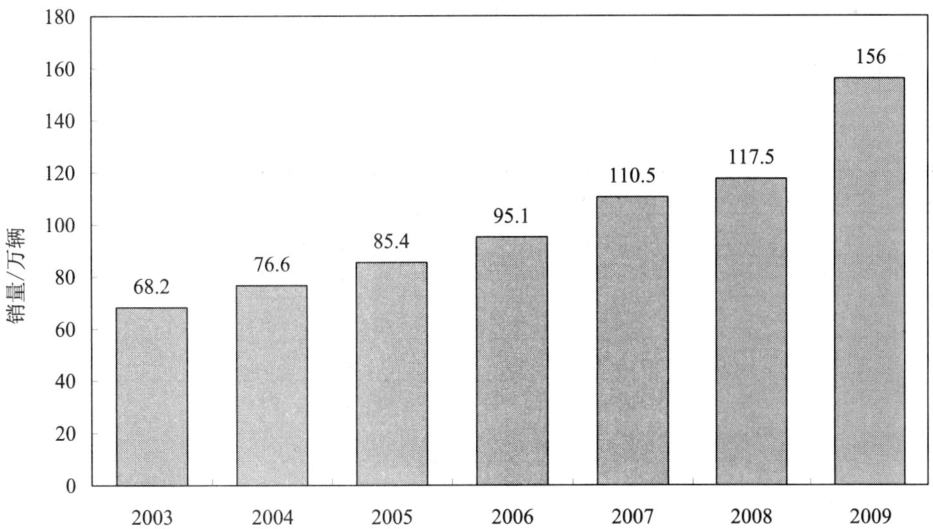

图1 历年轻型货车销量走势

2. 2009年轻型货车市场详解

（1）产品结构分析　历年来皮卡、工程车和纯轻型货车三大块构成了轻型货车市场主体。2003～2009年纯轻型货车占比最高为67.10%，其余各年均在60%左右，工程车份额比较稳定，一直在22%左右，皮卡维持在14%～16%之间（见图2），可以看出三大类产品结构长期趋势为稳定和均衡。

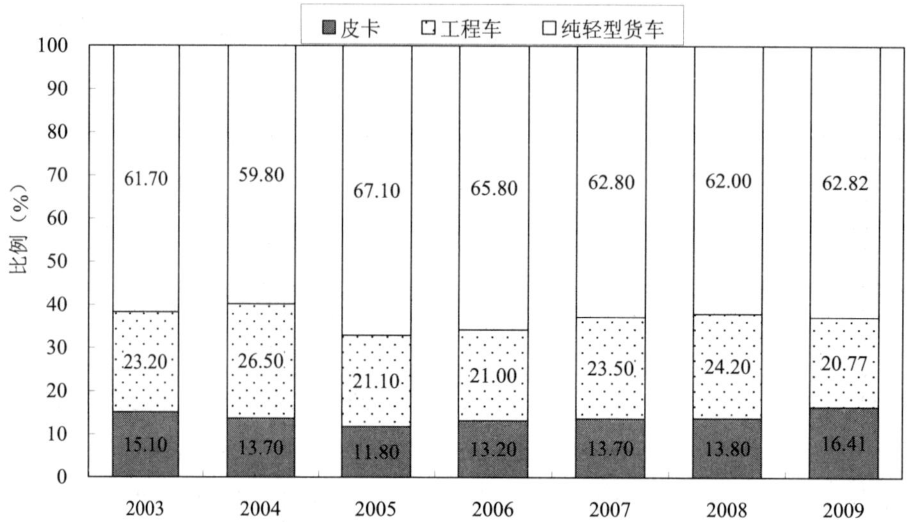

图2　历年轻型载货车产品结构

（2）细分市场分析（见表2）　2009年1.0t级、1.5t级、2.0t级轻型货车的销量占轻型货车总销量约67%。

表2　2009年不同吨位轻型货车销量占比

吨位	轴距/mm	发动机	主要厂家	2009年销量占比（%）
1.0t级	2400～2800	480/465	时代、凯马、金杯等	约20
1.5t级	2400～2800	485	时代、江淮、东风、凯马等	约25
2.0t级	3200～3300	4100	江淮、时代、东风、金杯等	约22
2.5t级	3450～3650	4100/4102	时代领航、东风、跃进等	约8
3.0t级	3800	4102～4108	江淮、东风、捷运、时代、凯马、跃进等	约12
4.0t级	4100～4700	4110	江淮、捷运、东风、跃进等	约7
4.0t以上	5100～5350	4110	青岛解放、东风、江淮、捷运、跃进等	约6

注：1t级含1.49t以下。

（3）竞争格局分析　轻型货车 2009 年 12 月份销量环比增长 2.77%，前十家面貌依旧但内部位次有所变化，前三名位次未变，凯马和江铃的位次发生对调。而前十家环比下降 1.07%，主要原因是主流厂家 2009 年 1～11 月份都超额完成了全年的销售目标，12 月份在批发数上加以控制，预留到 2010 年形成良好开局。同时 2009 年前十家累计占比下降了 1.73%，市场集中度有所下降，说明竞争进一步加剧（见表 3）。

表 3　2009 年主要轻型货车厂家销量及增长率

序号	厂家	12 月销量/辆	2009 年销量/辆	比 11 月增长率（%）	比 2008 年增长率（%）	比 2008 年累计增长率（%）
1	北汽福田	33906	383797	-2.36	108.40	16.53
2	东风汽车	17602	178075	5.28	85.30	29.55
3	江淮汽车	8571	134396	-18.09	356.63	31.35
4	凯马汽车	9286	96780	7.89	167.22	48.58
5	一汽集团	8783	92734	2.14	66.88	43.54
6	江铃汽车	8085	78660	10.12	97.48	19.54
7	长城汽车	9068	70823	35.65	212.69	30.48
8	唐骏欧铃	6756	59438	-11.26	533.18	60.83
9	南汽集团	3606	56838	-25.22	77.90	42.88
10	金杯汽车	3456	49715	-26.72	-45.51	1.03
前 10 家小计		109119	1201256	-1.07	9.99	5.92
总体合计		149473	1559598	2.77	103.58	29.98
所占比例（%）		73.0	77.02	-2.84	-0.75	-1.73

注：数据来源于《中国汽车工业协会产销快讯》。

（4）区域市场分析　2009 年与 2008 年相比全国各省区全线实现销量增长，山东、河北、辽宁成为 2009 年市场销量前三甲，广东销量已在全国第七位。华东、东北、西北、西南和华南五大区域市场份额均增长，仅华北、华南两个区域下降（见表 4）。

表 4　轻型货车销量区域分布

（单位：%）

地区	华东	华北	华中	东北	西南	华南	西北
2008 年	32.31	18.91	11.77	11.52	10.59	8.05	6.85
2009 年	33.45	17.04	12.44	12.37	11.09	6.46	7.16

三、2010年轻型货车行业预测

1. 2010年宏观经济与政策的影响判断

2010年世界经济将进一步复苏，中国宏观经济形势回升动力强劲，各方预测2010年GDP增幅9%左右，在保持政策的连续性和稳定性的同时不断增强政策的针对性和有效性，政策调控的着力点是调整经济结构，转变经济增长方式。

2010年考虑到各项振兴政策效应仍存在未释放完的因素，汽车内需增长率将略高于我国汽车市场的长期潜在增长率，乘用车增长率要高于商用车，重型货车的预期要好于轻型货车。2010年汽车市场上半年的增长幅度将会大于下半年的增长幅度。主要是基于上半年增长惯性与政策稳定性好于下半年；下半年主要是宏观政策的不确定性，如果出现通涨，政策会适度收紧，外部经济体复苏也存在变数，增加了中国经济发展的不确定性。二、三线市场对全国市场的支撑具有较强的可持续性。2010年进出口情况的改观也会对全国汽车市场形成一定的贡献。

2. 2010年轻型货车行业主要趋势分析

（1）政策导向力度推动农用车淘汰加速，行业竞争加剧　税费改革，导致农用车购买和使用成本大幅上升，而微型货车则得到降低（见表5），大量农用车购买用户转向微型、轻型货车，低速汽车企业进入轻型货车行业，低价位产品势头上升（代表企业有凯马、唐骏欧铃、中国一拖、时风和五征等）。

表5　农用车和微型货车购置成本比较表

项目		上牌/元	交强险/(元/年)	购置税/元	养路费/(元/年)	补贴/(元/辆)	合计/(元/辆)
农用车	之前	80	无	无	无	无	增加1913
	现在	480	928	585	无	无	
微型货车	之前	480	928	3510	190*12=2280	无	减少7035
	现在	480	928	1755	无	3000	

（2）西部工程车企业涌入，带动轻型货车市场整体增长　代表企业有南骏、王牌、力帆、四川银河和成都新大地等。

（3）传统轻型货车企业重组，综合竞争力增强　代表企业有南京跃进与南京依维柯合并，一汽哈轻与一汽红塔的整合，北汽有限重组推出旗铃系列产品，陕汽收购汉江进入微货市场，长安推出“跨越”轻型货车等。

四、2010 年轻型货车市场展望

1. 2010 年轻型货车市场主要特征预判

（1）市场的刚性需求巨大，中西部逐步成为轻型货车市场增长的重心 广东、江苏、浙江等省份进入市场成熟阶段，增长点主要集中在车辆更新产生的增量。 特别是在国家一系列刺激政策的影响下，经济型轻型货车和微型货车在这些区域获得了快速的发展，在山东、河南、河北、四川等农用车传统市场，轻型货车替代农用车的趋势比较明显。

（2）轻型货车市场容量与 GDP 增速、人口数量越来越高度相关 广东、福建等东南沿海地区轻型货车需求份额将继续下降。随着地域经济的发展，河北、辽宁、安徽、河南、湖北、湖南、云南、四川等中西部地区等人口大省商用车的需求增加，轻型货车市场份额会进一步得到提升。

（3）利好政策将进一步发力，二、三线市场将成为市场主力 汽车下乡政策的继续执行和以旧换新补贴力度的加大对市场起到了较好的推动作用，特别是地级市以下的市场会成为 2010 年市场的新生力量。

（4）出口逐步恢复，对销量增长将有所贡献 国际市场 2010 年在刚性需求的拉动下至少要比 2009 年预期乐观，同时各主流轻型货车企业经过两年的蛰伏会在 2010 年有一些动作来提升海外市场的销量。

（5）国Ⅲ的严格执行和国Ⅳ标准的实施会使轻型货车行业面临较大的挑战 严格执行国家排放标准会使购车成本大幅增长，这将在一定程度上抑制市场增长，同时对轻型货车格局会产生较大影响，会促使其产业集中度提升。

2. 2010 年轻型载货市场的主要指标预测（见表 6 和表 7）

以中、低端轻型货车为代表的经济型轻型货车占据着轻型货车市场 90%的份额；农村经济发展和农用车替代需求的增加，低端轻型货车市场的发展潜力巨大。

高端轻型货车将会随着我国城市化进程加快在相当长一段时间内保持快速增长，预计今后每年的增速会保持在 10%左右，以适应中国城市化规模的扩大与提升。

表6 2010年轻型货车市场结构预测

车型	2009年销量/ 万辆	2010年销量预测/万辆	增长率（%）
轻型货车	156.0	175	12.20
纯轻型货车	98.0	110	12.24
工程车	32.4	35	8.00
皮卡	25.6	30	17.19

表7 2010年高、中、低端轻型货车预测

车型	代表品牌	2009年销量/万辆	2010年销量预测/万辆	市场份额（%）
高端	庆铃、江铃、欧马可、欧霸等	11	约12	10.0
中端	奥铃、威铃、骏铃、康铃、多利卡、金霸、帅虎、钻卡、超利卡等	26	约28	25.5
中低端	时代、好运、小霸王、金杯、凯马等	61	约70	63.5

（作者：台建宏）

2009年微型货车市场形势分析与2010年展望

2009年，金融危机在全球蔓延，染指到每一个国家和不同行业，汽车行业同样也未能幸免，美国、欧洲和日本等汽车发达的国家汽车销量均出现了不同程度的下降，但在中国政府有效的宏观调控下，借助国家政策推动和宏观经济的企稳回升，2009年中国汽车工业创造了历史性的辉煌，预计销量会达到1350万辆。

2009年1月1日起实施燃油税，国家取消公路养路费、航道养护费、公路运输管理费、公路客货运附加费、水路运输管理费、水运客货运附加费等六项收费，并逐步有序取消了已审批的政府还贷二级公路收费。油价的调整和燃油税的实施，使用户的成本降低近20%，刺激了用户购车需求；实施燃油税是各项核心政策的核心。

燃油税政策出台后，紧接着又出台了减免购置税、汽车下乡政策和以旧换新等拉动汽车消费政策，其中在汽车下乡政策的第二批产品目录中将微型货车纳入补贴范围，有利地增强了农村市场的购买力，成为2009年微型货车爆发式增长的主要推动力。以旧换新政策也是微型货车增长进入快车道的有效支撑。

一、产销数据分析

1. 行业走势分析

（1）产销总量分析　2009年微型货车产销都有较大的增长，其中生产2009年1～11月份较上年同期增长72.37%、销售增长70.87%，产销量均高于行业的平均增长率（见表1）。

表1　2009年1～11月份微型货车产销统计分析表

车　型	生产量			销量		
	本期累计/辆	同期累计/辆	同比增长（%）	本期累计/辆	同期累计/辆	同比增长（%）
微型货车	472152	273910	72.37	466108	272787	70.87
全行业	12265819	8662647	41.59	12230446	8589688	42.39

（2）产销量月度分析　2009 年 1～11 月份，微型货车平均月产量超过 4.37 万辆，销量超过 4.32 万辆，再创历史最好水平；分月产销量并未出现往年的双峰状图形，主要是受 2009 年国家 4 万亿元刺激政策的拉动，销量持续走高，2009 年下半年政策因素逐渐减弱，但并没有明显的年中淡季现象的出现；十十一月份增长势头不够强劲，月份产量只达到 2009 年六七月份的水平，但由于 2009 年国务院适时出台了拉动内需的政策，以扩大内需，因此销量还是远远超过了上年的同期水平，其中 3 月份销量创历史新高，达到 5.43 万辆（见图 1）。

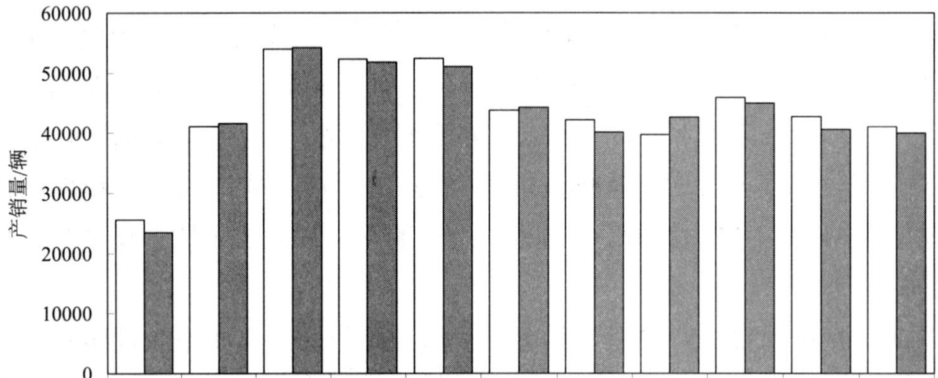

	1月份	2月份	3月份	4月份	5月份	6月份	7月份	8月份	9月份	10月份	11月份
□产量	25609	41105	53972	52307	52421	43801	42221	39697	45950	42769	41077
■销量	23483	41639	54257	51780	51096	44278	40114	42686	45023	40609	39942

图1　2009年1～11月份微型货车产销量

2009 年 1～11 月份分月生产同比变化情况，2009 年 1～5 月微型货车呈明显上升趋势；2009 年 6 月份同期销量较差，但借助国家汽车下乡政策影响并没有下降，增长率高达 146.7%，2009 年 7～11 月份呈波动下降态势。

总体看，2009 年受经济环境和政策因素的影响，各月微型货车产销量出现了两波上涨行情。2009 年 1～11 月份分月销售同比增长率，与生产基本相似，2009 年上半年波动较大，个别月份有一定的高增长率，但 2009 年下半年则呈稳中下行态势（见图 2）。

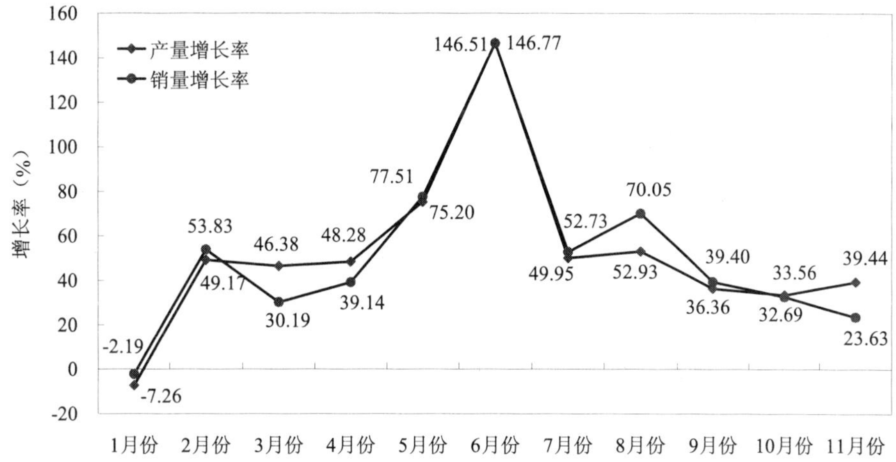

图2 2009年1～11月份微型货车产销量增长率变化

2. 生产集中度分析

2009 年 1～11 月份，前六家微型货车生产集中度为 90.01%（见表 2），高于 2008 年的 75.86%，生产集中度相对较高。2004 年初生产微型货车的厂家为 9 个，到 2005 年增长到 19 个，2006 年为 21 个，2007 年为 19 个，2008 年为 16 个，2009 年为 13 个，微型货车生产厂家有减少趋势，而集中度相对较高，这说明原来处于中游的微型货车厂家的实力在进一步增强。微型货车生产最多的企业，长安汽车年销量为 11.8 万辆；前六位的微型货车厂家销量均超过 4 万辆，其余企业只有一汽微型货车和东安黑豹生产数量超过万辆。

2009 年微型货车最大的调整在于汽车下乡背景下产品的变化，其中第一批下乡产品中只对轻型货车进行补贴，而微型货车并没有补贴，也导致部分原来生产微型货车的企业全面转向生产轻型货车，同时也有少部分生产轻型货车的企业将产品线进一步延伸，生产微型货车来全面满足农民朋友对下乡补贴的需求。

从 2009 年 1～11 月份的报表看，其余七家微型货车生产厂家销量只有 10% 左右，在国家调整和振兴规划的大背景下，新的淘汰和重组已经成为必然的趋势。

表 2 主要微型货车生产企业的生产集中度

（%）

企 业	长安	福田	五菱	哈飞	东风	金杯	合计
微型货车	27.72	21.77	19.66	11.32	9.79	9.74	90.01

3. 市场占有率分析

市场占有率的集中度与生产集中度基本一致，第一位长安的市场占有率为28.34%，第二位福田为21.37%，第三位五菱为19.43%，第四位哈飞为11.18%，四者加起来为80.32%，前六家微型货车市场占有率集中度为90%（见表3），说明集中化的趋势在进一步扩大，而江西昌河和重庆力帆将主要产品调整为轻型货车，导致占有率下降较大。

表3 主要微型货车生产企业的市场占有率

（%）

企　业	长安	福田	五菱	哈飞	东风	金杯	合计
微型货车	28.34	21.37	19.43	11.18	9.97	9.71	89.69

4. 生产贡献度分析

2009年1～11月份，微型货车对全行业的生产贡献度为5.5%，虽然近两年发展速度较快，但是由于基数比较低，尤其是很多产品吨位提高后，对行业的贡献度进一步降低；2009年微型货车对微型汽车的贡献度为19.45%，对微型汽车市场的增长仍起到了不可忽视的作用（见表4）。

表4　2009年1～11月份微型货车生产贡献度分析表

车　型	本期累计/辆	同期累计/辆	同比差额/辆	微客贡献度（%）	微货贡献度（%）
全行业	12265819	8662647	3603172	28.29	5.50
微型汽车	2277500	1258019	1019481	—	19.45
微型货车	472152	273910	198242	—	—

5. 微型货车市场销售企业排名

从销量排名来看，长安在微型货车市场一直排名第一；福田汽车通过产品的调整销量位列微型货车第二名，五菱排名下降到第三名，哈飞仍位列第四名；而江西昌河与第一汽车集团生产和销售的产品重点转型为轻型货车，因此在微型货车市场的排名急聚下降，其他企业变化不大（见图3）。

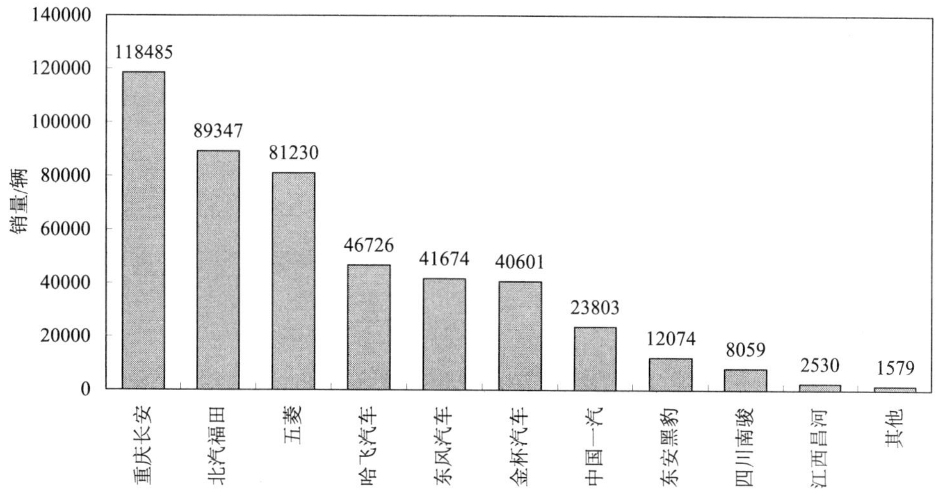

图3 2009年主要微型货车企业销量排名

6. 传统微型货车行业排序

2009 年 1～11 月份，六大微型汽车企业在微型货车的行业排序与 2007 年同期已发生巨大变化，福田和金杯的销量增长迅猛（见表 5），“五大微型汽车企业”的内涵已不是原来的六家企业了，除长安、哈飞和五菱排名和占有率相对比较稳定外，昌河的销量萎缩非常严重，这也是分散化的结果。

表 5 微型货车行业产销量排序表

企业	产量	销量
长安	1	1
哈飞	4	4
五菱	2	3
东风	6	5
一汽	8	7
昌河	11	10
福田	—	2

二、相关企业态势分析

微型货车在五大微型汽车企业中基本以单、双排货车销售为主，各企业增长率虽然差别很大，但是合计增长率不高，说明微型货车 2009 年的增长形势主要是五大微型汽车企业以外的企业带来的，“五大微型汽车企业”的称谓在微型货车上已经发生了重大变革。

1. 长安

2009 年 1～11 月份，长安微型货车销量同比增长 41.23%，远高于 2008 年 16.83%的增长率。微型货车行业第一的地位在进一步稳固。

2. 哈飞

2009 年 1～11 月份，哈飞微型货车销量同比增长 34.37%，2008 年为同比下降 5.99%。哈飞 2008 年微型货车销量下降主要是受出口的影响，2009 年借助国内和出口销量的共同拉动，使同比增长较大，占有率有所提升，但销量排名并没有明显变化。

3. 五菱

2009 年 1～11 月份，五菱微型货车销量同比增长 34.95%，2008 年增长率为 51.99%。增长率远高于行业的平均水平，微型客车的市场地位和产品的不断丰富也带动了微型货车的高速增长，也显示出五菱不仅要做微型客车的第一，也不放弃微型货车的市场抢夺，但 2009 年由于受到产能的限制，重点还是要保证微型客车市场的需求。

4. 昌河

2009 年 1～11 月份，昌河微型货车销量同比增长-39.93%，2008 年同比增长-73.21%。2009 年昌河微型货车负增长的主要原因是其原老型单、双排停产，新型前凸货车转型为轻型货车，因此同比下滑严重。

5. 一汽

2009 年 1～11 月份，一汽微型货车销量同比增长 65.67%，2008 年增长-5.57%。借助国家汽车下乡和吉林省汽车下乡政策的共同影响，一汽微型货车增长率超过了行业的平均水平，但基数相对较低，排名并没有明显变化。

2009 年微型货车在保持了良好的增长势头的同时，最大的变化就是企业对产品的调整和变化，在昌河把产品“高调”之后，力帆也将原来的微型货车产品列入轻型货车范围，相反福田却将原来的农用车产品升级为微型货车，从而成为了 2009 年微型货车贡献度最大的企业。

三、2010 年预测

1. 宏观经济与政策法规

（1）宏观经济企稳回升　2010 年，中国经济受国际金融危机的影响逐渐减弱，宏观经济的增速稳步回升，中国会加大出口和农村基础设施建设的宏观调控力度，GDP 增长速度预计为 9%左右，汽车行业也将借助国家经济的复苏稳步攀升。

（2）汽车刺激政策继续执行　对于微型货车而言，汽车下乡政策无疑是保证微型货车较高增长的重要支撑，同时以旧换新政策力度的加大也将会是微型货车增长的有利补充。

（3）微型汽车替代农用车的速度越来越快　2010 年，农用车虽然有小幅增长，但仍不可避免地有被微型货车替代的发展趋势。微型汽车企业兼并农用车企业生产微型货车，以及农用车企业转产微型货车的现象将会越来越多。2009 年，微型货车的高速增长和农用车的小幅增长，说明了微型汽车替代农用车的速度越来越快，而福田汽车就是最好的例证。

（4）国家加大农村基础设施建设　2010 年国家投入 6000 亿元专项资金来支持农村基础设施建设和提高农民生活保障及社会福利，全面建设社会主义新农村，而且工业也开始逐渐向城乡结合部转移，县域城乡经济体系建设进一步完善，使农村的需求更加强劲，同时 2009 年新挖掘的三、四线市场消费力刚起步，仍有进一步释放的空间，因此 2010 年我们的重点工作之一仍要围绕农村市场作营销。

（5）汽车出口逐渐转好　从目前情况分析，2010 年世界经济有望出现缓慢复苏，中国外贸发展面临的环境总体将趋于改善。国际货币基金组织预测，2010 年全球经济将增长 3.1%，其中发达国家将增长 1.3%，新兴经济体和发展中国家将增长 5.1%。各国稳定金融市场的政策措施取得明显成效。在国际社会的共同努力下，国际金融机构和区域性金融机构将筹集大规模资金，专门为外贸企业提供流动性支持，困扰国际贸易的融资难问题将得到一定程度缓解，这将有利于企业开展对外贸易。但由于世界经济复苏动力不足，许多深层次的矛盾和问题尚未根本解决，世界经济复苏将是艰难曲折的，国际市场需求短期内将难以明显恢复，中国外贸发展仍面临很多不确定和不稳定因素。但随着国际金融危机影响的进一步减弱，汽车出口形势将逐渐转好，因此对于外需的增长会有一定的带动。

2. 增长速度预测

综上所述， 在国家宏观经济的影响和政策刺激下，2010 年微型货车行业将会取得不错的增长形势，但增长率会逐渐放缓，增长速度将达到25%左右，但仍高于全行业增长速度，数量达到55万～58万辆。

预计 2010 年微型货车行业仍会有一些企业通过兼并重组和产品战略调整进入或者退出微型货车阵营。

（作者：徐洪飞）

2009 年皮卡市场分析及 2010 年展望

一、2009 年皮卡市场分析

1. 中国皮卡市场整体运行状况

皮卡，亦货亦客，在使用功能上具有多用途的特点，驾驶室可乘员 5 人，农村小批量农副产品很多都是通过皮卡运往城镇；可以也可充当轿车的角色，高速公路行驶时速在 120km 以上，底盘较轿车高，非常适合中国道路状况。

2009 年中国皮卡市场随汽车销售的火暴呈现快速增长的态势（见图 1），预计 2009 年皮卡销售增长率为 23%，与商用车整体增长水平相当，但远远落后于中国汽车市场的 43%增速。主要原因：一是国家出台的一系列拉动经济发展的政策拉动经济快速回升，汽车市场购买力进一步增强；作为生产资料用车的皮卡车，受益于中央政府 4 万亿元的投资拉动，以及中央经济工作会议提出“稳增长、调结构”和扩大消费的政策，市场销售呈现井喷态势。国际金融危机发生后，世界各国的大规模政府投资集中在“保银行”，而中国的 4 万亿元投资计划是投向实体经济和结构性减税，促进企业和老百姓的消费。在一揽子政策措施的作用下，前三季度平均 GDP 增长 7.7%，分季度看，2009 年第一季度增长 6.1%，2009 年第二季度增长 7.9%，2009 年第三季度增长 8.9%。在这轮金融和经济危机中，中国经济率先复苏，经济实现了 V 型反弹。二是中国政府出台的一系列汽车鼓励政策及清理不合理的规费，如取消公路养路费并实施燃油税，关于减征 1.6L 及以下排量乘用车车辆购置税，实施汽车下乡，老旧汽车报废更新补贴，汽车产业调整和振兴规划等等，促进汽车消费导致汽车市场呈现井喷态势。三是皮卡生产厂家的降价促销和不断推出新品使市场竞争日趋激烈。

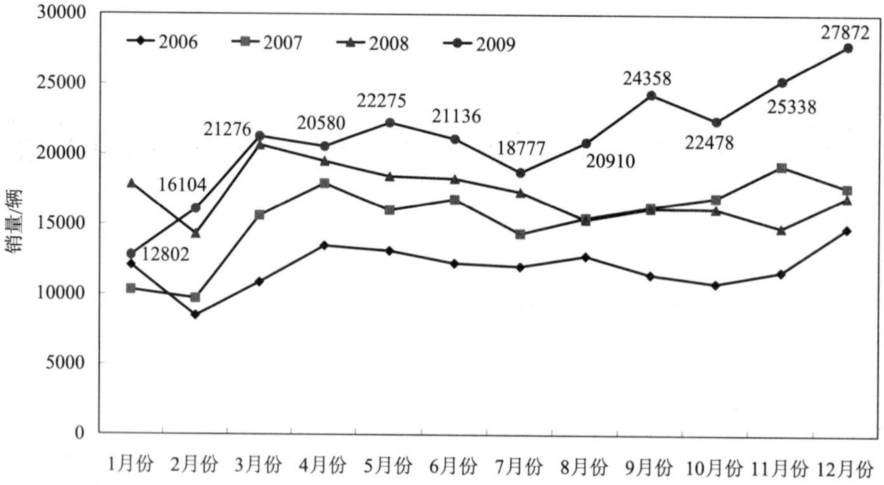

图1 2006～2009年主流皮卡月度销量走势

（注：数据来源于中国皮卡车协会，其中2009年12月份为预计数）

从月度销售情况看：2009年皮卡销售呈现逐月上升趋势，2009年2～11月份销量均创出同期销售新高，随着经济态势的好转，月销量逐月上升。从主流皮卡厂家销量来看，2009年1～11月份，国内主流皮卡总销量为227005辆，同比增加19.4%，预计全年实现销量251000辆，同比增长24%（见表1）。其中2009年1～11月份长城汽车销售61855辆，远高于排名第二的郑州日产皮卡和第三的中兴皮卡销量，继续以较大优势保持领头羊的位置，郑州日产皮卡销售34814辆排在第二位，比上年同期增长幅度较大。排在第三到第八位的企业分别是中兴皮卡28454辆，江铃皮卡28076辆，北汽福田17328辆，庆铃汽车16740辆，吉奥汽车16621辆，黄海汽车12111辆。其中江铃皮卡由2008年的排名第二位下滑至第四位，北汽福田由第八位上升至第五位，而长城汽车、郑州日产和中兴皮卡等保持较快增长。

表1 主要皮卡厂家2007年～2009年1～11月份月度销量

（单位：辆）

皮卡厂家	2007年1～11月份销量	2008年1～11月份销量	2009年1～11月份销量
江铃汽车	21104	24460	28076
长城汽车	49968	51380	61855
中兴	26255	22626	28454
郑州日产	24189	28899	34814
北汽福田	11646	12546	17328

（续）

皮卡厂家	2007年1～11月份销量	2008年1～11月份销量	2009年1～11月份销量
庆铃汽车	7780	13264	16740
长丰扬子	4642	6800	5803
吉奥汽车	4145	12774	16621
黄海汽车	11221	13016	12111
主要品牌总销量	160950	185765	221802
北京汽车	6391	3986	5203
跃进	1608	20	0
累计	168949	189771	227005

从主流厂家市场增长率来看，2009年1～11月份，长城汽车、北汽福田和中兴、郑州日产成为皮卡市场的最大赢家，同比累计增长率分别为20.4%、38.1%和25.8%、20.5%，拉动整个皮卡行业快速增长。其中，以长城汽车、北汽福田和中兴、郑州日产为代表的皮卡销量增长近27000辆，占整个皮卡市场增量的96.5%。

从市场集中度看，2009年1～11月份长城汽车、郑州日产、中兴、江铃汽车四家的市场份额为68%，较2008年同期68.3%的市场份额有所下降，前四家皮卡的市场集中度连续三年出现下滑，而以北汽福田、吉奥汽车、庆铃汽车为首的第三阵营皮卡市场份额上升至22%，而黄海、长丰扬子由于将重点转向轿车和SUV，皮卡呈现疲态，市场格局将重新划分（见图2）。

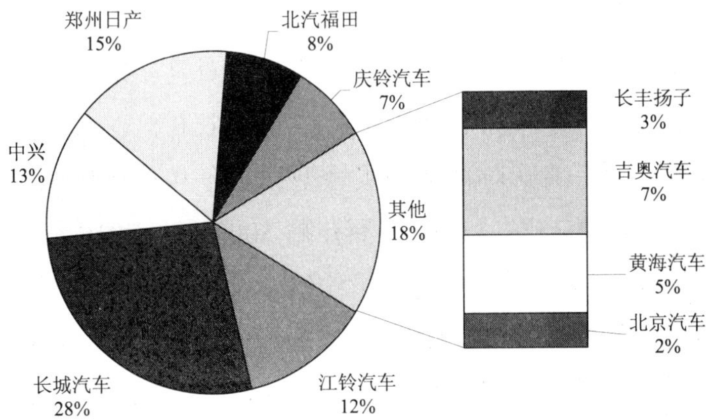

图2 2009年1～11月份皮卡市场份额图

2. 皮卡市场运行特征分析

2009 年，国内皮卡产销呈现快速增长，各皮卡生产厂家精耕细作，销售渠道下沉，完善二、三级市场网络；同时，响应政府汽车下乡的政策，推出适合农村市场的产品。2009 年皮卡市场呈现以下特征：

（1）皮卡增速基本同步于商用车 23.8%的市场增长率　2009 年 1～11 月份，商用车销售 300.24 万辆，累计同比增长为 23.8%，其中微型货车销售增长 70.8%，轻型货车销售增长 25.2%，而皮卡车销售仅增长 19.4%。主要原因是政府实行减征 1.6L 及以下乘用车车辆购置税政策使小排量乘用车销售火暴，部分用户转而购买乘用车；而汽车下乡和以旧换新政策对微型车和低档农用车的销售利好作用更大，反而分流部分皮卡用户。

以山东凯马、山东唐骏欧铃、黑豹、重庆力帆为代表的原低速汽车厂家，由于在广大县、乡农村地带较早建立销售渠道，应对国Ⅲ排放法规时“套牌”现象严重，价格上比使用共轨国Ⅲ发动机的皮卡有巨大优势，更易为农村市场接受，又受益于中央政府实施的“汽车下乡”政策，普遍增速在 40%以上；而皮卡由于国Ⅲ排放标准在全国范围内实施，产品主要流向东南部沿海地区的城镇和二、三级城市的周边，产品售价集中在 6 万～9 万元之间，尚未达到进入广大农村市场的临界点。

（2）厂家精耕细作，销售渠道下沉，完善二、三级市场网络　2009 年，为了更好地落实汽车下乡政策，各皮卡厂家也将销售渠道下沉作为重点，精耕细作，完善二、三级市场网络。目前，汽车消费逐渐从相对富裕的地区向相对欠发达地区推移，从大、中城市向小城市、乡镇推移，进入农村汽车市场。

2009 年汽车下乡政策中，对直接购买轻型载货车和总质量 1.8t 以下的微型载货车，按销售价 10%给予补贴，最高每辆补贴 5000 元（2010 年补贴标准提高到 1.8 万元）。汽车厂家响应汽车下乡的政策纷纷扩建网点，其中长城汽车非 4S 店增加 20%，郑州日产的非 4S 店增加 30%，江铃汽车 4S 店增加 10%。

各皮卡厂家面对市场新特点、企业自身发展策略和现有销售网络布局，采取了不同的渠道策略。以江铃汽车、长城汽车、郑州日产为主的皮卡厂家，在中心城市和二、三级城市设立有经济实力的一级经销商，积极推进分品牌经营，地级市场由一级经销商设立二级网点，在县、乡级市场以多品牌混合销售，达到销售网络全面覆盖。仅郑州日产在北京的二级网点已从 5 个增至 12 个，到年底将增至15个左右。

而吉奥汽车、黄海汽车等中低档皮卡厂家经销渠道建设以重点市场开发为主，如广东、浙江、福建等，一方面要求原有网点做大做强，另一方面要求不留空白点；并选择几个有潜力的地市建立一级网点，向周边市场扩张，销售重心不断下移。

（3）主流厂家纷纷推出新产品，以适应新法规和用户的新需要 2009年7月份，小于3.5t柴油载货车国Ⅲ排放标准全面实施，皮卡生产厂家为应对法规要求，纷纷推出高压共轨技术的产品；同时，市场售价也普遍上调近万元，但销售并不理想。在中国重汽VE泵技术成功的示范作用下，轻型货车也推出VE泵的皮卡，市场接受程度较高。

从主流企业推出的新产品看，2009年长城汽车在产品上推出全新的3款产品，分别是2.4L小双排汽油皮卡K4、2.2L风骏柴油、2.2L汽油财富版皮卡。长城汽车在2008年推出风骏商务版取得成功后，2009年5月份，又推出风骏财富版和长城风骏加长版，2.2L汽油财富版最低价格仅为6.68万元，加上长城汽车为其树立的中高档皮卡形象，确实吸引了一批私营业主和原中端客户。2009款风骏改款也在2009年上市，进一步拉动了销售。

长丰猎豹CT5早在上海车展时就引起行业的关注。2009年，一款采用4G93D发动机、麦弗逊式独立前悬挂和多连杆独立后悬挂、液压减振器、手动4个方向调节、四探头倒车雷达的，具有欧美风格的高端皮卡也成功上市。

此外，江铃汽车在2009年也推出了N301系列改款皮卡，外观威猛大气，内饰豪华，搭载国Ⅲ排放的进口高压共轨发动机，秉承省油、质量可靠的品质，一上市就获得消费者的喜爱，而年底投放市场的VE高压油泵发动机的超值版国Ⅲ宝典，以国Ⅲ排放标准和7.98万元的低售价，打破“加配加价”的价格常规，成为国Ⅲ高端柴油皮卡的价格标杆。这款产品也使江铃皮卡成为目前国内高端柴油皮卡中性价比最高的产品，其极具震撼力的性价比也使江铃皮卡成为市场上最抢手的产品。

郑州日产在2009年9月份推出汽油版锐骐皮卡，最低售价为7.98万元。锐骐汽油皮卡的上市，进一步完善了东风日产皮卡产品线，能够进一步提升郑州日产在皮卡市场的市场份额。据悉，锐骐汽油版发动机采用德尔福MT20先进电控系统，16气门、双顶置凸轮轴结构降低了整体尺寸和整机重量，具有良好的燃油经济性。

（4）皮卡出口下降，出口形式趋于多样化　2009 年，皮卡整车出口总体出现下降，但降幅逐月收窄。出口的传统市场中，俄罗斯由于政策的调整，整车出口下降幅度最大，中东地区次之，而非洲市场比较稳定。皮卡出口方式正在发生变化，由整车出口向 CKD 出口、本地建厂组装方式转变，以规避出口所在地日益严重的贸易保护和高额关税。

2009 年 6 月份，长城皮卡获得 3300 辆出口利比亚的“大单”，同年 7 月份，500 辆风骏装船出口阿尔及利亚；而对发达国家的出口，长城汽车也在稳步推进。7 月份，长城汽车在澳大利亚亮相，2009 年 10 月 15 日，长城汽车保加利亚组装项目正式签署合作协议——该组装工厂占地面积逾 40 万 m^2，设计年产能 50000 辆，主要生产已获得欧盟认证的哈弗 SUV、风骏皮卡以及两款轿车。

郑州日产在全面推进出口战略的同时，也积极推进海外战略。其在安哥拉的 3 万辆整车生产基地现已建成并进行试生产，哈萨克斯坦项目正按计划推进。

江铃汽车拟在波兰和阿尔及利亚投资建厂，主要生产轻卡和皮卡。其中波兰投资建厂总面积约为 300 公顷，投资额将达到 12 亿～15 亿美元。

3. 主流皮卡市场分析

2009 年，长城汽车、北汽福田和中兴、郑州日产成为皮卡销量增长的最大赢家。他们在新品开发、市场促销、形象推广和渠道建设方面做了大量工作，取得了不错的市场表现。

（1）长城汽车　2009 年 1～11 月份，长城皮卡销量为 61855 辆，比上年同期增长 20.4%。目前，皮卡产品有金迪尔、赛铃、赛酷、风骏四大类，大单排、大双、中双、一排半等多种车型。2009 年，长城汽车开展多种形式的促销，可谓活动连连，促销不断。如长城皮卡自 1 月 1 日至 2 月 28 日在全国范围内开展让利优惠大行动，金迪尔、赛酷、赛铃等 5 大系列的 14 种车型让利 2000～3000 元。在 2009 年 6 月 20 日至 7 月 31 日展开针对国 III 标准的专项促销。对柴油皮卡（金迪尔 TC、赛铃 TC）每辆优惠 3000 元；汽油皮卡（金迪尔、赛铃、赛酷）每辆优惠 3000 元。2009 年 12 月 1 日至 2010 年 1 月 31 日又对皮卡进行促销，满足国 III排放的柴油风骏大皮卡每辆优惠 5000 元，风骏其他柴油车型每辆优惠 4000 元；在金迪尔、赛铃、赛酷车型中，汽油大皮卡每辆优惠 5000 元，汽油小双排和柴油大皮卡每辆优惠 4000 元，柴油小双排每辆优惠 3000 元。全线优惠后，长城皮卡柴油系列最低售价 5.98 万元，汽油系列最低售价 4.7 万元。

此外，长城汽车积极进行赛事营销，除参加柴油汽车厂商杯和“巴丹吉林沙漠杯”中国越野汽车精英挑战赛等汽车赛事外，并首次参与达喀尔拉力赛。在赛事期间(2009 年 9 月 15 日至 21 日)，对其旗下经济型四驱皮卡每辆优惠 5000 元。

参加比赛营销是长城皮卡塑造品牌形象的手段之一，而企业整体的宣传意在突出企业形象。长城汽车着重向观众强化旗下三大品类的概念，三大品类有各自的命名，并建立专属于自己的品牌概念。在天津新厂区扩建 50 万辆整车及配套零部件的生产基地，总投资将由原先的 30 亿元扩大到 84.7 亿元。

在产品策略上，长城汽车将积极开发适应农村市场、物美价廉的汽车。并率先举行“长城皮卡 1=2 创富加速工程暨长城皮卡汽车下乡启动仪式”。在简化配置、降低产品价格的同时，其售后服务和经销网点各增加 190 个，在现有服务网点基础上，向县城和县级市延伸，同时加大对经销商的支持力度。利用各种形式深入农村进行各种宣传推广活动。借助“家电下乡”活动中知名家电品牌成熟的终端渠道以及“电影下乡”等形式，向县乡镇二、三级市场进行渗透。

(2) 中兴皮卡　2009 年 1～11 月份，中兴皮卡销量 28454 辆，比上年同期增长 25.8%。中兴销量的增长一方面源于不断推出新产品，如 5 月份采用进口部件组装的 ISUZU-4JB1 发动机的威虎皮卡以 7.98 万元上市，其后配备朝柴 CYQD80-E3 国Ⅲ发动机的中兴皮卡也在下半年推向市场。另一方面是中兴汽车推出许多促销活动，如在 2009 年 1 月 1 日至 2 月 28 日“迎新春，送福 2009”大型促销活动，购旗舰皮卡可获 2009 元促销大礼，购长铃、威虎皮卡更有新春礼品赠送。

2009 年，中兴出台了一系列新的渠道政策，如针对经销商的销售升级培训，给予重点经销商资金支持等，鼓励经销商建设新的店面，促进渠道管理水平的提升。中兴加强针对特定行业的深度开发，并按照各行业不同使用环境装配最符合其需求的车型，同时拉动、指导经销商进行行业客户的开发，从政策上鼓励经销商在行业开发方面做大做强。

(3) 郑州日产　2009 年 1～11 月份，郑州日产皮卡销量为 34814 辆，比上年同期增长 20.5%。郑州日产皮卡在 2009 年继续深化双品牌路线，巩固汽油皮卡市场和行业批售，并加大柴油皮卡的零售促销力度。2009年6月份，卫生部采购301台日产帕拉丁、D22，主要用于中国结核病控制项目。

为提高产品竞争力，对现品车型完善：在高端柴油机系列，增加D22皮卡YD25车型；开发锐骐汽油机车型（2009年9月份推出，最低售价为7.98万元）。2009年3月份，郑州日产推出搭载QD32T涡轮增压柴油发动机的超低价7.68万元锐骐皮卡。该车沿用郑州日产NISSAN汽油皮卡基本构造的底盘，但CYQD32T在怠速和稳定性方面需要改进。

为适应双品牌、多序列、多细分市场的营销需要，在网络建设上，郑州日产将强化一级销售代理的优势，继续加大二、三级网络的下沉力度，在保持企业品牌形象的基础上，最大程度地增加产品与用户的直接见面率。

（4）江铃汽车　2009年1～11月份，江铃皮卡销量为28076辆，比上年同期上升14.8%。现主导产品为江铃宝典双排皮卡采用共轨技术的欧III发动机。在促销方面江铃汽车突出服务和产品性价比，如江铃汽车的3.15活动服务月，2009年6月份开展的“夏季送清凉”，2009年10月份开展的主题为“技术，引领未来”的第四届江铃汽车顾客服务竞赛，都取得了非常好的市场效果。

为配合汽车下乡，江铃汽车推出了7.98万元国III下乡特惠宝典车型，该款皮卡也是高端皮卡中性价比最高的产品。搭载的4JB1-TDCi发动机是由江铃汽车联合美国福特、德尔福、德国博世以及奥地利AVL在原4JB1发动机的基础上共同开发的，具有国际先进水平。

在塑造企业形象上，江铃汽车继续开展“江铃•溪桥工程”，到2009年年底，援建便民桥数量将达到64座，遍布全国8省21县市43个乡镇，惠及村民达15万余人。

（5）其他皮卡企业　2009年6月份，辽宁曙光汽车与柳州市签署合作框架协议，计划在柳州建设黄海汽车工业园。主要生产大中型客车、皮卡车以及柴油发动机等。2009年11月份，南宁市交警支队采购22辆黄海大柴神皮卡用于道路交通执法。

另一家重点皮卡企业吉奥汽车在批售工作中也收获不少，其中西藏政府采购100辆吉奥汽车（SUV和皮卡各占50辆）配发部分乡镇使用及电信工程用车，表明该车能接受高寒苛刻条件的考验。而吉奥汽车KD件出口暨海外建厂也取得较大进展，吉奥汽车海外项目除了伊朗工厂首辆皮卡下线外，埃及KD项目和泰国KD项目也正在按照计划推进，这标志着吉奥汽车国际化战略迈出了实质性的一步。伊朗KD吉奥主要以技术投入为主，预计在2010年3月份正式批量生产，生产车型以皮卡和SUV为主，计划产销量到第二年为15000辆。

二、2010年皮卡市场展望

1. 整体和细分市场走势

2010年，预计皮卡市场继续保持快速增长。市场特点是中、低端皮卡增长将快于高档皮卡市场的增长，尤其是在国家汽车下乡政策的支持下，中、低端皮卡将会迎来高速发展的机遇。皮卡在简化配置，降低产品价格的同时，其销售渠道和售后服务也将呈现下沉的趋势，向县城和县级市延伸，厂家将加大对分销商的支持力度。部分厂家将借助“家电下乡”活动中知名家电品牌成熟的终端渠道以及“电影下乡”等形式，向县乡镇二、三级市场进行渗透。依靠日本五十铃技术生产的皮卡有油耗低且质量稳定的特点，依然占据皮卡市场主流地位。

在中央加大“以旧换新”政策力度——换购轻型载货车按销售价格10%给予补贴，每辆最高补贴1.8万元，也利好于中高端皮卡。处在价格高端的皮卡企业如庆铃汽车、郑州日产也逐渐放下身段，实施国产化或双品牌策略，加入到中端皮卡的市场争夺中。而北汽福田也可能推出搭载福田康明斯发动机的高端皮卡，进入10万元的高端市场。

2. 产品趋势

2010年，原有主流皮卡厂家不会出现全新平台的皮卡，装配福田康明斯发动机的皮卡可能进入市场。改进车型将在舒适性、配置、外观、人性化方面做改进，或威猛、越野，或柔和舒适，或满足国家法规排放，或方便使用。

此外，一些皮卡的新进入者——奇瑞、中顺、江淮，将会有一些新产品进入皮卡市场，如江淮皮卡借用现有市场成熟的五十铃技术和配套体系，以低价格、现有销售渠道推向市场；而中顺TORQUE，有单排和双排两种款式，在中顺外部股东关系理顺后，也存在推出的可能性。

而高端皮卡依靠行业批售巩固和拓展原有市场份额，公检法、电力、高速公路、市政、城市执法等还将是高端皮卡销售的传统市场。

3. 皮卡出口

展望 2010 年，随着金融危机的结束和经济的探底回升，将有更多的皮卡车冲出国门，走向世界。

2010 年，政府出台了《关于促进我国汽车产品出口持续健康发展的意见》，其发展目标是：汽车及零部件出口从 2009 年到 2011 年力争实现年均增长 10%；到 2015 年，汽车和零部件出口达到 850 亿美元，年均增长约 20%；到 2020 年实现我国汽车及零部件出口额占世界汽车产品贸易总额 10%的战略目标。皮卡作为轻型载货车出口的主要车型，历年增速及出口量都高于载货车。预计在 2010 年，皮卡出口将结束出口下滑的局面，止跌回升，实现正增长，且增速将高于载货车的增长。

（作者：邓振斌）

2009 年豪华车市场分析及 2010 年预测

一、2009 年豪华车市场分析

以同比增速来考察市场变化的话，2009 年的豪华车市场在 1 月份达到最低点，从第二季度开始就已经恢复较快增速。之后一路快速回升，到第三季度已经恢复到金融危机之前较正常的增长状态。到第四季度市场增速已经达到了近年来的高位（见图 1）。2009 年全年豪华车市场增速将超出预期，预计全年销量 39.4 万辆，同比增速 39%。

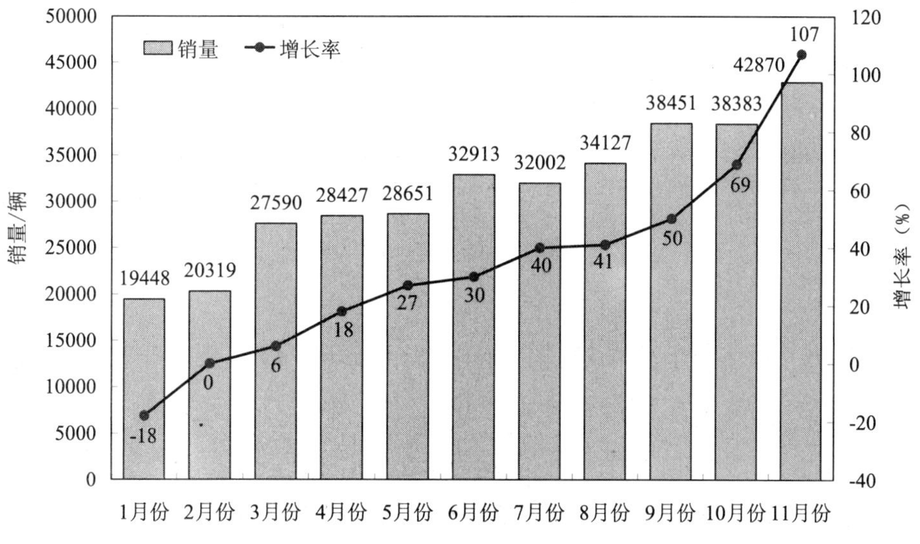

图1　2009年豪华车市场月度销量及增长率

豪华车市场与整体市场相比，不仅仅是恢复时间滞后了一个季度，从 2009 年全年来看其恢复速度也是大大低于整体市场（见图 2）。2009 年豪华车占整体车市场的份额在连续多年上涨后有了一个较大幅度的回调。

豪华车市场恢复速度低于整体市场主要有两个方面的原因：首先，2009 年整体车市场超高速增长的一个很重要的原因是国家对于小排量乘用车的激励政策产生了巨大的政策效果，使得乘用车的反弹快于经济的反弹，并且幅度也远远大于经济反弹的幅度。而豪华车市场产品最小排量也在1.8T，无法享受到政策的优惠。因此无论是反弹时间还是反弹幅度都滞后于整体车市场。其次，2008年下半年实施的消费税政策对于豪华车市场产生了较大的负面影响，在政策实施的第二个月，豪华车市场增速就开始大幅下滑。这一影响据测算持续了大约半年左右，一直到2009年第二季度对市场心理的影响才逐渐消失。

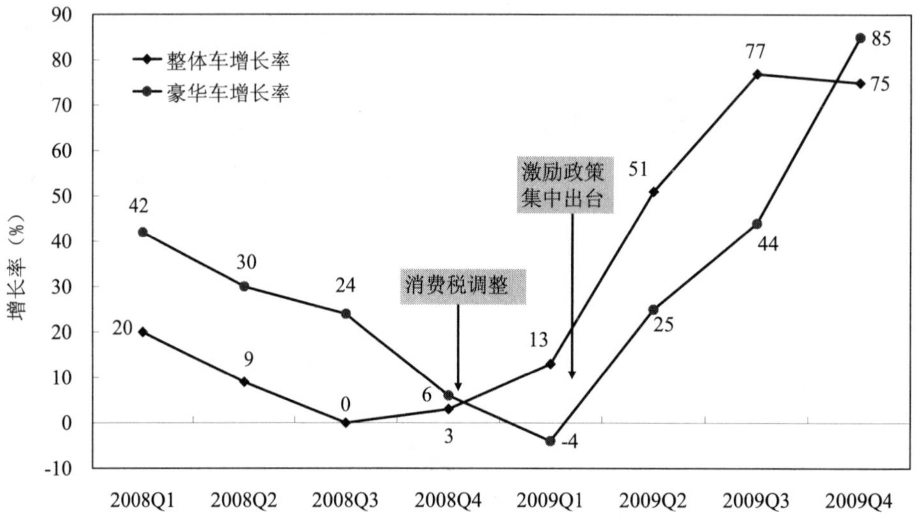

图2 豪华车市场及整体市场增速比较

尽管2009年豪华车市场增速慢于整体车市场，但是豪华车市场增速还是大大超出了预期，而豪华车市场快速增长的原因主要是：在政策的带动下，经济的回升速度超出预期。同时下半年不仅是政策拉动经济，民间经济自身的好转速度也好于预期，带动了居民消费信心的回升；在宽松的货币政策影响下，居民现金财富快速增长，直接带动豪华车市场增长；部分新车型的上市、下半年上量也产生了一定的影响；消费税的影响逐渐消失也推高了市场的同比增速。

1. 2009年宏观经济的企稳

从2008年年底开始，政府出台了大量的宏观经济政策，包括4万亿元的投资计划、宽松的货币政策、大力度的消费刺激政策等。在这些政策的带动下，中国的宏观经济从2009年第二季度开始明显企稳，并且快速回升。2009年第二季度的经济恢复速度就大大超出了市场预期。之后中国的宏观经济持续回升，2009年全年不仅完成了年初提出的 GDP 增速“保 8”的目标，而且还大大超出。同时，从 2009 年下半年开始经济的好转就不仅仅是依靠政策在拉动，民间经济自身的好转速度也好于预期。以房、车为代表的消费升级力度不断提高，以房地产和钢铁等行业为代表的民间投资也不断回升，企业利润也在快速好转。这种民间经济自身的好转也大大带动了居民消费信心的回升

2. 在宽松的货币政策影响下，居民现金财富快速增长，直接带动了豪华车市场增长

2009 年，为了保证经济刺激计划的顺利实施，政府实施了宽松的货币政策。2009 年上半年新增贷款达到 7.37 万亿元，M1 和 M2 增速在下半年都达到 30%，都处于近 10 年来的高点。在这种货币政策的影响下，以居民存款和股票市值为代表的居民现金财富快速增长。居民存款是 M2 的主要组成部分，M2 的高速增长很大程度上是由居民存款增长带来的。而股票市场从价格指数上来看，在 2009 年翻了一番以上。而且由于下半年开始股市快速扩容，整个股票市场的总价值量增长速度更快。而且从历史上的经验对比来看，在短期，居民财富是豪华车市场的最主要影响因素之一。2009 年居民财富的快速增长直接带动了豪华车市场的增长（见图 3）。

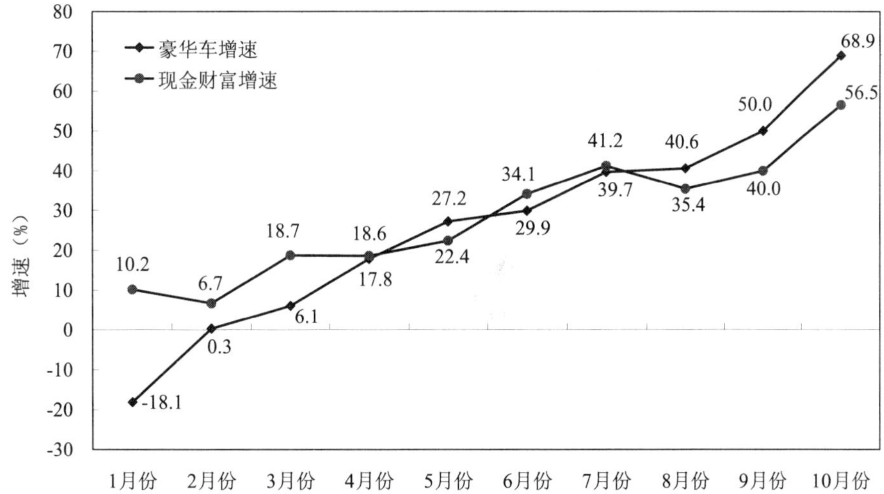

图3 2009年豪华车市场月度走势与居民财富走势

3. 部分新车型对于下半年市场的高速增长也起到了一定的作用

2009年豪华车市场有多款重量级新车上市，主要包括新奥迪A4L、雷克萨斯ES240和奔驰新E级。一方面，新上市车型使市场快速增长，这些新车型都在上市没多久就创出了该车型销量的历史最高点，并且全面销量处于不断攀高中（见图4）。另一方面，这些新车型尤其是像ES240这样的全新车型，对于市场带来的是净增量，因此对于市场增长率的快速提高也起到了一定的作用。

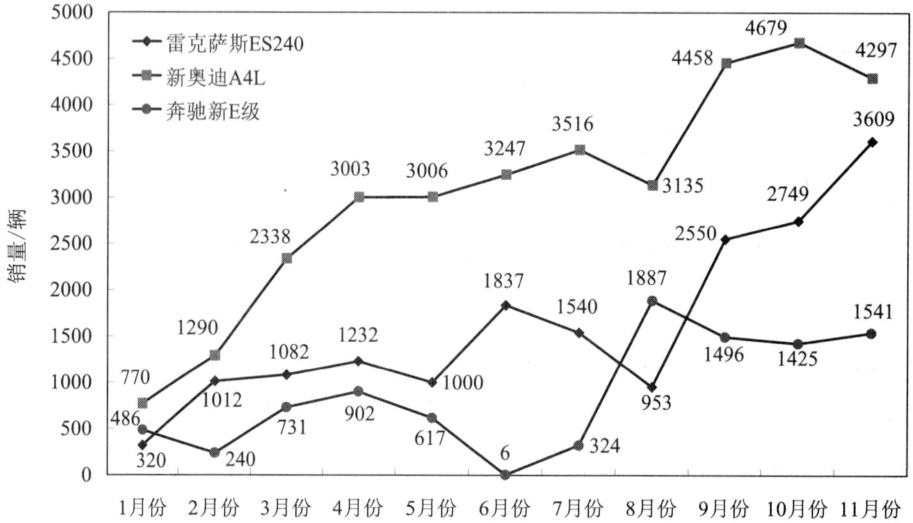

图4 2009年新上市豪华车销量

4. 消费税影响的消失也拉高了下半年的市场增速

2008年实施新消费税后，对于豪华车市场产生了较大的冲击。冲击主要来自于两个方面：首先是心理层面的，产品在短时间内价格快速上调，消费者在心理上需要有一个适应的时间，会导致产品在短期内滞销；其次是在购买力层面，由于产品价格上涨导致部分消费者在预算上面临困难，降低了市场的销量。

从时间进程上看，消费税实施后，大排量车立刻滞销，到2008年年底才开始缓慢恢复。尽管大约过半年时间的消化，到2009年春节后消费税的心理影响逐渐消失。此后随着厂家对于车型和销售政策的逐渐调整，消费税在购买力上的影响也在逐渐消失，可以明显地观察到，2009年下半年以后3.0L以下小排量豪华车市场在快速增长。

二、2010年豪华车市场展望

2010年豪华车市场需求仍旧是最主要的市场影响因素。尽管预计GDP的增速将会上升，但是需求拉动力量并不会显著增长。此外供给和产业政策的影响会相对较小，综合来看2010年市场增速慢于2009年的可能性较大。笔者预计，豪华车市场环境从GDP和流动性的角度来看大致会恢复为2008年上半年的水平。按照这样的趋势预计则2010年市场销量为50万辆左右，增速为28%。主要有以下四个影响因素判断：

1. 政策走势

宏观经济政策整体收缩，但对于宏观经济还将保持一定的支撑作用。但是总体拉动作用弱于2009年。在汽车产业政策方面，预计2010年出台的政策对于豪华车市场的影响都很小。

2. 经济走势

2010年经济走势总体将呈平稳回升走势，经济的走势预计可以保证居民消费信心平稳不会有大的波动，并且保证车市增长，但难以支撑更高的增速。

3. 流动性

2010年货币政策将肯定会出现回收，货币增速将会出现下滑。但是货币环境总体仍旧会保持宽松，可以支撑经济的较快增长。但是由于预计M1和M2增速都将有所下滑，因此居民财富增速将会出现放缓，难以维持2009年的高速增长。

4. 新车型上市

未来会有较多车型上市，包括奥迪Q5的国产车型等产品预计对于市场会产生一定的推动作用。

（作者：吴桂华）

2009年普及型轿车市场回顾与2010年展望

2009年注定是中国乘用车市场不平凡的一年，在面对国际经济下行、消费信心不足的巨大压力下，我国政府果断采取的大力度的支持鼓励消费政策，2009年年初成品油价格大幅下调、取消养路费、购置税优惠以及以旧换新政策，成功地刺激了潜在刚性需求的释放，使中国乘用车市场重新回到了高速发展的轨道上。2009年国内共销售乘用车846万辆，同比增长54.5%，实现了继入世后的第二次“井喷”。作为乘用车市场的中坚力量，普及型轿车（德系厂商细分标准下的A级轿车，即车长4.5～4.7m，入门价格5万～18万元的轿车）对乘用车市场的增长贡献卓著，2009年普及型轿车共实现销售390万辆，同比增长67.7%，对整体市场增长贡献达到52.7%。可以说普及型轿车市场是中国乘用车市场的根本，更是各大乘用车企业最为关注的细分市场。接下来笔者将对中国普及型轿车市场的发展进行分析、探讨。

一、2009年普及型轿车市场发展回顾

2009年普及型轿车市场共实现销售390万辆，同比增长67.7%（见图1），超过了“井喷”时期的2002年和2003年，成为近十年来增速最快的一年。

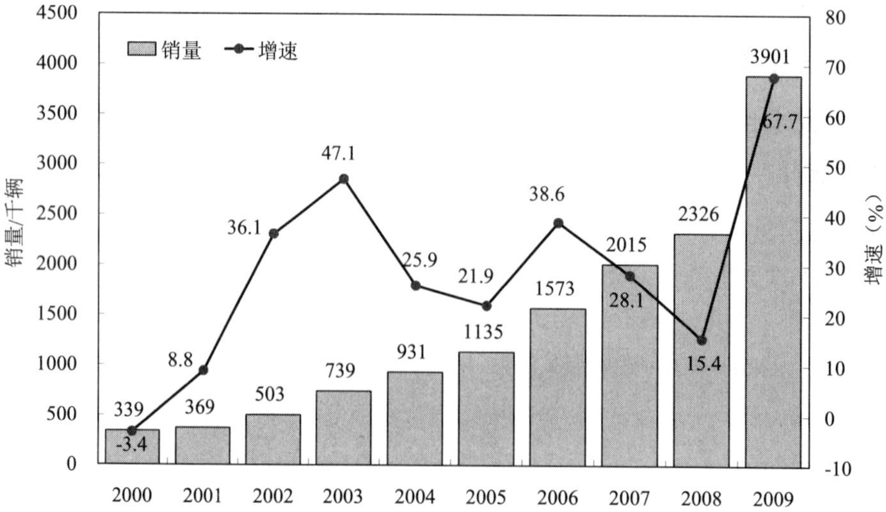

图1 2000～2009年普及型轿车市场发展走势

同时，普及型车市场比重也从 2008 年的 43.5%上升至 2009 年的 47.0%，进一步巩固了其在中国乘用车市场的主流地位。从月度走势上看，普及型轿车全年均处于一个持续走高的上升通道内，并没有体现出传统的季节走势特征（见图 2）。

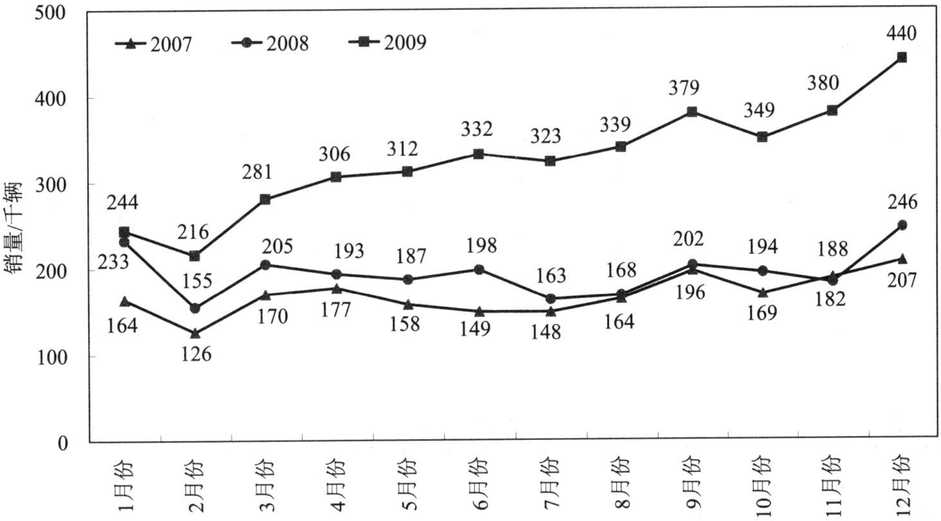

图2 2007～2009年普及型轿车市场月度走势

2009 年普及型轿车强劲增长的驱动因素主要有以下几点：

消费鼓励政策成为潜在刚性需求集中释放的催化剂。2008 年 12 月份以来，国家出台了成品油价格下调、取消养路费、购置税优惠、以旧换新等一系列政策措施。这些措施不仅有利于降低消费者的购车与保有成本，使得消费群体扩大，而且对提升消费信心的作用也相当明显。

经济迅速回升保证了普及型轿车市场的持续增长。2009 年我国政府果断出手，成功抵御金融危机。与一年前相比，中国各项经济指标明显复苏，PMI 从 40%回升至 56.6%，GDP 增速从 6.1%即将回升到 11%。宏观经济环境的回暖一方面提振了潜在用户的消费信心，另一方面则产生了财富效应，真正增加了用户的购买力。

人口结构的改变推动了普及型轿车市场的快速发展。中国 1950～1970 年代出生的婴儿潮一代，带来了持续几十年的人口红利，推动了经济增长，更积累了社会财富，伴随消费观念的逐渐改变，该类人群成为了普及型轿车最广泛的消费基础。同时，婴儿潮的下一代对中国人口结构和消费也产生了深远影响。婴儿潮二代开始进入 20～30 岁，开始结婚、建立家庭的“黄金消费年代”，其对于汽车消费的需求是更加旺盛的。

强势新产品的投放对市场增长产生了显著的拉动作用。2008年下半年以来，朗逸、新宝来、锋范、福瑞迪、克鲁兹等合资品牌新车型陆续投放市场。这些性价比适中的新品为消费者提供了丰富的产品选择，更刺激了消费者的潜在购车需求。

普及型轿车市场的快速成长直接导致了其市场格局的改变，2009年普及型轿车市场呈现出以下几个特点：

第一，低端、中端市场发展迅速，销售比重上升显著。按照价格将普及型轿车市场进一步细分后发现，受购置税优惠政策刺激与新产品大量投放的双重作用，2009年普及型轿车的低端与中端车型增长速度快于高端车型，尤其是中端车型全年共计销售173.2万辆，同比增长104.5%（见表1），一举超越低端车型成为普及型轿车内部最大的细分市场。

表1 普及型轿车市场发展格局

车型	价位区间/万元	代表车型	2008年销量/千辆	2009年销量/千辆	增长率（%）
高端	12～18	卡罗拉、速腾、思域	458	608	32.7
中端	9～12	悦动、朗逸、新宝来	847	1732	104.5
低端	5～9	F3、伊兰特、捷达	1021	1561	52.9

第二，增长主要依靠私人消费拉动，公商务市场份额大幅萎缩。从用户性质来看，2009年普及型轿车市场中私人用户比例由2008年的84.4%上升至90.1%；公商务与出租用户市场份额由15.6%缩减至10%以下（见图3）。

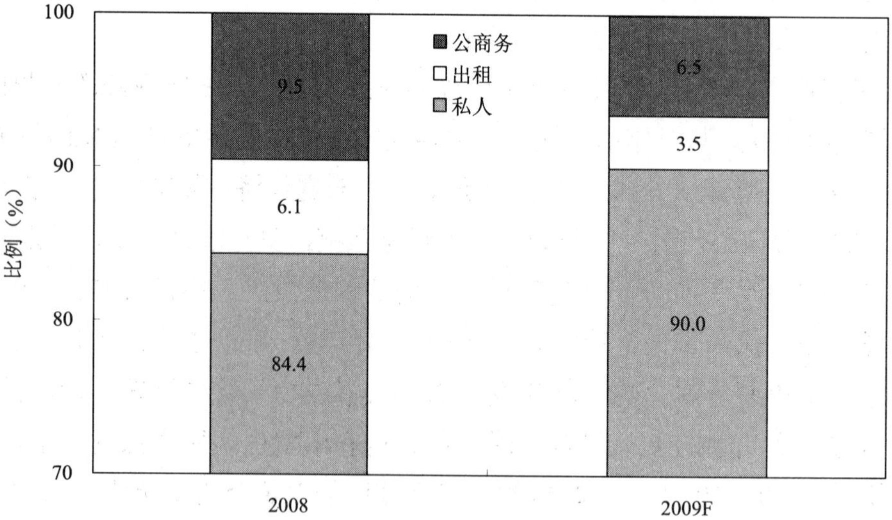

图3 普及型轿车用户所有权结构变化

年龄结构呈现两极化趋势，女性用户购车比例微弱上升。人口结构的演进带动了普及型轿车用户年龄结构的变化，21～30 岁与 50 岁以上用户同比增长均超过 68%，明显高于其他年龄段用户（见图 4）。

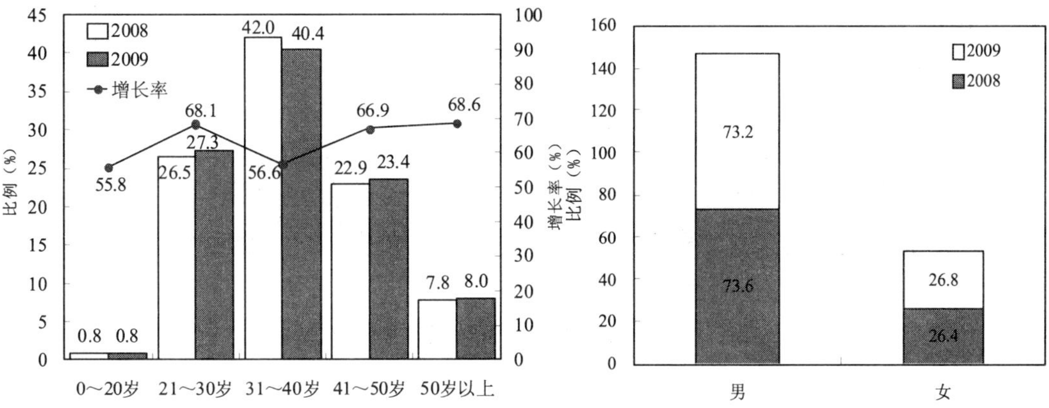

图4 普及型轿车用户年龄、性别发展变化

小排量车型销售比重明显上升。受益于购置税优惠政策，1.6L 及以下排量普及车型市场增长显著，2009 年预计增长超过 90%，市场份额由 2008 年的 67.7%增长至 78.2%。

自动挡车型销售比例上升明显。随着城市交通道路的愈发拥堵，自动挡车型越来越得到广大消费者的青睐，普及型轿车自动挡销售比重由 2008 年的 35.2%上升至 2009 年的 45.6%，提高了 7.4%个百分点。

自主品牌、韩系市场份额上升。由于 1.6L 及以下排量的销售比重更高，故自主与韩系品牌成为了购置税优惠政策的最大受益者，加之前期生产资源准备充足，缺货损失相对较小，自主与韩系品牌所占普及型轿车市场份额大幅度上升，自主品牌由 2008 年的 13.1%上升至 2009 年的 20.5%，韩系品牌由 11.5%上升至 14.9%（见图 5）。

二、三级城市增速高于一级城市，郊县增速显著高于城区。二、三级城市乘用车保有量较低，仍然处于孕育期，可实现持续高速发展。郊县地区市场成长潜力巨大，普及型轿车需求增长快过城市地区 20 个百分点（见图 6）。

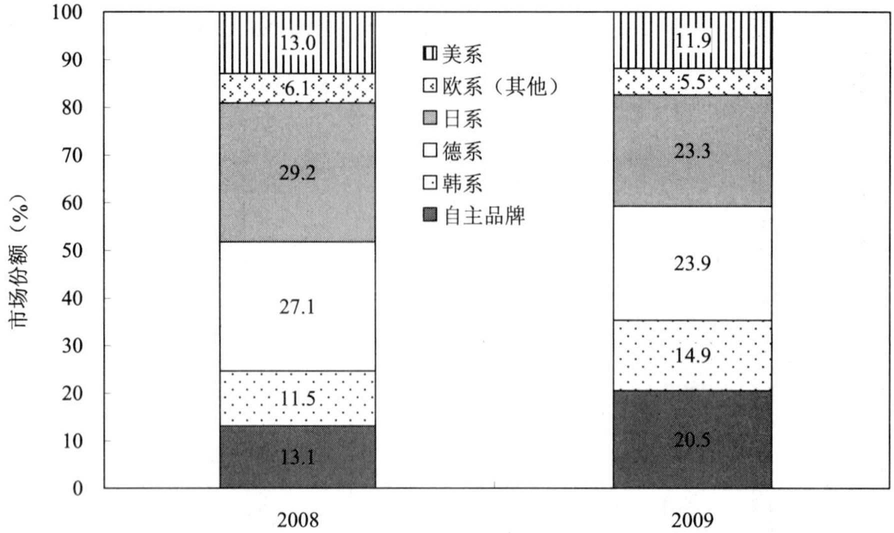

图5 普及型轿车各厂商系别市场份额变化

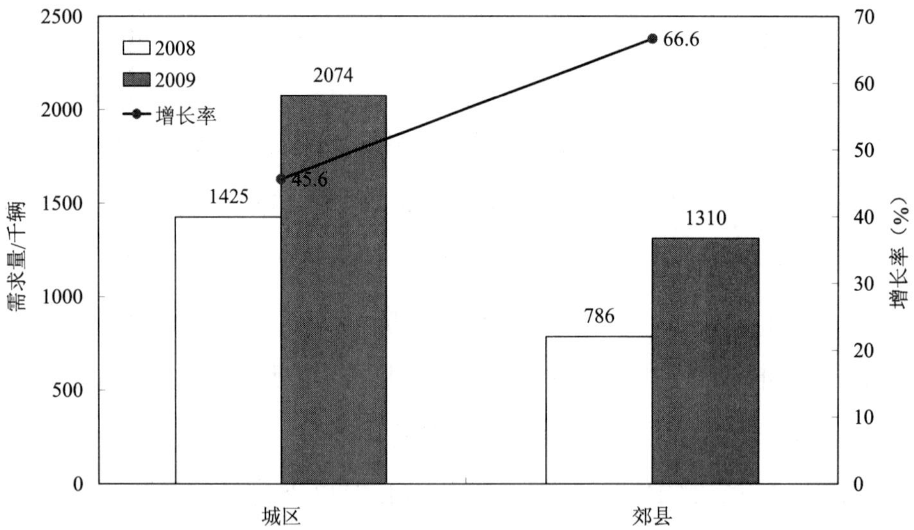

图6 普及型轿车不同类型地区发展状态

市场价格水平稳中有升。受产能约束影响，2009年普及型轿车总体供应不足，终端零售价格（实际成交价格）总体水平较2008年上升1.6%，经销商销售利润状况较前几年得到明显改善。

二、2010年普及型轿车市场展望

展望2010年的普及型车市场，虽然存在部分消费提前释放、2010年购置税优惠力度减小、燃油价格上涨压力等诸多不确定性因素，但从整个市场基本面来讲，积极因素仍将起到主导作用。

首先，中国乘用车市场保有量远落后于发达国家，仍然具有良好的市场成长性，未来仍将保持相对高的增长速度。目前中国乘用车远远落后于欧、美、日等发达国家，甚至落后于印度、巴西等部分发展中国家，巨大的市场空间为未来5～10年保持两位数的增长速度提供了基础。而普及型轿车凭借其优于经济型车的空间性与功能性，高于中级车型的性价比，无疑将成为首次购车用户的第一选择，因此普及型轿车未来将保持相对稳定的增长速度。

其次，从宏观经济环境角度分析，在“稳增长，调结构、防通胀”的经济工作基调下，2010年投资增速不会大幅回落；虽然货币政策可能逐步转向稳健，但总体流动性依然较为宽松；同时，外需的好转将带动出口有所反弹，而作为中央经济工作会议强调的重中之重，消费将成为2010年中国经济的亮点。预计2010年中国经济仍保持较快的发展速度，乐观估计GDP增速将达到10%，可为普及型轿车市场的快速发展创造良好的经济大环境。

再次，二、三级城市的巨大消费潜力为普及型轿车高速增长提供了广泛的市场基础。2010年中小城市户籍制度改革加速了城镇化建设，这将进一步刺激二、三级城市的普及型轿车消费，使其高速的增长势头得以延续。

最后，消费信贷的发展也将进一步推动普及型轿车的消费。与中国文化接近的日本、韩国，其消费信贷都是在人口红利后期起飞。中国目前正处于该阶段，20～30岁的年轻人占比上升，在政策扶持下消费信贷有望起飞。预计2010年普及型轿车消费信贷比例将在2009年9.2%的基础上显著提升，对该细分市场的增长形成重要支撑。

基于以上因素判断，2010年普及型轿车市场仍将保持较为快速的增长势头，全年增速预计在25%左右，全年销售总量将超过480万辆。

2010年普及型轿车市场预计呈现以下趋势特征：

季节走势将呈现前高后稳的运行特征。受市场发展惯性、未兑付订单释放以及翘尾因素的影响，普及型轿车市场2010年上半年增速预计将超过40%。由于2010年下半年面临政策调控、外部环境变化等诸多不确定因素影响，市场将步入相对平稳的发展通道。值得一提的是，如果购置税优惠政策按计划如期结束，1.6L及以下普及型轿车将在2010年年底迎来突击消费高峰。

高端车型销售比重将呈上升态势。高端普及型轿车设计领先、性能优越、空间宽敞、配置丰富的特点向来为广大消费者所称道。购置税优惠幅度的缩减使其与中端车型购车成本差距缩小，必将获得更多注重品牌、关心品质的用户的认可。

两厢车的增速将超越三厢车，成为普及型轿车市场新的增长点。大众消费观念的改变以及交通拥挤、停车难等客观现实促使两厢车越来越受到市场的青睐，而英朗等新品的投放将给予消费者更多的产品选择，两厢普及型轿车将在 2010 年得到蓬勃快速发展。

车型多代并存现象将更为普遍。普及型轿车市场空间巨大、覆盖价格带宽广、用户购车诉求差异明显，随着该细分市场进一步分化，将有更多厂家采取多代并存的产品战略来实现对该市场的双重覆盖。

网络覆盖能力将成为影响各品牌销售表现的重要决定因素。这一点 2009 年已经得到验证，正是得益于北京现代销售渠道的快速扩张，伊兰特与悦动才成为了普及型轿车市场的领先者。

激烈的价格竞争将在 2010 年年中阶段重现市场。随着新车效应的消退以及市场逐步回归理性，2009 年意气风发的中端普及型轿车将在 2010 年面临严峻的竞争考验。激进的目标计划、高端车型的挤压，面临多重压力的中端普及型轿车似乎不可避免地要向低价位移动来寻求销量空间。

（作者：王浩）

2009年中国SUV市场分析及2010年展望

一、2009年SUV市场整体运行状况分析

2008～2009年的中国汽车市场跌宕起伏，在国际金融危机的冲击下，行业内相继遭遇燃油税出台、汽车消费税调整、油价高位剧烈震荡、国家对汽车产业一揽子政策等众多不利因素的影响，2009年国产SUV市场却仍保持较高幅度的增长，在国内汽车行业所有板块中的市场表现可谓是“新兴生力军”。

2009年1～11月份，国产SUV销量近64万辆，同比增长45.3%；2009年1～10月份进口SUV15.3万辆，同比下降14%。

1. 国产SUV的运行概况

根据全国乘联会数据，2009年1～11月份，国产SUV销售64.14万辆，同比增长45.3%（见表1）；在没有任何政策惠及的环境下，增速仅次于轿车和交叉型乘用车，显示了良好的市场成长性。

表1　2009年1～11月份国产乘用车销量对比

车　型	轿车	MPV	SUV	狭义乘用车合计	微型客车	广义乘用车合计
2009年1～11月份销量/辆	6627066	218118	641431	7486615	1779310	9265925
2008年1～11月份销量/辆	4549981	179844	441415	5171240	1001641	612881
同比增速（%）	45.7	21.3	45.3	44.8	77.6	50.1

注：数据来源于全国乘联会。

在国产SUV中，一直是合资品牌占据着主导地位，这与各合资企业准确的市场定位与优良的产品品质密不可分。但是自主品牌也逐渐开始扮演越来越重要的角色（见图1）。

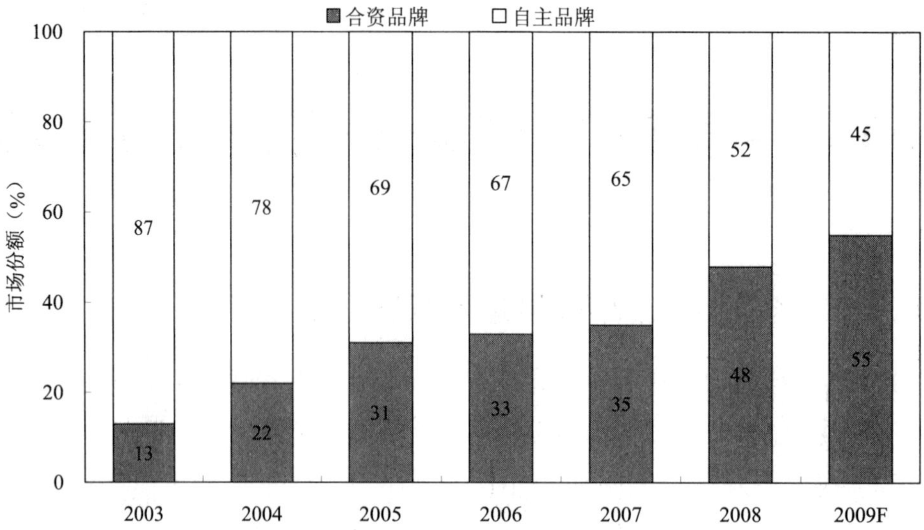

图1 2003～2009年合资与自主品牌SUV市场份额变化

近两年，SUV 市场竞争态势异常剧烈，新陈代谢加速，以日系品牌为代表的几款 SUV 车型市场表现较为突出（见图 2)。值得注意的是，2009 年销量排在前 10 名的全部都是城市型 SUV，而且 CR-V 已成为首个突破年销量 10 万辆的车型，估计到 2009 年年底，将会有八款车型年销量突破 5 万辆。

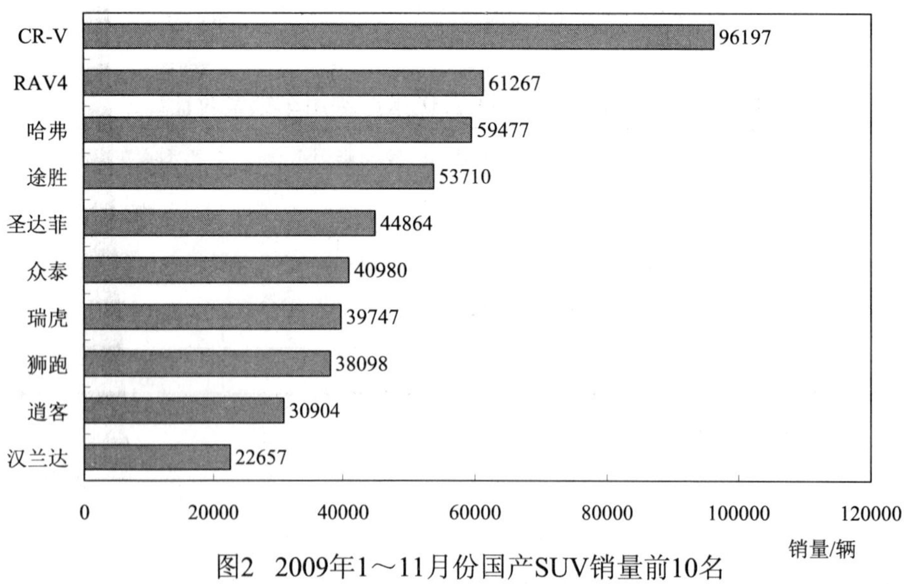

图2 2009年1～11月份国产SUV销量前10名

2. 2009 年进口 SUV 市场分析

进口 SUV 市场除在 2004 年因消费税调整和 2009 年因国际金融危机影响出

现负增长外，其他年份基本保持了高位的两位数增幅（见图 3）。并在 2007～2009 年三年中，都占据了进口车总量 50%以上的份额。

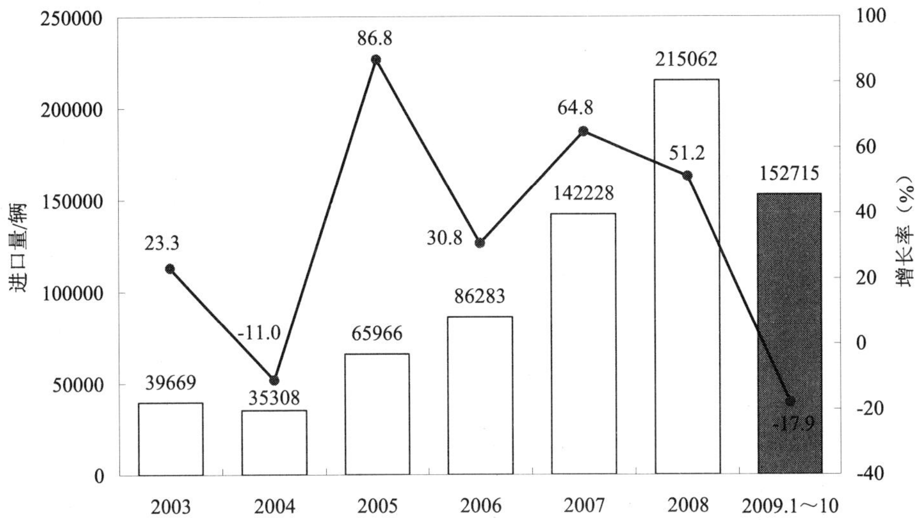

图3　2003～2009年进口SUV销量走势

受国际金融危机的影响，2009 年上半年进口 SUV 月度走势相对低迷，从 6 月份以后进口 SUV 月度走势开始回暖（见图 4），预计 11 月份、12 月份两个月，还将会保持这样的趋势。

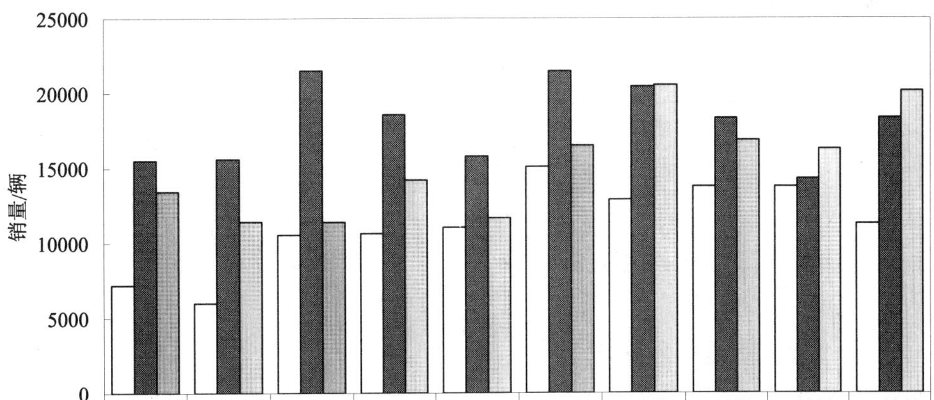

	1月份	2月份	3月份	4月份	5月份	6月份	7月份	8月份	9月份	10月份
□2007	7199	6007	10551	10651	11051	15099	12907	13779	13779	11291
■2008	15509	15603	21510	18574	15801	21484	20432	18325	14297	18354
□2009	13442	11420	11401	14212	11683	16500	20527	16868	16287	20144

图4　2009年1～10月份进口SUV月度销量走势

2009 年进口车结构发生重大变化：2009 年大排量高档豪华车型的市场份额

有所下降，受金融危机影响及能源紧张、成品油价格不断上涨等因素影响，排量有下走趋势，1.5～3L车型增长迅速（见表2）。

表2 2008～2009年不同燃油形式和排量的进口SUV销量结构对比

燃油形式	排量	2008年销量/辆	2009年销量/辆	2008年份额（%）	2009年份额（%）	份额变化（%）
汽油	1L<排量≤1.5L	1208	1982	0.7	1.3	0.6
	1.5L<排量≤2.5L	41211	43718	22.9	28.6	5.7
	2.5L<排量≤3L	41834	46952	23.3	30.7	7.5
	排量>3L	93358	55947	51.9	36.6	-15.3
	合　计	177611	148599	98.7	97.3	-1.4
柴油	1.5L<排量≤2.5L	1738	2252	1.0	1.5	0.5
	排量>2.5L	534	1864	0.3	1.2	0.9
	合　计	2272	4116	1.3	2.7	1.4
总计		179883	152715	100.0	100.0	0.0

从产地来讲，进口车型的国别主要是日本，占总进口量的41%，美国、韩国紧随其后，但差距较大。进口SUV更注重产品的豪华性与极致的驾乘体验，外形秉承其品牌最新的设计趋势，配置方面则更是将豪华与高科技元素运用其中，加之内敛深厚的产品特质及极佳的动力性能，使得进口品牌SUV受到国内高消费人群的青睐。

从车型来讲，受消费税调整影响，更适合中国进口车市场新变化的SUV车型获得了更高的增长（见图5）。

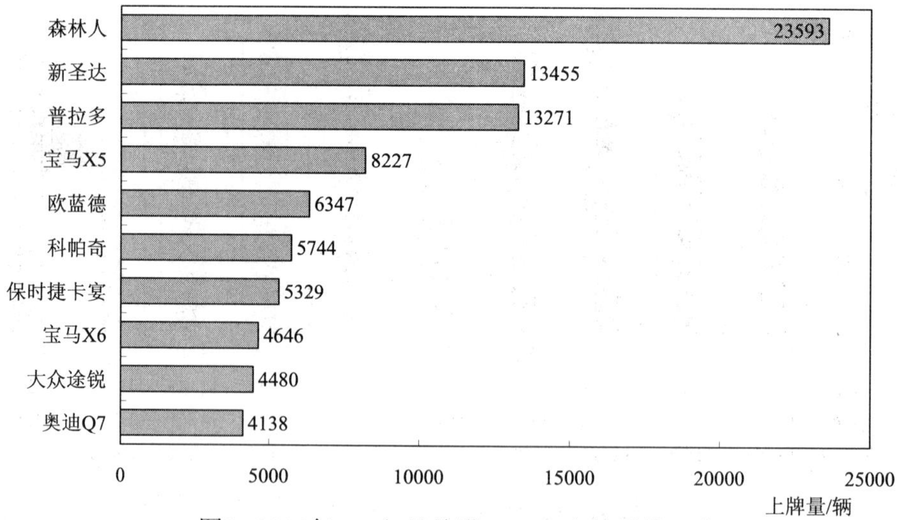

图5　2009年1～10月份进口SUV上牌量前10名

二、国产 SUV 的细分市场

国产 SUV 分类标准和原则见表 3。表 3 中的档次是根据价位来分类的；而对于越野型和城市型两个分支则是依据车型结构和功能来区分的。越野型 SUV 标准为：外形和内饰偏重运动化、非轿车底盘、非独立悬挂；城市型 SUV 标准为：外形和内饰偏重轿车化、轿车底盘、独立悬挂、全承载车身。

应该还有其他不同的分类方法，这里只是一家之言，主要是希望能更准确、客观地分析把握市场运行的特征和规律。对于这两年投放市场表现出众的众泰 2008 车型，似乎更应该归于紧凑型的 SUV。

表 3　国产 SUV 车型的分类

<table>
<tr><th colspan="2">高档 SUV
（30 万元以上）</th><th colspan="2">中高档 SUV
（15 万～30 万元）</th><th colspan="2">中档 SUV
（10 万～15 万元）</th><th colspan="2">经济型 SUV
（10 万元以下）</th></tr>
<tr><td>分支</td><td>代表车型</td><td>分支</td><td>代表车型</td><td>分支</td><td>代表车型</td><td>分支</td><td>代表车型</td></tr>
<tr><td>越野</td><td>普拉多
陆地巡洋舰</td><td>越野</td><td>帕拉丁
特拉卡
帕杰罗</td><td>越野</td><td>陆风
猎豹</td><td rowspan="2">皮卡
改装</td><td>长城赛铃　赛骏　赛影
中兴旗舰　驰野　江铃宝威
等早期低端 SUV</td></tr>
<tr><td>城市</td><td>凯迪拉克</td><td>城市</td><td>CR-V
途胜</td><td>城市</td><td>哈弗
瑞虎</td><td>—</td></tr>
</table>

从 2009 年 1～11 月份销量走势预计，2009 年全年国产 SUV 销量将达到 70 万辆；但 SUV 市场的快速增长属于结构性增长，增长动力主要来自中高档车型的推动。2009 年 1～11 月份国产中高档 SUV 增幅达到了 90.4%，其市场份额占到整个国产 SUV 市场的 61.1%。

其中高档 SUV 的增长主要来自汉兰达的投放；中档 SUV 的增长主要来自哈弗新车型的投放；小型 SUV 的增长受惠于市场存在有部分热衷的用户群，还有购置税减半及汽车下乡的刺激；而经济型 SUV 的主销车型因出口剧减而下滑。2009 年中高档 SUV 不但增幅高达 90%，且市场份额也大幅增加，其他各细分车型的市场份额均出现下滑（见图 6）。

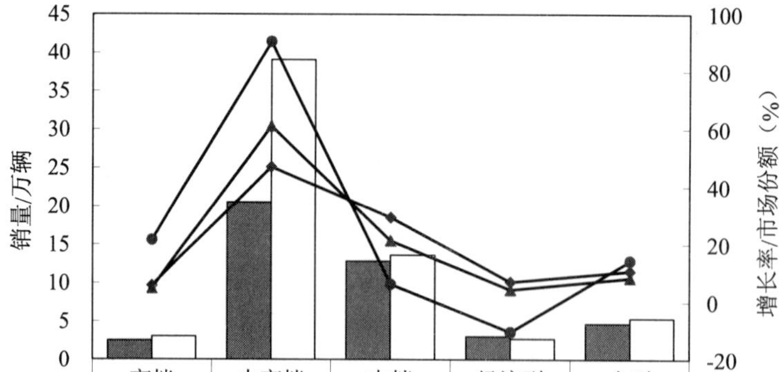

	高档	中高档	中档	经济型	小型
2008年1～11月份销量	25224	204947	128235	30576	46980
2009年1～11月份销量	30670	390331	136231	27419	53710
增长率	21.6	90.5	6.2	-10.3	14.3
2008年1～11月份市场份额	5.8	47.0	29.4	7.0	10.8
2009年1～11月份市场份额	4.8	61.1	21.3	4.3	8.4

图6 国产SUV各板块销量、增长率及市场份额对比

1. 国产高档 SUV

受 2008 年年底金融危机的冲击，2009 年高档 SUV 市场缓慢发展（见图 7），只有新上市的汉兰达表现出色，拉动了该板块市场的增长（见图 8），其余车型同比均呈负增长。该细分市场的车型排量都在 3.0L 以上，主要客户为政府、大的行业集团、矿山企业老板等，为抵御上年爆发的自然灾害和金融危机，政府部门采购一直没有完全松开，大的行业集团客户和矿山企业老板采购量大幅下滑。

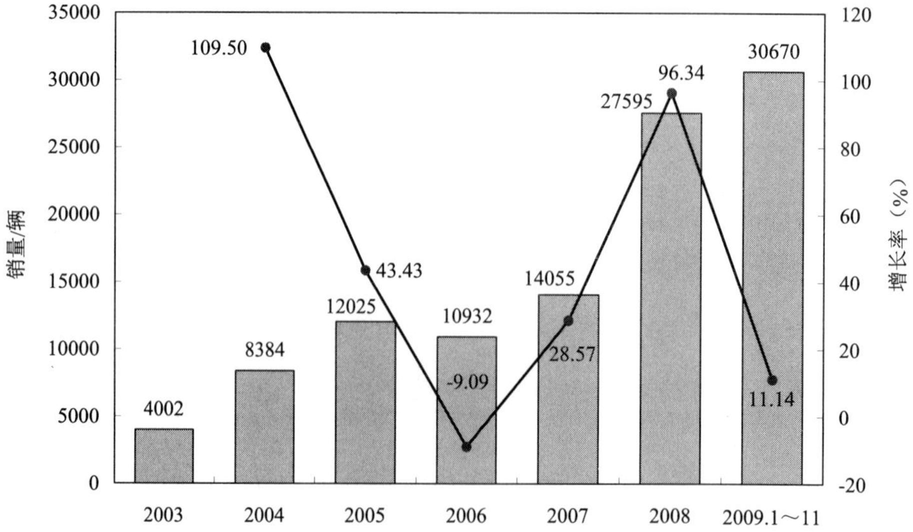

图7 2003～2009年国产高档SUV销量及增长率

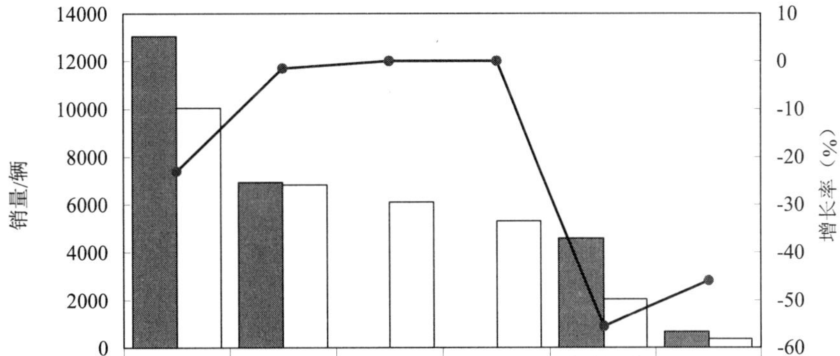

	普拉多	帕杰罗	汉兰达	昂科雷	陆地巡洋舰	凯迪拉克
2008年1～11月份	13041	6926	0	0	4588	669
2009年1～11月份	10041	6821	6099	5307	2040	362
增长率	-23.0	-1.5	0.0	0.0	-55.5	-45.9

图8　国产高档SUV分车型销量及增长率

2. 国产中高档 SUV

2009 年 1～11 月份国产中高档 SUV 销售 370330 辆，同比增长 90.5%，仍呈现出爆发式的增长态势。2009 年全年国产中高档 SUV 预计销售 426010 辆，同比增长 101.3%（见图 9）。国产中高档 SUV 增量主要来自城市型 SUV。2009 年 1～11 月份份，国产中高档 SUV 中，城市型 SUV 销售 361905 辆，同比增长 101%；越野型 SUV 销售 28426 辆，虽同比增长 611%，但市场份额已连续萎缩到不足 10%。

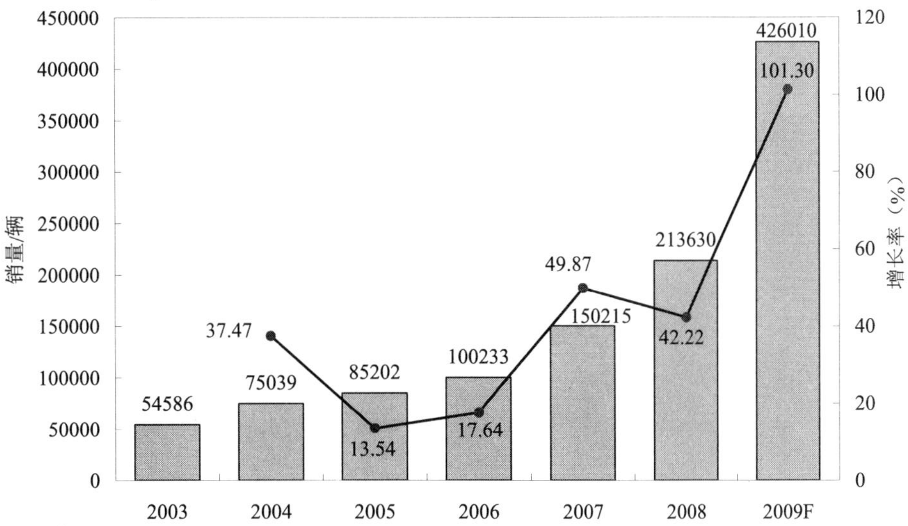

图9　2003～2009年国产中高档SUV销量及增长率

以日系“三剑客”为首的众多城市型 SUV 为中高档细分板块注入了强大的市场增长活力，未来还将会有良好的市场表现。越野型 SUV 已演变为边缘车型，但还有自身固有的市场，却是增长乏力（见图 10）。

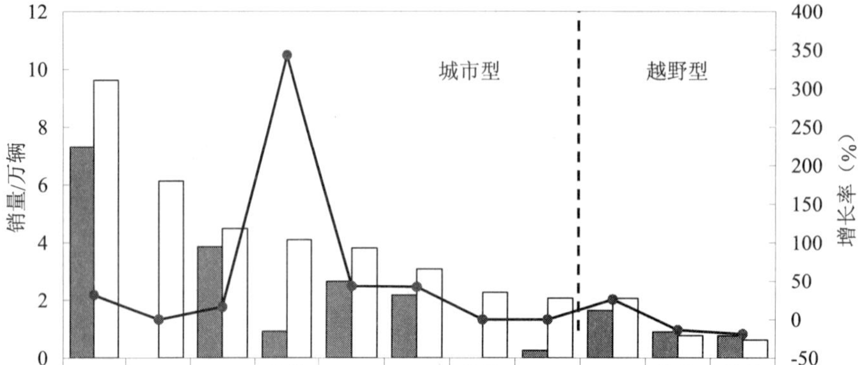

	CR-V	RAV4	途胜	圣达菲	狮跑	逍客	汉兰达	奇骏	猎豹	帕拉丁	科帕奇
2008年	73081	0	38557	9245	26590	21724	0	2603	16404	9018	7725
2009年	96197	61267	44864	40980	38098	30904	22657	20669	20644	7782	6269
增长率	31.6	0.0	16.4	343.3	43.3	42.3	0.0	0.0	25.8	-13.7	-18.8

图10 国产中高档SUV分车型销量及增长率

3. 国产中档 SUV

2009 年 1～11 月份，国产中档 SUV 销售 126231 辆，总量与上年基本持平，同比增长 6.0%。2009 年全年预计国产中档 SUV 销售 136231 辆，同比增长-2.9%（见图 11）

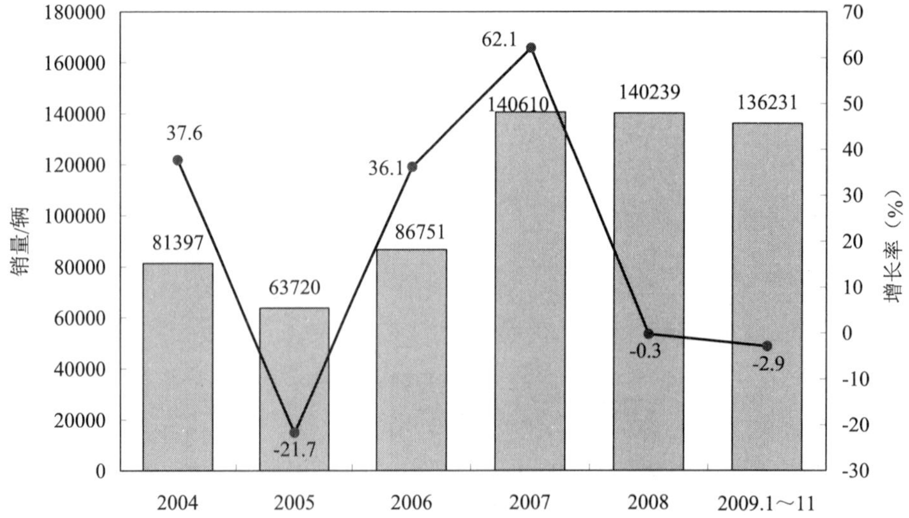

图11 2004～2009年国产中高档SUV销量及增长率

中档 SUV 市场中城市型车型较多，越野型较少。2009 年 1～11 月份，国产中高档 SUV 中，城市型 SUV 销售 126143 辆，同比增长 5.1%；越野型 SUV 销售 10088 辆，同比增长 22.4%。自主品牌受技术限制，对同价位的轿车（合资品牌为主）潜在用户吸引力弱，非追求个性化用户的首选车型，不能在快速增长的国内乘用车市场中获得较多份额。

中档 SUV 增速低于 SUV 整体市场增速的主要原因：全部是自主品牌，其中份额最大的为哈弗和瑞虎，其 2008 年出口销量比例很大（约占本品牌销量的 30%），而 2009 年受金融危机影响，出口大幅度萎缩，导致整体销量下降或停滞（见图 12）。

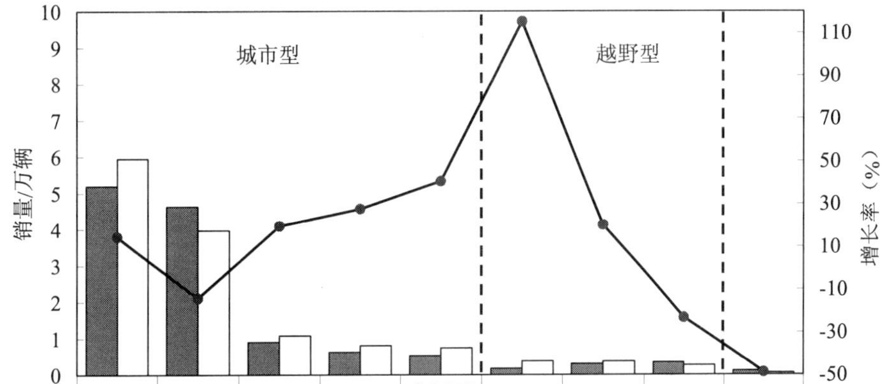

	哈弗	瑞虎	瑞鹰	曙光	中兴无限	特拉卡	奥丁	陆风	富利卡
2008	51918	46306	9076	6312	5300	1757	3059	3429	1078
2009	59477	39747	10858	8056	7453	3781	3673	2634	552
增长率	14.6	-14.2	19.6	27.6	40.6	115.2	20.1	-23.2	-48.8

图12 国产中档SUV分车型销量及增长率

4. 国产经济型及小型 SUV

经济型 SUV 多是由皮卡改装而来的车型，为躲避城市限行政策，在 SUV 市场发展初期，曾起到重要作用，销量也曾占据国产 SUV 市场的半壁江山。随着进口车型国产化和升级换代而来的中档车型的挤压，几年来已逐步走向衰退，在国内车市急剧膨胀发展的 2009 年，大幅下滑是必然趋势（见图 13）。

小型 SUV 价格低、排量小，主要与低端轿车竞争。在购置税减半、汽车下乡双重政策刺激下，加之市场存在有部分热衷的用户群，表现良好。

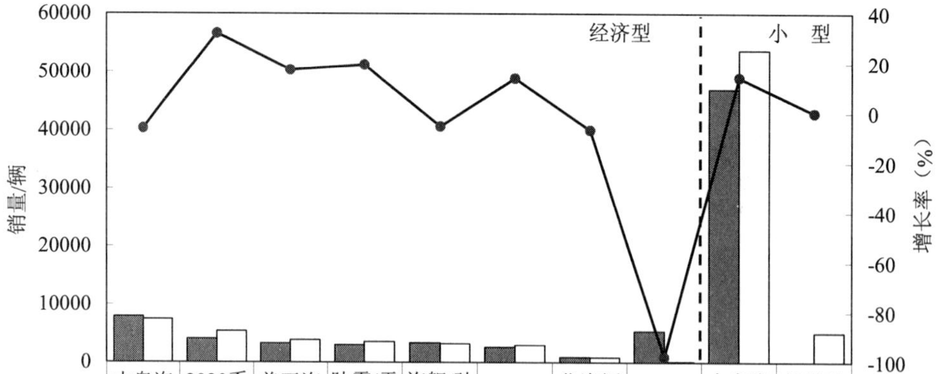

	吉奥汽车	2020系列	美亚汽车	陆霸/雷驰	旗舰/驰野	宝威	北汽福田	赛系列	众泰汽车	长城迷你
2008年	7902	4072	3302	3021	3415	2589	884	5391	46980	0
2009年	7423	5380	3878	3611	3236	2953	825	113	53710	5100
增长率	-6.1	32.1	17.4	19.5	-5.2	14.1	-6.7	-97.9	14.3	0.0

图13 国产中档SUV分车型销量及增长率

三、SUV 市场未来发展趋势

1. SUV 在中国的发展历程

SUV 在中国的发展历程可以分为三个时期：导入期，起步—成长期，成长—成熟期。这三个时期的主要特点如下：

导入期（2000 年前～2002 年）：国内没有 SUV 的概念，都是以越野车的名义出现。

起步—成长期（2003～2004 年）：2003～2004 年，被业内称谓是国内 SUV 的“元年”，厂家明确导入 SUV 概念，大量越野车型进入，部分车型相继退市，但没有明显的市场细分。

成长—成熟期（2005～至今）：2005 年后，各类型的 SUV 定位明确，用户群体相对清晰，进入车型以城市型为主时期，越野车型市场份额已大幅萎缩至不足 10%。

2. 未来 SUV 车型的发展取向

随着经济和消费环境的变化、消费观念的日益成熟、需求的多元化发展等，SUV 市场将更为细化，主要分支可分为：越野型 SUV、城市型 SUV 和跨界车型。

城市型 SUV 分支，它首先保留了 SUV 的特色，兼具了 MPV 诸多的优势，又在很多因素方面向轿车靠拢；目标用户为大众和部分行业用车，市场份额占总量比重90%左右，是市场的主导者。

越野型 SUV 分支，目标用户为行业特殊用车和越野用车，市场份额退缩到10%左右，但市场需求相对稳定。

需求的多元化，催生交叉型 SUV 的出现。从特征来看，属于城市型 SUV，但更具多元化特征，也是今后市场发展研究的重点。

3. 未来 SUV 市场客户群变化

2004 年以 CR-V 为代表的城市型 SUV 的投放，是 SUV 车型用户发生变化的转折点。从先前的行业和政府机关及越野爱好者较快地扩大到家庭和个人，从而市场销量得到大幅提升。

四、对 SUV 市场的思考和展望

1. 对国内 SUV 市场发展前景的判断和分析

国内 SUV 市场仍处于成长—成熟期，国内 SUV 市场还将保持稳定较快速的增长。

（1）需求的多样化　中国幅员辽阔，人口众多，造成丰富的地貌和多层次的消费群体，再加上东、中、西部区域经济发展的差异化，带来需求的多样化，尽管在全球性的油价普涨或过山车似震荡的情况下，国内 SUV 仍然保持较大幅度增长。由此可见，国内 SUV 的崛起映射了我国汽车消费正在迅速向多样化趋势转变。

（2）技术升级　在发达国家，SUV 车型都经历了多年良好的成长阶段。西风东渐，如今的 SUV 今非昔比，通过技术提升和降低排量，改变了传统 SUV“油老虎”的形象。加之吸取轿车的舒适性和 MPV 的大空间，更多全新概念的 Crossover 车型纷纷面世，使国内 SUV 市场持续焕发着新的生机和活力。

（3）消费观念和能力的升级　在中国 SUV 的用户定位在事业有成，追求生活品质，喜欢越野或旅行的精英人士，他们有着超前的消费理念和实力。拥有进口高档豪华 SUV 如今已成为国内富豪显示其身份和品位的象征；迅速崛起的“80后”一代庞大的消费群体对国内中高档 SUV 也有着强劲的需求；他们不满足轿车造型和性能上的传统和平庸，可以说中高档 SUV 正在分食一部分中高级轿车的市场。

（4）相对宽松的使用环境 国内相对较低的油价，再加之这部分群体原本就对油价不甚敏感；国家亦尚未出台对大排量豪华汽车严格的限制政策；在2009年没有任何国家优惠政策支持的情况下，中高档 SUV 依然能逆市大幅增长，随着经济的恢复性增长，可以预见，其发展速度还会加快。

（5）厂商重视 几乎所有各类型企业都看好SUV市场的发展前景，纷纷以不同方式进入国内的SUV市场。国内企业和外资企业全面谋划进入国内SUV市场，SUV市场已成为乘用车竞争角逐的第二战场。

2. 对未来几年国产SUV市场年销量的预测（见图14）

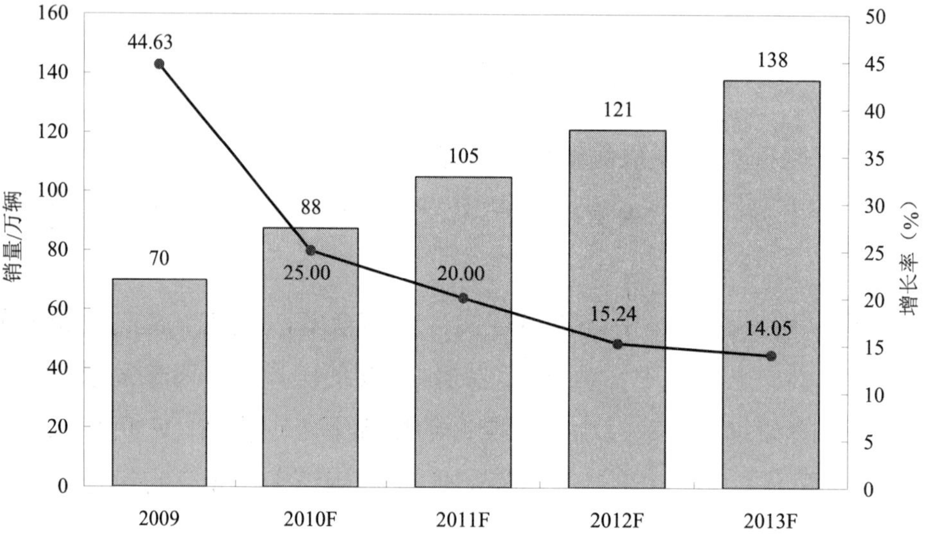

图14 未来几年国产SUV市场年销量及增长率预测

（1）国内 SUV 市场 鉴于上述对国内 SUV 市场未来发展趋势还将持续稳定较快增长的阐述和分析，未来3～5年期间，国内SUV整体市场的TIV发展趋势仍将会保持略高于狭义乘用车的平均增速。

（2）进口 SUV 市场 未来的3～5年内，进口汽车市场总体还会保持平稳增长。但是，近一段时期相关政策变化对市场可能会带来影响。主要政策：商务部对原产美国的进口汽车产品开展“双反”调查；“构成整车特征进口零部件管理办法”宣布取消后的一些政策变化等。

（作者：帖福祥）

2009年MPV市场分析与2010年市场展望

一、2009年MPV市场总量变化情况

1. 汽车市场概览

2009年是令人难以忘怀的年份。年初，蔓延全球的经济危机给汽车行业带来了巨大冲击，国内经济在一揽子政策刺激作用下，汽车市场出现了前所未有的高速增长。国家先后出台了多项启动汽车消费的政策，如成品油税费改革、养路费取消、小排量购置税减半、《汽车振兴规划》出台、汽车下乡、以旧换新等，在多个密集型措施实施下，国内汽车销量强力反弹，成就了国际上“一枝独秀”的汽车大市场。到2009年10月20日，国内汽车销量超过了具有历史意义的1000万辆。2009年1～11月份国内汽车销量已经达到了1223.05万辆，同比增长2.39%，平均月度销量达111万辆，预计2009年全年可达1350万辆，大大超过了美国、日本等汽车强国的销量，成为名副其实的第一汽车消费大国。反观世界其他经济体，汽车市场发展极不平稳，汽车销售增长率均为负值（见表1）。

表1　2009年1～10月份各主要国家汽车销量比较

国别	2009年1～10月份销量/辆	同比增速（%）
美国	879	-25.6
日本	380	-13.8
英国	169	-18.7
法国	216	-1.6
中国	1223.05（2009年1～11月份销量）	42.39

2009年还是兼并重组事件频发的年份，在6月1日通用汽车重建启动后，腾中重工收购悍马、吉利成沃尔沃首选竞购方、巴菲特入股比亚迪、新长安汽车集团成立都成了2009年业界的重头戏。

国内汽车需求的迅猛增长，不仅在于政策的促进，还在于社会经济发展到一

定水平后，居民消费升级所致。据中国社科院的《社会蓝皮书》介绍，2008年我国人均GDP为3313美元，2009年按照GDP增长8%计算，人均GDP将达到3500美元左右。按国际惯例，当人均收入超过3000美元时，可以说总体上已经达到小康的居民消费阶段，住房和汽车等大额家庭消费开始进入普及阶段。2009年汽车消费的超高速增长（高出GDP增长4～5倍），是继2002～2003年后的第二次高增长。2009年的高速增长，可以说有两个原因：一是补偿2008年下半年金融危机时期消费量的萎缩和不足，属于恢复性消费；二是经济内生的增长动力作用的结果。

2. MPV市场概况

回顾2009年国内乘用车市场，2009年1～11月份，狭义乘用车销售744.65万辆、同比增长43.8%，轿车销售664.93万辆、增长44.9%，占狭义乘用车的89%；SUV也复现高速增长的态势，销量达57.95万辆，同比增长42.5%；MPV销售21.76万辆，同比增长18.6%，而占比却被压缩到2.9%（见表2）。2009年MPV市场经历了上半年的负增长和下半年的恢复性增长的市场特征。2009年9月份，单月销量达到了2.6万辆，同比增长76%，环比增长31%；2009年11月份销量更上一层，达到2.7万辆，同比增长92%，环比增长19.5%。

表2　2009年各车型销量增长对比

车型	2008年11月份销量/辆	2009年11月份销量/辆	同比增长率（%）	2008年1～11月份销量/辆	2009年1～11月份销量/辆	同比增长率（%）
轿车	389560	754201	93.6	4588256	6649319	44.9
MPV	14437	27727	92.1	183463	217651	18.6
SUV	34997	71426	104.1	406837	579555	42.5
合计	438994	853354	94.4	5178556	7446525	43.8

MPV月度销量走势说明2009年上半年的曲线与2008年的反复重叠，2009年下半年开始“腾飞”了，而季度销量曲线则表明，2008年的下半年是谷底，2009年下半年以来的漂亮U型上升图，说明MPV走出低谷，恢复正常增长。2009年四个季度中，分别以4万辆、5万辆、6万辆、7万辆的台阶逐步上升，第四季度的同比增长甚至可达30%。

按中汽协统计，在列的国产 MPV 产品有 29 个，除了开迪和菱绅停产，迷迪、帅克入市，实际面向市场供应的是 27 款车。2009 年 1～11 月份国产 MPV 共销售 21.7 万辆，同比增长 18.6%，2009 年仅 9 款车实现销量负增长，其他产品均在下半年出现反弹。与“风起云涌、如火如荼”的轿车市场相比，MPV 市场呈现的是产品偏少、换代不多、价格稳定、份额被挤占等特点。

二、国内 MPV 市场特征

1. MPV 优惠幅度狭小，交易均价稳定

2009 年整个狭义乘用车市场价格保持了多年未见的稳定取向。同样，MPV 的市场价格也比较平稳。据朗驰华擎咨询公司研究发现，2009 年 11 月份 MPV 级终端优惠指数为-0.72，较 10 月份同期下降 0.08，级别整体优惠增加了 100 元。

2009 年 11 月份 MPV 市场保持较平稳，各车型均有针对性的开展降价促销活动吸引更多消费者，冲击年终销量目标。MPV 级市场均价从 17.96 万元下降到 17.80 万元。

2. 小排量需求明显

2009 年由于政策措施到位，即使是在 MPV 细分市场中，小排量车型也成了新宠。从 2009 年 1～11 月份销量看，1.0～1.6L 排量的车型市场占有率上升了 2.5 个百分点；1.6～2.0L 排量的车型也上升了 2.3 个百分点（见表 3）。

表 3　不同排量的 MPV 销量对比

排量/L	2008 年 1～11 月份销量/辆	2009 年 1～11 月份销量/辆	同比增长率（%）	2008 年市场占有率（%）	2009 年市场占有率（%）	市场占有率变化（%）
1.0～1.6	16699	25287	51.4	9.1	11.6	2.5
＞1.6～2.0	46503	60182	29.4	25.4	27.7	2.3
＞2.0～2.5	93265	102809	10.2	50.8	47.2	-3.6
＞2.5～3.0	26951	29373	9.0	14.7	13.5	-1.2
合计	183418	217651	18.7	100.0	100.0	0.0

3. 跨界车对 MPV 的侵食

跨接车是近年来新兴的车型，它在设计时就考虑了车型的宽敞和多变化性，故得到市场的青睐，它们的存在也一定程度上抢夺了 MPV 的市场需求。目前市

场上比较典型的跨界车有骊威、天语、CrossPOLO、逍客、赛马、北斗星等，2009年1～11月份，跨界车销量达24.36万辆（见图1），同比增长42.1%，高出MPV的增长一倍以上。

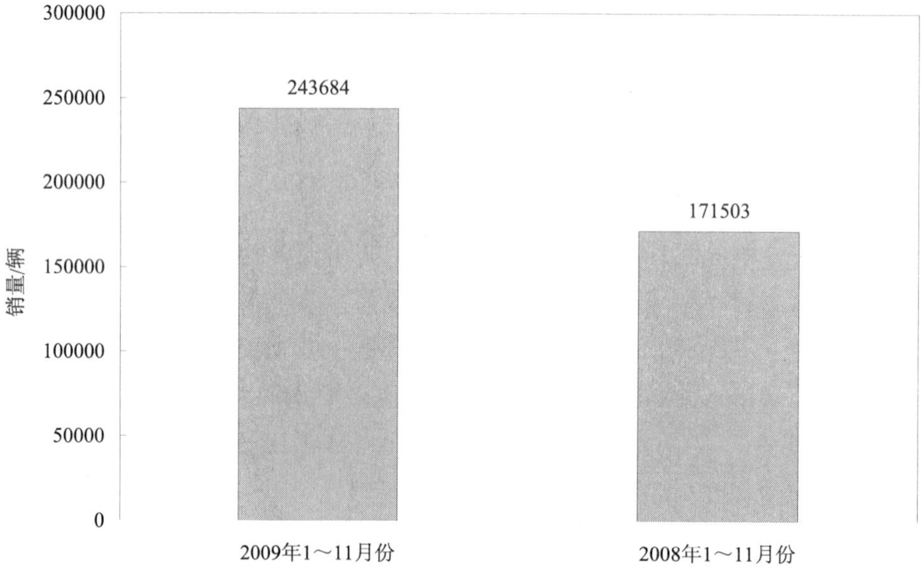

图1 跨界车销量比较

4. “国进洋退”现象初现

MPV按其用途和品牌来源可以分为四类，即合资商务、合资兼用、自主商务、自主兼用。从品牌来源来看，合资MPV（合资商务、合资兼用）销量达8.2万辆，仅占37.7%，市场占有率在2009年下跌了8.4个百分点；自主品牌MPV（自主商务、自主兼用）销量达13.5万辆，市场占有率达到62.3%（见表4）。由此可见，MPV市场也在上演着一场“国进洋退”的大戏，比如一汽吉林生产经营的大发森雅，2009年9月份并归一汽品牌，现与大发的关系只剩技术转让一项了；海马2009年年底刚上市的新普力马，又是一款经过海马精心打造的有完全自主知识产权的MPV；还有采用丰田技术和装备的阁瑞斯；瑞风早已揭下现代的标志，成为了自主品牌中的生力军，这一进一退，表明国内企业在掌握技术、把握质量的过程中，形成了自己的独特品牌影响力，掌握了市场运作的主动权，这是值得我们观察的业界新气象。

表 4 各功能 MPV 所占比例

不同功能	2008 年 1～11 月份销量/辆	2009 年 1～11 月份销量/辆	2008 年所占比例（%）	2009 年所占比例（%）
合资商务	37707	34851	46.1	37.7
合资兼用	46905	47227		
自主商务	73080	90288	53.9	62.3
自主兼用	25771	45285		
合计	183463	217651	100.0	100.0

三、MPV 各子市场评述

1. 合资品牌 MPV

2009 年经济经历着前低后高的走势，2009 年 1～11 月份，合资 MPV 销量仅 8.2 万辆，同比下降了 3%，其中别克 GL8 陆尊销量 3.3 万辆，占该子市场的 41.1%（见表 5）。

表 5 合资 MPV 销量及占比

车型	2008 年 1～11 月份销量/辆	2009 年 1～11 月份销量/辆	增长率（%）	2009 年市场占有率（%）
GL8	33626	33706	0.2	41.1
奥德赛	27254	24652	-9.5	30.0
途安	11166	16677	49.4	20.3
S-max	3759	4228	12.5	5.2
骏逸	3517	1668	-52.6	2.0
嘉华	1085	695	-35.9	0.8
大捷龙	2185	290	-86.7	0.4
凯领	766	160	-79.1	0.2
菱绅	1209	2	-99.8	0.0
开迪	45	0	-100.0	0.0
合计	84612	82078	-3.0	100.0

高档商务车与国民经济是高度相关的车型，GL8 从 2009 年 6 月份起，月度销量才跨上 3000 辆台阶；奥德赛是当之无愧的兼用型 MPV 老大，定位于多用途轿车，适合家庭和商务用车，不过在 2009 年 8 月份新奥德赛上市之前，它一直在为老款车型清库，2009 年下半年才疾速追赶；途安是合资品牌中惟一逆势增长的车型，2009 年 6 月份创造了历史新高，跨上 2000 辆台阶，前景甚好；东风日

产的骏逸自上市以来一直表现不好，与其同门兄弟骊威有高度相关性，自骊威上市后，骏逸销量明显下降；S-max 的定位不太适合现时的中国市场，如果打兼用型的市场，则车型太大，如果向商务类靠拢，则运动导向的 S-max 不符合这一定位；嘉华的专机定位没有得到国内用户的认同。

2. 自主品牌 MPV

在狭义乘用车三大车型中，唯有MPV的自主品牌是最为强大且占比超过60%的车型。自主品牌 MPV 目前有 18 个品牌，它们在经济一片萧瑟中健康成长，2009年 1～11 月份销售 13.5 万辆，增长 37%，远高于 MPV 平均增幅，占整个 MPV 销量的 61.7%。在经济不景气时期，用户对购买的目标车型预算减少，自主品牌也成了比较划算的选择，这在商务类 MPV 中表现特别明显。

2009 年以来，以瑞风为首的国内自主品牌商务类 MPV 销售直线上升，成为顺势而为的明星产品，瑞风销量占到了自主品牌 MPV 的近 1/3，位列第二、第三的是东风风行和奇瑞优雅，瑞风、风行、优雅三车占了全部自主品牌 MPV 的 54%，集中度也相当高。除了商务类 MPV 瑞风、风行、阁瑞斯、东方之子 Cross 等外，在该子市场中，新品销售比较旺，如迷迪、嘉誉、蒙派克、优雅等，涨幅都在 80%以上；老产品推新款也受欢迎，如 2009 年 9 月份，阁瑞斯创变格局，在成都车展上推出了高性能休闲 MPV 阁瑞斯睿翔，价格为 15.98 万元；森雅 2009 年 9 月份换标入赘一汽，进入自主品牌阵营，一时成为 2009 年 MPV 业界的热议话题，换标后的森雅 M80 零售价大幅下降，选择车型也更多，为市场所看好；迷迪是北汽福田 2009 年上市的新品，现已在自主品牌中排名第八；郑州日产帅克也是应其灵活的营销政策“百城万人免费使用大行动”而销量迅速窜红。其他品牌虽然多，但品牌认知度比较低（见表 6）。

表 6 自主品牌 MPV 销量及占比

车型	2008 年 1～11 月份销量/辆	2009 年 1～11 月份销量/辆	增长率（%）	2009 年市场占有率（%）
瑞风	34151	43129	26	32
风行	13064	14729	13	11
开瑞优雅	7229	14686	103	11
阁瑞斯	10703	13158	23	10
东方之子 Cross	8616	7549	-12	6
景逸	5471	6347	16	5

（续）

车型	2008 年 1～11 月份销量/辆	2009 年 1～11 月份销量/辆	增长率（%）	2009 年市场占有率（%）
森雅	4642	6076	31	4
蒙派克	2428	6012	148	4
嘉誉	784	5573	611	4
迷迪	104	5211	4911	4
普力马	3342	3644	9	3
御轩	1434	2518	76	2
CM8	2252	2124	-6	2
帅克	0	1253	—	1
开瑞	1810	992	-45	1
自由风	874	948	8	1
风尚	697	835	20	1
杰勋	484	633	31	0
骐菱	766	156	-80	0
合计	98851	135573	37	100

3. 国产 MPV 四大车型的销量分析

瑞风、GL8、奥德赛和途安前四大车型的销量合计达 11.8 万辆，约占国产 MPV 销量的 55%，比 2008 年同期下降了两个百分点，说明 2009 年销量有所分化，但仍不失为集中度很高的子市场。从用户流向来看，瑞风 96%为公商务用途，GL8 商务和私人用途为 8∶2，与途安正好反之，为 2∶8；奥德赛则是 4∶6。它们都有着自己鲜明的市场特点和目标用户（见图 2）。

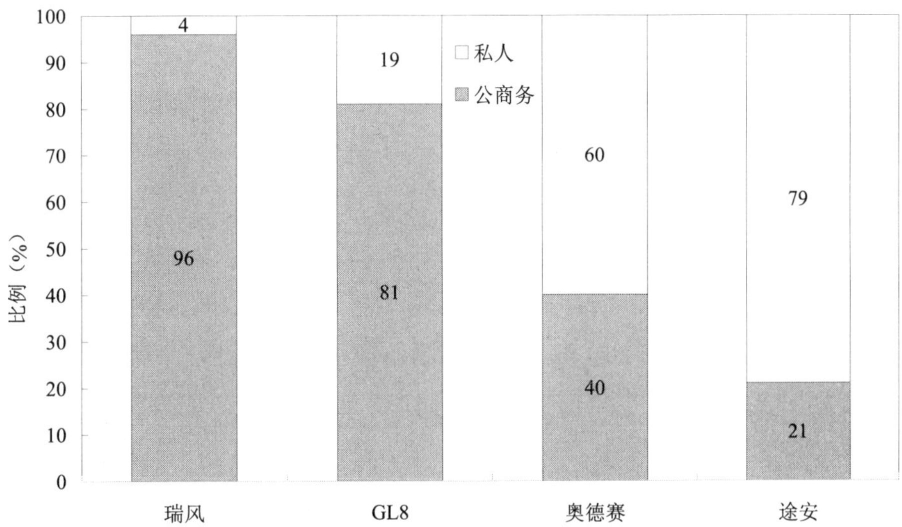

图2 前四大MPV车型用户流向

4. 国内MPV区域流向分析

从上牌数看，MPV一般流向经济发达地区，2009年1～11月份的累计销量在1万辆以上的七个省市，分别是广东、江苏、山东、浙江、北京、河南、上海等，其中广东销量占了18.5%，这七省市销量占了全部MPV销量的60%，集中度超高。途安和GL8都算是上海的本地产品，加上上海的人均GDP已经超过7000美元，所以在上海上牌数中，途安和GL8销量居多，而广东、北京等地区，是以兼收并蓄为市场特征的区域，瑞风、风行、奥德赛、GL8等均受到市场青睐。

5. 进口MPV的消费税影响依旧

2008年9月份，实施新消费税后，冲击了以大排量为主的进口MPV市场，2009年1～10月份进口MPV销量达2.35万辆，出现了同比13%的增长，2009年最后两个月有加速销售的趋势。预计2009年全年销量可达2.6万辆。但从排量分析看，小于2.0L的进口MPV占50%以上，主要来自韩国，有代表性的车型是现代Carens；其次是日本车，如三菱的Grandis、丰田的Previa。

四、2010年市场展望

2009年在“保增长、调结构、促改革、惠民生”的方针指导下，GDP预期将达到8.3%，在此条件下，预计全年汽车销量可达1350万辆，狭义乘用车将达830万辆，其中国产MPV约占乘用车的2.9%，即达到24万辆，比2008年增长约24%，如果加上进口MPV销量，去除少量出口数，约可达26万辆。

随着经济的企稳回升，2010年中国经济将现高增长格局，国际知名机构预计中国GDP将可增长9.7%，CPI增长在3%以下。经济增长的动力主要来自于国内市场，政府将继续实施积极的财政政策和适度宽松的货币政策。中国已经进入了工业化后期，以汽车为代表的耐用消费品的快速增长代表了中国消费进入到了一个新的阶段。鉴于2010年小排量购置税优惠政策仍将继续，笔者预计2010年MPV除了商务活动用途外，家庭用途MPV的需求也将开始启动。这样，MPV的需求量将有较大的飞跃，预计可达28万～29万辆。另外，2010年可能出现的新品有主攻高端的七座马自达8、江淮和悦MPV、海马H2、比亚迪M6等，它们将与现有的产品一起，支撑起2010年MPV市场的需求和增长。

说明：除特别标注外，本文数据均来自中汽协《产销快讯》

（作者：唐奕奕）

2009 年自主品牌乘用车发展现状分析及 2010 年展望

一、2009 年自主品牌乘用车发展现状分析

2009 年 10 月 20 日，这一天注定载入中国汽车发展的史册，在这一天， 2009 年中国第 1000 万辆汽车在长春下线。这一年，也注定载入世界汽车发展的史册，2009 年全年中国汽车产销量双双超过 1350 万辆，首次超过美国，成为全球第一大汽车消费市场。2009 年的中国汽车市场成为了全球汽车市场的亮点，而其中乘用车市场的发展更是令人瞩目，乘用车市场全年销售超过 840 万辆，同比增速超过 47%。

2009 年对中国乘用车市场来说是不平凡的一年，而对自主品牌来说是令人振奋、让人欢呼的一年。自主品牌全年销量突破 260 万辆，同比增长超过 60%（见图 1)，一年内自主品牌增长超过百万辆。中国的自主品牌形成了一次极大的历史跨越，自主品牌从 2001 年的 20 万辆到 2009 年的 260 万辆，用了九年的时间，却完成了 10 倍的增长，增长速度实属罕见。自主品牌份额再次在中国乘用车市场中占据第一位，并且首次突破 30%，达到 31%，创历史最好业绩。

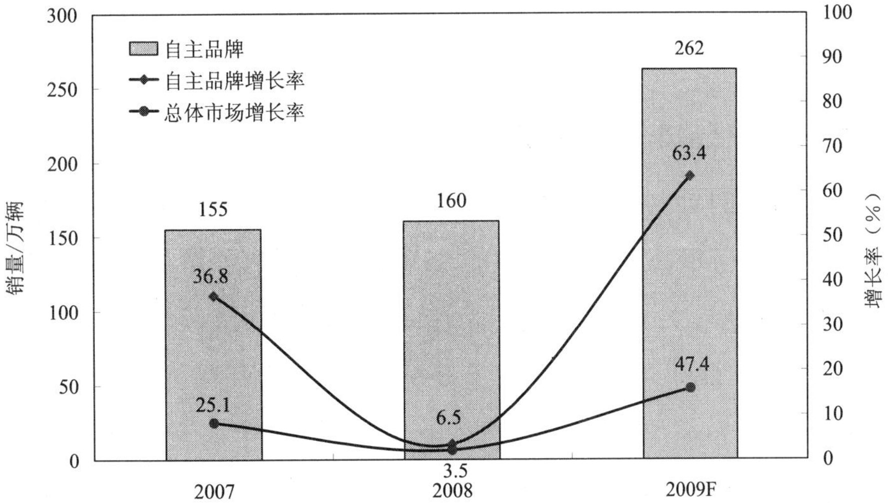

图1 2007～2009年乘用车市场与自主品牌的销量和增长率

（注：数据来源于全国乘用车联席会）

2009 年自主品牌取得了相当好的业绩，而其一年的发展也呈现以下几个特点：

1. 份额呈“头尾高，中间低”的走势

以 2009 年分季度的份额走势来看，呈“头尾高，中间低”的 U 型态势，第一季度达到 32.5%，达历史最好水平，而第四季度自主品牌再一次形成历史突破，刚好占据整个乘用车市场的 1/3 份额（见图 2）。

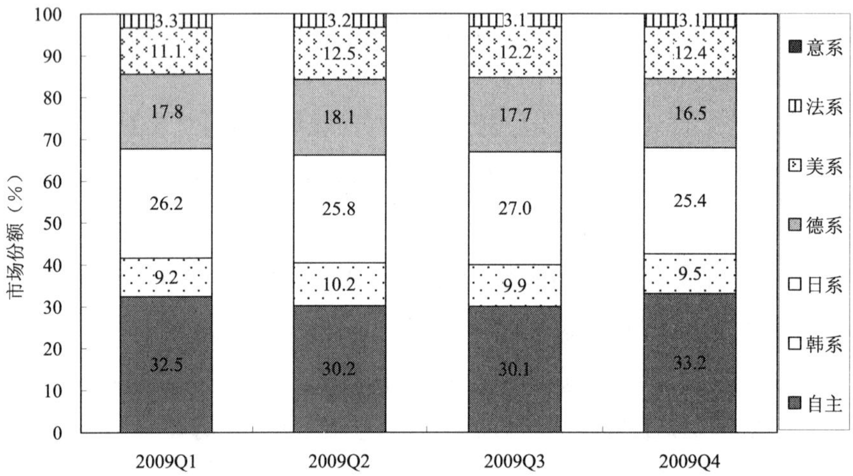

图2 2009年分车系市场份额走势

（注：数据来源于全国乘用车联席会）

2. 自主品牌在低端车市场的地位得到稳固和加强

从各级别市场的自主品牌的增长情况看，2009 年 A 级及以下车型中自主品牌的销量达到 220 万辆，占总体销量的 85%以上，由此可见，自主品牌的销量主要来自于低级别车型。2009 年自主品牌在低级别车型中继续扩大优势，其中自主品牌 A 级车增速达 80%，份额由 25%上升至 28%，自主品牌 A0 级车增速达 43%，份额由 46%上升至 49%，而在 A00 级车中，自主品牌占据绝对的市场主力地位，并且在 2009 年实现了销量翻番的增长，增速达 106%，而份额也由 2008 年的 59%拉升至 70%，增长幅度达 11 个百分点（见图 3）。

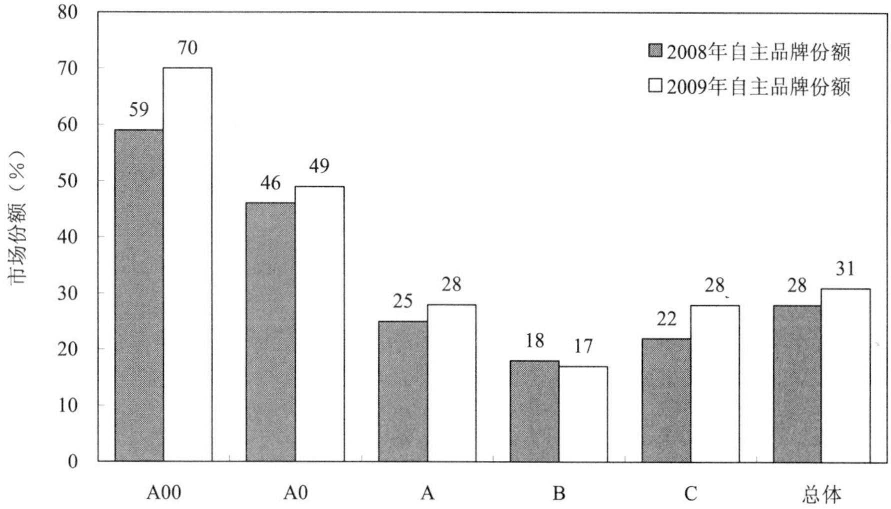

图3 自主品牌各级别乘用车市场份额变化情况

（注：数据来源于全国乘用车联席会）

从排量角度看，特点也相当明显：自主品牌在 1.0L 以下市场占据绝对的市场地位，并且在 2009 年这种地位得到了进一步巩固，份额上升至 88%。在 1.0～1.6L 也得到进一步的增长，份额由原来的 28%上升至 30%。1.6～2.0L 也出现了 3%的增长（见图 4）。从各排量段的同比增长率来看，排量越低增长越快，排量越大增长越慢。在 2.0L 以上车型中，自主品牌甚至出现了大幅的下滑（见图 5）。

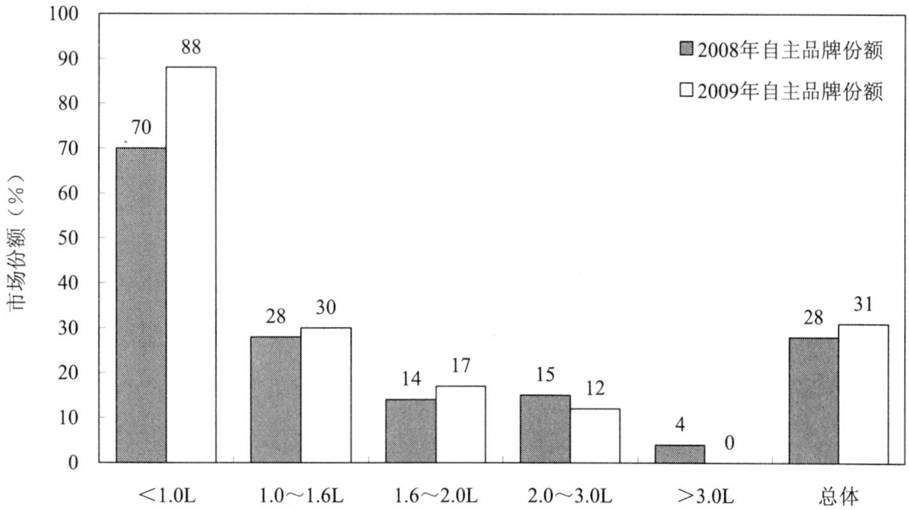

图4 自主品牌各排量段乘用车市场份额变化情况

（注：数据来源于上牌数）

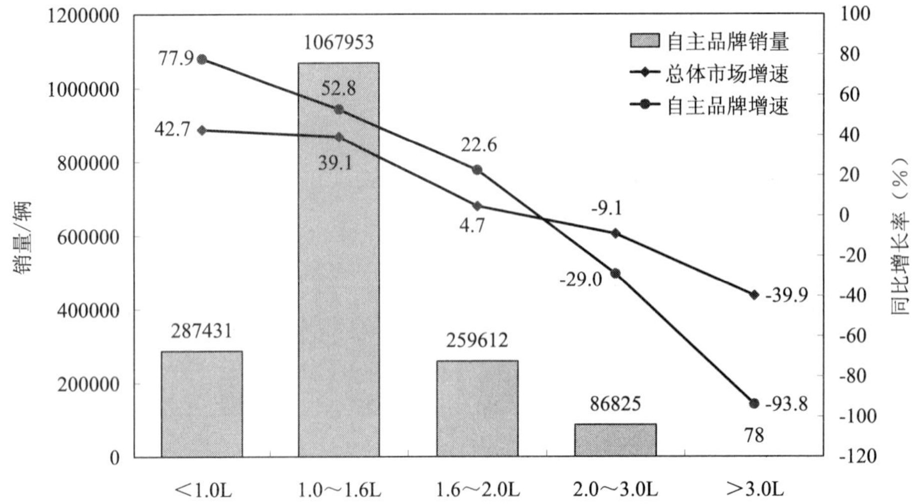

图5 2009年自主品牌各排量段乘用车销量及同比增长率

（注：数据来源于上牌数）

3. 三级市场已经发展成为自主品牌的重要市场

根据全国乘用车在各区县的上牌数，由高到低的销量将各省市的区县划分为1～4级市场，年销量在1700辆以下的区县属于三级市场，也就是月销量在150辆以下的区县，这种区县在中国超过1400个。而这种市场在前几年消费水平比较低，从比重来看，2004年三级市场比重只占到18%左右，而经过五六年的发展，在2009年比重已超过三成，这类市场已经与一、二级市场平起平坐，随着经济的发展，三级市场的发展潜力仍将巨大，相对而言，自主品牌更加符合这级市场的消费需求，在可以预见的将来，自主品牌在这类市场将有更大的发展。

虽然自主品牌在2009年取得了一定的成绩，但也不能光看成绩，而忽略自主品牌在发展过程中存在的一些问题：

（1）自主品牌的抗风险能力较弱，对政策的依赖性较强　2001～2009年这九年间，中国乘用车市场处于一种较快速度发展的状态，市场顺利的时候，自主品牌可以有好的发展，甚至可以超过整体市场的增长水平。但这其中2004年和2008年出现了例外，市场增速突然下降，2003年，整体乘用车市场增速超过70%，而到了2004年增速突然下降至16%，虽然这个增速并不低，但对习惯了50%的年增长的中国汽车市场来说是不习惯的，尤其是对自主品牌来说，这年的增速基本停滞；而在 2008 年受世界金融危机的影响，2008 年 7 月份车市出现了下降的趋势，自主品牌对这种危机的反应更加敏感，历史惊人的巧合，增速也都在 3% 左右（见图 6）。

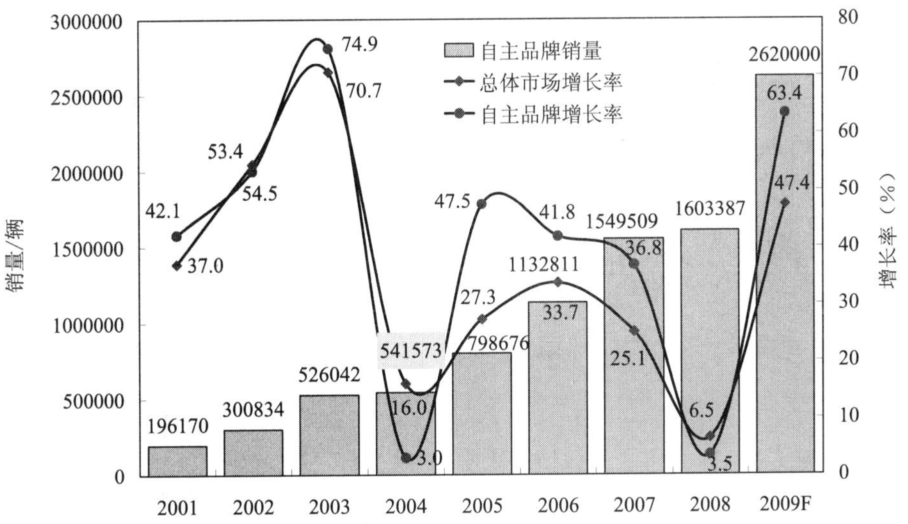

图6　2001～2009年自主品牌的销量与增长率

（注：数据来源于全国乘用车联席会）

2008 年年底中国开始实施燃油税，同时，油价大幅下调，取消养路费。2009 年 1 月 20 日开始至 12 月 31 日，1.6L 以下车型购置税减半征收；3 月 1 日开始实施汽车下乡政策。

这些政策无疑成为导致 2009 年乘用车市场火暴的重要原因，由于这些政策更加利好于自主品牌；2009 年上半年，尤其是第一季度，自主品牌汽车出现了远高于整体市场的增长，到了第四季度，由于购置税政策到期的缘故，乘用车市场更是出现火暴局面，到处出现了断货的现象，而购置税政策对自主品牌的潜在消费者来说更是促成其年底消费的一个重要原因。自主品牌的份额在年底几个月不断地创历史新高。不能说出现这些现象是由于政策的一个原因造成的，但可以说自主品牌更依赖于这些政策的实施（见图 7）。

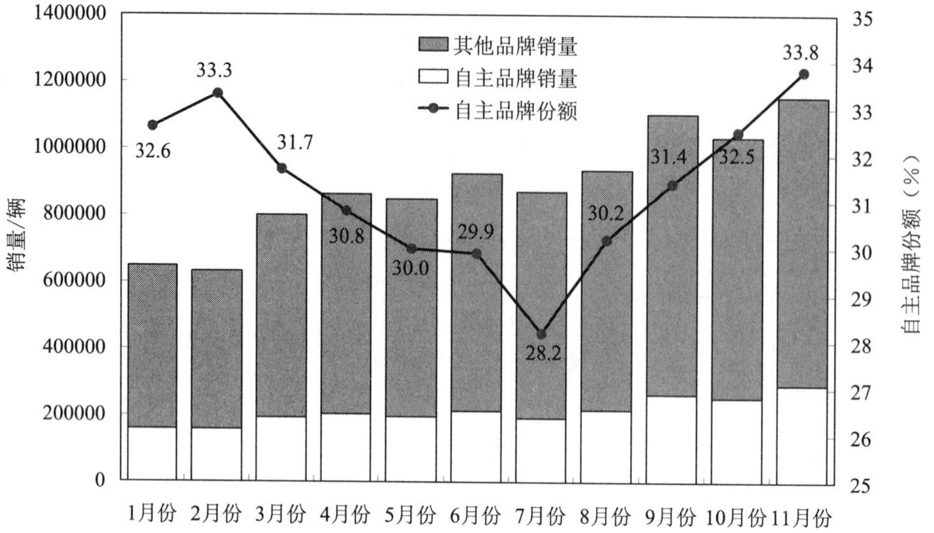

图7 2009年月度自主品牌销量及份额变化

（注：数据来源于全国乘用车联席会）

（2）有很多新车上市，但对销量有贡献的不多　截至2009年10月底，我国乘用车市场共上市48款新车（含全新及大换代车型），其中有25款是自主品牌车型，占比超过一半（见表1）。由此可见自主品牌的新车投放力度。但这么大的新车投放力度对市场的拉动效果如何呢？总体市场的销量增长主要来自于新车的上量，2009年1～10月份乘用车整体市场增长190万辆，其中新车贡献110万辆，贡献度接近六成；而自主品牌的新车贡献度仅在四成左右。

表1　2009乘用车上市新车数量

车系	新车上市数量/款	2009年新车上市比重（%）
自主	25	52.1
韩系	3	6.3
日系	7	14.6
德系	4	8.3
美系	5	10.4
法系	4	8.3
合计	48	100

（3）产品集中于低端市场，中高端市场未形成突破　自主品牌在低端轿车

市场占有率有较大提升，A 级及以下车型占有率在整体市场中都有不同程度的上升，但在 B 级轿车的占有率却出现了下滑（见表 2），未形成突破。

表 2 2009 年自主品牌轿车占有率变化情况

单位（%）

级别	2008 年占有率	2009 年占有率	占有率变化
A00	60.2	69.0	—
A0	42.5	45.2	—
A	23.5	27.8	—
B	9.4	9.3	-0.1

从自主品牌 B 级轿车车型看，仅比亚迪 F6 出现了上升（MG7 属于刚上市的新车），而其他所有自主品牌 B 级车占有率都出现了下滑（见表 3）。

表 3 2009 年自主品牌 B 级轿车分车型占有率变化情况

单位（%）

自主品牌 B 级轿车	2008 年占有率	2009 年占有率	占有率变化
比亚迪 F6	0.9	3.5	—
MG7	0	0.2	0.2
东方之子	0.6	0.2	-0.4
奔腾 B70	4.2	3.7	-0.4
荣威 750	1.2	0.8	-0.5
宾悦	0.9	0.3	-0.6
尊驰	1.4	0.8	-0.6

二、2010 年自主品牌乘用车的展望

数据显示，2008 年年底中国汽车千人保有量已超过 21 辆，根据规律，中国已进入乘用车市场发展的起飞期，在未来的 5～10 年，乘用车市场将继续保持较快速度的发展。

中国乘用车市场的发展除受发展规律这种长期因素的影响外，还将受经济和政策等短期因素的影响。而根据各大机构的预测，2010 年中国经济仍将保持较快的增长，从政策方面看，新的购置税政策方案对市场仍有促进作用，对自主品牌

仍有相当的利好，还有政府采购等一些对自主品牌倾斜性的利好政策支撑。

基于以上的判断，2010 年自主品牌乘用车容量预计突破 310 万辆，增速在 20%左右。

（作者：卢华平）

2009年低速汽车市场分析与2010年展望

一、低速货车、三轮汽车年产销双双呈现正增长

2009年，低速汽车总产销量分别达到223.17万辆和221.65万辆，同比分别增长11.11%和10.5%。其中，低速货车产销量为50万辆和49.36万辆，同比增长17.87%和16.97%；三轮汽车产销量为173.18万辆和172.29万辆，同比增长9.30%和8.78%。2009年低速货车和三轮汽车（统称为低速汽车）产销双双增长，产销量和增幅均为2004年以来的较好水平（见图1）。

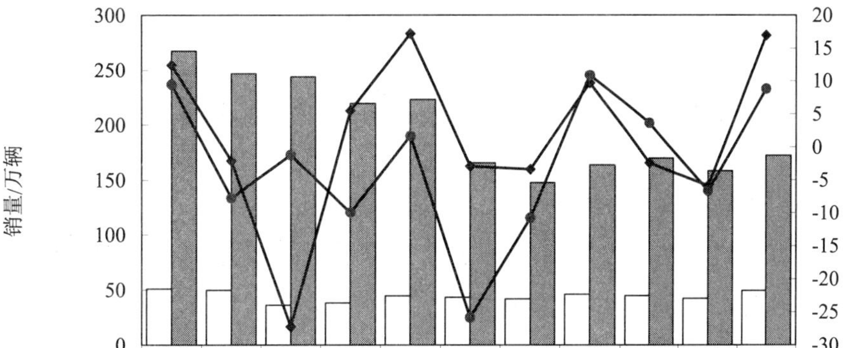

	1999	2000	2001	2002	2003	2004	2005	2006	2007	2008	2009
低速货车销量	50.74	49.67	36.13	38.11	44.67	43.36	41.89	45.94	44.83	42.2	49.36
三轮汽车销量	267.4	246.7	243.7	219.5	223.1	165.5	147.6	163.7	169.6	158.4	172.3
低速货车同比增速	12.43	-2.11	-27.26	5.48	17.21	-2.93	-3.39	9.67	-2.42	-5.87	16.97
三轮汽车同比增速	9.45	-7.74	-1.20	-9.95	1.67	-25.84	-10.79	10.87	3.63	-6.62	8.78

图1 1999～2009年低速货车和三轮汽车销量及同比增速走势

2009年初为应对经济危机的影响，国家出台了一系列拉动汽车市场的政策，农村市场中影响力最大的是“汽车下乡”活动。2009年1月，《关于减征1.6L及以下排量乘用车车辆购置税的通知》出台，1.6L及以下排量乘用车车辆购置税按5%税率征收，2009年1月14日国务院常务会议审议并原则通过《汽车产业调整振兴规划》，其中规定从2009年3月1日至12月31日，国家安排50亿元对

农民报废三轮汽车和低速货车换购轻型载货车以及购买 1.3L 以下排量的微型客车，给予一次性财政补贴，两项政策给微型客车市场带来了极大的利好；2009 年 6 月 4 日《关于加大汽车下乡政策实施力度的通知》、《汽车摩托车下乡实施细则》出台，政策调整和扩大了可获得补贴的车辆范围，对农民购置微型客车、轻型货车、微型货车、摩托车等直接给予政策补贴，政策实施进一步有效地拉动了农村市场，为 2009 年我国跨入汽车生产大国行列做出了贡献。

主战农村市场的低速汽车行业未能免于 2009 年世界金融危机的冲击和国内实体经济下滑的影响，2008 年下半年市场呈现出明显的萎缩。令低速汽车行业人士忧心的是低速货车和三轮汽车均未能企盼到任何方式的政策性补贴，低速汽车在价格方面的优势相对缩减，处于市场竞争的劣势地位，更多的希望寄于市场自身需求。通过业内的努力，凭借在农村市场 30 年来培养的对产品的认知度，并受益“汽车下乡”调动起的市场人气，低速货车和三轮汽车双双以增长走势结束了 2009 全年的生产。但取得的成绩与受政策惠顾汽车产品的一路高歌无法比拟，政策缺失对低速货车和三轮汽车在市场中占据的份额构成了一定影响。

二、三轮汽车、低速货车月度走势前高后低

1. 三轮汽车月度销量情况

2009 年 1 月份受春节假日放假和 2008 年市场低迷状态的影响，三轮汽车产销量仅达到 6.95 万辆和 6.77 万辆（见图 2），是三轮汽车自快速发展以来未曾见过的低开。进入 2 月份市场需求量猛增，月产销量分别达到 16.49 万辆和 16.55 万辆，环比增长 137.3%和 144.34%，同比增长 20.95%和 22.51%，月增长量为近五年来新高，三轮汽车市场人气回暖，市场需求明显回升。2009 年 3 月 16 日《汽车摩托车下乡实施方案》发布，3 月 20 日《汽车产业调整和振兴规划》由国务院正式公布，“汽车下乡”在前期宣传工作的铺垫中正式展开。由于微型客车的价格与三轮汽车接近，其产品在用作载人的同时还可以适当装载一定量的货物，购买微型客车直接获得补贴和减征购置税的双重利好使其销量快速攀升，三轮汽车市场受到冲击，用户的分流致使 2 月份出现的攀升趋势没能继续，3 月份三轮汽车销量为 18.32 万辆，环比增长 10.7%，同比为 6.53%的负增长。2009 年第一季度销售了 41.64 万辆，同比呈-4.54%的增长。

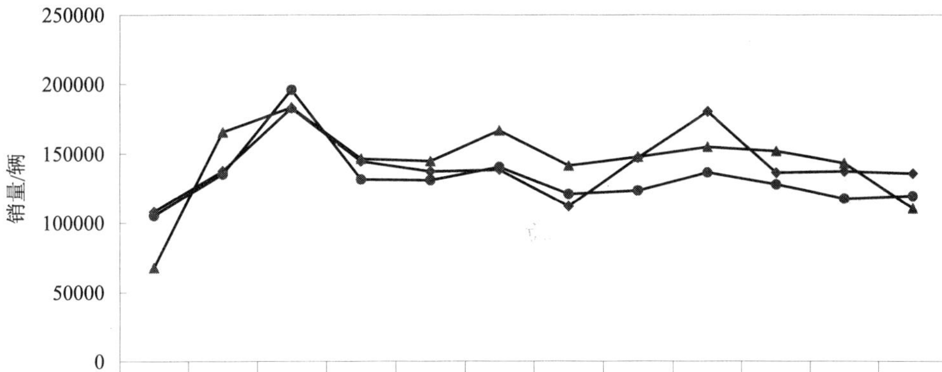

	1月份	2月份	3月份	4月份	5月份	6月份	7月份	8月份	9月份	10月份	11月份	12月份
2007	108148	137334	182706	144346	137070	138332	111937	147018	180269	136186	137118	135643
2008	105146	135071	195977	131430	130824	140382	120816	123360	136358	127716	117401	119288
2009	67723	165473	183177	146175	144636	166602	141368	147695	154782	151695	143127	110455

图2 2000～2009年三轮汽车月度销量走势图

基于三轮汽车在车辆的用途、价格、售后维修、车辆使用等方面具有的优势及“汽车下乡”前期“农民报废三轮汽车或低速货车并换购轻型载货车和微型客车”的政策实施收效不理想等因素，2009 年 3 月份，三轮汽车市场虽未能实现冲高，但下滑趋势也较为平缓，4 月份、5 月份、6 月份走势逐渐回稳上升至较好水平，第二季度销量达到 45.74 万辆，同比增长 13.60%。2009 年 6 月 4 日财政部等七部委印发《关于加大汽车下乡政策实施力度的通知》，进一步扩大了汽车下乡政策的实施力度，将直接购买轻型载货车和总质量在 1.8t 以下的微型载货车均纳入补贴范围。政策补贴范围加大，刺激农村市场消费的力度增强，随着政策的落实和补贴款发放率的增长，市场火爆局面频频呈现，获得补贴的车型业绩接连攀高。政策的调整和出台对用户选择产品的倾向产生了很大影响，三轮汽车用户分流愈加明显，企业库存量增加，2009 年 9 月份年中应呈现的第二轮旺季再度未能出现。伴随年终的临近，市场需求量减少，政策补贴实施将止的效应也助推了用户对汽车产品的选择，多方压力增大，三轮汽车在 12 月份形成明显拐点，销量低于 2008 年 12 月份同期的水平。

2. 低速货车月度销售情况

2009 年 1 月份，低速货车低起步开始，2 月份进入年中的第一轮销售旺季，低速货车购买需求明显释放，销量快速增长（见图 3）。3 月份、4 月份“汽车下乡”政策陆续出台后，市场活力进一步增强，虽然低速货车没有享有政策补贴，但在灵活的营销方式促进下也争取了部分市场份额，2009 年上半年市场需求稳定增长，销量达到 26.83 万辆，同比增长 11.82%，创下 2004 年以来的最好成绩。6 月份、7 月份《关于加大汽车下乡政策实施力度的通知》、《汽车以旧换新实施办法》政策相继发布，轻型货车和 1.8t 以下的微型货车直接纳入补贴范围，对提前报废老旧汽车、“黄标车”并换购新车实施补贴。面对购买轻型货车、微型货车享有政策直接补贴的待遇，低速货车在市场中的竞争实力削弱，上半年形成的上行走势未能更好地延续，第三季度走势渐显乏力，第三、第四季度产销率下跌至 97.01%、98.75%。

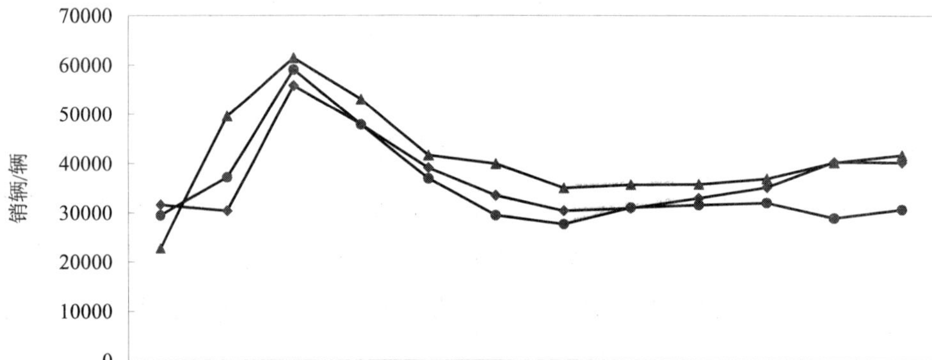

	1月份	2月份	3月份	4月份	5月份	6月份	7月份	8月份	9月份	10月份	11月份	12月份
2007	31624	30413	55776	47932	39066	33500	30399	30939	32968	35166	40333	40227
2008	29477	37165	59040	47853	36911	29476	27714	31076	31592	32038	28965	30706
2009	22754	49564	61401	53015	41634	39901	35020	35662	35775	36934	40195	41715

图3　2007～2009年低速货车月度销量走势图

政策的支持在当前中国汽车产业发展中起着至关重要的作用，低速汽车行业的发展同样不能缺失政策的扶持。2009 年低速汽车上半年月度产销走势向好证实了存在着市场良好的潜在需求，下半年走势好于 2008 年同期，是基于同期基数偏低，产销实现增长在情理之中。低速汽车目前虽然具备一定的市场支撑，但利空政策会使市场出现阶段性萎缩。

三、行业生产集中度继续提高

2009 年低速货车和三轮汽车生产集中度进一步提高，两者分别达到 80.07%

和 96.35%。进入前十位的企业占据的市场份额不断增大，低速货车增长了近 30%，有 8 家企业产量不同程度地高于上年同期水平，三轮汽车增长了 17.67%，其中 7 家企业产量实现增长，行业内实力较强的企业阵容已形成（见表 1 和表 2）。没有进行正常生产的企业数量继续增加，低速货车未上报生产数据的企业较上年增加了 11%。

近年来，大型企业综合实力不断增强，低速汽车行业尤其是主要骨干企业的生产条件和生产水平有了明显的提高，部分骨干企业经过不断的技术改进，生产工艺和条件已与汽车行业相差无几，产业结构调整、产品升级不同程度有了进展，一部分企业具备并积淀了良好的发展基础。在市场力量推动之下，行业内企业之间、汽车生产企业与行业内企业之间的兼并重组稳步推进，据不完全统计，行业内约有 40 多家企业同时具有汽车产品《公告》。

表 1　2007～2009 年低速货车销量排名前 10 位的企业名单

企业名称	2007 年		2008 年		2009 年	
	排名	销量/辆	排名	销量/辆	排名	销量/辆
山东时风（集团）有限责任公司	1	95065	1	91242	1	96988
资阳市南骏汽车有限责任公司	2	45731	2	54574	2	70815
山东五征集团有限公司	3	42167	3	38771	5	38965
山东黑豹集团有限公司	4	34001	4	33374	3	60581
江西英田汽车制造有限公司	5	18962	5	21913	6	25029
山东凯马汽车制造有限公司	6	18515	6	21240	4	42289
杭州市杭挂机电有限公司	7	16937	7	1,555	8	13931
北汽福田汽车股份有限公司	8	13348	—	—	—	—
山东唐骏欧铃汽车制造有限公司	9	11676	8	11541	9	12639
河南奔马股份有限公司	10	8864	—	—	7	24650
广西钦州力顺机械有限公司	—	—	9	9844	10	9149
四川银河汽车集团有限责任公司	—	—	10	6137	—	—
生产集中度（%）	67.61		72.66		80.07	

表 2　2007～2009 年三轮汽车销量排名前 10 位的企业名单

企业名称	2007 年		2008 年		2009 年	
	排名	销量/辆	排名	销量/辆	排名	销量/辆
山东时风（集团）有限责任公司	1	815908	1	813611	1	899247
山东五征集团有限公司	2	493625	2	391532	2	419740
河南奔马股份有限公司	3	89902	3	54318	3	163121
福田雷沃国际重工股份有限公司	4	53262	4	43862	4	61482

（续）

企业名称	2007年		2008年		2009年	
	排名	销量/辆	排名	销量/辆	排名	销量/辆
长葛市世英机械有限公司	5	48312	5	24302	5	30055
山东天力车辆有限公司	6	25132	6	21325	7	20527
山西卓里集团有限公司	7	21925	10	12572	9	14412
安徽中鼎飞彩车辆有限公司	8	21680	9	13380	10	10418
汝南县广源车辆有限公司	9	17533	8	17252	8	17860
长葛市葛天车辆厂	10	14600	—	—	—	—
山东巨力机械有限公司	—	—	7	20161	6	24804
生产集中度（%）	94.35		89.13		96.35	

四、2009年低速汽车产品结构的主要特征

1. 三轮汽车产品结构走向稳中有变

从额定载质量来看，需求向两头偏斜，2009年750kg及以上级别的三轮汽车，占据市场的比率为12.08%，比2008年增长5.19个百分点，市场占比率自2005年以来首度回升到10%以上；300kg级的三轮汽车销量占据比例上升到1.60%，高于2008年同期1.1个百分点，低载质量产品份额虽小，但已连续四年在零比例之上；500kg级的三轮汽车是市场的主力产品，2009年产销量占有率均下落到90%以下，销量比去年减少了7.88个百分点。从驾驶室结构构成看，经济性、舒适性相对折中的半封闭驾驶室车型，市场占据比例为57.63%，呈继续小幅增长趋势；价格相对偏高的全封闭驾驶室车型，近几年的需求逐渐减少，2009年市场销量占据的比率达到41.90%。转向盘操纵、电启动、自卸式车型三轮汽车是用户拥戴的产品，市场需求量稳步增长。

2. 低速货车产品各类型份额倾向基本稳定

额定载质量大于1t的低速货车一直是市场的主力产品，占据了近50%左右的市场份额，2009年市场份额为47.31%，同比减少2.9个百分点；2000kg级低速货车车型，占据的比例也呈现逐渐减少趋势；500kg级车型需求量自2006年开始呈徘徊式增长，2009年的销量达到了1.72万辆，占据比例为4.26%。自卸式低速货车市场份额连续五年减少，2009年较2008年减少了6.15个百分点。双排座车型载人、载物两用性较好，虽然在低速货车中占据的总量较小，但市场份额却在缓慢增长，2009年同比增长了1.48个百分点。

五、低速货车和三轮汽车市场分布

2009年低速货车传统市场中河南、河北、山东三省市场份额稳定，四川、陕西、湖北三省有较好的表现，湖南、陕西两省进入前10位省市排位，江苏、浙江两省从排位前10位行列中退出，在经济较为发达地区，轻型载货汽车替代低速货车已见端倪。低速货车排名前10位之外的省市占据的份额首次跌至30%以下（见表3）。

表3　2008～2009年低速货车按销售比例分布的前10位省市

（单位：%）

省市	河南	河北	山东	湖北	安徽	江苏	四川
2008年	12.83	8.25	7.95	7.89	7.69	6.00	5.60
2009年	13.77	7.27	8.77	8.01	6.30	—	8.27
省市	江西	山西	浙江	陕西	湖南	其他	—
2008年	5.58	4.45	3.27	—	—	30.49	—
2009年	6.23	4.90	—	4.34	3.58	28.36	—

三轮汽车的传统市场没有明显变化，河南、河北、山东三大市场份额基本保持在50%左右，甘肃、安徽两省份额缓慢增长，甘肃省已连续两年份额达到10%以上，排名前十位之外的省市占据的份额逐渐减少，2009年为6.26%（见表4）。

表4　2008～2009年三轮汽车按销售比例分布的前10位省市

（单位：%）

省市	河南	河北	山东	甘肃	安徽	山西
2008年	18.71	16.61	14.35	10.70	8.35	8.35
2009年	21.83	15.13	14.16	10.93	8.18	6.50
省市	陕西	辽宁	湖北	内蒙古	江苏	其他
2008年	7.95	4.33	2.34	2.26	—	6.05
2009年	7.86	4.38	2.52	—	2.25	6.26

六、2010年行业以相对平稳为主要走向

近些年低速汽车行业一直呼吁，希望得到国家政策方面的倾斜扶持，作为主要服务于农村汽车市场的机动车辆产品之一，同时被农民需要而且承担着农业生

产和生活运输工具的角色，未能获得“汽车下乡”或农机购置补贴，尴尬的境地对低速汽车行业的发展、企业决策的定夺和产品在市场中的竞争实力势必造成影响；2009年微型客车、轻型货车及微型货车产量已达到或接近200万辆，随着农民收入增长、道路条件改善、农村经济活跃度逐步提高，及“汽车下乡”活动的引领，微型客车、轻卡等车型已具备推进农村市场之势，产品竞争加剧；多年来建立起来的传统市场中三轮汽车和低速货车保有量已达到一定程度，市场大幅扩容难度增大，尤其是低速货车产品的市场，同时具有汽车产品和低速货车生产资质的企业，面对良好的政策支持，势必调整产品生产格局致使低速货车生产退让于轻卡产品。诸多因素都对2010年低速汽车行业保持持续增长带来压力。

在2009年运行艰难的情况下，依托市场需求的支持，三轮汽车和低速货车产销平稳增长，行业总体运行基本保持在正常水平范围内，表明低速汽车在农村市场中的需求尚存，低速汽车产品依旧是适应当前农村经济发展水平、适合农民需要的主要产品之一；微型客车产品价格相对贴近三轮汽车，但其车辆产品比较三轮汽车用作田间地头生产运输、集贸市场农产品运输、农民家门口短途物资运输等方面的功用和承载能力还是存在明显的差异，政策对微型客车的影响是积极的，但随着政策实施进程中刺激效应的减弱，微型客车政策性销量的减少，凭借长期以来产品功能特质及品牌建立起来的信赖，三轮汽车市场还将获得相对稳定的需求份额；在低速汽车行业发展高峰十年之后，眼下适逢传统市场产品更新换手阶段，汽车产品和低速汽车产品对这部分市场将进行新的分配，在掘取第一桶金后，用户对车辆产品选择形成分流是必然的，但部分用户对低速汽车产品的青睐，仍将带来一定的市场；新兴市场的用户，以及传统市场中初次购车的用户，经济承受能力决定了其对低速汽车产品将倾注更多的关注，通过在满足传统市场和新兴市场对产品不同需求方面下足功夫，低速汽车市场还将继续看好；汽车下乡政策延续，对市场热情持续会提供一定的帮助，国内经济持续好转，基础设施领域项目大量增加，农村基础设施建设力度也进一步加快加大，都将促使低速汽车的需求会有所增长。

2010年低速汽车市场趋向继续保持相对平稳态势。

（作者：张蒙　张咸胜）

2009年中国专用汽车市场分析与2010年展望

2009 年是新世纪以来我国经济社会发展最为困难的一年，也是国家砥砺奋进、经受严峻考验的一年。为积极应对国际金融危机挑战，确保经济平稳较快发展，按照“保增长、扩内需、调结构”的经济工作总基调，国家先后实施了4万亿元投资计划、重点产业调整和振兴规划等一揽子经济刺激政策，使 2009 年宏观经济下滑的势头得到了有效遏制，经济企稳回升的态势日益明显。

专用汽车作为汽车产业的重要组成部分，在成品油税费改革、购置税减半、汽车摩托车下乡、报废更新、以旧换新等一系列政策的拉动下，2009 年专用汽车市场终端消费需求快速释放，市场复苏迹象逐渐明朗。

本文所称专用汽车，是指在完整车辆或底盘基础上制造完成的、国家标准 GB/T 3730.1-2001《汽车和挂车类型的术语和定义》中第 2.1.1.11 款、第 2.1.2.3.5 款、第 2.1.2.3.6 款、第 2.2.2 款所定义的车辆，即自卸汽车、专用改装车以及半挂车的统称。

一、2009年专用汽车市场发展概况

1. 2009年专用汽车市场规模分析

2009 年 1～9 月份，我国专用汽车市场完成销售 78.1 万辆，与上年同期相比基本持平，增幅小幅下滑 0.5 个百分点。其中自卸汽车完成销售 22.8 万辆，同比增长 10.81%；专用改装车完成销售 42.9 万辆，同比下降 4.47%；半挂车完成销售 12.4 万辆，同比下降 4.67%。预计 2009 年我国专用汽车市场需求规模将有望首次突破 100 万辆大关，达到 105 万辆，同比增长 16.5%（见图 1）。虽然增幅与 2008 年相比仅仅实现小幅上扬，但已远远超过年初行业的普遍预期。

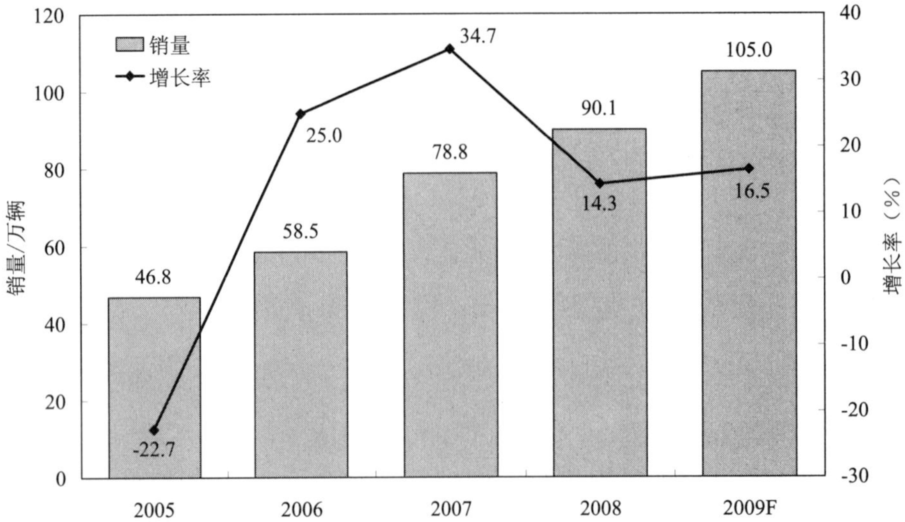

图1 2005～2009年专用汽车市场规模变化走势图

2. 2009 年专用汽车市场月度走势分析

从月度走势上来看，2009 年我国专用汽车市场整体呈现了振荡复苏的发展格局（见图 2）。与 2008 年下半年相比，2009 年专用汽车月度销量平台由 4 万辆上移到 9 万辆，市场需求趋于旺盛。分析其原因，主要有三点：第一，受益于国家大规模固定资产投资项目的启动和建设，2009 年年初工程类专用汽车市场需求强劲反弹，2009 年 1～5 月份自卸汽车、混凝土搅拌车、混凝土泵车、粉粒物料运输车、汽车起重机等工程类专用汽车市场月度销量接近或超过 2008 年同期的高位水平，一改 2008 年下半年以来的低迷局面。第二，随着宏观经济的逐渐好转，公路货运量同比增幅逐月加大，公路运输市场回暖有力拉动了公路物流类专用汽车市场的快速复苏，2009 年上半年半挂车等公路物流类专用汽车市场销量与 2008 年同期相比，降幅逐渐收窄，呈现了良好的增长态势。第三，2009 年下半年以来良好的经济与政策环境，使专用汽车市场需求有望维持在高位运行。与 2008 年下半年相比，专用汽车市场保持了月度 80%以上的增长水平，奠定了全年专用汽车市场实现较高增幅的基础。

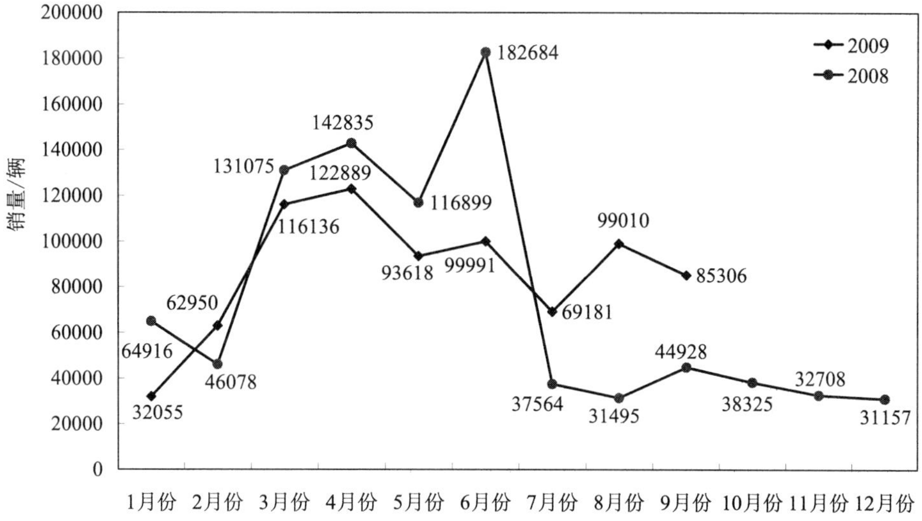

图2 2008～2009年专用汽车销量月度走势图

3. 2009 年专用汽车市场结构变化分析

2009 年 1～9 月份，我国专用汽车三大车型市场结构发生了显著变化。受国家工程建设项目拉动的利好，自卸汽车市场率先回暖，并呈现强劲的增长态势，成为拉动专用汽车市场发展的重要增长动力。

自卸汽车市场占专用汽车总体市场的份额由 2009 年 1 月份的 19.25%快速提升到 4 月份的峰值 32.99%。自 2009 年 5 月份开始，自卸汽车所占份额逐渐回落，2009 年 9 月份已经回落到 25.14%的正常水平。从 2009 年 3 月份开始，作为长途运输重要工具的半挂车市场占专用汽车总体市场的份额也呈现了逐渐增长的发展态势，2009 年 6 月份首次超过半挂车市场份额 16%的正常水平，达到近 21%（见图 3）。

至此，我国专用汽车市场增长由单一的自卸汽车驱动向自卸汽车和半挂车的双轮驱动转变。随着政策效应的逐渐减弱，专用汽车三大车型市场结构将理性回归到正常水平。

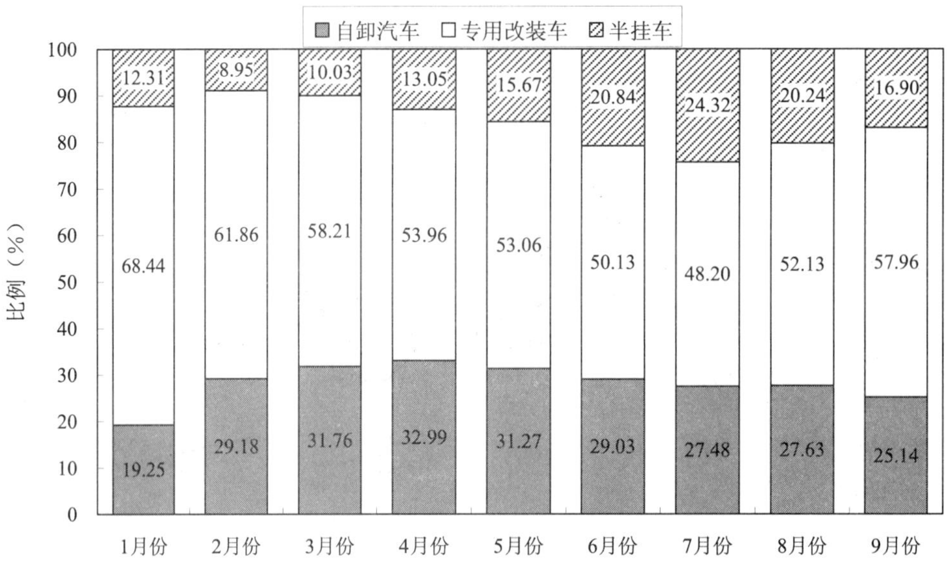

图3 2009年专用汽车三大车型市场结构调整月度变化趋势图

二、2009年专用汽车市场发展特点分析

1. 2009年专用汽车市场经营环境多年难遇，行业盈利能力明显提升

2009年，得益于国家的强力投资政策拉动，我国专用汽车市场出现了多年难遇的良好经营环境。钢材等原材料价格走低，专用汽车产品销售价格稳中有升，大型、中型、小型等各层级专用汽车企业盈利能力均有改善，专用汽车行业的整体盈利能力明显提升。

2. 自卸汽车是专用汽车市场的重要增长动力，产品呈现大容量化、轻量化、宽体化发展特征

（1）自卸汽车市场月度走势分析　从月度走势图上来看，自2009年1月份开始，自卸汽车市场低开高走，市场订单纷至沓来，2009年4月份很多企业处于满负荷生产状态，全月也实现了4万辆的销售业绩，达到上半年的最高水平。2009年5月份受中央投资力度减弱、民间投资观望的影响，自卸汽车市场销量环比大幅下滑27.8%。自5月份开始，我国自卸汽车市场平稳回落，月度市场需求量维持在2.5万辆左右上下波动（见图4）。2009年第四季度，随着民间投资的跟进，自卸汽车市场有望呈现新一轮增长。

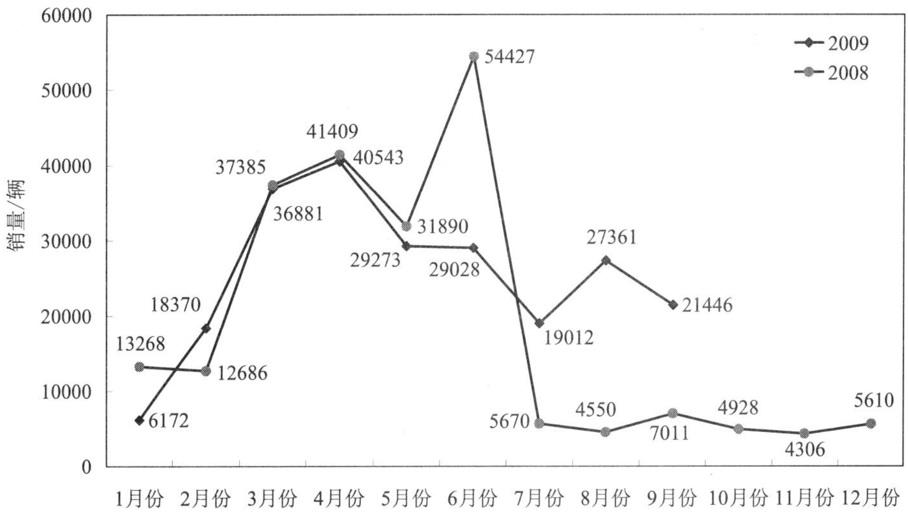

图4 2008～2009年自卸汽车销量月度走势图

(2) **自卸汽车市场竞争格局分析** 自卸汽车是普通载货车的变形车，在工程建设中具有明显的运输优势。目前，我国处于工业化和城市化的双加速阶段，大量的基础设施建设催生了自卸汽车市场的强劲需求，众多主机厂和改装厂参与了自卸汽车市场的竞争。

从行业竞争格局上来看，2009 年 1～9 月份，前十家自卸汽车生产企业分别是北汽福田、东风集团、重汽集团、陕汽集团、一汽集团、成都王牌、四川南骏、湖北三环、资阳市南骏和四川华勋，分别完成销售 4.4 万辆、3.9 万辆、3.2 万辆、1.6 万辆、1.6 万辆、1.2 万辆、0.97 万辆、0.89 万辆、0.84 万辆和 0.61 万辆，市场份额分别为 19.42%、16.88%、14.06%、7.01%、6.95%、5.27%、4.25%、3.90%、3.69%和 2.68%（见图 5）。

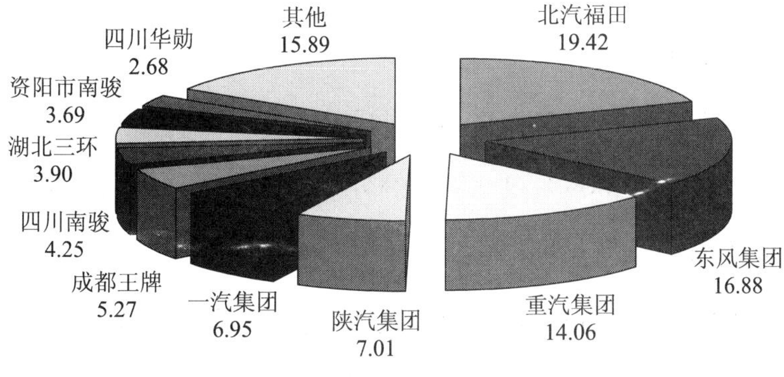

图5 2009年1～9月份前十家自卸汽车生产企业市场份额图

从市场集中度上来看，2009 年 1～9 月份，前三家自卸汽车生产企业的市场集中度达到 50.36%；前六家自卸汽车生产企业的市场集中度达到 69.59%；前十家自卸汽车生产企业的市场集中度达到 84.11%（见图 6）。

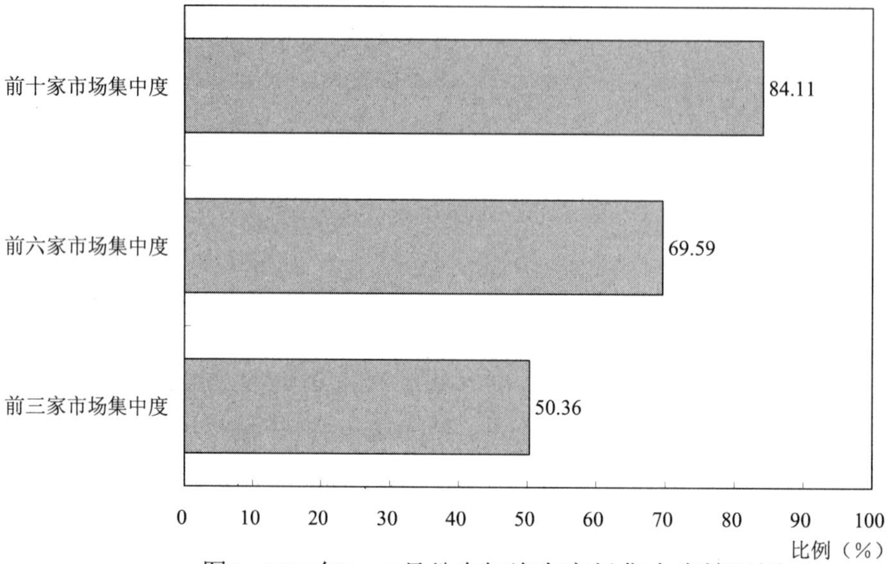

图6 2009年1～9月份自卸汽车市场集中度情况图

（3）自卸汽车区域市场需求变化分析 2009 年 1～9 月份，在自卸汽车七大区域市场中，市场表现冷暖互现。从增幅上来看，东北地区和西北地区市场表现抢眼，同比分别增长 64.48%和 48.39%，主要得益于黑龙江和陕西市场的强劲拉动；而华北地区市场表现最差，同比大幅下滑 37.75 个百分点，主要受到山西和内蒙古市场低迷的拖累。

从销量上来看，区域排名前两位的西南地区和华中地区依然是我国自卸汽车市场销售的重点区域，2009 年 1～9 月份分别完成销售 6.34 万辆和 5.30 万辆，同比均实现两位数的增长（见图 7）。

在市场热销的同时，自卸汽车产品也呈现出了新的发展特征，工程类自卸汽车呈现大容量化、轻量化发展趋势；矿山自卸汽车呈现宽体化发展趋势。

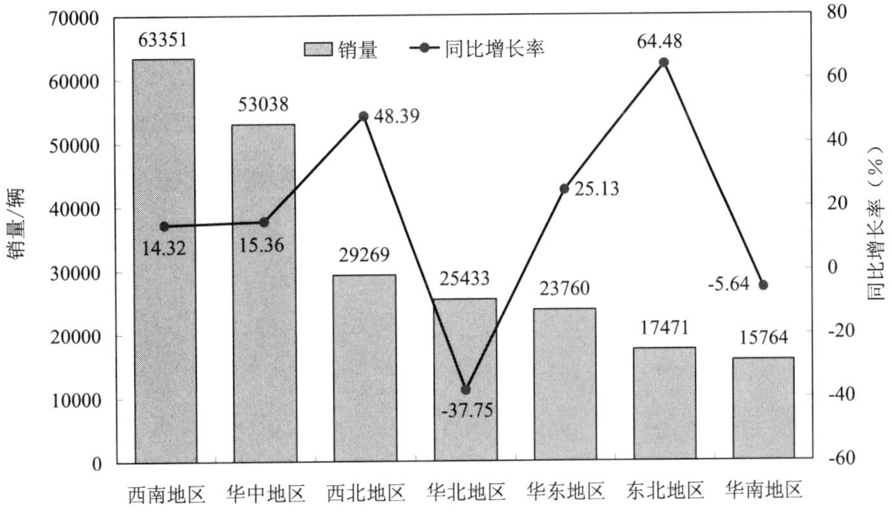

图7 2009年1～9月份自卸汽车区域市场销量及增长率变化走势图

3. 半挂车市场复苏态势显现，罐式半挂车市场需求旺盛

（1）*半挂车市场月度走势分析* 从月度走势上来看，2009 年上半年半挂车市场呈现快速上扬的发展态势，月均增幅高达 134%。6 月份完成销售 2.1 万辆，达到上半年销售的最高水平。7～9 月份，半挂车市场销量小幅波动，9 月份下降到 1.4 万辆（见图 8）。预计 2009 年第四季度，随着煤炭等大宗商品运输力度的加大，我国半挂车市场需求量将出现小幅上扬。

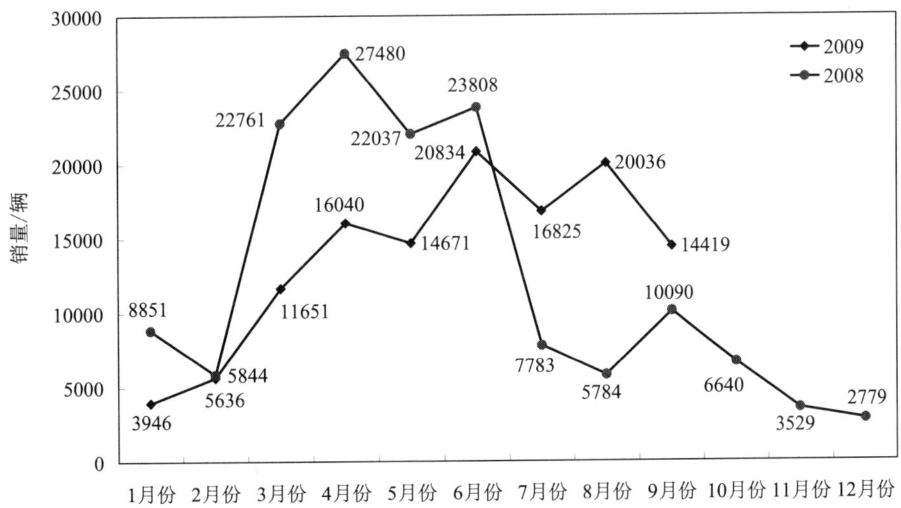

图8 2008～2009年半挂车销量月度走势图

（2）*半挂车市场竞争格局分析* 目前，我国半挂车市场有 200 多家企业参

与市场竞争，但形成每年销售 5000 辆以上规模效应的企业数量较少。从行业竞争格局上来看，2009 年 1～9 月份，前十家半挂车生产企业分别是中集集团、西安华强、河北盐山、江淮扬天、衢州华夏、河北宏泰、莱芜华驰、梁山华信、梁山通亚和梁山华宇，分别完成销售 2.29 万辆、0.76 万辆、0.65 万辆、0.56 万辆、0.38 万辆、0.32 万辆、0.31 万辆、0.29 万辆、0.27 万辆和 0.27 万辆，市场份额分别为 18.48%、6.12%、5.23%、4.49%、3.07%、2.57%、2.51%、2.33%、2.18%和 2.17%（见图 9）。从市场集中度上来看，2009 年 1～9 月份，前三家半挂车生产企业的市场集中度达到 29.83%；前六家半挂车生产企业的市场集中度达到 39.96%；前十家半挂车生产企业的市场集中度达到 49.15%（见图 10）。

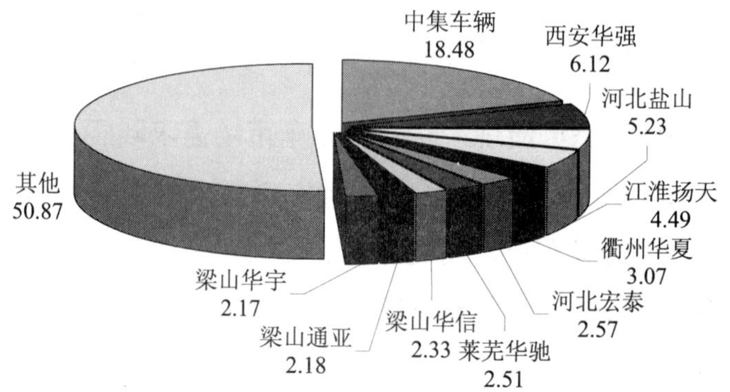

图9 2009年1～9月份前十家半挂车生产企业市场份额图

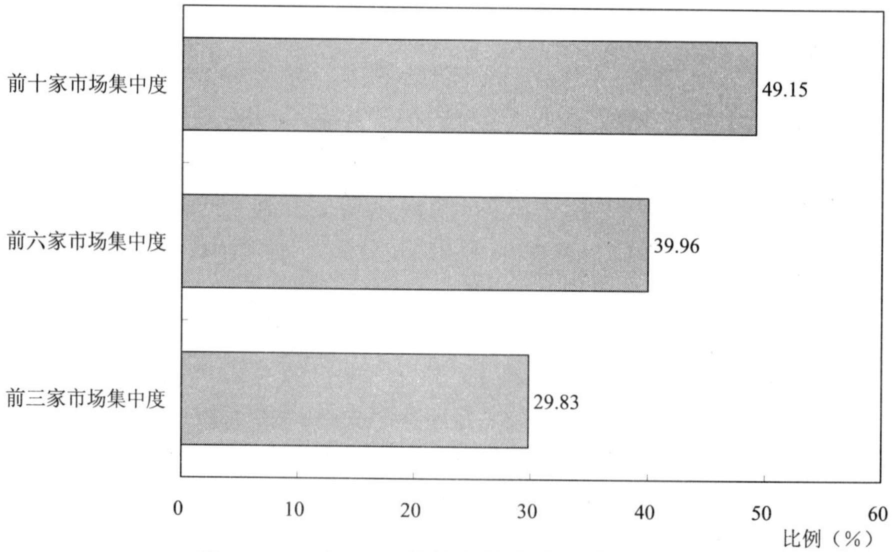

图10 2009年1～9月份半挂车市场集中度情况图

(3) 半挂车区域市场需求变化分析　2009 年 1～9 月份，在半挂车七大区域市场中，排名前两位的华东地区和华北地区冷热互现。其中，华东地区完成销售 4.6 万辆，同比增长 32.86%。虽然江苏、山东市场实现大幅增长，但是上海市场却出现大幅下滑 24%的局面，拉低了华东地区的整体增幅；而华北地区完成销售 3.3 万辆，同比大幅下降 32.91%（见图 11），主要受到内蒙古、山西市场大幅下滑的影响。在其他五个销量较少的区域市场中，华中地区、东北地区和西北地区出现两位数不同程度的下降；而华南地区和西南地区出现了两位数的大幅增长。

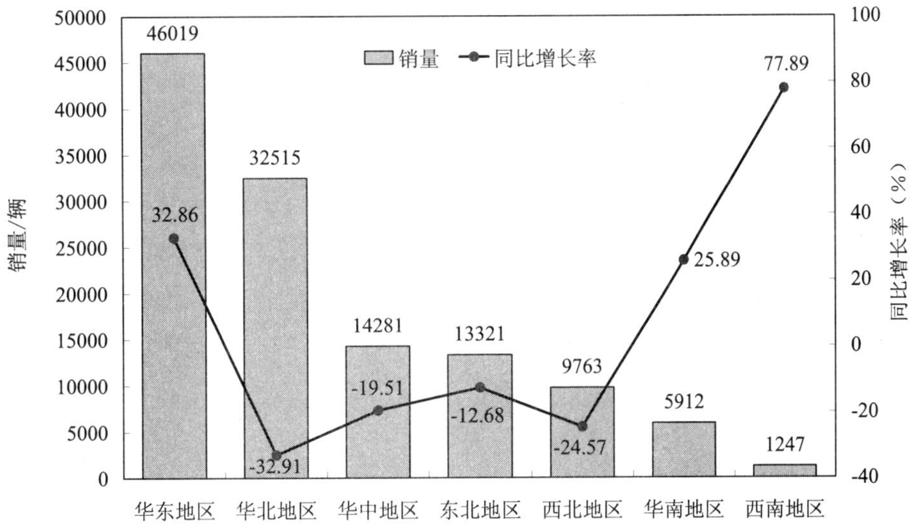

图11　2009年1～9月份半挂车区域市场销量及增长率变化走势图

(4)半挂车细分市场需求分析　2009 年 1～9 月份，我国半挂车细分市场中，仓栅式半挂车、低平板半挂车、栏板半挂车依然是半挂车市场的主导产品，分别完成销售 3.14 万辆、3.02 万辆和 2.03 万辆，市场份额分别为 25.32%、24.36%和 16.34%。同时，专用半挂车市场也得到了快速发展，2009 年 1～9 月份，集装箱半挂车、罐式半挂车、厢式半挂车和自卸半挂车分别完成销售 1.38 万辆、1.22 万辆、1.09 万辆和 0.36 万辆，市场份额分别为 11.10%、9.83%、8.76%和 2.92%（见图 12）。

专用半挂车作为半挂车的重要发展趋势，拥有广阔的发展空间。2009 年，我国罐式半挂车市场呈现爆发式增长，产能充足的企业市场份额大幅增长，市场集中度进一步提升。

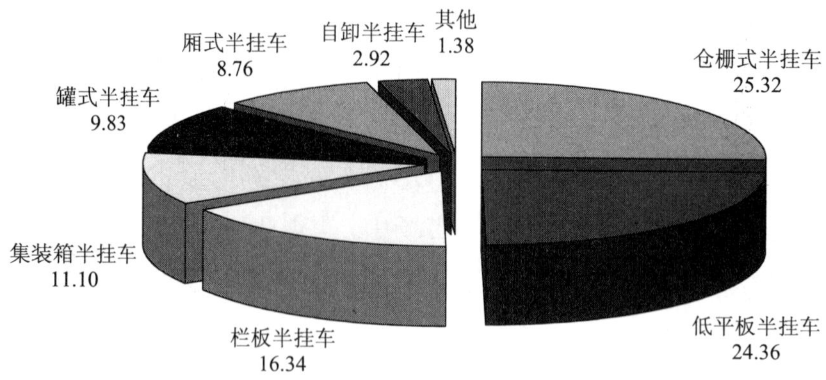

图12 2009年1～9月份半挂车细分市场份额图

4. 主机厂和改装厂的主辅地位博弈加剧

2009 年 7 月 1 日实施的《专用汽车和挂车生产企业及产品准入管理规则》明确提出："国家鼓励并逐步推行汽车整车（含底盘）生产企业对采用本企业产品进行后续制造的专用汽车生产企业和专用汽车产品实施统一管理"。这在专用汽车行业掀起了轩然大波。主机厂和改装厂围绕主辅地位之争，进行了激烈的辩论和经营运作。从企业的实际操作来看，根据底盘和上装价格的高低来划分主辅地位逐渐达成共识，如自卸汽车的制造就需要改装厂围绕主机厂转，主机厂拥有主导地位，改装厂处于辅助地位；而混凝土泵车的制造就需要主机厂围绕改装厂转，改装厂拥有主导地位，主机厂处于辅助地位。

5. 主机厂和改装厂相互渗透，产业格局重构进程加快

从产业链上来看，一方面，主机厂依靠底盘资源积极向下游延伸，组建改装网络。近年来，一汽、东风、中国重汽、陕汽、北汽福田等主机厂都加快了全国改装网络的布局。主机厂的专用汽车改装数量已由 2005 年的 8.2 万辆增长到 2009 年的 20.96 万辆，年均增长率达到 26.4%。另一方面，改装厂也通过合资、收购等方式积极向上游拓展，获取底盘资源。继星马集团成立子公司安徽华菱、徐工收购春兰 60%股权获取专用汽车底盘资源之后，2009 年专用汽车行业龙头——中集集团，联手奇瑞合资建立集瑞联合卡车股份有限公司，正式进军卡车市场，进而获取专用汽车底盘资源。我国专用汽车产业格局也发生了重大转变。

6. 专用汽车集团化发展趋势更加明朗

企业集团化是世界汽车工业发展的一般规律，也是我国汽车产业组织结构调整的必然要求。国内外专用汽车行业的发展经验表明，专用汽车行业存在三种资源整合力量：一是主机厂依托底盘资源拓展改装网络，形成以主机厂为核心的专用汽车改装体系；二是专用汽车生产经销企业通过资本并购重组专用汽车企业，形成专用汽车企业集团，充分共享技术研发以及销售网络等资源；三是独立的特色专用汽车企业，依靠“高、精、尖”核心技术竞争优势，成为某一专用汽车品种的世界级企业，形成垄断寡头格局。

2009 年，新宏昌集团和庞大集团正在加快形成专用汽车企业集团。新宏昌集团目前拥有河北三河市、石家庄市和内蒙古包头市三个生产基地，预计 2010 年年产销规模将达到 2 万辆。庞大集团从 2004 年开始，采用收购和自建专用汽车企业等方式，先后在北京、唐山滦县、秦皇岛、内蒙古锡林浩特、邯郸、乌海、铁岭等地建设 7 家专用汽车企业，产销规模将超过 2 万辆。新生的专用汽车企业集团有望成为未来我国专用汽车市场上的生力军，进一步加快专用汽车行业的重新洗牌。

7. 专用汽车行业合资合作的广度和深度大幅提升

2009 年，无论是主机厂还是改装厂，都在谋求技术、资本、网络、产品研发等优势资源的整合，以期进一步发挥优势，提升市场占有率，实现快速做大做强企业的目的。在广度方面，2009 年 1~10 月份我国专用汽车行业合资合作项目合计 23 项，其中包括中外合资合作项目 5 项，主机厂与改装厂合资合作项目 4 项，业内外资本合资合作项目 6 项，政企合资合作项目 2 项，校企合作项目 2 项，银企合作项目 1 项，上下游产业链合作项目 2 项，企业集团资源合作项目 1 项。在深度方面，专用汽车行业合资合作已经开始由商务层面的合资合作向产业链资源整合的战略型合资合作方向发展。2009 年中集与解放 J6 混凝土搅拌车合作项目是专用汽车行业深层次合作的创新，为我国专用汽车行业的销售模式开辟了新的思路。

8. 专用汽车行业产能建设继续加快，结构性产能过剩矛盾严峻

2009 年，我国专用汽车行业产能建设仍然呈现继续加快的发展态势。2009

年1~10月份，专用汽车产业新建或扩建的专用汽车项目达到35项，项目总投资达到200亿元以上，项目达产后新增专用汽车年产能将超过40万辆。粗略匡算，目前我国专用汽车行业总产能已经达到200万辆以上，产能利用率不足50%。未来5年专用汽车行业产能将翻一番，有望突破400万辆，产能年均增长率达到15%左右。从项目投资的产品来看，前些年抑制发展的大路货产品依然较多，进一步加剧了专用汽车行业结构性产能过剩。

9. 专用汽车出口持续低迷，但出口结构调整呈现新亮点

2009年随着全球金融危机的持续影响，国外专用汽车市场需求量锐减，导致2009年前三季度中国专用汽车出口市场相对低靡。2009年1～9月份中国共计出口专用汽车6495辆，较2008年同期减少41.45%；出口创汇5.76亿美元，较2008年同期减少53.62%。

但是我国专用汽车出口结构调整呈现三大亮点：一是专用汽车出口单车均价逐渐提升。专用汽车出口品种已经从自卸汽车、半挂车产品扩展到垃圾车、消防车、混凝土搅拌车、清障车和混凝土泵车等附加值更高的产品。二是专用汽车出口呈现多元化发展态势。我国专用汽车出口已经由产品出口向产品输出、技术输出、资本输出等多元化出口形态并存的方向转变。三是专用汽车出口更加突出精耕细作。我国专用汽车企业深入开展海外市场调研，积极开发适应本土化需求的专用汽车产品，较好地满足了当地市场的个性化需求，为更深层次地开拓海外市场奠定了基础。

三、2010年专用汽车市场发展展望

1. 2010年宏观经济形势判断

2010年，我国宏观经济发展形势的基本判断是：GDP增长率继续回升，季度变化将呈现“前高后稳”的发展态势，全年有望达到9%左右。主要依据一是从宏观调控政策来看，2010年我国将保持宏观经济政策的连续性和稳定性，继续实施积极的财政政策和适度宽松的货币政策；二是从宏观经济三驾马车来看，消费和出口的贡献将增强，投资增速将有所回落，经济增长的基础更加牢固；三是从我国反周期调控政策的效果来看，经济回升向好趋势进一步得到巩固。

2. 2010年政策法规影响分析

2010年，我国专用汽车市场面临着利好和抑制双重政策法规的叠加影响。其

中，利好政策法规主要有两点：

一是跨年度市场刺激政策的延续实施。2009 年《汽车产业调整和振兴规划》的一系列配套政策中，“汽车下乡”、“以旧换新”等政策都是跨年度政策，这些政策的延续实施对 2010 年专用汽车市场的平稳较快发展构成利好。

二是国Ⅳ排放法规升级带来的透支需求。按照我国机动车排放法规实施计划，重型车 2010 年 1 月 1 日、轻型车 2010 年 7 月 1 日开始实施国Ⅳ标准，同时不再受理国Ⅲ产品公告，国Ⅲ产品的销售延续一年。根据以往的经验，每次排放升级都会刺激相关车型的新增需求，所以国Ⅳ排放升级对专用汽车市场的需求存在透支现象。

相比之下，2010 年我国专用汽车市场规范化管理的政策出台和实施较为集中，对专用汽车市场的发展具有短期抑制效应，主要有两点：

一是《机动车运行安全技术条件》法规的修订和执行。GB 7258—2004《机动车运行安全技术条件》自 2004 年 10 月 1 日实施以来，在加强机动车运行安全管理、提高机动车运行安全水平、保障道路交通安全等方面起到了积极的促进作用。然而，一些新问题和新情况要求适时修订 GB 7258—2004。因此，GB 7258—2010《机动车运行安全技术条件》有望 2010 年出台。法规将在安全性能与装置方面提出强制性要求。

二是生产一致性管理政策的颁布实施。2009 年，工信部拟定了《车辆产品生产一致性监督管理办法》，经讨论修改后，将广泛征求意见，有望在 2010 年颁布实施。该项政策将有力规范当前专用汽车市场的生产行为，对 2010 年的专用汽车市场增长将起到一定的抑制作用。

3. 2010 年专用汽车市场发展预测

（1）专用汽车市场竞争秩序显著改善　长期以来，我国专用汽车市场集中度低，同质化现象突出，导致市场竞争激烈，大多数企业以价格为主要的竞争手段，甚至出现为迎合客户需求拆装 ABS 等强制性安全装备的行为。同时，非法改装厂的大量出现，进一步扰乱了市场。2010 年，国家将通过准入管理、一致性管理等一系列政策法规的实施与执行，整顿和规范专用汽车市场竞争秩序。随着我国专用汽车管理政策的逐渐完善以及实施力度的增强，专用汽车市场竞争秩序将有望明显改善，对专用汽车技术进步以及行业健康发展起到积极的促进作用。

（2）专用汽车市场投资洼地效应减弱，拐点或将出现　专用汽车作为汽车产业投资门槛最低的车型，具有广阔的发展前景和巨大的发展空间，吸引了众多资本的介入，形成了汽车产业投资洼地效应。2010年，随着我国专用汽车市场准入门槛的提升以及政策法规的导向影响，专用汽车市场投资规模将有望开始降温，拐点或将出现。

（3）专用汽车行业盈利能力或将下降 随着油、电、煤、气等资源性产品价格以及铁矿石等原材料价格的上涨，专用汽车的生产成本将有所提升。而以价格为主要竞争手段的专用汽车行业很难通过产品涨价来转嫁生产成本的上涨。因此，2010年，我国专用汽车行业的盈利能力将有所下降。

（4）专用汽车市场兼并重组进程进一步加快 我国的专用汽车企业数量众多，市场竞争力普遍不强。实践证明，专用汽车企业兼并重组构建战略联盟是扩大经营规模，提高市场竞争能力和抗风险能力的有效方法，是做强做大专用汽车产业的重要选择。因此，通过兼并重组行为，运输类专用汽车企业可以通过批量化生产实现规模效益，作业类专用汽车企业可以通过专业化生产扩大产品品种获取高额回报。2010年，我国专用汽车市场在即将出台的兼并重组政策、主机厂授权管理政策的推动下，有望迎来新一轮专用汽车企业兼并重组高潮。

（5）专用汽车出口市场呈现缓慢恢复性增长 近年来，我国专用汽车出口呈现快速发展态势，2001～2008年专用汽车出口金额年均增长65%，2008年专用汽车出口金额已达16亿美元。但是2008年下半年以来，由于国际金融危机的影响，我国专用汽车出口大幅下降，2009年1～9月份专用汽车出口金额同比下降54%。我国汽车产品出口下滑的局面引起了国家的高度重视，2009年10月份商务部等六部委联合发布《关于促进我国汽车产品出口持续健康发展的意见》，提出了明确的目标和措施，以期扭转出口下滑局面，促进我国汽车及零部件出口持续健康稳定发展。尽管2010年国际贸易保护主义更趋明显，但是专用汽车出口依然有着明显的增长机会。因此，我国专用汽车市场在外需环境改善以及出口政策的扶持下，有望实现缓慢恢复性增长，增长率达到30%左右。

（6）新能源专用汽车市场发展成为新亮点 新能源汽车作为汽车产业的发展方向，已经转变成为争夺未来汽车产业制高点的竞争。《汽车产业调整和振兴规划》中提出，县级以上城市人民政府要制订规划，优先在城市公交、出租、公务、环卫、邮政、机场等领域推广使用新能源汽车。我国政府和企业都投入了大量的资源来发展新能源汽车。国家启动了13个城市开展节能与新能源汽车示范推广试点工作。众多企业已经开发出了新能源专用汽车，如南汽的依维柯纯电动服务车、江淮的纯电动电力工程车、北京华林的纯电动压缩式垃圾车、纯电动洒水车、北京天路的纯电动吸尘车、天津清源的纯电动高空作业车、中联重科的纯电动扫路车等等。2010 年，我国专用汽车行业将掀起新能源专用汽车研发高潮，更多的新能源专用汽车将投放市场，成为专用汽车市场中一道亮丽的风景线。

综合宏观经济形势和政策环境的影响，预计 2010 年国内专用汽车市场需求量将达到 120 万辆，同比增长 14.3%，高于 GDP 增幅 5.3 个百分点。

（作者：左培文）

细分市场篇

2009年北京市汽车交易、汽车消费特点分析及2010年汽车市场预测

2009年，金融危机重创世界经济，以美国为代表的欧美汽车行业普遍衰危。中国车市却一枝独秀，在汽车优惠政策拉动下，在经济企稳回升的环境中，以较高幅度增长，2009年全年汽车销售1364.5万辆，首次超过美国成为世界第一大汽车生产国和消费市场。北京汽车市场同样高速发展，截止2009年12月18日北京市机动车保有量超过了400万辆。与此同时，北京消费者的消费需求也呈现出多样性特征，消费观念发生了较大变化。

一、2009年北京市汽车交易情况

1. 北京市新车交易情况

2009年北京市新车交易量为70.2万辆;与上年的49万辆相比,多销售约21.2辆，同比增长43%。从分月交易量来看，总体呈现“前低后高”的特点（见图1），8月份以后，月均销量接近7000辆。

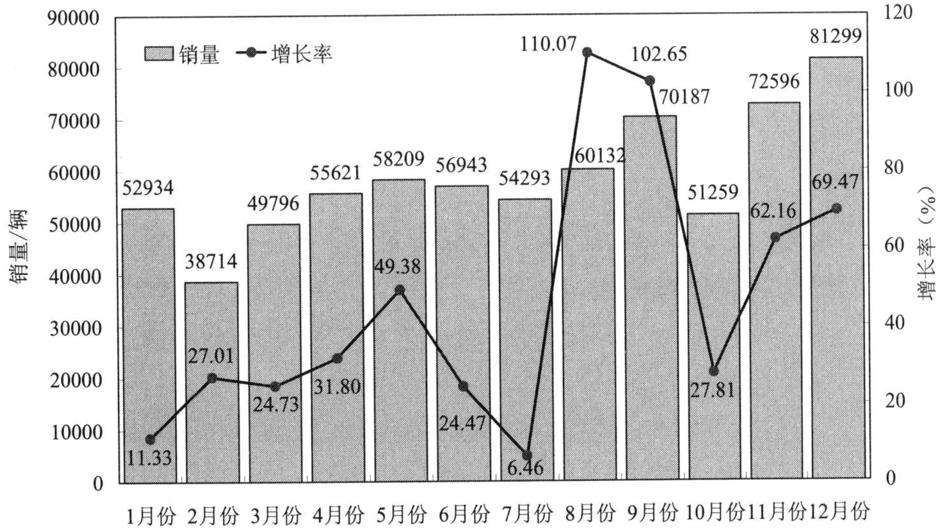

图1 北京市2009年各月新车销量及增长率

2. 北京市进口车交易状况

2009 年北京市进口车销售约 33623 辆，占全部新车销售的 4.6%，与上年的 24109 辆相比，增长了 9514 辆，同比增长 39%；进口车同比增长率略低于新车销量增长率。从分月销量看，2 月份和 10 月份是全年进口车销售的低点（见图 2）。

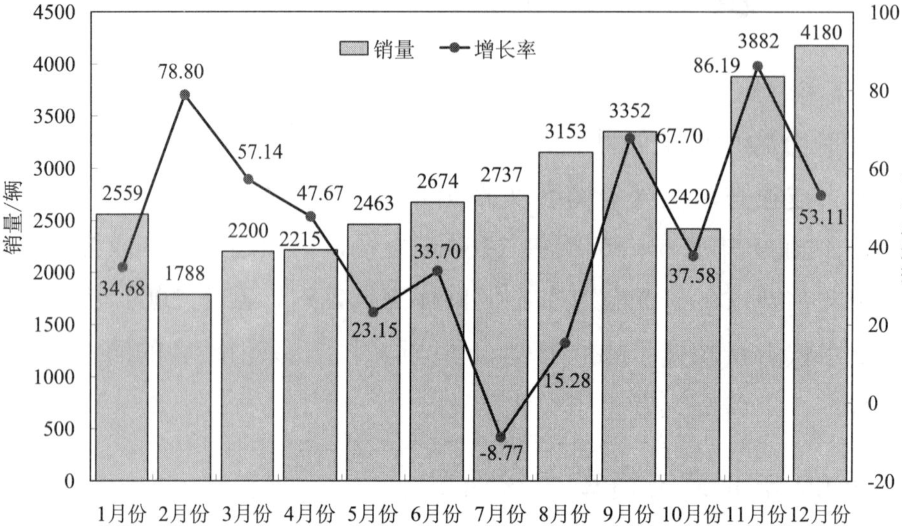

图2 2009年北京市各月进口车销量及增长率

3. 北京市二手车交易情况

2009 年北京市二手车交易约 446096 辆，较上年多成交 61236 辆，同比增长 16%。从分月交易量看，各月呈现比较均衡的态势（见图 3）

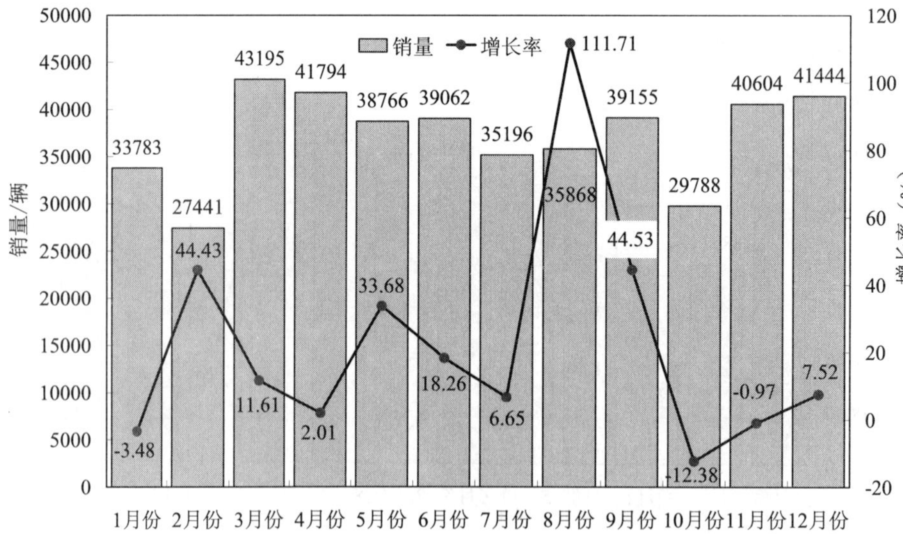

图3 2009年北京市各月二手车交易量

4. 北京亚运村汽车交易市场交易情况

2009 年，北京亚运村汽车交易市场新车交易 133104 辆，同比增长 41.4%；进口车交易量为11206辆，同比增长30.7%；二手车交易 52887 辆，同比增长43.3%。从分月增长率看，新车的增长率走势与进口车和二手车相比比较平稳（见图 4）。

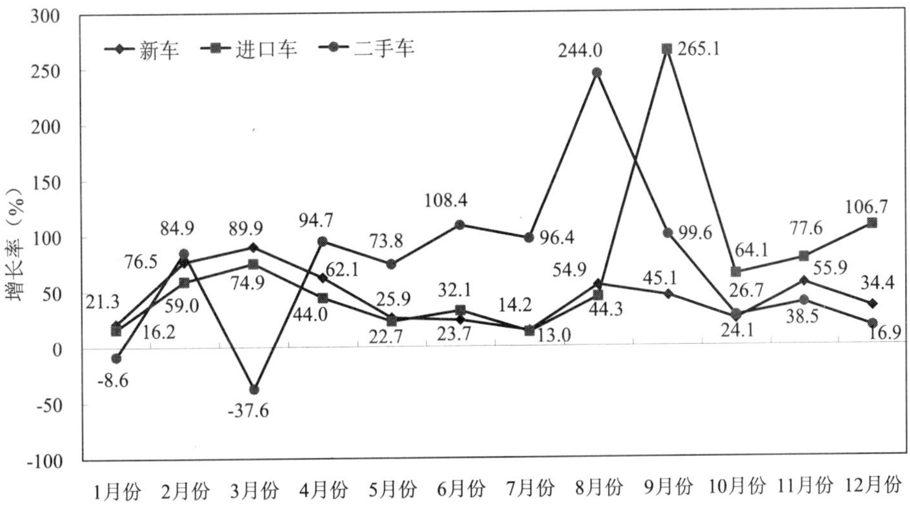

图4 2009年亚运村汽车交易市场新车、进口车、二手车销量及增长趋势

二、2009 年北京市汽车交易及消费特点分析

1. 2009 年北京市汽车交易特点

总体上看，2009 年北京车市出现了与往年不同的三大特征，即：车市利好政策多；车源不足，价格稳中有升；淡旺季特征不明显，销量逐月攀升。

从市场表现上看，2009 年 1 月 20 日，国务院《汽车产业调整和振兴规划》出台，市场效果明显，国内车市结束了 2008 年下半年以来的下滑趋势，走出了低迷颓势。北京从 4 月份起，连续 9 个月单月新车交易超过 5 万辆，其中有三个月超过 6 万辆，12 月份更是突破了 8 万辆大关。北京全年新车交易约为 70.2 万辆，同比增长 42%。

汽车下乡、汽车以旧换新特别是小排量车购置税减半政策的实施，使得 1.6L 及以下排量轿车和交叉型乘用车增势迅猛，贡献度达 70%。政策受惠车型热销同样带动了中、高级排量车的需求增长。尤其是下半年，随着经济的回暖，推动了中高级车的销售升温。

汽车市场的供需关系严重失衡，厂商汽车库存降到历年最低点。尽管生产工人加班加点，厂家产能利用率已经接近85%，但部分品牌车型仍然供不应求，有市无车的现象笼罩全年，朗逸、明锐、骐达、CR-V、新奥拓等车型需要等两个月甚至更长时间才能提到现车。与车源供应紧张相对应，北京车市汽车价格整体呈现阶段性上扬，紧俏热销车型加价销售成为车市中的潜规则。以“十一”黄金周为开端的第四季度，一反传统降价特征，北京市年末车市更是进入了难得一见的“车价冰冻期”。

2. 消费者的汽车消费特点及变化

预计2009年北京市GDP同比增长9.5%， 人均GDP达到1万美元，每百户居民拥有汽车66.1辆，R值（汽车均价/人均GDP）降到3以下，这表明北京市将率先进入汽车普及时代。政策拉动内需和经济企稳回升提振了消费者的信心。最新数据显示，2009年第三季度中国消费者信心指数提升到101，为2007年以来的最高水平。

第一，对于缺车、涨价、预定、等待、提车的现状，消费者心理承受能力增强并逐步适应，买涨不买跌的情绪依然存在。

第二，消费者刚性及弹性需求的变化。首次购车即为刚性需求，购买第二辆车和更新旧车为弹性需求。调查显示，首次购车者比例从几年前的80%～90%下降到52%，而增购和换购比例分别为15%和33%。，汽车更新已成为支撑北京汽车市场高速增长的新动力。追求品牌、车型、档次是二次购车消费的显著特点。二次购车者尤其关注安全配置（ABS、EBD、TCS等）和舒适性。60%以上的SUV消费者是二次购车。高配车型更受消费者青睐。

第三，汽车消费者特别是首次购车者，仍处于品牌认知、建立品牌忠诚度阶段。

第四，从排量选择特点看，有市无车的局面促使消费者品牌选择具有更大的随机性。购置税减半政策对北京市消费者选购车型产生了重大影响。57%的消费者选择购买1.6L及以下的车型，其中33%为1.6L车型，1L及以下的车型只占2%（见图5），调查反映出北京市消费者希望在享受相关优惠政策的同时，又尽可能购买大排量车的消费心理。

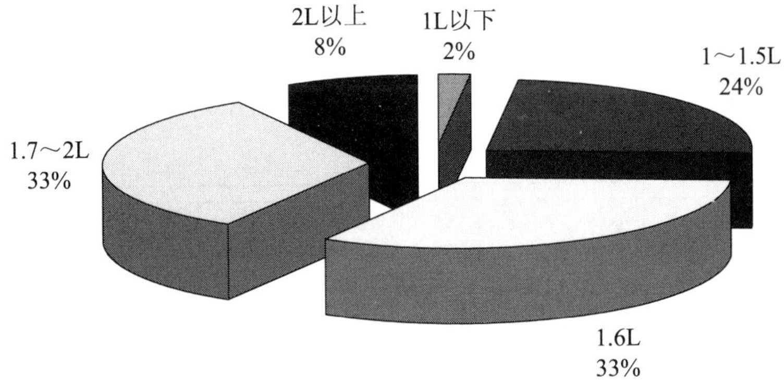

图5 北京市消费者购车的排量选择

第五，从车型及品牌选择特点看，随着年轻人、老年人、女性消费者的增加，驾驶方便、经济时尚的两厢车和自动挡车型越来越得到消费者的喜爱。调查显示，57%的消费者希望购买两厢车，77%的消费者希望购买自动挡。在车型品牌的选择上，自主品牌终于在消费者心中占有了一席之地，调查显示自主品牌、合资品牌与进口品牌已经形成了三分天下的局面。

第六，促使消费者购车的因素中，“经济条件提高，改善生活水平为北京市消费者购车的首要因素；“为假日出游方便”排在第二位，以往的首要因素“交通不方便，购车代步”变为第三位（见图6）。消费者购车因素顺序的变化，反映出北京汽车消费者心理的变化，也体现出北京市消费者用车理念的变化。

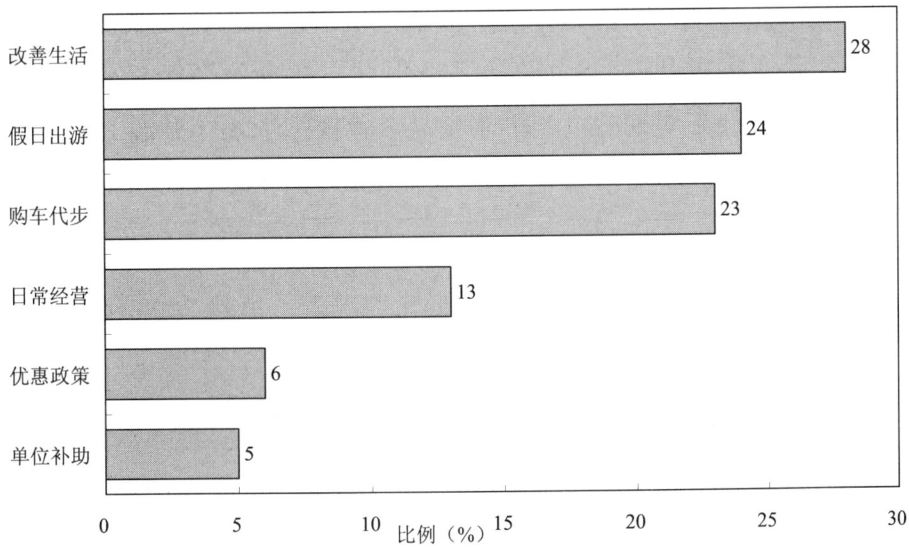

图6 北京市消费者购车原因

第七，从消费者购车关注因素看，调查显示，77%的消费者关注售后服务问题，关注价格的只有59%，排在第二位。品牌观念在消费者心中仍然没有形成，在购车关注的六个因素中排最后一位，占26%（见图7）。

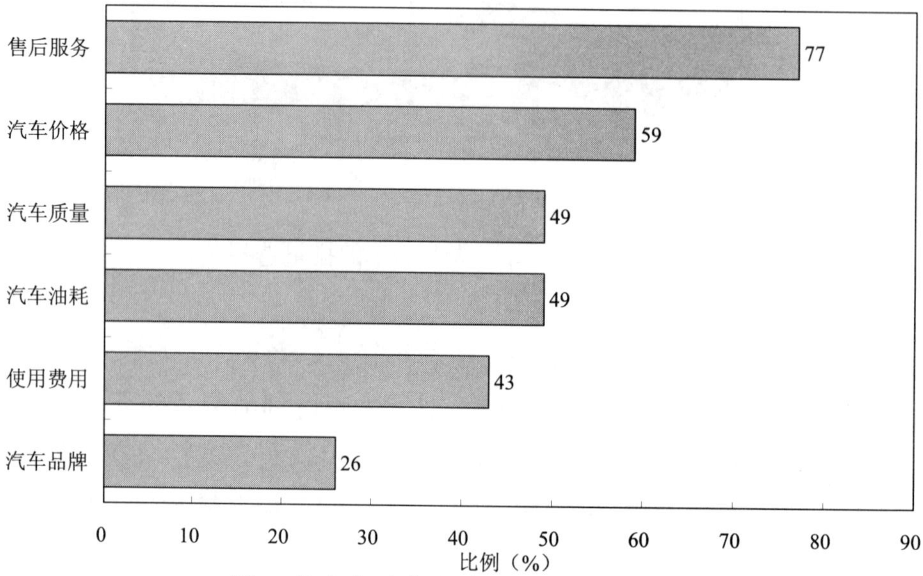

图7 北京市消费者购车时关注的因素

第八，从相关政策对消费者购车的影响看，接近1/3的消费者会因为购置税优惠改变原有的计划而选择小排量车型。调查显示，影响消费者购车的其他因素，货源紧张是最主要的因素，占比64%；金融危机次之，占比37%。

第九，二手车需求升温，市场发展空间巨大。随着汽车保有量的提高，目前四成消费者正处于换车周期中，二手车交易、置换需求逐年升温。热销新车的供不应求，导致两年内次新车热卖，交易价格上升，旧车"价高亦畅销"。

3. 经销商经营状况分析

（1）经销商交易状况　从销售同比变化情况看，虽然2009年北京汽车交易同比增长43%，但并不是所有经销商都对销售状况满意，车源供应不足影响了经销商的销售业绩。调查显示，七成经销商表示销售略好于上年，其中15%有大幅增长，10%略有下降，5%有较大下降。

从各类经销商经营变化状况看，2009年一级经销商销售状况明显好于二级经销商，五成一级经销商表示有较大幅度增长，没有一家表示大幅下降。二级经销商受货源影响表示大幅增长的微乎其微，有 5%的表示有较大下降。

（2）经销商效益状况 2009 年经销商销售整体好于 2008 年，调查显示，2009 年有 69.4%的经销商盈利，但有近 1/4 的商户经营依然困难。原因主要是销量中小排量轿车占比高但利润率低。

（3）经销商融资渠道状况 运营资金是困扰经销商的主要问题。但宽松的货币政策也使经销商得到了好处。调查显示，75%的经销商经营完全靠自有资金，能够获得银行资金支持的不足 13%，而认为当前货币政策对资金运作有积极作用的从上年的 7%上升到 2009 年的 36.8%，认为有消极影响的，从 20%下降到了 15%。

三、汽车市场营销模式及变化趋势

几年来，我国汽车市场以两位数的增速高速发展，汽车营销已进入多种营销业态并存的时代，有形市场和 4S 店两种营销模式在激烈的竞争中博弈共存，均取得了长足的发展，得到了消费者认可和业内同行的肯定，也引起了政府、媒体以及社会各界的关注。《汽车品牌管理办法》的修订出台，将使两种营销模式良性互动，共同促进中国汽车产业的发展。

1. 汽车有形市场为消费者购车提供了直观的鉴别平台，助推了政策刺激下的刚性需求

目前国内约有汽车交易市场 600 家，形成一定规模的占 200 家，年交易额超过 20 亿元人民币的有几十家，全国大部分大中城市至少都有 3～4 家汽车交易市场，其网络覆盖率达到 90%以上。

北京现有 400 余家各种品牌的 4S 店，亚市入市企业销售渠道与 2/3 以上的 4S 店相连接，2009 年交易新车近 14 万辆，占北京汽车交易量的 20%，占进口车交易量的 52%。

汽车进入家庭造就了汽车有形市场，它适应我国的国情；适应我国汽车行业工厂众多、转换率高、发展水平参差不齐的特点；适应我国消费者学习、比较、便捷、心理、文化的需求。有形市场还具有规模、功能、服务、信息、咨询、辐射、政府支持、信誉等几大优势。

2. 汽车专营、专卖店是中国轿车市场的主流营销渠道

目前国内有汽车品牌专卖店 2 万多个，销量占全国汽车交易的一半。大部分的主流生产厂家都采取了 4S 店营销模式，是现在最为普遍的一种渠道模式。但

是专卖店具有入门门槛高、投入运营成本高、品牌要求高、买方市场时期经营风险高、资源占用及环保压力大等特点，它制约了专卖店的扩张。随着汽车消费向二、三级城市的转移，厂商已经在寻求新的渠道模式，2S、2S+A、社区布点等营销网络逐渐增多。

3. 近些年，厂商都在创新观念，调整布局，汽车有形市场与专卖店已从竞争关系调整为互相融合的伙伴关系

4S 店大量进驻有形市场，成为有形市场的重要组成部分（亚市模式），综合性正在成为新的有形市场模式。

四、2010 年汽车市场预测

1. 2010 年汽车销售预测

从 2009 年的增长动因、行业产能投资周期及世界汽车市场发展规律看，2010 年汽车市场同比增速会低于 2009 年，但仍将保持 20%左右的较快增长，并呈现前高后低的态势。相对于全国及北京市 2009 年 4 月份开始的月超百万辆和 5 万辆的高基数，2010 年的增长压力会极为巨大。

2. 2009 年的增长动因将在 2010 年持续发挥作用

1）利好政策连续稳定。根据 2009 年 12 月份中央经济工作会议有关精神，2010 年多项产业优惠政策得以延续。除了小排量车购置税政策优惠减少以外，其他政策呈现了更大优惠范围和程度。以旧换新补贴提高；汽车下乡政策延期至 2009 年年底；个人购买新能源汽车的补贴；《轻型汽车燃油消耗量标准管理规定》实施；公车采购自主品牌车型比例不低于 50%。

北京市政府 2009 年 11 月 6 日拟定下发了《北京市汽车产业调整和振兴实施方案的通知》，明确提出了汽车产业已经成为拉动北京工业增长、带动城乡就业、推动首都工业结构调整、走新型工业化道路的重要力量，要通过三年努力打造国内领先的新能源汽车产业；建设具有国际竞争力的整车制造业，培育有核心竞争力的汽车零部件产业和发展具有首都特色的生产性服务业；完善汽车交易市场环境建设，并建立完善、便捷的物流通道。

北京市发改委明确表示，北京只会鼓励不会限制市民购买汽车。

2）宏观经济形势企稳回升，GDP 增长预计 9%以上。

3）刚性需求依然旺盛。按照国际千人汽车保有量水平及人均 GDP 标准衡量，中国已经进入了第二个汽车市场高速发展时期。许多中等收入家庭将迈入汽车消费群体，消费者购车能力已积蓄到爆发阶段，并由一级城市向二、三级城市转移。

首次购车群体范围加大，根据国家统计局数据，我国每年有600万名大学生走上工作岗位，汽车是他们的新需求。

北京等一线城市已进入第一个汽车井喷年后的换车周期，换车潮将推动弹性需求的增长。

4）城镇化建设将为汽车产业带来源源不断的潜在需求。

5）全国公路基础设施建设、道路升级方兴未艾。北京京承三期和西六环路已建成通车，高速公路总里程达到884km；北京周边正考虑建设一条环京高速大外环，以促进京津冀交通一体化，完善、提升北京市功能设施建设和持续发展能力，为北京市汽车消费提供巨大的使用空间。

6）股市、楼市带来的财富效应拉动汽车消费增长。

7）部分主流汽车生产企业新上或扩建项目，推出扩大产能、丰富产品计划，有利于改善供需关系。

8）汽车营销日趋成熟。

3. 增长的约束因素

第一，小排量车购置税优惠政策的缩水，加大了小排量车的购车成本，对2010年汽车销量总体增长将产生不利影响。

第二，北京汽车保有量的快速增长给城市交通、环保等带来了巨大压力，目前实行的机动车尾号限制措施，其调节能力几乎被爆发性增长的销量所抵消。为此，北京有可能出台更有效的“不限拥有、有限使用”的新政策来缓解各方压力。

第三，成品油价格呈上涨趋势，中心城区停车收费标准上调等都将加大汽车使用成本。

第四，公交及轨道交通的大力发展形成新的分流。

第五，《汽车品牌销售管理法》修订迟缓，中外经销商之间、厂家与商家之间话语权不对等，利益分配不公平，使得竞争更加激烈，盈利水平及支付能力下降。

（作者：迟亦枫 颜景辉）

2009年山东省汽车市场分析及2010年预测

一、山东省汽车保有量现状

1. 山东省民用汽车保有量保持两位数的快速增长

山东省民用汽车保有量（不含农用运输汽车，下同），2009 年为 553.5 万辆（本文 2009 年数据为当年预测数，下同），2009 年较 2000 年增加 441.2 万辆，年均增长 43.65%。山东省民用汽车保有量自 2000 年以来，均保持了两位数以上的数量增长，与山东省地区生产总值的增长同步（见表 1）。2001 年山东省民用汽车保有量年增 15.37 万辆，2002 年以来，则保持了年 20 万辆以上的增长幅度。其中： 2009 年增加 127.2 万辆，增长 29.84%，增幅首次突破百万辆。山东省百亿元产值汽车保有量 2009 年为 1.63 万辆，较 2000 年增加 0.28 万辆，年均增速 2.3%。

表 1　2000～2009 年山东省地区生产总值与民用汽车保有量

项　目	2000 年	2001 年	2002 年	2003 年	2004 年	2005 年	2006 年	2007 年	2008 年	2009 年
生产总值/亿元	8337	9195	10276	12078	15022	18517	22077	25966	31072	34000
保有量/万辆	112.3	127.67	150.53	175.74	211.43	246.96	299.23	333.57	426.3	553.5
保有量增加/万辆	14.17	15.37	22.86	25.21	35.69	35.53	52.27	34.34	92.73	127.2

2. 山东省汽车保有结构变化较大，货车比例下降，2009 年货车比例略有回升，轿车比例继续走高

山东省民用汽车保有量的品种结构比例，从 2000～2009 年的历史变化看，有如下特点：一是在位次上，四大品种的保有量排名没有发生明显变化，即：货

车由 2000 年的第一位下降至 2009 年的第三位（位列轿车与客车之后），客车至 2009 年仍保持第二的位置，只是 2009 年与轿车的距离加大。轿车保有量由 2000 年的第三位上升为 2009 年的第一位，且增幅有不断扩大之势。其他汽车仍位居第四位没有变化。二是在四大品种结构的走势与增量上，货车 2000～2008 年走势较平稳。但 2009 年受固定资产投资需求拉动，货车同比增量较大，为 29.84 万辆，是2000年以来货车的最高增幅(见图 1)。货车 2000～2009 年年均增长 11.65%。客车走势分两个阶段：2000～2004 年相对平缓，2005～2009 年则上升明显，2006 年其保有量超过货车，2007 年开始增量相对突出。客车年均增长 48.74%。轿车 2000～2004 年与客车呈胶合状态，2005 年反超货车与客车，走势上扬且有加大之势。轿车 2000～2009 年年均增长 117.61%。其他汽车 2000～2009 年走势基本呈缓慢提升状态，其中 2009 年走势下滑，系数据修正因素所致。其他汽车 2000～2009 年年均增长 1.41%。三是在比重上，货车 2000～2008 年比重呈逐年递减状态，至 2009 年才止跌略有回升。客车比重 2000～2009 年有升有降，2003 年之前起浮较大，之后则趋于缓和，2006 年后比重略有下降，总体在 30%之下波动。轿车比重变化趋势与货车相反，2000～2001 年形成第一级台阶，2002 年得到提升后又进入第二级台阶，至 2004 年开始逐年走高。其他汽车的比重变化 2000～2008 年走势平缓，2009 年有所下降（见图 2）。

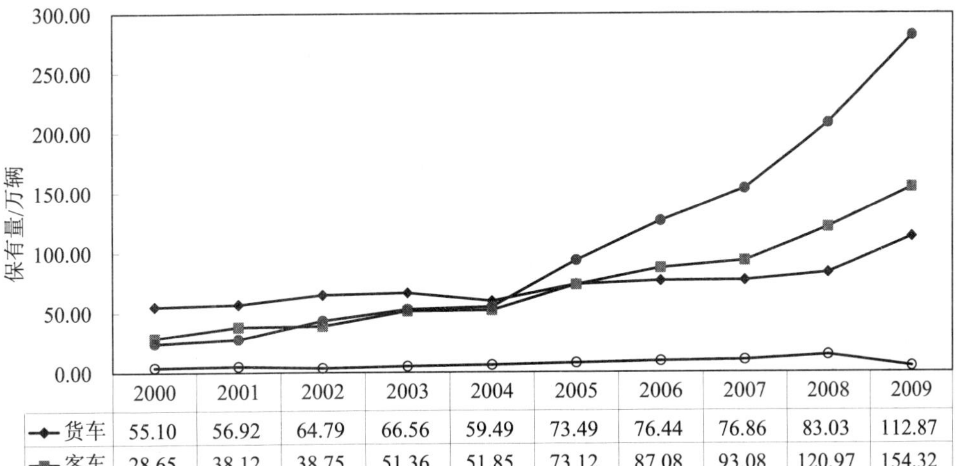

	2000	2001	2002	2003	2004	2005	2006	2007	2008	2009
货车	55.10	56.92	64.79	66.56	59.49	73.49	76.44	76.86	83.03	112.87
客车	28.65	38.12	38.75	51.36	51.85	73.12	87.08	93.08	120.97	154.32
轿车	24.30	27.68	43.39	52.84	54.68	93.36	126.49	153.51	208.06	281.52
其他	4.25	4.95	3.60	4.98	6.04	7.68	9.22	10.12	14.24	4.79

图1 山东省民用汽车分车型保有量变化趋势

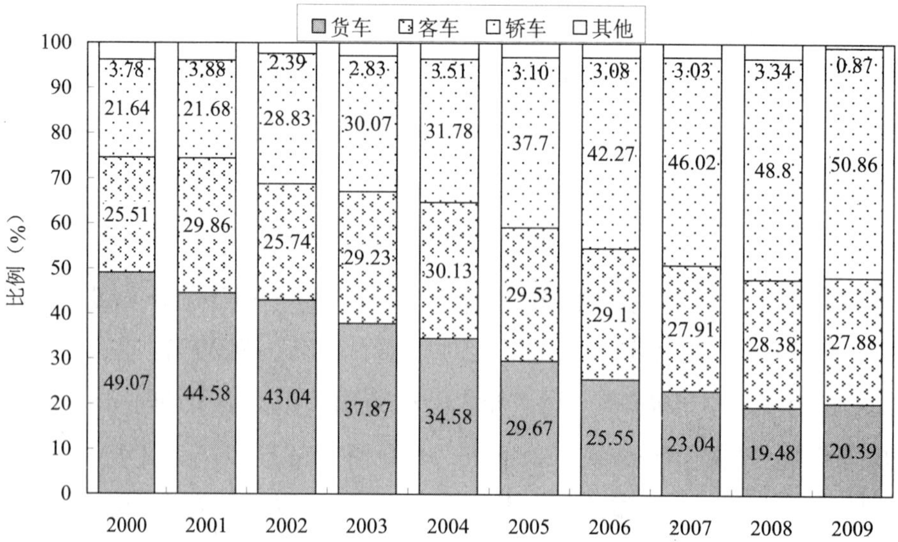

图2 山东省民用汽车品种结构的历史变化

3. 山东省民用汽车保有量在全国位居第二，且比重逐渐走高；在华东地区处于领跑位置，但逐年递减趋势没有变

山东省民用汽车保有量2008年为426.3万辆，较1999年增加328.17万辆，年均增长37.16%，高于全国年均增长9.3个百分点。山东省民用汽车保有量在全国列广东之后位居第二位。山东省民用汽车保有量在全国的比重2008年有所提升，为8.37%，较上年提高0.72个百分点。从历史数据上看，历年山东省民用汽车保有量在全国的比重，大趋势为逐年走高但幅度不大（见表2）。

表2 1999～2008年全国及山东省民用汽车保有量

年 份	1999年	2000年	2001年	2002年	2003年
全国汽车保有量/万辆	1452.94	1608.91	1802.04	2053.17	2382.93
山东汽车保有量/万辆	98.13	112.3	127.67	150.53	175.74
比重（%）	6.75	6.98	7.08	7.33	7.37
位置	2	2	2	2	2
年 份	2004年	2005年	2006年	2007年	2008年
全国汽车保有量/万辆	2693.71	3159.66	3697.35	4358.36	5096.07
山东汽车保有量/万辆	211.43	246.96	299.23	333.57	426.3
比重（%）	7.85	7.82	8.09	7.65	8.37
位置	2	2	2	2	2

山东省民用汽车保有量 1999～2008 年在华东地区均保持在第一的位置。从历史变化看，华东地区各省（市）民用汽车保有量的走势大致可分为三个板块：一是山东板块。山东 1999～2008 年民用汽车保有量稳步提升，2007 年提升幅度略有下降，2008 年又恢复至原运行轨迹。二是浙江、江苏板块。该板块运行轨迹与山东基本相同，1999 年两省位置均略高于除山东以外的其他省（市），2008 年则与其他省（市）的距离明显拉大，与第一板块山东的运行基本保持等距，浙江、江苏两省的运行呈胶合状态。三是除山东、浙江和江苏外的其他省（市）板块。该板块走势基本平衡，四省（市）的位次 2008 年前基本没有变化，2008 年安徽超过上海位居第三板块的第一位，福建 2005 年起势头强劲且 2008 年已与上海接近。山东省民用汽车保有量在华东地区的比重 2008 年较上年有所增加，但呈逐年递减趋势没有变（见表 3）。

表 3　1999～2008 年华东地区民用汽车保有量及山东在区内的比重位次

年　份	1999 年	2000 年	2001 年	2002 年	2003 年
上海/万辆	42.55	49.19	55	62.3	71.9
江苏/万辆	63.92	74.51	87.12	104.5	131.77
浙江/万辆	57.59	68.06	85.56	107.83	135.82
安徽/万辆	32.57	38.67	45.17	54.66	64.73
福建/万辆	27.82	32.13	36.67	43.63	52.08
江西/万辆	22.4	24.7	27.16	30.31	35.56
山东/万辆	98.13	112.3	127.67	150.53	175.74
合计/万辆	344.98	399.56	464.35	553.76	667.6
山东比重（%）	28.45	28.11	27.49	27.18	26.32
山东位次	1	1	1	1	1
年　份	2004 年	2005 年	2006 年	2007 年	2008 年
上海/万辆	83.51	95.16	107.04	119.7	132.1
江苏/万辆	161.19	192.25	240.8	296.31	349.5
浙江/万辆	162.34	202.92	248.36	301.61	352.8
安徽/万辆	68.28	80.5	94.61	113.42	134.9
福建/万辆	58.01	69.79	89.57	110.87	130.8
江西/万辆	40.48	48.36	58.07	69.9	83
山东/万辆	211.43	246.96	299.23	333.57	426.3
合计/万辆	785.24	935.94	1137.68	1371.4	1609.4
山东比重（%）	26.93	26.39	26.3	24.32	26.49
山东位次	1	1	1	1	1

二、山东省汽车需求现状

1. 山东省汽车需求量快速增长，私人用车需求成为主要力量

山东省民用汽车需求量2009年为162.2万辆（见图3），较2000年需求增加142.65万辆，年均增长81.07%。2000～2001年山东省民用汽车需求量受亚洲金融危机的影响，增长减缓、增幅较小，发展相对缓慢；2002年以后平稳增长，2008年第四季度虽受国际金融危机的影响，但仍突破百万辆。2009年随着国家应对国际金融危机措施的全面到位，民用汽车需求量明显增加，主要体现在民用轿车增幅较大，2009年需求量再创新高，达到空前的162.2万辆。随着私人购车的不断普及，私人用车在山东省民用汽车需求量中占有较大比例，成为山东省民用汽车需求量增长的主要力量。

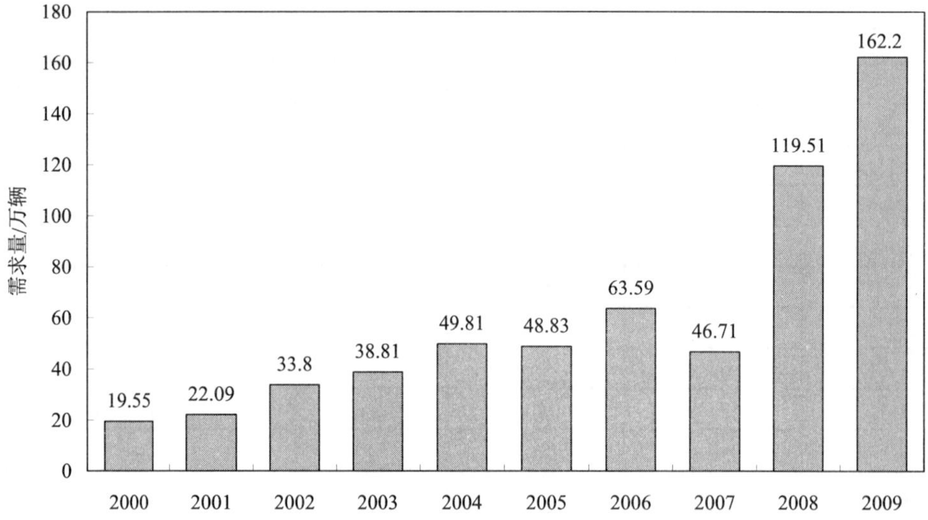

图3 山东省民用汽车需求量

2. 山东汽车市场呈现六大特点

2009年山东省民用汽车市场的主要特点：一是增长幅度较大。预计2009年民用汽车保有量为553.5万辆，较上年增加127.2万辆，增长约为29.84%，增幅首次突破百万辆。二是在127.2万辆的总增量中，轿车增量为73.46万辆，占总增量的57.75%，成为拉动民用汽车增长的主要力量。三是1.6L及其以下排量的轿车，由于受到车购税减半的优惠政策，销售普遍看好，部分品种供不应求。四是国家汽车下乡政策的出台，推动了山东省县以下特别是乡镇及以下地区汽车结

构的升级，同时也促进了小排量汽车的销售。五是在用户结构变化中，私人用车继续成为主导力量。2009 年，在预计山东省民用汽车保有量 553.5 万辆中，私人用车为 433.94 万辆，占总保有量的 78.4%。六是进口汽车略有增长。2009 年预计进口汽车 12.85 万辆，比 2008 年增加 1.2 万辆，增长 10.3%。

三、2010 年山东省汽车市场预测

1. 环境因素分析

（1）*宏观环境分析* 2010 年是实施“十一五”规划的最后一年，也是应对国际金融危机的关键之年，山东省面临稳增长与调结构的双重压力，挑战与机遇并存，机遇大于挑战。从国际上看，2010 年世界经济环境将好于 2009 年，有望实现恢复性增长。但由于金融领域风险尚未消除，发达经济体居民消费疲软、失业率居高难下，国际大宗商品价格可能震荡走高，全球经济复苏将经历缓慢复杂曲折的过程。从国内看，经济回升向好的基础逐步巩固，发展的活力与动力将进一步增强。但结构性、体制性矛盾更加凸显，各种矛盾交织，经济运行仍面临较大的不确定性。因此，在上述宏观环境的相互作用下，2010 年山东省民用汽车的增长或将受到一定的制约。从山东省看，2010 年社会经济发展有许多有利条件：一是国家继续实施积极的财政政策和适度宽松的货币政策，进一步充实完善应对国际金融危机一揽子计划，有利于山东增强经济内生动力和推进经济结构调整。二是山东投资增长后劲较足，2010 年续建工程投资将达 1.4 万亿元，还将启动一批民生和基础设施重大项目，实现投资平稳增长有较好基础。三是国家出台鼓励消费的一系列政策，新的消费热点将逐步形成，消费市场可望持续走旺。四是山东全面实施千亿斤粮食生产能力建设规划，“三农”基础将进一步巩固。五是国家将制定一系列战略性新兴产业发展规划和实施方案，为山东培育新的经济增长点提供了重大机遇。但是，制约经济回升的因素也比较多：一是受贸易保护主义加剧和发达经济体消费模式变化等影响，山东扩大出口和利用外资面临不少困难。二是经济结构调整压力大、任务重，一些领域产能过剩，市场需求不足，部分企业特别是中小企业生产经营仍很困难。三是民间投资跟进不快，经济增长的内生动力还不强。四是城乡居民收入增长趋缓，社会保障水平较低，扩大消费受到制约。五是财政增支减收因素明显增多，收支平衡压力进一步加大。

（2）*对汽车市场有影响的因素* 对汽车市场有影响的主要因素：一是 2010 年山东省地区生产总值预计为 3.74 万亿元，同比增长约 10%，增长速度较 2009

年回落1个百分点。二是预计2009年山东省全年完成规模以上投资1.9万亿元，增长23%以上，预测2010年将在此基础上增长约18%，增长速度较上年预计回落5个百分点。三是预计2009年山东省社会消费品零售总额为1.23万亿元左右，增长18%以上，预测2010年增长16%左右，约为1.43万亿元，增长速度较上年预计回落2个百分点。四是预计2009年山东省实现进出口总额1370亿美元，下降13%左右，降幅较同年1～6月份收窄5.4个百分点，预测2010年外贸进出口和实际利用外资计划实现恢复性增长。综合上述因素的影响，2010年山东省民用汽车保有量与需求量的增长幅度均会有所回落，但增长的基本面不会改变。

2. 2010年保有量及需求量预测

2010年，预测山东省民用汽车保有量为653.13万辆，较上年增加99.63万辆，增长18%左右；山东省民用汽车需求量为139.63万辆，较上年减少22.57万辆，下降13.91%。

3. 2010年山东省汽车保有结构预测

2010年山东省民用汽车保有量的品种结构及比例预测有如下发展趋势：一是四大品种结构的现有排序不会发生改变。即：轿车仍将延续它的快速发展势头，位居第一；客车保持适度增长，排序第二；货车在2009年有较大增长的情况下，2010年将有所回落，名列第三；其他汽车略有增长，保持第四。二是预计2010年增长将表现为四大品种的全面增长，其中轿车预测增量为51.81万辆，居增幅首位。三是品种结构比重，预测2010年为二增二减、幅度不一，即轿车、其他汽车比重上升，货车、客车比重下降（见表4）。

表4 2010年山东省民用汽车保有量品种结构预测表

品种	2010年保有量预测数/万辆	2010年保有量比重预测（%）	2010年较2009年增量/万辆
货车	132.79	20	19.92
客车	181.22	27	26.9
轿车	333.33	52	51.81
其他	5.79	1	1
合计	653.13	100	99.63

（作者：黄铭）

2009 年浙江省汽车市场回顾及 2010 年预测

一、2009 年浙江省汽车市场回顾

2009 年，浙江省经济发展增速呈现逐渐回升的态势：2009 年第一季度 GDP 增长为 3.4%，2009 年上半年 GDP 增长为 6.3%，而 2009 年前三季度，全省 GDP 为 15828 亿元，同比增长 7.7%（见图 1），增幅比 2009 年第一季度和 2009 年上半年分别回升 4.3 和 1.4 个百分点，增长率与全国的差距逐季缩小。

值得一提的是，2009 年前三季度，第三产业对浙江 GDP 的增长贡献率为 67.6%，拉动 GDP 增长 5.2 个百分点，三产增加值占 GDP 的比重比上年同期提高了 2.7 个百分点。

近年来，浙江各级政府高度重视发展第三产业，并出台了一系列措施，鼓励发展服务业，并支持制造业向设计、品牌销售等方向拓展，客观上增加了服务业的附加值。此外，金融危机造成浙江外贸出口大受影响，进而导致工业、制造业受损，第一、第二产业增长较慢，一定程度上更突显了第三产业对经济的贡献。

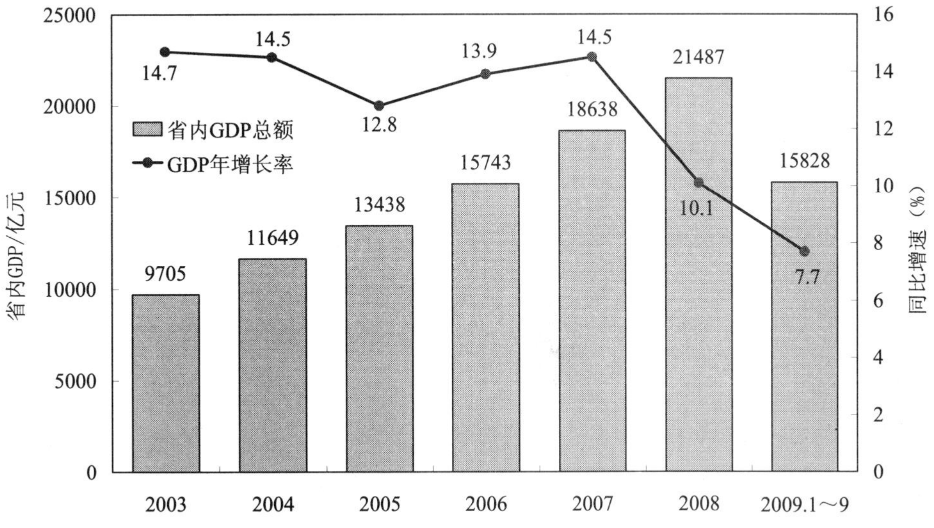

图1　历年浙江省国民生产总值及增速情况

1. 2009 年浙江省汽车上牌情况分析

2009 年，在国家汽车振兴政策的导向和刚性消费需求的激发下，国内汽车行业再现蓬勃生机。2009 年 1～11 月份，国内汽车产销两旺，汽车产销分别达 1226.58 万辆和 1223.05 万辆，同比增长 41.6%和 42.4%。而 2009 年 1～11 月份浙江省汽车销量更是达到了 80.40 万辆，同比增长 55.6%，其汽车新增量和保有量仍位居全国前列。这也表明，地处长三角区域的浙江，具备了良好的经济基础和市场环境，发展空间较大，未来的汽车消费将保持较高的增长水平。

从 2009 年各月新车上牌情况来看，下半年浙江省汽车市场表现抢眼，特别是从 2009 年 7 月份开始，一直保持较大的同比增长，而 2009 年 11 月份同比增长已达到 162.70%，新车销量创出历史新高。2009 年浙江省各月新车上牌及增速情况见图 2。

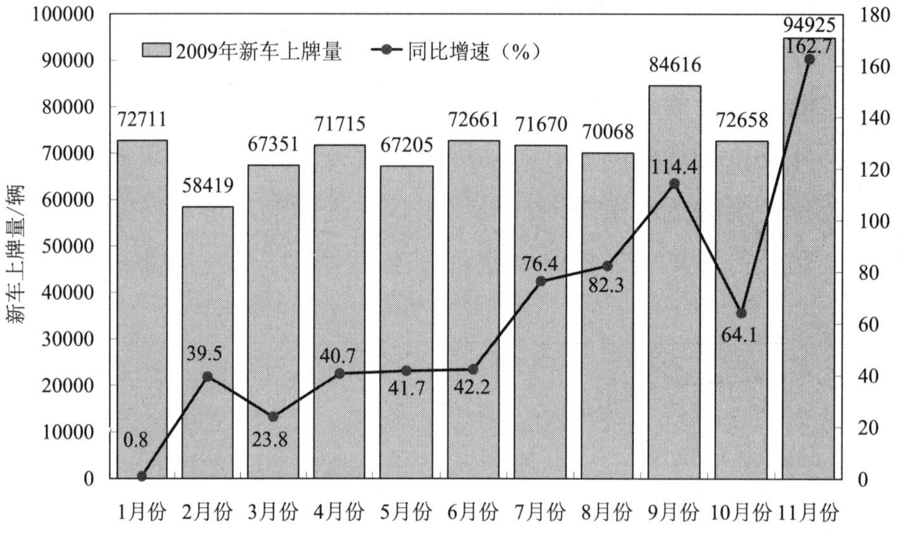

图2 2009年浙江省各月新车上牌及增速情况

2. 2009 年浙江省汽车保有总量分析

2009 年浙江省汽车保有总量继续保持平稳增长，至 2009 年 9 月底，全省汽车保有量达 410.16 万辆，比 2008 年末净增 55.65 万辆，增长 15.7%。浙江省近年来汽车保有总量及增速情况见图 3。

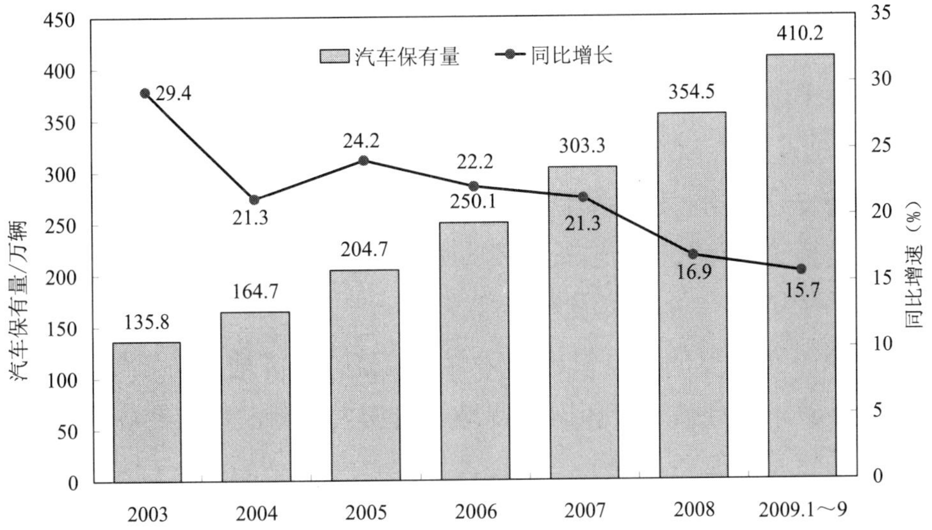

图3 历年浙江省汽车保有总量及增速情况

3. 2009 年浙江省各地市汽车保有量分析

2009 年以来，随着二、三级市场汽车消费力量的崛起，浙江省各地市汽车市场保持了强劲的增长。截至 2009 年 9 月底，衢州市、湖州市、舟山市由于保有量基数较低的缘故，增长率分居全省一、二、三位，而温州市、金华市、台州市、绍兴市以及嘉兴市等二、三级市场均保持了 16%～17%的增长速度；杭州市由于汽车保有量基数较大，同比增长为 13.6%，增长速度位居浙江省最后。2009 年前三季度浙江省各地市汽车保有量及增速情况见图 4。

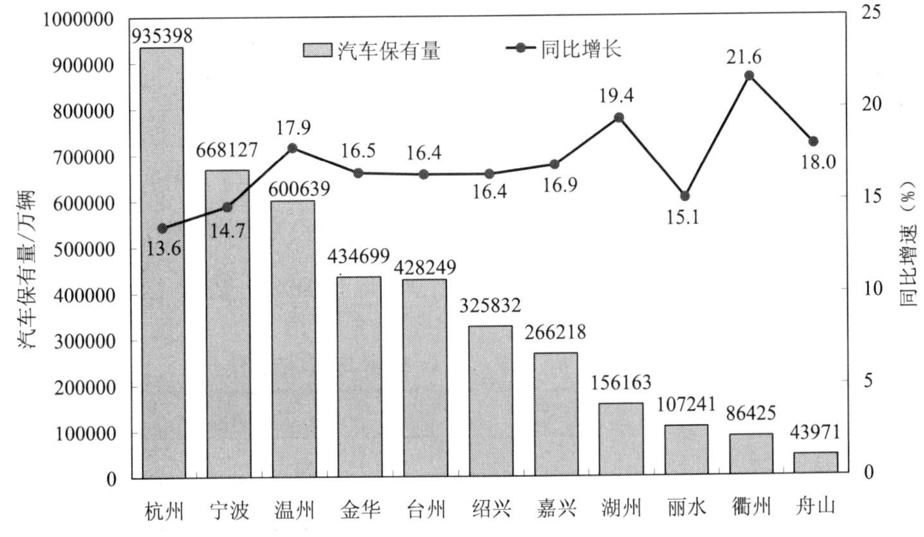

图4 2009年前三季度浙江省各地市汽车保有量及增速情况

二、2010 年浙江省汽车市场预测

2010 年，中国经济持续保持高速增长的态势没有变，中国主要城市人均 GDP 超过 6000 美元、汽车继续快速进入家庭的行业发展规律没有变，因此中国汽车消费的支撑力也没有变。中国汽车产业将会长期向好，2010 年国内车市将在 2009 年的基础上保持 10%～15%的增长幅度。

2010 年须重点关注的政策因素包括：

第一，2010 年国家的经济结构将作重大调整。经济增长的三驾马车（投资、出口、消费）受国际金融危机和国际贸易争端加大影响，新的经济增长点很可能转向“民生”的质量提高，增加民众收入，扩大内需。

第二，根据国家《汽车产业调整和振兴规划》，2010 年将继续延续 2009 年的产业政策，后 7 项政策将陆续出台，其中，鼓励二手车流通、促进汽车消费信贷政策即将出台。

第三，在全球气候变暖的背景下，以低能耗、低污染为基础的“低碳经济”时代渐行渐近，并成为越来越多国家的战略行动。“低碳经济”核心就是节能减排。对小排量汽车、新能源汽车的鼓励政策将导致一线市场的汽车置换加大。

第四，国家对房市的控制、车市的鼓励，以及股市的恢复，消费信心增加，将促使消费者有更多的资金流入车市。

在国家鼓励汽车消费政策延续的影响下，预计 2010 年上半年浙江汽车市场还将继续保持较高增长，下半年增幅将会有所下降，呈现平稳增长态势，2010 年全年新车销售增长 15.0%左右。

1. 2010 年浙江省汽车保有量和需求量预测

预计 2010 年，浙江省汽车保有量将达到 520 万辆，与 2009 年的 430 万辆相比增加 90 万辆，同比增长 20.9%；2010 年，浙江省汽车需求量为 103.5 万辆，与 2009 年的 90 万辆相比增加 13.5 万辆，同比增长 15.0%（见表 1）。

表 1 2010 年浙江省汽车保有量与需求量预测

项 目	2009 年	2010 年预测	与 2009 年相比增加	同比增长率（%）
汽车保有量/万辆	430	520	90	20.9
汽车需求量/万辆	90	103.5	13.5	15.0

2. 2010 年浙江省汽车市场趋势预测

（1）汽车营销渠道进入新一轮发展高潮　随着渠道不断下沉，2010 年省内二、三线市场将迎来一轮新的发展高潮，并对区域内经销商规模化发展起到极大的推动作用。

资本大举参与是渠道网络发展进入第二轮高峰的重要特点。目前，正是这些资本力量在推动汽车经销集团的扩大与整合，通过资本运作，经销商集团不仅可以对区域内汽车经销网络的并购实现相对垄断，还可以实现对优质资源的并购整合。

（2）汽车消费信贷向专业化、规模化发展　随着消费门槛的降低，2010 年汽车消费信贷在省内一线市场将有很大的发展潜力，汽车金融业有望成为行业发展的重要推手。

未来 5 年，我国的汽车贷款渗透率将达到 30%的水平，预计平均每年能为行业销量贡献 2%的额外增长。

（作者：张晖蓉　黄晓春）

2009 年天津汽车市场分析及 2010 年预测

天津是东部地区大直辖市之一，是中国北方最大的沿海开放城市。中国经济重心由华南向华东并最终向华北和中原地区转移的趋势中，作为华北经济增长引擎的天津占据重要地位。面对 2008 年末金融危机的冲击，2009 年天津经济和私车需求依旧保持快速的增长趋势。而天津市区和滨海新区两大城市板块的形成则为天津的私车普及注入了新的增长动力。

一、天津汽车市场的保有量分析

天津汽车保有量增长较快，从 2002 年的 45 万辆增长到 2008 年的 108 万辆，年平均保有量增速达 13%。2009 年有望突破 127 万辆（见图 1）。天津汽车增长的强力支撑是驾驶员的快速增长，虽然 2005 年以来驾驶员增长明显慢于乘用车保有量的增长，但因外来人口增长得以强力补充。

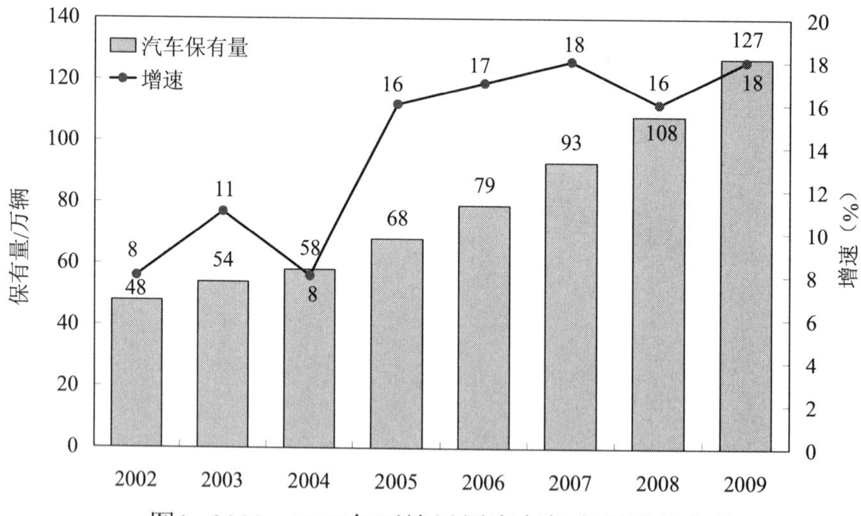

图1 2002～2009年天津民用汽车保有量增长变化

二、天津市汽车市场需求结构分析

1. 上牌量历史变化趋势

2009 年天津汽车市场仍保持较快的增速，其增速大幅高于 2006 年的增速（见

图 2)，而且超过全国乘用车市场的平均增速水平。

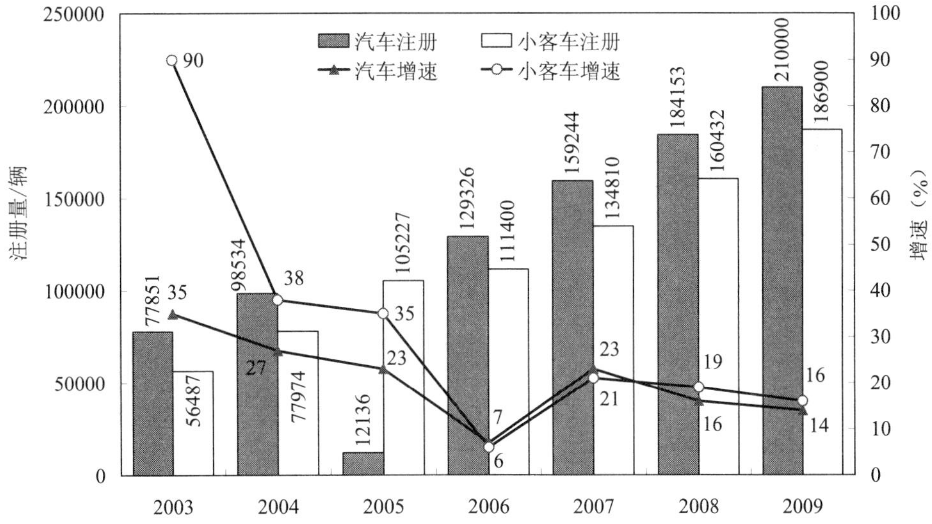

图2　天津汽车市场需求结构变化

2. 天津与各城市历年狭义乘用车销售结构对比

华北地区包括京津和华北四省两部分，京津的狭义乘用车市场份额在下降，内蒙、河北等增长动力较强（见表 1）。北京在华北市场的地位从 2003 年的 44% 下降到 2009 年的 23%，其下滑速度较快，天津则是小幅下滑，从 2004 年的 10% 下降到 2009 年的 8%。河北的市场启动慢，2003 年时与山东的差距在 6 个百分点，2009 年时仍有 9 个百分点，增长潜力较大。内蒙的市场增长不断加速，从占天津规模的一半到超越天津的销量规模仅用不到四年时间。山西的市场增长乏力，经济模式出现一定问题。

表 1　华北各省市历年来狭义乘用车销售份额对比

（%）

区域	2003 年	2004 年	2005 年	2006 年	2007 年	2008 年	2009 年
北京	44	33	2	25	27	24	23
天津	8	10	10	9	9	9	8
河北	15	16	18	17	18	18	20
山东	21	26	29	31	31	29	29
内蒙	4	4	5	7	7	8	9
山西	7	10	11	10	8	11	11

3. 天津的狭义乘用车车系竞争变化

天津自主品牌的国营企业汽车表现较强，2003～2005年占据绝对主力地位。日系品牌在天津的优势不明显，而德系品牌的起点较好。韩系品牌在天津增长较好，但也未超过全国平均水平。自主品牌的民营企业在2009年表现较强，天津的市场格局发生较快变化（见表2）。

表2　天津的狭义乘用车车系竞争变化

（%）

车系	2003年	2004年	2005年	2006年	2007年	2008年	2009年
日系	15	13	14	19	22	31	24
德系	22	17	12	14	16	17	19
法意系	3	2	3	3	3	2	3
韩系	3	4	6	7	5	5	8
美系	7	6	7	8	7	6	7
自主品牌-国有企业	43	50	52	43	39	31	28
自主品牌-民营企业	8	8	6	6	8	7	12

4. 天津的狭义乘用车车型需求结构分析

天津市场的轿车车型主要是以A0级和A级车为主， A级车表现异军突起。2009年天津市场的B级车发展较快，这是明显的大型化趋势（见表3）。天津的MPV市场低速发展，但规模增长超过全国水平，这与天津的外资模式相关。天津的SUV市场在2009年回升一些，但仍低于全国水平。

表3　天津的狭义乘用车车型需求结构分析

（%）

级别	2003年	2004年	2005年	2006年	2007年	2008年	2009年
轿车-A级	17	18	22	25	31	39	40
轿车-A0级	52	61	59	51	44	37	35
轿车-A00级	5	4	3	3	2	2	3
轿车-B级	18	13	11	13	15	14	13
轿车-C级	2	1	2	3	3	2	2
MPV	2	2	2	2	2	2	2
SUV	3	3	2	2	3	3	4

5. 天津狭义乘用车历年销量前15名的变化特征

天津市场的乘用车主力品牌份额相对集中。前 15 位销量的主力车型的份额总和从 2003 年的 70%高位下降到 2009 年的 47%，分化速度很慢。这主要是本地品牌强势的结果。2008 年前的天津市场主要是夏利的主力市场，夏利和威志、威乐等经济型车具有优势地位。随着 2008 年天津出租汽车的更新结束，中级车的低端车型也进入了主力销量行列（见表 4）。

表 4 天津狭义乘用车历年销量前 15 名的变化特征

（%）

序号	2003 年		2004 年		2005 年		2006 年		2007 年		2008 年		2009 年	
	品牌	份额	品牌	份额	品牌	份额	品牌	份额	品牌	份额	品牌	份额	品牌	份额
1	夏利	29.6	夏利	40.1	夏利	43.0	夏利	29.0	夏利	22.0	夏利	20.0	夏利	12.7
2	桑塔纳	4.6	捷达	3.7	凯越	3.1	威乐	5.8	威乐	4.7	威志	11	威志	4.6
3	捷达	3.8	桑塔纳	3.4	捷达	3.0	捷达	3.3	捷达	4.2	花冠	8.8	捷达	4.3
4	威驰	3.8	豪情	3.4	伊兰特	2.3	花冠	2.4	威志	3.6	捷达	3.7	伊兰特	3.4
5	豪情	3.4	雅阁	2.2	千里马	2.2	赛拉图	2.4	凯美瑞	2.5	卡罗拉	2.3	宝来	2.5
6	帕萨特	3.2	帕萨特	2.2	桑塔纳	2.2	凯越	2.0	赛拉图	2.1	宝来	2.2	自由舰	2.5
7	宝来	3.1	桑 3000	2.2	雅阁	2.1	帕萨特	1.9	骏捷	1.8	威乐	2.1	速腾	2.3
8	桑 3000	3.1	千里马	2.1	威乐	2.0	伊兰特	1.9	速腾	1.8	速腾	2.0	F3	2.3
9	君威	3.1	飞度	1.8	宝来	1.7	威驰	1.9	雅阁	1.7	雅阁	2.0	赛拉图	2.2
10	蓝鸟	2.2	威驰	1.6	花冠	1.7	雅阁	1.8	波罗	1.7	凯美瑞	2.0	威乐	2.1
11	奥迪 A6	2.2	君威	1.6	飞度	1.6	QQ	1.6	福克斯	1.7	赛拉图	1.8	花冠	1.9
12	雅阁	1.9	赛欧	1.5	帕萨特	1.5	自由舰	1.6	凯越	1.6	海福星	1.7	卡罗拉	1.8
13	赛欧	1.9	宝来	1.5	威驰	1.5	桑塔纳	1.6	思域	1.6	伊兰特	1.6	凯美瑞	1.7
14	夏利 2000	1.8	威乐	1.5	QQ	1.4	奥迪 A6	1.4	威驰	1.6	F3	1.6	雅阁	1.7
15	旗云	1.8	凯越	1.4	福美来	1.2	桑 3000	1.3	帕萨特	1.6	思域	1.6	朗逸	1.5
	合计	70	合计	70	合计	70	合计	60	合计	54	合计	57	合计	47

三、天津汽车发展的趋势分析

1. 天津经济发展速度分析

近几年天津经济发展速度较快。从 2003～2007 年的天津 GDP 增速均在 16%以上。2009 年 1～9 月份，全市实现地区生产总值 4997 亿元，按可比价格计算，比上年增长8%（见图3）。

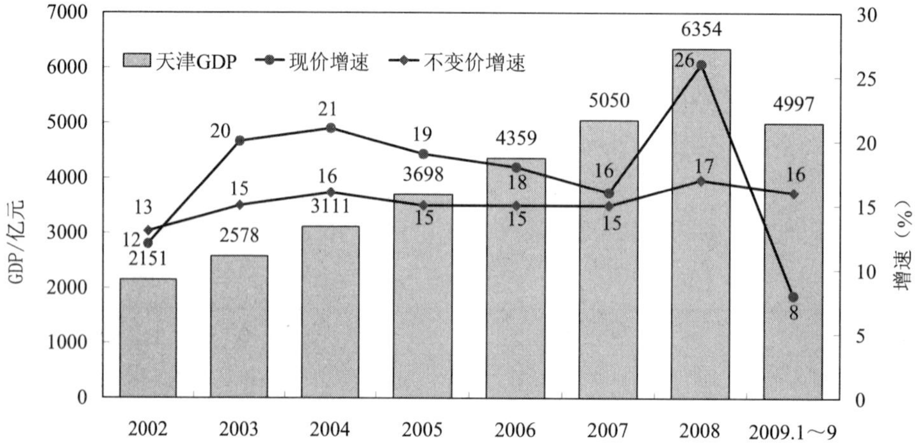

图3 天津经济发展速度变化

2. 天津投资增长分析

近年来天津固定资产投资保持了较快的增长速度，2008年以来固定资产投资增势强劲。2008年全年全社会固定资产投资完成3404.09亿元，比上年增加1015.46亿元，增量首次超过1000亿元，增长43%，增幅比上年提高13.4个百分点。2009年的投资进一步加速到47%，在东部省区中一枝独秀（见图4）。

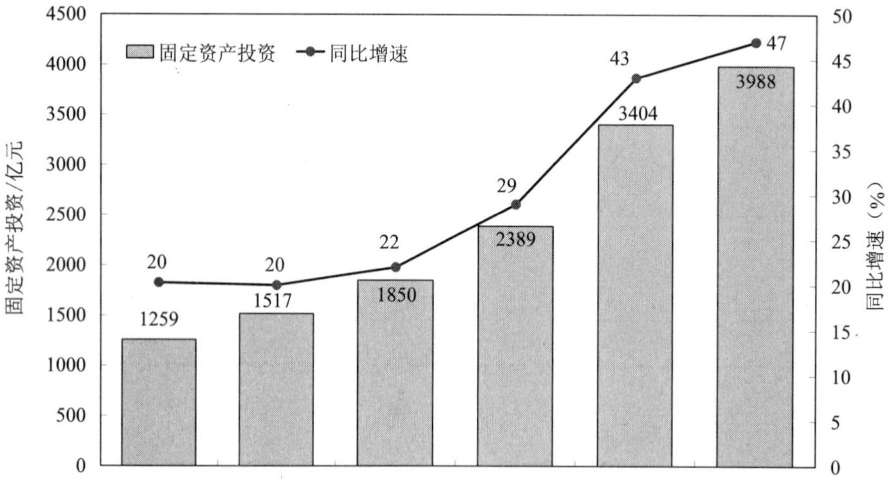

图4 天津固定资产投资增长走势

3. 天津经济发展的龙头——滨海新区的投资拉动

2009 年 10 月 21 日，国务院正式批复天津市调整滨海新区行政区划，同意撤销天津市塘沽区、汉沽区、大港区，设立天津市滨海新区，以原塘沽区、汉沽区、大港区的行政区域为滨海新区的行政区域。滨海新区面积达到 2270 km^2，远大于浦东、深圳两区。滨海新区龙头带动作用显著（见表 5）。从宏观环境角度看，天津的发展进入了新的时期。天津经济将走出独立于华北地区的较快增长特征。天津经济的高速发展和对区域的拉动将进一步刺激天津汽车市场的繁荣。

表 5　滨海新区的投资拉动分析

滨海新区指标	2003 年	2004 年	2005 年	2006 年	2007 年	2008 年
生产总值/亿元	1046.30	1323.26	1623.26	1960.50	2364.08	3102.24
生产总值增速(%)	20.40	20.10	19.80	20.20	20.50	31.30
固定资产投资/亿元	464.08	565.47	693.31	864.29	1152.64	1650.52
外贸出口总值/亿美元	89.38	136.99	184.69	226.20	330.60	541.42
实际直接利用外资/亿美元	12.15	17.44	25.31	33.45	39.24	50.77

4. 天津汽车市场政策影响分析

2009 年天津市政府并未出台相关的限制性政策，对汽车市场的发展基本没有影响。天津汽车消费环境改善。

燃油税的实施进一步促进天津私车普及的逐步推动，尤其是郊县市场的需求出现爆发式增长，但目前天津城市道路建设附加费的收取仍在进行，这对私车普及的推动影响较大。

5. 未来天津的私车普及具有较大的空间

虽然天津汽车市场发展的增速难以与汽车普及较低的各省相比，但相对东部三大直辖市的天津市场最具潜力。综合近期的天津经济发展和环境约束看，天津的汽车市场具备较大的发展空间，近期仍将保持较快的增速。

（作者：崔东树）

2009年上海市汽车市场分析及2010年预测

2009年中国经济虽然受全球金融危机的持续影响，出现下滑，但在政府加大投资和刺激政策的拉动下，宏观经济于二季度开始强劲回升，2009年全年有望达到8.5%。而在多项产业振兴政策的推动下，汽车产业成为中国经济回升的先导产业。2009年全年乘用车市场总量预计845万辆，同比增长54%。

在全国高增长的背景下，2009年各大区域市场也都出现“井喷式”增长，并呈现出西部、东北增速较快，中部、东部增速略慢；二、三线市场增速较快，一线市场增速略慢的特点。但从绝对量来看，由于东部地区市场基数庞大，在2008年遭遇了大幅回落后，2009年东部地区的恢复性增长使其成为全国增量最大的区域。

一、2009年上海区域市场分析

2009年在金融危机和汽车产业振兴规划出台的大背景下，上海汽车市场除了其固有的区域特点外，同样也在经济和政策的双重作用下走出了强劲的反弹线。预计2009年全年上海乘用车总量将达到19.1万辆，同比增长26.3%左右(见图1)。而同全国或东部其他区域相比，由于上海特定的经济结构、产业结构以及消费特点，经济和政策两大因素对上海乘用车需求的影响有许多不同之处。

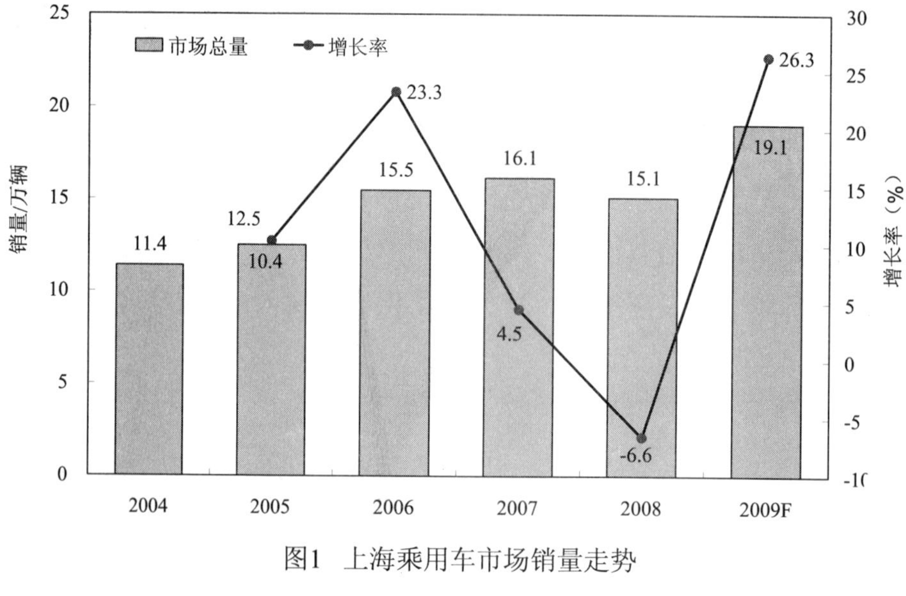

图1 上海乘用车市场销量走势

第一，上海产业结构中的问题导致上海经济回升缓慢。

在金融危机和经济转型的双重压力下，2009 年 1～11 月份上海工业增加值累计增速仅 1.1%，远低于全国平均水平 10.3%，除山西以外，上海已成为全国工业增加值增长最慢的地区，自 20 世纪 90 年代以来，上海经济从未出现过如此低的增速。

虽然 2009 年国家给与汽车产业强力的刺激政策，但上海地区经济恢复迟缓直接导致了汽车市场复苏的滞后。2009 年上半年上海乘用车需求同比负增长 0.04%，从 2009 年第三季度开始才转向正增长（见图 2），是全国恢复最慢的地区之一。

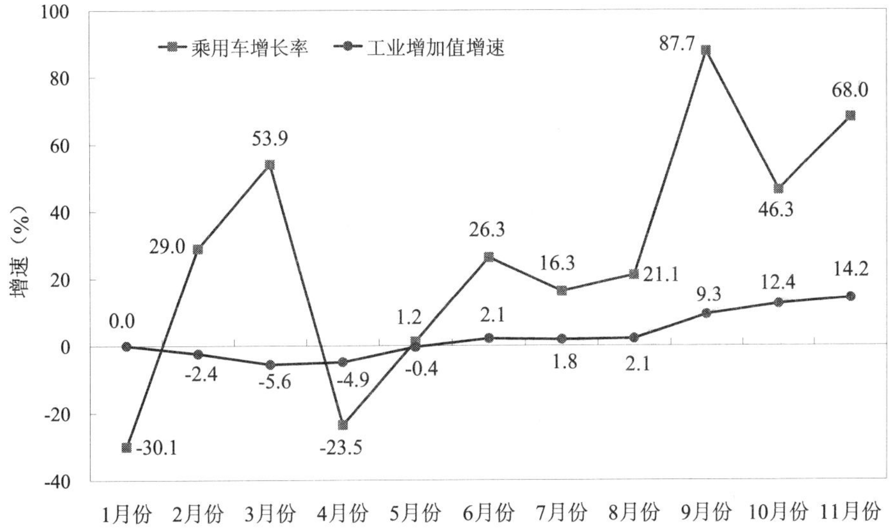

图2 2009年工业增加值和乘用车需求增速月度走势

上海成为全国受金融危机影响最为显著的地区之一，不仅仅是因为上海经济较高的对外依存度，更多地是上海经济结构中第二、第三产业矛盾的体现。一方面上海提出要形成以服务经济为支柱的产业结构，但第三产业的能级和水平的提升力度不足，自 2006 年上海第三产业首次超越第二产业以来，第三产业一直徘徊不前，到 2008 年第三产业比重仅比第二产业高 8 个百分点，短期内难以支撑上海经济的发展。另一方面，上海经济仍然高度依赖于第二产业，尤其是重化工业，钢铁、石化、机械、电子、汽车等重化工业占据上海工业 75%的比重，而此轮危机中受影响最大的也恰好是这类行业。

第二，上海本土汽车企业对区域市场的影响。

众所周知，汽车产业在上海经济中占有举足轻重的地位，上汽集团旗下的上海大众、上海通用、上海汽车等整车制造企业以及众多零部件配套厂商对上海本土汽车市场的需求偏好乃至需求量都产生了很大的影响。需求偏好上，上海地区消费者向来对进口产品和本土产品情有独钟，虽然近年来一些日系、自主品牌汽车不断加强对上海地区的营销攻势，2009年上汽集团依然占据上海地区超过50%的乘用车市场。

正因为上汽集团在上海地区的显著优势，为迎接世博会的召开，提振上海汽车产业，2009年上海在全国“以旧换新”政策的基础上，效仿北京“黄标车”补贴方案，专门研究部署了汽车淘汰更新补贴和高污染车限行方案，对涉及车辆采取限行和提供补贴鼓励更新的政策。根据初步统计，符合补贴标准的车辆约15万辆，且可同时享受购置税减半的政策，这一政策的出台在一定程度上促进了上海汽车消费需求的释放。

第三，乘用车需求结构显示，2009年上海地区乘用车需求增长主要来自郊区和二手车转换。

由于出租车的牌照是由政府统一分配到出租车营运公司的，按照牌照类别，可以简单地将上海地区的需求分为民用和出租，民用需求又可分为新增需求（每月牌照拍卖额度）、郊区需求（沪C牌照）及更新需求。2009年全年共投放牌照8.66万张（见图3），较2008年仅增长2.5%，而不受拍牌额度影响的郊区沪C牌照和更新需求则分别增长83%和45%，成为带动上海地区销量的主要动力。这也进一步反映了上海消费信心提升和 “以旧换新”政策带来的市场推动力，以及增长点不断向郊远地区发展的特点。

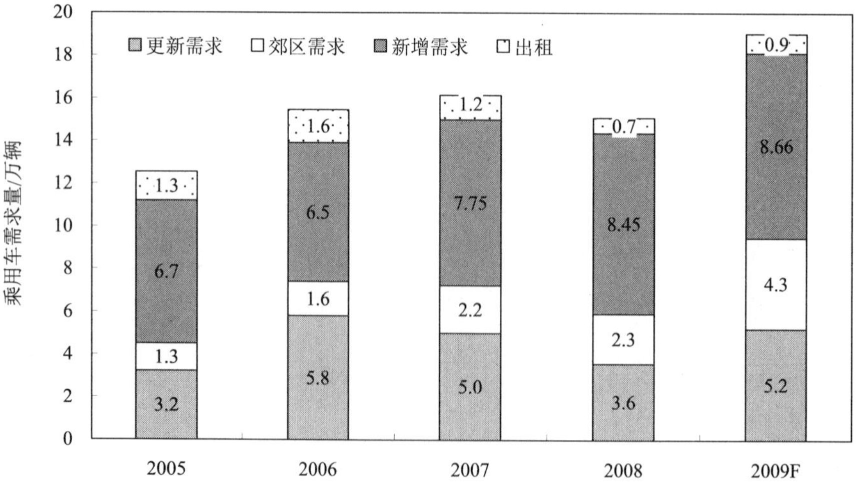

图3 上海地区乘用车需求结构

二、2010 年上海区域市场预测

2010 年上海将迎来期盼已久的"世博年"，世博会的召开究竟会给上海的经济、汽车市场带来怎样的影响呢？争议颇多的牌照政策是否会在 2010 年转向呢？2009 年的高增长是提前消费还是潜在需求的切实增长，是否会导致 2010 年市场的快速回落？全国经济、行业政策、上海地区牌照政策、世博会以及交通等因素将综合影响 2010 年上海汽车市场。

1. 全国汽车市场形势

2009 年 12 月 5～7 日，中央经济工作会议定调 2010 年经济工作以"稳增长、调结构、防通胀"为基调，继续推行积极的财政政策和宽松的货币政策，预计 2010 年中国经济形势将好于 2009 年，GDP 有望达到 9%以上。而 2009 年 12 月 9 日国务院常务工作会议公布的促消费政策中，大部分汽车产业刺激政策将在 2010 年延续或略作调整，因此 2010 年全国汽车市场形势仍将持续两位数增长，预计乘用车市场总量可达 940 万辆，同比增长 11%，乐观预计总量有望达到 1000 万辆，同比增长 18%。

当然，2010 年总体市场也存在一定的风险，一方面国家对于房地产市场的调控已十分明确，宏观经济也可能在下半年开始有所收紧，通胀和加息的预期不断提高。另一方面，由于 2009 年汽车市场的高增长，加之各厂家产能提升带来的价格下行压力，2010 年汽车市场可能出现"前高后低"的局面。

2. 上海乘用车市场购车门槛降低，潜在需求增加，2009 年提前消费有限

抛开政策和短期事件的影响，从中长期的角度分析，汽车市场的潜在需求主要受到一个地区的人均 GDP、城市化率、保有量和需求价格水平等因素的影响。对于处于工业化后期的上海而言，未来几年上海的经济增长将保持在 8%左右，低于全国平均，而城市化率也已处于全国最高水平，因此上海汽车市场未来几年应以 10%左右的较低潜在增速逐步增长直到市场的饱和点。但由于牌照因素，到 2009 年年底上海地区的千人保有量仅为 56 辆，而与上海经济水平相当的北京，千人保有量已超过 150 辆。因此如果牌照政策放开，上海的潜在增速可能上升到 15%左右。

根据市场调查的结果，2009 年上海乘用车市场实际需求是潜在需求和政策推动、2008 年滞后消费、金融危机等短期因素的综合叠加。其中产业政策的推动和

来自 2008 年的滞后消费起到了正向的作用。尤其是产业政策，除了起到了提升消费信心的作用，购置税优惠和养路费取消更直接地降低了消费者的购车门槛，确实扩大了潜在消费人群的规模。

2010 年产业政策优惠幅度减小，部分消费会提前到 2009 年年底释放，一定程度上确实会影响到 2010 年的需求，但由于年底货源紧张，部分经销商加价销售，政策优惠减小幅度不大，且上海地区年底牌照额度并未增加，这部分提前消费的数量不会太大。

3. 上海地区牌照政策的变化

已经在上海实施了 15 年之久的牌照拍卖政策一直颇受争议，2009 年汽车产业振兴规划中，《取消地方不合理收费》明确要求各城市政府要积极研究城市交通资源平衡发展的政策和方法，但一律不得采取对汽车牌照实施限量、拍卖的方式阻碍个人汽车消费。虽然短期内牌照政策取消难度较大，但上海政府相关部门已开始着手研究相应对策，短期内承诺通过逐步提高投放额度，逐步接近汽车市场的实际需求。

另一方面，由于 2010 年上海面临世博会带来的交通压力，放缓取消拍牌制度的可能性也很大。因此，初步判断 2010 年牌照额度将在 2009 年的基础上略有增加，预计增量在 9.2 万张左右，比 2009 年增加 6000 张，同比增长 7%。

4. 世博会的影响

世博会对上海乃至中国经济的提升作用不言而喻，但是对消费市场的直接或间接影响将会比较复杂。以北京奥运会为鉴，奥运会召开前期是出租车更新的高峰，而奥运会期间，由于受到限行等交通制约，整体的车辆需求萎缩明显，2008 年 8 月份和 9 月份同比下滑超过 30%，奥运会闭幕后 2009 年第四季度增速又上升到了 15%，是之前部分消费需求延迟释放的结果。与北京奥运会相比，世博会持续时间长达半年，对汽车市场的影响不会出现像奥运会期间北京市场的较大起伏，但世博会前市政工程带来的交通压力，以及世博会召开期间相应的限行措施会导致汽车消费环境的恶化，从而在一定程度上限制需求的释放。

出租车市场方面，由于上海出租车更新年限较短，车辆形象较好，因此世博前并未出现像北京市场那样的大规模更新。2010 年上海将为世博会车队配备 4000 辆新出租车，以途安和君越为主，其中新增 2000 辆，更新 2000 辆。再考虑正常更新，预计 2010 年全年出租车需求总量在 8000 辆左右。

综上所述，2010 年上海地区的乘用车市场在全国良好的总体环境下，将回归到正常的增长区间，同时考虑到下半年的一些不确定因素，预计 2010 年上海汽车需求总量 20.7 万辆左右，同比增长 8%（见图 4）。

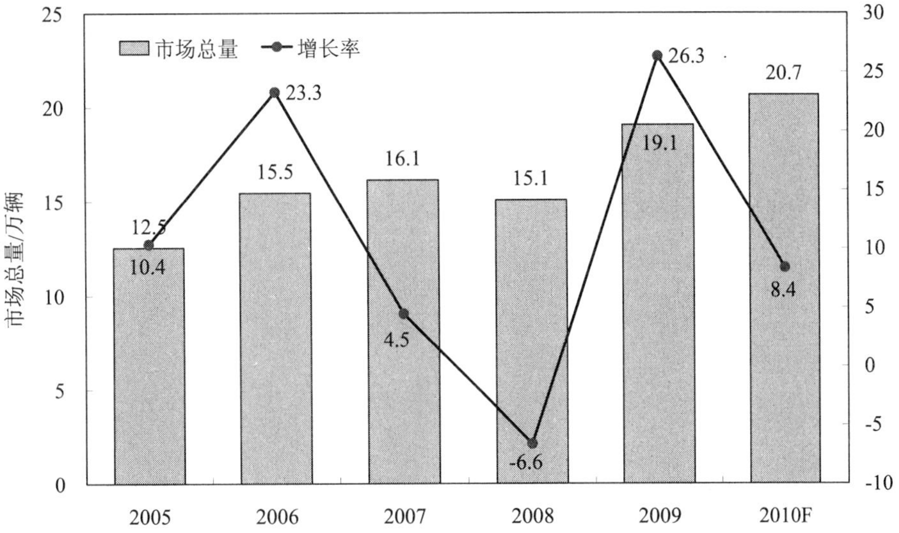

图4 上海乘用车市场销量走势

（作者：汪海佳）

2009年全国二手车市场形势分析与2010年展望

一、金融危机匆匆过，新车市场井喷年

2009年，受国际金融危机的席卷，全球经济遭遇严冬：萧条、衰退、下滑、失业成为出现最多的词汇；曾经引领全球汽车市场的美国三大汽车公司——通用、福特、克莱斯勒三大汽车公司本年度倒下了两个，世界汽车行业面临严峻考验。然而中国的汽车市场则是一派繁荣。数据表明，2009年中国汽车市场只有1月份出现了负增长，其余月份则是高歌猛进，国产新车销量自3月份起创出连续超过百万辆的佳绩，并在10月份实现了年度累计1000万辆销量的新突破。

中国汽车市场之所以走出了与国际总体汽车市场截然不同的表现，一方面原因是，进入本世纪中国国民经济持续高速发展，广大消费者收入大幅度增长，汽车开始大面积走向普通家庭，中国汽车市场步入高速增长通道；另一方面原因是，2009年，中央有关扩内需、促消费、保增长的宏观经济政策以及“减征乘用车购置税”、“开展汽车下乡”、“加快老旧汽车报废更新”等一系列有针对性的汽车消费政策的激励作用。如果说2009年上半年汽车市场增长是靠政策拉动小排量乘用车的数据支撑的话，那么下半年汽车市场则是在政策、市场双引擎驱动下全面性的大增长，不仅仅是小排量乘用车增长迅速，高档豪华车、商用车同样出现了快速增长，一车难求现象非常普遍。据中国汽车工业协会发布的数据，2009年共销售汽车1220万辆，同比增长达50%；其中乘用车销售920万辆，同比增长60%，商用车销售300万辆，同比增长30%。2009年的市场表现为继2002年、2003年之后第三个名符其实的汽车消费井喷年。新车市场发生了井喷行情，二手车市场是一个什么样的表现呢？

二、新车市场井喷，二手车市咋不喷？

何谓井喷？可能不同的人给出的答案也不同。笔者认为，当年度同比增长率超过40%，即为井喷行情，市场表现为货源紧张、价格坚挺、消费者需要花费较

长的等待时间和较多的金钱。据中国汽车流通协会对全国 450 家重点二手车交易市场统计，2009 年 1～11 月份，共交易二手车 298.2 万辆，同比增长 27.94%。从月度增长率来看，除了 1 月份外，都保持了两位数的增长速度，其中个别月份，如 2 月份和 9 月份甚至达到了 50%以上的增速(见图 1)。这看似一个不错的增长，但未达到笔者所述的年度 40%增长率；虽然全国各地的二手车市场均表现活跃，但仍未出现二手车货源紧张的现象；而且，新车市场上的抢手车型在二手车市场上可以比较容易买到。新车市场这么热，二手车市场按常理也得同样火，为什么没有引发出井喷呢？

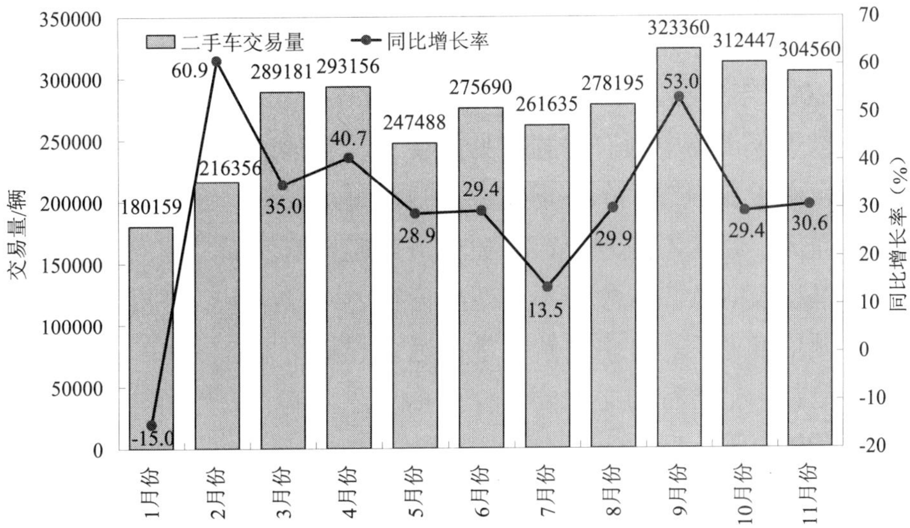

图1 2009年二手车市场交易量及同比增长率

第一，新车市场将在未来 5～6 年内为汽车消费市场的主导。随着近几年我国汽车市场快速发展，汽车开始大范围走进普通家庭，但汽车的普及程度仍然很低。2008 年年底，我国千人汽车保有量仅为 37.46 辆，如果 2009 年能够新增 1000 万辆保有量的话，千人汽车保有量则能达到 45 辆左右。这一数据与国际平均千人汽车保有量 120 辆水平还有相当的差距，与发达国家平均千人汽车保有量超过 600 辆相比，差距更大，也就是说绝大多数人仍然是无车族。从这个意义上讲，在中国完成汽车普及还有很长的路要走。如果按照汽车市场平均年增长 15%测算，千人汽车保有量达到 100 辆约需要 5～6 年时间，这一时间段内，消费者对新车关注度更高，即新车市场将成为汽车消费的主流。

第二，汽车保有量积累远不够。众所周知，二手车市场交易量的多少，与汽车保有量密切相关。笔者曾长期对各地区的二手车交易数据进行研究，得出一个大致结论：二手车交易量与民用汽车保有量存在相对稳定的关联度。发达国家年二手车交易量也约为汽车保有量的10%多一点。以日本为例，金融危机以前的几个年份，二手车交易量基本维持在800多万辆，而汽车保有量约在7500万辆左右，二手车交易量为汽车保有量的10.7%。在我国经济较发达地区，二手车年交易量约为本地区汽车保有量的8%左右。如广东省2008年年末汽车保有量为575万辆，2008年二手车交易量为47.26万辆，二手车交易量为汽车总保有量的8.21%；上海市民用汽车保有量为268.15万辆，二手车交易量为21.6万辆，二手车交易量为保有量的8.05%。而在欠发达地区，二手车交易量约为汽车保有量的5%左右，全国平均交易量与保有量之比约在6%～7%。从这个意义上讲，2009年全年实际二手车交易量约在360万辆至420万辆之间，统计交易量约在300万～350万辆，这一数据与2008年相比，增量不足以形成爆发式增长。

第三，二手车市场中固有问题未见好转。二手车市场缺乏诚信，是行业公认的首要问题。由于我国二手车市场发展时间较短，缺乏行业准入，从事二手车流通的企业多而散，经营不成规模，从业人员素质普遍偏低，故意隐瞒车辆的质量缺陷，调整里程表等欺瞒现象和不规范经营行为还很严重，直接导致了整个二手车流通行业诚信度低，让许多消费者敬而远之。其结果必然是二手车市场难以取得消费者的信赖，消费行为必然要大打折扣，二手车消费势能难以转化为消费动能。无论是政府还是行业协会，一直把提高二手车市场诚信度当成首要工作目标，但限于该问题是二手车市场的发展阶段固有矛盾，很难在短时期内根本解决。

此外，税收政策不配套，鉴定评估无标准等问题，一方面加大了二手车经销企业的经营成本，严重影响了二手车经销公司、品牌经销商等新型二手车经营企业的积极性；另一方面助长了二手车交易过程中的信息不对称矛盾，不利于二手车市场的健康发展。

第四，二手车市场行业结构调整不到位。自2005年《二手车流通管理办法》实施后，极大地拓宽了二手车流通渠道，二手车市场将开始从单一经营向多元化经营，从集贸式交易方式向多层次、立体化的二手车市场现代流通体系的转变。除了传统的二手车交易市场外，专业二手车经销商、品牌经销商、大型拍卖场以及围绕二手车交易的专业服务机构，正在全国各地悄然兴起，他们在市场经济的锤炼中不断积累经验，摸索市场运作规律，将成为二手车市场中的新生力量。多元化、专业化、标准化、规范化、信息化、公开化、简捷化、网络化的二手车服务贸易体系正在逐渐形成，以二手车交易市场为核心，以二手车经销企业（包括新车专卖店）为主体，以二手车拍卖企业、二手车经纪企业为中坚力量的二手车市场竞争格局正在逐步建立。但由于我国二手车市场刚刚起步，行业结构没有调整到位。从目前的二手车市场行业结构看，以小规模的经纪公司以及从事二手车买卖的个体业者为市场的主流，二手车经销公司、拍卖公司为补充，二手车鉴定评估机构为辅助，二手车交易市场为平台的市场格局。

二手车市场第一个参与者——个人。在我国，车源绝大多数集中在消费者个体手中；在东北、西北等地区消费者仍然习惯于节假日交易，西南地区的消费者习惯于亲自开车到市场或市场周边地区展卖；在大中城市和经济发达地区多数消费者将车辆直接卖给二手车企业（包括经纪公司和经销公司），少数通过亲友渠道卖出；个人消费者在将二手车卖给谁以及购买什么样的车等环节有充分的选择权，在市场中占据最重要的地位。

二手车市场第二个参与者——个体经营户。二手车市场中的个体经营者多数未经注册而直接参与二手车交易，这种现象在全国非常普遍；在经济较为发达的北京、浙江、广东等地，个体经营户一般生存于二手车交易市场或二手车经营公司的周边地区，主要靠路边拦截车辆获取二手车资源；在经济欠发达的西北、东北等地区，个体经营户以个人名义从事二手车经营活动，有的是在二手车交易市场租摊位，有的直接在城市繁华地段竖一块牌子从事收购与销售业务，不受任何机构或组织的制约；不需要太大的经营场地，多为一个人或几个人合伙经营，经营成本低，有一定的成本优势；可以肯定地说，这一群体的存在是导致二手车市场不规范的一个重要原因，如故意隐瞒车辆质量问题，强买强卖等不法现象。

二手车市场第三个参与者——经纪公司。经纪公司一般会在二手车交易市场内租用摊位，以公司名义开展业务；这类企业规模都不大，一般都在 10 人以内，平均年交易量在 100～200 辆左右；二手车经纪公司因其成本低、经营灵活、二手车从业时间长，经验丰富，是目前我国二手车流通中最常见的企业形式，是数量最多的经营主体，也是支撑有形市场的基本元素；目前大多数二手车经纪公司的运作方式与发达国家厂家之外的二手车经销公司非常相似，具有相同的特点：企业规模一般都比较小，主要业务是向最终消费者收购和销售二手车，不同之处在于二手车经纪公司不能独立开展二手车经营业务，必须通过二手车交易市场最终完成交易；但实际上二手车经纪公司主要通过买进卖出、赚取差价的经营方式已经构成了经销要件。

二手车市场第四个参与者——二手车经销公司以及品牌 4S 店。专业二手车经销公司以及品牌 4S 店，从事多品牌或单一品牌的二手车经营活动，按照收购、整备、销售的方式开展二手车经营业务，其业务模式与目前经纪公司的操作模式相近，不同点在于，二手车经销公司具有标准化的检测认证标准和手段，并为用户提供质量担保，拥有独立的开具二手车统一销售发票的权力；专业从事二手车零售业务的企业虽然自 2005 年以来大幅度增长，但多数仍未摆脱传统经纪公司的经营模式，规模偏小；一个单体的二手车经销公司年均销量在 200～400 辆左右，当然，国内个别大型二手车经销商的年销量可达 2000 辆以上。当然，也有一些所谓的经销公司不是把目标定在扩大经营规模上，而是也像交易市场一样，为交易方开具交易发票并收取交易服务费。国内一线汽车品牌在由供应商牵头，以品牌为主线，已经在其经销商队伍中开展了二手车置换业务，但多数仍处于摸索和积累经验阶段，尚未形成规模。2007 年全车 4S 店共置换车辆约 8 万辆，2008 年置换车辆 9.93 万辆，2009 年 1～11 月份置换车辆 11.55 万辆，预计 2009 年全年能够达到 13 万辆，虽然增长迅速，但与全国 300 多万辆二手车交易量相比仅占 4%左右。

二手车市场第五个参与者——二手车拍卖公司。二手车拍卖公司业务是接受集团客户、经纪公司、经营公司、个体经营者以及个人车主的委托，通过拍卖的方式，实现 B2B、B2C 和 C2C 交易，属于二手车流通过程中的一种“居间”行为；二手车拍卖市场基础薄弱、车源紧缺，仅靠政府、企业等大客户提供的拍卖资源非常有限，一般的拍卖公司也很难拿到，多数该类企业目前处于业务“饥饿”状态，如果短时期内二手车经销企业发展不起来，二手车拍卖便成为无源之水。

二手车市场第六个参与者——二手车鉴定评估机构。当前二手车鉴定评估机构主要工作是提供交易车辆的价格信息，对车辆进行评估和认证，但不直接参与经营，由于法规取消了二手车交易过程中的强制评估，仍然采用过去那种通过计算公式对交易车辆进行估价的做法已经被广大消费者喊停；目前大多数二手车鉴定评估机构遇到了生存危机，需要改革评估目的和评估方法重新取得市场认可。

二手车市场第七个参与者——二手车交易市场。二手车市场扮演了多重角色：展示中心、销售中心、信息中心、结算中心、综合服务中心。他们普遍具有一定的规模，消费者可以货比三家，较符合中国人的消费习惯，在消费者心中具有一定的影响力；信息传播快，相同车型通过比较定价相对合理；交易市场中的经营业者之间可以根据自己的经营特点进行资源交换；新进入行业的经营者便于快速提高自身的二手车经营能力；一条龙服务，彰显便捷；二手车交易市场已经演变成为目前中国二手车市场的主要载体，为我国现阶段二手车流通的主要端口，几乎所有的二手车交易均通过二手车交易市场开具交易发票，完成交易。

发达国家的二手车市场，行业结构比较简单，只有二手车零售商、收购商、拍卖公司与消费者，其中拍卖公司拍卖二手车的数量约为年度二手车零售量的50%，专业二手车零售商一般规模都比较大，有的以连锁形式跨区域经营，年销量上万辆的企业有很多。一般品牌经销商都兼做二手车业务，并成为其主要利润来源，通过品牌经销商实现零售的二手车数量约占市场总量的30%左右，与我国4%左右形成较大反差。不存在个体业者。

综上所述，不合理的行业结构以及批发零售不成体系，在一定程度上制约了二手车市场的进一步发展。

第五，二手车市场软环境不配套。从政策环境上看，二手车市场缺少准入条件，市场经营秩序矛盾突出；税收政策不配套，影响二手车经销企业发展；二手车鉴定评估无标准，消费者担心上当受骗；汽车金融不普及，汽车租赁市场不活跃，二手车经营资源严重紧缺；二手车经营管理人才储备不足，经销商队伍建设落后；二手车交易市场服务功能不足等诸多因素也限制了二手车市场的健康发展。

三、2009年二手车市场的突出特点

2009 年是汽车市场的政策年，有利于汽车消费的政策一个接一个，极大地提振了广大消费者的信心。小排量乘用车购置税减征、汽车下乡、以旧换新等鼓励政策，无一例外全部是针对新车消费的。虽然有关鼓励二手车流通的政策一个都没出，但是受新车市场的鼓舞，二手车市场同样摆脱了金融危机的阴影，恢复了以往的活力（见图2）。笔者认为，2009年的二手车市场有以下几个方面突出特点：

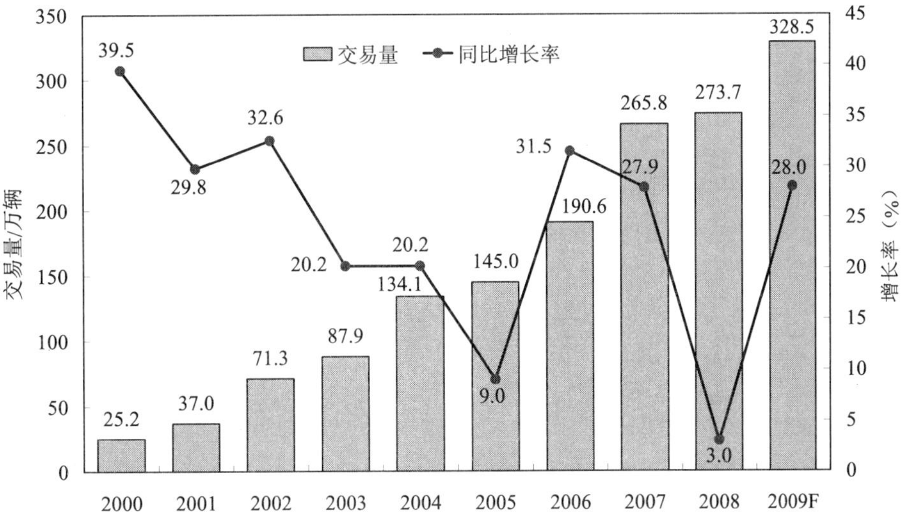

图2 历年二手车交易量与同比增长率

1. 宏观经济复苏，二手车交易量实现单月超 30 万辆的历史性突破

据中国汽车流通协会统计，2009 年 1～11 月份，全国共交易二手车 298.2 万辆，同比增长 27.94%，预计全年交易量可超过 320 万辆。从二手车市场的主要交易品种上看，2009 年 1～11 月份，轿车交易 151.32 万辆，同比增长 26.05%；客车交易 50.36 万辆，同比增长 21.64%；载货车交易 51.47 万辆，同比增长 43.98%；越野车交易 5.64 万辆，同比增长 34.89%；其他车型共交易 11.48 万辆，同比增长 46.99%（注：以上数据为全国 450 家重点二手车交易市场上报的数据，约占实际交易量的 85%左右）。与新车市场相近，2009 年，除 1 月份以外，各月交易量均明显高于 2008 年，特别是下半年以来，二手车市场呈现稳定增长态势（见图 3）。12 月份数据虽未统计出来，单月超过 30 万辆已无悬念。自 9 月份起，将实现交易量连续 4 个月突破 30 万辆，2009 年全年将有 9 个月份交易量超过之前的历史最高值。

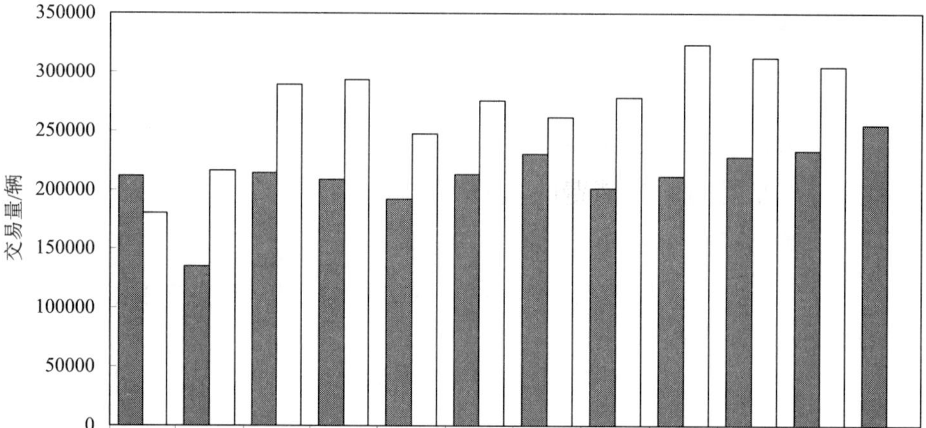

	1月份	2月份	3月份	4月份	5月份	6月份	7月份	8月份	9月份	10月份	11月份	12月份
■2008	211862	134844	214274	208429	191982	213054	230425	201358	211394	228146	233164	255167
□2009	180159	216356	289181	293156	247488	275690	261635	278195	323360	312447	304560	

图3　2008～2009年二手车月度交易量对比

2. 4 万亿元基础设施投资，带火二手货车市场

统计结果显示，2009 年 1～11 月份，载货车二手车交易量为 51.47 万辆，同比增长 43.98%，在所有交易车品种中增幅最高。这与以往各年份乘用车领涨有着明显的区别。从各个月份交易情况看，1 月份虽然出现负增长，但自 2 月份起交易量开始快速增长，单月交易量稳定在 4 万辆以上，月度同比增长率均超过了

30%。其中，3 月份、4 月份、8 月份和 11 月份，同比增长率超过了 50%（见图 4）。

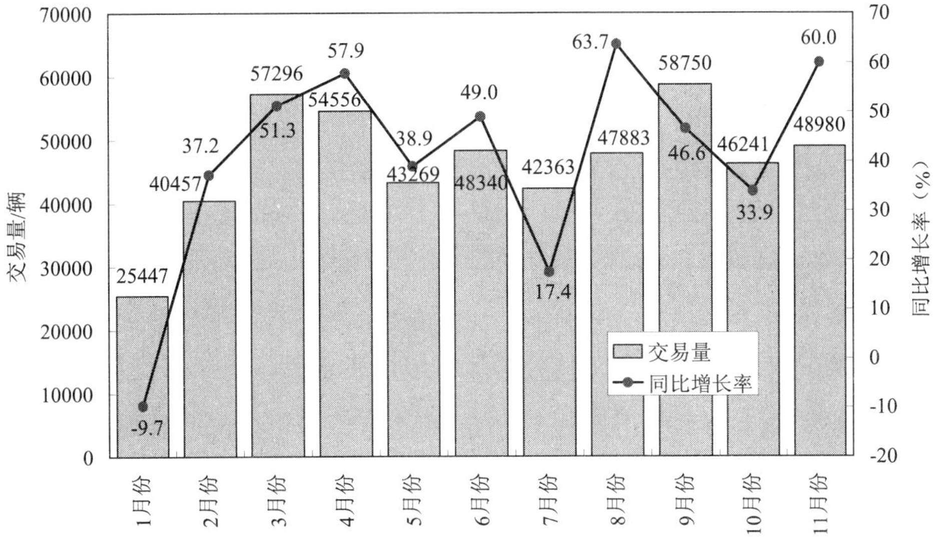

图4 2009年二手货车交易量与增长情况

商用车市场需求可以充分反映出宏观经济景气与否。二手货车市场的爆发并非偶然，主要是由于 2008 年国家 4 万亿元基础建设投资从 2009 年 2 月份起开始在全国范围全面铺开，运输需求大增；加之 2009 年下半年国内经济全面复苏，无论是矿产、电力、煤炭、钢铁还是机械、生产、加工、贸易、房地产等行业几乎全面恢复了以往的生机，从而引发物流行业的快速启动，导致市场对商用车特别是载货车的需求趋于旺盛。具体表现为国内新车市场中的商用车自下半年起累计同比由负转正，作为生产资料的货车，二手货车相对新车存在明显的价格优势，又不像乘用车那样具有身份象征意义，伴随着宏观经济的复苏，早于新车市场强力反弹。

3. 乘用车的市场主流地位已经得到巩固

从各车型交易量占总交易量的比例变化情况来看，二手乘用车占总交易量的 58.29%，这一比例与上年同期相比略有下降，减少了 0.84 个百分点。从具体车型来看，轿车、MPV 比例略有下降，分别下降了 0.77 和 0.25 个百分点；而 MPV 与 SUV 则分别比上年同期增长了 0.1 个百分点；商用车中二手货车则比上年同期大增了近两个百分点。虽然在 2009 年乘用车所占比例有所下降，但已经占到市场总交易量的 6 成以上，乘用车的市场主流地位已经不可动摇，预计这个比例还将会逐年提高（见表1）。

表1　2008～2009年各车型二手车交易量占总交易量的份额表

（%）

年度	乘用车				商用车		其他车	农用车	挂车	摩托车
	轿车	MPV	SUV	交叉型	货车	客车				
2009	51.06	3.44	1.90	1.89	17.37	16.99	2.36	0.78	0.73	3.47
2008	51.83	3.69	1.81	1.80	15.43	17.87	1.95	0.86	0.58	4.19

4. 西部地区引领，全国绝大部分地区市场增长明显

统计数据表明，二手车市场与新车市场表现基本一致，一线城市稳定增长，二、三线市场迅猛增长。从地域分布特点来看，北京、上海、广东等经济发达地区一直是汽车行业重点省市，二手车市场发展也比较快，一直处于二手车交易量区域排名前列。其中广东以55.95万辆继续位列全国第一，北京以31.42万辆排在次席，上海以22.76万辆排在第五，这三个地区同比增长率分别为32.24%、19.48%和16.71%。值得一提的是，上年排名第六的山东省，以31.16万辆，103.3%的同比增长率排名升至全国第三名，四川以28.46万辆和52.35%的同比增长率飚升至全国第四（见表2）。从统计数据上看，在交易排名前10位中，增长速度最快的地区分别为陕西173.66%、山东103.3%、重庆55.40%、四川52.35%。这四个地区的增长率均超过了50%，且其中三个地区为西部。

表2　二手车交易量排名在前10位的省市交易量与同比增长率

省市	2009年1～11月份交易量/辆	同比增长率（%）
广东	559482	32.24
北京	314229	19.48
山东	311566	103.30
四川	284853	52.35
上海	227625	16.71
浙江	200755	-15.03
河南	195443	41.95
辽宁	105650	44.11
重庆	99119	55.40
陕西	78578	173.66

5. 二手车普遍档次提高，平均交易价格继续攀升

2009 年二手车平均交易价格在 2008 年提高的基础上又有所提升。据统计，全国二手车平均交易价格为 4.45 万元（见图 5），比上年同期增长了 3.97%。其中轿车平均交易价格为 4.95 万元，比上年同期增长了 0.5 万元；客车平均交易价格为 3.44 万元，比上年同期增长了 0.09 万元；货车平均交易价格为 3.27 万元，比上年同期增长了 0.05 万元；SUV 平均交易价格为 13.04 万元，与上年同期相比上升了 0.85 万元。原因主要有以下三点：

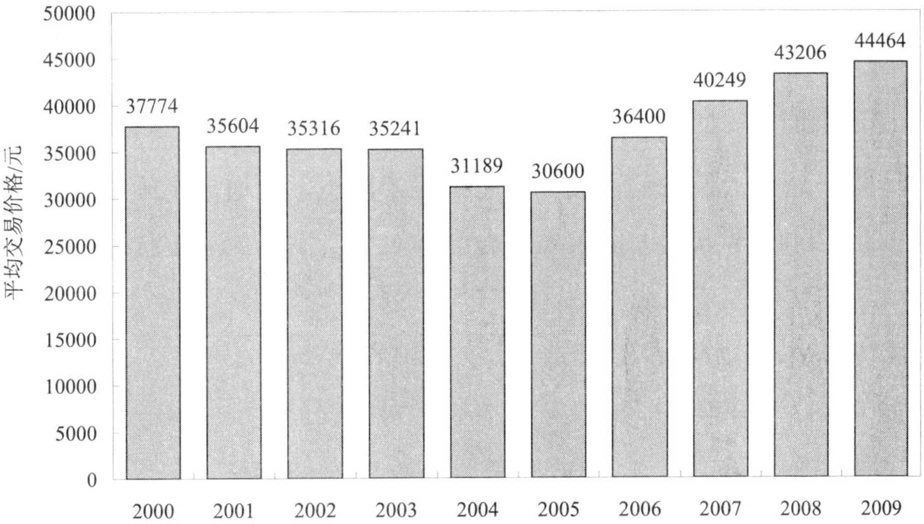

图5 2000～2009年二手车平均交易价格

一是二手车的品质仍在不断提升。随着汽车的普及，进入家庭的汽车的档次也逐年上升，因而二手车的附加值也呈现逐年上升的趋势。从表象上看，市场中高端品牌、高附加值的二手车逐年增多，只要是新车市场上有的豪华车型，一定能够从二手车市场中找得到。二手车品质的提升，也可以从二手车交易额增长幅度大于交易量增幅中找到答案。2009 年 1～11 月份，二手车交易额达到 1317.79 亿元，同比增长 32.82%，比交易量增长率高出了 4.88 个百分点。其中轿车交易额 748.47 亿元，同比增长 27.57%；客车交易额 173.08 亿元，同比增长 24.65%；货车交易额 168.52 亿元，同比增长 46.33%。

二是新车市场火爆价格坚挺，避免了二手车价格大幅度震荡。几乎所有从事二手车买卖的人都最惧怕新车降价，只要某一款新车降价，做相同品牌的二手车就会赔钱。2009 年国内新车市场受国家刺激消费政策以及国内经济稳定增长双重

作用，呈现旺销景象，众多车型供不应求，市场价格出现了从未有过的高度稳定，传递到二手车市场，二手车市场价格也保持了相对稳定。

三是车辆更新换代频率继续加快。随着居民收入不断增长，汽车更新频率不断加快，特别是在一线城市，置换需求旺盛，反映在二手车市场上就是二手车的平均使用年限在不断降低。统计结果显示，使用年限在3年以内的准新车比例为总交易量的18.26%，比上年同期高出了1.21个百分点，各汽车生产厂家频频推出的新款车型，让广大消费者心动换车；使用年限为3～10年的二手车占到总交易量的绝大多数，达到75.92%，比上年同期下降了2.7个百分点；随着北京、上海等大城市推出的“黄标车”政策，老旧汽车集中向外地转移，从而对于使用时间超过10年的“老爷车”比例比上年同期高出了1.49个百分点，为5.82%。

6. 通过渠道交易比例进一步提升，二手车流通模式越来越接近普通商品

统计数据显示，二手车直接交易比例逐年减少，而通过中间渠道企业实现交易的比例自2008年开始出现大幅度提升，表明二手车流通由传统的“赶集”式农贸市场式的交易方式已经开始向现代化商品流通方式转变。据统计，2009年1～11月份，通过渠道企业实现交易比例的为30.77%，与上年的24.31%相比提高了6.46个百分点，与2007年的9%相比有了大幅度提高。

7. 高端品牌高调出击，品牌经销商置换业务稳步增长

2009年，在国内具有较大市场影响力的两大品牌——奥迪和奔驰在二手车业务上都有大的举措。2009年11月11日奔驰正式发布了星睿二手车业务品牌；2009年11月17日，奥迪新标准二手车展厅在苏州开业，一汽-大众奥迪品牌现场正式发布了全新的奥迪“品荐二手车”品牌。据一汽大众奥迪事业部相关负责人介绍，2009年奥迪二手车置换量比上年增加了60%。奔驰星睿二手车品牌的亮相，标志着德系三大豪华车品牌奔驰、宝马、奥迪的二手车服务品牌悉数亮相。据统计，国内开展置换业务的汽车品牌约十余个，2008年全年共置换9.93万辆，2009年1～11月份置换11.55万辆，预计2009年全年能够达到13万辆，增长幅度约能够达到30%。

四、2010年二手车市场仍将保持快速增长态势

二手车市场作为汽车产业链的重要一环，其重要地位和作用随着市场规模的不断扩大而愈发突出。从2009年3月份温总理的政府工作报告关于“加快发展

二手车市场和汽车租赁市场的发展”，“引导和促进汽车合理消费”的指示中，已经对二手车市场进行了明确的战略定位。为此，国家下一步将会在完善二手车流通政策，疏通二手车流通渠道，规范二手车交易行为方面实施重要举措，从源头上拉动汽车消费，促进二手车市场健康发展。

1. 二手车市场保持快速增长将成为今后一个时期的主旋律

2009 年我国国民经济增长“保 8”已无任何悬念。国际权威机构以及国内宏观经济研究机构均预测 2010 年 GDP 增速将会达到 9%左右。有关专家在研究了发达国家汽车市场发展规律后得出的结论是，当一个国家或地区人均 GDP 超过 3000 美元时，这个国家或地区汽车市场将进入一个较长时期的快速增长期。这就可以解释，为什么自 2002 年起我国汽车市场由一线城市开始出现快速增长，逐渐向二、三线城市转移的现象，也可以解释为什么 2009 年我国西部地区的陕西、四川、重庆等省市二手车市场增长率会超过 50%。据国家统计局发布 2008 年国民经济统计公报显示，我国人均 GDP 已经于 2008 年超过了 3000 美元，这就预示着我国汽车市场保持高速增长将维持一个较长的时期。二手车市场作为整体汽车市场的一部分，保持较高速度的增长将成为 2010 年乃至较长一个时期的主旋律。

2. 汽车保有量积累已达到了较高水平，二手车市场井喷行情将随时会出现

据国家统计局发布的 2008 年国民经济统计公报显示，2008 年年底，我国汽车保有量为 4975 万辆（不含低速载货车、三轮摩托车），如果按 2009 年新增 1000 万辆保有量的话，我国汽车总保有量将会达到 6000 万辆，以前述统计概率，二手车交易量为汽车保有量的 7%测算，2010 年在正常经济环境和市场环境不发生重大变化的情况下，二手车交易量约能达到 420 万辆，与 2009 年预估数据 328.5 万辆相比，将会有 27.85%的同比增长率。

此外，据权威机构摸底调查，一般使用时间为 4～6 年的车辆将会集中进入更新区，而且在二手车市场的比例最高。中国汽车流通协会统计结果也显示，使用年限为 3～10 年的二手车交易占总交易量的 75.92%，进一步印证了“中年车龄”为市场中的主流。而根据中国汽车工业协会发布的数据，2004～2006 年，共销售国产汽车 1804.52 万辆，加上 56.86 万辆的进口汽车，共销售新车 1861.38 万辆，保守估计，其中的 30%有较强的置换需求，那么 2010 年就会有 558.4 万辆的集中交易需求。如果市场环境允许，这部分的交易势能及有可能会转化成现实交易。

同时，3 年以内的准新车的交易需求不可忽视。据中国汽车流通协会统计，使用时间在3年以内的准新车的交易量占到总交易量的18.26%。这个车龄段的二手车车况较好，如果经济条件允许，最受广大消费者的青睐。此外，品牌经销商所推出的“认证二手车”也多集中在这一车龄段。如果按前述统计规律测算，2010年准新车交易量约能达到80万辆左右。

3. 二手车流通政策将会在2010年频出，市场环境将会有较大改善

在 2009 年国务院发布的《汽车产业调整和振兴规划》的政策措施中明确提出，“建立二手车鉴定评估国家标准和临时产权登记制度，调整二手车交易的增值税征收方式。大力发展专业的二手车经销企业，倡导汽车品牌经销商开展以旧换新、以旧换旧等汽车置换业务。取消二手车交易市场的不合理收费，降低交易成本。”“ 加强二手车市场监管，严格经营主体市场准入，规范二手车交易行为，维护市场秩序。积极推广二手车交易合同示范文本，保护消费者合法权益。充分发挥行业组织作用，加强行业自律，促进企业诚信经营。”从中我们不难发现其中几项有关规范和促进二手车市场发展的政策：

一是建立二手车鉴定评估国家标准。据悉国家有关部门委托中国汽车流通协会组织技术力量正在加紧制定二手车鉴定评估机构技术规范，目前正处于征求意见阶段，预计将于 2010 年出台。通过二手车鉴定评估国家标准的贯彻实施，向二手车流通行业提供科学二手车鉴定评估流程，指导企业对二手车进行科学检测，量化二手车技术指标，向消费者提供较为客观真实的二手车技术信息。其主要目的是让消费者放心消费，解决信息不透明问题，净化二手车消费环境。消费者可以放心买卖二手车了，市场还愁发展不起来吗？

二是建立机动车临时产权登记制度。按照现行机动车登记有关规定，二手车交易时牌照不流通，为建立机动车临时产权登记制度已经打下基础。该项政策的核心点是，机动车进入流通环节后，由流通企业进行临时产权登记，交强险、车船使用税、商业保险等各项税费“休眠”。当二手车在流通环节内的企业中流通时，凭二手车销售发票进行临时产权登记，按进销差价征收增值税。只有实现最终销售时再进行登记上牌。这样不但能够降低二手车流通成本，保证流通税收，而且还能有效避免机动车属地化政策的束缚，实现全国大流通，从而实现二手车从“在用车”属性转变成为真正意义上的商品属性。

三是二手车交易增值税征收方式改革，将会降低二手车经销企业的经营成本，极大激励以汽车生产企业为龙头的新车经销商全面开展二手车业务，二手车流通渠道将得到实质性的拓展，推进二手车市场结构向合理化方向发展。同时在振兴规划中所提出的“大力发展专业的二手车经销企业，倡导汽车品牌经销商开展以旧换新、以旧换旧等汽车置换业务”才能真正落到实处。

四是建立二手车经营主体市场准入制度，以解决当前企业资质条件过低、人员素质不高、交易市场间无序竞争、市场环境较差、服务不到位等问题，将不具备相应能力和资质的企业挡在市场之外。2009 年 10 月 22 日，国家工商总局联合商务部、发改委等七部委颁发了《关于进一步规范二手车市场秩序促进二手车市场健康发展的意见》（工商市字[2009]212 号），其核心内容就是对二手车市场进行整顿和规范。文件指出“进一步整顿和规范二手车市场秩序，是积极应对国际金融危机，扩大内需、拉动消费，加快汽车产业调整和振兴的有力措施。”从文件中可以看出，2010 年国家相关部门会出台有关二手车市场准入的相关政策。该项政策的实施，意味着国家将通过行政手段，对二手车市场进行全面的治理整顿，以敦促企业守法经营、规范经营、诚信经营。二手车交易规范了，经营环境改善了，企业诚信了，二手车市场自然会发生实质性的改变，二手车交易将会更加活跃。

五是二手车交易市场升级改造工程全面实施，将会大幅度提升二手车交易市场的服务能力、服务水平，加快二手车流通行业的信息化、现代化进程，促进二手车市场信息透明化，有效解决二手车信息不对称问题。众所周知，二手车交易市场这一中国特有的业态形式，经过近二十余年的发展已逐渐成熟，成为中国二手车流通的主渠道。统计资料表明，二手车交易中 90%以上都是在交易市场中完成的，其地位和作用是任何一种企业形态所无法替代的。国家通过对部分二手车交易市场的升级改造，培育一批现代化的二手车交易市场，提升服务品质，增强二手车信息透明度，规范经营行为，保护消费者合法权益，优化二手车消费环境，从而达到激发市场活力，促进汽车更新换代步伐，进而盘活整体汽车市场，达到扩大内需、刺激消费的目的。

六是国家还有可能出台相关政策和措施鼓励汽车金融业务的发展，通过降低门槛、简化手续等措施，二手车消费信贷业务也将出现飞速发展之势，从而促进二手车加速流通。同时，汽车金融的发展，将会向二手车市场提供大量经营资源，对二手车市场的繁荣提供强有力的支持。

（作者：罗磊）

2009年中国进口汽车市场分析与2010年展望

2009年，席卷全球的金融危机改变了世界汽车市场格局。欧美日等汽车市场纷纷出现下滑，中国汽车市场在政策刺激和经济回升等因素作用下实现高速增长，产销超过1350万辆，增幅达到40%以上，超越美国成为全球第一大汽车市场，中国在全球汽车市场中的地位和作用明显增强。在市场整体快速增长的同时，市场结构也发生了明显变化，表现出政策性增长和区域性增长等特点。受“购置税减半”、“汽车下乡”等政策惠及的1.6L（含）以下轿车和交叉型乘用车份额明显扩大，二、三级市场需求增速也明显加快。作为中国整体汽车市场的重要组成部分，中国进口汽车市场在没有政策惠及的情况下，随着经济回升和消费信心恢复，在适应市场变化和消费税调整等政策变化过程中总体实现较快增长。2009年全年进口车上牌量预计达34万辆，同比增长26%。进口总量达41万辆，与2008年基本持平。

在经历了2009年“井喷”式高速增长后，2010年对“购置税减半”等部分刺激汽车市场的政策进行了微调。随政策效应的减弱以及市场本身基数的增大，2010年整体汽车市场增速相对于2009年将明显回落。进口车方面，如果宏观经济能够实现平稳较快发展的目标，在消费结构不断升级的带动下，进口车市场将会继续保持良好的发展态势。预计2010年进口车上牌量40.8万辆，增长20%左右，稍高于普遍预计的国产车增速。需要关注的一点是，2009年超出预期的市场增长使厂商制定2010年计划目标时普遍非常乐观，总体上出现计划目标增长大于市场需求增长的情况，这将导致市场竞争过于激烈，如果市场出现波动，可能发生较大的市场风险。

一、在金融危机的影响下，全球汽车市场格局发生了显著变化，中国汽车市场的重要性明显提高

1. 受金融危机影响，成熟汽车市场出现停滞甚至萎缩，以中国为代表的新兴市场发展迅速，中国在全球汽车市场中发挥着更加重要的作用

2009年1～11月份，美国汽车市场销售940万辆，同比下降24%；日本汽车

市场销售 424 万辆，同比下降 11%；欧洲汽车市场销售 1341 万辆，同比下降 2.8%。受金融危机直接冲击的美国下降幅度最大，降幅超过了 20%。而以中国为代表的新兴汽车市场表现出了强劲的增长势头，2009 年 1～11 月份，中国国产汽车销售 1223 万辆，同比增长 42%；巴西汽车市场销售 274 万辆，同比增长 9.8%（见表 1）；印度也将超过日本成为全球最大的小型车消费国。只有俄罗斯市场由于需求的下降和卢布的贬值，汽车市场下滑幅度较大。

表 1 世界主要汽车市场销量和变化情况

国家（地区）	2009 年 1～11 月份销量/万辆	2008 年 1～11 月份销量/万辆	增长率（%）
美国	9399617	12347896	-23.9
日本	4236648	4775916	-11.3
欧盟	13406382	13791357	-2.8
中国	12230500	8629800	42.4
巴西	2740000	2490000	9.8
俄罗斯	1340000	2680000	-50.0

2009 年中国汽车市场成为全球最大的新车市场，成为世界汽车市场发展的重要推动力量，成为跨国汽车公司最重要的销量及利润来源。中国已经成为大众第一大市场，宝马新 7 系的最大市场，奔驰 S 级的最大市场，成为通用、丰田、大众全球最重要的利润来源地。

2. 全球汽车企业出现新一轮调整，中国车企迅速崛起，成为全球竞争格局中的新生力量

在金融危机的影响下，全球汽车企业出现了新一轮兼并重组。跨国汽车公司在内部因素和外部因素的双重作用下，选择了扩张和瘦身两种不同战略。大众是扩张的代表，首先收购保时捷 49.9%股份，强强联合，引人注目；其次还购买了铃木汽车 19.9%的股权。菲亚特扩张之路选择重组克莱斯勒，拥有新克莱斯勒 20%股份，最终将拥有新克莱斯勒 35%的股份。通用以瘦身为主开展重组，成立“新通用”，保留核心品牌，剥离非核心品牌；福特继出售马自达汽车 22%股权后，已宣布与吉利就出售沃尔沃达成一致，将于 2010 年第一季度签约。

中国的汽车企业全方位地参与到了全球汽车企业整合的行列，加快了国际化步伐，在全球竞争中不断成长壮大。北汽购买萨博三个整车平台和两个系列涡轮增压发动机、变速器的技术所有权以及部分生产制造模具。吉利与福特达成收购沃尔沃意向之前已收购了澳大利亚自动变速器公司DSI；上汽将从通用手中收购合资公司上海通用1%的股权实现对上海通用的绝对控股，并将和通用在香港成立合资公司，共同进军亚太市场。上汽2009年销量达272万辆，同比增长57%，位列全球排名第八，成为首家销量与盈利能力都跻身全球前十强的国内汽车集团。

随着新一轮调整的进行，跨国汽车公司在中国的战略布局和销售状况已经或即将发生相应的变化。中国汽车企业迅速崛起，在全球竞争格局中发挥着更大作用。

二、2009年中国进口汽车市场情况和特点

2009年1～11月份，海关进口汽车总量为36.19万辆（含CKD、商用车），同比下降3.6%，下半年开始，进口量降幅逐步收窄。2009年1～11月份，进口车上牌量为30.9万辆，同比增长22.3%。总体上，预计2009年全年进口车总量为41万辆，与2008年基本持平；上牌量为34万辆，同比增长26%左右。2009年进口汽车市场表现出以下特征：

1. 2009年上半年进口车市场完成去库存化过程，下半年开始回补库存

受2008年年底市场低迷的影响，2009年上半年海关进口量大幅下滑，且进口量低于上牌量，市场呈现去库存化特征；上半年市场转暖后，供应商加大了订货量，从下半年开始进口量逐月恢复，并超过上牌量，11月份进口量再创新高，达到55780辆，表现出市场趋好状况下企业开始回补库存的特点（见图1）。

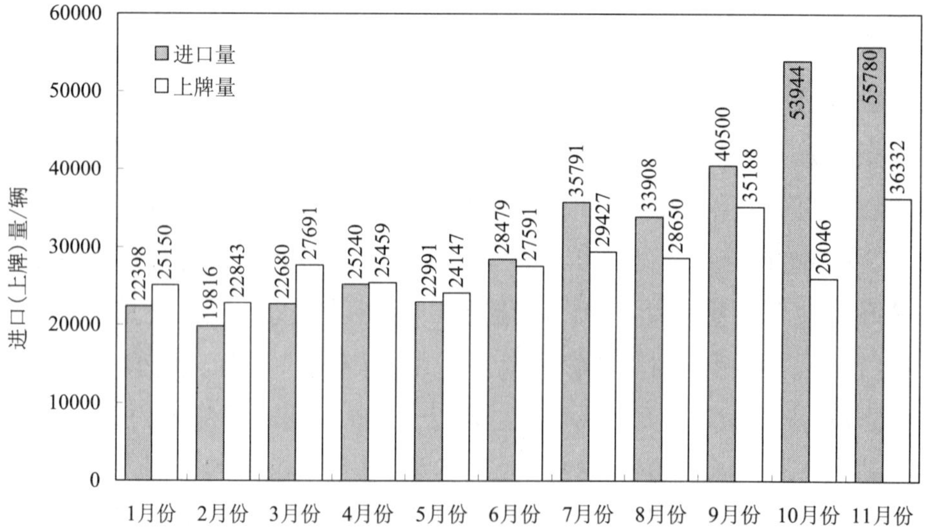

图1 2009年汽车进口量和上牌量月度对比

2. 进口车增速回落，相对国产车增长较为温和

2009 年 1～11 月份，进口车上牌 30.9 万辆，同比增长 22.3%（见图 2），相对国产车 40%以上的增长，进口车市场表现得较为温和。与之前连续三年 44%～59%的增速相比，2009 年进口车增速大幅回落。增幅相对较低的主要原因为：一是刺激汽车市场的购置税减半、汽车下乡等政策没有直接惠及进口车市场；二是进口车市场处在适应消费税政策变化的调整年，2008 年 9 月份调整消费税后，3.0L 以上车型进口成本大幅提高，市场出现较大降幅，而符合政策导向的 3.0L 以下新车型产品调整和产品引进需要一定时间；三是经济下滑对价格相对较高、品牌相对豪华的进口车的影响较国产车更大；四是对市场回暖的估计不足以及部分跨国汽车公司受金融危机影响，工厂停产、减产使部分车型供货不足。

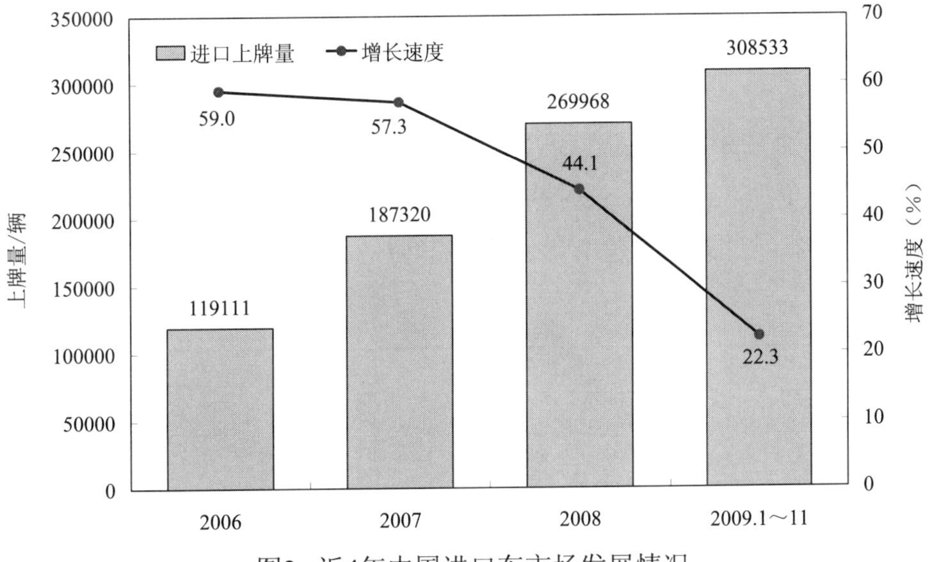

图2 近4年中国进口车市场发展情况

3. SUV 在进口车中的主导地位继续加强

2009 年 1～11 月份，进口 SUV 同比增速为 29.2%（见图 3），在进口车型中增速最高，进口车市场的增量大部分来源于 SUV 车型。2009 年 1～11 月份，进口 SUV 占整体进口车的市场份额为 55.2%，比 2008 年 52%的份额增加了 3 个百分点，在进口车中的主导地位得到进一步巩固和加强。

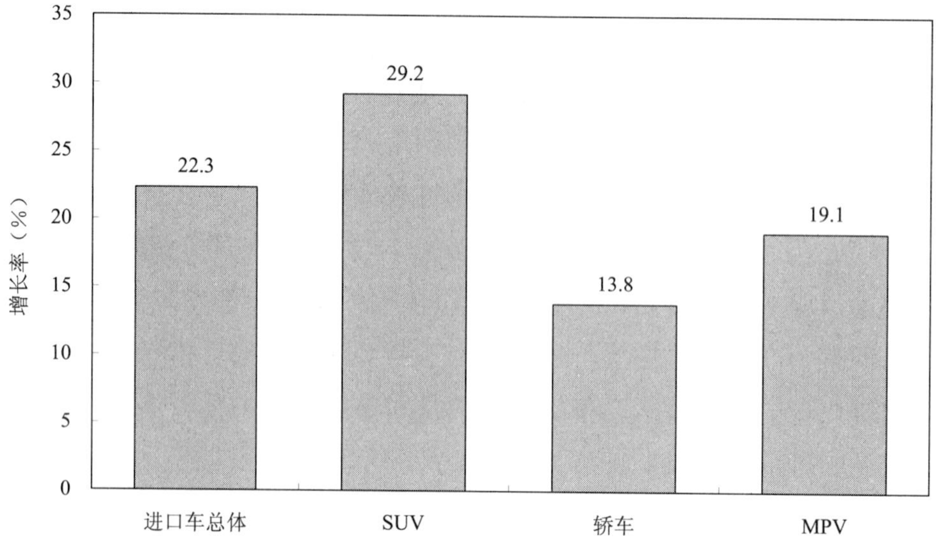

图3 2009年1~11月份各进口车型增长对比

进口 SUV 市场中，紧凑型 SUV 和中型 SUV 的市场份额位居前两位，是进口 SUV 的主力车型，占进口 SUV 90%的份额。2009 年 1～11 月份，紧凑型 SUV 增速高达 59.2%（见图 4），是增量最大的车型，占整个 SUV 上牌量的 50%。

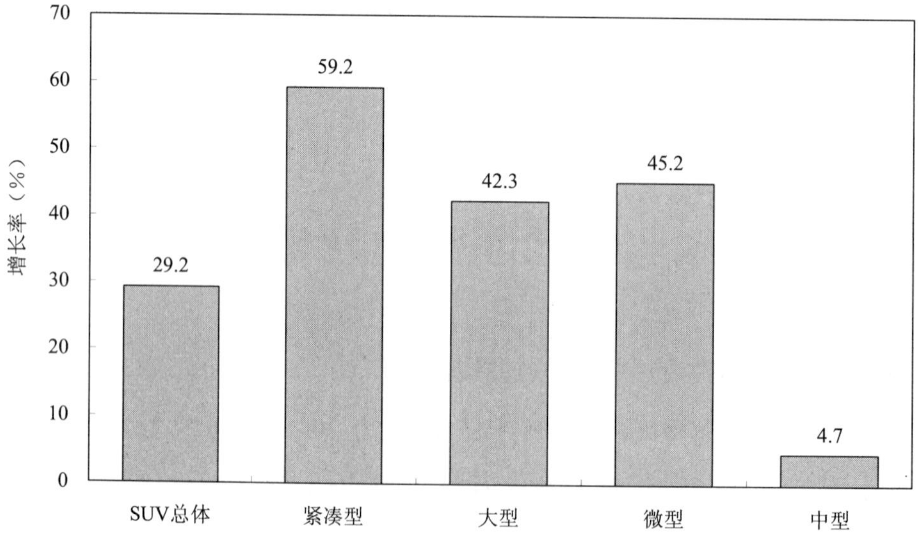

图4 2009年1～11月份SUV细分市场增长率对比

4. 受惩罚性消费税影响，进口车排量结构发生较大变化，进而影响不同品牌、不同车型的市场表现

2008 年 9 月份消费税政策调整使 3.0～4.0L 进口车成本增加了 13.3%，4.0L 以上增加了 33.3%，政策对以大排量为主的进口车市场产生了很大影响，为适应政策调整带来的市场变化，2009 年跨国汽车公司纷纷调整在中国投放的产品，成为产品调整年。产品调整快速、及时的品牌和车型获得了较高的增长。

（1）排量结构变化　2009 年 1～11 月份，3.0L 以下排量车型同比增长 52%，3.0L 以上排量车型同比下降 23%。其中，3.0L 以下轿车同比增长 45.4%，3.0L 以上轿车同比下降 27.3%；3.0L 以下 SUV 同比增长 61.6%，3.0L 以上 SUV 同比下降 6.8% 。

（2）品牌结构变化　2009 年 1～11 月份，前 20 名品牌上牌 28.09 万辆，占整个进口车市场的 91.1%（见表 2）。以大排量车型为主的品牌出现负增长，如路虎、保时捷、奥迪等； 及时调整产品结构，引进小排量车型的品牌，以及本身产品就以小排量为主的品牌获得了更高的增长，如奔驰、宝马、大众、斯巴鲁（见表 2）。

表 2　2009 年 1～11 月份前 20 位进口汽车品牌上牌量、增长率及市场占有率

序号	品牌	上牌量/辆	增长率（%）	市场占有率（%）
1	奔驰	39310	56.4	12.7
2	宝马	34428	47.5	11.2
3	斯巴鲁	29872	114.4	9.7
4	雷克萨斯	25076	-9.4	8.1
5	丰田	22453	-23.3	7.3
6	现代	20445	5.9	6.6
7	大众	16057	69.6	5.2
8	马自达	11382	-8.4	3.7
9	起亚	11188	61.3	3.6
10	奥迪	11061	-7.8	3.6
11	三菱	9695	-15.8	3.1
12	路虎	8100	-16.8	2.6
13	沃尔沃	7059	21.7	2.3
14	保时捷	6703	-12.0	2.2
15	雪佛兰	6287	-8.0	2.0

（续）

序号	品牌	上牌量/辆	增长率（%）	市场占有率（%）
16	吉普	5580	5.4	1.9
17	英菲尼迪	4258	52.1	1.4
18	别克	4233		1.4
19	米尼	4077	62.4	1.3
20	雷诺	3637	345.7	1.2
合计		280901	—	91.1

豪华汽车品牌整体虽有所增长，但由于产品结构不同各品牌表现各不相同。豪华汽车品牌中，奔驰、宝马通过丰富中低排量产品线以及推出新产品取得较好增长，而雷克萨斯、奥迪、路虎、保时捷等豪华汽车品牌车型出现负增长（见表3）。

表3 豪华汽车品牌2009年1～11月份上牌量数据

品牌	2008年1～11月份上牌量/辆	2009年1～11月份上牌量/辆	同比增长率（%）
奔驰	25136	39310	56.4
宝马	23338	34428	47.5
讴歌	2125	2678	26.0
沃尔沃	5799	7059	21.7
英菲尼迪	2799	4258	52.1
捷豹	1153	1430	24.0
大众	4724	6143	30.0
保时捷	7615	6703	-12.0
奥迪	11994	11061	-7.8
凯迪拉克	3186	2889	-9.3
雷克萨斯	27684	25076	-9.4
林肯	141	133	-5.7
路虎	9732	8100	-16.8
合计	129677	154675	19.3

注：大众仅含途锐、辉腾。

超豪华汽车品牌受经济下滑和消费税政策变化的影响，出现了负增长。2009年1～11月份，劳斯莱斯、宾利等七个超豪华汽车品牌上牌841辆，同比下降16.1%（见图5）。

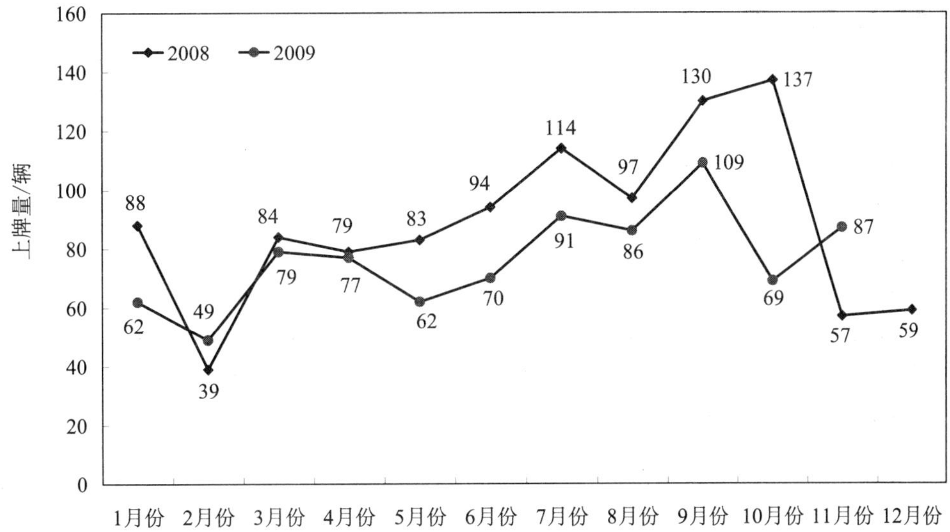

图5 2009年超豪华汽车品牌月度上牌数据走势

（3）车型排名变化 SUV 车型排名：2009 年 1～11 月份，SUV 前 20 名上牌 132247 辆，占整体 SUV 的 77.6%。森林人排量较小，价格适中，表现十分突出，增幅达 151%，是 SUV 上牌量最大的车型。2009 年进口 SUV 市场新增了宝马 X6、别克昂科雷、奔驰 GLK、雷诺科雷傲、大众途欢等全新产品，表现都比较出色（见表 4）。

表 4 2009 年 1～11 月份前 20 名进口 SUV 上牌量、增长率及市场占有率

序号	品牌	上牌量/辆	增长率（%）	市场占有率（%）
1	森林人	26186	151.5	15.4
2	新胜达	14632	19.6	8.6
3	普拉多	14124	6.1	8.3
4	宝马 X5	9116	30.7	5.3
5	欧蓝德	7292	-13.6	4.3
6	科帕奇	6226	-6.7	3.7
7	卡宴	5844	-13.3	3.4
8	宝马 X6	5285	—	3.1
9	途锐	5086	29.6	3.0
10	Q7	4843	-24.5	2.8
11	神行者	4427	4.6	2.6
12L	奔驰 ML	4278	27.5	2.5
13	昂科雷	4230	—	2.5
14	奔驰 GLK	3398	—	2.0

（续）

序号	品牌	上牌量/辆	增长率（%）	市场占有率（%）
15	雷克萨斯 RX	3223	29.4	1.9
16	科雷傲	3111	—	1.8
17	指南者	2878	28.0	1.7
18	宝马 X3	2860	49.8	1.7
19	途欢	2772	—	1.6
20	维拉克斯	2436	-15.6	1.4
合计		132247	—	77.6

轿车车型排名：2009 年 1~11 月份，轿车前 20 名车型共上牌 87483 辆，占整体轿车的 77%。除传统大型豪华轿车外，个性化的小型车也表现不俗，如 MINI、新甲壳虫、SMART 等（见表 5）。

表 5　2009 年 1～11 月份前 20 名进口轿车上牌量、增长率及市场占有率

序号	品牌	上牌量/辆	增长率（%）	市场占有率（%）
1	雷克萨斯 ES	15025	-8.7	13.2
2	奔驰 S	11477	-8.6	10.1
3	宝马 7 系	11230	22.5	9.8
4	奔驰 E	5641	—	4.9
5	马自达 3	5380	-38.0	4.7
6	新甲壳虫	4340	32.8	3.8
7	宝马 MINI	4069	62.1	3.6
8	雷克萨斯 IS	3690	7.7	3.2
9	奥迪 A8L	3653	-9.5	3.2
10	奔驰 B200	3521	—	3.1
11	宝马 3 系	2623	-14.0	2.3
12L	凯迪拉克 CTS	2548	-0.8	2.2
13	宝马 1 系	2128	128.3	1.9
14	现代 COUPE	2118	-6.9	1.9
15	斯巴鲁力狮	2018	56.8	1.8
16	EUROPESTAR	2014	168.5	1.8
17	奔驰 C	1662	0	1.5
18	沃尔沃 S80	1522	-36.5	1.3
19	奔驰 SMART	1417	—	1.2
20	TTCOUPE	1407	5.6	1.2
合计		87483	—	76.7

5. 与国产车类似，进口车二、三级市场发展迅速，带来新的增量

从分省份角度来看，东部地区，如广东、北京、上海等市场进口车上牌量增长相对较慢，低于总体平均增幅；而中西部地区，如湖南、内蒙、四川、陕西等，市场增幅较高，陕西增幅最高，达 143%（见图 6）。

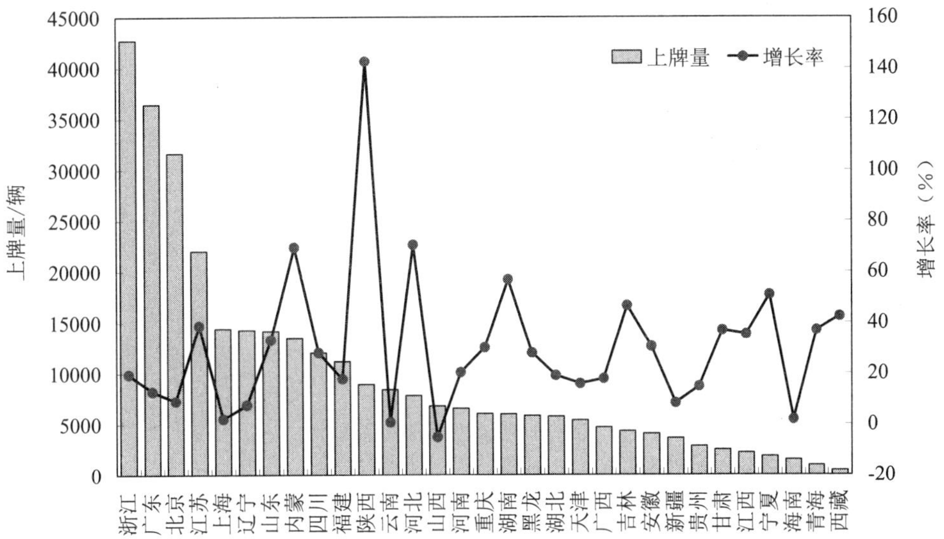

图6 2009年1～11月份各省上牌量与增长率

三、2010 年中国进口汽车市场预测

在 2010 年中国经济仍将保持平稳较快增长的预期下，各机构普遍预测 2010 年整体汽车市场仍将继续保持快速增长。但随着“购置税减半”等刺激汽车市场的政策进行了微调，而政策效应本身也有逐步减弱的趋势，以及市场基数的大幅增加，2010 年整体汽车市场增速相对 2009 年将明显回落。进口车方面，在整体市场增长及消费结构不断升级的带动下，进口车市场将会继续保持良好的发展态势。综合各种因素，如果经济发展稳定，政策不出现大的调整，预计 2010 年进口车上牌量可达 40.8 万辆，增长 20%左右，稍高于普遍预计的国产车增速；在节能减排的政策导向下，进口汽车产品仍将继续向中低排量调整；与国产车“错位经营”，形成差异化的前提下，进口车市场将出现新的发展趋势。

1. 从需求角度分析：经济发展带动整体汽车市场增长，同时消费结构不断升级，这是进口车市场增长的基础；二、三级市场迅速崛起是进口车增长的有力支撑

参考国际发达汽车市场，以及过去十年中国汽车市场的经验，进口车市场增长趋势与国产车基本保持一致，进口车数量一般占整个汽车市场 3%～4%左右。2010 年中国经济将继续保持较快增长，各大经济研究机构普遍预测 2010 年 GDP 增速为 9%左右，经济发展带动汽车市场向好发展，中国整体汽车市场规模将进一步扩大，进口车市场在此基础上将保持良好的发展态势。另外，随着经济发展，社会财富不断积累，个人收入持续增加，消费结构将不断升级，这些升级消费的需求为相对高端的进口车产品提供了广阔的市场空间。2002 年我国汽车市场出现了首次“井喷”行情，经过八年的快速增长，截至 2009 年年底，全国汽车保有量已达 7600 万辆，保有量持续增加，增购、换购等升级消费也将随之增加。

中国区域经济梯次发展的特点决定了不同地区市场处在不同的发展阶段，差距较为明显。2009 年二、三级城市市场加速增长，一级城市增长总体放缓。随着金融危机影响的逐步消退及中国经济的企稳回升，预计 2010 年一级城市的增速将有所恢复，二、三级城市仍将保持较高增速。同时，厂商的宣传推广、经销网络以及售后服务等进一步向二、三级市场扩展，这也将促进二、三级市场的快速发展，为总体市场发展提供有力支撑。

对 2010 年市场保持相对乐观的同时，也应注意可能的风险：经济发展仍存在一定的不确定性，特别是下半年经济可能面临更加复杂的局面，宏观调控政策有收紧的可能，这将对市场发展产生不利影响。

2. 从供给角度分析：新品牌、新车型将加快引进，使产品供应更加丰富；目前市场普遍乐观，订货充足，能够满足市场需求

中国汽车市场规模不断扩大，国际地位日益提高，以扩大市场份额、获取利润、提升品牌形象等为目的，跨国汽车公司将更加重视中国汽车市场，加大新品牌和新车型的引进力度，特别是更多引进符合市场需求的中低排量产品，将保证进口车市场供应充足。个别进口车型国产只会在短期、小范围内影响市场，其他竞争车型会迅速填补国产化车型让出的市场空间（见表 6）。

表 6　2009 年年底～2010 年进口车新产品列表

新车		换代	增加排量
起亚速迈	奥迪 A3	捷豹 XJL	英菲尼迪 G25
起亚 VG concept	捷豹 C-Type	起亚 OPIRUS	奔驰 B
标致 RCZ	雷诺 Clio RS	奥迪 S5 /A8	奔驰 E
标致 407	沃尔沃 S60	马自达 3	大众途锐 3.0 TDI
三菱 CX-Concept	雪铁龙 C4 跑车	雷诺 LAGUNA	英菲尼迪 EX25
宝马 5 系 GT	雷克萨斯 LF-A	卡迪拉克 SRX	雷克萨斯 GX460
路虎 LRX	拉古娜 双门轿跑车	保时捷 911 Turbo	奥迪 Q7 3.0TDI
劳斯莱斯 Ghost	宝马 X1	日产 GT-R	奔驰 SL 300
马自达 CX-7/CX-9	—	三菱 欧蓝德	大众 Tiguan R-line 和 TDI

2009 年较好的销量表现使进口车市场信心迅速恢复，从上半年开始就不断调整计划、增加订货，目前市场仍普遍乐观，订货量较大，2009 年市场上经常出现的货源供应不足的现象将大幅减少。

3. 从政策影响分析：消费税调整政策仍将影响进口车排量结构，但影响已趋于平缓，中低排量仍将是市场增长的主力，但大排量车型将结束大幅下降的趋势；为应对全球贸易保护主义采取的相关政策值得关注

2008 年 9 月份，消费税调整政策对进口车市场产生了很大的影响，为适应政策调整带来的市场变化，2009 年跨国汽车公司纷纷调整在中国投放的产品，加大 3.0L 以下车型的引进和供给，如引入途锐 3.0L、雷克萨斯 ES240 等 3.0L 排量以下产品，总计约 30 余款中低排量产品进入市场。2010 年中低排量产品仍将是市场增长的主力以及车型引进的重点，而 3.0L 以上大排量车型销量在经过 2009 年大幅下滑的基础上有望保持稳定。2009 年 11 月份，3.0L 以上车型已出现同比正增长。

在中美“轮胎特保案”背景下，2009 年 9 月 13 日商务部决定对原产于美国的部分进口汽车产品启动反倾销和反补贴立案审查程序。2009 年 11 月 6 日，商务部决定即日起对原产于美国的排量在 2.0L 及 2.0L 以上进口小轿车和越野车发起反倾销和反补贴调查。如果政府对美国汽车产品“双反”调查后采取惩罚措施，将对 2010 年进口车市场，特别是美国进口车型有非常大的影响。

另外，需密切关注购置税进一步改革的动向，有市场传闻购置税将按排量不同制定级差税率，如果这样的政策出台，对排量相对较大的进口车市场将产生不利影响。

4. 2010年进口汽车市场预测

综合以上分析，如果2010年经济发展稳定，政策不出现大的调整，随着整体汽车市场增长以及消费结构升级带动，预计进口车上牌量可达40.8万辆（见图7），增长20%左右。进口汽车产品仍将继续向中低排量调整，但大排量车下降趋缓；一级城市市场增速将有所恢复，二、三级市场将继续快速发展。同时，2010年经济发展仍有不确定性，市场可能出现供大于求的情况，政策上也可能对部分国家进口车采取惩罚性措施，这些经济环境、市场和政策方面的风险也需要密切关注。

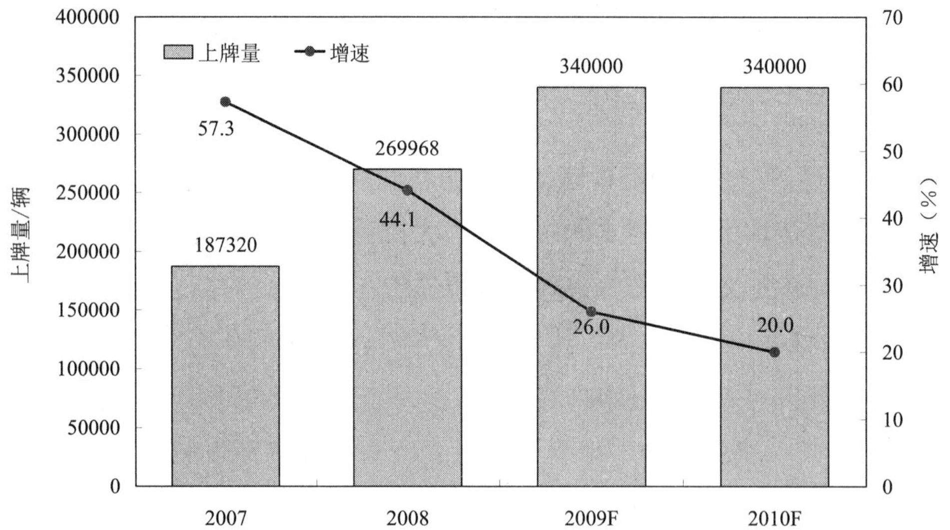

图7 进口车上牌量及增长率

5. 与国产车“错位经营”形成差异化的前提下，进口车市场将出现新的发展趋势

作为整体汽车市场的组成部分，进口车是国产车的重要补充，进口车需要与国产车“错位经营”，形成明显的差异化，而高端、个性、运动、环保是进口汽车产品的主要发展方向。

高端主要指豪华及超豪化车型，这部分客户是金字塔的顶端，规模相对不大，但永远存在。因达不到规模效益，这类车型无法国产，只能靠进口来满足这类需求。个性主要是指新颖、时尚甚至有些另类的产品，符合小众的审美；运动则包括纯粹的跑车、赛车车型或者性能大大提升的改装车型，满足那些追寻极限速度与操控乐趣的人群；一改过去 “大排量”、“高油耗” 进口车的传统形象，环保将成为未来低碳经济时代进口汽车的新标签，柴油、增压、混合动力、纯电动等世界先进的环保技术将在进口车上率先体现。另外，作为消费升级需求为主的进口车市场，SUV 车型未来仍将是进口车的主导产品。

（作者：丁宏祥）

2009 年我国汽车出口分析及展望

从 2004 年至 2008 年上半年，我国汽车出口保持年年翻番的“井喷式”增长，势头非常显著。但从 2008 年下半年开始，汽车国际贸易的外部环境发生了重大变化，我国汽车产品出口由于受到世界经济危机、国际原油价格大幅波动以及人民币持续升值等多重因素影响，2008 年我国汽车出口增幅出现大幅度回落。2009 年以来，我国汽车出口延续下降，逐月统计则全部呈现负增长，给业界带来深深的忧虑。

一、2009 年 1～10 月份我国汽车出口分析

2009 年 1～10 月份，我国出口各类汽车整车（含装有发动机的汽车底盘）28.15 万辆，同比增长-53.1%，与上年同期相比，增幅回落 79 个百分点；出口金额 39.9 亿美元，同比增长-49.3%，与上年同期相比，增幅回落 93 个百分点。2009 年 1～10 月份，受世界金融危机的影响，我国汽车出口量延续 2008 年的萎缩趋势进一步大幅下降，其中 2 月份是最低点。3～10 月份出口量一直保持比较稳定的状态。出口金额一直保持在 4 亿美元左右，出口数量保持在 3 万辆左右。月度同比和环比都比较平稳，既没有出现进一步恶化的现象，也没有出现明显的增长（见表 1）。预计，至 2009 年年底，我国汽车出口金额可能达到 48.0 亿美元，同比减少 50.1%，出口数量 34 万辆，同比减少 50.7%。

表 1　2009 年 1～10 月份我国汽车出口月度统计

月份	出口金额/万美元	金额同比（%）	金额环比（%）	出口数量/辆	数量同比（%）	数量环比（%）
1 月份	43709.9	-35.8	—	24861	-58.5	—
2 月份	26497.6	-56.6	-39.4	17076	-65.9	-31.3
3 月份	40231.2	-47.3	51.8	26949	-59.2	57.8
4 月份	37461.4	-55.1	-6.9	26184	-62.8	-2.8
5 月份	40031.9	-59.8	6.9	30469	-58.8	16.4
6 月份	44311.2	-46.7	10.7	32830	-44.0	7.7

（续）

月份	出口金额/万美元	金额同比（%）	金额环比（%）	出口数量/辆	数量同比（%）	数量环比（%）
7月份	44206.1	-49.0	-0.2	29707	-54.6	-9.5
8月份	43156.0	-49.0	-2.4	29785	-47.3	0.3
9月份	38274.5	-47.3	-11.3	27652	-43.6	-7.2
10月份	41150.7	-43.3	7.5	35972	-29.0	30.1

二、2009年1～10月份我国汽车出口的主要类型

1. 载重车

如表2所示，按出口金额，载重车仍然位居我国汽车出口的第一位。出口金额17.7亿美元，同比增长-45.0%，占我国出口汽车总金额的44.3%；出口数量13.9万辆，同比增长-42.3%，占我国出口汽车总数量的49.5%；所占比重与往年基本持平。

其中，20t以上的重型载重车仍然是最主要的出口种类，出口金额8.1亿美元，同比增长-36.5%，占载重车出口总金额的45.7%；出口数量2.03万辆，同比增长-35.1%，占载重车出口总数量的14.6%。5t以下的轻型载重车（包括皮卡）是出口数量最多的车型，出口数量8.9万辆，出口金额5.4亿美元，分别占载重车出口的64%和30.5%。5～20t的中型卡车出口数量为2.7万辆，出口金额为3.2亿美元。其他为非公路用货运自卸车，出口数量0.32万辆，出口金额1.0亿美元。载重车一直是我国汽车出口的最主要商品，在国际市场上具有比较优势，出口商品的档次和技术水平不断提高，而且绝大多数是具有我国自主品牌的产品。

表2 2009年1～10月份我国汽车出口量统计

商品名称	出口数量/辆	数量同比（%）	出口金额/万美元	金额同比（%）	出口单价/美元	单价同比（%）
载重车	139295	-42.3	176680.2	-45.0	12683.9	-4.6
特种用途车	14979	21.9	91675.3	-34.4	61202.6	-46.2
小轿车	71860	-66.9	59522.1	-62.3	8283.1	13.9
机动大、中型客车	18356	-37.9	48234.4	-47.1	26277.2	-14.9
旅行小客车（九座及以下）	14820	-69.4	10270.9	-72.8	6930.4	-11.0

（续）

商品名称	出口数量/辆	数量同比（%）	出口金额/万美元	金额同比（%）	出口单价/美元	单价同比（%）
越野车（4轮驱动）	9311	-57.9	8704.3	-62.7	9348.4	-11.3
其他发动机型客车	11429	156.7	2631.8	88.0	2302.8	-26.8
合计	281488	-53.1	399115.9	-49.3	14178.8	8.1

2. 特种用途车（专用车）

特种用途车也一直是我国汽车出口的主要车型。2009年1～10月份，我国共出口各类专用车1.5万辆，同比增长21.9%，占我国汽车出口总数的5.3%；出口金额为9.17亿美元，同比增长-34.4%，占我国汽车出口总金额的23.0%。

其中，半挂车用的公路牵引车出口最多，出口7852辆，占专用车出口总数的52.4%；出口金额2.84亿美元，占专用车出口总金额的31.0%。其他还有未列明特殊用途的机动车辆、起重量小于50t的起重车，混凝土搅拌车、50～100t及100t以上起重车、石油专用车、救火车、机动医疗车等。

3. 小轿车

小轿车在出口汽车种类中排名第三。2009年1～10月份，我国共出口小轿车7.2万辆，同比增长-66.9%，占我国汽车出口总数的25.5%；出口金额为5.95亿美元，同比增长-62.3%，占我国汽车出口总金额的14.9%。小轿车出口量值的同比增长是跌幅最大的。我国自主品牌的小轿车出口受到严重影响，下降幅度很大。中外合资企业非自主品牌小轿车出口占本期小轿车出口金额的53%，出口数量的35%。

4. 大中型客车

大中型客车是我国近年来发展比较快的汽车出口种类。2009年1～10月份，我国共出口大中型客车1.84万辆，同比增长-37.9%，占我国汽车出口总数的6.5%；出口金额为4.82亿美元，同比增长-47.1%，占我国汽车出口总金额的12.1%。我国大中型汽车出口也绝大多数是自主品牌产品，技术水平和产品档次不断提高，近年来在国际大中型汽车市场上占有相当重要的地位。

其中，最主要的是30座以上的大型客车，出口金额3.1亿美元，占大中型客车出口总金额的64.3%；出口数量4785辆，占大中型客车出口总数量的26.1%。其次，10～19座客车是出口数量最多的车型，出口数量10983辆，占大中型客车出口总数的59.8%；出口金额1.17亿美元，占大中型客车出口总金额的24.2%。

其余是20～29座的中型客车，出口数量2588辆，占大中型客车出口总数的14.1%；出口金额5716万美元，占大中型客车出口总金额的11.9%。我国出口的大中型客车也绝大多数是自主品牌产品，在发展中国家市场适应性强，产品的技术水平和产品档次在不断提高，在国际市场上占有相当重要的地位。

三、2009年1～10月份汽车出口的国际市场

2009年1～10月份，我国共向世界上190个国家（地区）出口汽车，与2007年的193个国家（地区）和2008年的197个国家（地区）相比，国家数量没有发生太大变化。比较突出的变化主要是从2006年以来跃居我国汽车出口国别第一的俄罗斯和跃居前列的乌克兰，由于种种原因发生极大萎缩，分别退居出口国别第17位和第36位。我国汽车出口前15位的国家分别是阿尔及利亚、越南、安哥拉、伊朗、德国、利比亚、叙利亚、埃及、尼日利亚、伊拉克、沙特阿拉伯、哈萨克斯坦、意大利、秘鲁和智利。这15国占我国汽车出口总金额的61%，占我国汽车出口总数量的65%。其中向利比亚、伊拉克、德国和阿尔及利亚的出口增幅全是正值而且增幅较大，比较突出。阿尔及利亚排名第1位，越南紧随其后（见表3）。

表3　2009年1～10月份我国汽车出口前15位国家

序号	国别	出口金额/万美元	金额占比（%）	金额同比（%）	出口数量/辆	数量占比（%）	数量同比（%）
1	阿尔及利亚	61417.6888	15.39	30.82	36807	13.08	-7.33
2	越南	29919.7392	7.5	-38.99	25058	8.9	-49.99
3	安哥拉	19350.8577	4.85	-35.01	6359	2.26	-18.03
4	伊朗	18516.1370	4.64	-55.18	9510	3.38	-63.57
5	德国	17271.1004	4.33	34.26	13016	4.62	24.63
6	利比亚	11950.7218	2.99	130.83	10086	3.58	967.3
7	叙利亚	11913.6659	2.99	-42.99	19819	7.04	-27.56
8	埃及	11307.2836	2.83	-29.96	15476	5.5	-39.13
9	尼日利亚	10689.7771	2.68	-2.61	5524	1.96	-28.06
10	伊拉克	9472.9317	2.37	113.88	13629	4.84	91.55
11	沙特阿拉伯	8519.6564	2.13	-63.27	2739	0.97	-61.61
12	哈萨克斯坦	7662.8129	1.92	-54.59	2027	0.72	-65.74
13	意大利	6185.4046	1.55	-41.39	5760	2.05	-34.43
14	秘鲁	5964.2009	1.49	-37.22	5944	2.11	-38.13
15	智利	5361.8860	1.34	-66.58	6137	2.18	-72.99

按洲别统计，由于金融危机的影响，我国汽车出口市场恢复了传统的市场分布。按出口金额对比，对非洲市场出口15.9亿美元，所占份额最大，为40.0%，同比增长的降幅也最低，为-8.9%。其次是亚洲，出口金额15.3亿美元，金额占比38.4%，同比增长-43.1%。两洲相加占我国出口金额的78.4%。对欧洲出口降幅最大，达-82.1，南美洲次之，同比增长为-64.1%。在金融危机发生到目前的状况，可见传统市场对于我国汽车出口极为重要。如何保持和巩固传统市场，再在此基础上开发新市场，是应该认真对待的现实（见表4）。

表4 2009年1～10月份我国汽车出口的洲别统计

洲别	出口金额/万美元	金额占比（%）	金额同比（%）	出口数量/辆	数量占比（%）	数量同比（%）
全球	399115.9	100.0	-49.3	281488	100.0	-53.1
非洲	159427.9	40.0	-8.9	94690	33.6	-27.0
亚洲	153060.4	38.4	-43.1	109541	38.9	-38.8
欧洲	43528.9	10.9	-82.1	35011	12.4	-82.5
南美洲	32732.9	8.2	-64.1	32831	11.7	-61.5
北美洲	3264.1	0.8	-33.4	5585	2.0	19.7
大洋洲	7101.8	1.8	51.1	3830	1.4	182.9

四、2009年1～10月份我国汽车出口的贸易方式

2009年1～10月份，我国汽车出口的贸易方式仍以一般贸易为主，出口金额30.2亿美元，同比增长-47.5%，占75.6%，；出口数量23.4万辆，同比增长-45.1%，占83.3%。加工贸易减幅较大，出口金额同比增长-62.5%，出口数量同比增长-74.8%，出口金额和数量分别占总量值的14%左右。对外承包工程出口货物的金额占比为7.7%，数量占比为2.0%，同比减少的幅度比较来说比较小。边境小额贸易所占比例较小，但减幅最高，说明金融危机以来边境小额贸易大量减少。以上四种主要的汽车出口贸易方式，占总汽车出口贸易的99%（见表5）。

表5 2009年1～10月份我国汽车出口的贸易方式

贸易方式	出口金额/万美元	金额占比（%）	金额同比（%）	出口数量/辆	数量占比（%）	数量同比（%）
一般贸易	301879.2	75.6	-47.5	234413	83.3	-45.1
加工贸易	58171.4	14.6	-62.5	39105	13.9	-74.8
来料加工装配贸易	595.7	0.2	-67.6	59	0.0	-90.8
进料加工贸易	57575.7	14.4	-62.4	39046	13.9	-74.7

（续）

贸易方式	出口金额/万美元	金额占比（%）	金额同比（%）	出口数量/辆	数量占比（%）	数量同比（%）
对外承包工程出口货物	30819.0	7.7	-11.2	5535	2.0	-17.2
边境小额贸易	3827.5	1.0	-79.5	1327	0.5	-85.1
国家间、国际组织无偿援助和赠送的物资	2266.5	0.6	146.1	660	0.2	140.0
租赁贸易	476.8	0.1	69.0	23	0.0	43.8
保税仓库进出境货物	357.5	0.1	2475.6	7	0.0	-79.4
保税区仓储转口货物	945.4	0.2	-63.3	212	0.1	-90.5
其他	372.6	0.1	2.7	206	0.1	12.0
总计	399115.9	100.0	-49.3	281488	100.0	-53.1

五、2009 年 1～10 月份汽车出口的企业

1. 企业性质

2009 年 1～10 月份，我国汽车出口按企业性质分析仍然以国有企业为主，金额占比 49.2%，数量占比 41.2%。三资企业出口金额占比 26.9%，民营企业出口金额占比 24%。在三资企业中，外商独资企业出口金额 1.6 亿美元，出口数量近 5000 辆，与上年同期以及前些年相比出现了较大幅度增长。全国汽车出口企业总数 1078 家，比 2008 年 1500 家减少了近 50%（见表 6）。

表 6　2009 年 1～10 月份我国汽车出口的企业性质

企业性质	出口金额/万美元	金额占比（%）	金额同比（%）	出口数量/辆	数量占比（%）	数量同比（%）	出口家数/家
国有企业	196150.1	49.2	-47.9	115847	41.2	-60.7	326
三资企业	107365.3	26.8	-40.1	91891	32.6	-43.1	89
中外合资企业	91819.0	23.0	-45.7	86917	30.9	-45.4	66
外商独资企业	15546.3	3.9	57.6	4974	1.8	122.0	23
民营企业	95575.3	24.0	-58.8	73738	26.2	-48.7	658
集体企业	7648.6	1.9	-43.0	6041	2.2	-62.0	28
私人企业	87926.7	22.0	-59.7	67697	24.1	-47.0	630
个体工商户	20.8	0.0	37.0	8	0.0	-11.1	4
其他企业	4.4	0.0	-98.9	4	0.0	-99.2	1
合计	399115.9	100.0	-49.3	281488	100.0	-53.1	1078

2. 整车出口量突出的企业

整车出口量突出的企业（含集团）包括：陕西重汽、本田汽车（中国）有限公司、长城汽车、东风汽车集团、中国重汽集团、奇瑞汽车、北汽福田、中国一汽集团、苏州金龙、中国电气、厦门金龙、吉利汽车、安徽江淮、华晨金杯、安徽技术、徐工集团、哈飞汽车、江西江铃、三一重工等。

六、从全球国际贸易统计的视角分析我国汽车产品出口

2009年1月份起，我国汽车出口量值在继续大跌一步后，从3月份开始一直保持相对平稳的局势，到10月份累计出口金额同比为-50%。这与我国国内汽车工业产销两旺，不断冲顶，能够提前两年完成《汽车产业调整和振兴规划》规定的目标形成鲜明的对比，也给我国汽车产业界带来深深的忧虑。但是，从更广泛的视野以我们所能够得到的最新全球性国际贸易统计数据分析，我国汽车产品出口的大幅下滑，并不是孤立的，单一的。世界汽车国际贸易出现深度萎缩是大面积的、普遍的、深化的，完全是由于以美国为首的西方国家由于次贷危机而引起的金融危机而后诱发世界性金融危机造成的严重后果，受害者遍及全球。

以下分析数据来自美国GTI（Global Trade Information Services）公司的在线国际贸易数据系统Global Trade Atlas（GTA）。通过GTA所查询的是一个在线的贸易数据系统，它提供了全球全方位的贸易统计数据。通过这些到目前为止所能得到的最新数据，通过观察各国汽车宏观贸易状况以及部分典型数据，再来分析我国在世界汽车贸易中的位置，以及我国汽车产品出口的竞争对手。

1.综合性数据

海关税则第87章的内容主要包括汽车整车的全部项目，还包括拖拉机、摩托车、自行车等车辆以及相应的车辆零部件，海关税则87章是国际通用的大税码，具有重要的参照作用。按海关税则第87章商品出口统计，德国排名第一，顺次为日本、美国、法国、西班牙等，这些国家2009年本期累计出口金额同比增长为-43.5%、-51.8%、-42.9%、-45.0%等。以海关税则第87章商品出口金额比较，我国出口金额与德国、日本、美国的差距还相当大，我国出口金额排名第11位。2009年中国累计出口金额同比为-36.4%，相比之下，与我国出口金额临近的加拿大、意大利、英国，同比都比我国更低（见表7）。

表 7　2009 年 1～8 月份排名前 20 名报告国车辆及其零附件的出口统计

序号	报告国	2007 年出口金额/亿美元	2008 年出口金额/亿美元	2009 年出口金额/亿美元	2009 比 2008 同比增长率（%）
1	德国	1538.06	1771.96	1000.92	-43.51
2	日本	1003.06	1190.79	573.53	-51.84
3	美国	690.64	762.07	434.90	-42.93
4	法国	412.01	461.85	254.12	-44.98
5	西班牙	342.94	403.26	246.80	-38.80
6	韩国	315.35	335.80	208.54	-37.90
7	比利时	316.85	366.59	0.00	—
8	加拿大	418.14	358.27	189.24	-47.18
9	墨西哥	268.88	287.52	185.72	-35.41
10	意大利	269.87	325.92	176.10	-45.97
11	中国	198.87	273.14	173.70	-36.40
12	英国	283.29	325.62	163.20	-49.88
13	波兰	117.60	178.09	125.56	-29.50
14	捷克共和国	130.05	170.85	118.74	-30.50
15	荷兰	142.48	174.15	87.71	-49.63
16	土耳其	99.49	138.66	73.45	-47.02
17	泰国	88.60	116.50	70.56	-39.44
18	奥地利	119.10	133.14	68.00	-48.93
19	斯洛伐克	85.77	115.03	66.04	-42.59
20	瑞典	144.35	167.49	65.49	-60.90
	总和	7608.10	8831.59	—	—

注：铁道车辆除外。

海关税则 8704 同样是国际通用的编码，该项下的编码商品涵盖我国汽车出口中最重要的类型——载重车，即货运机动车（含非公路用自卸汽车），占我国汽车出口量值的 50%，对分析我国汽车出口状况具有典型的示范性。按 2009 年当期出口金额排序，美国第 1，其次是德国、日本、墨西哥等，同比增长分别是-33.7%、-64.0%、-55.5%、-26.9%等。我国排名第 9 位，同比增长-45.7%（见表 8）。与我国出口额相近的法国、意大利、土耳其、荷兰等国在 2007 年和 2008 年的出口金额都远高于中国，但 2009 年当期出口减少幅度又都远大于中国。按照 2007 年当期出口额，我国排名第 14，2008 年排名第 13 位，2009 年金融危机影响严重，我国出口排名反而提升到世界第 9 位。

表8 2009年1～8月份排名前20名报告国货运机动车辆的出口统计

序号	报告国	2007年出口金额/亿美元	2008年出口金额/亿美元	2009年出口金额/亿美元	2009比2008同比增长率（%）
1	美国	85.43	86.80	57.58	-33.67
2	德国	84.38	106.81	38.44	-64.01
3	日本	61.48	81.68	36.31	-55.54
4	墨西哥	60.31	48.33	35.35	-26.86
5	西班牙	50.55	57.35	20.41	-64.41
6	泰国	31.93	38.95	19.70	-49.41
7	法国	34.39	41.09	18.88	-54.04
8	意大利	38.39	50.61	17.77	-64.88
9	中国	14.66	26.58	14.43	-45.70
10	土耳其	25.54	40.98	13.36	-67.41
11	荷兰	25.38	31.11	11.76	-62.19
12	加拿大	63.27	28.90	10.99	-61.98
13	韩国	10.66	15.58	10.97	-29.54
14	英国	24.20	29.33	10.66	-63.64
15	比利时	16.19	25.53	0.00	—
16	奥地利	13.27	17.81	9.99	-43.88
17	阿根廷	10.40	11.54	8.01	-30.61
18	波兰	10.93	16.66	7.25	-56.47
19	巴西	13.35	14.36	5.37	-62.59
20	南非共和国	8.29	9.74	5.27	-45.89
	总和	728.99	835.06	—	—

2. 典型的国际市场分析——以俄罗斯为例

根据GTI于2009年1～10月份最新统计数据，俄罗斯在海关税则第87章商品车辆进口方面的贸易伙伴有57个国家（地区）。我国是其中之一。2009年本期俄罗斯进口金额113.7亿美元，同比下降72.8%。主要贸易伙伴国是日本、德国、韩国等，2009年进口金额同比分别为-69.8%、-70.8%、-69.4%，这三国的市场份额占到55.3%。中国排名第8位，同比增长为-76.6%。所占市场份额为3.38%（见表9），比前两年有所降低。俄罗斯2009年从我国进口的降幅较大，但也不是最突出的。以第一进口国日本为例，虽然同比增长为-69.8%，比我国略高，市场份额也有所增加，但其进口金额从108.6亿美元减少到32.8亿美元，减少值达到76

亿美元；德国的进口情况类似，进口金额从 60.2 亿美元减少到 17.6 亿美元，减少值达到 42.6 亿美元，也是很惊人的。

表 9 2009 年 1～10 月份俄罗斯前 15 位伙伴国车辆及其零附件的进口统计

序号	伙伴国	2007 年进口金额/亿美元	2008 年进口金额/亿美元	2009 年进口金额/亿美元	2007 年市场份额（%）	2008 年市场份额（%）	2009 年市场份额（%）	2009 比 2008 同比增长率（%）
1	日本	70.15	108.65	32.80	26.65	25.96	28.84	- 69.82
2	德国	44.23	60.17	17.59	16.80	14.38	15.47	- 70.77
3	韩国	28.14	40.78	12.49	10.69	9.74	10.99	- 69.36
4	英国	17.34	32.16	6.94	6.59	7.68	6.10	- 78.43
5	美国	14.77	25.42	6.11	5.61	6.07	5.37	- 75.97
6	欧盟	0.00	10.83	5.50	0.00	2.59	4.84	- 49.17
7	斯洛伐克	4.78	11.13	5.01	1.81	2.66	4.40	- 55.02
8	中国	10.52	16.44	3.85	4.00	3.93	3.38	- 76.61
9	法国	7.31	10.15	2.29	2.78	2.42	2.01	- 77.42
10	西班牙	7.26	13.53	2.03	2.76	3.23	1.79	- 84.99
11	土耳其	6.59	12.21	1.89	2.50	2.92	1.67	- 84.48
12	意大利	2.42	4.16	1.64	0.92	0.99	1.44	- 60.59
13	乌克兰	6.49	8.16	1.58	2.47	1.95	1.39	- 80.59
14	乌兹别克斯坦	5.17	5.69	1.50	1.96	1.36	1.32	- 73.65
15	捷克共和国	3.74	3.68	1.28	1.42	0.88	1.13	- 65.17
	全球	263.25	418.57	113.71	100.00	100.00	100.00	- 72.83

注：铁道车辆除外。

2009 年．俄罗斯从各国进口载重车发生极大萎缩，从 2008 年的 36.4 亿美元滑落到 2009 年的 4.4 亿美元，同比增长低至-87.9%。同样，俄罗斯从中国进口载重车也发生极大萎缩。2007 年从我国进口金额排名第 2 位，2008 年从我国进口的金额和市场份额都排名第 1 位，2009 年我国排名滑落到第 9 位，金额从 2008 年的 5.5 亿美元减少到 2009 年的 1300 万美元，同比增长为-97.6%，市场份额也从 15.2%减少到 2.97%（见表 10）。德国、泰国、美国、日本和英国的进口虽然也出现不同程度的大幅减少，但这几国的市场份额都在上升，尤其以德国和美国最为突出。

俄罗斯汽车市场广大，中俄两国经贸关系源远流长，近年来，中国汽车曾在俄罗斯汽车市场取得过显著的成绩，如今我们不仅需要针对俄罗斯国内经济状况和贸易政策，还要针对国际竞争对手的布局制定新的对应策略。

表10 2009年1～10月份俄罗斯前15位伙伴国货运机动车辆进口统计

序号	伙伴国	2007年进口金额/亿美元	2008年进口金额/亿美元	2009年进口金额/亿美元	2007年市场份额（%）	2008年市场份额（%）	2009年市场份额（%）	2009比2008同比增长率（%）
1	德国	3.57	4.48	1.05	18.12	12.30	23.84	-76.46
2	泰国	1.18	2.35	0.65	6.00	6.47	14.71	-72.37
3	美国	0.51	0.80	0.59	2.58	2.20	13.34	-26.49
4	日本	1.20	2.40	0.38	6.08	6.59	8.50	-84.34
5	英国	0.31	1.04	0.20	1.58	2.85	4.49	-80.83
6	瑞典	1.72	3.08	0.18	8.74	8.45	4.07	-94.15
7	加拿大	0.05	0.09	0.16	0.24	0.26	3.65	70.57
8	西班牙	1.15	2.09	0.14	5.85	5.75	3.25	-93.12
9	中国	3.37	5.52	0.13	17.13	15.16	2.97	-97.62
10	韩国	0.66	1.50	0.13	3.34	4.12	2.88	-91.50
11	芬兰	0.53	0.90	0.12	2.68	2.48	2.82	-86.15
12	土耳其	0.83	2.95	0.12	4.20	8.11	2.77	-95.85
13	意大利	0.53	1.14	0.10	2.69	3.14	2.31	-1.04
14	法国	0.51	1.01	0.08	2.61	2.76	1.81	-92.01
15	捷克共和国	0.59	0.52	0.06	3.00	1.42	1.42	-87.88
	全球	19.68	36.41	4.42	100.00	100.00	100.00	-87.85

七、展望

我国汽车出口在金融危机发生以来受到严重影响，出口市场受阻，出口增长下滑。但是我们也看到这种萎缩是与两个现象并存的，一是与我国汽车工业的国内市场蓬勃增长、购销两旺、不断冲顶的现象并存；再就是与世界性汽车国际贸易大面积的、普遍的、深化的萎缩并存。相比之下，我国汽车工业实力的不断增长与国际市场环境的萧条形成较强烈的对比。往往经济危机发生，行业萧条之时，正是实力企业进行调整、充实、提高的时机，当然，也一定会通过洗牌淘汰掉一批与之不相称的落后企业。正所谓“凤凰涅槃”，就看企业是不是抓住了应该抓住的机会。因此，我们也可以说危机与机遇并存。利用危机，抓住机遇，进行调整，发展自己。

最近，商务部等六部委以战略的高度和务实的精神发布了《关于促进我国汽车产品出口持续健康发展的意见》，在八个方面提出了指导性的意见。明确汽车产业是国民经济的重要支柱产业。经过近年来的快速发展，汽车产品出口已成为我国汽车产业的重要组成部分和转变外贸增长方式的重要载体。要求在提高出口增长速度的同时，提高出口的质量和效益。要着力推进汽车出口产品结构、市场结构、贸易结构、企业结构、售后服务主体结构五大转变。在世界金融危机发生已经一年半，我国汽车工业大发展，汽车出口大受挫的今天，无论世界经济形势是走到 V 字形底端开始复苏，还是走到 W 的拐点还有很长的曲折，这个文件的发布对我国众多处于转折中的汽车出口企业都具有重要的指导意义和现实意义。我国汽车出口企业应认真学习和思考，利用这一时机积极并实实在在地总结海外工作，重新审视海外市场的产品策略和销售策略，提升产品质量，力争实践“五大转变”，在市场复苏后才能够迅速跟进，以崭新的面貌在海外市场取得更好的成绩。

经济发展是有一定周期的，我们相信，我国的汽车工业和汽车出口事业经过风雨的考验会发展得更好，中国不仅能成为汽车大国，也一定会成为汽车强国。

（作者：傅培昭）

市场调研篇

上海大众产品市场调查报告

2009 年全球汽车市场处于金融危机的阴影笼罩下，但我国汽车市场一枝独秀，随着国家十大产业政策和汽车消费政策的相继出台，中国汽车市场从第一季度开始逆势而上，创造了年销量破千万辆的历史纪录，成为全球最大的汽车市场。上海大众汽车凭借深厚的历史积淀和敏锐的市场洞察力，从 2009 年初起就率先感知市场回暖，紧紧抓住市场契机，以满足用户的优质产品和卓有成效的营销运作，最终创造年度销量的历史新高，成为国内第一家累计销量突破 500 万辆的轿车企业。

一、2009 年上海大众市场总体表现

2009 年虽然受到产能的限制，但上海大众抓住快速增长的市场机会，销量连续创造新高。2009 年上海大众共完成批发 72.8 万辆，同比增长 48.6%；完成零售 72.9 万辆，同比增长 45.6%（见图 1），无论批发和零售均名列狭义乘用车行业第一，充分显示了一个成熟企业的市场应对能力。

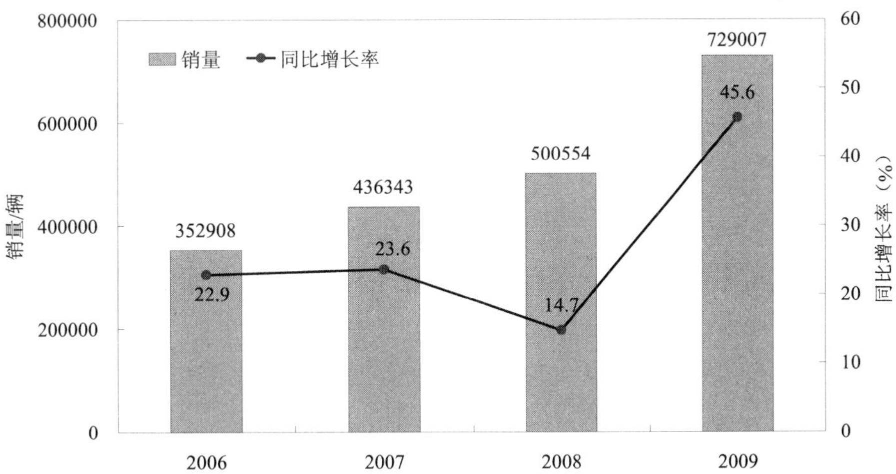

图1　上海大众历年销量及同比增长率

2009年以来，上海大众的双品牌战略日趋成熟，旗下大众和斯柯达品牌各款产品均保持了良好的销售势头，出现了供不应求的局面。其中大众品牌2009年实现零售60.56万辆，同比增长37.2%，继续保持单品牌排名第一位。斯柯达品牌初步完成了产品战略布局，产品结构更为完善，2009年实现零售12.35万辆，同比增长108.2%。

探究上海大众优秀的市场表现，主要有以下原因：首先，积极响应国家的产业政策和深度把握政策导向，及时采取合理的市场营销手段抓住了市场机遇。第二，产品结构不断完善，多款“蓝筹”产品推动销量持续增长，并形成了新车型与成熟车型均衡结合的市场销量结构。第三，上海大众完备的服务网络和区域差异化市场战略也为市场的开拓创造了先机。

二、2009年上海大众各产品的市场表现

在中国经历了25个年头的风雨征程，上海大众不仅引入了制造精良、个性突出的各款车型，引领着细分市场的潮流风向，而且还针对中国道路特点与中国消费者审美观，对车型进行了出色的本土化设计与调校，完美地融入了中国本土市场，充分满足了不同消费人群的需要，成功地实现了由“产品导向”向“市场导向”的转变 。

（1）PASSAT新领驭　PASSAT新领驭自2009年4月份上市后月销量一直保持在万辆左右，稳居中高级车市场前三甲；尤其是2009年下半年，受益于PASSAT新领驭的市场发力，上海大众在B级车市场增长明显。PASSAT新领驭通过树立“志领先机”的品牌形象，不仅成功地巩固了PASSAT新领驭品牌在中级轿车市场中的主导地位，而且品牌形象进一步年轻化和现代化，吸引了更多私人用户和年轻消费者的目光（见图2）。2009年12月份，PASSAT品牌迎来了在中国的10周岁生日，并以10年累计销售85万辆的优异成绩树立了国内中高级车市场的一面最具代表性的旗帜，代表着坚持“德国科技”与“自主研发”完美融合的中国式道路的成功。可以预见，随着我国车市的整体回暖和PASSAT新领驭市场潜能的持续释放，未来PASSAT新领驭将大有可为。

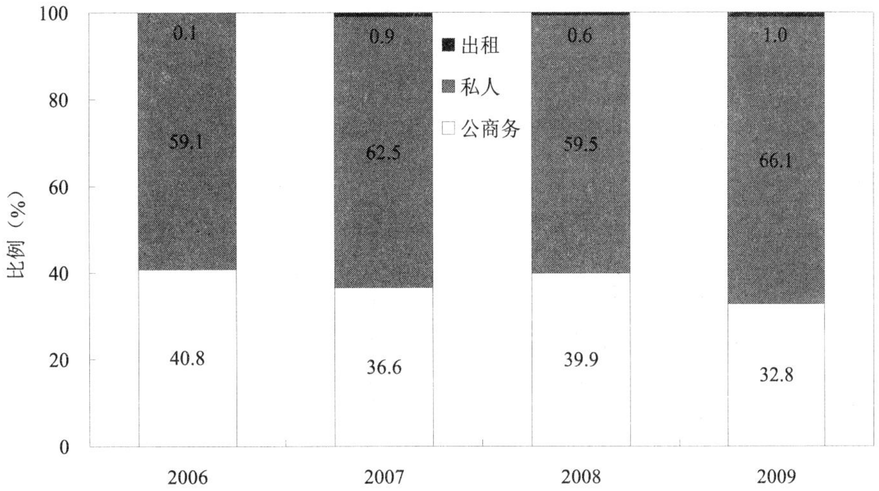

图2 PASSAT历年用户性质结构变化

（2）LAVIDA 朗逸　自 2008 年 6 月份上市，至 2009 年 6 月份上市一周年之际，LAVIDA 朗逸已经创造了 10 万辆的销量，确立了其在 A 级车市场的标杆地位。2009 年实现了近 15 万辆的销售，占到上海大众（大众品牌）全年销量的 25% 左右。作为为中国消费者度身打造的一款高性价比中级轿车，LAVIDA 朗逸既保持了德国设计的优秀品质，又融入了很多体现中国传统文化的审美观念，以及站在时代前沿的设计元素。随着 LAVIDA 朗逸品牌认知度、美誉度的继续攀升，以及高性价比的深入人心，再加上 2010 年将推出的 LAVIDA 朗逸 1.4TSI 车型，将给消费者带来更多的细分选择，从而为其获得更纵深的市场竞争空间，LAVIDA 朗逸的热销仍会持续。

（3）Polo 劲情、劲取　上海大众 Polo 品牌经过多年发展，已经牢牢树立了国内 A0 级车市精品小车的地位。2009 年上海大众根据市场需求变化对 Polo 系列产品结构进行了全面梳理，推出了 2009 款系列产品；同时，根据市场实际调整产品定位，强化了 Polo 品牌在运动、音乐和个性方面的品牌内涵，从而开展了更加精准的营销。2009 年 Polo 家族在 A0 级市场持续发力， Polo 系列车型销量从 2009 年 5 月份开始连续月销量破万辆，2009 年全年实现零售 11.9 万辆，同比增长 41%。

（4）Touran 途安　2009 年上半年，MPV 市场受到经济环境的影响，曾经一蹶不振，但是从第三季度开始，随着公务车市场的回暖和 MPV 市场接受程度的提高，MPV 市场销售情况出现了惊人逆转，由负增长转为连续五个月接近 50%

的正增长。Touran途安新一代在此期间的表现也可圈可点，从2008年的月均千辆到2009年下半年屡次突破2000辆大关，2009年全年共实现零售18846辆（见图3），同比增长54%，成功地打入了多功能轿车市场第一军团。2009年，Touran途安还被选为上海世博会的专用出租车，Touran途安宽敞的内部空间和良好的舒适性受到众多用户和专家的赞誉，加盟世博出租车队伍更是对途安性能品质的一种肯定和考验。从2010年2月份开始，由4000辆Touran途安组成的世博出租车队将正式亮相申城街头，为世博中外宾客提供一流服务；同时，更多的消费者将有机会了解途安，体验途安。

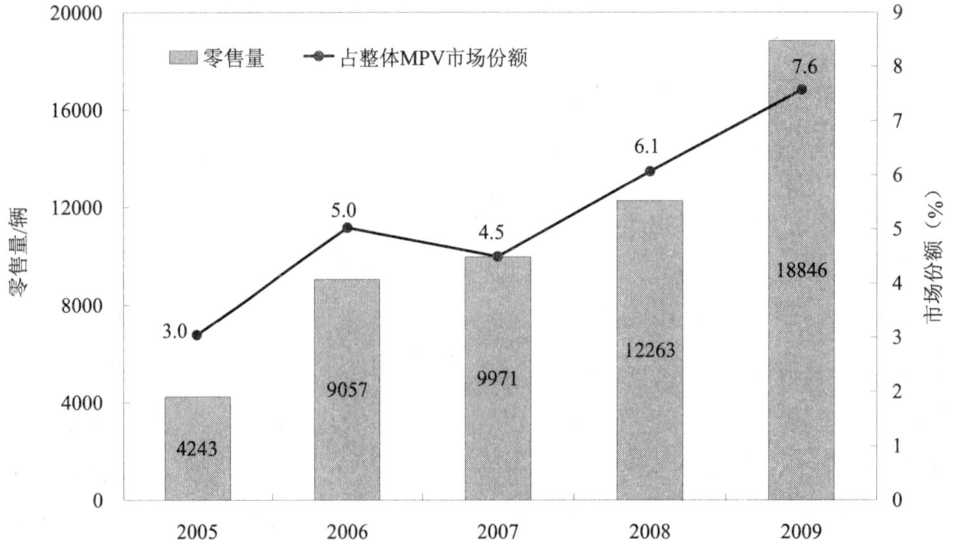

图3 2005～2009年途安历年销量及市场份额

三、斯柯达品牌快速成长

作为上海大众双品牌战略的另一把利剑，斯柯达品牌2009年全年共实现销售12.3万辆，同比增长108%。随着上海大众斯柯达品牌成功完成Superb昊锐、Octavia明锐、Fabia晶锐三大车系的架构，其产品实现了对中国车市最富消费实力和消费潜力的三大主流市场A0、A、B级市场的全面覆盖，并逐步在各自细分市场锁定了目标，确立了在各自细分市场的主流地位。与此同时，斯柯达品牌的知名度、满意度也有大幅提升，受到了市场的广泛认可，无疑已经成为中国汽车市场成长性最好的汽车品牌之一。

（1）Superb昊锐 2009年8月份，斯柯达全新B级车Superb昊锐上市，标志着斯柯达品牌正式吹响了进军中高级车市的号角。作为斯柯达百年造车精华和大众先进技术的集大成者，Superb 昊锐凭借成熟优雅的造型设计、宽大舒适的空间享受、全面顶尖的科技装备，引领着国内 B 级车市消费的新潮流。目前月销量也已顺利突破 3000 辆，市场放量稳步进行。

（2）Octavia 明锐　斯柯达品牌的首款战略车型 Octavia 明锐经过两年多的市场持续开拓，已经稳居 A 级车高端市场前三甲，2009 年 9 月份更顺利进入月销万辆俱乐部，全年累计销量达 86125 辆，同比增长超过 45%。短短两年时间，明锐的保有量已达 17.3 万辆，并且凭借其出色的性能表现树立起了可靠的市场口碑，目前老客户的推荐购买率已经超过 20%。上海大众还根据市场需求对明锐的产品线进行了持续的优化和调整，3 月份推出了 15 项装备升级的 2009 款明锐，6 月份又推出了新增 18 项高端配置的 1.6L 逸尊版明锐，这使得明锐的整体产品线更加适销对路，销量一路上扬。

（3）Fabia 晶锐　作为斯柯达品牌最具时尚个性的一款小车，Fabia 晶锐自 2008 年年底上市以来市场潜力也逐步显现，凭借独具特色的平顶设计和双色车身，以及德系车硬朗扎实的内在品质赢得了 A0 级用户的喜爱。2009 年也进一步完善了产品线，于 6 月份新增三款自动挡车型，为消费者提供了更多选择，目前连续数月销量已经突破 3000 辆，后续成长空间广阔。

三、2010 年展望

2010 年的总体经济形势将好于 2009 年，政府将继续实行积极的财政政策和宽松的货币政策，因此对汽车市场的总体判断还是相对乐观的。在中国车市欣欣向荣的大发展背景下，上海大众坚持依托产品的精准营销的思路，坚持德系精良品质，不断推进主动营销模式，不断推出新产品，同时，也不断对成熟产品品牌根据市场实际需求变化调整产品定位。我们相信 2010 年的市场空间会更大。2010 年全年上海大众将推出包括途观在内，覆盖 SUV、A0 级、A 级的三款新车型，产品线将进一步丰富，产品结构也将进一步优化。丰富的后继产品将保证上海大众的长期持续发展。同时包括 TSI 发动机技术在内的先进技术已经大量应用，进一步提高了产品的竞争力。上海大众已迈入新一轮快速成长的轨道，双品牌的优势也已进一步加强，我们对未来充满信心。

（作者：吕小磊）

北京现代产品市场调查报告

到 2009 年 10 月 18 日北京现代成立已有 7 年，推出了索纳塔、伊兰特、途胜、御翔、雅绅特、悦动、领翔、名驭、i30 九款产品，总销量突破 150 万辆。伊兰特依然是销量贡献最大的车型，累计销售 845027 辆（见图 1）；而悦动表现突出，上市仅两年，月均销量已达两万辆。

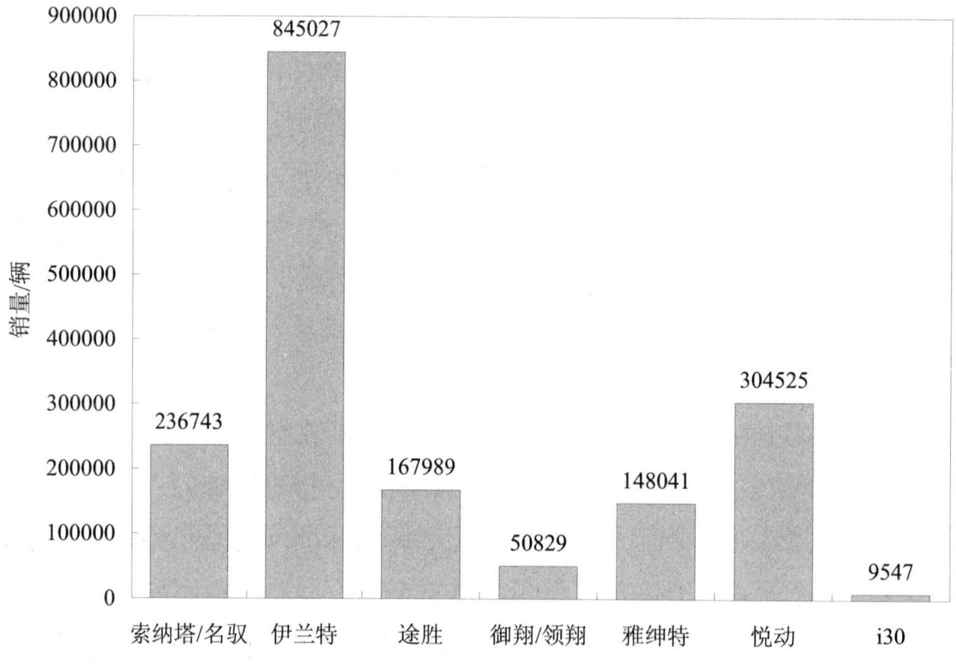

图1 北京现代各车型2002年～2009年11月份累计销量

2009 年是北京现代销量突飞猛进的一年，2009 年 1～11 月份累计销售 516168 辆（见图 2），同比增长 93.8%。在国内乘用车销售排名中列居第四位，比 2008 年上升了三位。

2009 年良好的销售业绩与稳定的经济大环境和国家汽车救市政策分不开，更与北京现代营销工作取得的成效分不开。从 2008 年开始营销改革，成立区域事业部，营销决策前移，到 2009 年重视开发二、三级市场，逐步实施差异化管理，北京现代无论从产品运作、市场管理还是到危机应对、问题处理的能力都得到了提升。

到 2009 年年底北京现代网络增建 82 家，其中 4S 店 24 家，卫星店 58 家，网络数量累计达 500 家，4S 店累计 350 家，卫星店 150 家。

2009 年北京现代在质量和售后服务满意度方面有所改进，据 J.D.Power 2009 年发布的中国 CSI 和 IQS 调研报告结果显示，北京现代 CSI 得分 824 分，比 2008 年提升了 4 分，IQS 得分 156 分，比 2008 年提升了 34 分。

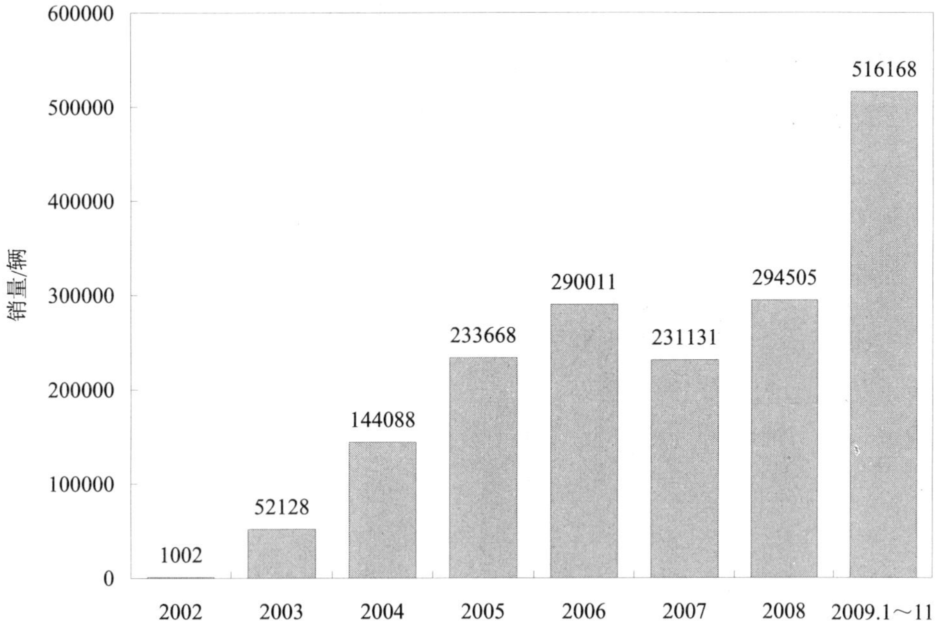

图2　北京现代2002年～2009年11月份各年销量

一、2009 年各车型的市场表现

1. 名驭

名驭是北京现代技术中心开发的第一款自主改进车型，作为索纳塔的垂直换代产品，于 2009 年 8 月份面市。为满足中国市场的需求及消费者的喜好，名驭在索纳塔的基础上对外观和内饰做了 17 项改进，提升了外观美观度和乘坐舒适度，主推商务用车市场。名驭各车型价格表见表1。

表1 名驭各车型价格表

车型	1.8 L 手动 舒适版	1.8 L 手动 豪华版	1.8 L 自动 舒适版	1.8 L 自动 尊贵版	2.0 L 手动 舒适版	2.0 L 手动 豪华版	2.0 L 自动 舒适版	2.0 L 自动 尊贵版	2.0 L 自动 导航版
价格/元	114800	119800	125800	132800	116800	121800	127800	134800	139800

2. 伊兰特

伊兰特自上市以来，凭借其良好的口碑和高性价比，成为中国最畅销的中级轿车之一，年销量超过10万辆，至2009年累计销量突破80万辆。由于2007年改款后再未有变动，车型老化，同级别产品竞争激烈，加之换代车型悦动逐渐向下渗透，市场占有率呈现不断下降的趋势（见图3）。

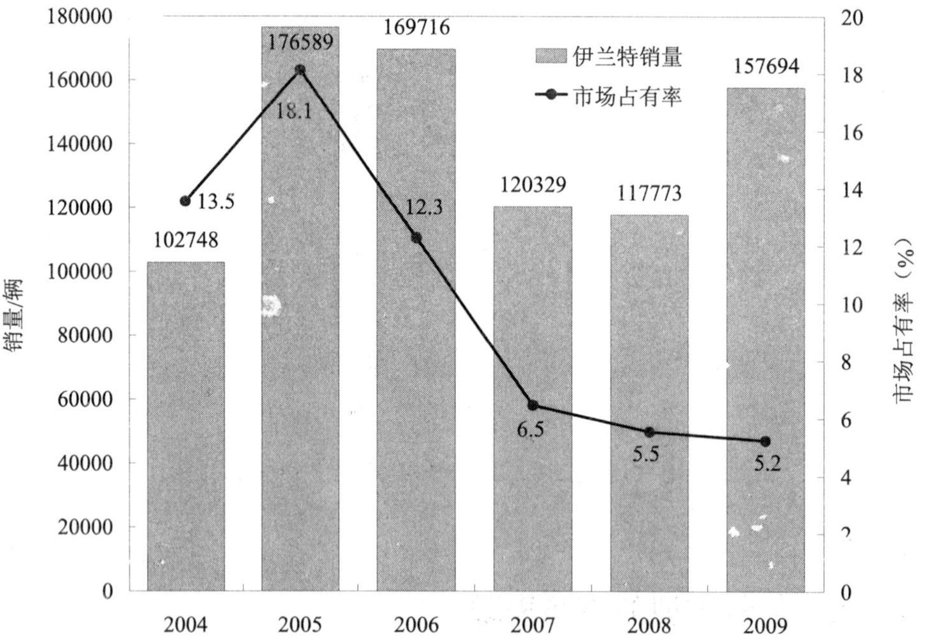

图3 伊兰特2004～2009年销量及市场占有率

3. 途胜

途胜自2005年6月份上市至今，一直保持了稳定而良好的销售形势。但中级 SUV 市场不断有新 CRV、狮跑、逍客、RAV4 等新品的加入，途胜的市场占有率不断被蚕食（见图 4）。为了保持在该级别市场的优势地位，北京现代将于 2010 年推出 ix35，采用伊兰特和悦动的产品运作模式，利用产品组合提升竞争优势。

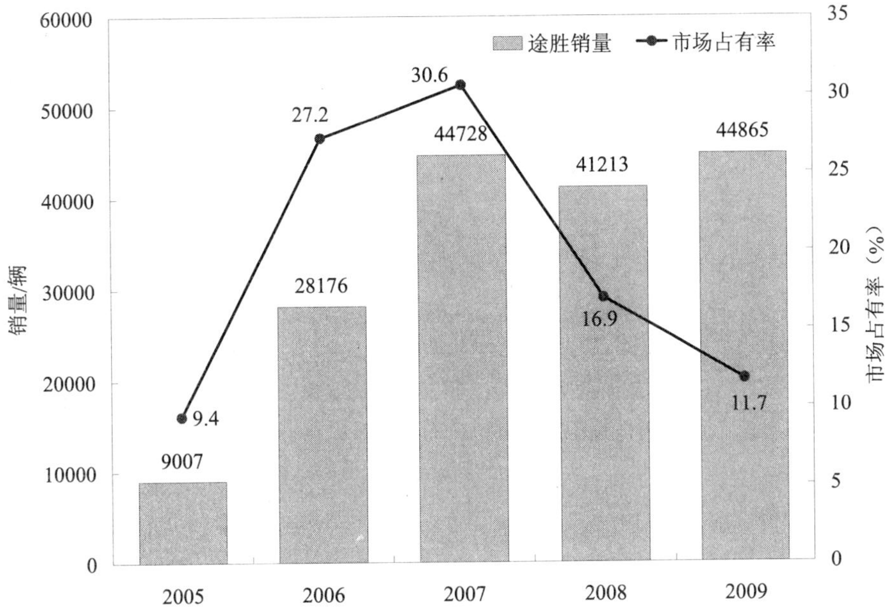

图4 途胜2005～2009年销量及市场占有率

4. 领翔

领翔于 2008 年 12 月份上市，是索纳塔御翔的换代产品，是北京现代现今最高端的轿车车型。索纳塔御翔自 2005 年引入中国市场以来，销量一直不理想，这主要源于现代品牌在高端车型上的弱势地位和同级别强大的竞品集群，因此索纳塔御翔处于比较尴尬的位置。领翔上市以后，这种境地也没有得到多大改观（见图 5）。但随着北京现代品牌力在中国市场的不断提升，领翔的地位将得到改善。

5. 雅绅特

雅绅特是北京现代现有产品体系中最低端的车型。上市前期，由于过高的采购成本导致定价高以及产品运作不成功等因素的影响，销量起伏不定。近年，规模效应带来的成本下降使得雅绅特终端价格走低，同时，受到 1.6L 以下排量车型购置税减半政策的影响，销量提升明显（见图6）。

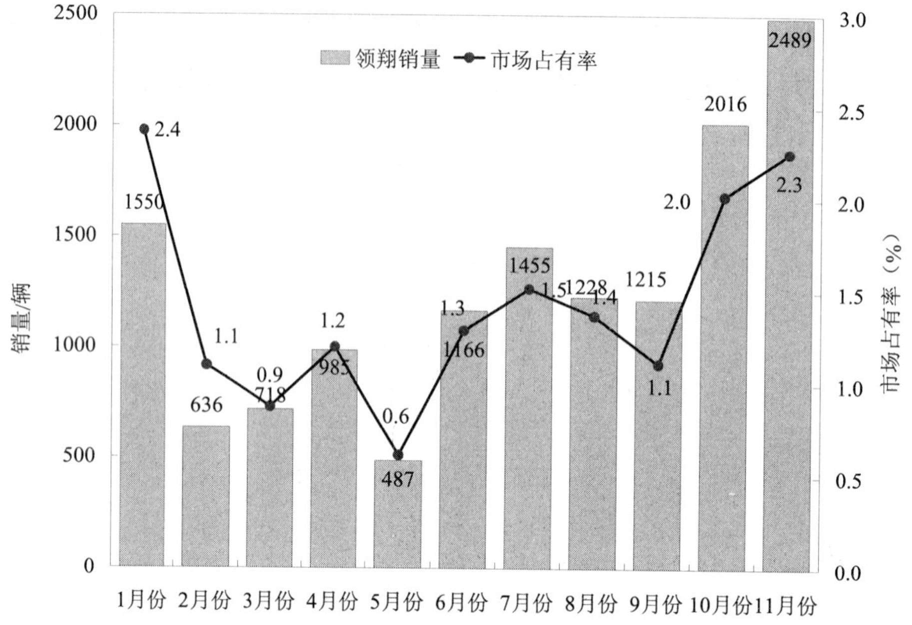

图5 领翔2009年各月销量及市场占有率

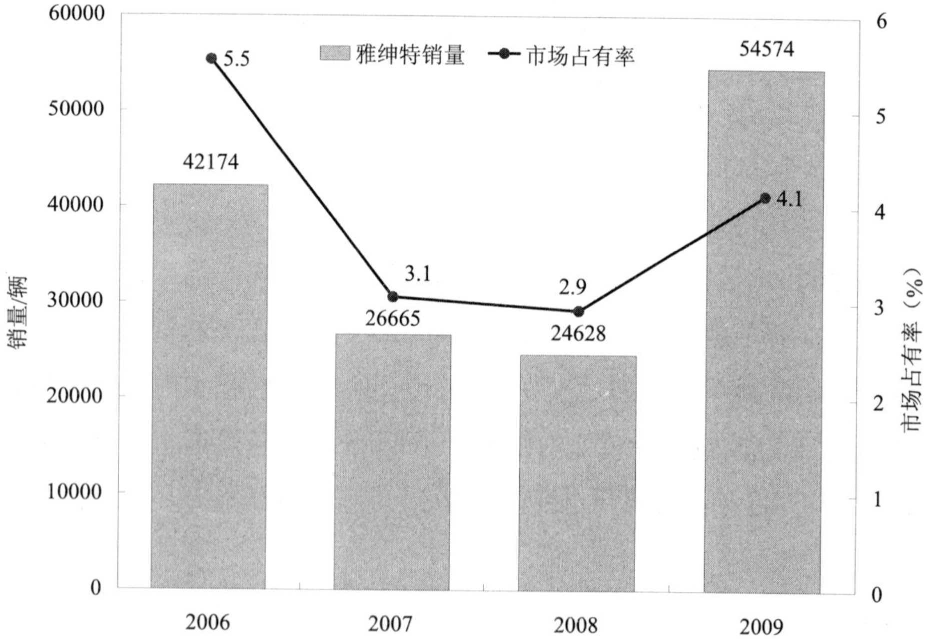

图6 雅绅特2006～2009年销量及市场占有率

6. 悦动

悦动 2008 年 4 月份上市，以其时尚的外形和合理的定价，创造上市当月销量过万的纪录。作为伊兰特的平行换代车型，与伊兰特并行销售，同伊兰特一样获得了中国市场的肯定。至2009年，悦动单月销量能达到两万辆以上（见图7）。由悦动销量区域图集中度可以看出，悦动销量各地区分布相对比较均衡，浙江、北京、江苏销量最大（见图8）。

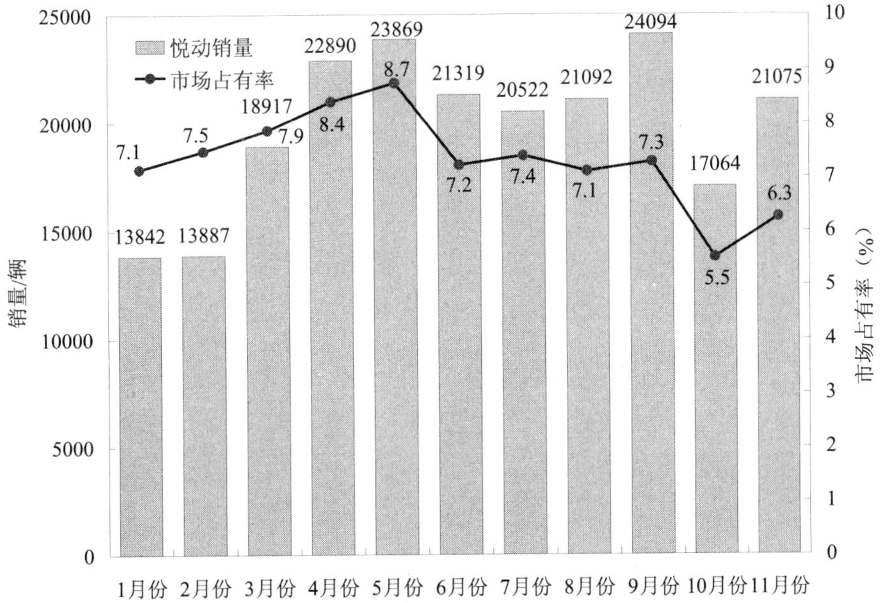

图7 悦动2009年各月销量及市场占有率

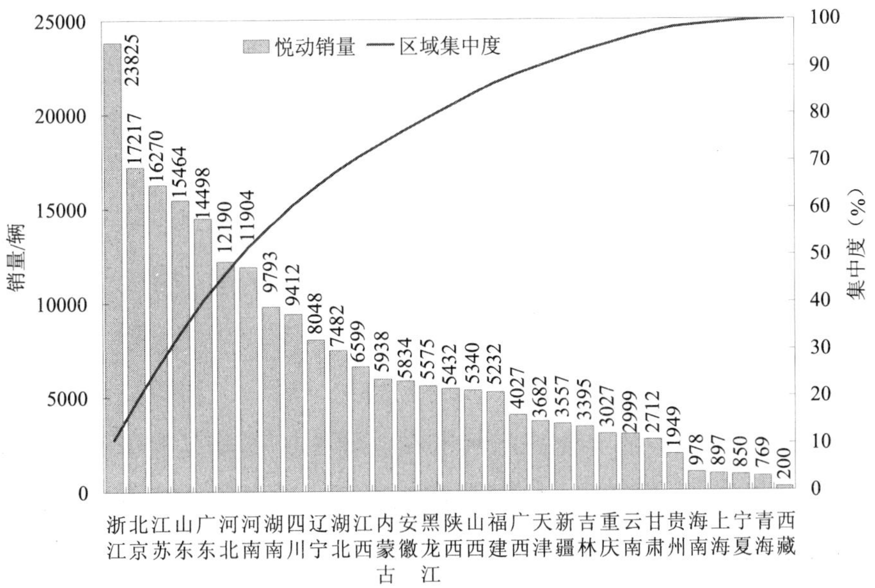

图8 悦动2009年1～11月分省流向

7. i30

i30 于 2009 年 9 月 9 日上市，是北京现代最新推出的一款两厢车。i30 搭载现代全新设计的γ发动机，动力性能全面提升，超越同级车的 2.65m 轴距，可媲美三厢车的空间，纯欧式风格外观设计，极具个性，全新折叠式遥控钥匙，带冷藏功能的储物箱，配置丰富人性化。市场调查结果显示，i30 是一款以实用为主、强调品质的车型，属于慢热车型。因此上市初期销量并没有达到预期。2009 年 8～11 月份累计销售 9547 辆（见图 9）。

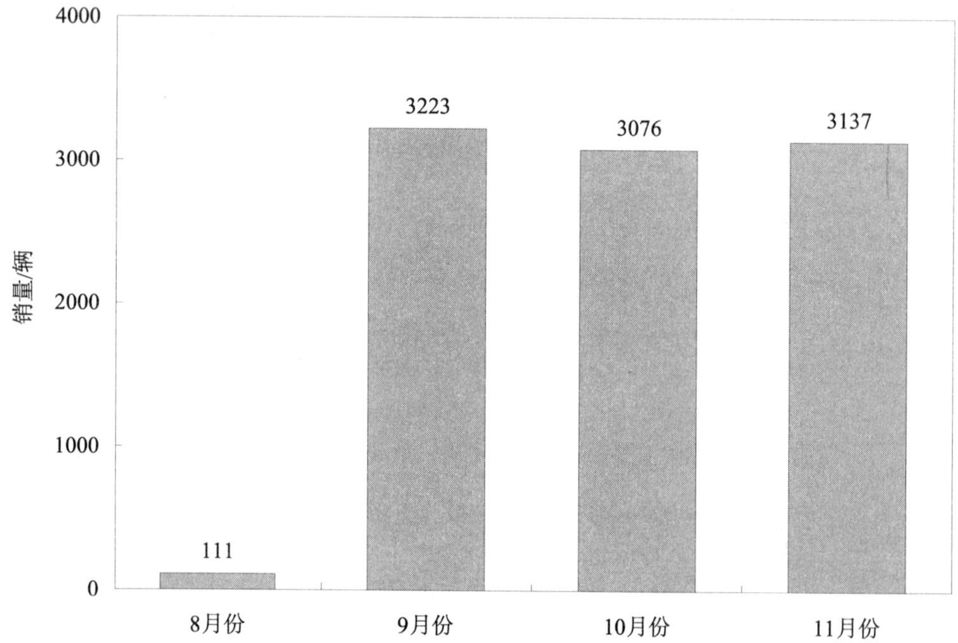

图9 I30 2009年8～11月份销量

二、北京现代产品的用户特征

从各车型用户构成来看，均以个人用户为主，名驭、领翔公商务用户比例较高（见图 10）；从各车型客户性别比例来看，除 i30 以外其他车型男性客户比例远远超过女性，而 i30 男女客户比例基本相当（见图 11）；从各车型客户年龄比例来看，各车型客户年龄在 30～40 岁比例最高，以中青年客户为主（见图 12）。

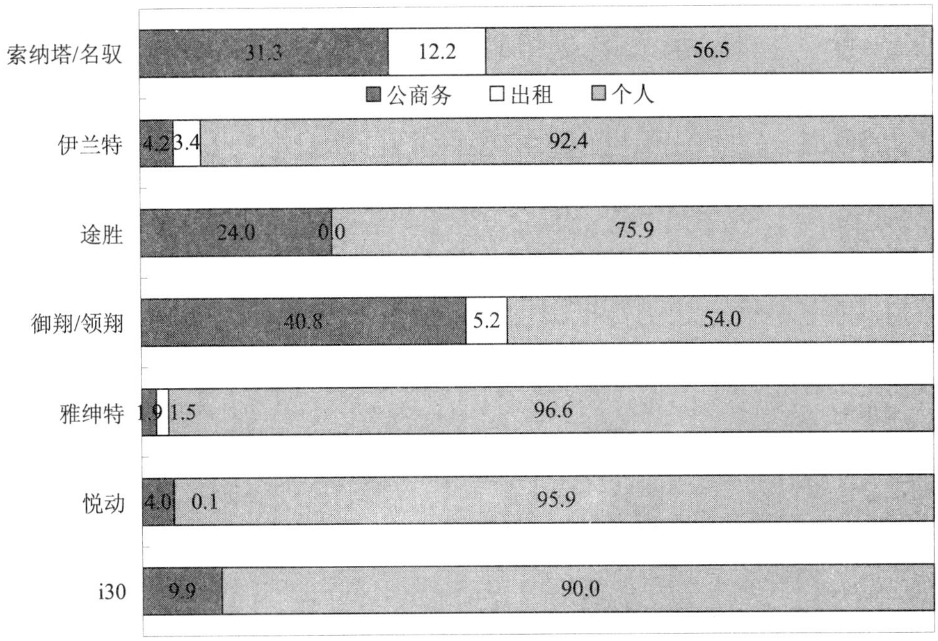

图10 北京现代各车型用户构成

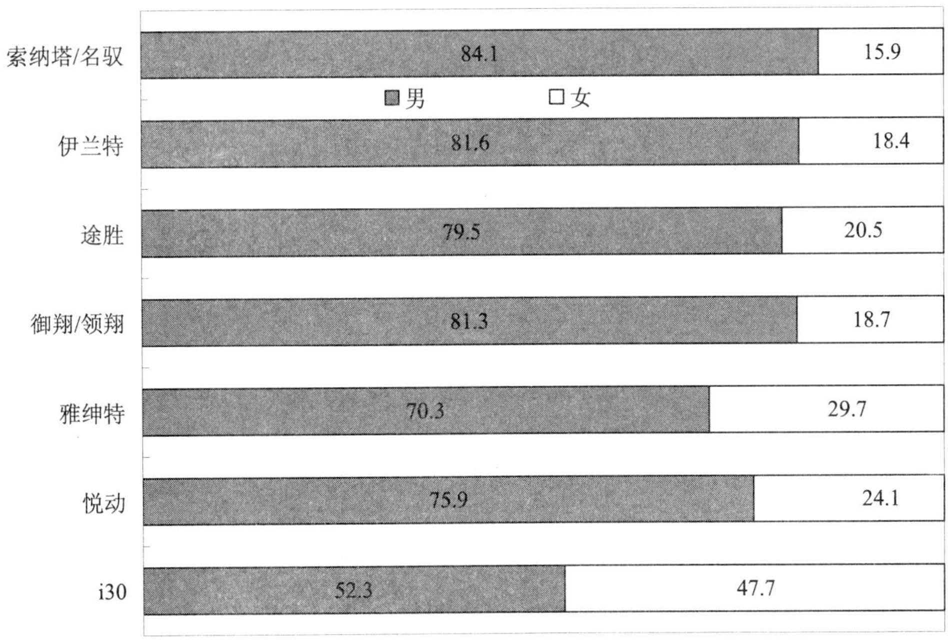

图11 北京现代各车型客户性别比例

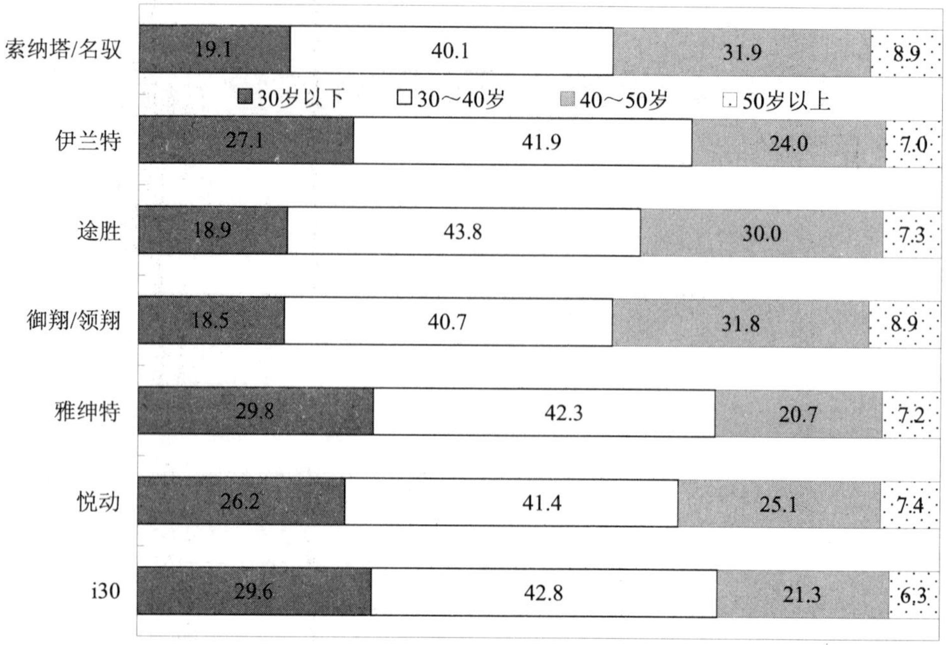

图12 北京现代各车型客户年龄构成

（作者：郑愫）

2009 年神龙汽车市场调查报告

2009 年的乘用车市场在经济和政策的双重助推作用下，潜在消费群体的购车意愿和消费信心得到有效激发，使市场蓄积起来的购买力突然爆发，市场跃升到了一个新的增长平台。随着养路费的取消，保有费用降低，在从众、攀比心理的驱使下，汽车不再是一个遥不可及的奢侈品，购车逐渐成为周围经常发生的事情。神龙公司借助市场之东风，趁势发展，产销量再次突破历史新高，市场份额和市场地位得到进一步的巩固，经营业绩实现了一次质的飞跃（见图 1）。

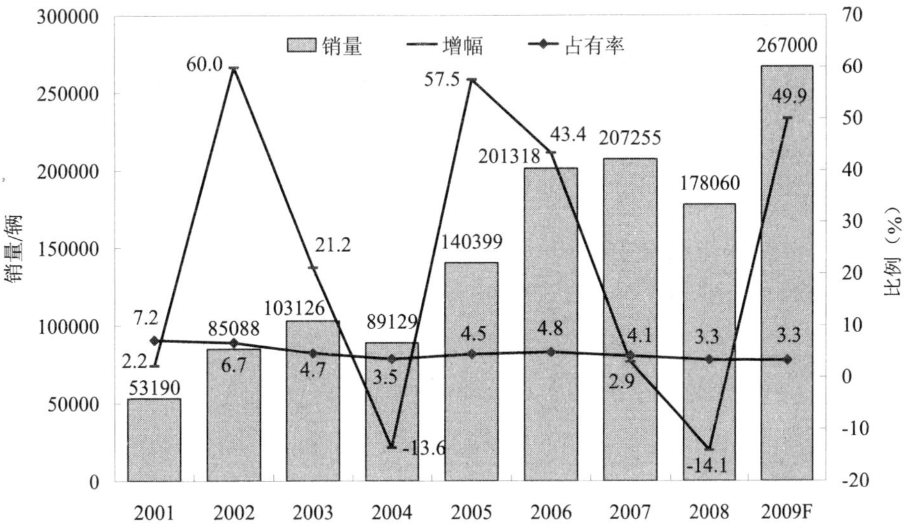

图1　神龙汽车历年销量及增长率变化

与 2009 年乘用车总体市场的月度走势一样，神龙公司的销量呈逐月递增的态势（见图 2），尤其是东风雪铁龙品牌在三厢世嘉的带领下，销量提升非常迅速（见表 1）。

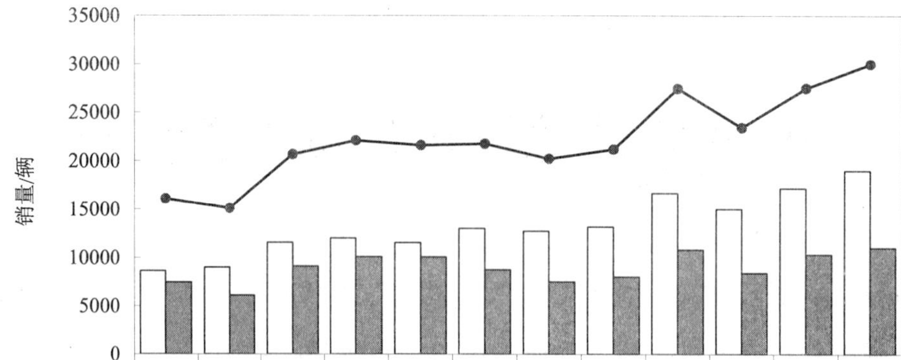

	1月份	2月份	3月份	4月份	5月份	6月份	7月份	8月份	9月份	10月份	11月份	12月份
东风雪铁龙	8640	9004	11558	12000	11528	13010	12720	13169	16668	15020	17183	19000
东风标致	7453	6101	9108	10086	10083	8753	7502	8020	10805	8419	10326	11000
神龙合计	16093	15105	20666	22086	21611	21763	20222	21189	27473	23439	27509	30000

图2 2009年神龙汽车分品牌月度销量

表1 神龙汽车2009年1～11月份各品牌及车型销量表

车型		2008年1～11月份销量/辆	2009年1～11月份销量/辆	同比增速（%）
东风雪铁龙	C2	7498	5300	-29.3
	爱丽舍两厢	—	3433	—
	爱丽舍三厢	50686	64171	26.6
	毕加索	3233	2328	-28.0
	富康	12877	85	-99.3
	凯旋	13323	3637	-72.7
	世嘉两厢	6491	23548	262.8
	世嘉三厢	—	37998	—
	小计	94108	140500	49.3
东风标致	206	13391	3482	-74.0
	207两厢	—	13491	—
	207三厢	829	19326	2231.2
	307两厢	17339	19114	10.2
	307三厢	40517	41243	1.8
	小计	72076	96656	34.1
神龙合计		166184	237156	42.7

1. 精益管理

2009年是神龙公司的“精益管理年”。精益管理的核心就是以最恰当的投入或资源获取最大的经济效益，追求所有的业务必须给用户带来价值。这就要求我们不断消除运营系统中的三大损失来源：浪费、波动和僵化，在工作中贯彻精益管理，必须做到任何不增值的活动必须停止，任何不利于满足用户需求的做法必须停止，任何用户不愿意付款的做法必须停止等。公司由总经理亲自挂帅成立指导委员会，并成立精益管理推进小组，全面负责公司各领域精益管理工作。公司的目标是要真正地形成精益管理文化，形成精益管理的原则、工作标准和方法，通过贯彻精益管理，进一步提高各领域的管理水平和运作效率。

2. 营销研讨

越是在有利的市场环境下，越要注重营销管理。公司除了在营销领域开展精益管理外，也在公司范围内定期开展营销研讨大会，在基础管理、营销管理、网络备件管理、多品牌营销、客户关系等方面形成神龙特色的基本原则和主张，用于指导公司的营销决策和营销活动。

3. 新品投放

顺应市场的需求，神龙公司坚持每年投放 3 款左右的新车型。继 2008 年投放了标致 307 两厢、207 三厢、新爱丽舍以及两厢世嘉等 4 款新车后，2009 年，神龙公司又投放了 207 两厢、世嘉三厢以及雪铁龙 C53 款新车（见图 3），显示出强劲的发展势头。

标致 207 两厢

东风雪铁龙世嘉三厢

东风雪铁龙 C5

图 3　2009 年神龙汽车投放的三款新车型

（1）标致207两厢　2009年3月18日，继东风标致207三厢车的问世，其同系列车型东风标致207两厢炫动上市。东风标致207两厢延续了三厢车充沛的动力、精准的操控、丰富的安全和实用的配置，在造型设计上更显时尚炫酷，重树紧凑车型市场时尚“精”品的风向标。东风标致207两厢共分为1.4L和1.6L两种排量，其中，1.4L排量起步价为71800元；1.6L排量起步价为80800元。

207“三厢+两厢”的布局正迎合了时下迅速崛起的年轻消费群体的购车需求，与同级别车型相比，在兼顾经济型的同时更突出了时尚品味、精致品质的价值内涵。

（2）东风雪铁龙世嘉三厢　与“最漂亮的两厢车”世嘉一脉相承，世嘉三厢充分吸收了C4家族车型的设计精髓，采用雪铁龙最新设计元素并结合了中国消费者喜好的含蓄审美观，流畅、和谐的造型不仅透着时尚动感，还隐含着丝丝优雅和沉稳。世嘉三厢的前脸充满表现力，锐利动感的雾化前照灯仿佛深邃的双眼透着神秘，而其“飞去来器”的造型更与两侧车身相呼应，充满活力的魅惑；直线与曲线恰到好处的相遇让整个尾部造型动感十足，搭配具有艺术感的组合式尾灯，则更添韵味。

世嘉三厢完美传承了C4家族在技术和性能方面的科技精髓。全球首创的中央集控式转向盘不仅带来“一切尽在掌握”的尊贵感受，其内置的安全气囊更提供非常精准的安全保障。辅之以感光式自适应组合仪表，全面保证了驾驶者“眼不离路、手不离盘”的驾驶安全。世嘉三厢也标配了同级别车型少见的定速巡航和限速器。科技的力量也使世嘉三厢更加人性化：随车速变化自动调节的刮水器可以始终提供清晰的视窗环境；电子油箱盖车内开启功能则大大方便了车主。C4 WRC闪耀赛场的运动基因也赋予世嘉三厢在各种路面把握先机的潜力。配备的1.6L高效节能发动机和具有VVT可变气门正时技术的2.0L 16V发动机，动力表现傲视群雄；保时捷Tiptronic技术手自一体变速器由于使用了“城市舒适性”软件和全新的NDTH液力传动系统，驾驶感更加平顺。同时，此变速器还具备多种操控模式和智能记忆功能，使驾驭更具便捷性和乐趣。

安全性能方面，无论是周全的主动和被动安全装备还是C4 WRC出众的沉稳表现，都使世嘉三厢拥有值得信赖的冠军品质和尽享无忧的安全舒适。BOSCH 8.1版本的ABS、AFU以及ESP电子稳定系统（选装），使世嘉三厢能够主动规避行驶过程中可能发生的意外；高强度整体式车身结构、前排 4 安全气囊及前排双侧安全气帘（3 级车配备），则为世嘉三厢提供了全方位的被动安全保护。此外，独特的车身设计和塑钢吸能翼子板还能够对行人形成有效的防护。

世嘉三厢自 2009 年 6 月份面世以来，每月的市场需求量都在 8000 辆以上，对公司的产能提出了严峻的考验。

（3）东风雪铁龙 C5　雪铁龙 C5 是神龙公司武汉二厂这一全球样板工厂的首款车型，也是公司进军中高端市场的一款重要车型，肩负着提升品牌形象、提高销量、给公司创造利润的重要使命。C5 完美地呈现了独具特色的三大优势。

第一，大气、优雅、动感的造型设计。每个人都知道，自然界最美的比例就是黄金分割，优雅、大气实现了舒适型与操作性的完美结合，而这也是高级轿车未来的设计趋势。贯穿车身的高腰线大气磅礴，是 C5 这尊雕塑的灵魂。鹰眼式前照灯，4 向随动转向大灯，使车头更加饱满有力。C5 的尾部造型双翼型后尾灯与前照灯遥相呼应。独特的上凸下凹更加有效降低风阻，彰显科技又体现个性魅力。C5 4805mm 的总长、1860mm 的宽度、2815mm 的超大轴距，通过合理的布置和利用使每位成员都拥有足够的空间，享受舒适的驾驶乐趣。C5 独有的 5IS 多维超静音系统，雪铁龙全球独创的中央固定集控式转向盘，操控更加便捷、安全，凸显了雪铁龙更加人性化的设计。航空式数字仪表源自航空仪表设计，创造了引领潮流的科技感。同时还有全自动双区恒温空调系统。C5GPS 智能导航系统功能强大，界面清晰，操作便捷。

第二，卓越领先的驾乘性能，让驾乘者既能随心而动，又能感受舒适感觉。装备了欧洲底盘和铝合金高性能发动机。雪铁龙 C5 的底盘源自于 WRC 赛车级专业底盘调校大师。独有的 FML 减振韧性多连杆后悬架系统，比普通的其他悬架多缓解 30%来自苛刻路面的振动，极大地提高了舒适性、稳定性以及操作的精确性。东风雪铁龙 C5 搭载了强劲的 2.3L VTCS 发动机，能够输出 126kW 的澎湃动力，而 90km/h 的等速油耗只有 6L。

第三，世界级 3+X 安全保障系统。“3”是指三大领先的安全科技：第一，AIW 航空激光焊接技术；第二，全面超越同级车型的 8.5 安全气囊；第三，是全系列配备的博世最新 8.1 版本 ESP 电子稳定系统，而这项系统也将成为高级轿车的标准配备。另外当中的“X”是指除了三大领先技术的一整套安全装备。

如果用六大安全科技来概括 C5 最具优势的亮点，它们就是：黄金比例外形，欧洲底盘搭配 2.3 或 3.0 高性能发动机以及六速手自一体的钻石组合，超静音系统、8.5 安全气囊、全系列 ESP 标准，以及 ALW 航空激光焊接技术。

东风雪铁龙 C5 在国外一经推出就得到了无数的大奖，它们包括：荷兰 2008 年年度车型；2008 年 10 月份爱尔兰年度汽车；2008 年 11 月份日本年度最佳进口车型；2008 年 12 月份西班牙年度汽车；2009 年 1 月份德国最佳进口车型；2 月份克罗地亚最佳设计全球奖；奥地利年度车型；2009 年 4 月份在美国与捷豹一起获得 2009 年度世界汽车设计大奖。

4. 用户构成

面对日益饱和的出租车市场，神龙公司每年在该细分市场的需求中所占比例稳定在 8%左右，同时力求在个人和非营运市场寻求增量（见图 4）。

从产品细分来看，神龙公司仍然将用户比较熟悉和喜爱的爱丽舍作为出租车市场的主打车型，这款车型经济省油、成熟可靠，受到市场的一致认可。

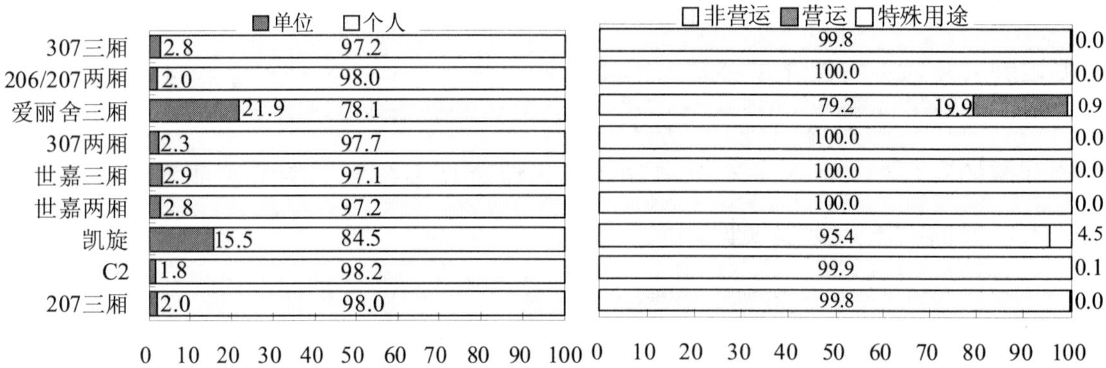

图4　2009年1～10月份神龙汽车分车型用户构成图

5. 区域流向

针对当前一线城市市场容量日趋饱和、增速不断下滑的局面，神龙公司加大了二、三级城市的市场拓展力度，并根据各类产品的不同特点，结合不同的市场需求特点和用户偏好特征，有重点、有针对性地实施差异化营销策略，取得了一定的效果，低级别城市的销量比重呈逐年提升的态势（见图 5）。

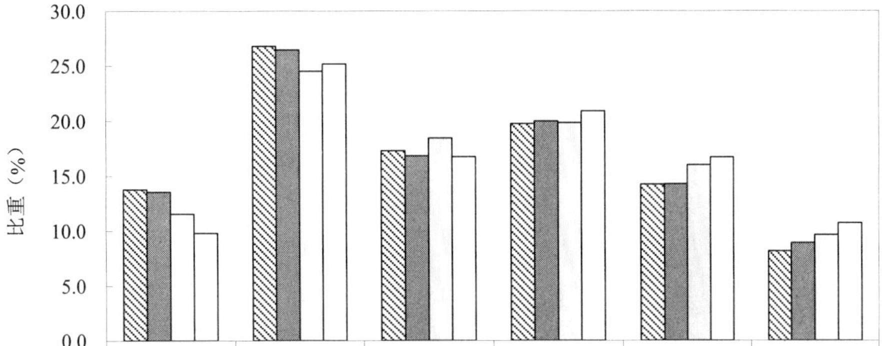

	1级	2级	3级	4级	5级	6级
2006	13.8	26.8	17.3	19.7	14.2	8.1
2007	13.5	26.5	16.8	20.0	14.3	8.9
2008	11.5	24.5	18.5	19.8	16.0	9.6
2009.1～10	9.8	25.2	16.7	20.9	16.7	10.7

图5　2006年～2009年1～10月份神龙汽车分城市级别销量比重

6. 用户评价

神龙公司本着“成为最让人信赖的轿车企业”的既定愿景，追求品质口碑领先，追求科学稳健发展，追求人车社会和谐。沿着这些目标和梦想开展经营和管理活动，在取得了骄人业绩的同时，也得到了媒体和社会的认同。

2009 年 10 月 15 日，在北京召开的“环境标志与绿色经济发展论坛暨中国环境标志 15 周年纪念活动”大会上，神龙公司获得中国环境标志突出贡献奖，成为汽车行业内惟一获得此项荣誉的企业。

2009 年 9 月 19 日，由新华社携旗下《新华每日电讯》、《经济参考报》、《半月谈》、《中国名牌》、《参考消息·北京参考》、新华网等主流媒体联合主办的第二届“企业社会责任与构建和谐社会”论坛在京举行。神龙公司及中石化、中国移动等 9 家企业荣膺“2009 中国企业社会责任建设杰出企业”称号，成为履行企业社会责任的典范。

2009 年 8 月份下旬，神龙公司被中国质量协会授予“2009 年全国实施卓越绩效模式先进企业”。

（作者：李锦泉）

夏利产品市场调查分析报告

在夏利的历史的辉煌光环下，随着轿车新品的快速推进和技术提升，近两年夏利的增长压力进一步体现。2009 年的夏利在新老交替中处于暂时的困难时期，在成本竞争和技术创新方面夏利从未停止努力，2009 年 11 月份上市的夏利 N5 将开拓夏利的持续辉煌历程。经过 23 年的品牌积淀与积累，天津一汽秉承“造小车精品、做小车大师、建和谐企业”的发展愿景，针对国内经济型轿车市场特性全新开发的夏利 N5，采取“低成本扩张、在低端车市场赢得主动”的发展战略，为天津一汽的自立自强注入了全新动力。

一、夏利的市场表现

1. 夏利的市场地位

从 2001～2007 年夏利始终保持轿车年度销量前四名的位置，2008 年夏利跌至第 8 名，2009 年的夏利面临较严峻的压力，名列 2009 年轿车销量排名的第 10 位（见图 1）。2009 年夏利走势增长压力加大，其调整过程也体现出小排量的新特征。

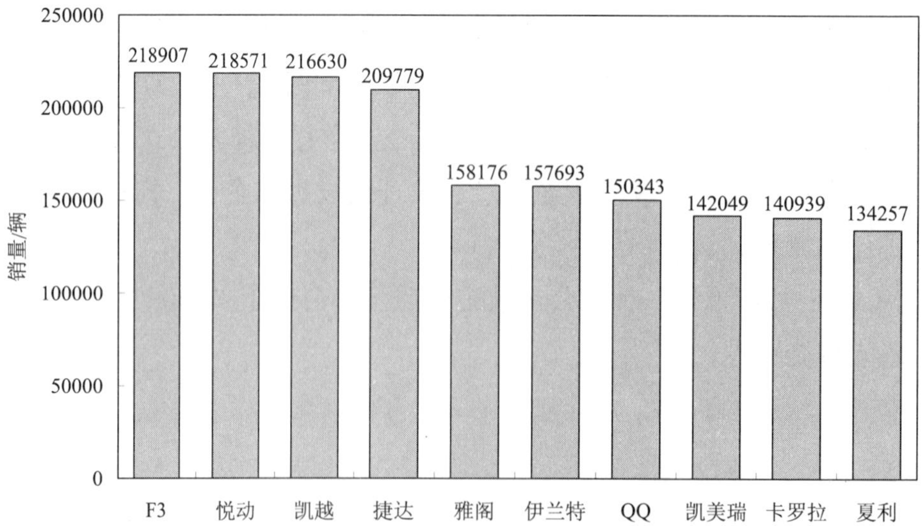

图1 2009年1～11月份轿车销量前10位品牌排名

2. 夏利的月度走势

从 2009 年夏利月度走势看，总体呈现先低后高的走势，夏利 N5 的上市拉动了夏利销量的进一步提升，除了 1 月份、7 月份和 8 月份外，其他月份的销量都在 1 万辆以上（见图 2）。2009 年月平均销量明显高于 2007 年和 2008 年。

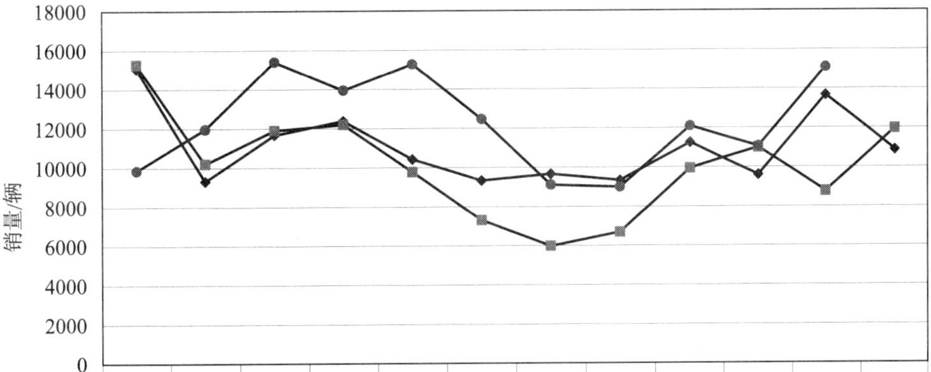

	1月份	2月份	3月份	4月份	5月份	6月份	7月份	8月份	9月份	10月份	11月份	12月份
2007	15061	9313	11666	12381	10422	9333	9662	9329	11253	9603	13656	10865
2008	15275	10199	11902	12199	9782	7301	5972	6678	9942	10997	8770	11954
2009	9854	11968	15405	13946	15282	12468	9106	8989	12090	11059	15090	

图2 2007～2009年夏利产品月度销量走势

二、夏利网络快速调整

为进一步促进夏利销量提升，天津一汽对市场进行了详细的调研与科学分析，根据总结发现的潜在消费者规律与购买习惯，转变分销模式，将行业内普遍推广的大型 4S 店模式逐步转变成以 4S 为主店、销售服务便利店为依托的单元体经销商为主体的分销模式，构造一个运营低成本、具有规模效益、更贴近目标市场的网络体系。尤其是销售服务便利店的建设，不仅投入更少，而且产品更加贴近消费者，更容易达成销售。所以经销商对于建设便利店积极性颇高，截止目前，已有 116 家一级经销商申报了 355 家销售服务便利店。在有限的资金支持下下沉销售，天津一汽的独特终端布局已经初显成效。截止 2009 年 11 月底，天津一汽销售服务便利店的销量占总销量的 20%，并呈现逐月递增态势。

天津一汽苦下“内功”，旨在提升终端整体实力。天津一汽从满意度、培训、日常监督和考核等多个角度致力于星级服务网络整体服务水平的提升，同时注重星级服务商的开发和培养，力求以星级服务网络服务水平的提升来实现天津一汽整体服务水平的提升。与此同时，天津一汽也在备件上狠下功夫，扩大备件供应品种。从2009年1月份开始天津一汽逐步增加了油漆及辅料、汽车精品、养护品等近150种新品，与立邦油漆联合开展了3期油漆专项技术培训班，与市场部联合开展了商品车精品装饰活动，并将精品直接供应到每个服务站，满足消费者更多样的选择。同时开展各种丰富多彩的备件促销活动，带给消费者实实在在看得见的利益。

对于经销商队伍的建设，天津一汽始终秉承"One team（一个团队）One dream（一个梦想）One family（一个家庭）"的合作理念，根据自身的产品结构和营销策略，引进第三方专业培训公司，打造了一套全方位的、操作性好的、针对性强的培训模块组合——全面普训、岗位认证、特训营、现场辅导，通过全方位的培训提升其经营管理能力，从而使市场终端成为消费者喜欢来、乐意买的市场突破点，增强了企业的盈利能力。

三、夏利新品推进

1. 新品设计的提升

2009年11月19日，作为天津一汽第200万辆里程碑的夏利N5，在杨柳青天津一汽动力总成生产基地隆重上市。夏利N5长4155 mm，宽1645mm，高1435mm，轴矩2405mm，比例均衡。

夏利N5融合国际领先制造技术，拥有五大创新，即全新欧式风格的造型、全新领先超越的动力、全新人性关怀的内饰、全新精准操控的底盘、全新高标安全的车体，专注打造属于中国人自己的国民车。

在外形上，夏利N5简洁凝练的欧式风格、融入传统大气的中国元素，晶钻一体式前照灯的"丹凤眼"设计画龙点睛；在动力上，搭载同级别车综合性能最佳的CA4GA1发动机，VCT-i智能连续可变凸轮正时技术的应用大大提升了燃油经济性，兼具环保；在内饰上，夏利N5参照中高档车内饰布局设计，采用环保材料，更显精致；在空间上，2405mm的长轴距、1435mm的车高及780mm的前后排座椅间隔，高达450L行李箱容积配合4/6可折叠座椅，组合出超乎想象的大空间；在配置上，同级别车型首次采用的收音机+SD卡播放器音响主机，电动空调、四门中央控锁，更显人性化科技；在安全上，整车采用高强度钢板和40%以上的镀锌钢板，配备了国际先进的博世ABS-8.0版、ABS系统、大容积驾驶席电子式安全气囊，保障驾乘人员安全；除此之外，8 种颜色为不同消费者提供更多选择。

夏利 N5 的研发从立项到量产，“三年磨一剑”，每一个细微之处的调整都饱含着研发人员为把其打造成为 “经典国民车”的决心。共计 360 万 km 的平台开发认证；共计 200 万 km 高湿热、高干热、超低温、高原等最严酷的整车耐久试验；35 万次近 10 轮的台架试验。

2. 全新领先超越的动力

夏利 N5 采用了全自主研制的综合性能最佳均衡的 CA4GA1 发动机，它来自杨柳青天津一汽动力总成生产基地，拥有全国最新最先进的数控发动机生产线。CA4GA1 对标丰田发动机的生产管控，全自主研制，科技更先进，动力更强劲，环保更节能，为国内自主品牌发动机的技术新标杆。

CA4GA1 发动机额定功率达到 67kW/6000r/min，升功率大于 50kW，最大扭矩达到 120N• m/4400r/min。VCT-i（智能连续可变凸轮正时）属国际尖端科技，具有高功率、大扭矩、低油耗的特性。VCT-i 技术通过调整凸轮轴转角配气正时进行优化，提供低转速的超大扭矩，发动机转速在 1000～2000r/min 时，能提供约 100 Nm 的大扭矩，从而提高了发动机在宽泛转速内的动力性、燃油经济性，降低了尾气的排放，特别是在低转速下仍可提供较大扭矩，适合任何路况，在交通拥堵的城市路况表现更突出。

CA4GA1 采用发动机轻量化技术，缸盖及链条侧盖采用轻质镁铝合金，比同等级普通发动机轻约 20kg，在保证汽车的强度和安全性能的前提下，尽可能地降低了汽车的质量，从而提高了汽车的动力性，减少了燃料消耗，降低了排气污染。

8mm 曲轴偏置设计荣获世界专利，可使整机转速高、功率大，振动小、噪声低，无死点，使用寿命显著延长，减小了摩擦损失、降低了油耗。

四、夏利销售结构分析

2009 年，夏利的销售结构仍以 1L 三厢为主，2009 年 1～11 月份，1L 三厢夏利销售比例占到夏利总销量的 81%（见图 3）。而 1L 两厢车型虽然走势较弱，但与 2008 年同期相比，销售比例有所提高。1.3L 夏利产品总体表现较差。

由于夏利的发动机体系较复杂，提供给乘用车联合会的数据中夏利 7131 包含 1.3L 和 1.4L 两个排量段。而给中国汽车协会的数据，夏利 7131 包含夏利 1.1L、

1.3L、1.4L三个排量段，价格跨度大，产品特征分散，容易引起分析误导，因此这里的数据均按照乘用车联合会口径分析，这样能更准确地把握状态。

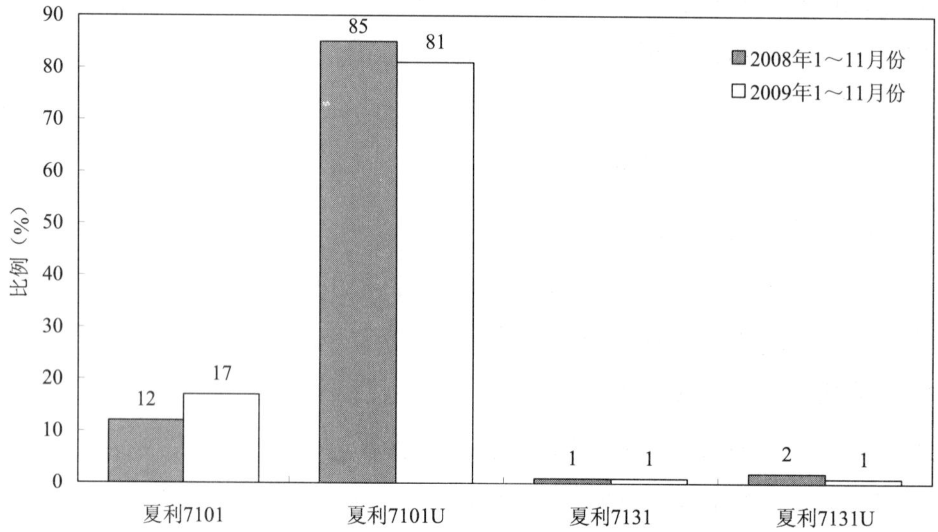

图3 2009年夏利销售结构对比分析

五、夏利用户流向结构

2004年以来，夏利完成了由出租车市场为主向家用车市场为主的战略转移。私人用户的比例逐年提高，2009年私人用户的比例已经达到95%，而出租车需求仅为4%，公商务车需求仅为1%（见图4）。

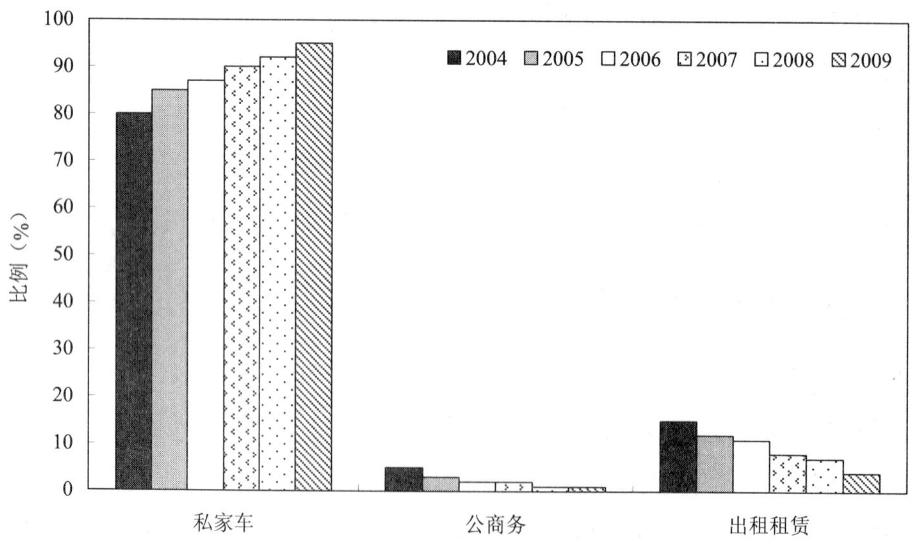

图4 夏利用户流向结构

六、夏利区域流向分析

夏利产品主力销售区域为华北区、东北区和华东区，占全部销售份额的80%。夏利2009年的市场压力主要是在各区域市场均出现下滑，尤其在经济发达区域有大幅的下滑。华北区域仍是夏利的主力重点，内部销量比重维持在52%左右。河北、内蒙两大省的表现较好，京津有所下降。而在经济不发达地区的夏利表现仍有突破，主要是这些地区的消费水平较低，主流消费能力仍未进入中档轿车消费层面，而这些地区的人需要轿车实现运营，故低端轿车的市场扩张（见表1）。

表1　夏利产品区域流向

（单位：辆）

地区	年份		夏利1.0L			夏利1.3L		
	2006年	2007年	2008年	2009年	2006年	2007年	2008年	2009年
安徽	1763	1313	1561	491	347	76	40	41
北京	12934	7393	10315	9529	4410	416	455	237
福建	550	460	513	326	401	81	45	35
甘肃	2435	3089	2803	5116	147	56	19	67
广东	2683	1788	2269	1050	1589	419	189	138
广西	372	221	301	169	296	91	36	37
贵州	1516	1590	1576	2512	321	79	38	46
海南	163	185	177	136	117	30	14	10
河北	11717	15608	13867	13319	2659	846	330	281
河南	1549	1412	1503	1173	709	109	77	100
黑龙江	6952	5923	6534	12162	443	113	52	174
湖北	298	301	304	158	59	66	12	18
湖南	1034	815	938	488	556	191	70	55
吉林	5110	5588	5429	10007	332	100	41	124
江苏	894	786	853	385	466	147	58	33
江西	396	499	454	270	163	127	27	13
辽宁	8221	6609	7526	9011	1231	357	150	139
内蒙	8730	8439	8713	11513	530	145	64	168
宁夏	1152	1827	1512	1824	42	54	9	30
青海	1254	1940	1621	2430	62	67	12	24
山东	15509	11416	13664	11997	4641	1479	577	451
山西	5613	3798	4776	2582	1331	190	143	69
陕西	1773	1759	1792	1950	338	80	39	54
上海	154	84	121	28	126	9	13	5

（续）

地区	年份		夏利 1.0L			夏利 1.3L		
	2006 年	2007 年	2008 年	2009 年	2006 年	2007 年	2008 年	2009 年
四川	1249	913	1097	1352	291	26	30	86
天津	23669	26838	25631	22507	10134	3523	1287	466
西藏	82	89	87	128	14	4	2	1
新疆	2259	2842	2589	2829	181	75	24	30
云南	5883	4997	5521	4526	498	329	78	124
浙江	719	475	606	186	410	21	41	24
重庆	127	1	65	55	19	4	2	11
其他	1565	3607	2625	1011	669	630	122	0
合计	128325	122605	127343	131220	33532	9940	4096	3091

七、夏利海外市场取得新进展

2009 年夏利出口同样遇到严重的环境危机。一汽墨西哥项目作为 2008 年中国汽车厂家中在北美的重大突破，随即很多厂家也进入墨西哥寻求北美的曲线突破，但 2008 年年底的墨西哥也同样遇到了严重的市场下滑。

2009 年天津一汽的出口无法维持 2008 年形成的高增长态势，月度的较均衡出口逐步被打破，2008 年的 11 月份和 2009 年的 2 月份出口甚至出现停滞（见表 2）。随着墨西哥进一步的贸易保护，天津一汽产品的出口量急剧萎缩。虽然我国政府出台较多的出口刺激政策，但墨西哥的促进市场回升的补贴政策把外国车隔离在外，导致汽车厂家很多的前期投入损失较大，目前看这种系统性的危机尚难以化解。

表 2　夏利出口量

（单位：辆）

月份 年份	1	2	3	4	5	6	7	8	9	10	11	12
2007 年出口量	5	0	0	0	586	0	1210	1520	799	14	3108	228
2008 年出口量	236	3006	30	22	424	0	108	334	466	722	0	535
2009 年出口量	592	0	6	11	21	920	51	45	80	20	42	0

（作者：崔东树）

2009年中华汽车市场调研报告

一、中华——高品质的自主品牌

“汇聚世界智慧，自主缔造精品”的中华轿车，从2002年的诞生到2009年，经历的8年时间里，已经形成了中华品牌下的3个系列产品，多款车型，从最初的中华尊驰到现在骏捷、中华骏捷Wagon、中华酷宝、中华骏捷FRV、中华骏捷FSV和中华骏捷Cross，涵盖了B级车、A级三厢车、轿跑车和A级两厢车市场。随着中华产品的不断增加，市场占有率的不断扩大，以及海外市场的进入，高品质的自主品牌——中华，在国内及国外市场上，已经从不为人知的品牌发展成家喻户晓的自主品牌的名牌产品，被国外消费者认可的中国自主品牌中质量最好的汽车。

二、华晨金杯中华系列产品市场表现

中华品牌车型上市是2002年的8月份，上市初期市场异常火暴，产品供不应求，然而这种销售旺势只维持了仅仅半年的时间，随着中华品牌车型问题的显现，负面报道的增加，市场销量一路下滑，2005年全年销量只有10000辆，华晨金杯公司以及其中华品牌的经销商生存艰难，处于亏损状况，经销商信心处于低谷。在极其恶劣的市场状况下，华晨金杯2006年推出了另一款中华品牌的产品——骏捷，一经上市，以其极高的性价比赢得了市场，赢得了用户，赢得了信心。随着骏捷的上市，中华品牌品质的不断提升，中华轿车的销量大幅度提升，2006年市场销量达到62997辆，增长率达到530%。中华轿车骏捷车型，预示着华晨未来在轿车市场中，特别是在自主国产品牌中，不可撼动的国产精品车的地位。其后，华晨金杯提升品牌形象的酷宝和两厢车FRV相继上市，使中华品牌的产品品种覆盖更宽，市场占有率不断增加。2009年7月份骏捷FSV的上市，又有不错的市场表现，华晨作为“国民精品车”越来越强（见表1）。

表1 中华品牌各车型市场销量

项目	2002年	2003年	2004年	2005年	2006年	2007年	2008年	2009年1～10月份
尊驰销量/辆	8816	25600	10982	10001	27190	32006	18741	9481
骏捷销量/辆	—	—	—	—	35807	82311	52301	21512
酷宝销量/辆	—	—	—	—	—	500	1292	561
FRV销量/辆	—	—	—	—	—	—	14957	51816
FSV销量/辆	—	—	—	—	—	—	—	9251
合计销量/辆	8816	25600	10982	10001	62997	114817	87291	92359
增长率（%）	—	190.4	-57.1	-8.9	529.9	82.3	-23.98	24.87

三、中华骏捷车型用户评价

1. 对骏捷品牌评价

调查结果显示，“大气”、“国产大品牌”和“漂亮时尚”等正面评价为用户对骏捷品牌的主要印象，同时也是中华品牌产品形象的定位。值得注意的是，“质量没保障”和“大众化”的印象也反映部分用户对骏捷品质感到的不足（见图1）。

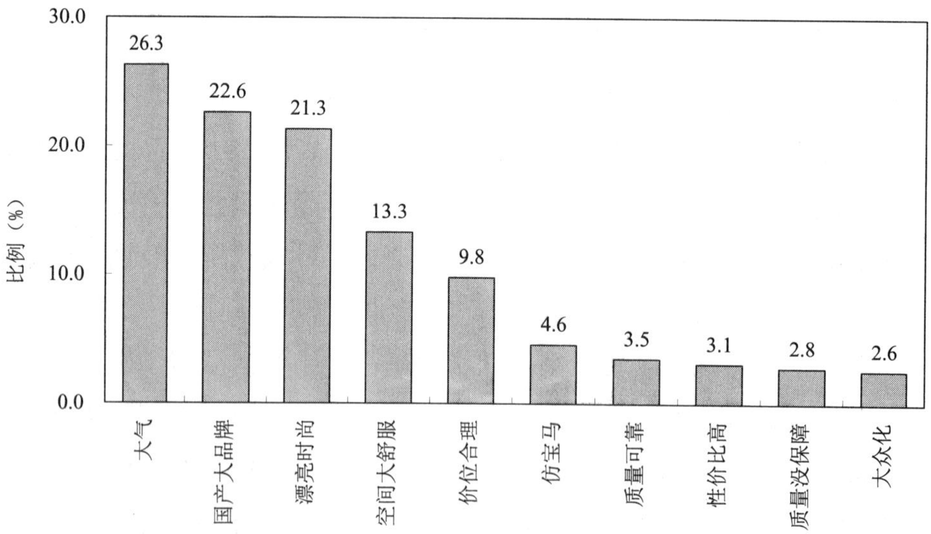

图1 用户对骏捷车型品牌印象

2. 对骏捷品牌价值趋向

用户对骏捷车型的品牌价值定义在合理价值区间，品牌价值低于合资品牌，高于大多数自主品牌；自主品牌中，除一汽红旗品牌价值略高于华晨骏捷外，其余品牌价值均偏低，骏捷品牌在自主品牌中具有较强的竞争力（见图 2）。

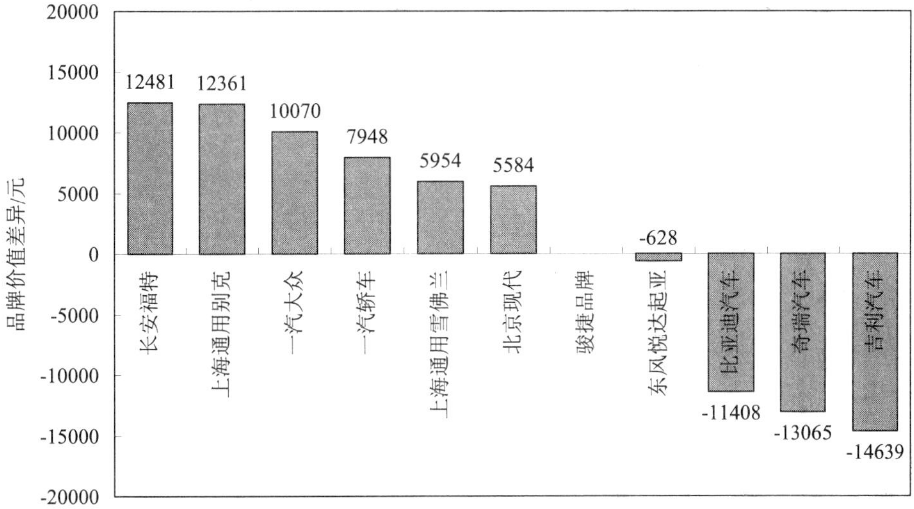

图2　消费者心目中的品牌价值差异

3. 车辆现有使用状况

上下班代步、外出休闲旅游和日常生活购物是用户购车的主要用途（见图 3）。在油耗方面，自主品牌油耗在各排量阶段均偏低，经济性是自主品牌的主要亮点（见图 4）。

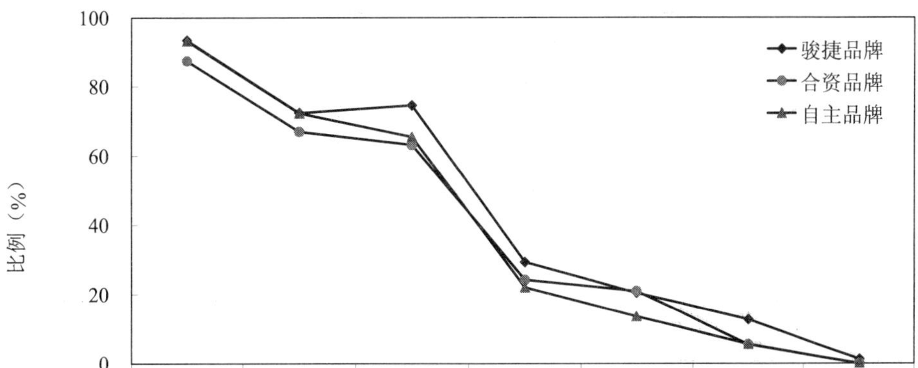

	上下班代步	外出休闲	日常生活	商务用	享受驾驶乐趣	长途驾驶	其他
骏捷品牌	93.40	72.40	74.60	29.30	20.40	12.70	1.20
合资品牌	87.40	67.00	63.20	24.20	20.90	5.50	0.00
自主品牌	93.20	72.30	65.50	22.00	13.60	5.60	0.00

图3　用户的购车用途

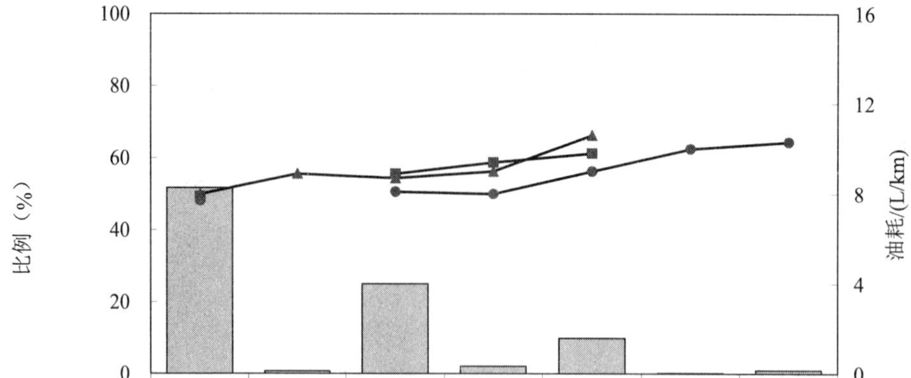

	1.6L	1.6T	1.8L	1.8T	2.0L	2.0T	2.3L
各排量比例	51.7	0.7	25.0	2.0	9.8	0.2	0.9
骏捷品牌油耗	7.9	—	8.9	9.4	9.8	—	—
合资品牌油耗	8	8.9	8.7	9	10.6	—	—
自主品牌油耗	7.7	—	8.1	8	9	10	10.3

图4 排量及油耗水平比较

4. 用户购车过程品牌比较

由用户购车过程品牌比较可以看出，合资品牌更多地被纳入到用户考虑车型中，这与产品品牌、口碑及车型丰富程度密切相关。中华骏捷用户购车过程主要考虑的车型是新凯越、新宝来和悦动。

5. 用户购车关注因素及满意度指标

在各指标满意度上，用户对车辆外观造型和性能满意度相对较高，而空间设计和内饰设计满意度相对较低。根据指标满意度与其重要性的内在联系，研究表明，用户对车辆品质和外观造型的看重度明显高于其他指标。不同类别用户对产品指标的看重度略有差异，骏捷车主对车辆外观的看重度略高于竞品用户，而自主品牌用户对内饰的关注度明显小于合资品牌用户（见表2）。

表2 用户购车关注因素及满意度指标

项　目	总体	指标满意度		指标重要性	
		总体	骏捷	合资品牌	自主品牌
车辆品质	7.760	0.360	0.427	0.391	0.363
外观造型	8.000	0.331	0.383	0.154	0.263
空间设计	7.300	0.152	0.144	0.107	0.181
车辆性能	8.000	0.081	0.018	0.170	0.177
内饰设计	7.800	0.077	0.029	0.178	0.016

6. 骏捷用户定位

骏捷用户定位在中产阶级管理人员和白领，他们多为小家庭，为兼顾工作和生活而购车。购车年龄在 31～45 岁居多，家庭月收入在 4000～15000 元范围。

四、中华品牌区域流向

中华轿车的区域流向方面，集中度不是很明显，除了辽宁地区占有绝对的优势，占全部份额的 18%以上外，其他都比较分散，山东、北京、四川和广东销量相对较大，但优势并不是很突出，区域销量基本均衡（见图 5）。

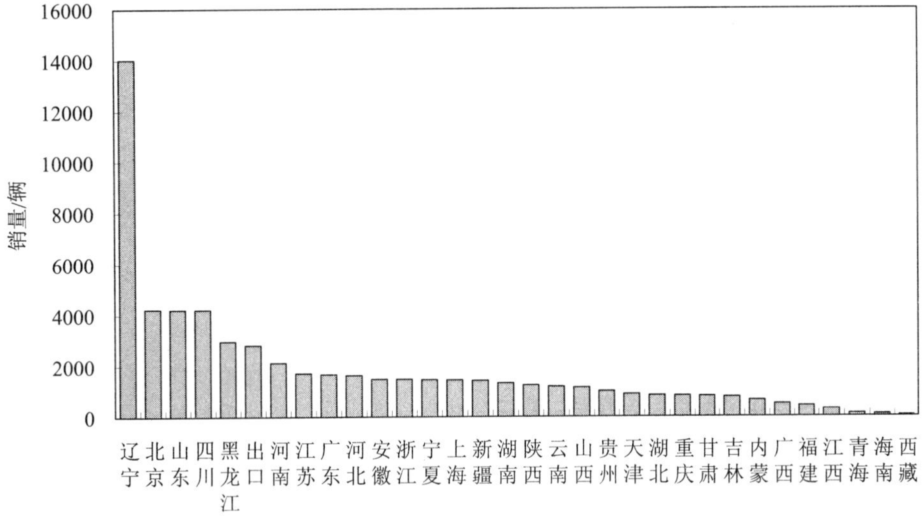

图5 中华品牌2009年1～10月份区域分布

（作者：李清）

2009年广汽本田产品市场调查报告

2009年，对于中国汽车市场来讲是不同寻常的一年，在世界经济危机蔓延的2009年，中国汽车市场却实现了第二次井喷，2009年1～11月份，乘用车市场上牌量增长高达47.1%，2009年将是我国超越美国成为全球第一大汽车市场的历史性转折点。

也正是这一年，广汽本田在中国汽车市场上，迎来了比往年更加严峻的考验——品牌形象进入熟知期；各车型所在细分市场均出现多个强有力的竞争对手；规模最大、增长最快的中级车市场匮乏产品。在种种因素影响下，广汽本田该如何应对挑战，冲出重围，再上新台阶？正确的策略和行动就成为了2009年发展的关键。为此，广汽本田在2009年制定了各种有针对性的方案和对策，力求充分利用销售和服务等软件方面的提升，实施差异化营销，最终超额完成了年初33万辆的产销计划任务，实现了36.6万辆产销的飞跃！

一、广汽本田的总体市场表现

2009年，广汽本田取得了许多令人刮目相看的成绩：2009年累计销售36.6万辆（见图1），同比增长19.4%。旗下四款车型均取得了骄人的成绩：雅阁稳坐中高级销量冠军的宝座；奥德赛换代后市场形势一片火热，赢得了顾客的好评；飞度轿车经过多年品牌的沉淀已成为经济型两厢轿车市场的标杆产品；新锋范的上市填补了广汽本田在中级车市场产品的空白。2009年广汽本田跨入了第二个十年，这一年也是广汽本田新的起点，广汽本田凭借优异的产品，出色的服务，赢得了近两百万用户的信赖。广汽本田产品2009年各月销量走势形成了前低后高的形势（见图2），这符合2009年整体汽车市场的走势。由于2008年世界经济危机的影响，年初业内对2009年汽车市场形势的判断都不是非常乐观，但是2009年3月份以后，市场受政策拉动明显，开始飞速增长，广汽本田迅速觉察到了市场的气息，开始逐渐加产，并且调整产品结构，以最大限度地满足顾客的需求。最终实现了36.6万辆的产销，产能也基本达到了满负荷。

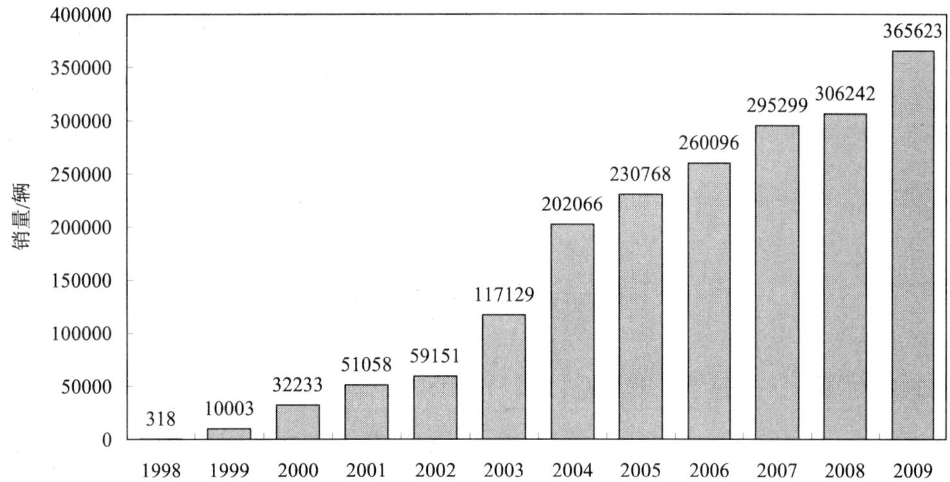

图1 1998～2009年广汽本田产品市场销售情况

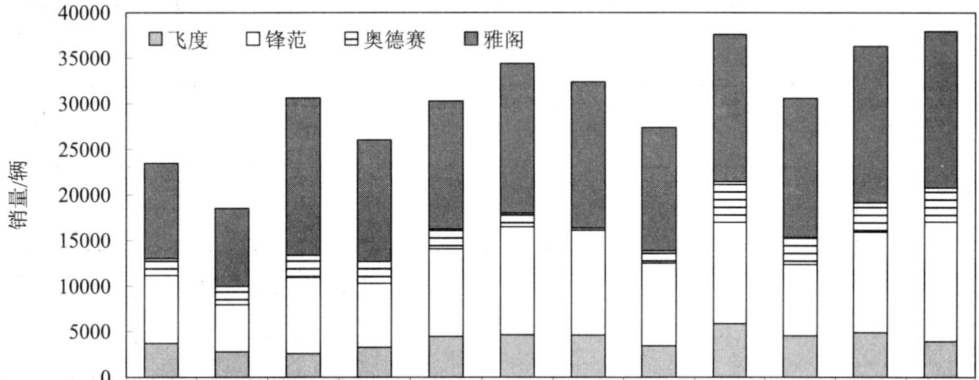

	1月份	2月份	3月份	4月份	5月份	6月份	7月份	8月份	9月份	10月份	11月份	12月份
雅阁	10445	8536	17244	13325	14048	16399	16036	13514	16144	15265	17220	17185
奥德赛	1861	2003	2423	2398	2171	1489	249	1367	4503	2981	3204	3743
锋范	7455	5194	8372	7040	9613	11873	11505	9072	11101	7821	11020	13125
飞度	3719	2782	2593	3259	4458	4628	4591	3431	5865	4532	4889	3898

图2 2009年广汽本田产品月度销量走势

二、广汽本田产品的市场表现

1. 雅阁

雅阁是广汽本田的主力产品，目前雅阁的保有用户已经超过 100 万，是国内中高级汽车市场第一个也是惟一一个超越一百万保有用户的品牌。第七代雅阁连续 19 个月销量冠军的辉煌已经载入车坛史册，第八代雅阁的上市，又一次见证了传奇。2008 年第八代雅阁上市后，在超越了老的传统竞争对手凯美瑞的同时，也击退了一些新进入产品和其他换代产品的攻击，再次勇夺中高级轿车市场销量冠军（见表 1），是中高级轿车当之无愧的王者。2009 年底，为纪念第 100 万辆雅阁下线，广汽本田推出了雅阁百万纪念版，在价格不变的情况下增加了智能钥匙等多项人性化配置，再次提升了雅阁的竞争力，受到了用户的好评。从中高级轿车各品牌月度走势来看，雅阁除了在 9 月的销量基本和凯美瑞持平外，其他月份都是以较大的优势获得了级别冠军，当之无愧成为中高级的王者。

表 1　2009 年中高级轿车市场各品牌销售实绩

车型＼年份	2008 年		2009 年		
	销量/辆	占有率（%）	销量/辆	增长率（%）	占有率（%）
雅阁	170529	21.9	175361	2.8	17.7
凯美瑞	152832	19.6	156270	2.2	15.7
帕萨特	100902	13.0	113239	12.2	11.4
天籁	58372	7.5	108504	85.9	10.9
马自达 6	69794	9.0	99005	41.9	10.0
君威	13497	1.7	79929	492.2	8.0
迈腾	52506	6.7	67018	27.6	6.7
君越	49119	6.3	62266	26.8	6.3
蒙迪欧	39620	5.1	44402	12.1	4.5
锐志	46953	6.0	44287	-5.7	4.5
御翔	7524	1.0	16699	121.9	1.7
思铂睿	0	0	12000	—	1.2
荣威 750	13229	1.7	10602	-19.9	1.1
戈蓝	4233	0.5	3541	-16.3	0.4
合计	779110	100	993123	27.5	100.0

2. 奥德赛

一直以来，广汽本田都是以提高顾客满意度为中心，悉心研究顾客不断变化的需求，坚持同步引进世界先进技术，在推出新产品的同时，还将产品逐步细分和改进，以满足顾客日益强烈的个性化需求。2009 年 8 月 21 日，在北京时尚地标“世贸天阶”，经过多项改进的新一代奥德赛举行了产品发布会，宣布新一代奥德赛将于 2009 年 9 月 6 日在全国的广汽本田特约销售服务店上市。以“动领激情，静享尊贵（Dynamic Prestige）”为开发理念的新一代奥德赛，采用了本田最新的设计理念，代表了多功能轿车最新的进化趋势。新一代奥德赛定位为“领世代•多功能轿车”，凸显以人的感性锤炼的行驶性能和高品质，在追求多人乘坐的宽裕空间的同时，也追求驾驶的快感和优雅的造型。作为 MPV 市场的领军品牌，新一代奥德赛的价值得到了全面提升，成为了最具轿车价值的 MPV 车型。新一代奥德赛以打造最具轿车化的 MPV 为出发点，外观设计强劲而先进，多方面展现动感；内饰设计充满现代感，深邃而迷人。

奥德赛品牌是全球 MPV 市场的引领者，自 2002 年进入中国市场以来，历经两代进化，凭借出色的外形、空间、操控优势，成为了中国 MPV 市场的领导者，累计销量突破 20 万辆。而新一代奥德赛在延续上一代优良品质的基础上，注入了更多轿车化的价值，一方面进一步巩固了其在 MPV 市场的领先优势，另一方面也将目标瞄准了市场容量巨大、发展潜力广阔的 B 级轿车市场。改款后的奥德赛销量迅速提升（见图 3），目前新奥德赛的销量还处于新产品的爬升期，随着产量和产能的提升，相信奥德赛的市场表现将更上一个台阶。

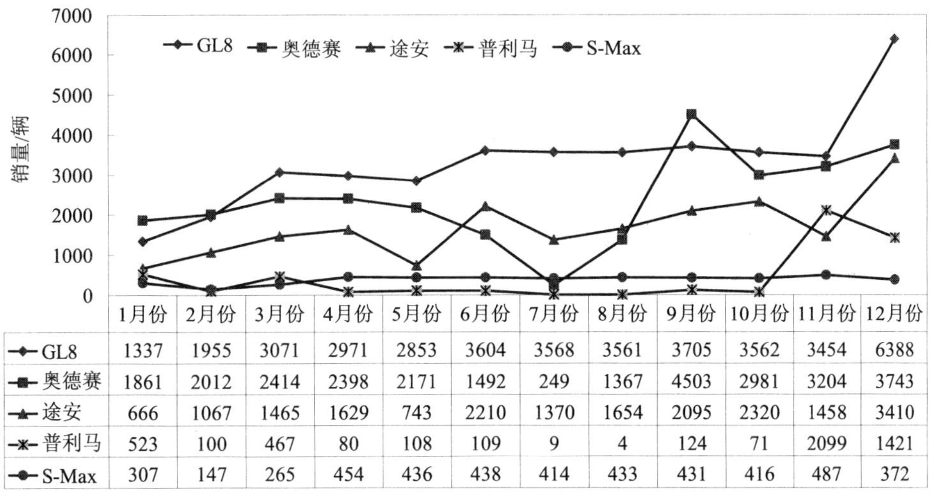

	1月份	2月份	3月份	4月份	5月份	6月份	7月份	8月份	9月份	10月份	11月份	12月份
GL8	1337	1955	3071	2971	2853	3604	3568	3561	3705	3562	3454	6388
奥德赛	1861	2012	2414	2398	2171	1492	249	1367	4503	2981	3204	3743
途安	666	1067	1465	1629	743	2210	1370	1654	2095	2320	1458	3410
普利马	523	100	467	80	108	109	9	4	124	71	2099	1421
S-Max	307	147	265	454	436	438	414	433	431	416	487	372

图3 2009年MPV市场各品牌月度销量比较

3. 锋范

2008 年 12 月 23 日，新一代 CITY 锋范轿车在广汽本田全国特约销售服务店正式上市发售。十年磨一剑，终得震撼出鞘。根据“领先科技、倍感自豪（Advanced Proud Sedan）”的开发理念精心打造的全新锋范，在造型、动力、装备、安全、节能等各方面都为中级车做出了新的表率，很好地迎合了目前年轻一族活力十足、一往向前的心态。其先进科技与都市年轻消费者需求的完美结合，为中级车市场树立了新风范。全新 CITY 正式命名为“锋范”，并增加 1.8L 全新发动机车型。CITY 锋范锋芒毕露的车身外形、宽裕舒畅的内饰空间、高效完善的动力底盘、周到齐全的贴心配置、顶尖水准的安全环保等，都令 CITY 锋范具有足够的自信承载起广汽本田进军中级车市场的重任，并成为广汽本田新十年构建强有力产品体系的保证。2009 年，新锋范更是经受住了市场的考验，月销量超过万辆，顺利提升了名次，居中级车中端细分市场第五名（见表 2），成功地进入了中级车市场。

表 2　2009 年中级车中端市场各品牌销售实绩

名次	车型	2008 年销量/辆	2009 年销量/辆	2009 年增长率（%）	2009 年市场占有率（%）
1	悦动	—	239449	178.5	17.1
2	凯越三厢	151587	234826	54.9	16.8
3	朗逸	44392	146455	229.9	10.5
4	宝来三厢	56010	124369	122.0	8.9
5	锋范	56955	113227	98.8	8.1
6	赛拉图	74352	102835	38.3	7.4
7	克鲁兹	0	92190	—	6.6
8	颐达	68979	75568	9.6	5.4
9	福克斯三厢	56780	68805	21.2	4.9
10	花冠 EX	52247	57109	9.3	4.1
11	福瑞迪	0	48298	—	3.5
12	马自达 3	29225	48228	65.0	3.5
13	标致 307 三厢	43217	46357	7.3	3.3
合计		719718	1397716	94.2	—

4. 飞度

飞度所在的经济型车市场 2009 年受政策拉动的影响较大，整个经济型车市场出现了供不应求的局面，飞度也是受益者之一。但是广汽本田受产能影响，以及从战略和收益的角度出发，调整了飞度的产销结构，但并未影响飞度进入前三甲的排名行列（见表 3）。

表 3　2009 年经济型高端市场各品牌销售实绩

名次	车型	2008 年销量/辆	2009 年销量/辆	2009 年增长率（%）	2009 年市场占有率（%）
1	骊威	69992	98735	41.1	26.0
2	劲情	41354	66266	60.2	17.4
3	飞度	49886	48640	-2.5	12.8
4	嘉年华两厢	0	33417	—	8.8
5	雨燕	16328	31994	95.9	8.4
6	晶锐	841	31279	—	8.2
7	雅力士	18868	17897	-5.1	4.7
8	标致 207 两厢	577	15835	—	4.2
9	乐骋	12301	9532	-22.5	2.5
10	马自达 2	3108	9411	202.8	2.5
11	Crosspolo	6581	7917	20.3	2.1
12	C2	7786	5942	-23.7	1.6
13	标致 206	14593	3482	-76.1	0.9
合计		242215	380347	57.0	—

三、广汽本田产品的用户构成变化

同 2008 年相比，广汽本田私人用户比例在 2009 年增加了 3.2 个百分点：旗下的四款车型私人用户比例都在不断地提高：雅阁和奥德赛私人用户比例分别比 2008 年增加了 3.5 个和 1.6 个百分点，锋范改款以后赢得了更多私人用户的青睐，私人用户比例比改款前的思迪提升了 3.3 个百分点；飞度变化不大，私人用户比例比 2008 年提升了 1 个百分点（见图 4）。

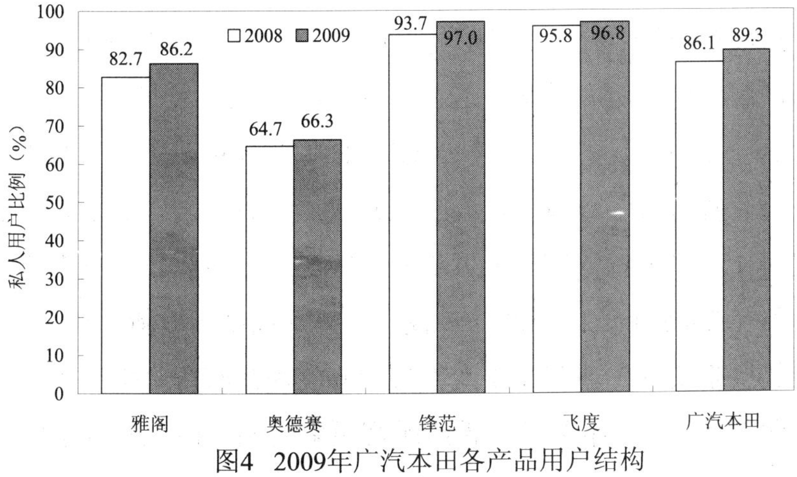

图4　2009年广汽本田各产品用户结构

四、广汽本田产品的区域流向

2009年，广汽本田销量主要集中在山东、广东、浙江、江苏、北京等经济较发达的省市自治区（见图5）。其中，销量TOP10省份的合计份额为62.9%，比2008年减少0.73个百分点，区域分散化的趋势在加强。随着二、三级城市的迅速崛起,广汽本田TOP10销量集中度将有逐渐减少的趋势。受经济危机影响，广东省的销量比例明显降低，山东省、四川省、江苏省、浙江省的比例在增加。

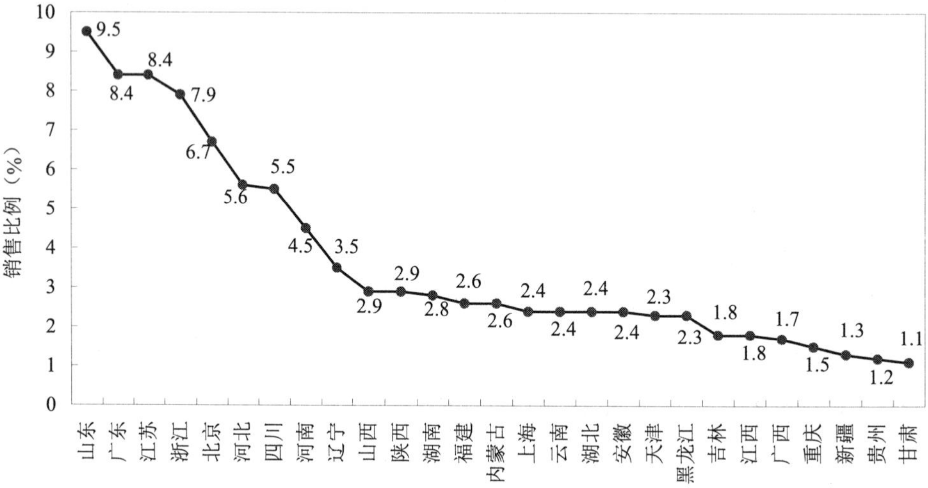

图5 广汽本田2009年销售流向变化

五、市场反馈

CSI的提升是广汽本田2009年的重要奋斗目标之一，2009年J.D.Power中国售后服务满意度指数调研（CSI）结果发布，广汽本田以870分的总分排名第一，超过了豪华品牌在内的所有品牌。这是广汽本田自2003年后再次捧得CSI满意度第一名。这一成绩也是多年来广汽本田一直坚持以实现顾客“购买的喜悦”为出发点，不断完善售后服务体系，不断提升售后服务水平的成果。目前广汽本田已在全国建有450多家特约店，为近200万客户提供服务。广汽本田一直坚持的“服务创新”在2008年迈出了新的步伐，对第八代雅阁、新一代飞度、CITY锋范以及新奥德赛都实行“整车3年或10万km”保修政策，推出国内首创的以专人服务为特色的“VIC”服务等，带给顾客更多便利。而服务理念的创新更是体现为 4 个字——“亲、速、确、安”。亲，即为服务的亲切贴心；速，就是处理问题的迅速高效；确，即是维修要做到确实可靠；安，即是安心信服的服务保障。

在广汽本田人的心中，没有第一，只有始终如一！广汽本田将继续秉承“为客户创造最大价值”的企业理念，一如既往地为社会和顾客提供世界最高水平的商品，贡献社会！服务客户！

（作者：徐文）

2009 年东风日产产品市场分析报告

东风日产 2009 年 1～11 月份合计销售 469559 辆，预计 2009 年全年完成销售 50 万辆，同比增长 42.6%（见图 1）。在 2009 年没有全新车型推出的背景下，东风日产的销售表现堪称完美。

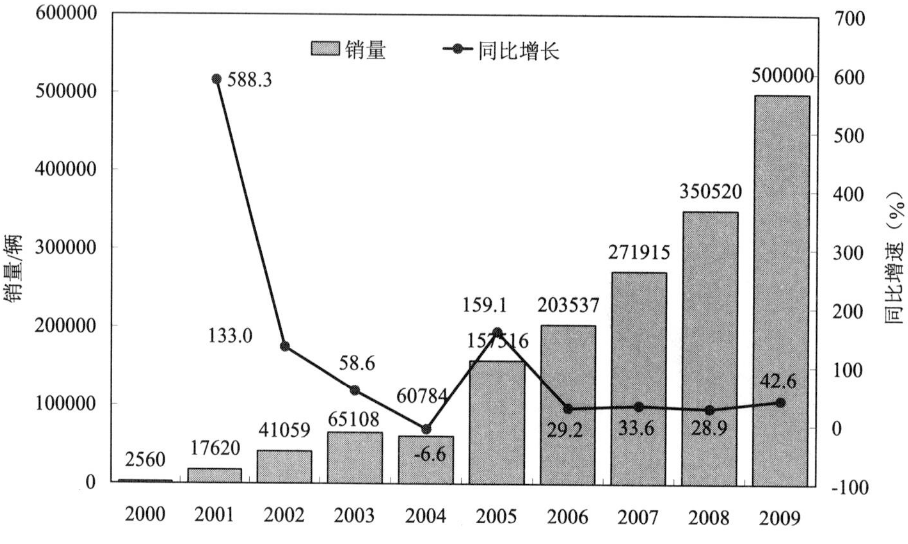

图1 2000年～2009年东风日产累计销售情况

2009 年，东风日产的整体增长速度与行业增长速度基本持平，东风日产的增长主要由天籁、轩逸等中高级车的增长带来（见表 1），从而有效地改善了经营质量。

从销售流向看，东风日产销量前三位的省份仍然是广东省、浙江省和江苏省。但在销量前 10 位的省份中，增量最大的省份分别为四川省、浙江省和北京市（见图 2）。

表 1　2009 年东风日产各车型市场表现一览表

车身类型	级别	2009 年 1～11 月份销量 / 辆	同比增速（%）	份额（%）	东风日产对应车型	销量 / 辆	同比增速（%）
轿车	A00	524763	61	7.0	—	—	—
	A0	1434908	46.2	19.2	骊威	90749	43.9
	A	3340639	54.2	44.8	颐达/骐达	144079	19.1
	B	1089305	28.1	14.6	轩逸	83433	77.6
					天籁	98057	90.8
	C	230917	9.3	3.1	—	—	—
MPV 汇总	—	205852	19.6	2.8	骏逸	1668	-52.6
SUV 汇总	—	635802	43.9	8.5	逍客	30904	42.3
					奇骏	20669	694.0
总计	—	7462186	44.9	100	小计	469559	51.3

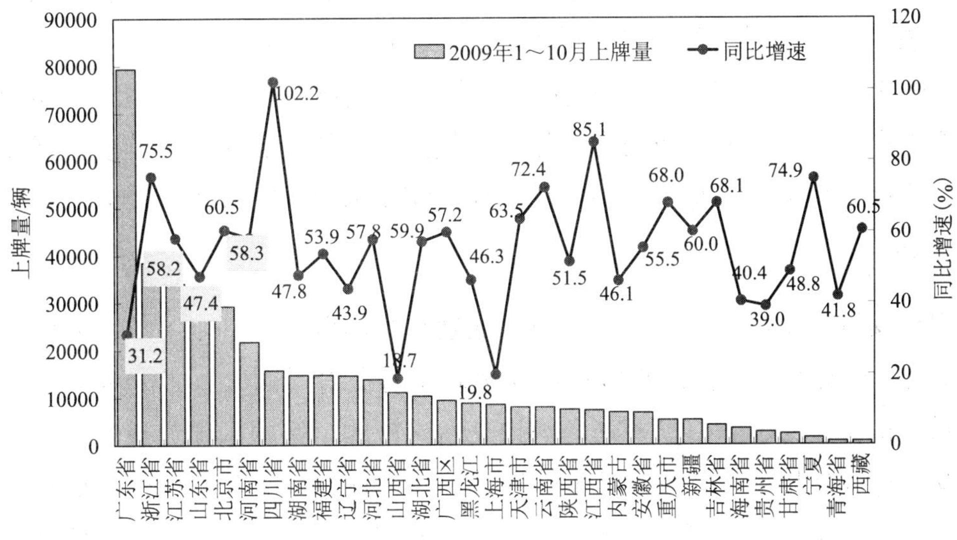

图2　2009年1～10月份东风日产分省上牌量

一、东风日产的产品表现

1. 天籁

2009 年以来，东风日产最大的挑战来自于新天籁。中高级车的市场环境已经发生变化——传统日系三强称霸的格局正遭到前所未有的挑战，随着斯柯达昊锐、通用新君威/君越的陆续上市，中高级车的公商务市场不可避免地要遭到欧系、美系势力的瓜分，主打舒适的新天籁正在从“挑战者”，变成“被挑战者”。如何经受住对手的挑战，进一步凸显自身的优势，保住甚至扩大市场份额，是新天籁面临的迫切课题。

为了有效地扩大销量，新天籁围绕产品、口碑与形象展开营销。产品上，天籁在设计之初就对客户进行了深入调研，针对客户需求做了大量调整，如中高级车强调舒适性特征等，天籁牢牢地把握住这一点，在空间、静音性、家居化配置、舒适的产品形象上大下功夫，最终确立了天籁舒适这一最大卖点。口碑上，老客户对天籁品质、用车费用以及技术先进性一直都是高度认可。形象营销上，启用了日本皇家御用的高档汽车品牌——日产自上世纪 60 年代投产的 CEDRIC(公爵)，“天籁之音”天籁携手莎拉·布莱曼全国巡演以及与高端运动相结合，有效提升了天籁的品牌形象。这三点的有机结合，塑造了成功的天籁。同时，天籁集中力量主打其配备 2.5LV6 发动机的车型，在进一步打压雅凯“L4 引擎”的同时，也同昊锐、领驭拉开距离，树立了更高层次的竞争格局。

2009 年下半年，新天籁月销量一直保持在万辆左右，并呈现快速增长势头。在多个重点城市，新天籁成为中高级车销量冠军。凭借高端技术性能、极致舒适品质、顶级豪华配置，综合实力占优的新天籁将力保中高级车前三名。

2. 轩逸

根据调查显示，安全、品质是所有级别汽车消费者的基本需求；而外观、空间、动力、油耗是每个家庭选择中级家庭轿车时最看重的。2009 年 4 月份，新轩逸隆重上市。作为改款车型，新轩逸以全新设计的镀铬中网作为点睛之笔，豪华质感从巨型四横幅式镀铬中网流露。更具质感的 U 型前保险杠取代了原来的平庸设计，而发动机盖上的两股肌肉线条一直延伸至尾灯处，形成前后自然过渡的流线型腰线。全新组合式尾灯样式经过修改，原来的红色主色调改成了上下红白相间，加入不规则下边沿修饰后，整车尾部给人耳目一新的感觉。同时，大气的外观设计也贯穿整个新轩逸的车身上。

在定位上，新轩逸由兼顾私用和商务用途转变为“全尺寸旗舰家轿”，推出了一系列 1.6L 排量的新车型。目前新轩逸这款车在主流家轿车里的特点是非常鲜明的。新车着力打造舒适性，款待家人的效果。具体来讲，超大的车内空间———2700mm 的轴距，使轩逸能与雅阁、凯美瑞之流比肩；全新配备了三连筒型黑底白字红指针的仪表盘，令仪表盘的视觉冲击力更强。同时，浅内饰仍为新轩逸的主打色调，与桃木饰件搭配，体现出家用轿车的温馨环境。更注重车内人员驾乘感受是新轩逸配置增加的出发点。全新配备的后席扇贝型舒适座椅、副驾驶席电动调节座椅、侧辅助安全气囊、主动式头枕以及 ASCD 定速巡航系统等，在新轩逸中更多的改进将会成为标准配置，丰富了新轩逸的卖点。同时，在 2.0L 车型中全系标配带驾驶席座椅和后视镜记忆联动的智能钥匙系统，是新轩逸的另一卖点所在。另外，其 2.0L 标配了领先的 MR20DE 发动机和 CVT 无级变速器等组合，在动力性、节油型等方面也处于领先地位。

新车上市以后，订单情况基本为月均 10000 辆以上，与 2008 年的销售对比有了质的飞跃。

3. 颐达/骐达

TIIDA（骐达/颐达）自 2005 年上市以来，凭借卓越的产品实力成为了中级车市场的一匹“黑马”。2006 年、2008 年，TIIDA 赛场、市场频传捷报，征战 CTCC 一举囊括车队、车手两项年度总冠军，销量稳中有升；2009 年，TIIDA 表现更为抢眼，月均销量稳定在 13000 辆以上。2009 年 7 月 26 日，东风日产 6 周年暨 TIIDA 第 50 万辆车下线，大型庆典活动在广州花都举行。TIIDA50 万辆纪念版也在当天上市。TIIDA（骐达/颐达）取得如此的成绩和东风日产切合大众需求的产品设计、针对产品特点制定的出色营销方案不无关系。

安全驾驶训练营告诉人们安全驾驶才是最最安全的。日系车的安全性能一直是受到质疑最多的。东风日产通过其举办的安全驾驶训练营，不仅仅向人们展示了旗下车型独特的安全屏障，还强化了安全理念，使旗下车型根据实际情况运用信息技术、车辆操控技术、车身安全技术启动各种安全防护功能，辅助驾驶员远离危险，减少事故的发生及在事故中减少损伤。

参加赛车运动场是车辆优秀性能的最佳证明。在 2009 年上海国际赛车场举行的 CTCC 第三站比赛中，东风日产基亚车队取得车队、车手“双料”冠军。虽说民用版本和赛车不可相提并论，但在日常生活中，你能很舒服地去驾驶 TIIDA，在高速上如果想超车的话，给节气门一点压力，它就会给你更多的动力，这种驾驶感受得到绝大多数消费者的青睐。

东风日产为TIIDA（骐达/颐达）定义的品牌文化是健康、舒适、快乐、活力的“乐动生活”理念。城市唱游与更多人一同分享“乐动生活”这一品牌文化和TIIDA（骐达/颐达）产品本身互为促进，优异的产品品质让TIIDA“乐动生活”理念深入人心，而“乐动生活”的品牌文化又吸引更多消费者的关注，市场表现如虎添翼。2009年9月份TIIDA携手新浪城市唱游歌会，在北京、上海、广州三地向广大车友和歌迷朋友们奉献了三场音乐盛宴，而风格不同的音乐又将健康、舒适、快乐、活力这些“乐动生活”的精彩元素传递给更多的人，助力其市场表现再攀新高。

在TIIDA（骐达/颐达）各种创新营销的背后，更深层次地体现出了东风日产“技术日产，人• 车• 生活”的品牌主张。将先进技术与高品质注入产品的同时，更通过产品所带来的健康、舒适、快乐、活力的驾乘体验，唤醒人们心中对于“乐动生活”的追求。TIIDA（骐达/颐达）不但很好地展现了东风日产产品的优秀品质，也表明了东风日产力求通过汽车改变大众生活的态度。

4. 骊威

骊威的概念是“全时多能轿车”，既可用于工作，又可用于家庭生活。其最佳的车身尺寸实现了宽敞的室内空间、宽大的行李厢以及大气动感的外观的完美组合。其次，骊威在兼顾行驶性能和燃油经济性的同时，实现了高安全性能。最后，它设定了有吸引力的价格，为消费者提供了一个高性价比的选择，适合于追求实用的家庭用户。

劲锐版在普通骊威的基础上有了很大改变，配置上也要丰富很多。在外观上车身下部增加了黑色塑胶大包围，并在车身底部的前后左右以四块银色装饰点缀。前后保险杠造型夸张，气势逼人。新款6辐轮毂辐条改以凸面造型，感觉更加强劲有力。车顶新增的行李架扩展了行李厢空间，出游时可将大件行李置于车顶，简单也很实用。车内以整体黑色取代了原来的浅色调内饰，转向盘左右横辐增加了与车内其他地方相同的亚光仿金属装饰件。这些改变赋予劲锐版骊威SUV的特质，运动气息提升不少，力求吸引年轻的顾客。

上市近两年来，“全时多能”的骊威在市场上得到了高占有率和良好口碑。2009年以来，月均销量稳定在8000辆以上，市场占有率与其他合资品牌产品相比一直领先。为进一步开拓市场，2009年12月5日，大型网络休闲游戏骊威连连看Ⅳ正式启动。新一期骊威连连看以“张驰由我，职场风云”为主题，携手白领明星杜拉拉再掀休闲游戏热潮。本次活动是东风日产营销攻势的年底巨作，旨在推动更多白领车主参与休闲游戏，在放松身心的同时对骊威车型有更多的了解，以更好地服务于骊威车主及潜在客户。

5. 奇骏/逍客

2009 年 10 月份， 2010 款奇骏和 2010 款逍客同步上市。这两款车是东风日产结合中国城市 SUV 市场发展的趋势打造而成的，在技术性能和装备水平上都有了大的提升。奇骏 2010 款全车系音响系统升级为数码 6 碟高保真剧院 CD+Audio 音响系统，并新增了一款奇骏至尊版，拥有车身包围套装、5.8 英寸彩色触摸显示屏、智能语音导航系统、高保真剧院音响系统、侧可视系统、倒车影像监视系统、可伸缩行李厢遮物帘等七大亮点配置。颜色方面，在银色、黑色等颜色的基础上，奇骏 2010 款还增加了玛瑙红车色，更显时尚、动感。

而逍客 2010 款新增了 4.3 英寸多功能彩色液晶显示屏、倒车影像监视系统、倒车雷达、自动前照灯、前席主动安全保护头枕等五大亮点配置，并新增了梦幻银车色，内饰新增了黑色皮质与针织内饰，后排座椅重新进行了优化设计，乘座空间进一步提升。

在增长潜力最大的城市 SUV 市场，东风日产拥有奇骏、逍客两款技术性能卓越的产品，对城市 SUV 市场进行了进一步的精准细分，这种“双剑合璧、全线通吃”的攻击态势，将成为东风日产提升品牌形象、挑战销量新高的新支点。而这次奇骏、逍客 2010 款联合上市，代表着东风日产在城市 SUV 领域的又一次发力，希望使之成为继新天籁、新轩逸之后新的崛起力量。

此外，超跑“战神”NISSAN GT-R 也于 2009 年年底在国内上市，成为“技术日产”的王牌代言。全车系整体爆发，2009 年注定成为东风日产的跨越之年。

二、东风日产的市场策略

1. 积极进行营销体系的变革

2009 年东风日产根据市场和政策的最新变化，积极在二、三级城市推进网络建设，这跟中国的汽车消费释放趋势是基本符合的。同时，东风日产开展了一系列营销体系的变革与调整。在全国开始试行大区制管理，提升区域营销水平；对全国销售体系进行调整，实行“T”字型体系，即横向整合总部各部门的资源，纵向把总部对专营店的资源直达东风日产的二级销售网点。

2009年12月10日，东风日产摘得“2009中国汽车服务金手指奖”首个年度最佳品牌二手车奖。从2004年起，东风日产便着手开展品牌二手车业务，目前已经成为国内二手车业务网点覆盖全、置换规模超大、零售业务开展广泛的龙头企业，已完成了在专营店体系中100%导入二手车置换业务，并在全国建立了约60个东风日产二手车零售店和3个二手车交易中心。

截止2009年年底，东风日产已建成4S网点近400家（另外有150家二级店）。营销体系变革大大提高了东风日产的市场反应速度。目前，东风日产4S店单店年均销量在1200辆以上，二、三线市场销量占到总销量的50%以上。汽车售后服务发展成为一个涵盖汽车金融、二手车置换、汽车保险等业务的“一站式”大服务。良好的销售结构和前瞻的业务模式有力地保证了经销商的赢利和销售服务活动的有序展开。

2. 5310增值计划

“5310增值计划”即凡购买东风日产系列车型的车主，在享有厂家2年6万km的质量保证基础上，还可享受东风日产对发动机、变速器、底盘等3大总成核心部件的质量保证增值为5年10万km。该增值计划的目的是为车主提供了更加优质、放心的产品质量保障，免除了车主购车的后顾之忧。东风日产5310增值计划业务树立了同行业质保服务的新标杆。该计划自2009年9月份推出以来，受到了广大车主一致的好评和欢迎。在车主得到了最实在的用车保障的同时，也充分展示了东风日产强烈的社会责任感和其对品质的自信。

3. NISSAN创新科技暨安全驾驶体验营（NTSDF）

自2005年来，东风日产安全驾驶训练营活动已成功在全国范围推广。2009年，NISSAN创新科技暨安全驾驶体验营（NTSDF）全新升级，在保留了2008年“模拟翻滚区”的基础上，新增“天籁技术展示区”、“模拟冲撞区”、“天籁技术体验区”、“BOSE音响体验”、“NAVI智能导航体验”、“CVT变速器工作原理体验”六大体验区域，该体验营将让广大消费者零距离体验到日产的科技魅力。

展望未来，中国将以百万辆的持续增长保持汽车行业的繁荣。但与此同时，消费者正在成熟，汽车市场也必然由野蛮成长进入有序化阶段，在这个阶段，市场竞争将更趋激烈，市场份额将向拥有核心竞争能力的优势企业集聚，而弱者将被淘汰。如何应对这个市场，东风日产的行动将建立在这样的基础上：

第一，优化经销商网络，包括网络快速下沉至二、三级城市、网络效率提升及收益能力提升。

第二，向市场提供富有魅力的、能够满足市场喜好的产品。

第三，快速地应对市场，并及时地修正错误。效率低下比小的错误更糟糕。

第四，通过本地化的不断推进改善成本能力和价格竞争力。

第五，在实施产品战略和品牌战略的同时，强化消费者对企业形象的认同感。

（作者：冯波）

一汽-大众（大众品牌）产品调查报告

2009 年，中国乘用车市场从第一季度 20.5%的增速，经过连续 4 个月的环比负增长，跌至与 2007 年同比基本持平或负增长。针对严峻的市场形势，经过深入的市场调研，一汽-大众（大众品牌）在 2009 年初提出了“经销商合作发展计划”以及“销售公司体系能力提升计划”两大计划，来恢复经销商信心，应对持续低迷的汽车市场。从 2009 年第二季度起，国内宏观经济逐渐恢复，消费者信心和能力的恢复带动了汽车市场升温，辅以购置税减半政策的刺激，整体汽车市场大盘稳步攀升，一汽-大众销量捷报频传，各产品在市场上均处于供不应求的状态，库存深度降至历年低点。一汽-大众（大众品牌）领导在 2009 年下半年提出了“高质量销售”的工作思路。通过一系列措施，有效降低了经销商库存，优化了经销商资金结构，改善了经销商运营状态，提升了经销商信心。

一、一汽-大众（大众品牌）2009 年销量及市场表现

2009 年，一汽-大众（大众品牌）全年实现销售 540007 辆，同比增长 32.7%，净增量 132947 辆。随着老宝来、宝来两厢、第四代高尔夫以及开迪的退市，又注入了全新车型第六代高尔夫，产品的销售结构更加合理化（见图 1）。

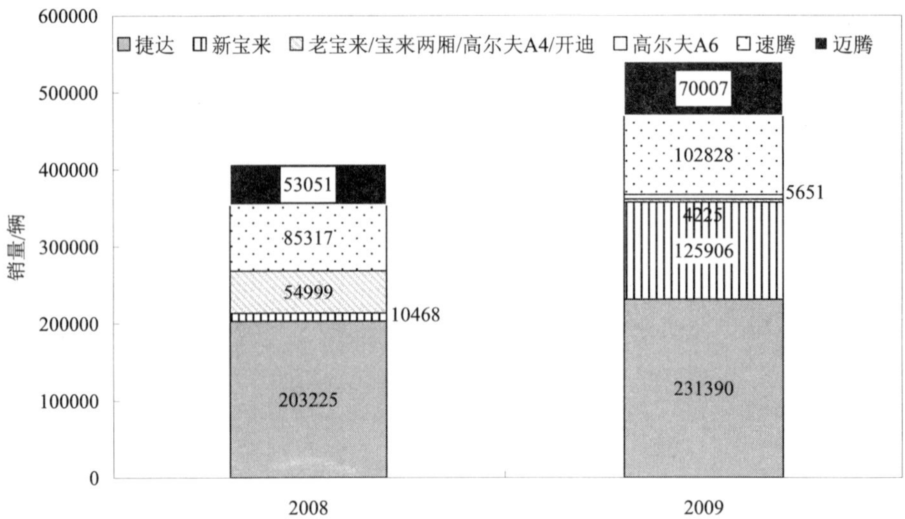

图1　一汽-大众（大众品牌）2008~2009年各产品销量变化

1. 捷达

2009年，捷达以年销量231390位居乘用车行业单产品销量第二位，自1992年捷达上市以来，许多竞争对手都已经销声匿迹，只有捷达即使在目前激烈的竞争中，仍然表现出旺盛的生命力。捷达 “质量可靠”、“经济省油” 的良好口碑深入人心，同样成就了捷达令对手难以超越的历史。但随着城市的发展，各地需求逐步向更高端化转变，捷达的销售重心已经从一、二级城市退到三、四级城市，同时壮大五、六级城市。北方依然是捷达的主要市场，在山东、河北、辽宁、北京、吉林、四川及黑龙江七省年销量都达到万辆以上，占比达到57.3%（见表1）。

表1 2008~2009年捷达销量及贡献率前7位的省份

2008年销量前七名			2009年销量前七名		
省份	销量/辆	贡献率（%）	省份	销量/辆	贡献率（%）
山东省	19334	10.2	山东省	22255	10.8
河北省	18980	10.0	河北省	20750	10.1
北京市	17410	9.1	辽宁省	18473	9.0
辽宁省	15406	8.1	北京市	16195	7.9
山西省	13788	7.2	吉林省	14885	7.2
吉林省	13758	7.2	四川省	13606	6.6
广东省	10258	5.4	黑龙江省	11547	5.6

2. 新宝来

这款定位于中国家庭用车的主流中级车，在上市第11个月时销量便突破10万辆（见图2），华丽转身斩获畅销轿车10强。2009年，新宝来全年销售125906辆，对一汽-大众（大众品牌）的贡献率达到23.3%。新宝来依托大品牌及品质、技术优势大打情感牌，以强化家庭观念来开疆扩土，以幸福生活为理念诉求，这种精准定位的深层情感营销触动了消费者的心灵按钮。反观其所处的中级车市场，依然是技术、数据、参数大行其道。中级车市场竞争固然激烈，但在产品高度同质的状况下，迎合消费者求新求大的感官需求，赋予消费者幸福生活的情感需求是新宝来差异化销售策略的成功之道。

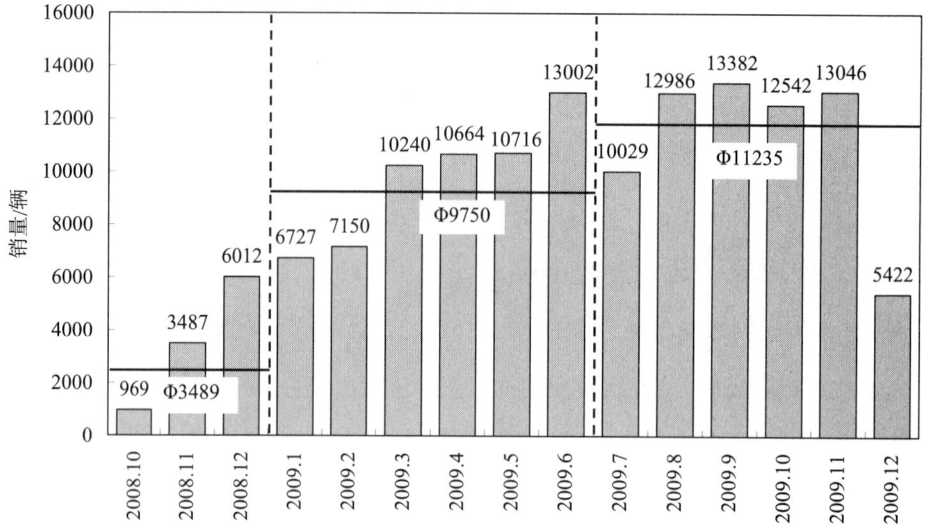

图2 新宝来上市以来销量变化

3. 第六代高尔夫

第六代高尔夫集中了历代高尔夫车型的优秀基因和品质，并融合了大众汽车当前最先进的科技，再加上一汽-大众先进的制造工艺、严谨的生产管理和测试标准，第六代高尔夫不负众望，满载着骄傲与荣耀，为国内消费者呈现出了一辆高品质的艺术杰作。第六代高尔夫不仅追求外观时尚和实用性的完美结合，在产品品质、内饰、舒适性装备上也毫不妥协地追求完美，大量以往只装备在豪华轿车上的配置，均出现在第六代高尔夫上，特别是第六代高尔夫配备的大众汽车最先进的动力总成，共同树立了同级别车型在动力、品质和舒适性等方面难以逾越的标杆，颠覆了中国汽车市场中两厢车的传统概念。第六代高尔夫上市不到三个月，累计销售就达到5651辆。

4. 速腾

2009年，速腾实现年销量102828辆，并在7月份步入万辆俱乐部，月销量冲上万辆大关。2009年上市的速腾1.4T，凭借领先的动力性、经济性、操控性及环保性上市伊始就受到市场和消费者的热烈追捧。同时在J.D.Power亚太公司2009年中国新车质量调研SM报告中，速腾凭借产品在设计质量和生产质量等方面的综合优势，以优异的成绩脱颖而出，名列入门高档中型车细分市场榜首。速腾在全国各类市场销售相对均匀也是促使2009年销量大增的原因之一，销量最少的六类城市贡献率也能达到10.4%，销量最多的四类城市贡献率达到21.4%（见图3）。

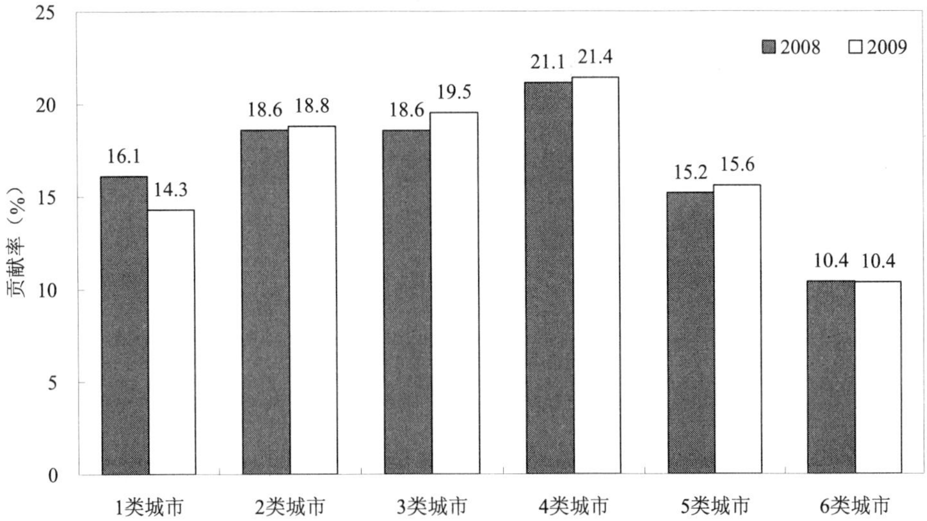

图3 速腾在六类城市销量的贡献率

5. 迈腾

从两年前居庸关隆重现身到2009年3月份全新迈腾三亚上市，迈腾品牌在岁月的历练中，犹如佳酿，越“品”越香。洗练流畅的动感曲线，厚重豪华的大气外形，更加人性化的内饰色彩，全面塑造出全新迈腾气质非凡的商务本色。搭载难以匹敌的TSI+DSG动力总成技术的全新迈腾，平添桀骜不驯豪放本性，尊贵的外表下似乎潜伏着难以抑制的激情与速度。在延续了原有的豪华科技装备之外，全新迈腾还增加了多项更高级别车型才拥有的舒适性、娱乐性科技装备，以及全面贴心的人性化装置，为消费者带来了全新的驾乘体验。动静间，商务激情尽显。作为一汽-大众（大众品牌）惟一的一款中高级轿车，迈腾2009年全年销售70007辆，贡献率达到13%，位列中高级轿车第七位（见图4）。

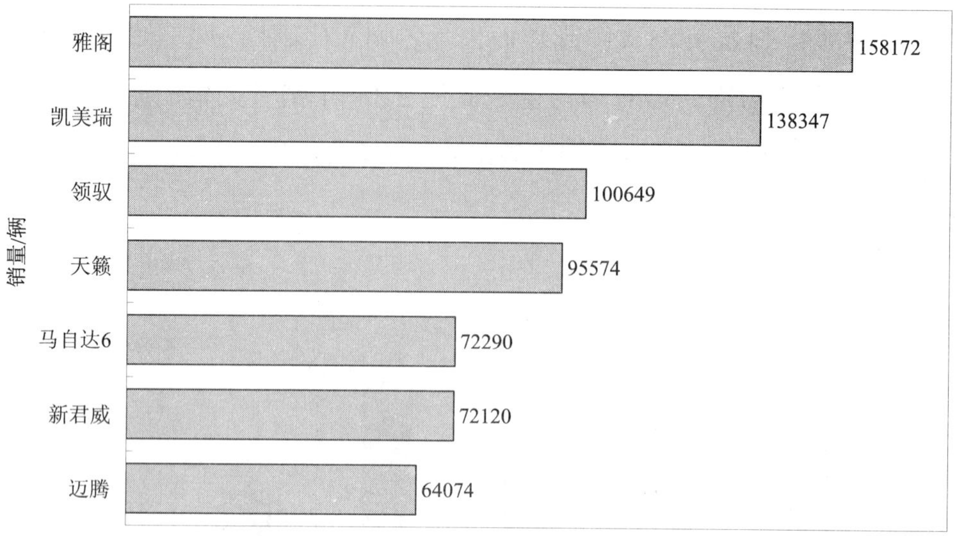

图4 2009年1～11月份中高级轿车累计排名前七位

二、2009年一汽-大众（大众品牌）用户表现

受2008年金融危机影响，2009年单位购车比重明显下降，总体市场的净增量全部来源于个人用户。一汽-大众（大众品牌）的单位购车更是负增长，个人购车比例从2008年的76.7%增加到83.2%（见图5）。在用户性别方面，女性用户有所增加，尤其是两厢车型第六代高尔夫，女性用户比例更是达到了40%的水平，使用户更加均衡。

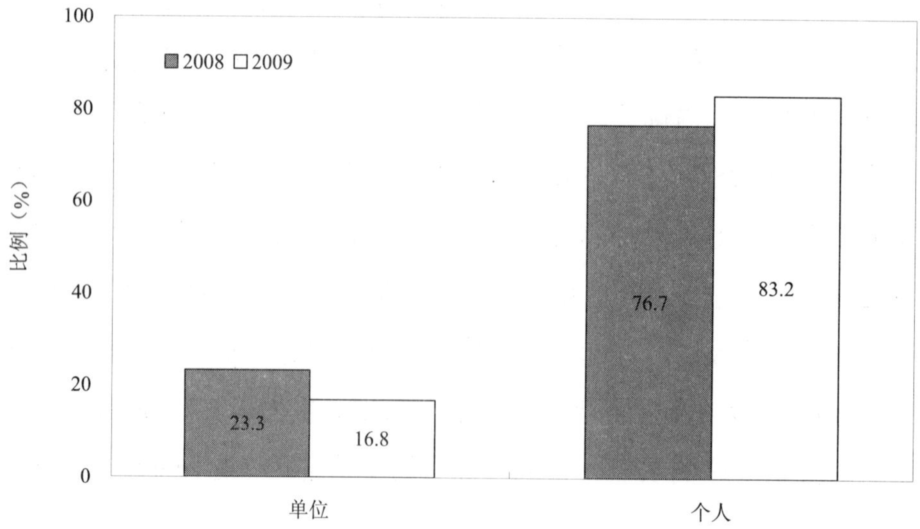

图5 一汽-大众（大众品牌）用户结构

从年龄方面来看，用户仍然是集中在 25～45 岁，此类用户比例达到 77%，这部分人群也正是消费的主力群体。平均年龄在 37.4 岁，较 2008 年的平均年龄年轻了 0.2 岁（见图 6）。

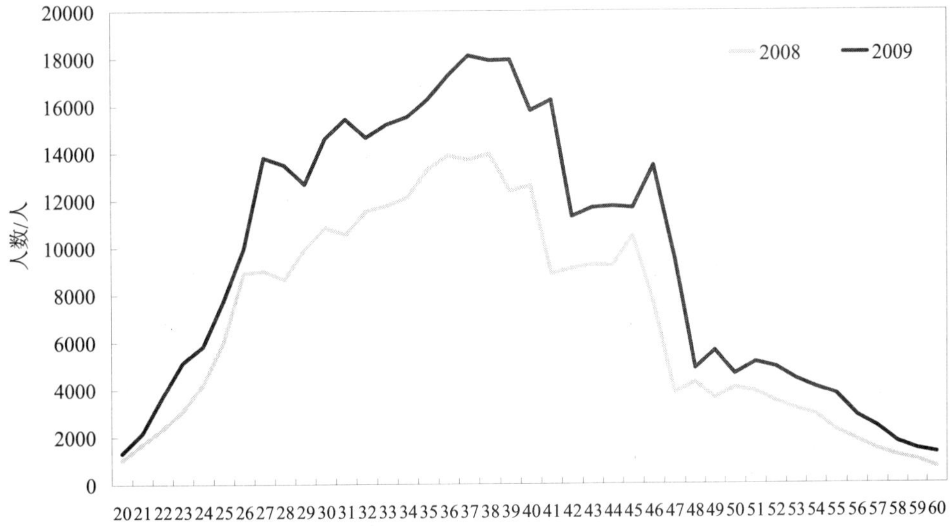

图6 一汽-大众（大众品牌）用户年龄分布

（作者：许琳）

奇瑞 A3 产品市场调研报告

在国家汽车行业刺激政策及宏观经济复苏的双重作用下，2009 年中国乘用车市场出现了约 49%的爆发式增长，其中自主品牌更是取得了 62%的高增长，超过整体市场。但目前自主品牌仍主要集中在低级别、低价位的市场中，同时 A00、A0 级市场份额呈现逐年萎缩的趋势。产品向上突破，进入高级别市场，在份额最大的 A 级市场中站稳脚跟，取得较大的销量成绩是自主品牌的未来出路与使命。奇瑞作为自主品牌的代表，销量长期依靠 QQ3，急需培育新的明星产品，A3 作为奇瑞开拓高级别市场、摆脱低质低价产品形象的战略产品应势而生，于 2008 年 9 月 26 日上市，经过一年多的销售，成绩不俗。下文将从 A3 产品简介、销量成绩、用户分析、销量区域流向以及用户反馈等多方面介绍 A3 的市场表现。

一、A3 产品简介：动感外形、高安全、高性能

奇瑞 A3 的推出，倾注了三万奇瑞人的心血，倾注了奇瑞十年自主创新的全部。A3 的上市也是奇瑞进入第二阶段发展的开端，是“稳定价格、提升品质、改善服务、建设品牌” 战略调整期的成果结晶。

奇瑞 A3 产品价位为 7.48 万～10.28 万元；外形风格比较动感、时尚、宽体、欧风（见图 1）；有三厢和两厢两款；长/宽/高/轴距分别为 4352 mm /1794 mm /1464 mm /2550mm；动力总成为 1.6-MT/1.8-MT/2.0-AT；1.6L 最大功率为 87.5kW/6150 r/min；1.6L 最大扭矩为 147Nm/4300r/min。A3 是一款特点突出、卖点清晰的车，表现在动感外形、高安全、高性能上，用精练的词语可凝练为：5E4W，5 是指 5 星安全设计，E 是指 ESP 电子稳定系统，4 是指四连杆式后独立悬架系统，W 是指 Wide（宽体）。

a） A3 正前

b）A3 前 45°

c） A3 正后

d）A3 后 45°

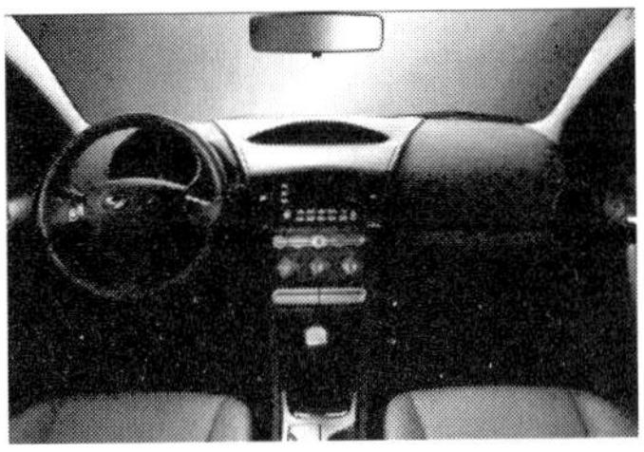

e) A3 内饰

图 1 A3 各部位图示

二、A3 销量成绩：成功立足于以合资车型为主的 A 级主流市场

A3 的目标市场直指目前以福克斯、标致 307、凯越、悦动等合资车型组成的中国乘用车市场容量最大且仍保持健康稳定增长的 A 级主流市场。结合 A3 的产品特性，奇瑞将 A3 定位于中国首款“B00 级车”，提出“开创家轿 B00 新世代”的传播语，在营销举措上，奇瑞采取了多种手段，产品未上市即第一个采取“10 万 km 连续不间断公开测试”，上市时第一个承诺 4 年或 12 万 km 国际标准保修服务，上市后不间断组织注重用户体验性质的“A3 品鉴飞行秀”等客户活动。

A3 上市后，销量经历了短暂的爬坡上升期，上市半年后销量即跨过 5000 辆/月台阶，成功地基本稳定、保持在月销量超过 5000 辆的水平之上（见图 2），可以说 A3 已成功进入并立足于以合资车型为主的 A 级车主流市场。

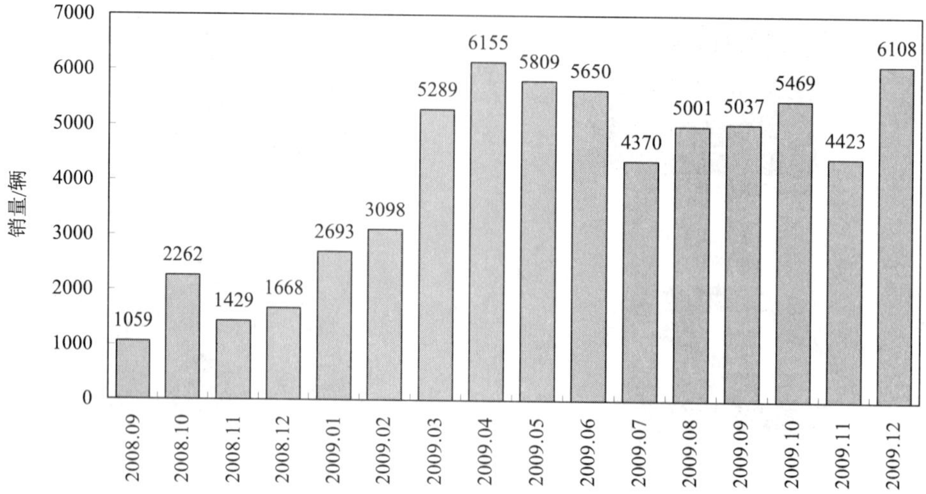

图2 A3上市场后月度销量推移

（注：数据来源于乘用车联席协会）

三、A3 用户分析：年轻、家用特征明显

A3 在产品研发期内、上市前期的目标人群选择时，即定位是为年轻的、活力的、有主见的、较高学历的、已婚不久或未婚的、有一定事业基础的社会精英人群量身打造的精致家庭轿车。

从 A3 的实际消费者情况看，购车用途上，A3 用户的绝大多数为家用用户；用户总体特征上，消费者年龄集中在 25~34 岁之间，家庭为已婚、人数主要为 3 人，学历以本科为主，单位性质多为国有和私营，个人月收入主要在 1 万元以内，与前期营销人群选择高度一致。

四、A3 产品区域流向：超过七成流向一、二级地区

A3 作为一款针对有一定事业基础的社会精英人群为主要目标消费者的家用轿车，销售前期的区域流向重点选择为一、二级地区。从 2009 年 A3 销售区域流向的实际情况看，一、二级地区的销量比例合计超过 70%（见图 3)，且较为稳定，并未随着上市时间的推移而下滑流向三、四级地区市场，这与广大消费者普遍认为的自主品牌的主要市场在二、三级市场有一定的差异，同时奇瑞 A3 的优异表现也明显区别于奇瑞另两款成熟车型旗云、A5 的区域流向表现。

此外，A3 销量的各省流向目前集中度较高，A3 主要销往江苏、安徽、四川、

广东、山东以及浙江六省，这六省的销售占比达到 51%。随着 A3 销售优势区域的增多，目前 A3 销量过于集中的情况将逐渐改善。

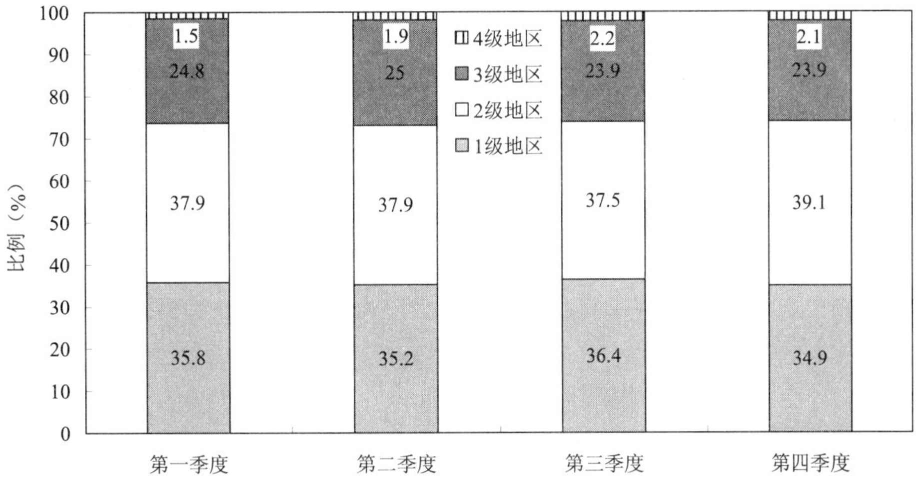

图3 2009年A3各级别区域销量比例

（注：1. 数据来源于用户上牌数；2. 区域划分主要依据市场容量和经济情况）

五、A3 用户意见：A3 产品优势明显，但需加强传播的通俗性与便利性

A3 作为奇瑞的一款战略转型车，奇瑞对其市场反馈格外关注，通过上市后各种渠道的用户反馈信息发现：总体上，A3 确实是一款卖点突出、优势明显的高品质车型，已广泛被消费者接受，但营销上具有不足。

A3 突出的、消费者认可的优势包括：

1）外观动感：时尚动感的外观是引发用户对 A3 关注的一个很重要的敲门砖；

2）高安全性：家用轿车用户都对安全性十分看重，五星安全的 A3 优势明显；

3）性价比高：A3 颇具竞争力的价格、较高的配置，让用户觉得物有所值。

A3 消费者认为存在的不足包括：

1）传播推广上，“B00 新世代”的宣传口号过于专业，需要向消费者详细介绍；

2）部分卖点（如 ESP）作为国内 A 级车鲜有配备的安全配置，市场上认知度较低，也同样需要向消费者详细介绍；

3）A3 高性能、高安全性的优势，用户不易直观察觉。

目前，奇瑞 A3 通过一年多的上市销售，取得了一定的销量佳绩，成功立足于主流 A 级市场并且已形成一定的良好口碑。为取得更佳的业绩，奇瑞公司在未来的营销中将改进 A3 传播口号的通俗性、易传播性；坚持注重用户体验的促销活动进行市场推广；不断增强 A3 产品竞争力，包括全系增配 ESP 安全配置等。

伴随着中国乘用车市场的高速发展，相信 A 级主流市场中将出现更多的畅销自主品牌车型。

（作者：蒲晖）

专题篇

世界汽车工业在中国看到未来的希望

一、全球车市中国风景独好

2008 年下半年，美国金融危机的冲击，使全球经济陷入衰退，汽车市场大幅度下滑，中国汽车市场也被波及，增长率只有 5%。

2009 年，世界经济形势依然冷风阵阵，但是由于各国政府采取积极措施救市，包括出台刺激汽车消费政策，取得了明显的效果。中国 2009 年汽车销量达到创纪录的 1364.5 万辆，爆炸式增长 46.2%，令世界为之震撼。2009 年美国汽车销量 1040 万辆，下降 21%，下降幅度显著缩小。欧洲主要国家中德国市场增长幅度高达 23%，法国也增长 11%，意大利基本持平，英国下降幅度也较小。

在亚洲，日本汽车销量有不到一成的下降，虽然下降幅度不大，但是已经连续多年下降，仍然令汽车工业悲叹时运不佳。金砖四国中，除中国外，巴西、印度汽车市场形势也比较好，保持了 11%以上的增长，而俄罗斯汽车市场仍然处在凄风苦雨之中，下降幅度接近 50%（见表 1）。

表 1　2009 年全球主要汽车市场销量与增幅

国别	2009 年国内销量/万辆	增长幅度（%）
中国	1364.20	46.20
美国	1043.10	-21.00
日本	460.93	-9.30
德国	381.00	23.00
巴西	314.00	11.35
法国	227.00	11.0
意大利	215.30	-0.17
英国	199.50	-6.40
俄罗斯	146.00	-49.30
韩国	138.61	21.00
澳大利亚	93.70	-7.40
土耳其	55.71	12.77

由于市场萎缩的冲击，一些跨国汽车公司陷入经营困境，不得不向政府申请援助，甚至破产重组。通用和克莱斯勒的破产重组震惊了全球。

2009 年 4 月 30 日下午，克莱斯勒宣布申请破产保护，并将暂时停止绝大部分工厂的生产直至完成与意大利汽车制造商菲亚特的联盟。在克莱斯勒进入破产保护之后，美联邦政府将提供 35 亿美元作为破产融资和 47 亿美元的退出融资。另外，克莱斯勒将完成与意大利菲亚特的合作，菲亚特同意将价值数十亿美元的技术提供给克莱斯勒。2009 年 5 月 22 日，克莱斯勒完成了破产重组。

2009 年 6 月 1 日，通用汽车正式宣布申请破产保护，40 天后，新通用汽车诞生，其中美国财政部持股 60.8%，美国汽车工人联合会退休人员医疗信托基金持股 17.5%，加拿大及安大略省政府持股 11.7%，旧通用汽车公司持股 10%。新通用将专注于保留下来的雪佛兰、凯迪拉克、别克以及 GMC 四大核心品牌，新通用撤销了北美区总裁一职和北美市场之外的所有区域总部，转而在上海成立国际运营部，负责所有的海外业务。

与美国汽车公司纷纷抛售资产相反，大众公司激流勇进，2009 年 12 月 7 日大众宣布以 39 亿欧元的价格收购了保时捷核心运动车业务 49.9%的股份，成为其旗下的第十个品牌。2009 年 12 月 9 日，德国大众和日本铃木共同宣布：将通过互相持股和共同开发节能小型车等方式进行资本业务合作。

PSA 正在与三菱汽车商讨两家资本联合的事宜，PSA 将得到日本三菱汽车 30%～50%的股份。

二、中国汽车市场已经成为跨国公司的主要利润来源

由于中国汽车市场在金融危机的风暴中逆市成长，这成为多数汽车跨国公司 2009 年主要的增长点。与全球其他市场的惨淡经营形成鲜明对比，跨国汽车公司 2009 年在中国的业绩都取得了两位数增长，有的甚至高达 60%以上，有的汽车巨头甚至靠在中国市场的盈利来弥补其他市场的亏损。中国汽车市场的迅猛增长，成为拯救一些跨国汽车公司的关键因素。

美国通用在美国市场的销量为 207.22 万辆，下降 29.9%，但是在中国却取得了极为辉煌的成就，销量达到 182.64 万辆，已经十分接近在美国本土的销量，比上年增长 66.9%。其中上汽通用销售 72.76 万辆，增长 58.6%；上汽通用五菱销售 106.12 万辆，增长高达 63.9%，这主要得益于中国政府小排量汽车购置税减半和

汽车下乡政策的刺激。

福特公司从 2009 年第二季度开始逐步走出破产阴影，销量逐步回升，2009 年在美国销量为 165.61 万辆，下降 14.7%，在三大公司中降幅最小，福特的市场份额从 2008 年的 14.7%上升到了 15.7%，。在中国市场，福特销售了 44.06 万辆汽车，增长 44%，其中福特品牌增长 48%。

大众公司在全球销量为 629 万辆，增长 1.1%，而在中国销售量创造了新的纪录，销售 140 万辆，增长幅度达到 32.4%。其中奥迪品牌销售 15 万辆，在中国市场上的高档豪华轿车中遥遥领先，比上年增加了 36.7%。斯柯达的销售量增长一倍多，进口汽车的增长也高达 82%。曾经一度为大众汽车带来全球 80%利润的中国市场，今年上半年的销量开始超过德国本土，成为大众全球第一大市场。

丰田汽车在金融危机中受伤较深，2009 年上半财年（4～9 月份）全球销售量为 348.3 万辆，下降 16.3%。其中在美国下降 23.3%，在日本下降 8.4%，在欧洲下降 24%，只有在中国是增长的，增长幅度达到 28.3%。预计丰田公司 2009 年全年可以在全球销售 650 万辆。根据丰田汽车公司最新公布，2009 年度在中国市场销量约为 70.9 万辆，与上年同比为 121%。在中国市场销量大约占全球销量的 12%。曾经是全球最赚钱的汽车企业丰田汽车，2008 财年亏损 44 亿美元，2009 财年第一季度继续亏损，但一汽丰田和广汽丰田这两个合资企业在 2008 年的利润在 10 亿美元左右，2009 年的状况肯定会进一步改善。

在金融危机的冲击中，现代－汽亚集团“化危为机”，全球销量达到 463 万辆。其中现代全球销售 310.68 万辆，增长 11.6%，在美国增长了 8.3%，在中国销售 57.03 万辆，增长 94%，占全球销量的 1/5。刚刚在 2008 年投产规模达 30 万辆的第二工厂已经实现满产。起亚在全球销售 153.5 万辆，增长 9.6%，其中中国销售 24.14 万辆，增长 70%。

2009 年 PSA 全球销量为 318.8 万辆，下降 2.2%，其中在欧洲市场下降 5.4%，在南美市场减少 2.2%，在中国销售 27.2 万辆，增长 47%。

奔驰汽车全球销售 113 万辆，下降 10.1%，在欧洲下降了 12.8%，在美国下降了 17.8%，而中国市场增长了 68%，达到 7.19 万辆。尽管戴姆勒在华的销量不高，但其进口轿车业务带来 40 亿元的利润。

日产在华销售 75.6 万辆，增长 47%。日产（中国）投资有限公司宣布，中国已成为目前日产全球销量最大的市场。日产汽车 2008 财年累计亏损 2337 亿日元，但中国业务正成为日产汽车新的支点，而迅猛发展的东风日产已成为日产在全球最重要的利润来源，2009年更是传言它会成为国内最赚钱的汽车企业。

本田社长称："2008财年本田在全球的纯利润是15亿美元，但中国市场就有13亿美元，是中国市场挽救了本田全球的命运。" 2009年，本田在中国的两个合资企业销售了57.62万辆汽车，增长22.46%。两个合资企业总销量增幅不大，但由于雅阁和CR-V实现大幅增长，因此本田在华的利润仍然增长不少。

三、在华战略重大转变

金融危机之后，全球汽车工业格局发生了巨大的变化，发达国家的传统汽车市场已经饱和、停滞，而新兴国家汽车市场方兴未艾，中国已经成为具有最大潜力的汽车市场，各大跨国公司纷纷把战略重点转向中国。

1. 通用

2009年虽然通用公司经历了破产程序，但是在中国的业务不但没有受到影响，反而得到加强。2009年7月份，通用汽车公司宣布新成立的通用汽车国际运营部总部落户上海。国际运营部管理超过130多个通用汽车的海外市场，涵盖南美洲、欧洲、亚洲、非洲等。将这样一个事关通用汽车全球拓展的关键部门总部设立在中国，足见中国对于通用汽车全球布局的重要意义。

2009年8月份，通用汽车与中国一汽合资成立了一汽通用轻型商用汽车有限公司，这标志着通用汽车在华开拓全新细分市场。2009年12月初，通用汽车与上汽集团宣布以印度市场为起点，联手拓展亚洲新兴市场，按照50:50股比成立通用上海汽车香港投资公司，合力抢抓亚洲新兴市场发展机会。

上海通用汽车研发试验中心于2009年10月份在安徽动工建设，将提升通用汽车在华合资企业的产品开发实力。通用汽车全新中国园区的一期工程已经于12月底正式投入使用，成为通用在华发展的新基地，上海通用汽车全国配件配送中心落成并启用，为中国消费者提供通用汽车全球领先的Onstar汽车安全技术服务。通用汽车中国科学研究院在上海正式成立。

2. 福特

由于成功的自我整合，福特公司艰难度过了危机，2009年开始赢利。在中国，福特汽车继续全力推进 ONE FORD （同一个福特）战略，取得了可喜的进展，"ONE FORD"规划使福特汽车能从少数几个核心平台上制造出更多适应全球市场的车型，从而进一步削减成本，提高零配件和系统的通用性。福特关于中国市场的战略发生了根本性的转变，将中国市场从“全球最重要的市场之一”提升为“全球最重要的市场”，并以此为核心目标，计划将中国市场提升为其全球重要的制造加工基地。中国将成为福特全球战略布局中的小型车生产基地。在福特南京工厂建设完毕之后，福特依托长江的战略链条已经基本形成，重庆是福特在中国的战略核心，长安福特马自达的第一工厂形成了以福克斯、马自达 3、S-MAX、蒙迪欧为核心产品的生产中心；而南京工厂则是生产马自达 2、福特嘉年华改款车型为主的小型车生产基地；江铃作为福特在华耕耘多年的商用车生产基地的地位则日益巩固。随着福特在中国业务的迅速增长，福特在零部件领域的采购总量也在不断增长。

3. 丰田

在 2008 财年出现罕见的亏损后，丰田汽车新任社长丰田章男宣布，“放弃占领全球 15%汽车市场份额的目标，放弃成为全球第一大汽车企业的目标。经营将以产品为中心，重心将放在提高汽车质量、满足用户需求上。丰田汽车将摒弃以往大而全的全方位型产品线，转向建立必要且充分的产品线。”“将工作重心回归到汽车质量与用户需求上，我们更注重的是在全球统一化标准品质情况下，一步步地按照市场需求和我们的计划发展，并且为将来的进一步发展打下坚实的基础。”

这是丰田汽车 10 年来最大的一次战略变革。丰田高层人员表示，中国已经成为丰田最重要的市场，也已经成为全球性重要的市场。丰田“中国战略”将进一步激活市场 ，市场中的竞争要素将进一步激活。丰田下一步在中国发展的突破是以两点为核心的——产品本土化战略的推进与新能源战略的坚守。丰田将加强在小排量级别产品上的投入，在中级车以及雷克萨斯这样的豪华车型部分，也将逐渐对新车型进行换代分析。但是在本土化研发方面仍然非常迟缓，这就影响到丰田在中国的业绩。

4. 大众

大众汽车在 2009 年证明了自己可以比其他汽车商更好地从这次危机中生存下来。相比在北美市场纷纷收缩战线的汽车巨头，大众汽车没有改变既定计划，大众在全球的销量达到 629 万辆，有 1.1%的微弱增长，随着美国三大汽车公司的相继没落，世界汽车格局悄然变化，大众汽车将惟一的竞逐目标锁定丰田。

为了在中国车市保持住领先优势，大众汽车选择了主动出击，加大了对企业的产品研发和投放力度。未来 3 年内，大众将向中国投资总计 24 亿欧元，其中 5 亿欧元用于大众在中国的动力总成战略，另外 70%投入新产品研发，余下的用于产能扩张。大众汽车在 2008 年发布了 2018 计划，在 2018 年将扩张到 1000 万辆规模，这个计划的中国部分是 200 万辆，而 2009 年就已经达到了 142 万辆的销量，200 万辆指日可待。2009 年大众提出了“华南战略”，大众在全国的市场份额接近 20%，但是在中国南方的浙江、江西、福建、广东、广西、海南等六省区，大众集团的市场份额不到 12%，华南战略的目标是将大众汽车、奥迪、斯柯达三大品牌的年销量从现在的 15 万辆提升至 50 多万辆。

2007 年 4 月份，大众汽车集团（中国）启动“动力总成战略”，通过逐步引进和投产代表业界最高科技水平的实现低油耗、高功率输出 TSI 发动机和 DSG 变速箱，承诺到 2010 年将在华所有产品的油耗和排放降低 20%。大众汽车独步全球的 TDI 发动机技术已可满足欧洲 2009 年开始实施的欧 V 排放标准，而大众汽车的 TSI 发动机比普通汽油机节约油耗，同时还提供最高的动力性，并且进一步减小了体积。随着双增压发动机的应用，发动机可以提供更好的动力表现。TSI 发动机的另一特点是可用 E10 油品，因此可进一步减少排放。

5. 现代

现代汽车集团在全球市场扮演了一个“别人退却时它在进攻”的角色。现代汽车的目标是“力争在 2010 年之前进入世界五大汽车制造商之列”。在现代汽车的全球化战略中，中国将会成为韩国现代最大的海外生产基地之一，未来现代汽车全球 1/3 的产量——100 万辆将在中国产生，并由中国直接出口。2009 年 1 月 2 日，现代汽车集团会长郑梦九向全体员工发表新年动员时表示：“扩大销量是在全球市场低迷状况下生存的惟一途径。”一家中国媒体报道：“比经济低迷、市场萎缩更让传统欧洲汽车列强感到不安的是，一个进入欧洲没多久的‘小字辈’企业，近年来在自己的领地上大肆赚取市场份额，大有反客为主的趋势，这就是现代汽车。”《商业周刊》惊呼：“小心现代汽车从后视镜中超过去”。

现代汽车的底气来自于 2009 年在全球的表现。本轮金融危机中，韩国现代汽车成为罕见的赢家。2009 年上半年，现代汽车全球销量高达 215.3 万辆，首次跻身全球第四名，销量仅比排名第三的福特汽车低 8000 辆。2000 年以来，现代汽车在全球的排名不断前移，从 2000 年的第 10 名，至 2006 年的第 6 名，再至

2007 年的第 5 名。2009 年，现代起亚集团全球销量达到 463 万辆。

6. 日产

戈恩说，中国市场是日产汽车全球发展战略的重要市场。早在 6 年前日产与东风汽车合资组建中国最大的汽车合资公司时，就明确了这一点。之前的规划目前已经变成了现实。日产目前面临的最大问题是中国市场发展太快，而产能跟不上。下一步要加大在中国的投资和新产品投放，并且要做好本地化。日（中国）投资有限公司董事总经理桥本说：中国汽车市场正在不断壮大，有一天会成为世界最大的汽车市场。从 2009 年前 8 个月的情况来看，中国已经成为日产第二大市场，并且很快将成为第一大市场。在日产公司的全球战略中，中国市场是重中之重。尽管全球经济还没有从金融危机中走出来，日产的对外投资也比较谨慎。但对于中国的投资是优先的，向中国导入新技术新产品也是优先考虑。

四、跨国汽车公司继续看好中国

未来几年，国家将根据《汽车产业调整和振兴规划》，延续并进一步落实汽车产业优惠政策，促进中国汽车产业稳步发展。在宏观经济持续向好、居民收入快速增长、城市化进程不断推进以及产业优惠政策进一步延续和落实等长期利好因素作用下，我国汽车行业将是长期的朝阳行业，预计 2010 年我国汽车产销量仍将延续高增长的趋势，有人预测 2025 年中国汽车市场规模将达到 4000 万～5000 万辆。

目前，对 2010 年全球汽车市场预测并不十分乐观，但是对中国汽车市场则大多保持含蓄的信心。大众中国投资有限公司总裁兼首席执行官范安德博士认为中国的汽车工业整体市场已经成为全球第一大市场，最重要的是这个市场还是一个快速增长的市场。预测 2010 年的市场有 15%的增长。通用中国甘文维在接受路透社采访时预计 2010 年中国汽车市场增长 10%～15%。一汽马自达销售公司副总经理于洪江认为 2010 年车市增速将保持在 20%左右，并且认为这是一个较为正常的增幅。

可以预测，2010 年跨国汽车公司将更加重视中国汽车市场，在开发、配套、生产、销售、售后服务、进口、全球采购、汽车金融等等产业链的各个环节深耕细作，加强攻势，希望会有更大的收获。

（作者：贾新光）

后复苏期汽车市场的增长问题

后复苏期的时间概念，是指三年调整期的后两年即2010年和2011年；如果再延后，就是三年调整期结束后的若干年，与“十二五”前期重合的几年，或者称后危机时代。复苏增长、持续增长和温和增长，成为目前探讨我国后复苏期汽车市场走势的主要关键词。

一、汽车市场在经济已经复苏中增长

受国际金融危机的影响，我国汽车市场自 2008 年下半年起就出现了严重的低迷和萧条，到2009年1月份跌入谷底（见图1）。

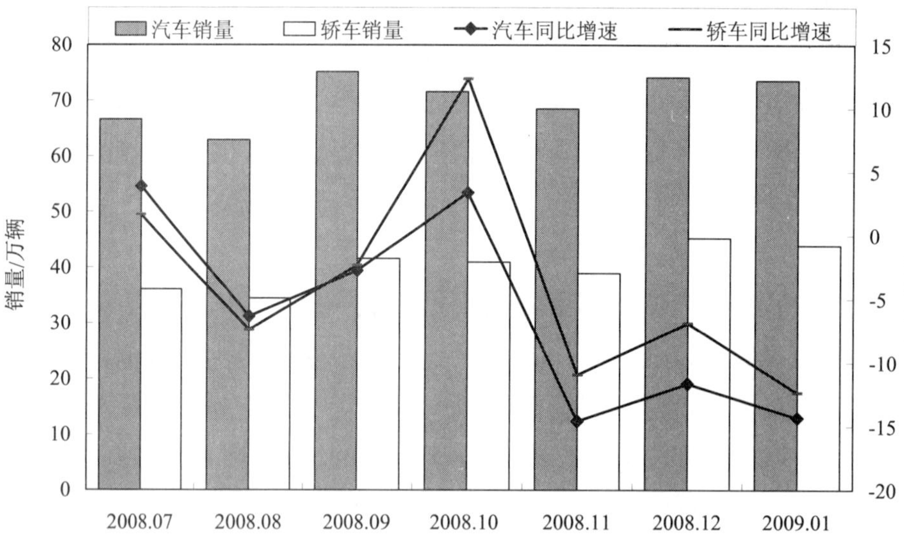

图1 国内汽车市场下挫趋势

面对国际金融危机的严峻挑战，党中央、国务院果断决策，三年期的《汽车产业调整和振兴规划》率先出台，提出了应对国际金融危机的一揽子政策措施，较快地扭转了市场增速下滑的态势。2009 年 2 月份出现复苏迹象，2009 年 3 月份起，汽车销售已连续 9 个月在 100 万辆以上，其中 2009 年 9 月份、10 月份仅乘用车销售就超过“百万辆”，我国汽车市场已经进入复苏阶段（见图 2）。国家统计局中国经济景气监测中心发布的2009年第三季度“中国汽车行业景气指数”显示：汽车行业景气指数为99.6（2001年=100），比2009年第二季度的96.9上升2.7个点，表明汽车行业已经走出低谷，进入上行通道。

上海虽然是私车总量严格控制地区，但轿车市场销售仍较强劲，上海市信息中心提供的数据显示，2009年国产轿车上牌16.03万辆，增长20.91%。其中微型轿车3719辆、经济型轿车30383辆，分别增长94.31%和51.09%。如果包括沪籍人士买车上外地牌照而在上海使用的，则不会低于20万辆。

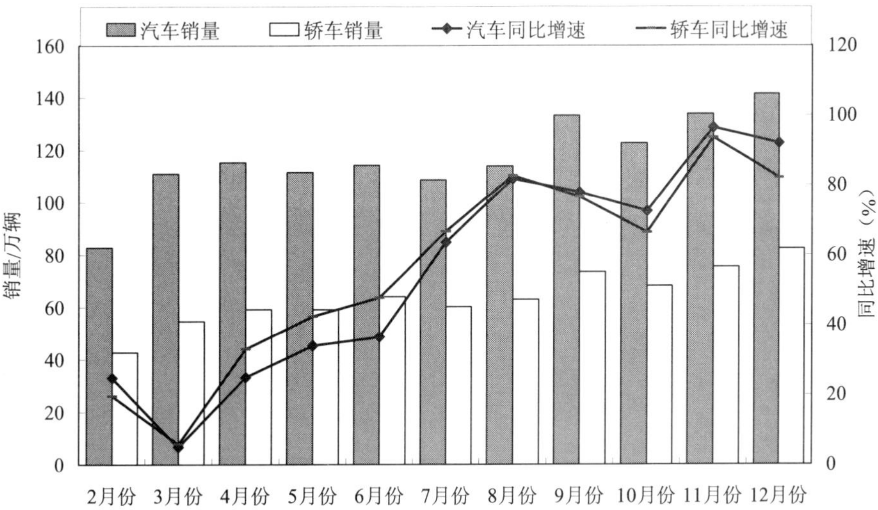

图2 2009年国内汽车市场复苏趋势

2009年汽车产销量分别为1379.1万辆和1364.5万辆，同比分别增长48.3%和46.2%，一年增量400多万辆，是2002、2003两年车市“井喷”后的再一次大爆发，汽车市场终于度过了严寒的冬天，迎来了复苏的春天。

二、后复苏期汽车市场可以保持持续增长

汽车市场后复苏时期和后危机时代，汽车市场“能持续增长”，主要因素在于：

1. 市场信心得到真正的提振

2009年11月份1.6L及以下排量乘用车销量为72.33万辆，其中1.6L及以下轿车销售53.42万辆，均创出历史新高；消费税减半，轿车大幅度增长，2009年1～11月份累计销量的市场份额从原先的60%提升到70%，对整个汽车市场的增

长贡献度达到85%，多数品牌车型出现一车难求的局面。据推算，由政策因素拉动增长的销量达260万辆。就是享受不到消费税减半优惠的车型，销量也自2009年7月份起明显回升，2009年前11个月中，1.6～2.0L和2.0～2.5L车型销量均出现了恢复性增长，市场份额分别稳定在22和8个百分点；2.5L以上的车型销量略有下滑，这并非是坏事，而是车型结构调整中我们所期待的积极成果之一。

2. 国民经济步入企稳回升通道

2009年年初理论界曾经对经济走势有U形、L形和W形等的揣测，如今我国在全球经济中率先划出V字的“上行线”。2009年GDP的增长第一季度为6.1%、第二季度为7.9%、第三季度为8.9%，2009年前三季度的GDP增速为7.7%，2009年全年可望实现8.3%的增速，甚至还高一些（中国社会科学院2010年《经济蓝皮书》）。由于农、工、建筑、交通运输、批发和零售、住宿和餐饮，以及房地产等行业的增速都在加快，表明国民经济的上升是全面的上升。

中组部长李源潮10月中旬在美国哈佛大学的演讲中对我国经济能在全球金融危机中较快复苏的原因作了解读，说了四大机制的作用：社会主义市场经济的高效稳定机制；改革开放的发展动力机制；党集中办大事的动员机制；国有骨干企业的社会责任机制。

国民经济步入企稳回升通道是汽车市场稳定发展的基础之一，商用车市场更是宏观经济形势的晴雨表，如今商用车市场明显好转，2009年1～11月份商用车产销量分别为306.15万辆和300.24万辆，同比增长26.44%和23.80%，商用车各类车型中，货车市场表现最好，1～11月份增长36.89%，该类车型占商用车市场的2/3，成为拉动商用车增长的主要力量。

商用车龙头企业和骨干企业市场形势明显好转，陕汽、北汽福田和江淮重型的货车增长均高达三位数，昌河的轻型货车以及长安和上汽通用五菱的微型货车都增长惊人。

3. 汽车市场内生力量强大

人均GDP超过3000美元，轿车将广泛地进入寻常百姓家庭，这是实践证明的一个汽车市场发展规律，在我国也将不可抗拒地发生作用。我国沿海的粤、浙、苏、沪、津以及北京6个省市人均GDP已经达到7957美元，闽、鲁、冀、辽、吉和内蒙6个省区人均GDP也在2490～4000美元。

我国汽车市场有别于发达国家，我国是市场拉动型，新增需求为主，千人乘用车拥有量很低；世界千人乘用车拥有量：新西兰 609 辆、意大利 595 辆、德国 565.2 辆、法国 495.9 辆、美国 461.0 辆、日本 441 辆，而我国千人乘用汽车拥有量不足 20 辆（2008 年国际公路协会《世界公路统计》）。

至 2009 年 6 月底，包含三轮汽车和低速载货汽车在内的我国汽车保有量达到 6962.60 万辆，其中私人汽车 4624.33 万辆，占总保有量的 66.42%。拥有汽车驾照人数达 1.29 亿，还有众多人在为取得驾照而培训。全国汽油价格上调，但高油价难抑私车购买热度，上海市私车牌照 2009 年 11 月份的竞标拍卖，最低中标价为 3.49 万元，平均中标价为 3.53 万元；2009 年 1～11 月份投放额度为 70600 张，竞标达 159936 人，最低中标价始终维持在 3 万元的高位。可见，我国汽车市场的需求呈现为巨大的刚性。

4. 未来的消费热点和经济增长点

我国老百姓的消费品结构不断升级，改革开放前是百元级的自行车、手表和缝纫机，上个世纪 90 年代是千元级的彩电、冰箱和洗衣机，现在是几万元和几十万元级的汽车和住房。汽车和住房消费已经成为我国扩大内需的主要力量，成为我国未来经济的增长点。汽车，主要是支持小排量的节能环保和新能源车；住房，主要是支持居民自住和改善性购房需求，增加普通商品房供给。

中央经济工作会议要求“十二五”规划，充分体现让全体人民充分分享改革发展的成果。我国又处于工业化和城镇化的加速期，如果每年城镇化提高 1 个百分点，就是 2000 万农民连同家属进城，如果 10 年就是 2 亿人进城，同样产生新的需求。农村市场本身在扩张，2009 年五菱汽车用户中，来自农村的农民消费者所占的比例从上年的 60%上升到目前的 80%。

5. 后复苏期仍有政策支持

2009 年 12 月 9 日的国务院常务会议决定，将汽车下乡政策延长实施至 2010 年年底，汽车以旧换新的单车补贴金额标准提高到 5000 元至 1.8 万元，将减征 1.6L 及以下小排量乘用车车辆购置税的政策延长至 2010 年年底，按 7.5%征收。

在新能源汽车方面，2010 年 3 月份国务院可能有一个“新能源汽车发展规划”颁布。发展新能源汽车的政策，有望从具体车型扩展到整个产业，比如零部件、整车、充电站和电网等各个方面，涉及科技、产业、市场等。

在汽车出口方面，商务部等六部委于2009年11月中旬发布了《促进我国汽车产品出口持续健康发展的意见》，以推动汽车及其零部件加快出口。《意见》鼓励有优势的企业或企业间联盟体对外投资，在境外建厂设点（直接到境外投资建厂，是出口的一个好形式，既可降低运输成本，又能避开关税壁垒，可增加当地的税收和就业，容易得到所在地政府的支持）。

此外，启动二手车市场和汽车消费信贷等，也将加大力度。

三、后复苏期汽车市场的增长应该是平稳而较快的增长

后复苏期、后危机时代汽车工业的发展和汽车市场的发展，并非一味地扩张，而是要求平稳而较快的增长，一方面，因为我国经济回升的基础还不牢固，积极变化和不利影响同时显现，短期问题和长期问题相互交织，国内因素与国际因素相互影响；另一方面，汽车市场终究要由“政策刺激内需增长”的特殊市场，逐步切换到“自主性内需增长”的常态化市场。

世界汽车销售的全面复苏可能在2011年出现，我国用一年不到的时间，基本摆脱了金融危机造成的汽车市场负增长和微弱增长的态势。平稳而较快的增长速度应该在12%～15%。为什么是15%的增长呢？第一，三年期的《汽车产业调整与振兴规划》，年均增长目标不过定在10%左右；第二，刺激汽车需求措施的力度最终还是要减弱，减征1.6L及以下小排量乘用车车辆购置税政策力度有所弱化，政策效应将会递减；第三，汽车与社会环境压力，特别是低碳经济（低能耗、低污染、低排放）要求日益突出，低碳经济发展模式是继农业文明、工业文明后的又一次重大社会进步，追求绿色GDP，通过能源技术创新、减排技术创新、产业结构创新和产业制度创新，实现社会可持续发展；第四，2010年GDP增速“维持7%～9%较为理想，比两位数增长要好，可避免高通胀、高通缩”（央行货币政策委员樊纲），通常GDP与车市增速之比为1∶1.5；第五，2009年3月份起的高增长使增速基数很高，因而增长难度很大，2009年1～11月份，汽车产销量分别达到1226.58万辆和1223.05万辆，增长41.59%和42.39%。其中乘用车销售922.81万辆，增长49.70%；乘用车中轿车销售664.93万辆，增长44.92%。

后复苏期、后危机时代汽车工业的发展和汽车市场的发展，并非一味地做大，平稳而较快地增长更利于做强汽车工业。我国2009年产销突破1000万辆，确实了不起，是我国汽车工业发展史上具有里程碑式的大事，2009年10月20日长春

举行的年产 1000 万辆庆典的主题是“辉煌时刻，腾飞起点”。主题的前半句就是庆祝我国成为世界第 3 大汽车需求市场，跻身世界汽车大国之列；庆典仪式的重点是后半句，我国汽车工业要以年产 1000 万辆为起点，在做大的基础上走向做强，让汽车工业真正地腾飞起来。

我国要成为世界汽车强国，其重要标志是：具有国际竞争能力的世界知名企业和品牌；能利用中外两种资源、开拓中外两个市场，并在国际市场占有一定的份额；培育起自主创新能力，掌握汽车核心技术和新技术的发展趋势，能支撑和引领世界汽车产品的技术进步（工业和信息化部苗圩副部长 2009 年 10 月 20 日在汽车年产 1000 万辆庆典上的讲话）。

国家主席胡锦涛 2009 年 11 月 13 日在新加坡举行的 2009 年亚太经合组织工商领导人峰会上说：“历史经验表明，每次重大经济危机都会伴生重大科技突破和产业调整，强力推动经济发展方式转变”。结构转型升级成为摆脱经济困境、实现可持续增长的关键，使“危机”转化为“契机”。

1973 年的石油危机触发了节能产业的发展及技术进步，日本汽车工业在危机中获得发展的先机。2010 年中央经济工作会议要求“坚定不移调结构，脚踏实地促发展”。今天全世界关注低碳，低碳就有价值，就有市场，不少国家政府把低碳作为新的增长点，我国工业也应抓住低碳经济的发展机遇，新能源汽车已成为全球汽车企业抢占未来市场制高点的关键，发展新能源汽车是我们实现“弯道超车”的极好机会。如果汽车在节能减排、清洁能源和低碳经济上无所作为，做得不好，有负国人企望，将成为众矢之的。

后复苏期、后危机时代我国汽车产业平稳而较快增长，更利于处理汽车与环境的友好发展、汽车业与相关产业的协调发展。为此应该和必须处理好以下几个关系：

（1）新车与在用车的关系　加速报废和更新包括“黄标车”在内的在用车中的老旧汽车，既是环境的迫切要求，也是促进新车购买的举措，商务部提出 2009 年报废 270 万辆黄标车的目标，进展不快，难度很大。北京截至 2009 年 11 月 25 日，淘汰改造高排放污染黄标车 10 万辆；但北京市还有 45.1%的参检黄标车没有淘汰更新。上海还有 30 多万辆黄标车、广州还有 20 多万辆黄标车。我们现在要造的车是节能、减排的车，是要符合国 IV 排放标准的好车。

全国在用车数千万辆，其中“黄标车”1800 多万辆。环保部的研究显示，一辆黄标车的污染物排放相当于30辆国IV车排放的总和；上海自2009年11月1日起对所有轻型汽油车以及公交、环卫、邮政车辆，提前实施国IV标准后，实施国IV排放标准的轻型汽油车，其污染物在国III标准基础上可再降低50%左右，公交、环卫、邮政车辆的排放可降低30%左右。杭州灰霾天气从2000年的每年12天，激增至2008年的158天，该市环保局表示，机动车尾气污染已成为杭州灰霾天气的主要原因之一（至2009年9月底，杭州市机动车保有量突破150万辆，并正以每月6000辆的速度增长）。

各地应合理调整本地区"黄标车"提前报废的补贴标准，以车辆类型和使用年限为参考因素，降低"黄标车"保有量。

（2）多造车与造好车的关系 中国质量协会用户委员会的2009年第三季度中国汽车产品质量与服务质量投诉分析报告显示，汽车产品使用半年内就出现问题的投诉，其数量已经占总投诉量的六成；汽车产品95%以上的投诉都出现在保修里程内，其中行驶1万km内就出现问题的汽车产品投诉占总投诉量将近四成。"新车质量在下降"，有关专家对此十分忧虑，车市井喷，对新车投诉也"井喷"，应引起制造企业的高度重视。

（3）传统能源汽车与新能源汽车的关系 电动汽车是新能源汽车的重要发展方向之一，电动汽车已经被列为包括新能源、节能环保、新材料、新医药、生物育种和信息产业在内的七大战略性新兴产业。2009年11月17日的《中美联合声明》把清洁汽车列为优先研究课题之一，启动中美电动汽车倡议，在十几个城市开展联合示范项目，努力开发共同的技术标准，以推动此产业规模快速增长，使两国在未来数年有几百万辆电动汽车投入使用。

（4）整车制造工业与零部件制造工业的关系 汽车工业发展必须与其上游的原材料、零部件协调发展，在发展新能源汽车上，如果我们自己不掌握核心技术，一味地从国外买电池、买电机、买控制系统拼装，是毫无意义的，千万不要蹈合资初期的单一引进车型的覆辙。

（5）新车销售及售后新车的能源保障的关系 国家发展和改革委员会产业协调司曾有一个假设，假如2009年实现销售1200万辆甚至更多新车，再假如2009年有500万辆老旧汽车报废后更新，那么2009年净增保有量700万辆，按照现有能源供给，也就意味着国家要兴建一个2000万t级的炼油厂，方能确保净增保有量的能源供给。

（6）汽车工业发展与汽车服务增值的关系　汽车工业发展必须与汽车服务增值相结合，发展汽车业服务链——汽车研发、生产性物流、新车销售、二手车市场、汽车消费贷款、汽车保险、融资和租赁、维修保养、报废回收、客货运输、汽车用品（装饰、音响和电器）、汽车油品（燃油、润滑油和添加剂）、汽车文化（运动、俱乐部、旅游、论坛、赛车）等。

（7）汽车发展同道路建设、停车场建设等的关系　丰田汽车在 2008 财年出现罕见亏损后，决定“放弃占领全球 15%汽车市场份额的目标，放弃成为全球第一大汽车企业的目标”；经营“重心将放在提高汽车质量、满足用户需求上”；丰田汽车将“摒弃以往大而全的全方位型产品线，转向建立必要且充分的产品线。”

（作者：张伯顺）

汽车产业自主创新与自主品牌的发展

一、汽车产业自主创新的背景

1. 自主创新的宏观背景

当前，国家把提高自主创新能力作为调整经济结构、转变增长方式和提高国家竞争力的中心环节，把建设创新型国家作为面向未来的重大战略，自上而下地形成了国家层面提创新、企业层面抓创新的热潮。温家宝总理 2008 年 7 月份在广东调研时指出："一个国家、一个民族、一个企业要发展，关键在于创新。只有不断创新，中华民族才能够屹立于世界民族之林，企业才能成为同行业的领军企业"，并勉励企业要"用创新赢得尊严，用创新创造财富"。

创新是国家竞争力的关键，也是企业竞争力的关键，这在当前已经成为社会各界的共识，然而，这一共识的取得过程却是来之不易。在改革开放后相当长的一段时期内，自主创新并没有引起国人足够的重视。其实，无论是过去对自主创新的相对忽视，还是近年来对自主创新的大力弘扬，都是由我国的经济发展阶段所决定的。

我国的改革开放已经走过了 30 年的发展历程，30 年来，我国的经济体制改革不断深化，对外开放不断扩大，快速发展成为世界主要的经济体之一。我国 2009 年的 GDP 总量有望超过日本而位列世界第二，人均 GDP 从改革开放之初的不足 300 美元增长到接近 4000 美元，外汇储备排名世界第一，出口总额也已跃居世界第一，取得了举世瞩目的伟大成就。回顾已经过去的这个发展阶段，我们最大的任务是"脱贫"，是把经济总量尽快提上去，这一发展阶段要求我们把增长的速度作为最重要的指标。

然而，在经济总量不断攀高的同时，国际国内的经济环境已经出现深刻变化，量的矛盾逐步缓解，质的矛盾日益凸显。我们传统的比较优势正逐步弱化，新的竞争优势亟待形成。

（1）外资企业在我国经济中所占的比重过高　从工业总产值方面看，外资企业占我国全部工业总产值的比重接近30%，分行业来看，某些行业工业总产值的一半甚至大部分都被外资企业所占据（见表1）。出口方面，外资企业占到了出口总金额的一半以上（见表2）。

表1 2008年按行业分我国工业总产值

行业	工业总产值/亿元	其中：外资企业产值/亿元	外资企业占比（%）
通信设备、计算机及其他电子设备制造业	43902.82	35684.48	81.30
仪器仪表及文化、办公用机械制造业	4984.49	2855.22	57.30
交通运输设备制造业	33395.28	14963.07	44.80
纺织服装、鞋、帽制造业	9435.76	3981.89	42.20
橡胶制品业	4228.62	1639.17	38.80
电气机械及器材制造业	30428.84	10744.65	35.30

表2 外资企业出口金额占我国出口总金额的比重

（%）

2003年	2004年	2005年	2006年	2007年	2008年
54.8	57.1	58.3	58.2	57.1	55.3

外资企业在我国经济中所占的比重过高，反映出我国经济对外部的资本和技术有较强的依赖，也反映出本土企业的竞争力不强、技术创新能力不够的现实。

（2）传统的出口产业面临严峻挑战　出口对我国GDP的拉动作用非常明显，金融危机发生之前的几年里，我国的净出口每年拉动GDP增长两个百分点以上，对GDP增长率的贡献在20%左右。

从贸易方式来看，尽管加工贸易所占的比重近年来不断下降，但其仍然是我国最主要的出口贸易方式（见表3）。

表3 不同贸易方式占货物出口总额的比例

（%）

贸易方式	2002年	2003年	2004年	2005年	2006年	2007年	2008年
加工贸易	55.3	55.2	55.3	54.7	52.7	50.7	47.2
一般贸易	41.8	41.5	41.1	41.3	43.0	44.2	46.3
其他贸易	2.9	3.3	3.6	4.0	4.3	5.1	6.5

加工贸易的构成主体正是劳动密集型产业，代工生产就是一种比较典型的方式，这种方式适用于玩具、服装、五金、电子等许多产业。国内的代工企业主要是进口原料和零部件，再以廉价的劳动力生产出成品，赚取少量的加工费用。以一款由中国代工生产的 30GB 带视频功能的 iPod 为例，一份来自美国加州大学 Irvine 分校 2006 年的调查报告显示，该款 iPod 的售价为 299 美元，从中国代工厂的出厂价格即制造成本为 144.4 美元，其中，由日本东芝公司提供的硬盘就占了制造成本的一半，由日本松下公司提供的显示屏占了制造成本的近 15%，由两家美国公司分别提供的 CPU 芯片和多媒体处理芯片又占了制造成本的近 10%，再除去其他上百种零附件，从事最后的手工组装工序的中国代工厂获得的收入至多只有几个美元。

依靠比较优势的劳动密集型产业处于产业链的最底端，只能靠压低劳动力成本获得一点微不足道的利润。然而，从国际经验来看，当一国的人均 GDP 超过 2000 美元之后，其劳动密集型产业的优势就将逐步弱化，那些产业链相对较短、综合门槛不是很高的行业，最容易向外转移。

以珠三角为例，作为改革开放的最前沿，珠三角曾率先承接了亚洲“四小龙”转移过来的大批加工制造业，而今，当地的土地、资源、能源日趋紧张，工资、地价、电力等费用不断上涨，与经济发展水平更低的东南亚国家如越南、印尼等相比，其成本优势逐渐丧失，在劳动密集型产业上逐渐失去了竞争力。

人民币升值加重了出口行业的压力。2005 年 7 月份汇改以来，人民币对美元已累计升值 20%左右，尽管金融危机以来人民币汇率保持了基本稳定，但市场普遍预期人民币的长期升值趋势不会改变，由此促使相关出口企业特别是外资出口企业的转移。

以耐克公司为例，为了降低成本，耐克曾经在上世纪 70 年代将日本的生产线转移至人力成本相对较低的韩国与中国台湾地区。到了上世纪 80 年代，又因为同样的原因将主要生产线搬到了中国的福建和广东。而今，由于国内工资水平的上升和人民币升值的影响，耐克公司已经把大量的订单从中国转移到了东南亚的越南、印尼和泰国等地。

总之，从我国当前经济发展的宏观背景来看，由于我们所处的经济发展阶段已经发生变化，传统的比较优势逐步弱化，因此我们迫切需要提高经济增长的质量，形成新的竞争优势，实现从中国制造到中国创造的跨越，而实现这个跨越的关键就在于自主创新。

2. 自主创新的行业背景

纵观当今世界，真正的强国必须具备两个相互关联的标志，一是在军事上拥有强大的国防力量，二是在经济上拥有一大批具备国际竞争力的跨国公司，而这些跨国公司，必须出自竞争型的行业领域，如钢铁、汽车、机械设备、电子等，它们掌握着本行业的核心和前沿技术，引领行业进步并推动整个经济向前发展。这里要明确的是，公司的强弱不能仅以产值或收入而论，如某些垄断行业的企业能够入围全球前 500 名，但这只能算是 500 大，并不能算是 500 强。

汽车工业被誉为“工业中的工业”，其对一国工业体系乃至整个国民经济的重要作用不言而喻。放眼全球，世界上的工业强国几乎都有强大的本国汽车工业，汽车工业既是一国综合国力的体现，也是支撑一国国力的梁柱。汽车工业在英国走下坡路正是该国整体国力下滑的反映，而奥巴马政府在通用和克莱斯勒风雨飘摇之时，不惜代价地注资拯救，清楚地表明了汽车工业在美国经济中的重要地位。

中国要成为世界强国，必须有真正意义上的全球化公司。汽车行业作为国民经济的重要支柱性产业，必须带头，必须有进入全球前十名的大型汽车企业集团，而我国的汽车企业要想成为全球化的大企业，就必须走自主创新之路，形成自己的核心技术能力，除此之外，别无他途。

我国汽车产业的发展历史已经为人们所熟知，在此不再赘述。而今，我国已经迈上并有可能坐稳全球汽车产销量第一大国的位置，业已取得的成就不容否认，然而，汽车产业的发展也伴随着问题和批评，这些问题和批评主要都集中在技术能力和自主创新上。

如果说过去我们不懂汽车，只能通过引进的方式，把人家请进来，给人家打打工，争取一个当徒弟的机会，那么在有了足够的积累之后，就应该进入到自立门户、自创品牌的阶段了。值得肯定的是，过去十年，我们的自主品牌企业已经走出了第一步，不但在国内市场上站稳了脚跟，还初步打入了国际市场。

自主创新带来的益处是显而易见的，首先，对于产业发展而言，我们逐步形成了自主的技术能力和产品平台，打破了外资品牌一统市场的局面；其次，对于消费者而言，自主品牌汽车给他们带来了更多的选择，而且加速了外资品牌车价的下移；此外，自主品牌的发展壮大还带动了我国汽车出口的高速增长（见表 4），在我国的汽车出口中，有近 90%的商用车出口量和近 80%的乘用车出口量都是自主品牌的贡献。

表4 我国近年来汽车出口数量和同比增速

项 目	2003年	2004年	2005年	2006年	2007年	2008年
出口总量/万辆	4.5	7.8	16.9	33.9	61.4	68.1
同比增速（%）	105.5	71.9	116.0	100.9	71.3	10.8

尽管我们的自主创新取得了很大的成绩，但还远远不够，还需要进一步加快步伐。目前最主要的问题反映在我们的技术能力和产品竞争力与国外先进水平的差距还比较大，分级别来看，自主品牌车型的份额呈现出低端较多、中端较少、高端空白的局面（见表5），向上突破的难度较大。

表5 自主品牌车型在各级别市场上的份额

年代 轿车 级别	2003年	2004年	2005年	2006年	2007年	2008年	2009年 1～10月份
A00级轿车	39.1	50.0	61.4	64.0	67.3	68.6	74.9
A0级轿车	40.5	38.8	48.1	43.3	35.8	36.2	37.4
A级轿车	17.5	12.3	14.7	19.8	25.5	21.4	25.7
B级轿车	12.3	7.6	5.1	7.0	10.3	11.4	11.6
C级轿车	0.0	0.0	0.0	0.0	0.0	0.0	0.0
MPV	44.7	52.5	53.5	46.5	42.6	50.4	54.2
SUV	71.3	52.3	49.3	54.4	60.3	49.7	35.9

此外，在出口方面，由于综合成本的上升和人民币升值的影响，导致我国汽车出口的相对竞争力下降。例如，2009年同样是受金融危机的影响，由于韩国韩元的贬值幅度较大，其汽车出口量在2009年前三季度的负增长为25%左右，而我国2009年前三季度的汽车出口量则锐减了50%以上。在出口成本不断上升的环境下，自主企业必须尽快提升产品的品质和附加值。

自主创新还是布局汽车产业未来发展的需要。新能源经济将给世界带来一次重大的变革，而汽车产业将在这一新的重大变革中扮演重要角色。新能源汽车的发展将带动起一根崭新的产业链条，包括动力电池、驱动电机、可再生能源发电以及氢能的开发利用等。在新能源汽车的带动下，这些相关产业有望得到更快的发展，成为拉动经济增长的新引擎。因此，汽车产业的自主创新不但关乎产业本身的长远发展，而且也将为建设创新型国家、培育新的经济增长点发挥重要作用。

总之，我国汽车产业的进一步发展必须走自主创新之路。但必须明确的是，自主创新的主体应该是自主品牌企业而不是合资企业，自主品牌企业是本国自主创新理所当然的承载体，而合资企业一般而言并不负技术创新之责。当然，目前国内也有个别合资企业在进行自主创新的尝试，这应该被视为一种积极的努力。

二、自主品牌发展面临的机遇

1. 国内市场仍有很大的增长空间

首先，我国的汽车市场仍将长期处于快速发展的阶段。一国乘用车市场的中长期增长趋势可以由R值来测度，R值是指一国的车价水平与人均GDP的比值。先导国家汽车市场发展的经验表明，当R值达到3左右时汽车普及率将迅速提高。日本和韩国分别在上世纪60年代初期和80年代中期R值达到3左右，此后汽车消费进入普及期，市场保持了十年左右的高速增长，千人保有量快速提高。

从我国的实际情况来看，经过前几年的经济增长和车价下移，我国的R值迅速下降，目前已经降至3的水平，未来，我国的人均GDP还将快速提高，而车价仍有进一步下移的空间，因此，有理由判断我国的汽车市场仍可能保持十年左右的快速增长，也就是说，到2020年之前，我国的乘用车市场都将处于快速发展的区间，平均增长率预计将保持在GDP增长率的1.5倍左右。未来，国内市场的快速发展将为自主品牌提供广阔的发展空间。

其次，我国国内的区域经济发展水平不平衡，这为汽车企业提供了较大的市场纵深和多样的消费层次。根据国家信息中心对区域市场的分类，三线市场的人口占全国总人口的比例为62.9%，其占乘用车总体市场的份额却只有26.9%（2008年）。三线市场目前的汽车千人保有量水平仅在10辆左右，增长的潜力很大，近年来，三线市场已经表现出高于一、二线市场的增长率。对于主要处在中西部的人均GDP较低的三线市场而言，自主品牌汽车的优势更为明显，从数据来看，自主品牌在中西部地区的市场占有率明显高于经济发达地区（见图1）。

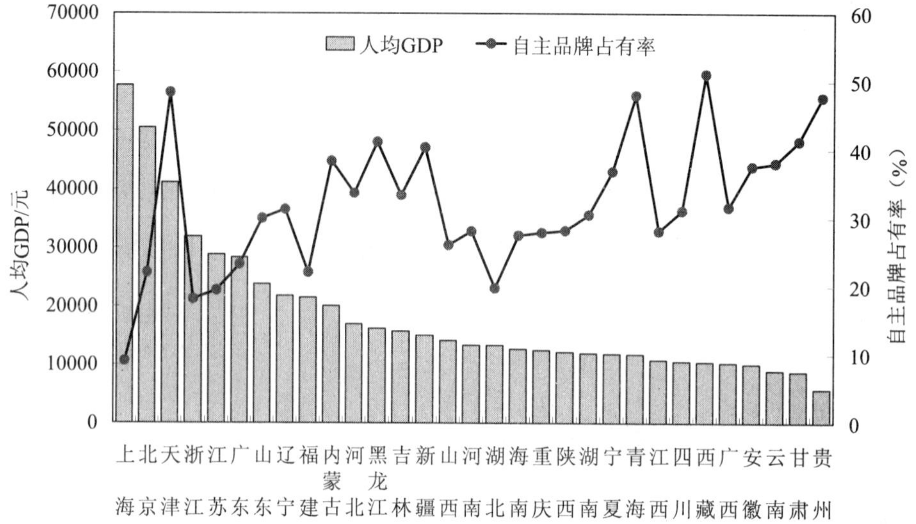

图1 2007年各省市区人均GDP和自主品牌占有率

2. 国际市场具备很大的增长潜力

尽管我国的汽车出口近年来增长很快，但从国际比较来看仍然处于很低的水平。金融危机发生之前，日本的年汽车出口峰值接近700万辆，韩国的年出口峰值也在300万辆左右，而我国在2008年达到的最高点才仅为68万辆。尽管我们的汽车出口也面临成本上升的压力，但长期来看，金融危机的影响将逐步消失，未来的海外市场也将恢复到正常的轨道，而我国自主品牌汽车在国际市场上相对竞争力的增强则是必然的趋势，我们目前在出口上大大落后的局面必将得以改变。

从海外市场的需求看，一方面，发展中国家市场十分广阔，全世界60多亿人，发达国家合计只有10多亿人口，80%的人口都居住在发展中国家。这些国家的经济发展水平与中国相近或更低，市场具备快速增长的潜力，同时对价格的敏感度较高，正好是我国汽车的优势所在。另一方面，随着自主品牌汽车质量和品质的不断提升，我们也在一步步接近发达国家的市场。

此外，我国的自主品牌走向国际市场还有一个重要的优势，就是国内大市场对汽车出口能起到强有力的支撑作用。纵观世界的汽车强国和出口大国，基本上都有较大的国内市场做支撑，而小国则难以成为汽车强国和出口大国，这是汽车产业作为典型的规模经济产业所决定的。我国的自主品牌企业则很幸运地拥有全球最大本土市场的优势。奇瑞的创始人曾有言曰："无内不稳、无外不强"，生动地说明了国内外两个市场的均衡互动发展对于自主品牌企业的主要性。

3. 自主品牌企业在不断进步

近年来，自主品牌企业经过自身的不断努力，综合实力明显提升。

市场方面，自主品牌在乘用车市场中的份额稳中有升，目前已达到30%。分级别看，自主品牌在A00级市场已经占据了绝对优势，而在A级市场的份额也有明显提升。按照自主品牌当前的发展速度，乐观地看，再用3~5年时间，自主品牌汽车在A级及以下市场占据优势份额是完全可能的。

产品方面，自主品牌汽车的技术和质量不断提升，自主企业已经普遍放弃了低价低质的产品路线，转而在小车领域做精品，并积极谋求产品升级，把产品线向上延伸，这一战略转型已经取得了良好的市场效果。此外，很多自主品牌企业还把关键零部件掌握在了自己的手中，如奇瑞、吉利和长城等企业，都具备了自行开发发动机和变速箱的能力。

另外值得一提的是产品安全，在C-NCAP安全性能碰撞测试中，自主品牌产品的成绩不断进步，其中奇瑞A3和荣威550都获得了五星评级。而最近，吉利熊猫又在C-NCAP正式碰撞测试中获得了五星的成绩评定，该成绩对于一款A00级的小车而言极为难得，在行业内外都引起了很大关注。

在售后服务方面，高起点的自主品牌上汽荣威表现突出，在J.D. Power亚太公司发布的2009年中国售后服务满意度指数调研报告中，上汽荣威超越众多的外资和合资品牌获得第四名，仅次于广汽本田、雷克萨斯和梅赛德斯-奔驰。

4. 国家支持政策的有力助推

我国政府对于推动本国汽车产业技术能力提升的态度是坚决的，在鼓励自主品牌的发展上作了很多的努力。

在研发方面，国家通过多种渠道，安排资金支持企业研发。比如在《汽车产业调整和振兴规划》中，专门安排了100亿元作为企业的技术进步和技术改造的专项资金，重点支持自主品牌的整车和零部件企业的技术创新。在863计划节能与新能源汽车重大专项中，国家投入大量资金支持企业对高效率发动机、替代燃料汽车和新能源汽车的研发工作。

在消费方面，尽管没有出台仅面向自主品牌的购买优惠政策，但我国当下的众多利好政策，如养路费取消、购置税降低以及汽车下乡等，大都考虑到了自主品牌汽车的产品特征，均从客观上有利于自主品牌的发展。

三、对自主品牌发展的几点建议

1. 建立自主核心技术能力，实施精品战略

曾有一位日本专家对日本汽车企业的发展经验做出这样的总结，他认为自主品牌企业的发展有两点最为关键：一是产品要从低到高一个一个地做，确保做一个成功一个；二是要把别人的技术变成自己的技术，而不是把别人的产品变成自己的产品。

本田就是实施精品战略的典范，我们在国内市场上也能感受到这一点，本田在中国推出的车型并不多，但几乎每一款都卖得很好。从本田的发展历史看也是如此，本田从做摩托车起家，上世纪 60 年代初进入汽车行业，经过在小型车领域多年的积累，才在 1972 年推出了思域，又过了四年之后才推出雅阁，到上世纪 80 年代中后期再推出豪华品牌 Acura，可谓一步一个脚印。自主品牌本身的积累比较有限，人财物资源更显宝贵，应该着力提高产品的成功率，避免浪费。

汽车产品的模仿并不是一件难事，但模仿所带来的收益是低的，所谓知其然而不知其所以然。真正的自主创新，应该建立在自主的核心技术能力和产品开发平台的基础上，走这条路的难度系数很高，但却是一个必经的学习过程，是必须付出的代价，把该有的经验和教训都掌握了，企业的技术能力就强大了。本田宗一郎曾在本田公司的内部刊物上给员工们写下这样的话："……通过长期不间断努力所积累的自主技术，进行开发研究，通过使用这些我们亲手创造的技术，我们毫不怀疑，坚信能够实现自豪的繁荣。"成功企业的这种对自主技术的推崇并以之为豪的精神值得我们的自主品牌企业学习。

自主品牌企业的发展必须有足够的耐心，一步一个脚印地坚持不懈，所有成功的企业都是这样走过来的。

2. 充分利用国内国际两个市场

充分利用国际与国内两个市场是自主品牌加快发展的战略选择，这其实也是国际大型汽车企业的共同做法。我们的自主品牌企业应该紧紧依托国内市场、积极谋求海外市场，就像那些生产和销售网点遍布全球的众多国际品牌一样。

前面已经分析过，不论是我们的国内市场还是国际市场，都还有很大的市场空间等待自主品牌企业去开发。国际市场的开拓对于自主企业而言存在很多异于国内市场的挑战，这是自主企业成为全球性跨国公司的重要一步，关键是要在目标国市场打下基础，生根发芽。具体方式可以多种多样，包括直接出口、海外建厂、与国外资本进行合作甚至是收购国外公司，都是值得尝试的选择。

3. 着力提升产品质量和品牌形象

一条基本的经济规律是：随着经济发展水平的提升，人们的收入和消费能力得以增强，需求的层次也随之升级。消费者将不再满足于只是寻求低价格的产品，而会更注重产品的品质，更看重产品的品牌。国内的汽车消费市场正在经历这样的转变，这就要求自主品牌企业切实提升产品质量和品牌形象。

从大方向来看有两条路可以走。一是在现有基础上提升质量和品牌，这种方式相对稳妥，自下而上逐步提升。日本和韩国基本上就是走的这条路，但他们在成长时期有两个有利因素，一是国内市场受到保护，没有外来的有力竞争，使之能够相对从容地发展壮大；二是当时汽车产业的全球化竞争程度还相对较低，有利于它们走向海外市场。而我们今天面临的环境则完全不同，这两个有利因素都没有了，垂直提升势必会抬高成本，从而会失去对外资的相对优势。

另一条路则是导入新的品牌，直接从中高端切入，这种方式相对激进，风险较大，但若操作得当，能成为提升品牌价值的捷径。关键在于操作方式上，应该潜心打造精品，谋求精准定位，把档次与原有产品拉开，而不急于求量。从我国外资品牌占市场份额70%的现状来看，我国走第二条路更为可行。

总之，我们应该对中国的自主品牌汽车企业充满信心。从国际上看，所有的汽车大国，无论汽车工业发展的早晚，都建立了自己的本土品牌，美国、德国、法国、意大利、日本、韩国都是如此。而中国作为超大型的大国市场，可以容纳较多的厂商，自主品牌与外资品牌可以实现共生共赢。因此，我们拥有足够的培育自主品牌的土壤，我国的自主品牌将能够在国内和国际市场上独立生存并发展起来，中国的自主品牌完全有希望进入全球最优秀跨国汽车公司的行列。

（作者：徐长明　向悦文）

我国新能源汽车发展分析

从人类发展史上看，新的交通能源技术变革一般将带来新一轮的技术革命。19 世纪，蒸汽机发明引发了欧洲的工业革命，开创了人类的工业经济时代；20 世纪，以内燃机作为动力系统的汽车发展把人类带入石油经济时代。进入 21 世纪，以替代燃料、电动汽车、氢动力汽车为代表的各种新型汽车能源动力技术不断发展，新能源汽车进入战略发展期。

一、我国发展新能源汽车的急迫性

过去 10 年我国汽车市场迅速扩张，1998～2008 年汽车销售量年均增长 18.6%，2009 年我国汽车销售量已突破 1300 万辆。中国汽车市场的国际地位迅速提升，2006 年我国汽车市场需求超过日本，成为全球第二大汽车市场。2009 年我国汽车市场需求首次超过美国，成为全球第一大汽车市场。过去 10 年我国汽车保有量也迅速增长，1998～2008 年汽车保有量年均增长 14%。截止到 2008 年年底，我国汽车保有量达到 4975 万辆，汽车保有量已经上升到全球第三。

随着汽车保有量的高速增长，汽车用油大量增加，2005 年我国车用石油消耗超过 1 亿 t，比 2001 年用量翻了近一倍，占全社会石油消费量的比例也提高到 1/3 左右，汽车用油成为主要石油消费领域之一（见图 1）。

汽车用油导致我国石油消费量迅速攀升，2005 年车用石油对石油消费总量增长贡献已经超过 50%，也就是说石油消费的增长有一半以上是来自于车用石油消耗的增长。2008 年我国全社会石油消费达到 3.89 亿 t，而我国国产原油的数量增长缓慢，石油供给增长量主要依靠进口，2008 年我国进口原油 2.19 亿 t，占我国石油消费总量的比例达到 51.3%，国家能源安全面临挑战。

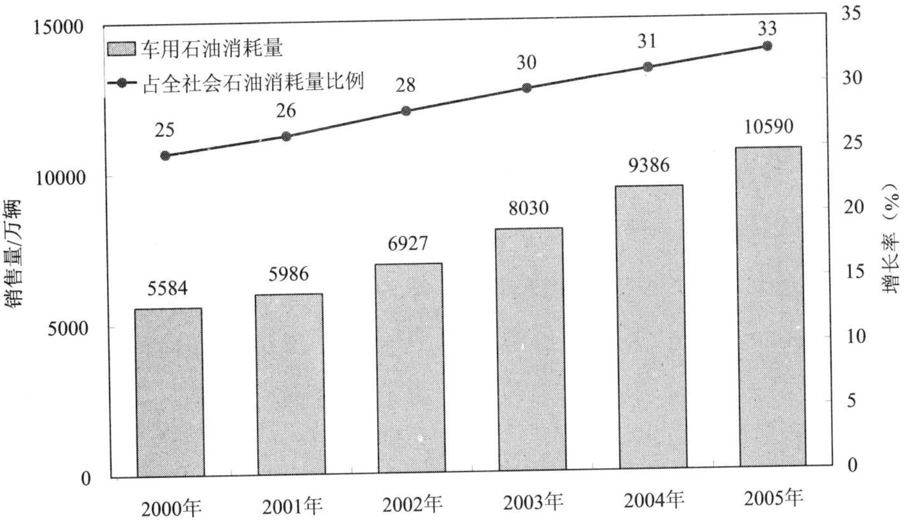

图1 历年我国车用石油消耗量和占比

汽车普及化不仅对我国能源安全带来挑战，汽车污染物排放所造成的大气污染日益加重，排放污染和改善空气质量刻不容缓。据国家环保总局检测，我国空气质量级别在三级及以下城市占 44%，也就是说，我国很多城市居民不得不生活在污染物排放较为严重、空气质量不利于健康的状态下。而城市大气污染物主要来源之一就是汽车尾气排放，2005 年北京汽车排放的一氧化碳、碳氢化合物和氮氧化物占城市排放总量比例分别为 63%、74%和 46%。上海中心城区一氧化碳、碳氢化合物和氮氧化物占城市排放总量比例分别为 86%、96%和 56%（见图 2）。

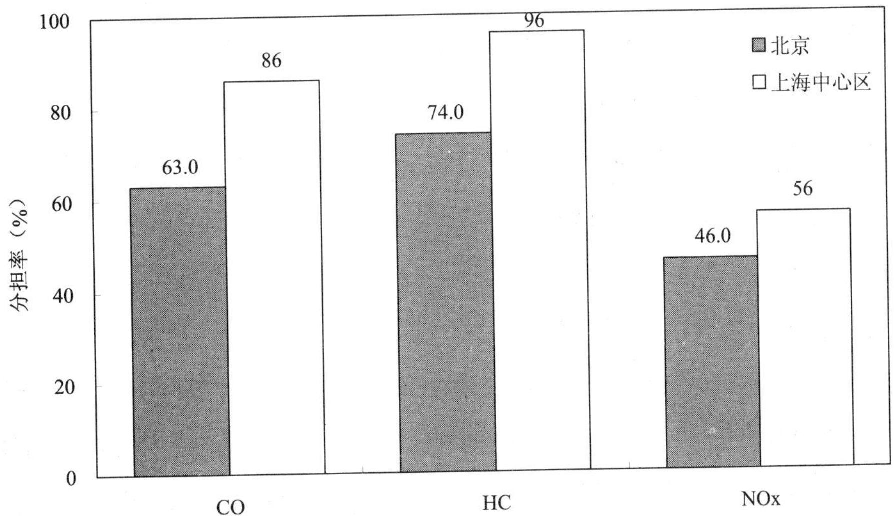

图2 2005年北京、上海机动车尾气排放分担率

近几年随着城市汽车保有量大幅增长，这一比例仍在继续提高。汽车污染物排放已成为城市空气污染的重要污染源。

二、我国发展新能源汽车方式

新能源汽车是相对于传统内燃机汽车而言的，传统内燃机汽车是以汽油、柴油为主要燃料的汽车。广义的新能源汽车分为两大类：一类是替代燃料汽车，包括天然气、液化石油气、甲醇、乙醇、二甲醚、生物柴油等燃料汽车；另一类是电动汽车、燃料电池汽车和氢动力汽车等新型动力驱动汽车。我国发展新能源汽车应是各种方式并存，主要基于以下两点判断：

1. 巨大的市场容量为我国发展各类新能源汽车提供了规模经济性

根据乘用车发展理论判断，2009年后我国基本进入汽车普及化时期，汽车普及化时期特点是市场需求增长快速，普及化时间长，初步判断到2020年之前我国乘用车市场仍将处于快速发展区间，增长率相当于GDP增长率的1.5倍左右。而未来10年我国经济处于重工业化发展时期，经济将保持较快的增长速度，我国居民收入水平将快速提高。因此，可以判断我国实现3000万辆汽车总需求和3亿辆的保有量是完全可能的。巨大的市场容量为我国发展各类新能源汽车提供了规模的经济基础。因为市场容量巨大，每款车型只要有一定市场，其年均市场需求就是非常可观的。假若每款新能源汽车年均销量占总需求比例达到10%，其年均销售量也将达到100万～300万辆，这相当于其他比较大的汽车消费国一个国家、一年的汽车总销量。这么大的市场容量使得每款车都能达到经济发展规模，巨大的市场容量为各类新能源汽车提供了良好的市场基础

2. 巨大的市场容量使我国依赖任何单一能源方式都无法承受

市场容量巨大也有其两面性，巨大市场容量使得我国依赖任何单一汽车能源方式都无法承受。

首先看石油。仅考虑汽车燃油效率提高因素，预计到2020年我国车用石油消耗将达到3亿t，占全社会石油消费量比例接近50%，全社会石油消耗增长主要来自于车用石油消耗增长，而未来我国国内石油产量基本上维持在年均2亿t左右，也就是说按此假设到2020年我国石油进口依存度超过70%，这是无法想象的，更是难以承受的。

其次看乙醇等生物燃料。按全国车用燃油中全部推广 E10 乙醇汽油，到 2020 年我国炼制乙醇所需玉米量将达到 1.3 亿 t 左右，而当前我国玉米总产量维持在 1.1 亿～1.3 亿 t 之间，也就是说全国所有的玉米产量都需要拿去进行乙醇炼制，这肯定是不可能的。

再次看电动汽车。按照每百公里 10kW 电消耗，一辆轿车家庭 1 年 1.5 万 km 测算，一辆纯电动轿车年均耗电 1500kW。1 亿辆轿车年均耗电量将在 1500 亿 kW。我国电力能否保证呢，答案是肯定的。2007 年我国电力总需求为 32712 亿 kWh，也就是说拿出不到 10%的电力就可以满足 1 亿辆轿车使用。但问题是电动汽车产业化所必备的条件在短期很难全面具备。动力电池还无法满足电动汽车对大容量、长周期、低成本的要求，对电池组工作状态监控，最大化效率和使用寿命的管理系统技术还不成熟，充电等基础设施建设还需要一个较长的建设周期等等。

三、我国发展新能源汽车的突破点

新能源汽车多种多样，不同阶段新能源汽车的发展机会也各不相同，我国发展新能源汽车也需要找准突破点，以实现汽车产业的跨越。综合来看，我国发展新能源汽车最可能在纯电动汽车上取得突破。

1. 我国纯电动汽车的相关技术初步具备产业化基础

我国在电动汽车研究方面起步较早，国家“863”计划在“十五”就已经开始支持电动汽车及关键零部件研发。在国家“863”计划等相关支持下，我国已有很多企业投身纯电动汽车领域，取得了丰富的研发成果，一些车型已经小规模生产并投入示范运行。奥运会期间，我国自行研制的电动汽车成功地进行了示范运行，50 辆纯电动公交车在奥运中心区进行服务，在奥运会期间共载客 127320 人次，成功实现了车辆零故障和运营零事故。此次新能源汽车奥运示范运行的成功，对新能源汽车服务的推广起到了巨大的推动作用。随后，由科技部、财政部共同实施节能与新能源汽车规模化推广应用工程——“十城千辆”工程正式启动，“十城千辆”电动汽车示范工程计划三年内在有条件的 10 个以上城市进行千辆级的电动汽车示范。首次确定参与的城市有 13 个，分别是北京、上海、重庆、长春、大连、杭州、济南、武汉、深圳、合肥、长沙、昆明、南昌等城市，在这 13 个城市推广被纳入《节能与新能源汽车示范推广应用工程推荐车型目录》中的车，国家将给予不同程度的财政补贴（见表 1 和表 2）。

目前，部分城市已经开展了电动汽车大规模示范行动。北京2009年将有1000辆新能源汽车在公交和环卫行业示范运行。混合动力公交车将在现有10辆的基础上新增860辆，将有30辆电动环卫车进行运行。而上海在2010年世博会期间，将有我国自主研发的1000多辆各类电动汽车投入运行。

表1 公共服务用乘用车和轻型商用车示范推广补助标准

（单位：万元/辆）

节能与新能源汽车类型	节油率	最大电功率比			
		BSG车型	10%～20%	20%～30%	30%～100%
混合动力汽车	5%～10%	0.4	—	—	—
	10%～20%	—	2.8	3.2	—
	20%～30%	—	3.2	3.6	4.2
	30%～40%	—	—	4.2	4.5
	40%以上	—	—	—	5.0
纯电动汽车	100%	—	—	—	6.0
燃料电池汽车	100%	—	—	—	25.0

表2 10米以上城市公交客车示范推广补助标准

（单位：万元/辆）

节能与新能源汽车类型	节油率	使用铅酸电池的混合动力系统	使用镍氢电池、锂离子电池/超级电容器的混合动力系统	
			最大电功率比20%～50%	最大电功率比50%以上
混合动力汽车	10%～20%	5	20	—
	20%～30%	7	25	30
	30%～40%	8	30	36
	40%以上	—	35	42
纯电动汽车	100%	—	—	50
燃料电池汽车	100%	—	—	60

当前，我国一大批有实力的机构在从事与纯电动汽车有关的研制工作，除长安、比亚迪、奇瑞等整车企业进行电动汽车整车研发外，我国在电动汽车各类零

部件上也有一批单位进行研发和产业化工作，燃料电池方面有同济大学、上燃动力以及清华大学；动力蓄电池方面有比亚迪、比克、力神等大型锂离子电池生产企业。驱动电机系统有上海电驱动、南车时代、湘潭电机等企业在从事轿车、客车等不同类型驱动电机的研发。

就电动汽车关键零部件动力电池而言，我国已经形成了一条完整的锂离子动力电池产业链，从动力电池系统、动力电池相关原材料到矿产资源等都有一批企业进行研发生产。锂电池生产企业除比亚迪、比克、力神外，还有万向、北京盟固利等，正极材料生产企业有中信国安、湖南杉杉、北大先行等，隔膜有新乡格瑞恩、东莞星源等。我国不仅在锂电池材料方面具有产业链条，而且作为初级原材料，锂矿资源储量丰富，当前我国金属锂可采储量 54 万 t，储量位居世界第三（见表 3）。

表 3 主要国家金属锂的可采储量

国家	金属锂可采储量/万 t
智利	300
阿根廷	大于 140
中国	54
巴西	19
加拿大	18
澳大利亚	16
美国	3.8
全球总计	大于 550

在车用驱动电机方面，我国是工业电机生产大国，有较强的技术基础。我国电机产业规模居全球首位，中小型电机约有 300 个系列，1500 个品种，产品量大面广，广泛应用于工业、农业、国防、公共设施、家用电器等各个领域，其耗用的电能占全国发电量的 60%以上。目前国内从事车用驱动电机研发的企业也比较多，上海电驱动、南车时代、中纺锐力、湘潭电机等一批企业具备较强的车用驱动电机研发能力。

2. 我国在纯电动汽车技术上与国外的差距相对较小。纯电动汽车可以绕过传统的发动机技术，避开我们的弱项

对于我国汽车产业而言，传统汽车技术远远落后于国际水平，作为传统汽车的心脏——发动机技术，我们基本上不掌握，即使掌握一点，也只是停留在较低层次。而且按照当前技术进展，我们要想在传统汽车技术上赶上甚至超过国外发达国家几乎是不可能的。

国际上，以丰田、本田为首的汽车公司在混合动力汽车方面也实现了规模化生产，市场规模在不断扩大。那么，我们能不能搞混合动力汽车呢，答案是可以搞，但要有尺度。混合动力汽车是在传统内燃机汽车基础上匹配一套电驱动系统，从丰田PRUIS技术结构来看，其复杂程度比传统汽车要高得多，而且混合动力汽车节油效果很大程度上依赖于对发动机的调校，丰田为PRUIS装配的是全新设计的发动机，发动机能很好地匹配混合动力汽车的各种运行状态。而我们的发动机还无法设计，更不用说调校了。因此像PRUIS这样深度混合的混合动力汽车，我们就别去触碰了。而在轻度混合动力、STOP-START等技术难度相对较小，复杂性不高，我们还有发展的可能性，关键取决于企业掌握不掌握发动机技术。

燃料电池汽车是汽车的全新革命，一旦能够成功，汽车能源、环保问题都迎刃而解。但是，氢、储氢和燃料电池技术仍是世界范围内难题，燃料电池技术未来还无法预测。

电动汽车是依靠电池供应能量、依靠电机驱动的新能源汽车，纯电动汽车将不再需要发动机系统，取而代之的是由电池、电机组成的电驱动系统。在电驱动系统技术上我国与国际的差距较小，可以说处于一个发展水平，部分领域处于国际领先行列。以动力电池为例，我国与日本、韩国在动力电池研发生产方面处于国际第一集团，国内动力电池在性能指标上与国际水平相当，有些指标还优于国际的（见表4）。

表4 我国电池主要指标与国际的对比

电池类型	Ni-MH电池			
主要指标	比能量	比功率	循环寿命	成本
当前国际	60～70	800～1400	1200～1500	40273
国内863	55	1006		
电池类型	Li-ion电池			
主要指标	比能量	比功率	循环寿命	成本
当前国际	100	700～900	≤1500	40241
国内863	120	1220	≤2000	40242

3. 纯电动汽车所需配套基础设施建设具备可行性

充电站、充电接口等基础设施建设也是影响电动汽车推广应用的主要障碍之一，当前我国示范运行的电动汽车只能在规定的线路上运行，主要是受到充电站的限制，没有完善的充电网络，电动汽车发展只能是纸上谈兵。

为了加快推进电动汽车普及，国外电动汽车充电设施建设已经提到议程，日本规划将在三年内建千余充电站，以推进普及电动汽车。英国政府将出资 2500 万英镑在停车场和路边设置 500 个充电站。美国旧金山市的电动汽车充电站也开始投入实际运行。我国在奥运会期间，为保障奥运期间电动客车运行的能源供给，建立了一个 5000 ㎡的电动汽车充电站。

目前，国际上都在积极进行充电站的研发工作，一方面降低成本，另一方面尽量减少对土地资源的使用。日本东京电力公司开发出了一种充电设备，能在 5min 的停车时间内提供足够让一辆小型电动汽车行驶 40km 的电量，充电时间大大缩短，充电站容纳量大大提高。美国电网公司在积极推进利用现有停车设施进行充电设施建设，将大大减少资源使用。英国一家公司发明了一种路边充电站，它的电源插座和家用的交流电源插座相同，充电站的电流量达到了 13A，充电时间大大缩短。

当前我国各示范城市正在加紧进行充电站等基础设施的建设工作，深圳与南方电网合作，将要完成 2 个电动汽车充电站和 100 个充电装备；天津汽车充电站已达 15 座。上海市的漕溪电动汽车充电站总投资 508 万元，占地面积 400 ㎡，设有包括 4 个临街路边充电车位在内的 9 个充电车位。随着电网公司等相关单位参与程度的提高，电动汽车充电设施建设将进一步加快。

综上所述，尽管纯电动汽车在研发和产业化方面还有一些问题需要解决，但我们已经有了丰富的积累，与国外的差距也较小，在政府推动和经济效益拉动的双重动力下，只要我们在纯电动汽车产业化上能先走一步，就有望在这一领域取得突破。

（作者： 徐长明　李伟利）

中国汽车零部件产业的现状与发展建议

改革开放以来，在国家政策的大力引导扶持下，我国汽车工业取得了举世瞩目的成就。在刚刚过去的2009年，我国汽车产量达到1380万辆，在经济危机席卷全球的情况下，我国整车市场在政策的拉动下逆势而上，成为全球第一大汽车生产国。汽车整车生产的快速增长带动了我国汽车零部件产业的配套发展，汽车零部件产业逐步成长壮大起来。

一、我国零部件产业的发展成就

我国加入WTO以后，随着国内汽车市场的快速发展和零部件产业国际竞争力的提升，我国汽车零部件产业更是进入了高速发展期，近十年取得了长足的进步，产业规模迅速扩大，产品出口快速增长，创新意识不断提高，关键零部件基本实现了本土化生产。

1. 产业规模迅速扩大、产业地位逐步上升、经济效益持续改善

截至2008年11月份，我国规模以上汽车零部件企业销售收入达到8379亿元，产值规模比2001年翻了7倍，入世后我国汽车零部件工业总产值年均增长率达到32%。2007年我国汽车零部件工业产值规模基本与德国相当，成为世界第四大汽车零部件生产国（见表1）。

随着产业规模的迅速扩大，产业地位也不断提升，2007年，我国规模以上汽车零部件企业工业增加值达到2042亿元，在汽车工业中的比例达到42.7%，比2001年提高8个多百分点。2007年汽车工业增加值占GDP比例达到1.9%，成为我国国民经济的支柱产业之一。其中，汽车零部件工业增加值占GDP比重达到0.8%，比2004年提高0.2个百分点；同时汽车零部件产业在创造就业、增加税收方面也起着重要作用，2007年，我国汽车零部件产业就业规模达到159万人，就业规模是汽车整车就业的2.5倍，年均新增就业20万人左右；汽车零部件工业交纳增值税和企业所得税分别为227亿元和64亿元，占全国增值税征收额和企业

所得税征收额分别达到 1.5%和 0.7%，为国民经济的发展做出了重要贡献。

表 1 2007 年主要国家汽车零部件销售额

（单位：亿美元）

国别	汽车零部件销售额
美国	2140
日本	1949
德国	1090
中国	1020
韩国	540
巴西	360
印度	180

注：数据来源于美国对外贸易部（ITA）、日本汽车零部件协会（JAPIA）、德国汽车工业协会（VDA）、巴西汽车零部件协会（SINDIPECAS）、印度汽车零部件制造协会（ACMA）。美国为 2006 年数据。1 美元=7.4543 人民币元。

产业的快速发展也带来了经济效益的逐步改善，2007 年，我国规模以上零部件产业利润总额达到 544.6 亿元，是 2001 年入世前的 6.9 倍，入世以来年均增长率达到 30%。近三年汽车零部件行业利润水平不断提高， 2007 年我国规模以上汽车零部件企业的销售收入利润率达到 7.1%，利润水平与发达国家平均水平基本相当，盈利能力进一步加强。

2. 产品出口大幅增长，贸易顺差持续扩大，竞争能力进一步提高

入世以来，我国汽车零部件产品出口大幅增长。2008 年我国汽车零部件出口达到 350.5 亿美元，是当年整车出口金额的 3 倍多，是 2002 年零部件出口金额的 7 倍多，近年来零部件出口的年均增长率接近 40%（见表 2）。我国汽车零部件出口国际地位显著提高，成为仅次于美国、日本、德国等汽车强国的世界第四大零部件出口国。2006 年，中国在全球汽车零部件出口总额中已经占到 11.5%。

随着出口的大幅度增长，我国汽车零部件对外贸易顺差不断扩大，2008 年汽车零部件对外贸易实现贸易顺差达到 187.7 亿美元，占我国当年贸易顺差总额的 6.4%，为我国经济的持续快速增长做出了积极贡献。

通过参与国际市场竞争和相关经验的积累，我国的零部件产品竞争能力不断提高，出口市场不断优化。近年来，我国零部件产品已经开始大规模进入国外整车配套市场，2004年我国向美国出口汽车零部件共计38.6亿美元，其中 24.8亿美元进入了OEM配套市场，占我国对美零部件出口总额的64.2%，占美国OEM配套市场的份额为1.3%，比2001年提高了0.7个百分点。

表2 主要国家汽车零部件出口金额对比

国别	2005年出口金额/亿美元	2006年出口金额/亿美元	2007年出口金额/亿美元	年均增长(%)
美国	551	589	620	6.1
日本	508	540	567	5.6
德国	404	440	467	7.5
中国	156	216	295	37.5
韩国	66	80	99	22.5
巴西	75	88	91	10.2
印度	25	29	36	20.0

注：数据来源于ITA, JAPIA, VDA, SINDIPECAS, ACMA, KAMA, UNCATD；日本和德国数据按照当前美元折算，1美元=106.575722日元=0.717463051欧元。

3. 创新意识不断提高，创新投入大幅增长、创新能力逐步增强

在国家自主创新战略的引导下，近年来我国汽车零部件企业的创新意识不断提高，企业开展创新活动比较普遍，企业创新费用大幅增加。全国汽车零部件500强企业创新活动调查显示，2005～2007年间有80.4%的零部件企业开展过创新活动，71%的企业向市场推出了新的或有重大改进的零部件产品。截至2007年，在汽车零部件500强企业中，办科技机构的比例达到38.7%，拥有详细试验数据及完备数据库的企业比例达到 43%，企业研发人员占总人数比例达到 7.1%。2007年500强企业创新费用投入达到63.3亿元，比2005年增长了25.6%，占当年销售收入比例的3.3%，比2005年提高了0.5个百分点。

在创新意识提高、创新投入加大的积极推动下，我国汽车零部件产业的创新能力不断增强，创新成果大幅增长。截止到 2007 年，我国国内企业或个人申请的汽车相关专利达到20369项(见表3)，比2005年增加了一倍，年均增长达42%。

表 3 零部件企业创新投入及成果

项 目	2005 年	2006 年	2007 年
五百强企业创新费用总投入/亿元	31.0	50.4	63.3
国内申请人申请汽车专利数量/项	10146	13423	20369

注：数据来源于国家信息中心企业创新调研，国家专利局。

4. 产品结构逐步完善，关键零部件基本实现本土化生产

经过多年的发展，我国汽车零部件的产品类别逐渐完善，一些以前主要依赖进口的关键零部件实现了本土化生产。机械加工件基本上都具备了生产能力，产品不仅能够满足国内市场，而且也大量出口到国际市场。ABS、安全气囊、高压共轨、电子助力转向、EMS 等高端电子控制类产品实现了从全部进口到国内生产供应的突破，许多系统总成的本土化满足率逐步提升。目前，自动变速器的国产比例已经达到 22%，ABS 的国产比例更是接近 70%，而 2006 年安全气囊类产品产值的 80%基本实现了本地供应。

二、我国汽车零部件产业存在的问题

尽管我国汽车零部件产业近年来取得了长足的发展，但零部件产业在快速发展过程中还存在着一系列亟待解决的问题，我们的企业平均规模很小，实力水平很弱，在国际竞争中处于国际分工的最低端，我们的出口产品和进口产品形成强烈反差；虽然当前创新活动开展普遍，但整体而言，研发能力严重不足，创新层次水平较低。

1. 企业规模小、实力弱

目前，我国零部件产业还处于较低层次，存在重复、分散、规模小、市场集中度低等问题。2007 年，在我国 7580 家规模以上汽车零部件企业中，主营业务收入在 1 亿元人民币及以下的企业达到 6169 家，占企业总数量的 81.4%，主营业务收入在 10 亿元及以上的大型零部件企业不到 100 家，仅占企业总数量的 1.3%。而且，内资零部件企业特别是民营企业的规模偏小，在民营企业中，主营业务收入为 1 亿元人民币及以下的小企业占比高达 89.5%，温州、台州、宁波等著名零部件聚集区的千余家零部件企业的平均产值却不足 5 千万（见图 1）。

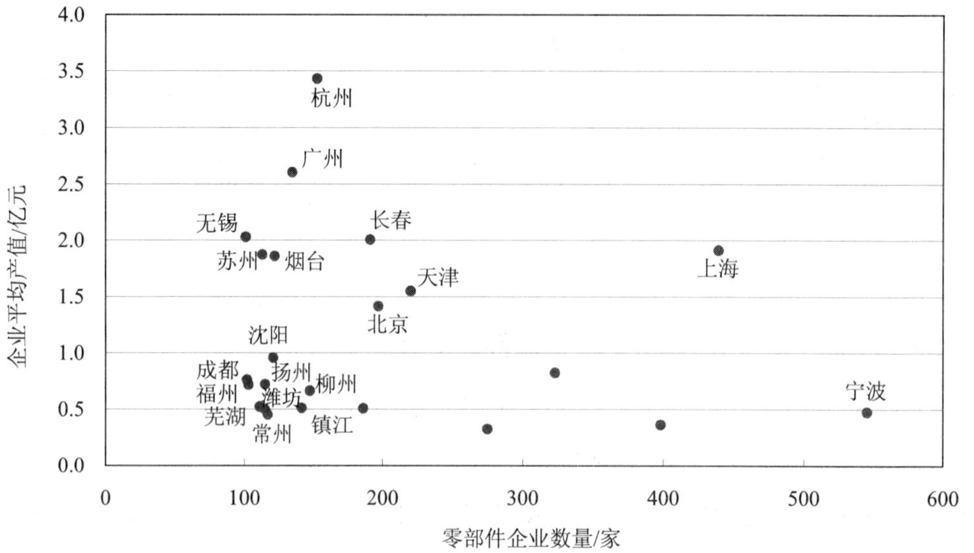

图1　2007年各城市零部件企业数量和企业平均产值关系图

规模小必然导致实力弱，对风险的抵御能力不强，与国际知名零部件企业相比，我们存在着较大的差距。2007 年，我国销售排名前十位的零部件企业主营业务收入之和为 1496.6 亿元，而全球排名第一位的日本电装公司销售收入高达 375.1 亿美元（见表 4），按照当年的汇率计算，仅电装一家企业就是我国前十家企业规模之和的 1.7 倍，实力差距可见一斑。

表 4　2007 年中国本土零部件企业前十名与全球零部件企业前十名对比

排名	中国本土零部件企业	主营业务收入/亿元	全球零部件企业	OEM 销售收入/亿美元
1	潍柴控股	408.8	电装	375.1
2	万向集团	408.5	博世	340.0
3	广西玉柴	183.6	麦格纳	256.5
4	一汽富奥	113.6	大陆	250.0
5	一汽无柴	72.5	德尔福	222.8
6	三环集团	67.3	爱信精机	217.1
7	柳州五菱	67.2	江森自控	185.0
8	上海汇众	62.4	佛吉亚	174.0
9	辽宁曙光	60.0	李尔	160.0
10	一汽四环	53.0	采埃孚	151.0

2. 国际分工处于低端，出口和进口形成强烈反差

我国汽车零部件的产品结构仍以资源和劳动密集型的偏低端产品为主，这种产品结构直接反映在对外贸易上，我国汽车零部件出口以轮胎等低附加值产品为主，进口则以变速箱等高附加值产品为主，2007 年，我国零部件产品出口额位居第一的是汽车轮胎，出口额达 61.8 亿美元（见图 2），占我国零部件出口总额的 21%，但出口的平均单价仅为 20.7 美元/条，而进口变速箱及其零件进口额达 32.8 亿美元（见图 3），平均每套的单价高达 1014.3 美元，出口产品和进口产品形成了强烈反差。

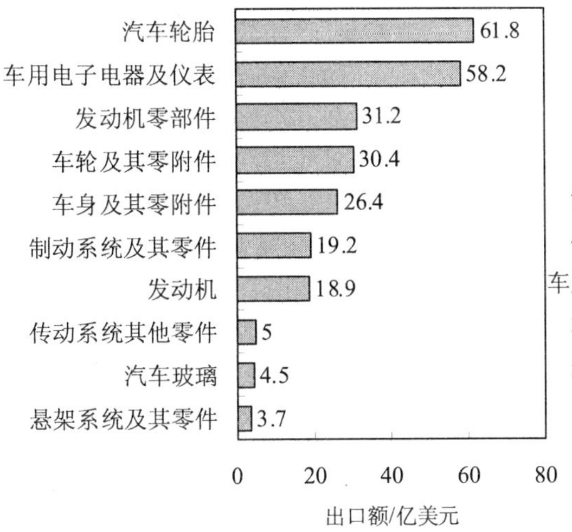

图2 2007年中国各类零部件产品的出口额

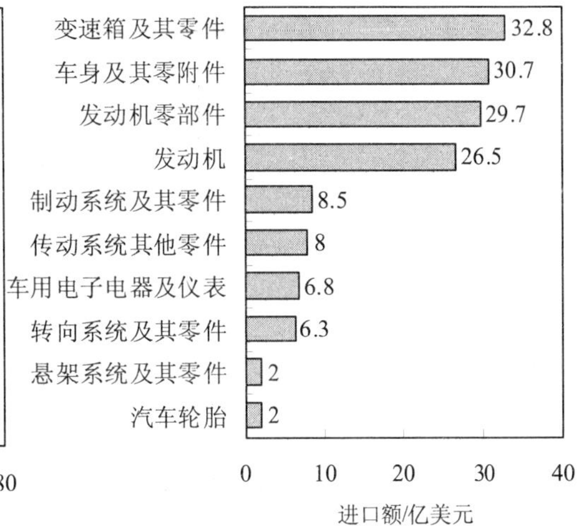

图3 2007年中国各类零部件产品的进口额

即使是同类零部件产品，由于技术含量和质量的差距，我们的出口产品也同样处于同类产品的低端，价格大大低于进口同类产品的价格，同样是车费计和里程计这样的电子产品，我们进口单价竟然是出口单价的 40 余倍（见图 4）。

在高端汽车零部件领域，尽管我国已经实现了大部分产品的国产化，但其生产主体基本上是跨国公司在中国的独资或合资企业。如发动机管理系统（EMS），其市场份额被几家跨国公司的在华企业如联合电子、德尔福万源、西门子威迪欧和天津电装等垄断；液压 ABS 的市场份额主要被大陆、博世、德尔福、万都、爱德克斯、日立等外资企业占据，这六家企业的产量占国内 ABS 总产量的 83%。在安全气囊方面，80%的安全气囊组件来自外资企业，内资企业生产的安全气囊主要应用于中低端车型，而且核心控制芯片仍依赖进口。

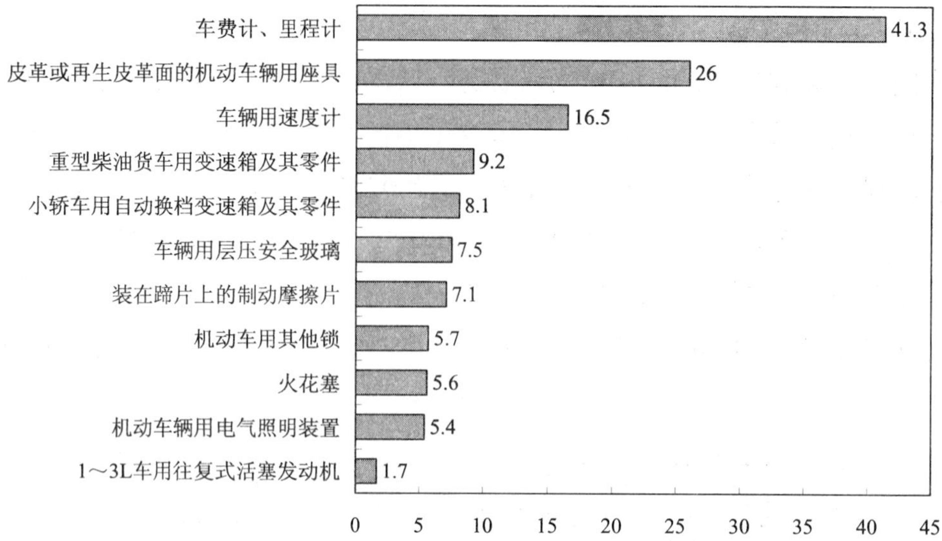

图4 2007年部分汽车零部件的进口单价与出口单价之比

我国出口产品主要面向的是售后市场，能够进行OEM配套的多是外资企业。2007年外资零部件企业的出口额达180亿美元，占我国当年汽车零部件出口总额的60.8%，尤其是出口到发达国家，能够进入OEM配套市场的企业基本全部是外资企业，内资企业进入国际OEM配套仍很困难，因此整体而言，我国的零部件产业仍处于国际分工的最低端。

3. 研发能力严重不足，创新层次水平较低。

2007年，我国规模以上汽车零部件企业研发投入总额占销售收入总额的比重不足0.7%，即使是500强企业平均占比也仅为3.3%，与全球汽车零部件产业跨国巨头相比仍然偏低，博世、电装、德尔福、法雷奥等跨国零部件公司研发投入在销售收入中的占比都在7%以上（见表5），单一企业研发投入总额竟然数倍于我国汽车零部件产业的总研发投入。

表5 2007～2008年度跨国汽车零部件公司的研发投入

公司名称	研发投入/亿英镑	占销售收入比例（%）
博世	26.1	10.2
电装	12.8	7.8
德尔福	10	7.6
法雷奥	5.8	7.8

注：数据来源于英国劳工部："全球研发排行榜"及有关企业。

当前，虽然零部件企业创新活动的开展比较普遍，但创新层次较低。近年来我国汽车产业相关专利的申请数量在快速增加，但其中真正具有较高技术含量的发明专利比例较低。2007 年，在国内申请人申请汽车专利中，外观设计和实用新型两类专利合计占比 78.3%，具有核心价值的发明专利数量占比仅为 21.7%。全国 500 强汽车零部件企业创新调查显示，拥有专利的企业不足 43%，其中拥有发明专利的比例更是不足 20%。

三、发展建议

1. 战略思路：先做大、再做强

一个企业从小到大的成长路径有两种选择，既可以选择先做强、后做大，也可以选择先做大、后做强，但是针对中国的零部件企业，最好的战略发展思路应该是第二条路径。

目前国内零部件市场是一个完全开放的充分竞争市场，著名跨国零部件供应商都进入了中国，在这样的环境中，要想先做强，没有大量的、持续的研发投入很难在强手如林的市场中占有一席之地。但先做大，却可能有所突破，因为中国制造的最大优势在于成本，而保持这种优势就需要企业做大规模，达到规模效应便可以在市场份额和利润累积方面有所保证，之后再加大研发投入，逐步做强，是当前比较可行的路线，这条路线能够保持中国企业逐步的做大，而且可以为将来的做强打下基础。

在企业做大的过程中，首先要依靠企业自身的努力，外因是条件，内因才是至关重要的决定因素。企业要抓住当前我国汽车市场迅猛发展的这一大好机遇，在市场快速扩张的基础上加强自身的建设，用发展的办法解决前进中的问题；其次要统筹国内国际两个市场，企业在发展过程中，一定不能只专注于国内，无内不稳、无外不强，国际市场竞争的历练以及经验教训的积累对于企业的成长至关重要，并且中国制造的成本优势也是出口获利和做大规模的重要有利条件；最后，政府推动的兼并重组在企业做大过程中也有着重要作用，2009 年国家出台的《汽车产业调整和振兴规划》中提到的兼并重组主要针对整车企业，但零部件企业规模小、市场集中度低等问题已经引起了政府的高度重视，目前对零部件企业的重组比整车更加迫切，也更为必要，企业如果把握好政策引导下的众多机会，兼并重组可以成为企业迅速做大的一条捷径。

在做强的道路上，企业一定要先提升产品质量，后提升产品性能。质量和性能概念不同，性能的提升相对容易，而质量的提升却异常艰难，但是消费者实际上更关注质量，更关注产品的可靠性，而当前众多企业却热衷于提升性能，对于质量的关注度不高，在做强的道路上没有捷径，缺乏质量的保障，再好的性能也难以持久，终将丧失消费者的信赖。回顾日本、韩国这些汽车后发国家走过的道路，提升质量始终是各国企业追求的首要目标，他们对于质量要求非常严格，甚至到现在为止，很多公司在技术上仍采取跟随战略，因此可见，在质量提升方面，注重再多也不为过。

2. 操作措施

（1）坚定信心　虽然面临很多问题，我们决不能气馁，坚定信心对于企业的发展至关重要，因为我们同时也面临着巨大的机遇。中国作为超大型大国市场正在迅速崛起，这就为自主品牌的发展提供了十分有利的市场机遇。历数世界所有汽车市场大国：德国、法国、美国、意大利、日本、韩国，无论发展早晚，都有强大的自主品牌，中国作为超大型大国市场，并且汽车市场刚刚进入起飞期，发展空间巨大，潜力无限，出现世界知名自主品牌的条件不容置疑，并且这样一个巨大市场，可以容纳众多厂家，将来不可能都被外资零部件企业占领，自主与合资品牌完全可以共生共赢。

自主品牌整车近几年的迅猛发展就是一个很好的案例，在国家利好政策的助推下，2009年自主品牌更是迎来了爆发式的增长，1～10月份的累积销售接近200万辆，增长52%（见表6）。

表6　汽车销售量增长率

（%）

项　目	2005年	2006年	2007年	2008年	2009年
自主品牌增速	43.1	32.9	31.6	1.1	62.9
外资增速	21.3	32.8	23.6	8.7	42.9
总体增速	26.8	32.8	25.9	6.4	48.5

注：数据来源：乘用车联合会，乘用车国内批发销售量。

自主品牌整车企业的迅速成长必将为自主品牌零部件企业的发展提供巨大的机遇，根据国家信息中心对国内主要汽车生产企业的调查，合资企业的供应商基本上是外资企业，自主企业则以内资企业为主（见图 5）；因此自主品牌的发展对内资零部件企业的发展意义重大。

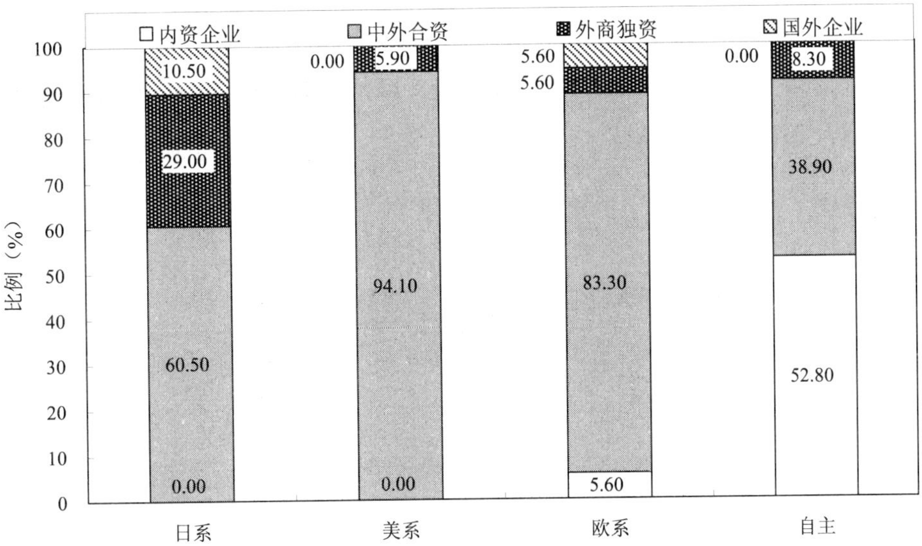

图5 各车系整车企业的供应商所有制构成

（注：外资零部件企业包含中外合资、外商独资企业）

（2）支持民营企业 当前，零部件产业中民营企业在众多方面的表现要好于国有企业，2007 年国有企业的销售收入利润率和总资产收益率均为 3.8%，而民营企业的前者达到了 6.4%，后者更是高达 8.8%（同期外资企业分别为 8.7%和 10.6%）；同时，民营企业自主创新活动相对更加积极，研发投入大，成果显著，涌现出航盛电子、万向集团、亚太机电等一批优秀的零部件企业。

民营企业之所以在很多方面优于国有企业，根本原因在于零部件已经是充分竞争的产业，在这样的市场中，国有企业相对优势很小，尤其是当前，我国零部件产品结构主要集中于低端，在低端产品的生产上国有企业很难竞争过民营企业，因此国家在政策导向上，应该更加关注和扶持民营企业发展，扫除众多不利于民营企业发展的障碍。

（3）自主整车企业要有双赢的意识 在零部件企业初期的发展过程中，整车企业的拉动和培养至关重要，回顾当前世界知名零部件供应商的成长历程，背后几乎都有知名整车企业合作扶持的影子，当前我国的自主整车企业最缺乏的就是这种双赢意识。国家信息中心针对主要整车生产厂家的配套调查显示，自主品牌整车与主要供应商签订合同的平均时间最短，仅为1.2年，欧系整车企业平均为1.8年，日系整车企业平均为1.7年；而且自主品牌整车零部件供应商的平均数量也多于平均水平，自主品牌整车每一种零部件供应商平均数量为1.5家，远高于美系、欧系和日系整车企业。在采购价格的变化方面，调查也显示自主品牌的采购价格上市后下降幅度最大（见图6），虽然缩减成本是其主要因素，但也有初期报价不合理的因素存在。

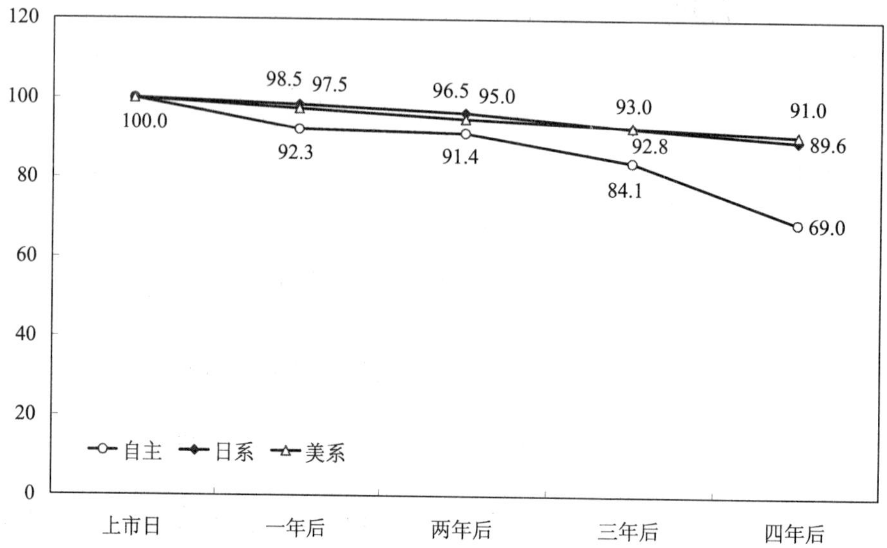

图6　产品上市后采购价格的变化

由此可见，当前我国自主整车企业和自主零部件企业之间双赢的意识还比较淡薄，自主品牌整车应该放眼长远，要充分认识到培养自主供应商对于自身发展壮大的重要支撑作用，要重视与供应商的合作以及合作的稳定性，加强双赢意识的培养。

综合分析我国零部件产业的发展现状，我们认为机遇大于挑战，最有利的关键因素就是我国汽车市场的高速增长，这将为我国零部件企业的成长提供巨大的发展空间，只要政府针对目前的问题实施正确的政策，企业把握有利的机遇，采取相应的对策，我国一定能够成长起一批优秀的、强大的自主零部件企业。

（作者：徐长明　许宏伟）

汽车税收制度的国际比较及启示

一、各国汽车税收概况

1. 主要汽车税种

汽车相关的税种主要是直接对汽车产品征收的税收和对汽车使用燃油征收的税收。汽车税种的设置和各国整体税制密切相关，不同税制下的汽车税种设置并不一样。一般来说，主要税种有增值税、消费税、购置税、登记税、汽车保有税、燃油税。增值税是对包括汽车、燃油等所有的货物和劳务都征收的一种流转税，欧洲的增值税税率一般在 15%～25%。消费税是少数国家对汽车、燃油及部分奢侈品等少数商品征收的一种税收。登记税一般是对动产（如机动车）、不动产（如房屋）及其他需登记商品在登记环节征收的税收，欧盟 2/3 的成员国向在其境内首次注册的机动车征税。在汽车保有阶段一般征收保有税，如欧洲的年度流通税、日本的汽车税和汽车重量税、韩国的年度车辆税、中国的车船税，不同国家不同车型的征收方式不一样，多是根据发动机排量、发动机功率或者车重征收，多数国家的汽车保有税税负较轻。

2. 税率

汽车税率一般是由整体税制、汽车产业发展现状、环保压力、消费能力等方面决定的。汽车产业较发达国家的汽车税率相对较低，而汽车产业不发达国和高度重视环保的国家对汽车征收的税率较高。欧洲国家中的葡萄牙、希腊汽车税率较高，这些国家基本上没有汽车制造业或者汽车工业很不发达，丹麦、爱尔兰则是为了保护环境而对汽车等产品征收高税。有些发展中国家把汽车看作是奢侈品，为抑制奢侈品消费而对汽车设置较高的税率。另外，致力于发展汽车本土制造的国家则对汽车进口设置较高的关税。

3. 汽车税收收入

在汽车工业发达国家和消费大国，汽车税收是国家税收收入的重要来源。德国汽车相关税费收入是联邦预算中仅次于增值税和薪金税的第三大收入来源，

2008年占到了税收总收入的10%。2008年日本汽车相关的税收约8万亿日元，占到日本总体税收的9.5%。2000年以来韩国汽车税收收入不断增长，汽车相关的税收年收入已达到230亿美元，占国家税收总收入的17%。

燃油税是汽车税收收入的主要来源。燃料税是德国汽车相关税费的最主要来源，不含燃料增值税的燃油税收入占汽车税收收入的65.5%，包括燃料增值税则占到汽车相关税费的66.9%。对燃油征收的税收占到日本汽车税收收入的一半以上（54%）。燃油课税也是韩国汽车税收的主要收入来源。

二、汽车相关的主要税种及政策

各国与汽车相关的主要税种有增值税、消费税、购置税、注册税、保有税以及燃油税。

1. 增值税

征收增值税的国家一般按法定税率对汽车产品征税，德国、法国、韩国和中国的增值税税率分别为19%、19.6%、10%、17%。日本的消费税实质上就是增值税，其税率为5%。

2. 消费税

韩国和中国在对所有货物和劳务征收增值税的基础上，选择了部分商品征收消费税，汽车和原油、成品油均需缴纳。

韩国汽车消费税的征收范围是6座以下的乘用车，根据排量不同分档征收，目前对1.0L以下的乘用车免征，排量在1.0～2.0L区间的乘用车税率为出厂价格的5%，2.0L以上的乘用车税率为10%（见表1）。对摩托车也征收消费税，税率为5%。

表1　中、韩乘用车消费税税率比较

<table>
<tr><th>排量 Q/L</th><th>韩国消费税税率（%）</th><th>中国消费税税率（%）</th></tr>
<tr><td>Q≤1.0</td><td>0</td><td>1</td></tr>
<tr><td>1.0<Q≤1.5</td><td rowspan="2">5</td><td>3</td></tr>
<tr><td>1.5<Q≤2.0</td><td>5</td></tr>
<tr><td>2.0<Q≤2.5</td><td rowspan="4">10</td><td>9</td></tr>
<tr><td>2.5<Q≤3.0</td><td>12</td></tr>
<tr><td>3.0<Q≤4.0</td><td>25</td></tr>
<tr><td>Q>4.0</td><td>40</td></tr>
</table>

注：韩国汽车消费税征收范围仅为6座以下的乘用车。

中国对汽车产品征收消费税的纳税范围比韩国广，不仅包括所有的乘用车，还包括中轻型商用客车。同时，中国对乘用车征收的消费税分档区间比韩国的多，税率差异程度比韩国大。经过 2006 年 4 月 1 日和 2008 年 9 月 1 日消费税调整后，中国乘用车消费税分七档差别税率征收，排量越大的乘用车的税率越高（见表 1）。

3. 购置税

日本、韩国、中国在汽车购置环节都征收购置税，中国的税率相对较高。日本乘用车购置税按车价的 5%征收，商用车和微型汽车则是 3%。韩国对汽车征收的购置税税率为不含增值税的零售价格的 2%，对 1.0L 以下的汽车免征。中国的车辆购置税是只针对机动车产品征收的一种税，计价征收，法定税率是 10%，2009 年 1 月 20 日至 2009 年 12 月 31 日对 1.6L 及以下乘用车减按 5%征收。

4. 注册税

在欧洲许多国家都有注册税，但德国、法国、美国、日本、韩国五国中只有法国和韩国有注册税。

法国的注册税可以分为新车注册税和二手汽车注册税：

1）新车注册税是一种奖罚税制度，奖励购买低 CO_2 排放的汽车，并向购买高污染车辆产品的用户征收惩罚性税收。具体是以能耗标签为基础，根据 CO_2 排放量对新乘用车实施奖惩，车辆能耗根据车辆每公里行驶的 CO_2 排放量分为 A、B、C、D、E、F、G 七个等级，各等级对应的 CO_2 排放量分别为 100g 以下、101～120g、121～140g、141～160g、161～200g、201～250g、250g 以上。低于 130g 的给予奖励，碳排放量越低的奖励越多（碳排放量在 121～130g、101～120g、61～100g 的分别奖励 200 欧元、700 欧元、1000 欧元，低于 60g 的奖励则高达 5000 欧元），碳排放量在 131～160g 的不奖不罚，碳排放量高于 160g 以上采取递进式“罚款”制（161～165g、166～200g、201～250g、250g 以上的罚税额分别为 200 欧元、750 欧元、1600 欧元、2600 欧元）。

2）从 2006 年 7 月 1 日起，法国对二手车交易也征收 CO_2 排放税，汽车上牌时对每公里行驶 CO_2 排放量在 200～250g 之间的汽车每克征收 2 欧元，对 CO_2 排放量高于 250g 的按每克 4 欧元来征收。

韩国汽车产品注册税是计价征收，乘用车税率比商用车高，车辆用途不同（私人消费、经营用车）税率也有所差异，私人用车税率比经营性用车高。私人用乘用车的税率为5%，用作抵押的乘用车税率为2%；私人用商用车辆的注册税税率为3%，经营性商用车辆税率则为2%。

5. 保有税

除了美国外，德国、法国、日本、韩国和中国都在汽车保有阶段征税。一般都是对所有的机动车辆征收。

德国原有的乘用车所有权税根据发动机排量和排放水平征收，达到不同排放水平的乘用车的单位税率（每0.1L排量征收的单位税额）不同，汽油车的税率比柴油车税率低。2009年德国改革了其征收方式，从7月1日起新登记乘用车的所有权税根据发动机排量和二氧化碳排放量征收，可以说是由排量税和CO_2税两部分组成，汽油、柴油的排量税为每0.1L征收2欧元、9.5欧元；CO_2税是每千米每克2欧元，低于120g/km的免征碳税，CO_2税起征点2012年、2014年分别降至110g、95g。电动车购买后的前五年免税，五年后基于车体重量每200kg征收单位税额，总体高于同级别的汽油车但低于柴油车。对商用车（包括客车、货车）征收所有权税则是按重量、排放等级和噪声类别来征收：总重3.5t以下的每0.2kg征收11.25～12.78欧元，3.5t以上的按照污染、噪声类别差别课税，欧Ⅱ以上商用车每年最高为556欧元，欧Ⅰ车则为914欧元，噪声类别为G1的最高为1425欧元。因为把商用车视为生产工具和产业发展需要，所以商用车的所有权税在商用车税费中所占比例并不高。

法国企业要为其拥有的车辆缴纳企业车辆税，2006年1月1日法国改革了征收方式，根据碳排放水平征收不同额度的税收：百公里CO_2排放量在100g及以下的税额为每克2欧元，碳排放量在100～120g、121～140g、141～160g、161～200g，201～250g、250g以上的每克征收标准分别为4欧元、5欧元、10欧元、15欧元、17欧元、19欧元。对天然气、液化石油气、电动车、混合动力及高比例乙醇燃料汽车免征企业车辆税。

在汽车保有阶段日本有汽车税、微型汽车税和汽车重量税。汽车税和微型汽车税的征收对象不同，汽车税是针对0.66L以上的汽车，微型汽车税针对0.66L以下的汽车。

1）乘用车的汽车税根据排量共分了10档（1.0L以下、1.0～4.5L之间每0.5L为一档，共7档，4.5～6L及6L以上）征收，每档每年征收额从29500日元到110000

日元不等。商用车的汽车税根据最大装载量课税，低于1t的每年征收8000日元，1～8t的分为7档分别征收11500～40500日元，超过8t的在40500日元税收基础上每吨加税6300日元。

2）微型汽车税是定额征收，微型乘用车和微型商用车分别为每年7200日元、3000日元。

3）汽车重量税根据车辆重量课税，乘用车每0.5t每年征收6300日元，未满1.5t的乘用车按1.5t征收，18900日元/年。总重量2.5t以下货车每t每年征收4400日元，超过2.5t的则为6300日元/年。客车则每吨每年为6300日元。微型汽车的重量税是定额征收，征收标准为4400日元/年。

韩国的年度车辆税的纳税对象为小汽车、其他类汽车、公共汽车、卡车、特种车、三轮或三轮以下等6类车辆，每类分别依用途、排量、载重量的不同设置不同税率。小汽车是分排量征收，排量区间越大的小汽车单位税额越高，排量在0.8L以下、0.8～1.0L、1.0～1.6L、1.6～2.0L、2.0L以上的单位税额分别为每毫升征收8韩元、10韩元、14韩元、20韩元、22韩元。

中国的车船税是按年度征收的一种财产税，载客汽车主要根据核定载客人数征收，每辆载客汽车年征收额在60～660元之间。载货汽车按自重征收，每吨征收16～120元。

6. 燃油税

燃油税实际包括对燃油征收的增值税、消费税以及一些专门的税种。虽然各国的燃油税并不相同，但是燃油税均是各国汽车相关税制中的重要组成部分，税收占油价的比例较高，燃油税收入在汽车税收收入中所占的比重非常大。法国等国家都是通过实施较高的燃料税收鼓励消费者购买节能汽车、促进能源节约的。

欧洲许多国家的燃油税在油价中所占的比例都在2/3左右。法国、德国、瑞典、英国都是高燃油税的国家。德国汽油、柴油价格分别为1.36欧元/L、1.10欧元/L，其中汽油课税占价格的67%，柴油占61.8%，柴油税负比汽油低。韩国燃油课税负担较重，对燃油征收的增值税为10%，汽油、柴油机动车燃料税的法定税率为36%，对汽油、柴油、液化石油气征收的消费税税率分别为529韩元/L、375韩元/L、275韩元/L，此外教育税为消费税应纳税额的15%，总的来看，韩国对汽油的课税也占到含税油价的60%左右。日本的燃油税有挥发油税、轻油交易税、石油天然气税，针对不同的燃料征收，税收占油价的比例也高于40%。

考虑到柴油车比汽油车省油、柴油排出的二氧化碳量比汽油少以及生产的柴油油品品质较高，欧洲对柴油征收的税率比汽油低，以鼓励柴油车的普及。

7. 其他相关税收

有些国家还对汽车征收一些其他的税种，如韩国的附加税教育税，也对汽车产品征收，同时，还有具有准税收性质的公债券。

综合起来看，汽车税收制度具有以下五个突出的特点：

（1）*汽车税种较多，税负较重*　和其他的一般商品相比，汽车相关的税种较多，中日韩三国对汽车购置都征税，中国和韩国还征收了消费税，法国、韩国征收注册税，各国在车辆保有阶段普遍设有专门针对汽车产品征收的保有税。税种多、税负重在中日韩亚洲国家体现得比较明显。韩国有8个税种都对汽车及相关产品征收。在日本，一辆1.8L排量、价格为180万日元的轿车，使用11年总计缴纳税金约150万日元[1],接近汽车购买价格，即使汽车不上路行驶也要缴纳较重的税收。在韩国，一辆出厂价格为2万美元的轿车，在购买阶段需要交纳近5000美元的税收，注册阶段需要交纳1500美元的税收，购置阶段税收合计已占到出厂价格的30%以上（不包括公债券）。

（2）*汽车购置阶段的税负较轻，使用阶段税负重*　购置阶段税负相对于使用阶段的税负轻，一般是出于鼓励汽车购买、限制汽车使用这个目的。德国的汽车税收主要针对汽车拥有及使用征收，汽车购买、登记阶段并没有相关的税种。即使日本这样的汽车重税国家，购置阶段税负也只占到11.7%左右，而使用阶段和保有阶段分别占到44%左右。较高的燃油税使得汽车使用阶段税负重，燃油税成为汽车税收总收入的主要来源。日本燃油征税占到汽车税收收入的一半以上（54%），保有阶段税收收入占近35%，购置阶段税收收入则占11.3%。汽车使用阶段税收收入占到韩国汽车相关总税收收入的70%，汽车购买、登记、保有环节的税收收入均占10%左右。

（3）*重视税收对消费者的信号作用，通过税收促进高燃油经济性汽车的普及*　美国制定汽车税收政策主要出于保证能源安全、应对气候变化、环保三方面的考虑，欧洲许多国家则是直接引入碳税促进环保，韩国则是通过整个全方位的

---

[1] 以1.8L排量180万日元使用11年，车重未达1.5t，年行驶里程1万km计算，总计缴纳税金约150万日元。

小排量车财税支持政策引导小排量车消费。对节能汽车产品的税收优惠在鼓励购买、促进技术进步、降低企业研发成本方面也具有重要作用。

（4）中央地方税种相对均衡　地方具有较大的税收管理权限，美国联邦政府和 50 个州均有权对汽车和油品征税，日本、韩国汽车税种中地方税种较多。一般来说，汽车购买时缴纳的税收和使用时的燃油税多是中央税，其他汽车税多是地方税。日本保有阶段的汽车税和微型汽车税都是地方税，重量税则是国税。在韩国汽车购买阶段的税收（对汽车产品征收的增值税、消费税）和使用阶段的燃油消费税（对燃料征收的增值税、消费税）是中央税，汽车注册、保有、使用阶段的购置税、登记税、年度车辆税、机动车燃料税等多个税种（除了燃油消费税）均是地方税收。

（5）针对新能源汽车有相应的财税支持政策　如法国的企业车辆税，对天然气、液化石油气、电动车、混合动力、高比例乙醇燃料汽车免征。

三、汽车税制的发展趋势

随着石化燃料消耗量的日益增多，排放出的二氧化碳导致了全球气候的变暖。为减少温室气体排放，欧洲一些国家正与二氧化碳排放量挂钩改革汽车税制，向碳排放量征税方式的转变正成为汽车税制改革的一个突出趋势。欧洲现在有 17 个成员国根据二氧化碳排放量或者燃料消耗量来征税。法国自 2006 年起，所有新增的与车辆有关的税收都与 CO_2 有关，目前车辆注册、拥有、二手车交易登记均是以 CO_2 排放为基准。亚洲的韩国也开始考虑根据二氧化碳排放量来征收汽车税。

汽车税收向碳税的转变具有以下四个主要特点：

第一，向基于 CO_2 排放征税转变的主要有单纯的奖励、现有税制添加碳指标、新增单独税种三类方式。比利时采取了与 CO_2 排放量直接挂钩的税收优惠政策，凡购买低排放汽车能享受购车消费税返还优惠；德国、葡萄牙等是在现有税制上追加碳排放量指标，如葡萄牙新购汽油车在基于气缸基础上添加了碳排放量指标；瑞典等国家则是增加新的税种，瑞典新增碳税完全根据 CO_2 排放量征收，基础税额为 360 克朗，即 35 欧元，每公里碳排放量超过 100g 时税率为每超过 1g 加收 1.5 欧元。相对来说，新增碳税是较明确、更有助于减少碳排放的征税方式。

第二，根据每公里行驶的碳排放量值所在区间设置不同的单位税率。譬如，法国奖罚税制度以能耗标签为基础，车辆能耗根据车辆每公里行驶的 CO_2 排放量分为 A、B、C、D、E、F、G 七个等级，各等级对应不同的 CO_2 排放量水平，碳排放量低于 130g 的，碳排放量越低奖励越多，碳排放量高于 160g 以上采取递进式“罚款”制，每克碳排放征税的单位税率逐步提高。

第三，CO_2 排放量指标逐年加严。考虑到技术进步导致燃油经济性的提高，越来越多的汽车碳排放量也会减少，为保证财政平衡或税收收入，实施碳税的 CO_2 排放量指标都在逐步加严，如法国奖罚税体系的碳排放指标每两年降低 5g。

第四，碳税对促进汽车产品结构优化和减少碳排放起到了明显的作用。在奖罚体系和以旧换新奖励的政策措施鼓励下，法国汽车产品结构明显向低排放产品转移，排放低于 130g/km 的产品比例由 2007 年 6 月底的 28.2%上升到 2009 年 6 月底的 54%，排放高于 160g 的由 24.2%下降到 14%。同时，奖罚税收体系对减少二氧化碳排放非常有效，加快了法国碳排放的减排进度，CO_2 减排速度由之前的 1g/年提高到 7g/年。

四、应对金融危机的财税激励政策

面对金融危机对汽车产业冲击带来的严峻形势，印度、俄罗斯、巴西、韩国等新兴国家也纷纷以税收手段为主来鼓励汽车消费，德国、法国、西班牙、意大利、英国、美国等汽车工业发达国家则采取了以“以旧换新”补贴政策为主的鼓励措施，政策措施在推动汽车产业和本国经济发展中起到了显著效果。

1. 税收优惠是拉动汽车需求的主要手段

发展中国家多是以购买阶段税收优惠措施来拉动汽车需求。韩国政府将汽车消费税减少 30%；对于报废或更换 10 年以上车龄的车辆，可减征 70%的汽车消费税、汽车购置税、汽车登记税；购买微型车可免除上述三税和公债券，减少 50%的公共停车费、拥挤费和公路收费，返还燃油消费税（每年最高 10 万韩元）；购买混合动力车的消费税和汽车登记税税收减免上限均为 100 万韩元，汽车购置税和公债券减免上限均为 40 万韩元。印度则调低了传统汽车的消费税率，由原先的 10%至 24%下调为 8%至 20%，整体下降了 4 个百分点，并开始考虑将混合动力车的消费税率由 14%降至 12%。巴西政府减税计划中的汽车工业产品税减免措施主要针对排量不超过 1.0L 的轿车（酒精或酒精燃料）、排量在 1.0～2.0L 之间的汽油汽车和混合燃料或酒精燃料汽车，税率分别由 7%、13%和 11%下降至 0、

6.5%和 5.5%。一些发达国家也将税收优惠作为辅助性激励政策。日本提出了针对环保型汽车的汽车重量税和汽车购置税减免政策，其中新一代汽车免除汽车重量税和汽车购置税；对于低油耗、低排放车和商用车，根据其认证的排放标准值和油耗标准值的不同可享受 75%或 50%的减免。美国政府允许融资购买新车个人减记 2009 年期间任何利息支出，还允许购车者使用购车时支付的州消费税来抵减税收负债，此外，购买充电式混合动力车的车主，可以享受 7000 美元以上的税收抵扣。

2. 发达国家以“以旧换新”补贴政策为主，并支持节能环保汽车消费

发展中国家出台的财税政策主要是支持汽车消费，并未出台针对节能环保汽车的财税措施，而发达国家在积极运用财税政策引导消费者扩大节能环保汽车的消费。自 2008 年年底开始，欧美主要汽车大国纷纷出台汽车以旧换新政策，刺激国内汽车销售。各国政策补贴力度较大，单车补贴额度在 1000 欧元到 5000 欧元之间，补贴的形式多为以旧车抵扣一定数额的购新车款，同时大多数国家对换购的新车在节能环保方面提出了要求。

3. 财税激励政策在促进汽车市场复苏、扩大环保汽车普及方面起到了积极效果

在各国财税激励政策的刺激下，各国汽车市场降幅均在收窄，欧洲汽车市场降幅已由年初的 28.2%收窄至 2.3%，一些市场开始呈现正增长。德国乘用车市场销量从 2009 年 2～9 月份连续呈现出两位数的正增长，2009 年 1～9 月份累计同比增长 12.78%；法国乘用车销量从 2009 年 5～9 月份也呈现出连续的正增长。美国汽车市场在政策实施当月即呈现出环比正增长，2009 年 8 月份乘用车销量环比增长了 30.5%，同比增长 13.8%。日本 2009 年 4 月份开始减免汽车重量税和购置税后，市场降幅逐渐缩小，到 2009 年 8 月份已开始恢复持平，并有效支撑了整体经济的复苏，环保型汽车销售所占比例由 2009 年 4 月份的 42.5%提高至 7 月的 56.2%。印度汽车市场结束了连续多月的低迷状况，从 2009 年 2 月份开始呈现正增长，2009 年 8 月份汽车销量同比增长 26%。巴西乘用车注册量已基本回升至金融危机前的平均水平，2009 年 1～8 月份累计增长 4.2%。

4. 激励政策停止实施后可能导致市场下滑

美国的政策在 2009 年 8 月底结束后，9 月份美国市场需求明显萎缩，轻型车销量同比下降22.6%，环比下降40.7%。欧洲也普遍担忧，随着2009年年底欧洲一些国家汽车“报废更新”措施的到期，而届时世界经济未企稳回升，欧洲国家如放弃延长上述刺激汽车消费的政策措施，汽车市场前景将不容乐观，为此，西班牙、意大利政府已开始考虑延长政策实施期限。

五、对完善中国汽车税制的启示

各国汽车税制具有一些共同的特点，一些国家征收方式的改革对产业发展、环保等方面的效果也逐步显现，这些都为我国汽车税制的完善提供了重要的参考作用。

1. 降低汽车购置阶段税负，提高使用阶段税负

国外基本上都是购置阶段低税负、使用阶段高税负的结构，而我国目前仍是购置阶段税负重（比购置阶段税负较重的韩国都高）、使用阶段税负相对较轻，不利于促进汽车购买和引导消费者节约能源。2008年我国千人汽车保有量水平为世界平均水平的1/3，随着我国人民收入的提高，汽车会驶入越来越多的普通百姓家庭，汽车也将成为推动我国向内需增长转变的重要商品。为此，应在综合考虑汽车整体税制、税负的情况下，对我国汽车税负结构进行改革，简税制、减税负，可在降低购置税税负的同时提高成品油消费税单位税额，以鼓励汽车购买，引导消费者理性使用，尽快建立促进汽车购买和节能减排的汽车税制。

2. 充分发挥税收在引导汽车消费中促进节能减排的作用

改革汽车税收征收方式，汽车相关的主要税种应与汽车油耗水平或CO_2排放量挂钩，譬如尽快出台基于车辆燃料消耗量限值标准的奖罚税政策，以扩大低能耗汽车产品销售，改善汽车保有结构，促进节能减排。

3. 税制改革可先从乘用车开始，逐步扩大到商用车

乘用车以私人消费为主、占市场份额大、技术法规相对完善，能尽快实施税制改革，课征范围也具有广泛性。为促进政策尽快实施，法国的奖罚税就是先在乘用车领域实施，目前正逐步延至商用车。振兴规划要求的车辆购置税改革，也可以先出台乘用车的改革方案，适当时机扩至商用车。与油耗挂钩的奖罚税政策，我国应结合技术法规现状与当前燃料消耗量限值标准和油耗标识结合，先出台基于乘用车燃料消耗量限值标准的奖罚税政策。

4. 尽快出台促进新能源汽车消费的税收优惠政策

虽然我国即将实施针对新能源汽车私人购买的补贴政策，但由于新能源汽车生产成本高，导致缴纳的车辆购置税等税收较多，应以新能源汽车的购买和保有阶段税负不高于传统汽车税负的原则，降低新能源汽车的车辆购置税和车船税。在车辆购置税改革方案和车船税改革推出前，对纯电动汽车、充电式混合动力汽车免征购置税和车船税，对传统混合动力汽车减征 50%购置税和车船税；在车辆购置税和车船税改革后，纯电动汽车的车辆购置税、车船税税率不高于 1.0L 小排量乘用车税率或免征，充电式混合动力汽车不高于 1.5L 乘用车税率或免征，普通混合动力汽车不高于 2.0L 乘用车税率。

5. 适当增加地方税收使用权，保证地方道路建设维护资金的需要

我国汽车税收主要是中央税，目前只有车船税是地方税，燃油税改革后新增的成品油消费税转移支付给地方。由于道路维护和一些道路建设主要由地方进行，为保证地方道路建设维护资金的需要，应调整税种收入使用权限，适当增加地方税收收入。

6. 汽车税制改革应保持技术中立

不同国家、不同企业的新能源技术途径都不同，当前也无法判断混合动力、纯电动、氢动力哪种技术会取得成功，为此，税收政策的调整应本着技术中性原则制定，譬如直接与油耗挂钩，而不是针对不同技术设定不同的税率。

7. 汽车税制改革保持预算中立，不应增加税收负担

法国拟开征碳税，为了让大家能接受新的税收政策，而不让消费者感觉新增加了一份税收负担，政府也在考虑出台一个相应的补贴政策。我国的汽车税制改革也应保持预算中立，在尽量不增加消费者的总体税负的情况下进行改革。

8. 税制改革中应充分借鉴各国的成功经验和做法

法国的奖罚税、日本的暂定税率政策、韩国对小排量车的全方位支持政策都是具有一定优点的税收政策。为保证税制改革中的税收平衡，我国可借鉴法国的奖罚税制度也实施奖罚税政策，即对燃油经济性较低的车征收的费用用于那些燃油经济性较高车的税收返还。从 20 世纪 60 年代中期开始，日本的挥发油税、轻油交易税都征收了暂定税率，70 年代初石油天然气税也征收了暂定税率，迄今已

经近 40 年，对油品的暂定税率政策可以向消费者征收高于原定法律税额的部分税额，我国的车辆购置税改革或燃油税税率调整都可以考虑借鉴暂定税率政策，增加税收政策在引导消费中的灵活性。借鉴韩国小排量汽车的全方位支持方式，改革车辆购置税等税种的征收方式，对乘用车分排量征收，争取在年底出台，以便与减征购置税政策有效衔接，并从各项汽车税收、收费等多方面加大对小排量汽车的支持力度。

（作者：刘斌 黄永和 侯华亮 时间 霍潞露）

铁路竞争将成为影响未来我国客运市场的长期因素

2009 年客车市场的形势用一片萧条形容似乎毫不过分。究其原因人们自然会想到这是金融危机的影响，当前我国的经济状况确实对客车市场产生了负面影响。然而深入的市场调查显示，真正将对客运市场产生负面影响的主要因素并不是经济形势，而是铁路的竞争。随着 2012 年铁路客运专线全面建成并投入营运，铁路客运如同一个巨人向我们铿锵走来，每一个客车人，从客运企业到客车厂家无不感觉到从那里发出的威胁和压力。而上年年底国家追加 6000 亿元的铁路建设投资，进一步加快了铁路竞争压力的来临。

2009 年 4 月 1 日，铁路又一次调整了运行图，来自铁道部的消息称本次运行图调整以后客运能力提高了 10.6%，很显然这些铁路新增客流量将主要来源于对公路客流量的分流。我们不知道这样的调整在 2012 年之前还会发生几次，但可以预见，这样大规模的客运分流还将继续发生，这对未来公路客运业无疑是沉重的打击。随着铁路客运条件不断升级以及动车组、城际列车的出现，曾经一度平衡的公铁竞争局面已经被彻底打破。面对铁路的竞争，公路干线客运似乎很快处于弱势。例如京津、沪宁，成渝、济青、曲昆、甬杭等一批曾经是公路客运的黄金线路首先尝受到了这种力量悬殊的打击。调查表明，动车组的开通使得沿线城际公路班线客流量普遍大幅度减少，使公路客运经营者处于极为被动的状态。而城际铁路的开通，对沿线公路客运班线的打击几乎是毁灭性的。

通过对铁路沿线客运单位调查数据的分析结果表明，未来公铁竞争将会在以下五个方面改变公路客运的竞争地位以及经营方式。

第一，公路客运的重心将会发生改变。2012 年以后随着铁路客运专线全部建成并投入营运，除局部特定地理环境区域外，大多数平行于铁路客运专线的干线公路客流量将会锐减，从而迫使公路客运的主营业务基本退出以大城市为中心的干线客运领域，而向以中小城市为中心的支线客运市场转移。从运距上看公路客运将基本退出长途客运线路（500～600km 以上线路），而转向以中短途线路为主的客运市场。简单地说就是现在与铁路干线平行的客运业务将向与铁路垂直的支线客运转移。

第二，公路客运营收来源将会发生改变。由于沿铁路干线的客运班线几乎无一例外都是目前公路客运企业的黄金线路，因此也是公路客运企业目前的主要营收来源。公路客运退出干线客运以后，意味着公路客运企业也将丧失这部分营收来源，从而使主要营收来源定位在支线客运方面。显然，客运营收水平将会下降。

第三，公路客运乘客结构将会发生改变。铁路客运专线建成后，铁路客运的客运量、班次密度、运行时间、乘坐环境、票价和购票便利程度都会得到大幅度改善，以及国民安全意识日渐增加，公路客运中商务及中大城市市民长途客源将会减少，而中小城市以及城乡短途客流将成为客流主体。因此总体上看，未来公路客运流的消费能力将会相对下降，人均消费里程也将缩短，公路客运业的优质乘客资源将会明显减少。

第四，公路客运地位将会发生改变。由于在未来公铁竞争中公路客运所处的不利条件，公路客运在整个国民交通体系中的地位也将相应改变。在乡镇以及铁路非沿线中小城市与铁路沿线客运站点链接的线路中，公路客运将以驳接铁路客流为主和客运高峰时期的运力补充。从而决定了公路客运业在公铁联运客流中的从属地位。这一变化实际上在现在的铁路干线沿线已经形成，2009 年春运，这些区域公路客流量的下降主要原因之一是客流量集中高峰较往年明显弱化，因此铁路运力饱和现象也较往年偏少，使得分流到公路的客流量明显减少。

随着铁路客运能力和条件的大幅度提高，铁路客运形象在乘客印象中的主导地位已经形成并继续得到加强，其结果直接导致旅客将铁路旅行方式作为出行的首选目标，其结果将加快公路客运客流量的流失。

第五，公路客车市场的需求结构也将发生改变。由于干线公路客运是目前国内中高档客车产品的主要流向，同时竞争也会促使新的公路营运方式产生，所以公铁客运竞争格局的改变必然导致现有市场需求结构的变化，从而促使客车用户对客车产品、技术和经营方式产生新的需求趋势。

虽然由于当前经济形势使得客车工业遭遇了历史罕见的冲击，但笔者以为和铁路竞争压力相比，前者的影响只是暂时的，或者说如同一次急性感冒一样，甚至因此能获得一些抗体。而铁路竞争对公路客运市场的影响不仅是长期的，而且是深远的。如果我们不能清醒地认识到这一点，还在等待这场寒潮过去后的明媚阳光，那么几乎可以肯定会看到失望的结果，其后果不堪设想。

以上分析表明，在当前铁路竞争压力不断加大的形势下，客运市场，不论是客运企业还是客车制造企业，他们的外部市场环境正遭遇着历史上从未有过的巨大变革和挑战，因此必须认清这种形势才能找到应对的策略。同时我们也必须清醒地认识到，面对铁路强大的竞争压力，简单硬拼也绝不是能够取胜的方法，必须以新的经营思维去审视和面对这场挑战，才能找到新的生存发展空间。

（作者：周毅）

附录

附录A　与汽车行业相关的统计数据

表 A-1　主要宏观经济指标（绝对额）

指　　标	2001 年	2002 年	2003 年	2004 年	2005 年	2006 年	2007 年	2008 年
国内生产总值（GDP）/亿元	97314.8	105172.3	117390.2	136875.9	183868	210871	249529.9	300670
全社会固定资产投资/亿元	37213.5	43499.9	55566.6	70477.4	88773.6	109998.2	137323.9	172828.4
社会消费品零售总额/亿元	37595.2	42027.1	45842.0	53950.1	67176.6	76410.0	89210.0	108487.7
出口总额/亿美元	2661.0	3256.0	4382.3	5933.6	7619.5	9689.4	12177.76	14306.9
进口总额/亿美元	2435.5	2951.7	4127.6	5613.8	6599.5	7914.6	9559.5	11325.6
财政收入/亿元	16386.04	18903.64	21715.25	26355.88	31649.29	38760.2	51321.78	61330.35
财政支出/亿元	18902.58	22053.15	24649.95	28360.75	33930.28	40422.73	49781.35	62592.66
城镇家庭人均可支配收入/元	6859.6	7702.8	8472.2	9421.6	10493.0	11759.5	13785.8	15781
农村家庭人均年纯收入/元	2366.4	2475.6	2622.2	2936.4	3254.93	3587.0	4140.4	4760.6
城乡居民储蓄存款年末余额/亿元	73762.4	86910.6	103617.7	119555.4	141051	161587.3	172534.2	217885.4
全国零售物价总指数（上年＝100）	99.2	98.7	99.9	102.8	100.8	101.0	103.8	105.9
居民消费价格指数（上年＝100）	100.7	99.2	101.2	103.9	101.8	101.5	104.8	105.9

表 A-2　主要宏观经济指标（增长率）

（单位：%）

指　　标	2001 年	2002 年	2003 年	2004 年	2005 年	2006 年	2007 年	2008 年
国内生产总值（GDP）	8.3	9.1	10.0	10.1	10.4	11.1	11.9	20.5
全社会固定资产投资	13.0	16.9	27.7	25.8	26.0	23.9	24.8	25.9
社会消费品零售总额	10.1	11.8	9.1	17.7	12.9	13.7	16.8	20.0
出口总额	6.8	22.4	34.6	35.4	28.4	27.2	25.7	17.5
进口总额	8.2	21.2	39.8	36.0	17.6	20.0	20.8	18.5
财政收入	22.3	15.4	14.9	21.4	19.9	22.5	32.4	19.5
财政支出	19.0	16.7	11.8	15.1	19.1	19.1	23.2	25.7
城镇家庭人均可支配收入（现价）	9.2	12.3	10.0	11.2	11.2	12.1	17.2	14.5
农村家庭人均年纯收入（现价）	5.0	4.6	5.9	12.0	8.4	10.2	15.4	15.0
城乡居民储蓄存款余额	14.7	17.8	19.2	15.4	18.0	15.3	6.8	26.3
全国零售物价总指数（上年＝100）	-0.8	-1.3	-0.1	2.8	0.8	1.0	2.8	2.0
居民消费价格指数（上年＝100）	0.7	-0.8	1.2	3.9	1.8	1.5	3.2	1.0

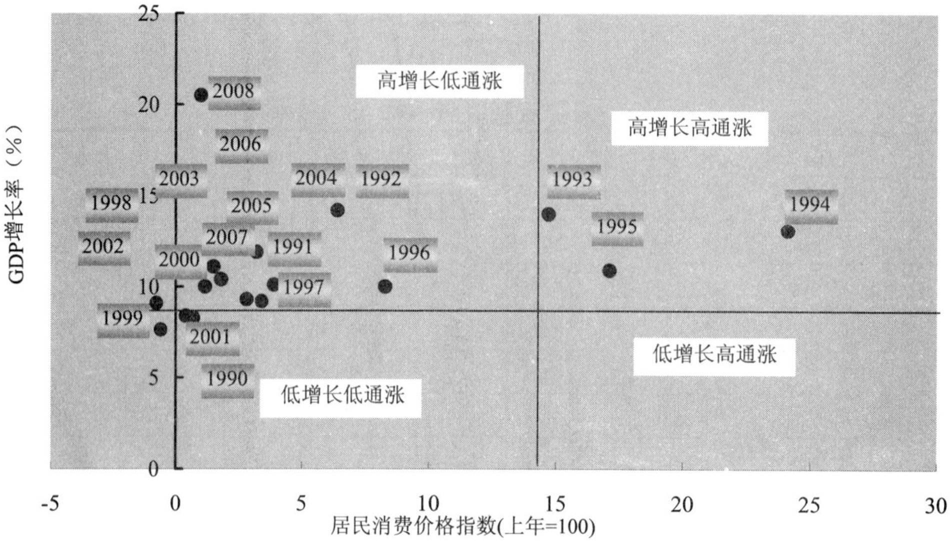

图A-1 1991～2008年宏观经济变化形势

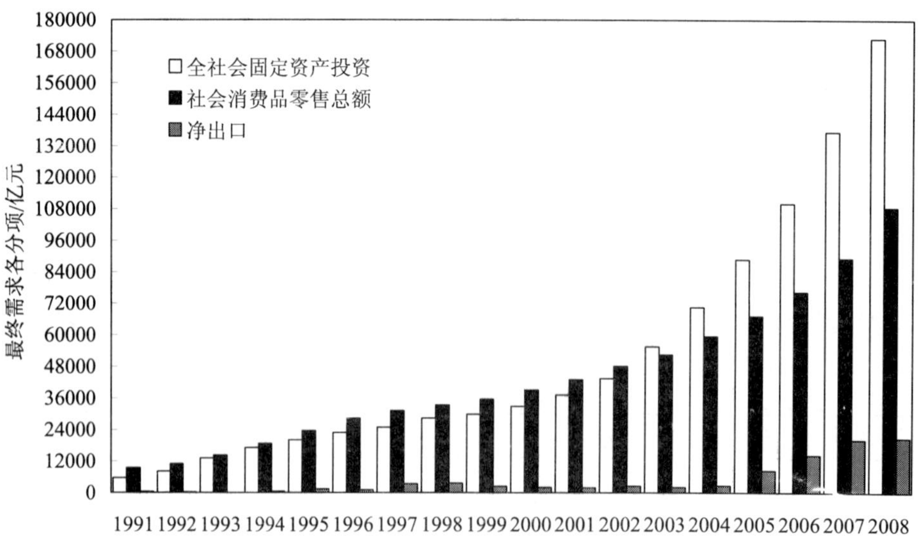

图A-2 1991～2008年社会消费品最终需求变动情况

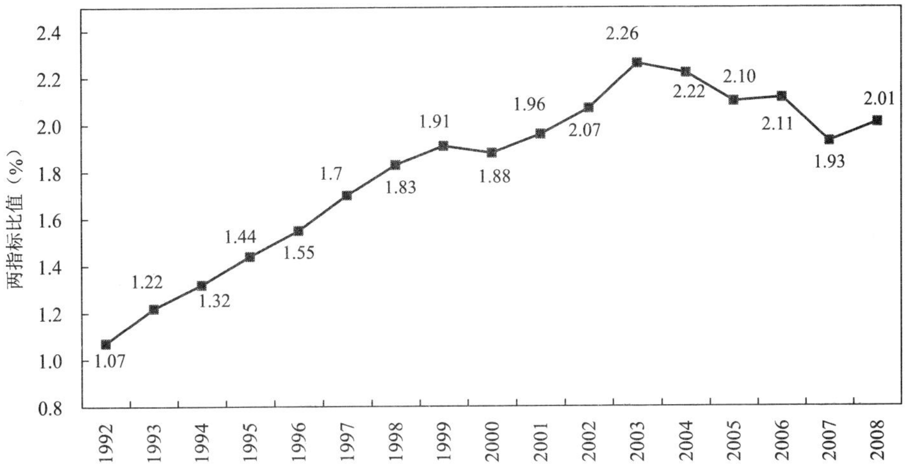

图A-3　1992～2008年城乡居民储蓄存款年末余额与社会消费品零售总额比值图

表 A-3　现价国内生产总值

年份/年	国民生产总值/亿元	国内生产总值/亿元	第一产业	第二产业			第三产业	人均国内生产总值/元
					工业	建筑业		
1991	21663	21618	5289	9102	8087	1015	7227	1879
1992	26652	26638	5800	11700	10285	1415	9139	2287
1993	34561	34634	6882	16429	14144	2285	11324	2939
1994	46670	46759	9457	22372	19360	3013	14930	3923
1995	57495	58478	11993	28538	24718	3820	17947	4854
1996	66851	67885	13844	33613	29083	4531	20428	5576
1997	73143	74463	14211	37223	32412	4811	23029	6054
1998	76967	78345	14552	38619	33388	5231	25174	6308
1999	80579	82067	14472	40558	35087	5471	27038	6551
2000	88254	89468	14628	44935	39047	5888	29905	7086
2001	95728	97315	15412	48750	42375	6375	33153	7651
2002	103935	105172	16117	52980	45975	7005	36075	8214
2003	116741	117390	16928	61274	53093	8181	39188	9111
2004	136584	136876	20768	72387	62815	9572	43721	10561
2005	183956	183868	23070	87365	76913	10134	73433	14040
2006	211808	210871	24737	103162	91311	11851	82972	16084
2007	251483	249530	28095	121381	107367	14014	100054	18934
2008	302853	300670	34000	146183	129112	17071	120486	22698

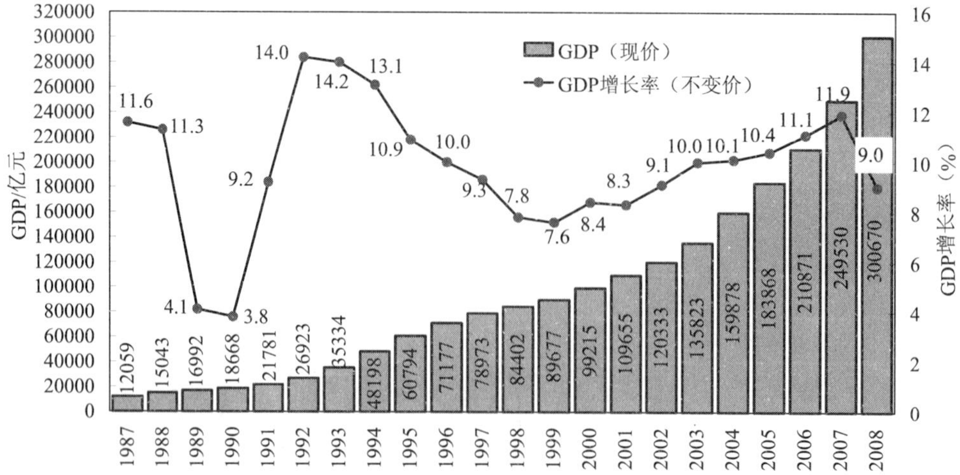

图A-4　1987～2008年GDP增长情况

表 A-4　国内生产总值 GDP 增长率（不变价）

（单位：%）

年份/年	国民生产总值	国内生产总值	第一产业	第二产业			第三产业	人均 GDP
					工业	建筑业		
1992	14.1	14.2	4.7	21.2	21.2	21	12.4	12.8
1993	13.7	14	4.7	19.9	20.1	18	12.1	12.7
1994	13.1	13.1	4	18.4	18.9	13.7	11	11.8
1995	9.3	10.9	5	13.9	14	12.4	9.8	9.7
1996	10.2	10	5.1	12.1	12.5	8.5	9.4	8.9
1997	9.1	9.3	3.5	10.5	11.3	2.6	10.7	8.2
1998	7.9	7.8	3.5	8.9	8.9	9.0	8.3	6.8
1999	7.6	7.6	2.8	8.1	8.5	4.3	9.3	6.7
2000	8.9	8.4	2.4	9.4	9.8	5.7	9.7	7.6
2001	8.1	8.3	2.8	8.4	8.7	6.8	10.2	7.5
2002	9.5	9.1	2.9	9.8	10.0	8.8	10.4	8.4
2003	10.6	10.0	2.5	12.7	12.8	12.1	9.5	9.3
2004	10.4	10.1	6.3	11.1	11.5	8.1	10.0	9.4
2005	11.2	10.4	5.2	11.7	11.6	12.6	10.5	9.8
2006	11.1	11.1	5.0	13.0	12.9	13.7	10.8	10.5
2007	12.2	11.9	3.7	13.4	13.5	12.6	12.6	11.4
2008	8.9	9.0	5.5	9.3	9.5	7.1	9.5	8.4

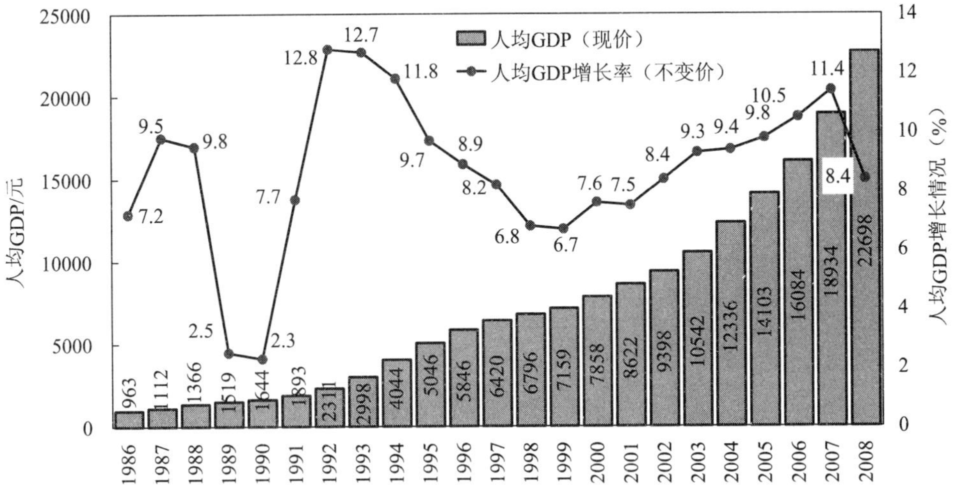

图A-5　1986～2008年历年人均GDP变化情况

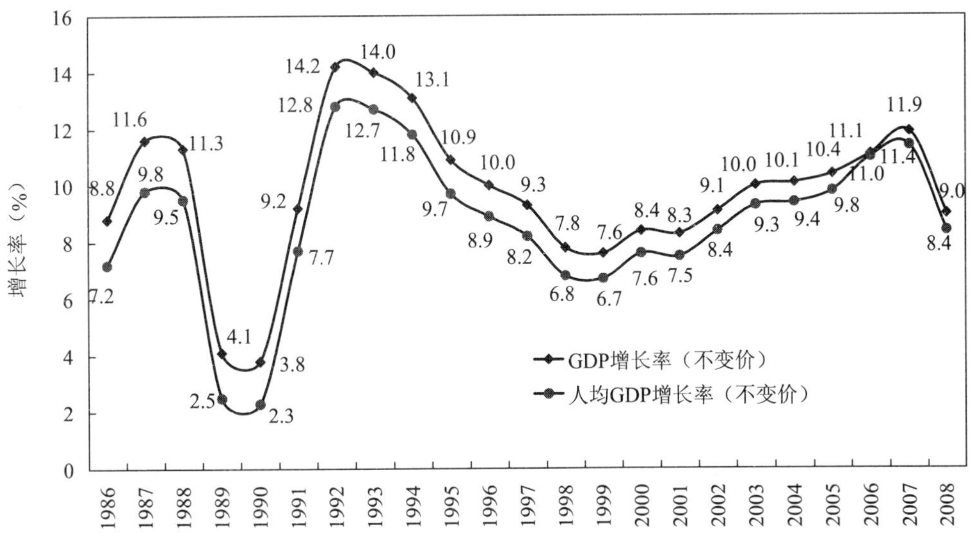

图A-6　1986～2008年历年GDP及人均GDP增长率变化情况

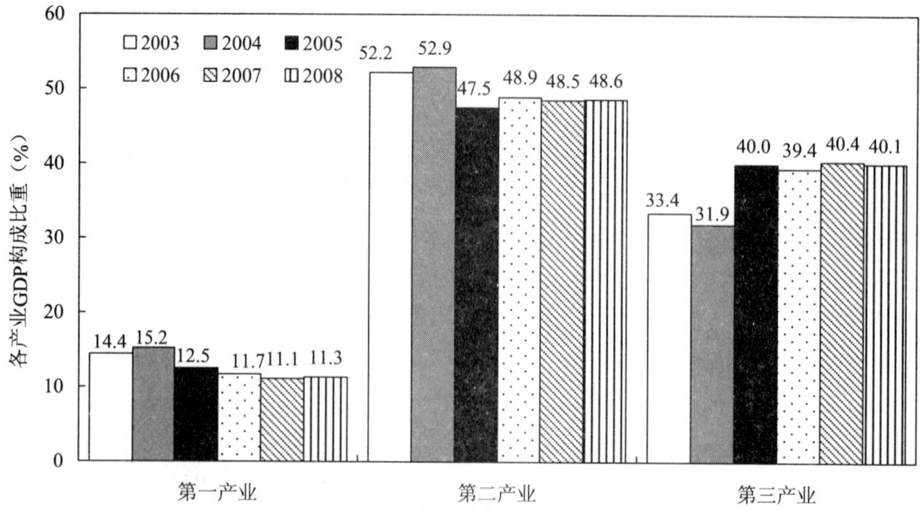

图A-7 2003～2008年全国GDP构成对比

表 A-5 现价国内生产总值（GDP）构成

（单位：%）

年份/年	国内生产总值	第一产业	第二产业			第三产业
				工业	建筑业	
1991	100	24.5	42.1	37.4	4.7	33.4
1992	100	21.8	43.9	38.6	5.3	34.3
1993	100	19.9	47.4	40.8	6.6	32.7
1994	100	20.2	47.9	41.4	6.5	31.9
1995	100	20.5	48.8	42.3	6.5	30.7
1996	100	20.4	49.5	42.8	6.7	30.1
1997	100	19.1	50.0	43.5	6.5	30.9
1998	100	18.6	49.3	42.6	6.7	32.1
1999	100	17.6	49.4	42.8	6.6	33.0
2000	100	16.4	50.2	43.6	6.6	33.4
2001	100	15.8	50.1	43.5	6.6	34.1
2002	100	15.3	50.4	43.7	6.7	34.3
2003	100	14.4	52.2	45.2	7.0	33.4
2004	100	15.2	52.9	45.9	7.0	31.9
2005	100	12.5	47.5	42.0	5.5	40.0
2006	100	11.7	48.9	43.3	5.6	39.4
2007	100	11.1	48.5	43.0	5.5	40.4
2008	100	11.3	48.6	42.9	5.7	40.1

表 A-6　各地区国内生产总值（现价）

（单位：亿元）

地区	1999 年	2000 年	2001 年	2002 年	2003 年	2004 年	2005 年	2006 年	2007 年	2008 年
北京	2174.5	2478.8	3710.5	4330.4	5023.8	6060.3	6886.3	7870.3	9353.3	10488.0
天津	1450.1	1639.4	1919.1	2150.8	2578.0	3111.0	3697.6	4359.2	5050.4	6354.4
河北	4569.2	5089.0	5516.8	6018.3	6921.3	8477.6	10096.1	11660.4	13709.5	16188.6
山西	1506.8	1643.8	2029.5	2324.8	2855.2	3571.4	4179.5	4752.5	5733.4	6938.7
内蒙古	1268.2	1401.0	1713.8	1940.9	2388.4	3041.1	3895.6	4791.5	6091.1	7761.8
辽宁	4171.7	4669.1	5033.1	5458.2	6002.5	6672.0	8009.0	9251.2	11023.5	13461.6
吉林	1660.9	1821.2	2120.4	2348.5	2662.1	3122.0	3620.3	4275.1	5284.7	6424.1
黑龙江	2897.4	3253.0	3390.1	3637.2	4057.4	4750.6	5511.5	6188.9	7065.0	8310.0
上海	4035.0	4551.2	5210.1	5741.0	6694.2	8072.8	9154.2	10366.4	12188.85	13698.2
江苏	7697.8	8582.7	9456.8	10606.9	12442.9	15003.6	18305.7	21645.1	25741.2	30312.6
浙江	5364.9	6036.3	6898.3	8003.7	9705.0	11648.7	13437.9	15742.5	18780.4	21486.9
安徽	2908.6	3038.2	3246.7	3519.7	3923.1	4759.3	5375.1	6148.7	7364.2	8874.2
福建	3550.2	3920.1	4072.9	4467.6	4983.7	5763.4	6568.9	7614.6	9249.1	10823.1
江西	1853.7	2003.1	2175.7	2450.5	2807.4	3456.7	4056.8	4670.5	5500.3	6480.3
山东	7662.1	8542.4	9195.0	10275.5	12078.1	15021.8	18516.9	22077.4	25965.9	31072.1
河南	4576.1	5137.7	5533.0	6035.5	6867.7	8553.8	10587.4	12496.0	15012.5	18407.8
湖北	3858.0	4276.3	3880.5	4212.8	4757.5	5633.2	6520.1	7581.3	9230.7	11330.4
湖南	3326.8	3691.9	3831.9	4151.5	4660.0	5641.9	6511.3	7568.9	9200	11156.6
广东	8464.3	9662.2	12039.3	13502.4	15844.6	18864.6	22366.5	26204.5	31084.4	35696.5
广西	1953.3	2050.1	2279.3	2523.7	2821.1	3433.5	4075.7	4828.5	5955.7	7171.6
海南	471.2	518.5	558.4	622.0	693.2	798.9	894.6	1052.9	1223.3	1459.2
重庆	1479.7	1589.3	1765.7	1990.0	2272.8	2692.8	3070.5	3491.6	4122.5	5096.7
四川	3711.6	4010.3	4293.5	4725.0	5333.1	6379.6	7385.1	8637.8	10505.3	12506.3
贵州	911.9	993.5	1133.3	1243.4	1426.3	1677.8	1979.1	2282.0	2741.9	3333.4
云南	1855.7	1955.1	2138.3	2312.8	2556.0	3081.9	3472.9	4006.7	4741.3	5700.1
西藏	105.6	117.5	146.0	166.6	189.1	220.3	251.2	291.0	342.2	395.9
陕西	1487.6	1660.9	2010.6	2253.4	2587.7	3175.6	3675.7	4523.7	5465.79	6851.3
甘肃	932.0	983.4	1125.4	1232.0	1399.8	1688.5	1934.0	2276.7	2702.4	3176.1
青海	238.4	263.6	300.1	340.7	390.2	466.1	543.3	641.6	783.6	961.5
宁夏	241.5	265.6	337.4	377.2	445.4	537.2	606.1	710.8	889.2	1098.5
新疆	1168.6	1364.4	1491.6	1612.7	1886.4	2209.1	2604.2	3045.3	3523.2	4203.4

注：1. 1998～1999 年数据摘自各年《中国统计年鉴》。

表 A-7 各地区国内生产总值占全国比例

（单位：%）

地 区	1999年	2000年	2001年	2002年	2003年	2004年	2005年	2006年	2007年	2008年
北 京	2.48	2.55	3.42	3.59	3.61	3.62	3.48	3.41	3.75	3.21
天 津	1.66	1.69	1.77	1.78	1.85	1.86	1.87	1.89	2.02	1.94
河 北	5.22	5.24	5.08	4.99	4.97	5.06	5.10	5.05	5.49	4.95
山 西	1.72	1.69	1.87	1.93	2.05	2.13	2.11	2.06	2.30	2.12
内蒙古	1.45	1.44	1.58	1.61	1.72	1.81	1.97	2.07	2.44	2.37
辽 宁	4.76	4.80	4.64	4.53	4.31	3.98	4.05	4.00	4.42	4.11
吉 林	1.9	1.87	1.95	1.95	1.91	1.86	1.83	1.85	2.12	1.96
黑龙江	3.31	3.35	3.12	3.02	2.91	2.83	2.79	2.68	2.83	2.54
上 海	4.61	4.68	4.80	4.76	4.81	4.82	4.63	4.49	4.88	4.19
江 苏	8.79	8.83	8.71	8.80	8.94	8.95	9.26	9.37	10.32	9.26
浙 江	6.13	6.21	6.35	6.64	6.97	6.95	6.79	6.81	7.53	6.57
安 徽	3.32	3.13	2.99	2.92	2.82	2.84	2.72	2.66	2.95	2.71
福 建	4.05	4.03	3.75	3.71	3.58	3.44	3.32	3.30	3.71	3.31
江 西	2.12	2.06	2.00	2.03	2.02	2.06	2.05	2.02	2.20	1.98
山 东	8.75	8.79	8.47	8.52	8.67	8.96	9.36	9.56	10.41	9.50
河 南	5.23	5.29	5.10	5.01	4.93	5.10	5.35	5.41	6.02	5.63
湖 北	4.41	4.40	3.57	3.49	3.42	3.36	3.30	3.28	3.70	3.46
湖 南	3.8	3.80	3.53	3.44	3.35	3.37	3.29	3.28	3.69	3.41
广 东	9.67	9.94	11.09	11.20	11.38	11.26	11.31	11.34	12.46	10.91
广 西	2.23	2.11	2.10	2.09	2.03	2.05	2.06	2.09	2.39	2.19
海 南	0.54	0.53	0.51	0.52	0.50	0.48	0.45	0.46	0.49	0.45
重 庆	1.69	1.63	1.63	1.65	1.63	1.61	1.55	1.51	1.65	1.56
四 川	4.24	4.13	3.96	3.92	3.83	3.81	3.73	3.74	4.21	3.82
贵 州	1.04	1.02	1.04	1.03	1.02	1.00	1.00	0.99	1.10	1.02
云 南	2.12	2.01	1.97	1.92	1.84	1.84	1.76	1.73	1.90	1.74
西 藏	0.12	0.12	0.13	0.14	0.14	0.13	0.13	0.13	0.14	0.12
陕 西	1.7	1.71	1.85	1.87	1.86	1.89	1.86	1.96	2.19	2.09
甘 肃	1.06	1.01	1.04	1.02	1.01	1.01	0.98	0.99	1.08	0.97
青 海	0.27	0.27	0.28	0.28	0.28	0.28	0.27	0.28	1.08	0.29
宁 夏	0.28	0.27	0.31	0.31	0.32	0.32	0.31	0.31	0.36	0.34
新 疆	1.33	1.40	1.37	1.34	1.35	1.32	1.32	1.32	1.41	1.28
合 计	100	100	100	100	100	100	100	100	100	100

表 A-8　各地区国内生产总值增长率

（单位：%）

地　区	2000 年	2001 年	2002 年	2003 年	2004 年	2005 年	2006 年	2007 年	2008 年
北　京	11.0	11.7	11.5	11.0	14.1	11.8	12.8	13.3	12.1
天　津	10.8	12.0	12.7	14.8	15.8	14.7	14.5	15.2	25.8
河　北	9.5	8.7	9.6	11.6	12.9	13.4	13.4	12.8	18.1
山　西	7.8	10.1	12.9	14.9	15.2	12.6	11.8	14.4	21.0
内蒙古	9.7	10.6	13.2	17.6	20.9	23.8	18.7	19.1	27.4
辽　宁	8.9	9.0	10.2	11.5	12.8	12.3	13.8	14.5	22.1
吉　林	9.2	9.3	9.5	10.2	12.2	12.1	15.0	16.1	21.6
黑龙江	8.2	9.3	10.2	10.2	11.7	11.6	12.1	12.0	17.6
上　海	10.8	10.5	11.3	12.3	14.2	11.1	12.0	14.3	12.4
江　苏	10.6	10.2	11.7	13.6	14.8	14.5	14.9	14.9	17.8
浙　江	11.0	10.6	12.6	14.7	14.5	12.8	13.9	14.7	14.4
安　徽	8.3	8.9	9.6	9.4	13.3	11.6	12.8	13.9	20.5
福　建	9.5	8.7	10.2	11.5	11.8	11.6	14.8	15.2	17.0
江　西	8.0	8.8	10.5	13.0	13.2	12.8	12.3	13.0	17.8
山　东	10.5	10.0	11.7	13.4	15.4	15.2	14.8	14.3	19.7
河　南	9.4	9.0	9.5	10.7	13.7	14.2	14.4	14.6	22.6
湖　北	9.3	8.9	9.2	9.7	11.2	12.1	13.2	14.5	22.7
湖　南	9.0	9.0	9.0	9.6	12.1	11.6	12.2	14.5	21.3
广　东	10.8	10.5	12.4	14.8	14.8	13.8	14.6	14.7	14.8
广　西	7.3	8.3	10.6	10.2	11.8	13.2	13.6	15.1	20.4
海　南	8.8	9.1	9.6	10.6	10.7	10.2	12.5	14.8	19.3
重　庆	8.5	9.0	10.2	11.5	12.2	11.5	12.2	15.6	23.6
四　川	9.0	9.0	10.3	11.3	12.7	12.6	13.3	14.2	19.0
贵　州	8.7	8.8	9.1	10.1	11.4	11.6	11.6	13.7	21.6
云　南	7.1	6.8	9.0	8.8	11.3	9.0	11.9	12.5	20.2
西　藏	9.4	12.7	12.9	12.0	12.1	12.1	13.3	14.0	15.7
陕　西	9.0	9.8	11.1	11.8	12.9	12.6	12.8	14.6	25.3
甘　肃	8.7	9.8	9.9	10.7	11.5	11.8	11.5	12.3	17.5
青　海	9.0	11.7	12.1	11.9	12.3	12.2	12.2	12.5	22.7
宁　夏	9.8	10.1	10.2	12.7	11.2	10.9	12.7	12.7	23.5
新　疆	8.2	8.6	8.2	11.2	11.4	10.9	11.0	12.2	19.3

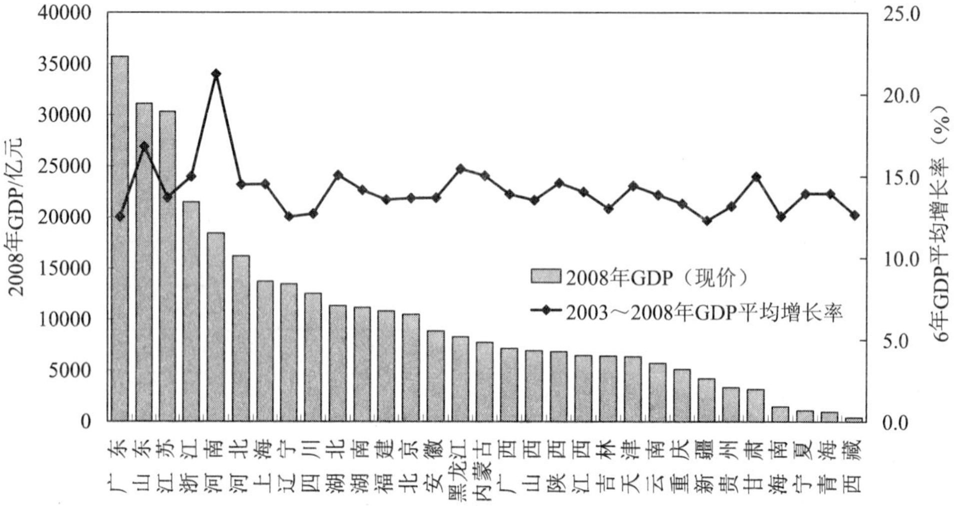

图A-8 2008年分地区GDP总值及变化情况

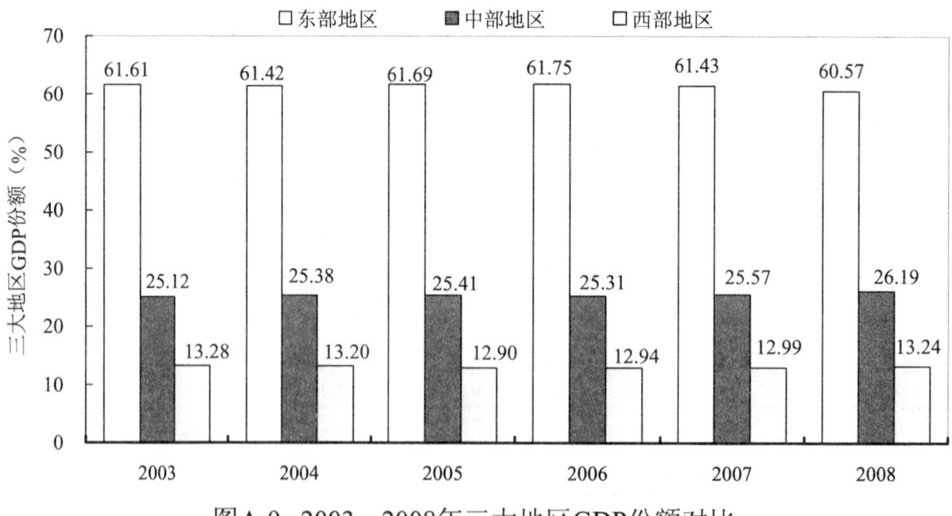

图A-9 2003～2008年三大地区GDP份额对比

表 A-9　全部国有及规模以上非国有工业企业总产值（当年价）

企业分类	项　目	2003 年	2004 年	2005 年	2006 年	2007 年	2008 年
国有及国有控股工业企业	企业单位数/个	34280	35597	27477	24961	20680	21313
	工业总产值/亿元	53407.9	70228.99	83749.92	98910.45	119685.65	143950.02
	工业增加值/亿元	18837.6	23213	27176.67	32588.81	39970.46	—
私营工业企业	企业单位数/个	67607	119357	123820	149736	177080	245850
	工业总产值/亿元	20980.23	35141.25	47778.2	67239.81	94023.28	136340.33
	工业增加值/亿元	5378.76	8290	12855.55	18735.86	26382.18	—
“三资”工业企业	企业单位数/个	38581	57165	56387	60872	67456	77847
	工业总产值/亿元	44357.81	65995.21	79860.23	100076.51	127629.31	149794.17
	工业增加值/亿元	11599.65	15240.5	20468.28	25545.8	32129.72	—

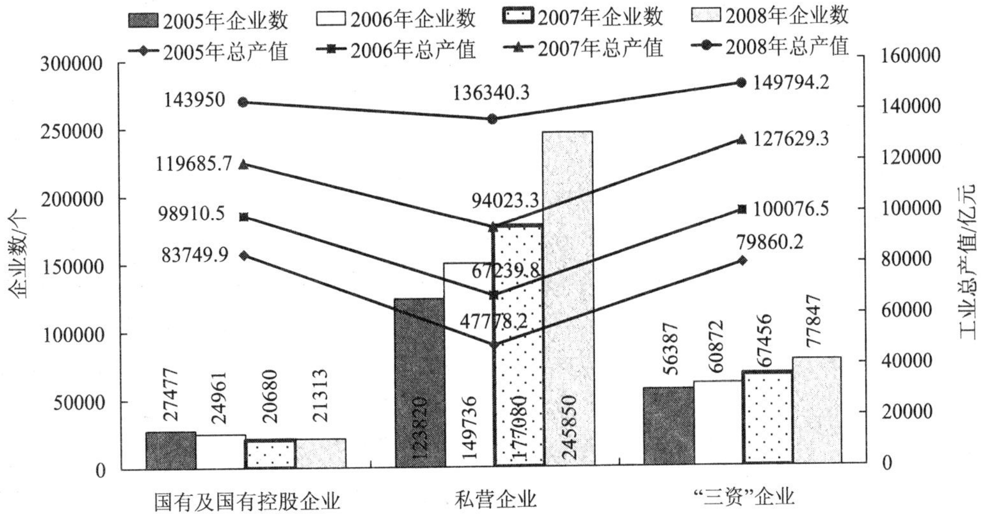

图A-10　2005~2008年国有及规模以上非国有工业企业数及工业总产值对比图

表 A-10 各地区工业总产值（现价）

（单位：亿元）

地 区	2001 年	2002 年	2003 年	2004 年	2005 年	2006 年	2007 年	2008 年
北 京	2908.82	3173.48	3810.36	5974.70	6946.07	8210.00	9648.38	10413.09
天 津	2940.4	3323.12	4049.61	6119.08	6774.1	8527.70	10075.07	12503.25
河 北	3766.85	4294.68	5708.76	10194.40	11008.12	13489.80	17054.78	23030.73
山 西	1396.73	1717.88	2439.3	4173.93	4850.91	5902.84	7791.71	10023.87
内蒙古	830.32	994.75	1355.7	2327.48	2995.59	4140.05	5812.96	8740.18
辽 宁	4480.32	4888.02	6112.96	9140.61	10814.51	14167.95	18249.53	24769.09
吉 林	1876.65	2171.17	2662.27	3551.72	3791.96	4752.72	6486.01	8406.85
黑龙江	2365.44	2487.63	2909.98	3955.70	4714.91	5440.17	6143.17	7624.54
上 海	7003.9	7740.56	10342.82	14594.15	15767.51	18573.13	22259.94	25120.92
江 苏	11747.83	13865.86	18036.74	29476.66	32707.09	41410.40	53316.38	67798.68
浙 江	7882.47	9779.04	12864.23	21227.20	23106.76	29129.94	36073.93	40832.1
安 徽	1824.64	2123.61	2610.03	4236.39	4567.23	5915.59	7945.17	11162.16
福 建	2945.02	3676.37	4953.74	7516.05	8135.98	10005.08	12517.91	15212.81
江 西	1016.02	1188.80	1472.33	2736.69	2978.88	4245.49	6194.18	8499.58
山 东	9377.37	11497.53	15379.54	24678.50	30522.86	38780.10	49873.00	62958.53
河 南	3843.12	4303.66	5365.65	9236.80	10487.38	13889.77	20442.21	26028.41
湖 北	3239.51	3589.26	4030.11	5329.23	6066.96	7454.07	9601.52	13454.94
湖 南	1811.22	2099.40	2611.45	4341.88	4754.86	6131.18	8464.08	11553.31
广 东	14035.35	16378.60	21513.46	31519.61	35942.74	44674.75	55252.86	65424.61
广 西	1059.23	1180.55	1436.43	2242.26	2547.32	3356.76	4587.35	6071.98
海 南	219.5	264.58	333.46	429.42	473.06	640.26	1002.78	1103.07
重 庆	1072.83	1228.37	1588	2598.84	2525.87	3213.45	4363.25	5755.9
四 川	2304.51	2737.35	3387.43	5303.64	6178.03	7934.41	11047.04	14761.86
贵 州	696.63	797.90	977.64	1546.17	1690.4	2066.77	2520.36	3111.13
云 南	1157.4	1320.62	1557.17	2344.07	2596.21	3393.09	4298.29	5144.58
西 藏	17.88	19.48	21.39	24.85	27.29	33.33	41.36	48.19
陕 西	1338.2	1505.45	1879.26	3150.79	3397.71	4442.81	5692.33	7480.79
甘 肃	951.21	1035.52	1147.52	1695.79	1988.26	2483.56	3231.52	3667.52
青 海	194.16	207.59	247.9	388.12	486.86	640.66	822.72	1103.1
宁 夏	268.84	268.62	352.81	605.19	671.54	859.70	1070.71	1366.46
新 疆	876.57	917.03	1113.14	1656.02	2102.53	2683.44	3296.61	4276.05

注：1998 年以后为全部国有及规模以上非国有工业企业工业总产值。

表 A-11　各地区工业总产值占全国的比例

（单位：%）

地　区	2000 年	2001 年	2002 年	2003 年	2004 年	2005 年	2006 年	2007 年	2008 年
北　京	2.99	3.05	2.86	2.68	2.69	2.76	2.59	2.38	2.05
天　津	3.04	3.08	3.00	2.85	2.75	2.69	2.69	2.49	2.46
河　北	4	3.95	3.88	4.01	4.59	4.37	4.26	4.21	4.54
山　西	1.42	1.46	1.55	1.71	1.88	1.93	1.86	1.92	1.98
内蒙古	0.87	0.87	0.90	0.95	1.05	1.19	1.31	1.43	1.72
辽　宁	4.96	4.69	4.41	4.30	4.11	4.30	4.48	4.50	4.88
吉　林	1.96	1.97	1.96	1.87	1.60	1.51	1.50	1.60	1.66
黑龙江	2.87	2.48	2.25	2.05	1.78	1.87	1.72	1.52	1.50
上　海	7.24	7.34	6.99	7.27	6.56	6.27	5.87	5.49	4.95
江　苏	12.2	12.31	12.52	12.68	13.26	13.00	13.08	13.16	13.36
浙　江	7.71	8.26	8.83	9.04	9.55	9.18	9.20	8.90	8.05
安　徽	1.94	1.91	1.92	1.83	1.91	1.82	1.87	1.96	2.20
福　建	3.05	3.09	3.32	3.48	3.38	3.23	3.16	3.09	3.00
江　西	1.09	1.06	1.07	1.03	1.23	1.18	1.34	1.53	1.67
山　东	9.7	9.82	10.38	10.81	11.10	12.13	12.25	12.31	12.41
河　南	4.08	4.03	3.88	3.77	4.15	4.17	4.39	5.05	5.13
湖　北	3.58	3.39	3.24	2.83	2.40	2.41	2.35	2.37	2.65
湖　南	1.9	1.90	1.90	1.84	1.95	1.89	1.94	2.09	2.28
广　东	14.57	14.70	14.79	15.12	14.18	14.28	14.11	13.64	12.89
广　西	1.17	1.11	1.07	1.01	1.01	1.01	1.06	1.13	1.20
海　南	0.24	0.23	0.24	0.23	0.19	0.19	0.20	0.25	0.22
重　庆	1.12	1.12	1.11	1.12	1.17	1.00	1.02	1.08	1.13
四　川	2.42	2.41	2.47	2.38	2.39	2.46	2.51	2.73	2.91
贵　州	0.74	0.73	0.72	0.69	0.70	0.67	0.65	0.62	0.61
云　南	1.24	1.21	1.19	1.09	1.05	1.03	1.07	1.06	1.01
西　藏	0.02	0.02	0.02	0.02	0.01	0.01	0.01	0.01	0.01
陕　西	1.38	1.40	1.36	1.32	1.42	1.35	1.40	1.40	1.47
甘　肃	0.98	1.00	0.93	0.81	0.76	0.79	0.78	0.80	0.72
青　海	0.23	0.20	0.19	0.17	0.17	0.19	0.20	0.20	0.22
宁　夏	0.28	0.28	0.24	0.25	0.27	0.27	0.27	0.26	0.27
新　疆	0.99	0.92	0.83	0.78	0.74	0.84	0.85	0.81	0.84
全　国	100	100	100	100	100	100	100	100	100

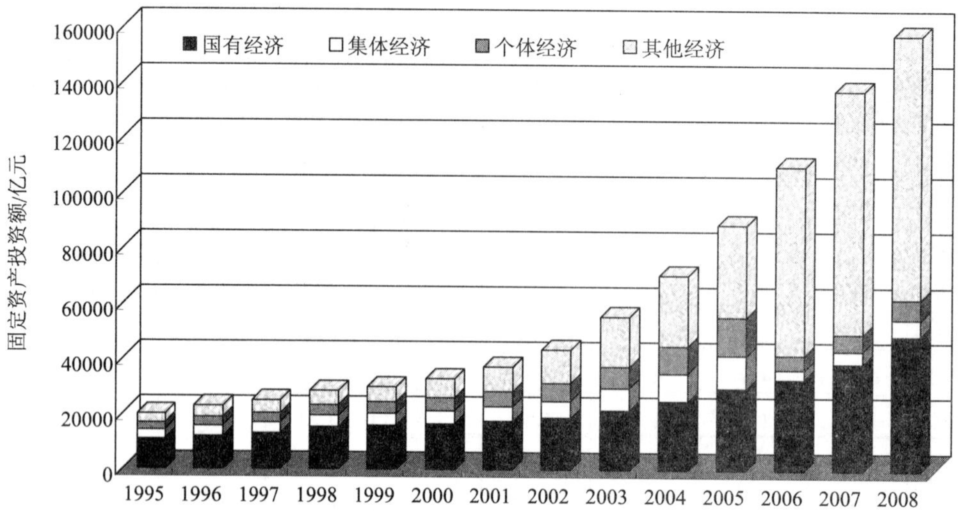

图A-11 1995～2008年分经济类型固定资产投资情况

表 A-12 历年各种经济类型固定资产投资

（单位：亿元）

年 份	合计	国有经济	集体经济	个体经济	其他经济
1997	24941.1	13091.7	3850.9	3429.4	4569.1
1998	28406.2	15369.3	4192.2	3744.4	5100.3
1999	29854.8	15947.8	4338.6	4195.7	5372.7
2000	32917.8	16504.4	4801.5	4709.4	6902.5
2001	37213.5	17607.0	5278.6	5429.6	8898.3
2002	43499.9	18877.4	5987.4	6519.2	12115.9
2003	55566.6	21661.0	8009.5	7720.1	18176.0
2004	70477.4	25027.6	9965.7	9880.6	25603.5
2005	88773.6	29666.9	11969.6	13890.6	33246.4
2006	109998.2	32963.4	3604.1	5163.9	68266.8
2007	137323.9	38706.3	4637.4	6058.7	87921.5
2008	157421.4	48704.9	6297.3	7190.8	95228.4

注：根据 1994 年房地产快速调查结果，对 1990 年以来的全社会固定资产投资数据进行了调整。

表 A-13　各地区全社会固定资产投资（现价）

（单位：亿元）

地区	1999年	2000年	2001年	2002年	2003年	2004年	2005年	2006年	2007年	2008年
全国合计	29854.7	32917.7	37213.5	43499.9	55566.6	70477.4	88773.6	109998.2	137323.9	172828.4
北　京	1171.2	1280.5	1513.3	1796.1	2169.3	2528.2	2827.2	3296.4	3907.2	3814.7
天　津	576.5	610.9	705.0	807.5	1039.4	1245.7	1495.1	1820.5	2353.1	3389.8
河　北	1770.5	1816.8	1912.5	2020.4	2478.0	3218.8	4139.7	5470.2	6884.7	8866.6
山　西	477.6	548.2	663.6	813.4	1100.9	1443.9	1826.6	2255.7	2861.5	3531.2
内蒙古	348.2	423.6	503.6	707.9	1174.7	1788.0	2643.6	3363.2	4372.9	5475.4
辽　宁	1119.5	1267.7	1421.2	1605.6	2076.4	2979.6	4200.4	5689.6	7435.2	10019.1
吉　林	500.0	603.5	701.7	834.2	969.0	1169.1	1741.1	2594.3	3651.4	5038.9
黑龙江	751.7	832.6	963.6	1046.2	1166.2	1430.8	1737.3	2236.0	2833.5	3656.0
上　海	1855.8	1869.4	2004.6	2213.7	2499.1	3050.3	3509.7	3900.0	4420.4	4823.1
江　苏	2441.9	2570.0	2823.2	3450.1	5233.0	6557.1	8165.4	10069.2	12268.1	15300.6
浙　江	1958.1	2350.0	2834.9	3477.5	4740.3	5781.4	6520.1	7590.2	8420.4	9323.0
安　徽	703.5	804.0	893.4	1074.5	1418.7	1935.3	2525.1	3533.6	5087.5	6747.0
福　建	1084.7	1112.2	1172.9	1253.1	1496.4	1892.9	2316.7	2981.8	4287.8	5207.7
江　西	454.4	516.1	631.8	889.0	1303.2	1713.2	2176.6	2683.6	3301.9	4745.4
山　东	2220.6	2531.1	2788.7	3483.3	5315.1	6970.6	9307.3	11111.4	12537.7	15435.9
河　南	1206.8	1377.7	1544.1	1725.9	2263.0	3099.4	4311.6	5904.7	8010.1	10490.6
湖　北	1239.1	1339.2	1486.6	1605.1	1809.5	2264.8	2676.6	3343.5	4330.4	5647.0
湖　南	883.9	1012.2	1174.3	1348.0	1590.3	2072.6	2629.1	3175.5	4154.8	5534.0
广　东	2937.0	3145.1	3484.4	3850.8	4813.2	5870.0	6977.9	7973.4	9294.3	10868.7
广　西	578.8	583.3	655.6	750.3	921.3	1236.5	1661.2	2198.7	2939.7	3756.4
海　南	194.8	198.9	213.3	225.4	280.0	317.1	367.2	423.9	502.4	705.4
重　庆	525.3	572.6	697.0	899.3	1161.5	1537.1	1933.2	2407.4	3127.7	3979.6
四　川	1224.4	1418.0	1617.5	1902.8	2336.3	2818.4	3585.2	4412.9	5639.8	7127.8
贵　州	311.9	397.0	536.0	633.0	748.1	865.2	998.3	1197.4	1488.8	1864.5
云　南	664.0	684.0	738.5	814.6	1000.1	1291.5	1777.6	2208.6	2759.0	3435.9
西　藏	53.6	64.1	83.3	106.6	134.0	162.4	181.4	231.1	270.3	309.9
陕　西	587.8	653.7	773.4	915.4	1200.7	1508.9	1882.2	2480.7	3415.0	4614.4
甘　肃	355.5	395.4	460.4	526.2	619.8	733.9	870.4	1022.6	1304.2	1712.8
青　海	117.2	151.1	196.4	232.4	255.6	289.2	329.8	408.5	482.8	583.2
宁　夏	128.1	157.5	191.1	227.0	318.0	376.2	443.3	498.7	599.8	828.9
新　疆	526.7	610.4	706.0	800.1	973.4	1147.2	1339.1	1567.1	1850.8	2260.0
不分地区	886.1	1021.0	1121.6	1464.9	962.2	1182.5	1677.9	1947.6	2530.8	3734.9

注：本表“全国”指不含港、澳、台地区的大陆各省、市、自治区。以下各表的“全国”同此注。

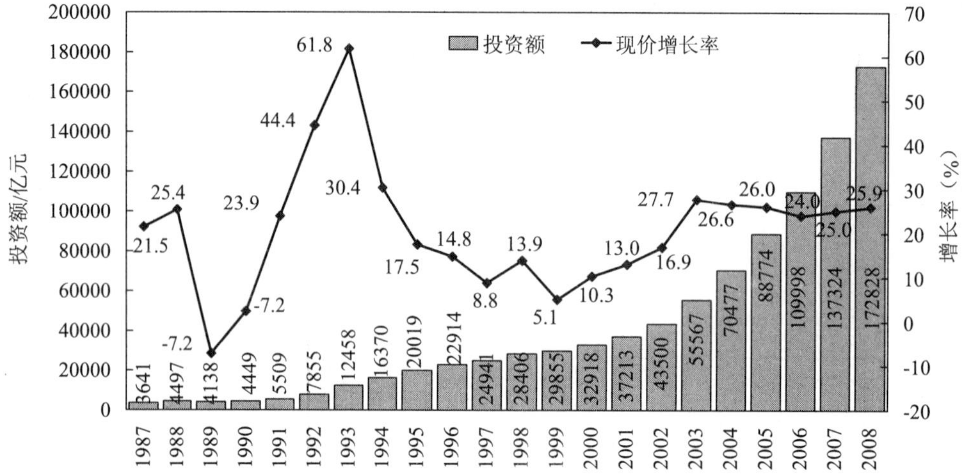

图A-12　1987～2008年固定资产投资完成情况

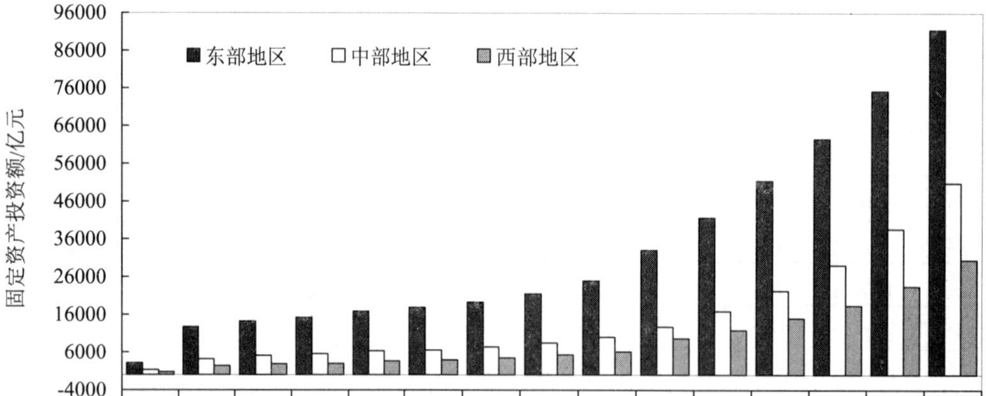

	1991	1995	1996	1997	1998	1999	2000	2001	2002	2003	2004	2005	2006	2007	2008
■东部地区	3142	12773	14295	15224	16932	17909	19336	21530	24934	33061	41648	51488	62525	75251	91511
□中部地区	1334	4210	5091	5594	6340	6565	7457	8563	10044	12795	16917	22268	29090	38604	50865
▨西部地区	809	2392	2882	2978	3675	3969	4531	5302	6158	9710	11913	15018	18383	23469	30451

图A-13　1991～2008年三大地区固定资产投资变化图

表 A-14　各地区固定资产投资占全国的比例（全国＝100%）

（单位：%）

地区	1998 年	1999 年	2000 年	2001 年	2002 年	2003 年	2004 年	2005 年	2006 年	2007 年	2008 年
北京	3.96	3.92	3.89	4.07	4.13	3.90	3.59	3.18	3.00	2.85	2.21
天津	2.01	1.93	1.86	1.89	1.86	1.87	1.77	1.68	1.66	1.71	1.96
河北	5.60	5.93	5.52	5.14	4.64	4.46	4.57	4.66	4.97	5.01	5.13
山西	1.60	1.60	1.67	1.78	1.87	1.98	2.05	2.06	2.05	2.08	2.04
内蒙古	1.12	1.17	1.29	1.35	1.63	2.11	2.54	2.98	3.06	3.18	3.17
辽宁	3.72	3.75	3.85	3.82	3.69	3.74	4.23	4.73	5.17	5.41	5.80
吉林	1.52	1.67	1.83	1.89	1.92	1.74	1.66	1.96	2.36	2.66	2.92
黑龙江	2.71	2.52	2.53	2.59	2.40	2.10	2.03	1.96	2.03	2.06	2.12
上海	6.92	6.22	5.68	5.39	5.09	4.50	4.33	3.95	3.55	3.22	2.79
江苏	8.63	8.18	7.81	7.59	7.93	9.42	9.30	9.20	9.15	8.93	8.85
浙江	6.34	6.56	7.14	7.62	7.99	8.53	8.20	7.34	6.90	6.13	5.39
安徽	2.54	2.36	2.44	2.40	2.47	2.55	2.75	2.84	3.21	3.70	3.90
福建	3.71	3.63	3.38	3.15	2.88	2.69	2.69	2.61	2.71	3.12	3.01
江西	1.41	1.52	1.57	1.70	2.04	2.35	2.43	2.45	2.44	2.40	2.75
山东	6.81	7.44	7.69	7.49	8.01	9.57	9.89	10.48	10.10	9.13	8.93
河南	4.54	4.04	4.19	4.15	3.97	4.07	4.40	4.86	5.37	5.83	6.07
湖北	4.07	4.15	4.07	3.99	3.69	3.26	3.21	3.02	3.04	3.15	3.27
湖南	2.81	2.96	3.08	3.16	3.10	2.86	2.94	2.96	2.89	3.03	3.20
广东	9.31	9.84	9.55	9.36	8.85	8.66	8.33	7.86	7.25	6.77	6.29
广西	1.98	1.94	1.77	1.76	1.72	1.66	1.75	1.87	2.00	2.14	2.17
海南	0.61	0.65	0.6	0.57	0.52	0.50	0.45	0.41	0.39	0.37	0.41
重庆	1.74	1.76	1.74	1.87	2.07	2.09	2.18	2.18	2.19	2.28	2.30
四川	4.03	4.10	4.31	4.35	4.37	4.20	4.00	4.04	4.01	4.11	4.12
贵州	0.98	1.04	1.21	1.44	1.46	1.35	1.23	1.12	1.09	1.08	1.08
云南	2.32	2.22	2.08	1.98	1.87	1.80	1.83	2.00	2.01	2.01	1.99
西藏	0.15	0.18	0.19	0.22	0.25	0.24	0.23	0.20	0.21	0.20	0.18
陕西	1.82	1.97	1.99	2.08	2.10	2.16	2.14	2.12	2.26	2.49	2.67
甘肃	1.06	1.19	1.20	1.24	1.21	1.12	1.04	0.98	0.93	0.95	0.99
青海	0.38	0.39	0.46	0.53	0.53	0.46	0.41	0.37	0.37	0.35	0.34
宁夏	0.38	0.43	0.48	0.51	0.52	0.57	0.53	0.50	0.45	0.44	0.48
新疆	1.81	1.76	1.85	1.90	1.84	1.75	1.63	1.51	1.42	1.35	1.31
不分地区	3.40	2.97	3.10	3.01	3.37	1.73	1.68	1.89	1.77	1.84	2.16

表A-15 各地区进出口商品总值（按经营单位所在地分）

（单位：万美元）

地区	2006年			2007年			2008年		
	进出口	出 口	进 口	进出口	出 口	进 口	进出口	出 口	进 口
全国合计	176039647	96893560	79146087	217372602	121777576	95595026	256325522.8	143069306.6	113256216.1
北京	15803663	3795398	12008265	19299976	4892639	14407337	27169289.9	5749960.9	21419329
天津	6446194	3349078	3097116	7144973.3	3807405.2	3337568.1	8040083.6	4210299.1	3829784.6
河北	1853088	1283400	569688	2552341	1700040.6	852300.9	3842053.3	2400412.1	1441641.2
山西	662710	413963	248747	1157948.3	653249.2	504699.1	1439505.7	925311.6	514194
内蒙古	596082	214050	382032	773588.5	294439.4	479149.1	891848.3	359185	532663.3
辽宁	4839024	2831942	2007083	5947434.5	3532408.9	2415025.6	7243384.9	4206949.7	3036435.2
吉林	791404	299665	491739	1029800.1	385705.6	644094.5	1333212.5	477162.9	856049.6
黑龙江	1285655	843595	442060	1729659.3	1225712.2	503947.1	2313059.3	1680624.4	632434.8
上海	22752420	11358927	11393493	28285387.8	14384610.8	13900777	32205531	16914514.2	15291016.7
江苏	28397838	16040962	12356876	34947178.6	20360978	14586200.6	39227193	23802940.8	15424252.2
浙江	13914161	10089056	3825105	17684736.8	12826397.3	4858339.5	21113373	15429623	5683749.9
安徽	1224514	683775	540739	1593228.6	881373.4	711855.2	2018384.8	1136411.1	881973.7
福建	6265963	4126174	2139789	7444738.1	4993757.3	2450980.8	8482106.8	5699184.3	2782922.5
江西	619486	375302	244185	944854.1	544458.7	400395.4	1361793.1	772665.6	589127.5
山东	9521381	5859834	3661548	12247444.3	7511010.5	4736433.8	15840751.1	9319478.5	6521272.7
河南	979457	663440	316016	1278512.7	837491.6	441021.1	1747933.7	1071889.7	676044
湖北	1176219	626063	550157	1486895.4	817293.9	669601.5	2070567	1170890.9	899676.1
湖南	735226	509182	226043	968585.3	651539.7	317045.6	1254719.4	841288.4	413431
广东	52719910	30194643	22525267	63418595.4	36931608.8	26486986.6	68496879.8	40566446.8	27930433
广西	666756	359297	307459	925899.7	510915.7	414984	1323616.8	734744.4	588872.4
海南	284621	137562	147059	351441	136446	214995	452851.7	158719.8	294131.9
重庆	546968	335102	211866	743794.4	450720.7	293073.7	952139.4	572204.9	379934.5
四川	1102082	662412	439670	1437812.4	860595.9	577216.5	2211364.7	1313248.5	898116.3
贵州	161771	103843	57928	227030	146546.6	80483.4	336620.8	190077.5	146543.2
云南	622484	339149	283334	879356.7	476827.9	402528.8	959691.6	498441.3	461250.3
西藏	32838	22222	10616	39346.4	32636.4	6710	76582.9	70757.2	5825.7
陕西	536029	362961	173068	688733.9	467524.9	221209	832882.6	538081.7	294800.9
甘肃	382493	150960	231533	552367	165865.7	386501.3	609543.3	160135.4	449407.9
青海	65172	53420	11752	61207.3	38591.3	22616	68882.3	41910	26972.3
宁夏	143713	94262	49450	158151.5	108567.4	49584.1	187940.4	125836.8	62103.6
新疆	910327	713923	196404	1371583	1150217	221366	2221736	1929910	291826

表 A-16　各季度各层次货币供应量

年份/年	季　度	广义货币供应量 M2		狭义货币供应量 M1		流通中现金 M0	
		季末余额/亿元	同比增长率（%）	季末余额/亿元	同比增长率（%）	季末余额/亿元	同比增长率（%）
2001	第 1 季度	138744.5	13.16	53033.4	17.44	14362.1	8.51
	第 2 季度	147809.7	16.75	55187.4	14.92	13943.5	7.21
	第 3 季度	151642.7	16.22	56644.0	11.91	15064.6	8.42
	第 4 季度	158301.9	17.60	59871.6	11.23	15688.8	6.60
2002	第 1 季度	164064.6	18.25	59474.8	12.15	15544.6	8.23
	第 2 季度	169601.2	14.74	63144.0	14.42	15097.4	8.28
	第 3 季度	176982.4	16.71	66797.0	17.92	16233.6	7.76
	第 4 季度	185007.0	18.50	70882.0	18.39	17278.0	10.13
2003	第 1 季度	194487.3	18.50	71438.8	20.10	17106.5	10.10
	第 2 季度	204907.4	20.80	75923.2	20.20	16956.9	12.30
	第 3 季度	213567.1	20.70	79163.9	18.50	18306.4	12.80
	第 4 季度	221222.8	19.60	84118.6	18.70	19746.0	14.30
2004	第 1 季度	231654.60	19.10	85815.60	20.10	19297.43	12.80
	第 2 季度	238427.49	16.20	88627.10	16.20	19297.43	12.20
	第 3 季度	243756.88	13.90	90439.05	13.70	19297.43	12.10
	第 4 季度	253207.7	14.63	95970.80	13.58	21468.3	8.72
2005	第 1 季度	264588.90	14.00	94743.20	9.90	21239.00	10.10
	第 2 季度	275785.53	15.70	98601.25	11.30	20848.76	9.60
	第 3 季度	287438.27	17.90	100964.00	11.60	22272.92	8.50
	第 4 季度	298755.48	17.60	107278.57	11.80	24031.67	11.90
2006	第 1 季度	310490.65	18.80	106737.08	12.70	23472.03	10.50
	第 2 季度	322756.35	18.40	112342.36	13.90	23469.08	12.60
	第 3 季度	331865.36	16.80	116814.10	15.70	25687.38	15.30
	第 4 季度	345577.91	16.94	126028.05	17.48	27072.62	12.65
2007	第 1 季度	364104.66	17.27	127881.31	19.81	27387.95	16.68
	第 2 季度	377832.15	17.06	135847.40	20.92	26881.09	14.54
	第 3 季度	393098.91	18.45	142591.57	22.07	29030.58	13.01
	第 4 季度	403401.30	16.73	152519.17	21.02	30334.32	12.05
2008	第 1 季度	423054.53	16.19	150867.47	17.97	30433.07	11.12
	第 2 季度	443141.02	17.29	154820.15	13.97	30181.32	12.28
	第 3 季度	452898.71	15.21	155748.97	9.23	31724.88	9.28
	第 4 季度	475166.60	17.79	166217.13	8.98	34218.96	12.81

表 A-17 各地区农村居民家庭年人均纯收入

（单位：元）

地区	1998年	1999年	2000年	2001年	2002年	2003年	2004年	2005年	2006年	2007年	2008年
全国平均	2161.98	2210.34	2253.42	2366.40	2475.63	2622.24	2936.40	3254.93	3587.04	4140.36	4760.62
北京	3952.32	4226.59	4604.55	5025.50	5398.48	5601.55	6170.33	7346.26	8275.47	9439.63	10661.92
天津	3395.7	3411.11	3622.39	3947.72	4278.71	4566.01	5019.53	5579.87	6227.94	7010.06	7910.78
河北	2405.32	2441.50	2478.86	2603.60	2685.16	2853.38	3171.06	3481.64	3801.82	4293.43	4795.46
山西	1858.60	1772.62	1905.61	1956.05	2149.82	2299.17	2589.6	2890.66	3180.92	3665.66	4097.24
内蒙古	1981.48	2002.93	2038.21	1973.37	2086.02	2267.65	2606.37	2988.87	3341.88	3953.10	4656.18
辽宁	2579.79	2501.04	2355.58	2557.93	2751.34	2934.44	3307.14	3690.21	4090.40	4773.43	5576.48
吉林	2383.60	2260.59	2022.50	2182.22	2300.99	2530.41	2999.62	3263.99	3641.13	4191.34	4932.74
黑龙江	2253.10	2165.93	2148.22	2280.28	2405.24	2508.94	3005.18	3221.27	3552.43	4132.29	4855.59
上海	5406.89	5409.11	5596.37	5870.87	6223.55	6653.92	7066.33	8247.77	9138.65	10144.62	11440.26
江苏	3376.78	3495.2	3595.09	3784.71	3979.79	4239.26	4753.85	5276.29	5813.23	6561.01	7356.47
浙江	3814.56	3948.39	4253.67	4582.34	4940.36	5389.04	5944.06	6659.95	7334.81	8265.15	9257.93
安徽	1863.06	1900.29	1934.57	2020.04	2117.56	2127.48	2499.33	2640.96	2969.08	3556.27	4202.49
福建	2946.37	3091.39	3230.49	3380.72	3585.83	3733.89	4089.38	4450.36	4834.75	5467.08	6196.07
江西	2048.00	2129.45	2135.30	2231.60	2306.45	2457.53	2786.78	3128.89	3459.53	4044.70	4697.19
山东	2452.83	2549.58	2659.20	2804.51	2947.65	3150.49	3507.43	3930.55	4368.33	4985.34	5641.43
河南	1864.05	1948.36	1985.82	2097.86	2215.74	2235.68	2553.15	2870.58	3261.03	3851.60	4454.24
湖北	2172.24	2217.08	2268.59	2352.16	2444.06	2566.76	2890.01	3099.20	3419.35	3997.48	4656.38
湖南	2064.85	2127.46	2197.16	2299.46	2397.92	2532.87	2837.76	3117.74	3389.62	3904.20	4512.46
广东	3529.14	3628.95	3654.48	3769.79	3911.90	4054.58	4365.87	4690.49	5079.78	5624.04	6399.79
广西	1971.90	2048.33	1864.51	1944.33	2012.60	2094.51	2305.22	2494.67	2770.48	3224.05	3690.34
海南	2018.31	2087.46	2182.26	2226.47	2423.20	2588.06	2817.62	3004.03	3255.53	3791.37	4389.97
重庆	1720.46	1736.63	1892.44	1971.18	2097.58	2214.55	2510.41	2809.32	2873.83	3509.29	4126.21
四川	1789.17	1843.47	1903.60	1986.99	2107.64	2229.86	2518.93	2802.78	3002.38	3546.69	4121.21
贵州	1334.46	1363.07	1374.16	1411.73	1489.91	1564.66	1721.55	1876.96	1984.62	2373.99	2796.93
云南	1387.25	1437.63	1478.60	1533.74	1608.64	1697.12	1864.19	2041.79	2250.46	2634.09	3102.60
西藏	1231.50	1309.46	1330.81	1404.01	1462.27	1690.76	1864.31	2077.90	2435.02	2788.20	3175.82
陕西	1405.59	1455.86	1443.86	1490.80	1596.25	1675.66	1866.52	2052.63	2260.19	2644.69	3136.46
甘肃	1393.05	1357.28	1428.68	1508.61	1590.30	1673.05	1852.22	1979.88	2134.05	2328.92	2723.79
青海	1424.79	1466.67	1490.49	1557.32	1668.94	1794.13	1957.65	2151.46	2358.37	2683.78	3061.24
宁夏	1721.17	1754.15	1724.30	1823.05	1917.36	2043.30	2320.05	2508.89	2760.14	3180.84	3681.42
新疆	1600.14	1473.17	1618.08	1710.44	1863.26	2106.19	2244.93	2482.15	2737.28	3182.97	3502.90

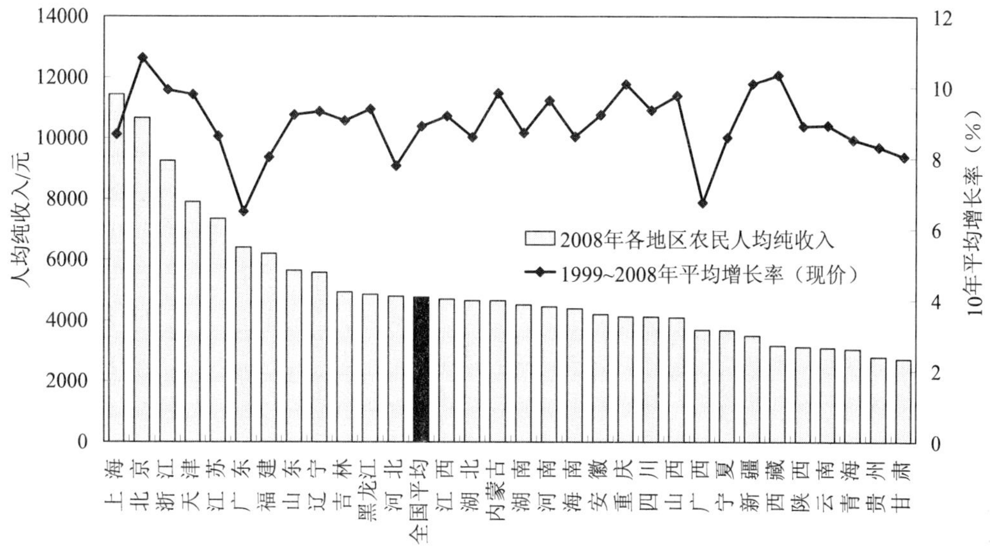

图A-14 2008年各地区农民人均纯收入

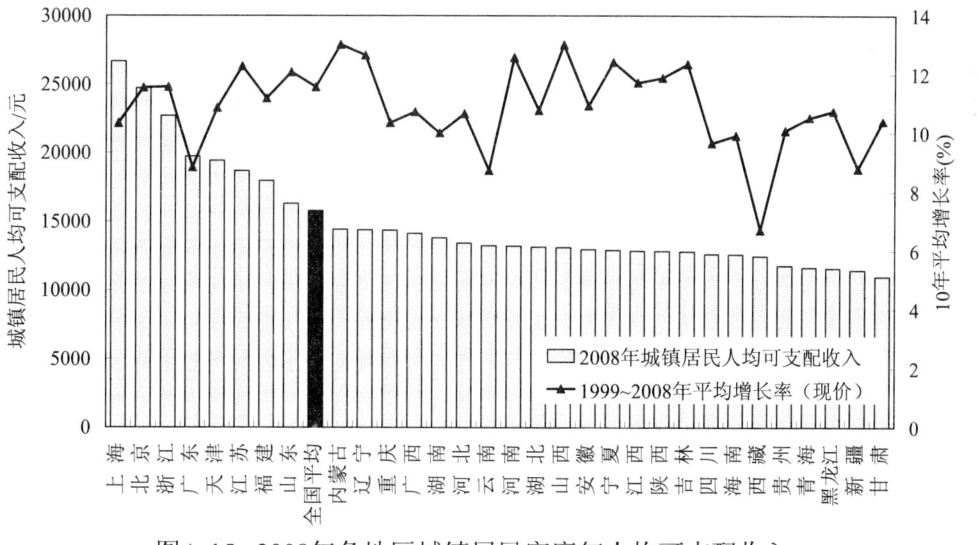

图A-15 2008年各地区城镇居民家庭年人均可支配收入

表 A-18 各地区城镇居民家庭年人均可支配收入

（单位：元）

地 区	2001年	2002年	2003年	2004年	2005年	2006年	2007年	2008年
北 京	11577.78	12463.92	13882.62	15637.84	17652.95	19977.52	21988.71	24724.89
天 津	8958.7	9337.56	10312.91	11467.16	12638.55	14283.09	16357.35	19422.53
河 北	5984.82	6679.68	7239.06	7951.31	9107.09	10304.56	11690.47	13441.09
山 西	5391.05	6234.36	7005.03	7902.86	8913.91	10027.7	11564.95	13119.05
内蒙古	5535.89	6051.00	7012.90	8122.99	9136.79	10357.99	12377.84	14432.55
辽 宁	5797.01	6524.52	7240.58	8007.56	9107.55	10369.61	12300.39	14392.69
吉 林	5340.46	6260.16	7005.17	7840.61	8690.62	9775.07	11285.52	12829.45
黑龙江	5425.87	6100.56	6678.90	7470.71	8272.51	9182.31	10245.28	11581.28
上 海	12883.46	13249.80	14867.49	16682.82	18645.03	20667.91	23622.73	26674.9
江 苏	7375.10	8177.64	9262.46	10481.93	12318.57	14084.26	16378.01	18679.52
浙 江	10464.67	11715.60	13179.53	14546.38	16293.77	18265.10	20573.82	22726.66
安 徽	5668.80	6032.40	6778.03	7511.43	8470.68	9771.05	11473.58	12990.35
福 建	8313.08	9189.36	9999.54	11175.37	12321.31	13753.28	15506.05	17961.45
江 西	5506.02	6335.64	6901.42	7559.64	8619.66	9551.12	11451.69	12866.44
山 东	7101.08	7614.36	8399.91	9437.80	10744.79	12192.24	14264.7	16305.41
河 南	5267.42	6245.40	6926.12	7704.90	8667.97	9810.26	11477.05	13231.11
湖 北	5855.98	6788.52	7321.98	8022.75	8785.94	9802.65	11485.8	13152.86
湖 南	6780.56	6958.56	7674.20	8617.48	9523.97	10504.67	12293.54	13821.16
广 东	10415.19	11137.20	12380.43	13627.65	14769.94	16015.58	17699.3	19732.86
广 西	6665.73	7315.32	7785.04	8689.99	9286.70	9898.75	12200.44	14146.04
海 南	5838.84	6822.72	7259.25	7735.78	8123.94	9395.13	10996.87	12607.84
重 庆	6721.09	7238.04	8093.67	9220.96	10243.46	11569.74	12590.78	14367.55
四 川	6360.47	6610.80	7041.87	7709.87	8385.96	9350.11	11098.28	12633.38
贵 州	5451.91	5944.08	6569.23	7322.05	8151.13	9116.61	10678.4	11758.76
云 南	6797.71	7240.56	7643.57	8870.88	9265.90	10069.89	11496.11	13250.22
西 藏	7869.16	8079.12	8765.45	9106.07	9431.18	8941.08	11130.93	12481.51
陕 西	5483.73	6330.84	6806.35	7492.47	8272.02	9267.7	10763.34	12857.89
甘 肃	5382.91	6151.44	6657.24	7376.74	8086.82	8920.59	10012.34	10969.41
青 海	5853.72	6170.52	6745.32	7319.67	8057.85	9000.35	10276.06	11640.43
宁 夏	5544.17	6067.44	6530.48	7217.87	8093.64	9177.26	10859.33	12931.53
新 疆	6395.04	6899.64	7173.54	7503.42	7990.15	8871.27	10313.44	11432.1
全国平均	6859.58	7702.80	8472.20	9421.61	10493.03	11759.45	13785.81	15780.76

表 A-19　2008 年年底各地区分等级公路里程

（单位：km）

地　区	公路里程	等级路	其中			等外路
			高速	一级	二级	
全国总计	**3730164**	**2778521**	**60302**	**54216**	**285226**	**951642**
北　京	20340	20135	777	797	2669	205
天　津	12060	12060	835	611	2392	—
河　北	149503	137459	3233	3288	15241	12044
山　西	124773	114215	1965	1407	13402	10558
内蒙古	147288	109646	1879	2888	11582	37643
辽　宁	101144	80421	2747	2292	15214	20723
吉　林	87099	74531	925	1899	8714	12568
黑龙江	150845	104102	1044	1534	7743	46744
上　海	11497	11497	637	364	2775	—
江　苏	140930	129326	3725	7423	20590	11603
浙　江	103652	97349	3073	3795	8596	6304
安　徽	148827	134669	2506	385	10077	14158
福　建	88607	66461	1767	509	6988	22146
江　西	133815	77343	2284	1199	8561	56472
山　东	220688	217101	4285	7048	23799	3587
河　南	240645	170223	4841	547	23352	70423
湖　北	188366	153665	2719	1566	16043	34701
湖　南	184568	118717	2001	660	6089	65852
广　东	183155	154878	3823	9052	18272	28277
广　西	99273	73052	2181	819	8115	26222
海　南	18563	11264	660	210	1315	7300
重　庆	108632	58978	1165	420	6573	49654
四　川	224482	140764	2156	2022	10924	83718
贵　州	125365	64044	924	139	2706	61321
云　南	203753	124526	2512	633	4859	79227
西　藏	51314	22728	—	—	952	28586
陕　西	131038	107618	2466	719	6347	23420
甘　肃	105638	58381	1316	147	5076	47257
青　海	56642	32649	215	206	4984	23994
宁　夏	21008	19403	1002	225	2255	1605
新　疆	146652	81319	640	1410	9021	65333

表 A-20　历年货运量及货物周转量

年　份	货运量/万 t		公路比例	货物周转量/亿 t・km		公路比例
	全社会	公路	（%）	全社会	公路	（%）
1991	985793	733907	74.45	27986	3428.0	12.25
1992	1045899	780941	74.67	29218	3755.4	12.85
1993	1115902	840256	75.30	30525	4070.5	13.34
1994	1180396	894914	75.81	33275	4486.3	13.48
1995	1234937	940387	76.15	35909	4694.9	13.07
1996	1298421	983860	75.77	36590	5011.2	13.70
1997	1278218	976536	76.40	38385	5271.5	13.73
1998	1267427	976004	77.01	38089	5483.4	14.40
1999	1293008	990444	76.60	40568	5724.3	14.11
2000	1358682	1038813	76.46	44321	6129.4	13.83
2001	1401786	1056312	75.35	47710	6330.4	13.27
2002	1483446	1116324	75.25	50686	6782.5	13.38
2003	1561422	1159957	74.29	53859	7099.5	13.18
2004	1706412	1244990	72.96	69445	7840.9	11.29
2005	1862066	1341778	72.06	80258	8693.2	10.83
2006	2037892	1466347	71.95	88952	9754.2	10.97
2007	2275822	1639432	72.04	101419	11354.7	11.20
2008	2587413	1916759	74.08	110301	32868.2	29.80

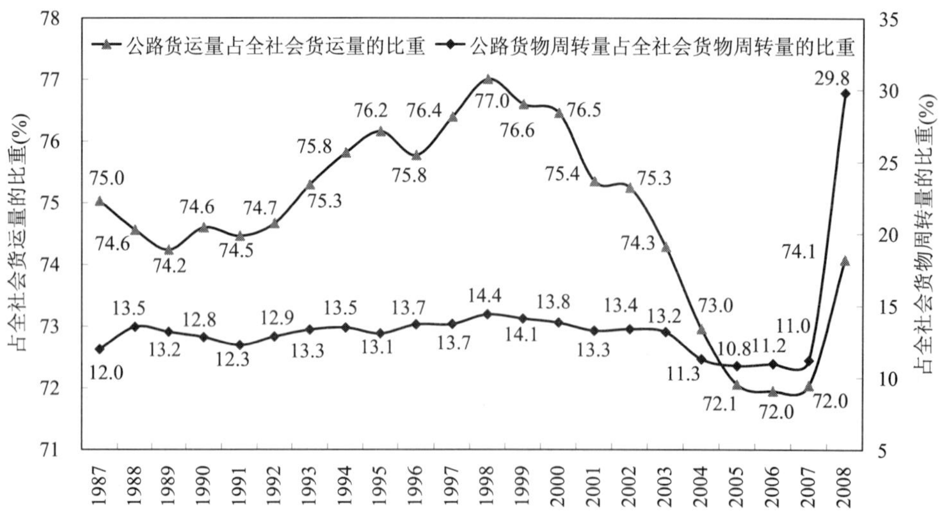

图A-16　1987～2008年公路货运地位变化曲线图

注：从 1985 年起，包括私营运输完成的数量

表 A-21 历年客运量及客运周转量

年份/年	客运量/万人		公路比例（%）	客运周转量/亿人·km		公路比例（%）
	全社会	公路		全社会	公路	
1992	860855	731774	85.01	6949	3193	45.94
1993	996634	860719	86.36	7858	3701	47.09
1994	1092883	953940	87.29	8591	4220	49.12
1995	1172596	1040810	88.76	9002	4603	51.13
1996	1245356	1122110	90.10	9165	4909	53.56
1997	1326094	1204583	90.84	10056	5541	55.11
1998	1378717	1257332	91.20	10637	5943	55.87
1999	1394413	1269004	91.01	11300	6199	54.86
2000	1478573	1347392	91.13	12261	6657	54.30
2001	1534122	1402798	91.44	13155	7207	54.79
2002	1608150	1475257	91.74	14126	7806	55.26
2003	1587497	1464335	92.24	13811	7696	55.72
2004	1767453	1624526	91.91	16309	8748	53.64
2005	1847018	1697381	91.90	17467	9292	53.20
2006	2024158	1860487	91.91	19197	10131	52.77
2007	2227761	2050680	92.05	21593	11507	53.29
2008	2867892	2682114	93.52	23197	12476	53.78

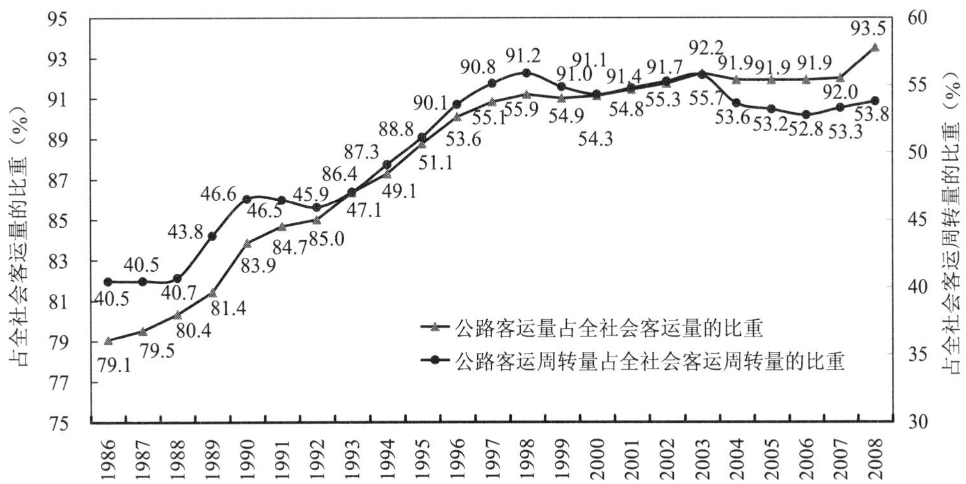

图A-17 1986～2008年公路客运地位变化曲线图

表 A-22 各地区公路货运量

（单位：万 t）

地 区	1999 年	2000 年	2001 年	2002 年	2003 年	2004 年	2005 年	2006 年	2007 年	2008 年
全国合计	990444	1038813	1056312	1116324	1159957	1244990	1341778	1466347	1639432	1916759
北 京	25635	28010	28007	28375	28361	29256	30050	30953	17872	18689
天 津	20049	18764	19382	19554	20072	19650	19850	20290	23500	18160
河 北	62340	62321	63696	66655	61570	66227	68652	73263	79822	91342
山 西	53993	57813	61489	65097	67671	72621	76201	78513	82084	66710
内蒙古	32903	34979	36145	37239	38532	42697	51020	58978	73300	60941
辽 宁	66253	64515	63281	64104	65981	70164	74799	82142	90387	92938
吉 林	22261	23640	23649	24777	25211	26659	27441	28965	31573	23558
黑龙江	38685	39685	40135	40317	39031	40712	44376	48389	51996	35424
上 海	27171	28369	28869	29759	30678	31554	32684	33799	35634	40328
江 苏	54803	59056	59058	60299	64321	69058	76301	84319	97474	95625
浙 江	45754	55008	55706	63532	70907	78540	81448	89342	98742	91625
安 徽	29894	32740	32018	37164	39918	43468	49614	54717	62065	140381
福 建	25238	28709	23193	24023	23884	25964	27579	29806	34829	38367
江 西	18557	19276	19240	20301	21047	23223	25025	27477	30032	70270
山 东	69377	76778	83791	91571	97977	106887	120455	136750	163959	216604
河 南	49208	50133	53596	55743	56100	58147	62684	69898	83537	118198
湖 北	30320	28618	31160	28777	30348	31584	33481	35361	39568	52759
湖 南	43298	42868	41823	42982	51136	60291	67040	72457	85432	98759
广 东	53291	59288	60960	72242	73087	81792	84861	97461	112611	101429
广 西	23720	23514	23747	24325	24164	25822	27861	30525	34190	64884
海 南	4032	4438	4969	5518	5689	6168	6615	7981	10158	9489
重 庆	22202	23646	24600	26076	28406	31515	33378	36254	42011	54589
四 川	40162	43326	43218	48154	47467	49143	56594	63719	69163	103068
贵 州	10449	11684	12114	12685	12886	13541	15082	17284	18834	25272
云 南	47368	48789	49189	50649	53864	54326	56702	60614	65537	39119
西 藏	109	131	172	201	266	246	356	346	360	711
陕 西	24800	25200	26964	28002	28165	30038	33282	35811	39736	60713
甘 肃	19333	19799	20179	20408	20713	21460	22520	23826	25325	18201
青 海	3865	4050	4305	4450	4795	5136	5491	5864	6278	6805
宁 夏	4166	4531	4694	4894	5048	5326	5648	6029	6583	21762
新 疆	21208	19135	16963	18451	22662	23775	24688	25214	26840	40039

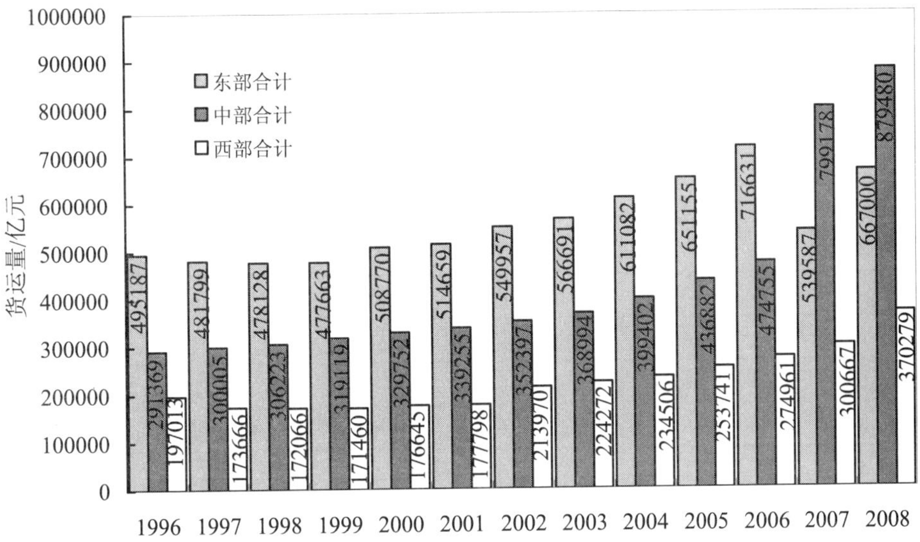

图A-18　1996～2008年三大地区公路货运量变化曲线图

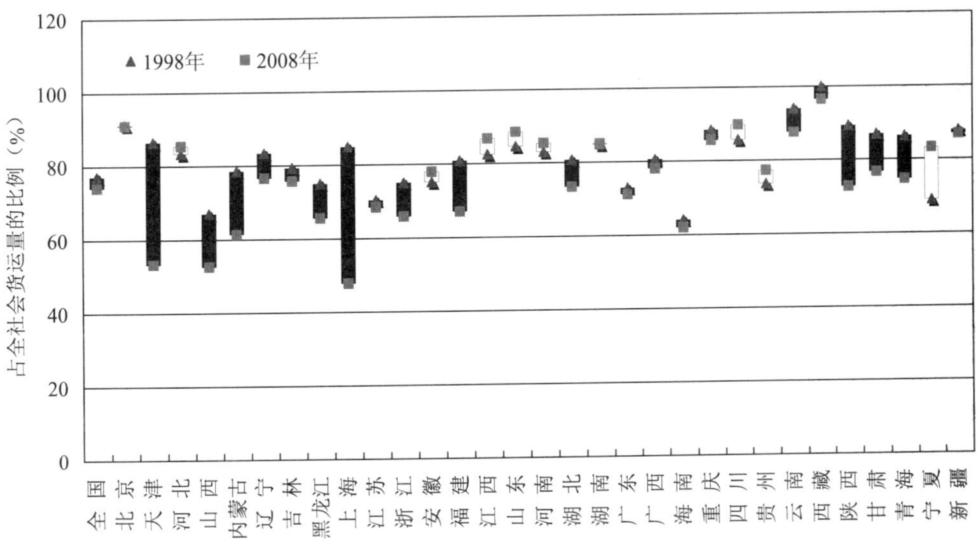

图A-19　各地区公路货运量占本地区全社会货运量比例变化情况

表A-23 各地区公路货运量占本地区全社会货运量的比例

（单位：%）

地　区	1999年	2000年	2001年	2002年	2003年	2004年	2005年	2006年	2007年	2008年
全国平均	76.62	76.49	75.39	75.29	74.29	72.96	72.06	71.95	72.04	74.08
北京	90.56	91.20	91.50	92.13	92.29	93.41	93.58	93.77	89.91	91.05
天津	76.19	72.10	69.25	65.07	62.70	54.23	50.61	48.38	46.76	53.23
河北	83.44	82.43	80.74	81.06	79.87	79.15	77.71	80.66	82.38	85.43
山西	67.18	66.95	65.75	65.24	63.41	59.71	57.01	54.52	52.91	52.58
内蒙古	78.67	78.72	78.07	77.03	75.82	74.34	73.74	73.38	74.28	61.37
辽宁	81.35	79.98	79.48	79.10	79.00	78.29	78.28	77.52	77.31	76.59
吉林	78.45	80.27	80.49	80.86	80.20	80.09	80.33	82.26	83.23	75.74
黑龙江	73.73	74.11	74.04	74.12	71.81	71.41	71.81	73.49	74.14	65.63
上海	61.05	60.63	56.74	55.04	52.43	50.10	47.62	46.70	45.49	47.78
江苏	67.84	68.46	68.28	68.66	69.28	69.66	68.60	68.55	69.05	68.44
浙江	71.32	73.07	71.05	69.73	68.29	66.52	64.18	63.41	64.00	65.86
安徽	74.04	74.51	73.72	73.52	73.05	73.81	73.91	73.80	74.45	77.92
福建	78.45	79.51	73.68	73.27	69.40	67.87	66.94	66.45	67.94	67.07
江西	82.59	82.02	79.59	77.81	75.96	72.74	73.61	73.24	73.39	86.83
山东	83.14	83.00	82.33	83.11	83.70	82.84	83.24	83.32	83.97	88.56
河南	82.92	82.33	81.93	81.22	80.50	79.95	79.65	80.76	82.43	85.38
湖北	75.45	73.36	74.61	73.89	73.55	71.98	71.59	71.72	72.06	73.38
湖南	84.87	84.11	83.04	82.79	84.79	85.74	86.47	84.65	85.37	85.03
广东	68.47	70.06	68.85	73.05	72.68	71.25	71.14	73.62	74.44	71.19
广西	80.89	79.33	79.20	78.99	76.65	74.88	72.88	71.00	69.98	78.06
海南	71.36	66.49	69.24	72.10	71.04	71.91	64.97	56.36	56.83	62.00
重庆	88.19	88.51	87.20	87.55	87.23	85.51	84.87	84.29	83.57	85.61
四川	84.13	84.17	83.15	83.63	82.51	81.69	84.03	84.88	84.94	89.84
贵州	74.29	74.83	74.12	72.91	70.71	69.66	69.28	69.95	70.31	77.30
云南	94.01	93.79	93.19	92.73	92.60	91.95	91.43	91.59	91.64	87.55
西藏	100.00	100.00	100.00	100.00	100.00	100.00	100.00	99.43	97	96.53
陕西	86.69	86.3	85.97	83.49	80.56	79.12	80.10	80.99	80.80	72.72
甘肃	86.54	85.82	85.36	84.98	84.41	83.55	84.49	83.59	82.96	76.67
青海	86.43	86.23	85.38	85.18	84.82	82.69	80.56	80.65	77.98	74.66
宁夏	69.97	69.78	68.81	69.36	68.74	67.82	66.22	64.43	62.46	83.18
新疆	85.39	82.72	81.09	82.34	83.69	82.67	82.18	80.91	82.16	86.88
不分地区	—	—	—	—	—	—	—	—	—	—

表 A-24　各地区公路货物周转量

（单位：亿 t·km）

地　区	2000 年	2001 年	2002 年	2003 年	2004 年	2005 年	2006 年	2007 年	2008 年
全国合计	6129.4	6330.4	6782.5	7099.5	7840.9	8693.2	9754.2	11354.7	32868.2
北　京	82.6	82.6	83.6	79.0	82.3	85.5	88.6	79.3	84.1
天　津	62.7	64.8	65.8	68.2	72.0	74.0	75.8	88.0	178.3
河　北	555.4	608	632.4	591.6	658.6	691.5	748.9	843.2	2548.0
山　西	270	297.5	327.7	336.2	367.2	392.8	402.8	427.5	1102.2
内蒙古	211.9	220.4	231.4	241.9	269.8	322.3	384.1	492.0	1637.4
辽　宁	209.4	215.8	221.7	226.5	327.0	415.5	474.7	568.1	1354.2
吉　林	85.6	86.0	92.9	90.6	95.9	98.8	106.3	124.0	563.6
黑龙江	161.9	161.2	167.5	163.1	203.8	227.6	252.1	289.9	653.2
上　海	56.4	60.3	65.0	68.8	70.8	73.4	79.8	84.8	253.0
江　苏	340.7	340.7	351.9	365.0	386.9	459.2	542.1	638.6	885.1
浙　江	280.0	282.5	293.6	313.7	353.6	372.7	431.1	493.6	1114.5
安　徽	274.7	252.6	299.6	318.4	349.9	422.7	464.2	542.8	3773.3
福　建	195.0	187.0	194.0	193.5	216.1	238.3	266.3	317.4	483.6
江　西	147.2	146.0	155.6	162.1	179.4	186.5	224.2	240.6	1494.2
山　东	405.8	429.0	477.2	527.6	596.1	711.8	845.1	1069.3	5117.9
河　南	363.9	375.8	398.9	405.2	422.0	467.0	538.8	681.9	2995.2
湖　北	232.7	224.5	211.5	223.9	235.6	251.2	266.1	302.1	789.4
湖　南	297.8	316	356.0	455.5	513.5	538.6	592.4	682.7	1085.1
广　东	487.2	505.9	551.3	553.4	604.9	646.5	742.7	906.8	1225.3
广　西	209.4	212.1	218.5	217.1	235.6	258.4	286.8	320.1	800.0
海　南	39.1	40.1	42.7	45.5	51.6	55.9	66.6	85.4	66.4
重　庆	72.5	76.5	89.9	107.3	128.3	149.1	172.6	205.4	453.2
四　川	187.7	191.1	213.8	219.6	230.9	263.7	311.1	343.4	827.8
贵　州	65.9	70.4	74.2	76.6	84.3	94.2	114.5	128.0	230.4
云　南	296.7	318.5	333.2	357.6	365.1	382.0	409.5	450.8	468.6
西　藏	13.5	17.2	22.3	27.1	23.1	40.7	36.6	37.5	28.8
陕　西	143.6	160.2	174.7	180.8	195.2	207.8	228.6	255.2	904.5
甘　肃	109.4	114	118.5	123.7	130.0	137.3	146.5	156.5	474.8
青　海	36.6	38.4	39.8	42.8	45.3	48.3	51.4	55.6	186.6
宁　夏	56.9	58.8	61.5	63.1	64.6	67.8	72.1	78.2	477.9
新　疆	177.2	176.8	215.7	253.9	281.5	312.4	331.9	366.2	611.9

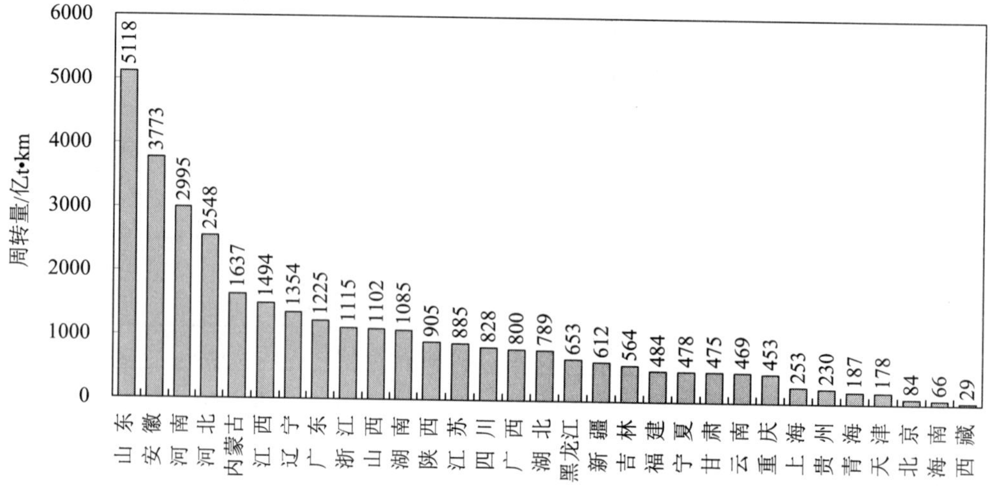

图A-20 2008年各地区公路货物周转量

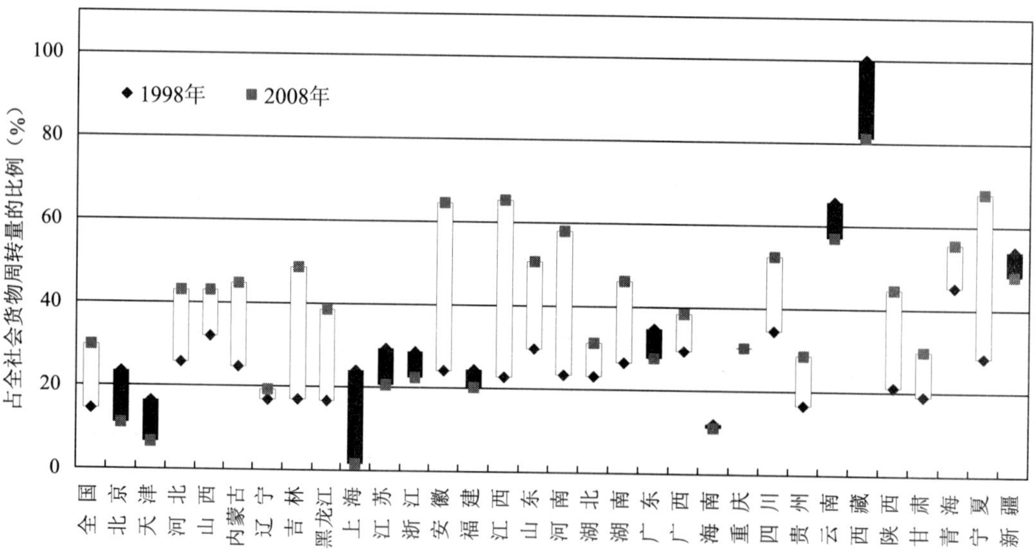

图A-21 各地区公路货物周转量占全社会货物周转量的比例变化情况

表 A-25　公路货物周转量占全社会货物周转量的比例（分地区）

（单位：%）

地　区	1999 年	2000 年	2001 年	2002 年	2003 年	2004 年	2005 年	2006 年	2007 年	2008 年
全国平均	14.14	13.79	13.30	13.42	13.18	11.29	10.83	10.97	11.20	29.80
北　京	22.52	22.75	20.99	20.31	17.08	15.31	14.69	13.56	10.94	11.08
天　津	1.25	1.36	1.26	1.04	1.05	0.64	0.59	0.62	0.58	6.59
河　北	25.39	23.90	22.05	21.73	18.35	16.35	13.64	13.48	14.04	43.00
山　西	31.21	31.18	30.11	29.48	26.70	25.90	23.23	23.23	23.24	43.02
内蒙古	22.72	22.47	22.38	21.48	20.85	20.57	22.42	22.42	24.32	44.75
辽　宁	13.08	12.00	11.98	11.91	9.50	11.09	12.40	11.74	9.77	19.25
吉　林	16.53	17.39	17.20	18.49	17.06	16.09	16.30	17.37	18.93	48.68
黑龙江	17.23	17.63	17.19	17.62	16.45	18.58	19.50	20.83	22.61	38.63
上　海	0.94	0.90	0.90	0.88	0.81	0.71	0.61	0.58	0.53	1.58
江　苏	23.39	23.35	23.13	23.42	20.59	16.48	15.34	15.28	16.01	20.58
浙　江	25.64	23.34	20.58	18.16	15.32	13.09	10.91	9.88	9.95	22.40
安　徽	23.33	26.14	23.68	24.48	23.97	24.03	26.99	27.26	27.30	64.58
福　建	21.07	20.99	19.00	19.33	15.82	15.45	15.15	14.02	15.25	20.18
江　西	21.82	22.82	22.34	21.68	21.09	20.62	21.06	23.55	23.38	65.38
山　东	13.49	10.06	9.14	11.50	13.50	12.54	12.82	13.23	16.67	50.63
河　南	24.14	23.42	22.76	23.09	21.42	20.03	19.85	22.10	24.91	57.99
湖　北	19.89	21.52	21.00	19.45	18.46	17.03	17.74	17.87	18.37	31.24
湖　南	27.79	27.93	28.43	29.35	33.73	33.08	33.07	33.98	35.51	46.18
广　东	14.14	14.87	16.07	17.68	17.52	15.72	16.75	18.36	21.13	27.67
广　西	31.23	29.62	28.82	27.82	25.14	23.60	23.53	23.50	22.79	38.48
海　南	21.82	12.61	16.18	17.89	18.15	21.86	12.46	10.14	10.37	11.11
重　庆	25.3	25.09	23.74	26.65	29.18	24.79	23.83	20.93	19.53	30.41
四　川	29.88	30.13	28.31	28.85	28.58	27.58	28.78	32.11	32.42	52.44
贵　州	16.30	16.31	16.03	15.27	14.00	13.80	14.56	16.81	17.74	28.60
云　南	64.81	61.57	61.75	60.17	58.41	56.10	56.12	58.98	56.25	57.06
西　藏	100.00	100.00	100.00	100.00	100.00	100.00	100.00	95.61	90.12	81.13
陕　西	23.54	25.06	23.69	22.49	21.29	20.26	20.20	21.14	21.42	44.62
甘　肃	17.9	17.11	16.78	16.91	16.75	14.80	13.97	14.05	13.61	29.77
青　海	43.29	42.26	39.38	36.78	34.46	33.02	32.82	35.66	31.52	55.59
宁　夏	28.02	27.73	26.32	25.53	25.81	26.64	26.56	25.97	26.81	67.92
新　疆	48.23	38.75	35.69	38.77	39.88	38.68	38.73	37.16	38.31	48.07
不分地区	—	—	—	—	—	—	—	—	—	—

注：1999 年统计口径发生变化，与往年不可比，与 2000～2002 年可比。

表 A-26 1997～2008年年末全国民用汽车保有量

（单位：万辆）

年份/年	全社会民用汽车保有量				营运汽车保有量②			私人汽车保有量		
	合计	载客汽车①	载货汽车	其中：普通载货汽车	合计	载客汽车	载货汽车	合计	载客汽车	普通载货汽车
1997	1219.09	580.56	601.23	582.45	29.89	17.01	12.88	358.36	191.27	163.19
1998	1319.30	654.83	627.89	609.31	31.88	19.40	12.48	423.65	230.65	192.03
1999	1452.94	740.23	676.95	655.74	501.77	92.14	409.62	533.88	304.09	228.68
2000	1608.91	853.73	716.32	697.59	702.82	216.81	486.02	625.33	365.09	259.09
2001	1802.04	993.96	765.24	740.98	764.39	255.12	509.27	770.78	469.85	298.95
2002	2053.17	1202.37	812.22	—	826.34	289.55	536.78	968.98	623.76	341.29
2003	2382.93	1478.81	853.51	—	924.64	352.19	572.45	1219.23	845.87	367.35
2004	2693.71	1735.91	893.00	—	1067.18	439.09	628.09	1481.66	1069.69	402.82
2005	3159.66	2132.46	955.55	—	733.22	128.40	604.82	1848.07	1383.93	452.11
2006	3697.35	2619.57	986.30	—	802.58	161.92	640.66	2333.32	1823.57	494.91
2007	4358.36	3195.99	1054.06	—	849.22	164.73	684.49	2876.22	2316.91	539.45
2008	5099.61	3838.92	1126.07	—	930.61	169.64	760.97	3501.39	2880.50	596.39

①小轿车包括在载客汽车中。

②营运汽车保有量1999年以前仅为公路部门营运汽车保有量，1999年为全国营运汽车保有量。公路部门营运汽车总计中含公路部门直属企业营运汽车。

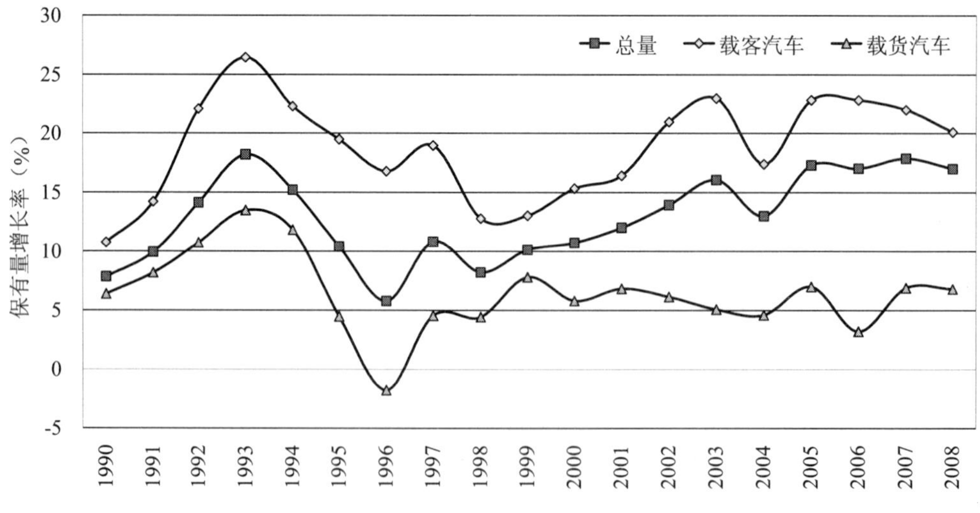

图A-22 1990～2008年全社会民用汽车保有量增长情况

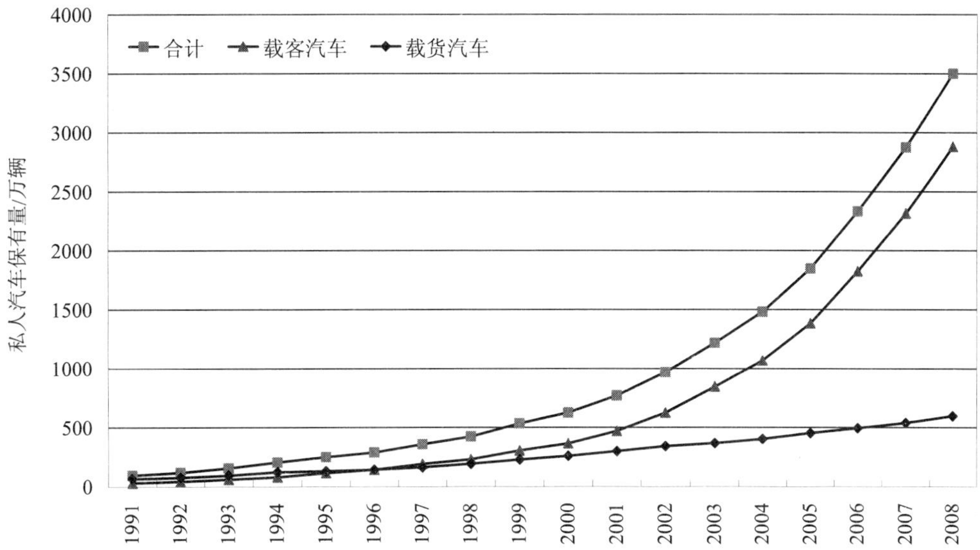

图A-23　1990～2008年私人汽车保有量变化情况

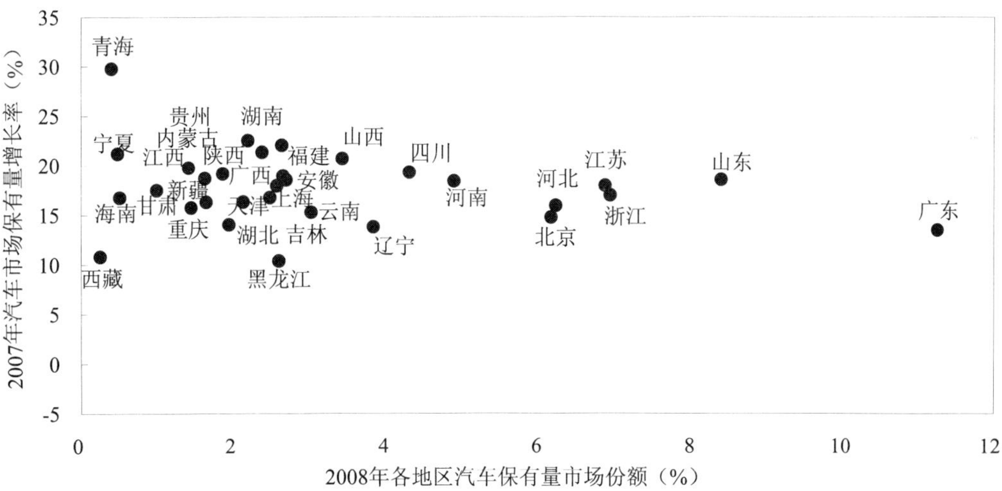

图A-24　分地区汽车市场状况

表A-27　各地区历年民用汽车保有量

（单位：万辆）

地 区	1999年	2000年	2001年	2002年	2003年	2004年	2005年	2006年	2007年	2008年
北京	95.14	104.12	114.47	133.93	163.07	182.42	209.73	239.12	273.36	313.68
天津	43.67	47.89	44.79	48.33	53.78	58.34	67.68	79.22	93.25	108.47
河北	91.08	104.13	119.88	135.74	155.61	180.91	198.23	229.34	273.25	316.77
山西	49.27	55.01	59.37	63.85	73.82	81.63	107.44	121.55	144.33	174.22
内蒙古	33.24	36.11	43.30	42.73	49.85	60.18	65.82	83.79	99.77	121.07
辽宁	87.71	78.61	85.57	88.68	103.54	116.27	134.87	159.22	171.36	194.98
吉林	34.28	40.42	43.48	47.57	53.07	57.31	65.27	72.25	86.80	98.98
黑龙江	49.27	54.52	56.33	60.28	76.17	74.16	85.90	94.00	108.10	126.21
上海	42.55	49.19	55.00	62.30	71.90	83.51	95.16	107.04	119.70	132.12
江苏	63.92	74.51	87.12	104.5	131.77	161.19	192.25	240.80	296.31	349.51
浙江	57.59	68.06	85.56	107.83	135.82	162.34	202.92	248.36	301.61	352.84
安徽	32.57	38.67	45.17	54.66	64.73	68.28	80.50	94.61	113.42	134.89
福建	27.82	32.13	36.67	43.63	52.08	58.01	69.79	89.57	110.87	130.76
江西	22.40	24.70	27.16	30.31	35.56	40.48	48.36	58.07	69.90	82.97
山东	98.13	112.3	127.67	150.53	175.74	211.43	246.96	299.23	359.59	426.31
河南	76.59	84.73	92.46	105.82	119.75	130.97	152.17	183.38	210.32	249.04
湖北	46.46	47.55	52.33	62.33	72.86	77.83	86.24	98.74	115.46	136.86
湖南	42.73	46.1	50.43	57.67	65.08	71.78	78.34	91.76	109.83	134.04
广东	143.80	172.91	191.92	230.89	257.96	305.40	372.96	428.95	505.29	573.46
广西	28.13	29.13	35.43	40.14	43.44	49.07	59.14	66.14	79.64	94.89
海南	9.59	9.01	8.28	10.94	12.58	14.55	16.40	19.23	22.11	25.81
重庆	18.84	21.13	25.47	29.07	34.25	34.84	46.93	56.07	63.63	73.64
四川	68.78	76.49	85.39	98.97	113.87	126.78	138.00	157.23	183.62	219.05
贵州	21.71	24.09	28.33	29.29	32.46	34.09	46.77	49.36	60.05	71.92
云南	57.80	60.02	68.22	69.94	77.09	88.86	103.60	114.72	133.23	153.57
西藏	3.87	4.50	5.16	5.87	6.06	8.24	7.07	9.82	11.61	12.86
陕西	34.02	36.47	45.34	48.34	54.01	62.53	63.21	75.70	91.13	111.66
甘肃	20.68	22.20	23.87	25.68	27.39	19.39	33.74	37.26	43.04	50.57
青海	8.35	8.71	8.60	8.63	10.47	10.45	12.18	13.34	15.60	20.25
宁夏	7.79	8.54	9.07	9.59	12.39	12.40	15.63	16.86	20.09	24.35
新疆	35.17	36.97	40.20	45.15	46.76	50.07	56.42	62.63	72.10	83.86
全国合计	1452.94	1608.92	1802.04	2053.17	2382.93	2693.71	3159.66	3697.35	4358.36	5099.61

表 A-28 各地区民用货车保有量

（单位：万辆）

地 区	1999 年	2000 年	2001 年	2002 年	2003 年	2004 年	2005 年	2006 年	2007 年	2008 年
北 京	19.61	20.61	21.43	18.38	18.59	17.69	17.73	17.69	17.56	18.13
天 津	20.91	21.31	15.44	14.26	14.09	11.93	11.96	12.82	14.00	14.68
河 北	47.59	52.43	58.48	60.50	63.59	70.64	70.86	70.39	75.07	79.92
山 西	26.41	27.82	30.68	29.39	31.89	32.44	37.96	36.29	38.72	42.65
内蒙古	15.74	16.7	18.05	18.30	20.23	24.06	24.88	28.43	30.52	33.80
辽 宁	37.97	33.23	34.30	35.13	35.94	38.89	42.39	47.31	42.46	44.00
吉 林	16.08	16.84	17.83	17.72	17.63	17.21	17.91	17.62	20.80	22.29
黑龙江	25.44	21.48	21.35	23.51	26.67	23.93	26.28	25.80	27.96	30.77
上 海	12.86	14.38	15.98	17.21	17.87	18.82	19.16	19.98	20.78	21.39
江 苏	29.2	31.47	34.93	37.39	41.79	44.36	43.35	44.90	47.99	49.82
浙 江	29.54	34.46	41.40	46.97	48.30	51.86	55.90	59.74	63.81	66.90
安 徽	16.68	19.23	23.02	25.86	30.17	29.83	33.21	36.45	40.58	44.37
福 建	14.51	15.80	17.71	19.82	21.43	22.18	23.14	27.23	30.70	32.85
江 西	11.92	13.11	14.04	15.71	16.61	18.10	19.89	21.96	24.69	27.23
山 东	50.05	55.1	56.92	64.79	66.56	72.17	72.89	76.44	79.36	83.03
河 南	35.47	37.55	39.48	44.50	46.97	47.31	49.17	51.88	57.16	59.25
湖 北	21.60	21.72	22.04	26.94	29.25	29.79	30.96	30.96	33.92	38.54
湖 南	21.99	23.5	24.73	26.57	27.40	29.55	27.97	29.46	31.85	35.35
广 东	70.82	84.38	89.39	97.39	93.79	101.07	118.84	118.88	122.68	122.97
广 西	13.21	13.42	14.41	15.99	17.01	18.43	19.48	18.76	21.66	24.48
海 南	3.94	3.65	3.17	4.51	4.91	5.44	5.61	5.86	6.24	6.32
重 庆	8.94	9.8	10.67	13.45	15.36	14.62	20.09	22.61	23.86	25.47
四 川	30.3	31.38	34.36	36.99	39.26	40.66	39.39	40.33	44.37	49.78
贵 州	12.13	13.49	15.32	13.49	14.46	14.57	17.56	16.68	19.10	22.26
云 南	31.43	30.85	34.15	31.42	32.32	35.98	40.38	39.38	43.00	47.16
西 藏	1.89	2.12	2.47	2.72	2.30	3.27	3.96	4.19	5.04	4.62
陕 西	13.72	14.02	15.33	14.62	17.88	19.02	18.82	17.76	19.89	22.08
甘 肃	10.35	10.62	11.15	11.66	11.79	8.88	13.62	13.60	14.71	16.36
青 海	4.14	3.93	3.82	3.50	4.49	4.39	4.85	4.83	5.25	6.15
宁 夏	4.13	4.46	4.65	4.31	5.97	5.78	6.90	6.63	7.15	8.11
新 疆	18.39	17.47	18.52	19.22	18.99	20.15	20.46	21.45	23.17	25.35
全国合计	676.95	716.32	765.24	812.22	853.51	893.00	955.55	986.30	1054.06	1126.07

表 A-29 各地区民用客车保有量

（单位：万辆）

地区	1999年	2000年	2001年	2002年	2003年	2004年	2005年	2006年	2007年	2008年
北京	74.23	82.16	91.6	112.84	141.41	161.4	188.31	217.56	251.63	291.02
天津	21.63	25.39	28.35	32.43	38.24	45.06	54.27	64.82	77.40	91.71
河北	42.02	50.20	59.87	71.61	87.39	103.05	119.98	149.52	185.31	219.99
山西	20.96	25.35	27.64	33.32	40.67	47.76	67.77	83.28	102.86	127.23
内蒙古	16.92	18.82	24.14	23.77	28.65	34.14	38.46	51.34	64.36	81.19
辽宁	47.93	43.79	49.78	52.42	64.59	73.50	89.62	107.34	124.13	144.88
吉林	17.17	22.31	24.27	29.68	34.91	39.44	46.56	53.42	64.29	74.47
黑龙江	23.09	31.45	34.00	35.93	48.00	48.59	57.67	65.84	77.01	91.09
上海	27.68	32.69	37.19	45.09	54.03	64.69	76.00	87.06	98.92	110.73
江苏	33.49	41.16	50.18	65.17	87.33	113.09	144.63	190.73	241.49	291.75
浙江	26.84	32.32	42.61	58.78	84.84	107.48	143.51	184.47	232.93	280.41
安徽	15.40	18.79	21.55	26.73	31.92	35.51	43.64	53.52	66.78	83.27
福建	12.96	15.69	17.44	22.69	29.40	35.46	44.96	60.14	77.40	94.73
江西	9.06	10.08	11.57	13.83	18.08	21.32	27.18	34.46	43.11	53.18
山东	44.01	52.95	65.8	82.14	104.20	132.27	166.40	213.58	268.63	329.04
河南	39.56	45.61	51.15	58.97	69.29	78.41	98.88	121.29	146.38	180.31
湖北	23.7	24.69	28.21	33.87	41.87	46.25	53.40	65.39	78.62	94.41
湖南	19.93	22.06	25.16	31.09	36.79	41.25	49.46	60.73	75.26	94.87
广东	69.95	85.34	99.05	130.29	159.74	198.73	247.44	302.49	373.68	440.60
广西	14.43	15.23	19.33	23.21	25.32	29.68	38.00	45.52	55.67	67.71
海南	5.36	5.22	4.94	6.25	7.47	8.89	10.54	12.56	15.52	19.07
重庆	9.53	10.93	14.4	14.88	18.00	19.38	26.07	32.21	38.39	46.66
四川	37.17	43.89	49.38	60.93	73.42	83.26	97.13	115.14	137.13	166.61
贵州	9.20	10.20	12.58	15.66	17.84	19.27	26.25	32.20	40.36	48.95
云南	25.37	28.28	33.16	38.18	44.30	52.31	62.49	74.46	89.17	105.17
西藏	1.88	2.30	2.60	3.12	3.74	4.94	3.11	5.63	6.43	8.18
陕西	17.66	19.42	26.6	32.38	34.99	41.84	42.84	56.13	68.53	85.84
甘肃	9.7	11.17	12.29	13.49	15.02	10.07	19.31	22.71	27.18	32.89
青海	3.98	4.53	4.55	4.99	5.78	5.87	7.08	8.18	9.94	13.54
宁夏	3.36	3.76	4.11	4.89	5.96	6.04	8.04	9.51	11.82	14.81
新疆	16.05	17.97	20.43	23.73	25.64	26.95	33.47	38.37	45.63	54.59
全国合计	740.23	853.75	993.96	1202.37	1478.81	1735.91	2132.46	2619.57	3195.99	3838.92

表 A-30 2008 年各地区城市公共汽（电）车、出租汽车情况

地 区	公交电汽车数量/辆	出租汽车/辆	运客总数/万人次
全 国	6692606	968811	7029996
北 京	470863	66646	592523
天 津	112137	31939	117009
河 北	156368	47822	156368
山 西	89438	28475	89438
内蒙古	62004	36517	62004
辽 宁	371659	80376	378123
吉 林	420035	55365	422710
黑龙江	193391	56464	193391
上 海	266339	48059	379137
江 苏	352597	44708	362976
浙 江	292044	33208	292044
安 徽	164226	35382	164226
福 建	196154	15905	196154
江 西	115598	10562	115598
山 东	339599	56325	339599
河 南	192288	46610	192288
湖 北	257354	27618	258460
湖 南	195527	22731	195527
广 东	849251	55825	922699
广 西	115894	13993	115894
海 南	222928	3843	222928
重 庆	155206	12454	159194
四 川	425191	28116	425191
贵 州	98506	8457	98506
云 南	106495	15903	106495
西 藏	6861	1341	6861
陕 西	185848	20003	185848
甘 肃	74647	20615	74647
青 海	60037	6599	60037
宁 夏	20567	12336	20567
新 疆	123554	24614	123554

表 A-31 2008年各地区私人汽车保有量

（单位：万辆）

地 区	汽车总计	载客汽车	载货汽车	其他汽车
全 国	3501.39	2880.50	596.39	24.50
北 京	244.27	235.61	8.03	0.64
天 津	79.89	70.88	8.69	0.32
河 北	239.55	188.03	46.36	5.16
山 西	118.35	95.45	22.07	0.83
内蒙古	87.81	63.72	22.53	1.55
辽 宁	111.63	97.55	13.66	0.43
吉 林	65.10	53.78	10.93	0.39
黑龙江	77.88	61.69	15.54	0.65
上 海	72.04	71.99	0.05	—
江 苏	240.28	219.74	19.07	1.46
浙 江	258.55	217.83	40.26	0.46
安 徽	73.46	55.75	17.16	0.55
福 建	91.74	71.79	19.66	0.28
江 西	40.01	30.65	9.17	0.19
山 东	315.72	260.38	51.72	3.62
河 南	162.58	132.29	28.97	1.32
湖 北	83.30	62.98	19.71	0.61
湖 南	93.63	67.03	24.86	1.73
广 东	435.14	360.16	73.51	1.48
广 西	58.53	46.63	11.65	0.25
海 南	16.20	11.83	4.29	0.09
重 庆	40.30	31.43	8.68	0.19
四 川	157.44	126.99	29.99	0.47
贵 州	49.57	34.13	15.29	0.15
云 南	111.01	76.33	34.42	0.26
西 藏	8.49	5.29	3.20	0.00
陕 西	74.27	61.82	11.93	0.53
甘 肃	24.38	16.02	8.15	0.21
青 海	10.79	7.50	3.22	0.06
宁 夏	15.31	9.92	5.04	0.36
新 疆	44.17	35.31	8.58	0.28

表 A-32　历年汽车产量

（单位：辆）

年　份/年	汽车产量合计	其　中					
		载货汽车	越野汽车	其中：轻型越野汽车	客　车	轿　车	汽车底盘
1976	135200	74539	27352	19180	—	2611	28310
1977	125400	75920	21842	14983	—	2330	23540
1978	149062	96103	19382	12943	—	2640	28970
1979	185700	119501	24355	17181	—	4152	34585
1980	222288	135532	28034	20382	—	5418	48321
1981	175645	108261	19536	15452	—	3428	39986
1982	196304	121789	18883	15326	—	4030	42541
1983	239886	137100	22510	18247	6211	6046	62263
1984	316367	179846	21588	16553	6990	6010	85348
1985	443377	236934	25173	20747	11897	5207	114069
1986	372753	218863	23739	21891	9189	12297	81262
1987	472538	299356	27781	27351	20461	20865	92260
1988	646951	364000	36384	35978	50922	36798	136234
1989	586935	342835	48934	48291	47639	28820	103896
1990	509242	269098	44719	44348	23148	42409	90574
1991	708820	361310	54018	53371	42756	81055	122873
1992	1061721	460274	63373	61747	84551	162725	199162
1993	1296778	623184	59257	57057	142774	229697	171769
1994	1353368	613152	72111	70317	193006	250333	169106
1995	1452697	571751	91766	89765	247430	325461	162713
1996	1474905	537673	77587	73233	267236	391099	167651
1997	1582628	465098	59328	56547	317948	487695	178644
1998	1629182	573766	43608	38423	431947	507861	206325
1999	1831596	581990	36944	33602	418272	566105	229113
2000	2068186	668831	41624	35508	671831	607455	252063
2001	2341528	803076	41260	33247	834927	703525	317946
2002	3253655	1092546	43543	34232	1068347	1092762	425601
2003	4443522	1228181	86089	78622	1177476	2037865	381116
2004	5070452	1514869	79600	72245	1243022	2312561	398351
2005	5707688	1509893	—	—	1430073	2767722	381183
2006	7279726	1752973	—	—	1657259	3869494	442201
2007	8883122	2157335	—	—	1927433	4797688	558673
2008	9345101	2270207	—	—	2037540	5037334	530271

注：本表不含改装车产量；轿车产量已包含切诺基 BJ2021。

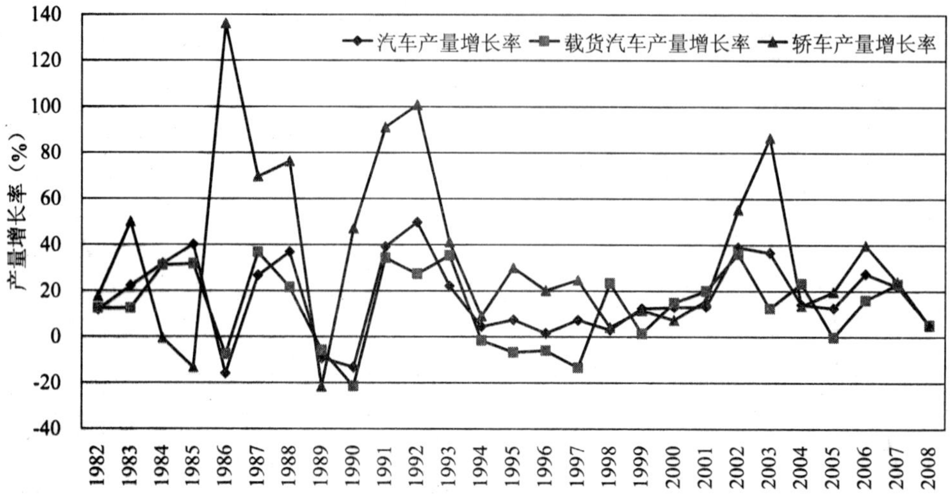

图A-25　1982～2008年汽车产量变化情况

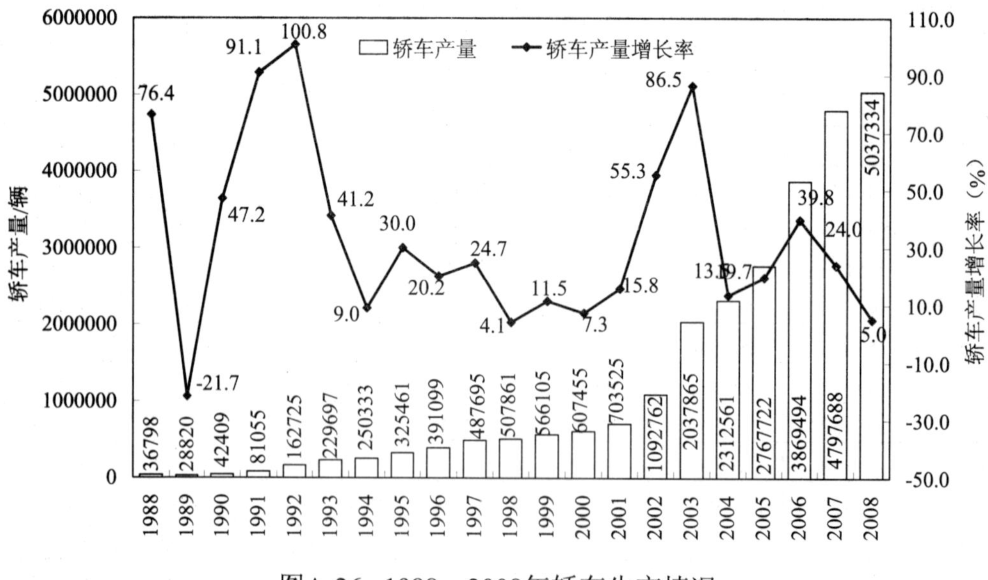

图A-26　1988～2008年轿车生产情况

表 A-33　2008 年汽车分车型产销量

车型		生产量			销售量		
		总计	国内制造	CKD	总计	国内制造	CKD
汽车总计		9345101	9211262	133839	9380502	9243600	136902
乘用车合计		6737745	6604701	133044	6755609	6619536	136073
其中 1	基本型乘用车（轿车）	5037334	4923252	114082	5046934	4929288	117646
	多用途乘用车（MPV）	191740	191718	22	197393	197348	45
	运动型多功能乘用车（SUV）	447956	429016	18940	447722	429340	18382
	交叉型乘用车	1060715	1060715	0	1063560	1063560	0
其中 2	排量≤1.0L	700519	700519	0	708939	708939	0
	1.0L<排量≤1.6L	3492802	3491928	874	3492101	3491164	937
	1.6L<排量≤2.0L	1649042	1590974	58068	1653131	1591576	61555
	2.0L<排量≤2.5L	771593	716451	55142	773224	718048	55176
	2.5L<排量≤3.0L	93377	93357	20	96803	96780	23
	3.0L<排量≤4.0L	24768	11027	13741	25634	11986	13648
	排量>4.0L	5644	445	5199	5777	1043	4734
其中 3	手动挡	4524668	4524445	223	4548003	4547757	246
	自动挡	2053209	1986061	67148	2038808	1972775	66033
	其他挡	159868	94195	65673	168798	99004	69794
其中 4	柴油汽车	39384	39380	4	42525	42518	7
	汽油汽车	6697505	6565321	132184	6712185	6577018	135167
	其他燃料汽车	856	0	856	899	0	899
商用车合计		2607356	2606561	795	2624893	2624064	829
其中 1	柴油汽车	2116281	2115486	795	2132261	2131432	829
	汽油汽车	489538	489538	0	491096	491096	0
	其他燃料汽车	1537	1537	0	1536	1536	0
其中 2	客车	251733	251733	0	252837	252837	0
	货车	1630038	1630038	0	1640560	1640560	0
	半挂牵引车	195314	195314	0	194155	194155	0
	客车非完整车辆	85416	85395	21	87756	87735	21
	货车非完整车辆	444855	444081	774	449585	448777	808

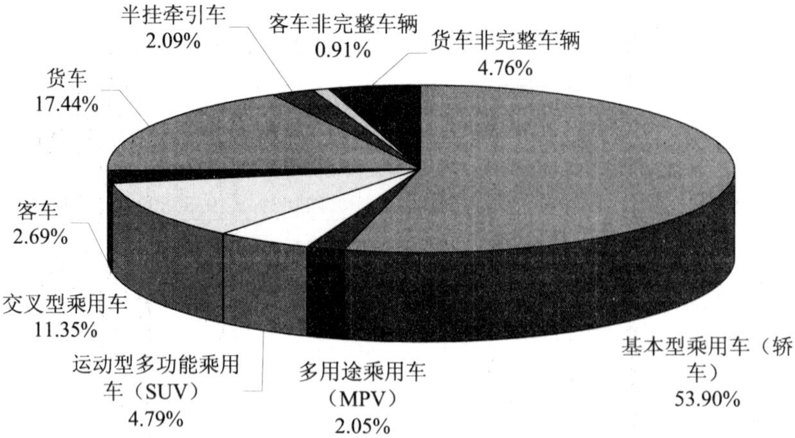

图A-27 2007年分车型产量构成情况

表A-34 2001～2008年全国改装汽车产量分类构成

（单位：辆）

车型	2001年	2002年	2003年	2004年	2005年	2006年	2007年	2008年
汽车总计	**329947**	**489982**	**457860**	**548449**	**437972**	**550947**	**649607**	**631428**
载货汽车	50436	56701	21275	38839	45877	38434	60099	69912
重型	11	121	2313	4032	3182	2472	8040	4882
中型	451	602	565	4403	15413	3052	9907	9978
轻型	48337	55039	18004	30404	27282	32910	42152	54250
微型	1637	939	393	0	0	0	0	802
越野汽车	299	2425	499	7207	418	763	443	3706
自卸汽车	61085	116735	88711	89040	92030	120240	155608	162032
矿用	24820	58593	48441	40688	42323	—	—	—
重型	23723	33663	29025	29881	37624	62408	90779	112941
中型	12542	24479	11245	18471	11810	41318	36465	21780
牵引汽车	27435	40426	46423	89202	53730	—	—	—
载客汽车	114981	157713	162812	177994	146120	147437	121404	101315
特大型	400	381	347	90	2153	888	—	—
大型	3695	10027	13800	685	17199	16517	121325	17318
中型	38290	58637	44766	12079	39183	52070	46827	36597
轻型	69011	79236	90753	46102	85324	74447	54943	46311
微型	3585	9432	13146	109065	2261	3515	3105	771
厢式专用车	40663	55612	65527	9973	45845	72710	70972	64100
罐式专用车	16610	20710	33735	32807	21656	30906	44557	44220
专用自卸汽车	2013	3192	7305	12537	4475	6287	8955	8805
起重举升专用车	4194	9417	12359	13138	14210	19089	27538	30286
仓栅式专用车	516	2235	3547	1414	2751	8818	2511	6015
特种结构专用汽车	2980	11340	14227	9990	23407	10708	15244	15705

表 A-35　历年低速货车产销情况

（单位：辆）

年份/年	产销量	低速货车合计	低速货车	三轮汽车
2003	产量	2675813	447849	2227964
	销量	2678063	446661	2231402
2004	产量	2091078	437337	1653741
	销量	2088322	433602	1654720
2005	产量	1899834	422923	1476911
	销量	1895116	418881	1476235
2006	产量	2103633	463161	1640472
	销量	2096068	459416	1636652
2007	产量	2144147	443787	1700360
	销量	2144450	448343	1696107
2008	产量	2008539	424139	1584400
	销量	2005782	422013	1583769

表 A-36　汽车行业综合指标与全国工业企业的比较

（单位：亿元）

指标		2002 年	2003 年	2004 年	2005 年	2006 年	2007 年	2008 年
销售收入	汽车工业	5947.7	8144.1	9134.30	10108.40	13818.90	4253.68	18767
	全国工业企业	109485.77	143171.53	187814.77	248544	313592.45	93733.34	500020.07
	汽车/全国（%）	5.43	5.69	4.86	4.07	4.41	4.54	3.75
总产值	汽车工业	6224.6	8357.2	9463.16	10223.3	13937.5	4433.19	18780.5
	全国工业总计	110776.5	142271.22	201722.2	251619.5	316589	95448.98	507448
	汽车/全国（%）	5.62	5.84	4.69	4.06	4.4	4.64	3.70
增加值	汽车工业	1518.80	2153.40	2187.80	2209.90	3362.70	1055.55	4104.1
	全国工业总计	32994.75	41990.23	54805	72187	91075.73	28329.37	—
	汽车/全国（%）	4.60	5.13	3.99	3.06	3.69	3.70	—
产品销售税金及附加	汽车工业	115.88	165.59	183.65	216.52	303.30	97.48	365.77
	全国工业企业	1761.61	2049.21	2467.09	2997.34	3746.35	1553.82	6277.28
	汽车/全国（%）	6.58	8.08	7.44	7.22	8.10	6.27	5.83
利润总额	汽车工业	373.84	556.78	575.51	430.44	738.2	204.72	923.58
	全国工业企业	5784.48	8337.24	11341.64	14802.54	19504.44	4733.43	30562.37
	汽车/全国（%）	6.46	6.68	5.07	2.91	3.78	4.33	3.02
固定资产投资	汽车工业	283.16	498.58	641.31	734.25	780.89	194.28	772.26
	全社会	43499.91	55566.60	70477.40	88773.60	109998.20	37213.49	172828.4
	汽车/全社会（%）	0.65	0.90	0.91	0.83	0.71	0.52	0.45
汽车增加值占 GDP 比例（%）		1.44	1.84	1.6	1.2	1.59	1.66	1.37

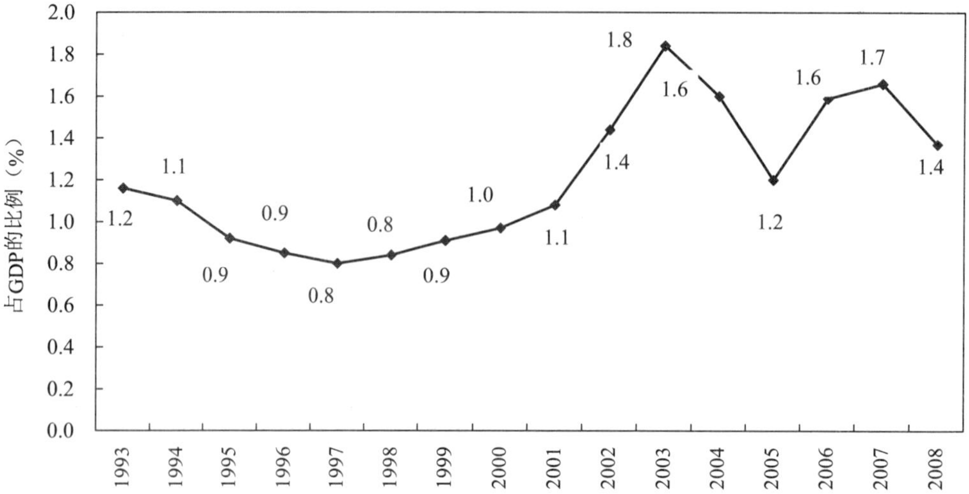

图A-28　1993～2008年汽车增加值占国内生产总值的比例

表 A-37　汽车行业效益指标与全国工业企业的比较

指标		2002年	2003年	2004年	2005年	2006年	2007年	2008年
工业增加值率	汽车工业（%）	25.46	25.77	23.00	24.38	28.77	23.80	—
	全国工业企业（%）	29.88	29.51	26.00	28.69	28.77	29.68	—
	汽车/全国	0.85	0.87	0.88	0.85	0.86	0.80	—
工业成本费用利润率	汽车工业（%）	6.84	7.50	6.77	4.49	5.74	5.20	5.22
	全国工业企业（%）	5.60	6.20	6.50	6.30	6.60	5.35	5.9
	汽车/全国	1.22	1.21	1.04	0.71	0.87	0.97	0.88
流动资产周转次数	汽车工业/（次/年）	1.69	1.85	1.79	1.87	2.14	1.43	2.22
	全国工业企业/（次/年）	1.99	2.00	2.20	2.30	2.50	1.66	2.6
	汽车/全国	0.85	0.93	0.81	0.81	0.86	0.86	0.85

注：1999年以后为全部国有及规模以上非国有工业企业口径。

表 A-38 能源生产总量及其构成

能源构成		2002 年	2003 年	2004 年	2005 年	2006 年	2007 年	2008 年
能源生产总量/万 t		138369	159912	184600	205876	221056	235445	260000
原油/万 t	进口	6941	9102	12281	12682	14518	17888	16317
	出口	766	813	549	807	634	416	389
成品油/万 t	进口	2034	2824	3787	3143	3638	3885	3380
	出口	1068	1382	1146	1401	1235	1703	1551
原油产量/万 t		16700.00	16959.98	17587.33	18135.29	18367.60	18631.80	18973.0

表 A-39 2002～2008 年分车型汽车进口数量

（单位：辆）

品 种	2002 年	2003 年	2004 年	2005 年	2006 年	2007 年	2008 年
总计（含底盘品种）	128194	172339	175654	161324	227773	314130	409769
一、乘用车	115358	158191	164570	156170	218312	301239	395799
1. 大客车（30 座以上）	246	139	123	91	117	73	—
2. 中型客车（10～30 座）	84	4456	2366	1236	1694	45	—
3. 旅行车（9 座以下）	12348	10812	10510	12326	18422	19144	24674
4. 其他机动小客车	171	93	174	—	—		—
5. 越野车	32179	39669	35308	65966	86273	142228	215062
6. 轿车	70329	103017	116085	76542	111777	139867	154521
7. 机坪客车	1	5	4	9	29	6	—
二、载货汽车	6692	9862	8078	3032	5582	7980	10171
柴油：总重＜5 t	12	34	72	70	93	158	253
5 t＜总重＜14 t	441	379	297	349	362	385	418
14 t＜总重＜20 t	320	231	179	282	424	435	289
总重＞20 t	5542	8718	7286	2085	4210	6389	6461
汽油：总重＜5 t	373	405	152	132	347	272	1268
总重＞5 t	2	2	2	4	5	2	16
未列名货车	2	0	90	110	141	337	1466
三、专用车	1112	3272	962	552	625	435	498
四、底盘	199	1014	429	515	304	894	990

表A-40 历年汽车进口数量及金额

年份/年	汽车进口数量/辆			进口金额合计/万美元	汽车配件金额/万美元
	总 量	其中			
		载货汽车	轿 车		
1980	51083	26100	19570	61612	6299
1981	41575	20770	1401	30536.4	3594.31
1982	16077	7730	1101	22511.8	6080.2
1983	25156	8445	5806	43259.2	13576.2
1984	88743	28047	21651	104821.2	16651.7
1985	353992	111492	105775	293689.9	28848.4
1986	150052	64570	48276	195459.5	27708.5
1987	67182	17554	30536	121431	41885
1988	99233（26907）	14201（1694）	57433（24407）	161240	33913
1989	85554（31034）	12587（1598）	45000（20560）	132732	34750
1990	65430（24176）	18395（3003）	34063（18136）	120293.3	43740
1991	98454（56466）	18578（4628）	54009（40004）	165992.3	58263
1992	210087（127222）	42005（7162）	115641（88114）	353523.5	87071.6
1993	310099（136402）	72935（7684）	180717（111059）	535143	97065.7
1994	283060（144981）	68269（3349）	169995（135580）	471482.6	68794.4
1995	158115（116783）	12037（11286）	129176（105497）	257549.8	85469
1996	75863	6256	57942	250018.5	107757
1997	49039	7077	32019	207821	92800
1998	40216	4373	18016	205789	80492
1999	35192	2685	19953	258018	100425
2000	42703	3085	21620	404750	211281
2001	71398	3138	46632	470326	261767
2002	127513	6692	70329	659985	231235.5
2003	171710	9862	103017	1483963.8	738430
2004	175654	8087	116085	1686737	867960
2005	161324	3032	76542	1543392	768494
2006	227773	5582	111777	2127410	1052519
2007	312979	7980	139867	2676775	1421523.8
2008	409769	10171	154521	3222993	1268125

注：1. 1980年数字摘自外贸统计报表(由中汽进出口公司提供)。1981～1999年数据来源于海关总署《统计报表》，1999年以后数据来源于《汽车工业年鉴》。

2. 本表将进口汽车散件归入进口整车中、车身归入零部件中，括号内为散件进口数。

3. 1992～1994年进口金额合计中含发动机、摩托车、挂车进口额，发动机中含部分非汽车、摩托车用发动机。

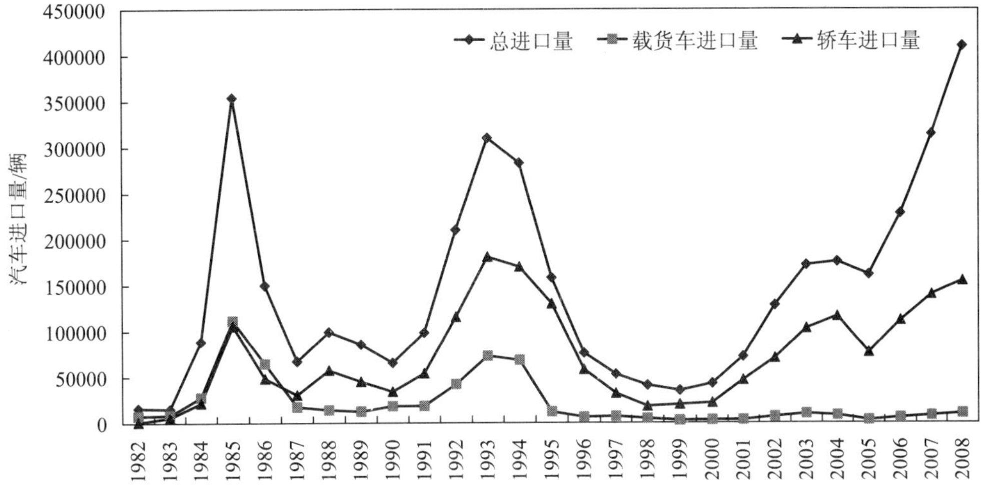

图A-29　1982～2008年汽车进口情况

表 A-41　主要国家历年汽车产量及品种构成

国别	年份/年	总产量/万辆	乘用车		商用车	
			产量/万辆	占总产量（%）	产量/万辆	占总产量（%）
美国	2008	870.5	377.6	43.4	492.9	56.6
	2007	1078.1	392.4	36.0	685.1	64.0
	2006	1121.2	436.9	39.0	684.3	61.0
	2005	1192.0	431.5	36.2	760.5	63.8
	2004	1199.0	423.0	35.3	776	64.7
	2003	1204.4	451.0	37.4	753.5	62.6
	2002	1227.5	501.6	40.9	725.9	59.1
日本	2008	1156.4	991.6	90.0	164.8	10.0
	2007	1159.6	994.5	85.8	908.7	14.2
	2006	1148.4	975.6	85.0	172.8	15.0
	2005	1080.0	901.7	83.5	178.3	16.5
	2004	1051.2	872.0	83.0	179.2	17.0
	2003	1028.6	847.8	82.4	174.7	17.0
	2002	1025.8	861.9	84.0	163.9	16.0
德国	2008	604.1	552.7	90.0	51.4	10.0
	2007	621.3	570.9	91.9	479.0	8.1
	2006	581.4	539.5	92.8	41.9	7.2
	2005	575.9	535.2	92.9	40.7	7.1
	2004	557.0	519.2	93.2	37.8	6.8
	2003	550.8	514.6	93.4	36.1	6.6
	2002	546.9	512.3	93.7	34.6	6.3

（续）

国别	年份/年	总产量/万辆	轿车		商用车	
			产量/万辆	占总产量（%）	产量/万辆	占总产量（%）
英国	2008	165.0	144.7	90.0	20.3	10.0
	2007	175.0	153.5	87.7	65.8	12.3
	2006	165.0	144.4	87.5	20.6	12.5
	2005	180.3	159.6	88.5	20.7	11.5
	2004	185.6	164.7	88.7	20.9	11.3
	2003	184.6	165.8	89.8	18.9	10.2
	2002	182.1	162.8	89.4	19.3	10.6
法国	2008	256.9	214.6	80.0	42.3	20.0
	2007	301.9	255.4	84.6	170.8	15.4
	2006	279.0	234.4	84.0	44.6	16.0
	2005	320.3	280.2	87.5	40.1	12.5
	2004	366.6	322.7	88.0	43.9	12.0
	2003	324.8	288.3	88.8	36.4	11.2
	2002	369.2	328.4	88.9	40.8	11.1
意大利	2008	102.4	71.7	70.0	30.7	30.0
	2007	128.4	91.1	71.0	20.1	29.0
	2006	121.2	89.3	73.7	31.9	26.3
	2005	103.9	72.6	69.9	31.3	30.1
	2004	114.2	83.4	73.0	30.8	27.0
	2003	132.1	102.6	77.7	29.2	22.3
	2002	142.7	112.6	78.9	30.1	21.1
加拿大	2008	207.8	119.5	60.0	88.3	40.0
	2007	257.8	134.2	52.0	82.2	48.0
	2006	256.8	138.9	54.1	117.9	45.9
	2005	268.7	135.4	50.4	133.3	49.6
	2004	271.1	133.5	49.2	137.6	50.8
	2003	254.8	133.9	52.6	120.9	47.4
	2002	262.7	136.9	52.1	125.8	47.9

注：资料来源于日本《主要国汽车统计》。2006年之前表中的乘用车为轿车的概念。

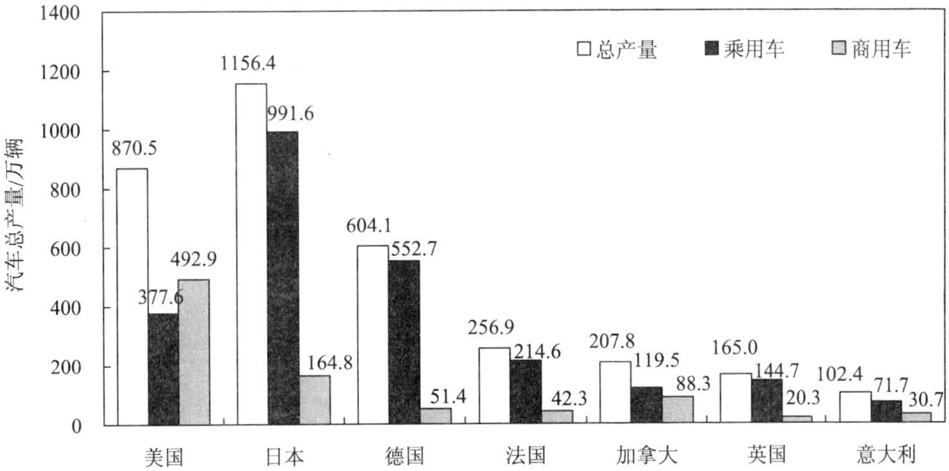

图A-30　2008年主要国家汽车产量及品种构成情况

表 A-42　2004～2008 年世界主要国家轿车生产量排序

（单位：万辆）

排序	2008 年		2007 年		2006 年		2005 年		2004 年	
	国别	产量	国别	产量	国别	产量	国别	产量	国别	产量
1	日本	991.6	日本	994.5	日本	976	日本	901	日本	827.0
2	中国	673.8	中国	638.1	德国	540	德国	535	德国	519.2
3	德国	552.7	德国	570.9	中国	523	美国	432	美国	423.0
4	美国	377.6	美国	392.4	美国	437	中国	393	法国	322.7
5	韩国	345.0	韩国	372.3	韩国	349	韩国	336	韩国	312.3
6	巴西	256.1	法国	255.4	法国	272	法国	311	西班牙	240.2
7	法国	214.6	巴西	238.8	巴西	209	西班牙	210	中国	231.6
8	西班牙	194.3	西班牙	219.6	西班牙	208	巴西	201	巴西	175.6
9	印度	182.9	印度	170.8	印度	147	英国	160	英国	164.7
10	俄罗斯	146.9	英国	153.5	英国	144	加拿大	136	加拿大	133.5

注：资料来源于日本《自动车统计月报》。

表 A-43　1978～2008 年主要国家商用车产量

（单位：千辆）

年份/年	美国	日本	法国	西班牙	巴西	德国	意大利	英国	俄罗斯	瑞典
1978	3723	3816	397	158	187	296	148	385	839	52
1979	3046	3460	393	157	201	317	151	408	859	58
1980	1637	4005	440	153	224	358	167	389	872	56
1981	1687	4206	408	132	194	319	176	230	874	55
1982	1910	3850	372	142	186	301	156	269	866	54
1983	2422	3960	375	147	122	293	181	245	880	52
1984	3161	4392	349	132	185	255	162	225	885	59
1985	3463	4624	384	188	208	279	184	266	900	60
1986	3501	4450	422	251	241	286	159	229	900	66
1987	3805	4358	411	302	237	260	199	247	870	70
1988	4097	4501	474	368	286	279	227	317	885	77
1989	4025	3973	511	407	282	288	249	327	844	82
1990	3703	3539	474	320	251	292	231	257	929	61
1991	3444	3484	423	305	255	356	245	217	807	75
1992	4119	3069	438	331	276	330	209	248	518	63
1993	4917	2734	319	262	291	237	150	193	650	58
1994	5649	2753	383	321	334	262	194	228	254	82
1995	5635	2585	424	375	333	307	245	233	192	102
1996	5749	2482	443	471	346	303	227	238	179	96
1997	6196	2484	479	552	392	345	254	238	—	115
1998	6449	1994	351	609	329	379	290	228	188	133
1999	7382	1885	396	375	333	378	291	186	192	—
2000	7235	1781	418	667	322	395	316	185	—	—
2001	6552	1659	397	614	215	393	308	193	170	113
2002	7259	1639	408	585	194	346	301	193	—	35
2003	7535	1747	364	630	323	361	292	189	—	117
2004	7759	1792	439	609	454	378	308	209	275	140
2005	7606	1783	401	654	506	407	313	206	286	145
2006	6843	1728	446	699	519	421	319	206	325	134
2007	6857	1651	465	694	548	504	373	215	376	162
2008	4929	1648	423	599	659	514	315	203	321	—

注：资料来源于日本《自动车统计月报》。

附录B 国家信息中心汽车研究与咨询业务简介

国家信息中心（简称 SIC）于 1986 年开始进行汽车市场预测分析及调查研究工作，至今已有 24 年的历史，汽车研究与咨询业务不断扩大，目前这项工作由国家信息中心下属的经济咨询中心负责。

一、主体业务

国家信息中心汽车研究与咨询业务主要分为三大类。

1. 产业及相关环境研究

（1）汽车及相关产业研究

汽车与经济的关系研究：包括汽车对经济发展的贡献研究，经济对汽车市场的影响研究（月度）。

汽车产业研究：包括产业的组织结构、产业格局与产业竞争力研究，并为国家发展和改革委员会提供产业运行状况的月度分析。

——2008 年年底，参加国家发展和改革委员会组织的“汽车产业振兴计划”的讨论与方案测算工作

汽车产业内部链条研究：研究汽车产业及其上下游产业的发展趋势，包括汽车零部件产业研究、汽车制造业研究、汽车后市场研究、二手车市场研究等。

——2008 年完成了汽车零部件产业的调查

——2009 年完成了新能源汽车零部件产业调查

汽车产业发展环境研究：研究相关产业对汽车产业的影响，包括能源、环保、公路、金融信贷等。

——2006 年完成了“中国汽车产业可持续发展”项目研究

汽车相关产业研究：包括交通运输业、物流业研究等。

（2）相关政策评估

研究相关政策，包括宏观经济政策、汽车重大相关政策及社会重大事件对汽车市场的影响。通过专门的研究小组跟踪政策信息，并及时对这些政策或事件的背景、影响对象、影响效果进行解读和客观评价。

（3）汽车产品与技术研究

产品技术跟踪与趋势分析：及时跟踪了解全球市场最新的产品与技术发展动态，对国内产品与技术发展趋势作出判断。

产品分析：研究某款产品的特征、上市策略、产品竞争优劣势等，判断该款产品上市后的市场影响。

产品专题研究：重点针对某一种产品现象或产品类型进行研究，如父子车型、双子车型、Cross车型、家族特征等，并判断这种现象的发展前景。

产品技术专题研究：研究某技术或装备的技术路线、市场状况及应用前景和发展趋势，分析各厂商同类技术装备的性能、特征等。

国际车展研究：对国际七大车展状况进行分析和评价，透过车展揭示未来产品技术的发展趋势。

2. 市场研究

（1）SIC的市场研究业务分成三个层次

1）总量市场研究　包含国产车总体、进口、出口车总体，乘用车总体、商用车总体等。

2）细分市场研究　包含按车型细分市场，如重、中、轻、微型货车，大、中、轻、微型客车，轿车、皮卡、MPV、SUV等12类车；按区域细分市场，如分大区、分级、分省、分地级市、分县等；按照用户分，如私人用户、公务车用户、出租租赁等。

3）目标市场研究　表示一些更细分的市场，如女性市场、两厢车市场、1t级市场、广东市场等。

（2）市场研究业务主要包含四大业务模块

1）市场趋势研究　对乘用车、商用车总体市场及细分市场的发展趋势进行预测研究，包括：

短期市场研究：对乘用车、商用车市场的月度、季度走势进行分析与评价，发现汽车市场运行的新特点和新变化，对当期的市场热点问题进行深入分析，并评价各车型、各企业在市场中的表现，对未来各月的市场走势作出判断。

中长期市场研究：对未来3～5年或5～10年，甚至未来20年的乘用车、商用车市场发展趋势进行预测。包括总量市场，乘用车分级别、分价位、分车型市场，商用车分重中轻微、分吨位、分车型市场的全方位预测，也可以根据客户的要求做到分用户或目标市场的预测。中长期预测的基本手段是利用SIC各种中长期预测模型建立外生变量与内生变量的关系，并研究各种环境因素对关键变量的影响及其变化趋势，从而对总量市场及各种细分市场进行预测。

2）区域市场研究　主要帮助企业解决三方面问题：第一，制定销售网络发展规划；第二，年度销售任务分配；第三，制定区域营销策略。区域市场研究包括四项内容：

地区市场分级研究：针对不同类型的车研究适合的地区市场分级指标，对地区市场分级，并总结各级市场的特征。

地区市场特征研究：研究地区乘用车市场的消费特征（文化、风俗、习惯），总结地区市场增长特征，研究市场竞争格局。

地区市场预测研究：研究地区市场消费环境（经济、政策、技术设施等），研究地区乘用车市场的发展规律，对地区市场总量和结构进行预测。

地区市场营销研究：研究地区消费者接受的营销方式，研究企业适用的营销策略。

3）海外市场研究　主要包括三项内容：

针对先导国家的国际比较研究：总结研究汽车市场发展的内在规律，研究市场发展环境及其影响因素，研究市场快速发展的条件等，并依据先导国家的规律，对中国市场发展轨迹做出判断。

出口市场的研究：出口量历史分析和前景预测，研究各厂商出口现状与未来走势，主要出口市场研究，包括出口国、出口量、车型及价格等，各主要厂商（包括国内和跨国公司）出口战略的现状和未来趋势，厂商的海外生产和扩张计划。

主要出口目的国研究：研究某特定的出口目的国的经济、社会、人口发展情况，研究其乘用车需求量与需求特征、需求偏好，研究针对它出口的商务政策、出口市场的潜力和目前存在的问题等。

4）专题研究　就客户关心的问题展开研究，比如奥运对车市的影响，地震对车市的影响等。

3. 市场调查

市场调查分为基础研究和个案研究两大类，覆盖4P的内容。

（1）基础研究　针对4P中产品方面的研究是目前的重点，包括消费者使用习惯与态度调查，消费者需求与偏好动向调查，用户人群特征，市场细分，目标市场选择，产品定位等项内容。在营销与渠道方面主要做营销策略、渠道满意度、忠诚度及品牌形象方面的研究。

SIC基础性调查主要包括：乘用车需求动向调查、用户需求偏好调查、卡车新车购买者调查、消费者意识调查等。其中乘用车需求动向调查和卡车新车购买者调查是两个基础类调查，每年执行一次，调查范围广、样本量大、涵盖的车型类别多，它对我们把握用户需求变化提供了非常有利的帮助。

（2）个案研究　针对4P中产品方面的研究包括概念测试，实车或动态测试，车型上市验证研究，产品竞争力研究，产品再定位研究等。在营销方面主要是广宣和促销策略研究。

SIC个性调查主要包括：用户满意度调查、产品竞争力调查、新产品概念测试、产品配置及客户价值调查等。

SIC每年大量的定量调查是与我们在全国60多个省市的调查代理共同完成的。这些代理与SIC有多年的合作关系并积累了丰富的汽车市场调查经验。SIC针对不同的调查项目可以选择不同特色的调查代理，并可以根据调查执行特点的不同采取不同的质控手段。

除了大量的定量研究外，SIC每年还执行非常广泛的定性调查，甚至有些项目完全采用大样本量的深访进行。而所有深访调查的执行者都是SIC的研究员，这种深入一线的面对面的调研，对我们理解用户、理解市场、深度分析具有极大的帮助。

二、汽车市场研究的支撑体系

1. 模型方法

国家信息中心自从开展汽车研究和咨询业务以来，花费了大量人力物力进行汽车市场研究手段的建设，研制了一批汽车市场研究与预测模型。特别是近年来，通过与多家国际知名汽车厂商的合作，在模型方法创新方面取得了很大的进展。

（1）中长期预测模型　1987 年建立了《中国汽车市场预测模型》，此模型为计量经济模型，并在 1990 年和 1994 年进行了两次改版。

1999 年研制《中国汽车工业发展模型》。此模型充分吸收国家信息中心 1994 年版模型的经验，并参考美国、巴西、波兰等国家的汽车预测模型，与美国高级专家共同合作开发。该模型不仅在国内而且在国际上都是高水平的产业模型，而且它能将抽样调查数据成功地引入到模型中，并能进行结构和细分市场预测。SIC 连续十年会同美国的模型专家持续对模型进行改进调整，并结合每年一次的大规模调查，将各种变量引入模型，多次成功地运用于我国的汽车市场预测。

（2）细分市场预测模型　2002 年开发了《中国大中型客车市场预测模型》、《中重型货车预测模型》，并在以后的几年内连续改进。2003 年引进并开发了《出租车市场预测模型》和《公务车需求预测模型》，2009 年开发了《轿车分厢型的预测模型》。

（3）地区市场预测模型　2002 年引进《地区市场预测模型》，并在 2007～2009 年持续对该模型进行改进，丰富了许多修正指标，如市场发展阶段、经济发展阶段、地区经济特征、中央或地方政策等，使预测的精确度大大提升。

（4）短期市场预测模型　2005 年开发了乘用车短期预测模型，并在近年的实际应用中持续改进，特别是 2009 年形成了 TSCI 的评估预测框架体系，并开发了乘用车市场景气监测指标体系配合短期预测的展开。

（5）其他分析模型　1999 年引入经销商评估方法体系；

2002 年引入需求动向调查、满意度调查、新车购买者调查等方法体系；

2003 年引进并开发了《产品竞争力分析模型》，2004 年开发了《产品竞争力评估和单一产品预测模型》；

2006 年引入配置及客户价值调查分析的方法体系，并在几年的实践中丰富完善；

2009 年开发了《企业和产品表现评估和预测模型》、《目标市场选择模型》、《产品特征分析模型》等。

2. 数据库系统

为了支持汽车咨询业务的顺利展开，SIC 近年加大了数据库的建设，分别形成了宏观经济数据库、乘用车产销数据库、商用车产销数据库、地区市场数据库、厂商与产品数据库、价格跟踪数据库、汽车进出口数据库、汽车零部件企业数据库、经销商数据库、用户调查信息数据库等。SIC 的各业务模块组持续跟踪和加载、维护各种数据库，并增加了多种分类变量，便于各种维度的分析。

3. 资源体系

SIC 建立了十大资源体系，分别是政府关系系统、专家系统、经销商调查系统、跨国公司关系网络、横向合作系统、国内厂商关系网络、大用户系统、零部件厂商系统、汽车金融系统、媒体关系系统，这些系统同样是各研究咨询项目顺利开展的保证。SIC 定期针对各资源系统组织相应的活动：

（1）每月定期做经销商调查　针对乘用车和商用车的经销商做调查，了解当月的市场情况及变化原因，为 SIC 的月度分析预测服务。

（2）定期召集汽车市场研讨会　从 1992 年起，国家信息中心每年在年中和年底召集两次国内汽车厂家及行业市场分析专家参加的“宏观经济与汽车市场形势”高级研讨会，目前这个会议已经成为汽车界了解汽车市场发展趋势，切磋对市场的看法，进行各种信息交流的平台。

（3）定期组织跨国公司交流平台的活动　国家信息中心从 2007 年起开始搭建乘用车跨国公司交流平台， 2008 年第四季度又成立了商用车跨国公司交流平台。全球主要的汽车跨国公司均加入了交流平台。两个平台每个季度分别开展一次活动，大家对当前的宏观经济形势与汽车市场形势进行广泛的交流。

（4）每月邀请专家讲座　通过请过来、走出去的方式每月与多名专家进行交流，借助外脑及时跟踪了解经济、政策、市场动态，以及专家对形势的判断。

（5）参加政府组织的各种会议　参加发改委、工信部、商务部等汽车主管部门组织的有关规范和促进中国汽车市场发展的研讨会、政策分析会、五年规划会等，为政府政策制定出谋划策。

三、国家信息中心近五年来承接的部分专项咨询项目（见表B-1）

表B-1 国家信息中心近五年来承接的部分专项咨询项目

项目名称	主要内容	完成时间/年
1. 细分市场消费需求偏好研究	通过对不同细分市场的消费者调查，了解各细分市场消费者对车型、大小、排量、厢型、配置、发动机、变速箱等方面的需求差异	2005
2. 轻型卡车和低速货车有形市场研究	通过研究轻型卡车和低速货车厂家的商务政策、经销商的库存、销量等方面的信息，为厂家改善经销网络管理、提高销售提供决策依据	2005
3. 2005年度NTBS	对4000多个重、中、轻、微型货车及皮卡的新购个人用户和单位用户进行调查，了解2005年卡车购车行为的变化	2005
4. 长头车用户市场调查	对重、中型平头和长头载货货车用户进行调查，了解用户对长头车的偏好和改进需求，为企业制定产品战略服务	2005
5. 乘用车竞争力评估和分产品预测	依据效用理论和4C原理对细分市场中的产品进行竞争力评价，并根据这个评价结果对下期各产品销量进行预测	2005
6. 乘用车市场月度评估	对每个乘用车市场的产销状况、市场动态及热点问题进行分析预测	2005
7. 中国汽车产业可持续发展研究	对汽车产业及经济、能源、交通、金融等相关行业进行深入研究，探索中国汽车工业可持续发展应具备的条件	2005
8. 中国汽车市场半年预测	对汽车、商用车、乘用车、轿车市场的上半年市场状况进行分析，并对下半年需求趋势进行预测	2005
9. 乘用车市场研究	全面分析中国乘用车市场的发展历史、现状及趋势，为某跨国公司了解中国市场提供参考	2005
10. 2005年公务用车市场定量研究	调查了解公务用车的用户需求特征和购买、使用政策，预测公务用车市场需求的年度变化和发展趋势，为厂家更好地拓展公务用车市场提供决策参考	2005
11. 全国乘用车需求动向调查及10年滚动预测	通过对60个城市的私人用户、集团用户和出租租赁用户的调查，了解不同类型用户需求的变化，并对未来10年乘用车总需求、不同区域的需求、分价位需求结构、分级别需求结构等细分市场进行预测。这是经济咨询中心连续做了5年的项目	2005
12. 小型乘用车概念测试	通过用户探访、家访、焦点小组等形势，了解用户对小型乘用车的需求偏好，为跨国公司给中国消费者量身定做产品提供决策依据	2005
13. 中国地区乘用车市场研究与预测	研究中国地区乘用车市场的发展阶段、发展特征和用户偏好，对地区市场的总量需求、结构需求进行预测	2005
14. 轻型卡车宽体车市场前景研究	对比国外轻型卡车产品的发展趋势，研究中国宽体轻型货车的市场前景	2005

（续）

项目名称	主要内容	完成时间/年
15. 45个城市汽车消费政策调查	在全国45个大中城市，对汽车消费相关的多个部门进行调研，了解影响各地汽车消费的政策、规定和执行情况，为进行分地区汽车预测提供政策依据	2005
16. 中国商用车市场需求预测	全面详细地分析中国商用车市场的发展历史和现状，对影响商用车市场的原因进行深入分析，并对未来5～10年的商用车市场需求进行预测	2005
17. 2006年乘用车市场月度评估	对每个月乘用车市场的产销状况、市场动态及热点问题进行分析与评估，对下月销售形势进行判断	2006
18. 国外汽车媒体监测	对国外10大汽车杂志进行监测，分析汽车产品发展趋势	2006
19. 宏观经济及汽车市场月度分析	每月对宏观经济和汽车市场发展态势进行研究分析	2006
20. 分季度宏观经济研究	每月对我国宏观经济走势、消费、投资、进出口等方面进行分析，研究其对汽车市场的影响	2006
21. 分季度汽车市场研究	对每个月汽车市场的产销状况、市场动态、企业动态、企业格局变化及热点问题进行分析与评估，并对下季度销售形势进行预测	2006
22. 细分市场消费者需求偏好	通过对不同细分市场的消费者调查，了解各细分市场消费者对车型、大小、排量、厢型、配置、发动机、变速箱等方面的需求差异	2006
23. ××城市汽车租赁市场研究	通过对该城市汽车租赁管理部门、汽车租赁企业以及汽车租赁的用户深入访谈，分析该城市汽车租赁市场经营状况、车型受欢迎程度等问题	2006
24. 商用车市场需求预测模型及外生变量研究	研究商用客车及其影响因素，通过相关因素的定量化指标，建立商用车市场需求预测模型，并对中国商用车中长期发展进行预测	2006
25. ××厂家实车测评操作	在中国三大汽车消费城市进行现场调查，通过消费者对5个摆放车型的比较，分析厂家上市车型的缺点，提出产品的改进建议	2006
26. 中国汽车市场中长期预测	通过对中国经济、人口、交通、城市建设、社会等的相关研究，类比国外成熟汽车市场发展国家的发展史，对我国汽车市场到2020年的发展进行分析与判断	2006
27. 地区汽车市场研究	通过对18个城市的宏观经济状况、汽车消费环境、汽车消费观念等进行研究，预测各个城市未来两年汽车总量需求和细分市场需求	2006
28. 乘用车地区市场季度预测	通过定性调查和定量模型，每季度对全国31个省、自治区、直辖市乘用车需求总量进行预测	2006

（续）

项目名称	主要内容	完成时间/年
29. 汽车市场地区中长期预测	研究中国地区乘用车市场的发展阶段、发展特征和用户偏好，对未来 10 年地区市场的总量需求和机构需求进行预测	2006
30. ××厂家汽车配置研究	通过 CAPI（计算机辅助访问）方式对用户配置需求进行研究，找出汽车标准配置，用户不关注配置等配置清单	2006
31. 全国乘用车需求动向调查及 10 年滚动预测	经济咨询中心联合国内十几家骨干汽车厂家，通过对 60 个城市的私人用户、集团用户和出租租赁用户的调查，了解不同类型用户需求的变化，并对未来 10 年乘用车总需求、不同区域的需求、分价位需求结构、分级别需求结构等细分市场进行预测	2006
32. 2006 年度中国乘用车市场研究	全面深入分析中国乘用车市场的发展历史、现状及趋势，为某跨国公司了解中国市场提供参考	2006
33. 2006 年度 NTBS	对 4000 多个重、中、轻、微型货车新购个人用户和单位用户进行调查，了解 2006 年卡车购车行为的变化	2006
34. 2006 年度 NBBS	在全国 50 多个城市，对 1000 多个大中型客车新购个人用户和单位用户进行调查，了解 2006 年大中型客车购车行为的变化	2006
35. ××新产品上市对××企业产品的影响研究	通过焦点小组企业产品和竞争车型对比分析，从产品、厂家形象、品牌形象、用户群等方面出发，研究新产品上市对该企业产品的影响程度	2006
36. 公务车市场调查研究	通过对重点省市党政机关公务用车调查，了解公务用车的用户需求特征和购买、使用政策，预测公务用车市场需求的年度变化和发展趋势，为某厂家更好地拓展公务用车市场提供决策参考	2006
37. 卡车新车购买者调查	连续对卡车车主进行调查，了解卡车个人用户和单位用户购车行为与需求变化	2007
38. 皮卡市场调查	对皮卡用户的购车行为与特征进行调查，分析整个皮卡市场发展变化的状况与趋势，分析用户需求特征	2007
39. 二手车用户调查	对 3 个城市 250 个二手车用户调查，了解他们购买二手车的原因、需求状况、使用状况等	2007
40. 产品与技术热点月度研究	跟踪国内外产品与技术分发展动态，对新产品竞争力、新技术应用前景进行分析	2007
41. ××厂商区域市场季度分析与预测	对各省汽车市场的运行状况进行分析，并对分省市场进行季度滚动预测	2007
42. ××厂商配置需求调查	通过 CAPI 的方式对消费者进行调查，了解他们对配置的需求意向和价格接受度	2007
43. ××厂商月度市场评估	分析月度乘用车市场的走势和新的变化特征，分析××厂商及其产品的月度市场表现，并提出相关建议	2007

（续）

项目名称	主要内容	完成时间/年
44. 北京、上海、广州市区与郊县市场研究	研究这三个重点市场乘用车需求的转移趋势，对郊县市场的发展现状与潜力进行分析预测	2007
45. 北京租赁市场研究	通过对北京市租赁公司和租赁用户的深入调查，研究北京汽车租赁市场现状、发展中的问题，发展前景和需求特征，为××企业进入租赁市场提供决策支持	2007
46. 乘用车市场发展与消费者意识调查	通过 6 个城市 4000 多个消费者的调查，并结合经销商调查和用户焦点小组、专家调查，对中国乘用车市场 2007 年的变化进行全方位的了解，包括对厂商及其品牌形象的认知、车辆的购买与使用、用户特征等，分析产生变化的原因，对未来市场需求进行预测	2007
47. 轻型货车有形市场调查	了解轻型货车主要品牌的有形市场规模、政策及执行状况，为××企业制定有形市场政策服务	2007
48. 细分市场消费者需求偏好研究	通过对 4 个城市 1400 多个用户的调查，了解重点细分市场用户需求偏好的变化方向，为企业进行产品规划、产品开发提供决策依据	2007
49. VAV 和 SUV 市场研究	分析研究中国 VAV 和 SUV 市场的发展里程、供需情况、市场竞争状况、主流产品及用户特征等，对未来市场规模进行预测	2007
50. 高端车市场研究	分析研究轿车高端市场的发展里程、供需情况、市场竞争状况、主流产品及用户特征等，对未来市场规模进行预测	
51. 中国汽车出口及主要厂商海外拓展计划	研究中国汽车出口市场的发展状况，对出口国、产品出口结构、出口量、对象国的政策、出口厂商的海外市场推展计划等方面进行深入分析，对未来我国汽车出口市场的走势进行分析判断	2007
52. ××厂商 2007 年区域市场研究	对全国 18 个重点城市市场进行调查，研究各城市市场的特征、用户特征、品牌表现、营销特点等，对未来两年的市场需求、需求结构进行预测。同时对全国近 300 个地级市市场进行分类研究和需求预测	2007
53. 中国汽车市场中长期发展趋势预测	分析研究中国经济社会的变化，分析影响未来汽车市场变化的因素，对未来 10～20 年中国汽车市场特别是乘用车市场的发展趋势、需求总量进行预测	2007
54. 宏观经济形势季度分析	跟踪宏观经济指标的季度变化，对经济走势、经济政策及其对汽车市场的影响进行分析	2007
55. 2007 年乘用车新产品的市场表现分析	对一年来上市的新产品的市场表现进行综合评估，包括产品的特征、销售情况、对市场的影响等	2007
56. 汽车政策月度评估	跟踪汽车市场相关政策动态，对政策背景、政策目的、政策实施效果、政策影响等方面进行分析	2007

（续）

项目名称	主要内容	完成时间/年
57. 中国零部件行业调查	对中国汽车零部件行业进行全面的调查，了解行业现状、各类企业的产品技术、产品价值现状，为主管部门制定零部件长期发展规划服务	2007
58. 全国乘用车需求动向调查及10年滚动预测	经济咨询中心联合国内十几家骨干汽车厂家，通过对60个城市的私人用户、集团用户和出租租赁用户的调查，了解不同类型用户需求的变化，并对未来10年乘用车总需求、不同区域的需求、分价位需求结构、分级别需求结构等细分市场进行预测	2007
59. SUV产品实车测评调查	为某跨国公司SUV新品进入中国市场进行前期调研，在三个重点城市调查300个用户，了解他们对车型的接受程度和改进建议	2007
60. 轻型客车市场研究	对轻型客车市场的发展现状、竞争格局、用户特征及未来趋势进行深入的研究，对××公司开发的新产品进行图片测试，了解用户的接受度和改进建议，为企业进入轻型客车市场提供决策依据	2007
61. PV/CV市场滚动预测	对未来5～10年的中国乘用车市场和商用车市场进行预测	2008
62. 2008年度产品与技术热点月度分析	跟踪2008年全年的产品与技术发展动向，对产品和技术的热点、市场前景进行分析判断	2008
63. 汽车市场月度分析	对每月汽车整车市场、乘用车市场及商用车市场的运行态势进行分析，并对下月的市场走势进行判断	2008
64. 政策月度分析	对宏观经济政策、汽车行业政策及社会重大事件对车市的影响进行分析与评估	2008
65. 海外物流市场研究	分析美国物流市场的发展状况、特征及其对我国物流市场的发展和对物流用车市场的启示	2008
66. 2008北京轿车市场分析及××品牌市场策略的研究	研究2008年北京奥运及其配套的相关政策措施对北京乘用车市场的影响，并提出针对某品牌的营销策略	2008
67. 混合动力产品的市场前景研究	针对微混、轻混、全混等各种混合动力技术进行消费者调研，了解各种混合动力技术的用户接受度，分析和判断各种技术的市场前景	2008
68. 区域市场研究	分析经济环境等因素对地区市场的影响，对2009年各省、地级市乘用车市场进行预测	2008
69. 细分市场消费者偏好研究	通过对不同细分市场消费者的定量定性调查，了解用户需求偏好的变化	2008
70. 配置调查	通过CAPI的方式对消费者进行配置需求调查，了解用户对配置的需求、价格认知和接受度，为厂商产品开发设计及产品定价提供决策依据	2008

（续）

项目名称	主要内容	完成时间/年
71. 轿车内饰颜色/风格趋势研究	通过个性研究法了解消费者对轿车内饰颜色与车型风格的偏好，并结合深入的案头研究，分析内饰色彩与车型风格的发展趋势，为企业产品设计提供有力的依据	2008
72. 某品牌区域管理模式研究	通过相关厂商和经销商的调查，了解经销商区域管理模式的种类、特征、优劣势，为某品牌确定区域管理模式提出建设性的意见	2008
73. 商用车市场的中长期预测	分析影响我国商用车市场需求的因素，利用预测模型对商用车市场需求进行中长期预测	2008
74. 广东山东市场政策性影响因素评估	2008 年年初由于受宏观调控政策的影响，企业效益受到很大影响，特别是一些沿海市场受到的影响更大。本项目通过对广东、山东两个省市场的走访和调查，分析与评估宏观调控政策对市场的影响	2008
75. 某轻客产品目标市场及定位研究	通过深入的案头研究和对大量轻客用户的深访调查，分析未来 5 年轻客总体市场及细分市场的需求变化，对某产品的目标市场规模、用户特征及市场定位进行分析研究，为厂商引进产品提供决策依据	2008
76. 中国 SUV 市场演技	对 SUV 市场的需求变化情况、市场竞争格局、用户需求偏好进行深入研究，并对未来走势进行预测	2008
77. 轻型货车市场未来 5 年发展趋势及用户需求变化研究	通过轻型货车各吨位级市场的用户深访调查及深入的经济社会变化研究、市场影响因素演技，预测未来 5 年轻型货车市场总量及各吨位级细分市场的需求走势，为企业进行新一代产品规划服务	2008
78. 乘用车月度市场评估	分析月度乘用车市场的走势和新的变化特征，分析××厂商及其产品的月度市场表现，并提出相关建议，对月度市场的热点情况进行分析	2008
79. 80后消费者特征研究	研究新一代消费者的价值观、消费观及其消费特征	2008
80. 中国整车出口形势季度分析及主要厂商海外市场拓展计划	对中国整车出口数据库进行更新维护，并对每季度的出口形势进行分析，包括出口总量、分国别、分车型等的分析，并分析主要出口厂商的海外发展战略	2008
81. 中国汽车市场10年滚动预测	研究影响未来 10 年汽车市场走势的因素，并对汽车市场未来 10 年的需求进行预测	2008
82. 2008年全国乘用车市场需求动向调查及10年滚动预测	SIC 联合国内十几家骨干汽车厂商，通过对 60 个城市的私人用户、集团用户和出租租赁用户的调查，了解不同类型用户需求的变化，并对未来 10 年乘用车总需求、不同区域的需求、分价位需求结构、分级别需求结构等细分市场进行预测	2008

（续）

项目名称	主要内容	完成时间/年
83. MPV市场研究	通过对MPV用户的定量定性调查及深入的案头研究，分析MPV市场发展变化的原因，预测MPV整体市场的规模和各细分市场的需求走势，为企业推出MPV新品提供依据	2008
84. 出口政策研究	研究国内合资企业汽车出口方面的政策与规定，为某跨国公司开展汽车出口业务提供决策依据	2008
85. 中国汽车市场与交通运输中长期预测	研究中国汽车市场和交通运输业的中长期发展趋势	2008
86. 某企业区域市场研究	对各地级市的乘用车市场进行需求预测，并对某企业的重点市场进行消费调研，了解各地市场的竞争环境、用户特征等，为厂商指定各地的营销策略提供支持	2008
87. 豪华车市场研究	分析研究豪华车市场的特征与发展规律，探寻影响豪华车市场需求的因素，并对未来豪华车市场的走势进行预测	2008
88. 微客市场分析与预测	2009年微型客车市场飞速发展，是什么因素导致这样的增长速度？中央一系列的促进汽车消费的政策对微客市场造成多大的影响？未来微客市场如何发展？这个项目就是为解决这些问题而设立的	2009
89. 宏观经济监测与分析	经济对汽车市场的影响是显而易见的。近几年经济变化较大，既有来自国际经济环境变化的影响，也有来自国内经济政策调整的影响。经济变化的背景复杂化了，所以需要及时对经济进行监测和分析，以帮助企业及早发现经济变化，采取相应措施	2009
90. 2010～2020年中国乘用车及商用车市场预测	对未来10年影响乘用车和商用车市场的因素进行分析与判断，并对乘用车、商用车总量市场和细分市场进行预测	2009
91. 2010年乘用车市场年度预测	对2010年的市场环境、政策变化进行判断，对乘用车市场总量及结构进行预测	2009
92. 乘用车市场月度评估	分析月度乘用车市场的走势和新的变化特征，分析××厂商及其产品的月度市场表现，并提出相关建议，对月度市场的热点情况进行分析，并滚动预测未来各月的市场走势	2009
93. 2009年豪华车市场发展趋势研究	研究影响中国豪华车市场的关键因素，分析豪华车市场的用户特征，并对未来中国豪华车市场的发展趋势进行判断	2009
94. 中国汽车出口及OEM扩张计划	研究中国汽车出口的现状、发展及变化，了解出口方向、车型和数量，研究各主要出口厂商在海外的OEM计划	2009
95. 区域市场预测	对中国乘用车市场的地区发展格局及其变化进行研究，分析影响地区市场变化的因素，对31个省级284个地级市的乘用车需求进行预测	2009

（续）

项目名称	主要内容	完成时间/年
96. 轻型车区域市场分析与预测	研究轻型客车、轻型货车、皮卡的地区市场发展特征，并寻求影响各类车型地区市场变化的关键因素，对近三年三类车型的地区市场需求进行预测	2009
97. 豪华车分产品预测	针对整个乘用车市场进行细分化研究，特别针对豪华车市场进行再细分研究，对豪华车的各类产品进行预测	2009
98. 中国汽车消费者调查	了解中国乘用车消费者保有量、保有车型特征、使用特征及其用户本身的特征	2009
99. 进口车需求意向调查	利用北京进口车博览会的时机对观展用户进行调查，包括进口车用户、非进口车用户、无车用户，了解他们购买或不购买进口车的原因，对进口车的看法与评价等	2009
100. 区域市场研究	对各地级市的乘用车市场进行需求预测，并对某企业的重点市场进行消费调研，了解各地市场的竞争环境、用户特征等，为厂商指定各地的营销策略提供支持	2009
101. 换购车用户调查研究	针对有过两次以上购车经历的用户调查，包括某品牌的现有和早期用户，了解现有用户中哪些是忠诚用户，忠诚的原因。哪些是从其他品牌转移过来的用户，转移的原因。针对该品牌早期用户的调查主要了解这些用户的转移方向，了解转走的原因。通过这个调查为企业制定有针对性的营销策略服务	2009
102. 配置调查及客户价值研究	通过 CAPT 的方式对消费者进行调查，了解用户对配置的需求和对配置价值的认知与接收度，为企业合理进行产品的配置规划服务	2009
103. NTBS(货车新车购买者调查)	对重、中、轻、微型货车的新购用户调查，了解新购用户需求偏好的变化及使用购买行为的变化，了解各品牌的产品满意度等	2009
104. NCBS（轿车新车购买者调查）	不同于一般性的轿车新车购买者调查，本调查注重对同品牌在不同地区级别市场的消费者进行对比分析。了解新车购买者的购买使用行为在 1～3 线市场的差异，为企业制定差异化的营销策略服务	2009
105. 驾校学员调查	了解驾校学员学车的原因，购车的意向，并针对这群人做持续的跟踪调查，了解他们购车意向的变化及其原因	2009
106. 乘用车消费者需求偏好调查	通过对不同细分市场消费者的定量定性调查，了解用户需求偏好的变化	2009
107. 月度政策评估	对宏观经济政策、汽车行业政策、汽车行业相关政策及社会重大事件进行及时跟踪与评估，分析其对汽车市场的影响	2009
108. 汽车产品与技术热点追踪	跟踪国内外汽车产品与技术的发展动态，分析产品与技术的发展趋势，对其中热点的产品及技术进行深入分析，判断这些产品或技术的前景和对市场的影响	2009

（续）

项目名称	主要内容	完成时间/年
109. 新能源汽车零部件产业调查	对电池、电机、电控及电附件企业进行深入的调查，了解中国新能源零部件产业化水平和技术发展现状，为政府制定新能源企业发展战略服务	2009

国家信息中心经济咨询中心的通信地址和联系电话

地址：北京市西城区三里河路 58 号国家信息中心大楼 A 座 704 房间

邮编：100045

传真：68557465

电话：68558704　68558531　E-mail：panzhu@mx.cei.gov.cn